KEYWORDS for CARE MANAGEMENT

ケアマネジャー用語辞典

新制度対応版

First edition

監修
村川浩一　大阪河﨑リハビリテーション大学教授
須貝佑一　認知症介護研究・研修東京センター運営委員／精神科医師

晶文社

KEYWORDS
FOR
CARE MANEGEMENT

First Edition

2015

ISBN978-4-7949-7670-3　C0036

Made and Printed in Japan by
Shôbun-sha Publisher Co, Ltd.
1-11 Jimbocho
TOKYO

はじめに

介護保険制度がスタートして15年余、日本社会の少子高齢化は進行し、介護問題の深刻化は極めて明らかである。2025年を見据えた地域包括ケアシステムの構築に向けて介護保険をはじめ社会保障制度の諸改革が展開されており、さらに2040年代の高齢化のピークに向かって要介護高齢者等の多様なニーズに寄り添いながら、ケアマネジメントの意義と役割は益々増大している。

本書の特色は、第1に最近の介護保険法改正を含む一連の制度改革を網羅していること。第2に2015年1月に公表された新オレンジプランを軸とする認知症ケアに関する新しい知見を明らかにするとともに、第3に保健・医療・福祉各分野の知見を総合化してケアマネジメントの基本的・体系的な構成を企図したものである。

本書は、地域包括ケア時代のケアマネジメントの原理と方向づけを探るべく、介護支援専門員実務研修受講試験を受験する方々の座右の書として、また、介護支援専門員や地域包括支援センターの実務者の方々の手引き書としても活用されることを願って編纂されたものである。

2015年4月
本書の編集を代表して

村川浩一

編著者一覧

［監修・執筆者］

村川浩一
大阪河﨑リハビリテーション大学教授・図書館長

須貝佑一
認知症介護研究・研修東京センター運営委員 / 精神科医師

［執筆者］

青木慎一郎
岩手県立大学社会福祉学部教授

井上由起子
日本社会事業大学専門職大学院教授

尾形裕也
東京大学政策ビジョン研究センター特任教授 / 九州大学名誉教授

奥西栄介
福井県立大学看護福祉学部教授

柿沼千絵
喫茶去居宅介護支援センター管理者

梶原洋生
日本社会事業大学准教授

桂正俊
小樽市介護支援専門員連絡協議会会長

鐘ヶ江寿美子
ひらまつ在宅療養支援診療所院長

久留善武
一般社団法人シルバーサービス振興会総務部長 / 企画部長

黒野明日嗣
鹿児島県老人保健施設愛と結の街施設長

午頭潤子
東洋大学ライフデザイン学部助教

小林恒三郎
宮城県医療法人財団弘慈会石橋病院リハビリテーション科

小林雅彦
国際医療福祉大学医療福祉学部医療福祉・マネジメント学科長 / 教授

柴田範子
特定非営利活動法人楽理事長/東洋大学ライフデザイン学部非常勤講師

鈴木力雄
岩手県立大学社会福祉学部准教授

高畑 隆
公益社団法人埼玉県精神保健福祉協会理事副会長

田中里美
都留文科大学文学部教授

出口康雄
公益社団法人全国老人保健施設協会業務部長

濱田和則
社会福祉法人晋栄福祉会理事長/公益社団法人大阪介護支援専門員協会会長

東畠弘子
国際医療福祉大学大学院准教授

廣島人水
株式会社ドリームタイム デイサービス金のまり・ケアプラン金のまり統括責任者

廣瀬圭子
日本社会事業大学非常勤講師

堀正勝
公益社団法人日本認知症グループホーム協会事務局

村上貴美子
岡山県立大学名誉教授

村川妥子
埼玉東萌短期大学講師

矢沢由多加
公益財団法人テクノエイド協会試験研修部次長

保村香織
元・公益財団法人新宿区勤労者・仕事支援センター障害者等就労支援担当

柳田正明
山梨県立大学人間福祉学部教授

矢野知彦
浦和大学総合福祉学部専任講師

山口佳子
国際医療福祉大学医療福祉学部専任講師

山田剛
三重県介護老人保健施設みえ川村老健施設長

渡邉愼一
横浜市総合リハビリテーションセンター医療部担当部長

編集方針

１．介護支援専門員実務研修受講試験に必須の約1,850項目の用語を収録した。

２．介護支援専門員が日常の業務を行う上で必要な実務的な説明も適宜加えている。

３．介護支援分野を重点的に解説し、保健医療、福祉の各分野も十分に配慮して収録した。

凡例

[配列]

１．見出し語の配列は、アルファベット、数字、日本語表記の五十音の順とした。

２．静音、濁音、半濁音の順にする。

３．促音「っ」、拗音「ゃ」「ゅ」「ょ」はそれぞれ「つ」「や」「ゆ」「よ」のあとに置く。

４．外来語を表すときの小文字「ァ」「ィ」「ゥ」「ェ」「ォ」は、普通の仮名のあとに置く。

５．長音符号「ー」は、その場合の発音がア・イ・ウ・エ・オのいずれかであることによって、それぞれの音を表す仮名と同じものと認める。

[見出し項目]

１．同一の用語の解説は１回を原則とし、必要に応じて参照項目（➡ｐ．○○）を入れた。

２．用語は相互の関連がわかるように心がけ、➡記号のあるものは他の用語と関連があることを示している。

３.解説文が長くなる場合には、適宜、見出し語の下に「――」と項目を立てて、簡潔な解説を心がけた。なお、「――」の後の配列は必ずしも五十音順とは限らず、見出し語の理解が進むように配列を工夫している。

例）　介護支援専門員
　　――の基本倫理
　　――の義務

[巻末資料]

巻末に、新しい介護保険制度、2015（平成27）年介護報酬改定の概要、認知症施策推進総合戦略（新オレンジプラン）、介護保険が適用される福祉用具のイラストを掲載した。また、本書に掲載している用語の索引をアルファベット、数字、日本語表記の五十音の順で設けた。

[根拠法令等]

１．本書は2015（平成27）年４月実施の改正介護保険法を踏まえ、同法律、厚生労働省令、告示等に基いて編集している。また、介護報酬については2015（平成27）年度改定の内容を取り入れている。

２．法令の記述は、以下のように簡略化した。

介護保険法第○条第○項
→　法第○条第○項

介護保険法施行令第○条第○項
→　施行令第○条第○項

介護保険法施行規則第○条第○項
→　施行規則第○条第○項

AA

アルコホーリクス・アノニマス（Alcoholics Anonymous）。アルコール依存症の人等が、匿名で参加して体験を語り合う集会を開催している共同体のこと。

ADL

➡ 日常生活活動 p.362

A型肝炎

A型肝炎ウイルスによって起こる急性肝炎である。A型肝炎ウイルスはカキなどの食物から経口感染するRNA型ウイルスである。潜伏期は平均4週。高熱、全身倦怠感、食欲不振、黄疸等の症状を示し、血清トランスアミナーゼが上昇する。冬から春にかけて流行発生することが多い。若年層に多く、発症は急激であるが予後はよく、慢性化することは少ない。

➡ 肝炎ウイルス p.86

BMI（体格指数）

身長と体重の計測値をもとに算出する。体重（kg）を身長（m）の2乗で割ったときの値をいう。WHOの分類では、18.5～24.9が標準、BMI18.5未満を低体重、25以上30未満を肥満予備軍、30以上を肥満としている。

B型肝炎

B型肝炎ウイルス感染による肝炎。感染経路には、HBV持続感染者の母親より感染する垂直感染と、輸血や汚染された注射針等の医療行為による感染、また最近では性交による感染がある。潜伏期間は1～6カ月で、症状は全身倦怠感、食欲不振、悪心、嘔吐、黄疸等である。劇症化して死亡することもある。GOT、GPTの上昇、HBs抗原・HBe抗原の陽性によって診断される。

➡ 肝炎ウイルス p.86

CPAT

Care Planning Assessment Tool（CPAT）はオーストラリアで開発された認知症高齢者の総合的機能評価ツールである。日本語版CPAT（J-CPAT）は日本の高齢者ケアを考慮し、CPATを一部改変したもので、①コミュニケーション、②身体的問題、③自立能力、④記憶・見当識、⑤行動、⑥社会的交流、⑦精神的観察、⑧介護依存度の8大項目より構成され、61小項目を含む。各小項目は介護ニーズを0～3点で示し、大項目ごとにその合計点数が％表示される。

J-CPATは介護ニーズを総合的、定量的に評価し、グラフ化されるため、認知症高齢者の介護上の問題点を把握しやすい。J-CPATは多職種間の情報交換、ケアプラン作成や看護介護、リハビリ等のサービス評価、事業所の利用者特性の把握、認知症ケアの教育に利用され、認知症ケアのトータルマネジメントに有用である。

C型肝炎

C型肝炎ウイルスの感染によって起こる肝臓疾患である。感染源は輸血、血液製剤、注射等であり、輸血後肝炎の大部分が、C型肝炎ウイルスによるものである。発熱、全身倦《けん》怠《たい》感、消化器症状等を呈する。慢性肝炎、肝硬変、肝がん患者の75％がC型肝炎ウイルスの感染者である。

➡　肝炎ウイルス　p.86

DSM

精神障害・精神疾患は身体疾患に比べ客観的に診断できる手段が少ないため、疾患分類や診断基準が国によって、また、医師ごとにもばらつきがあった。そのために、同じ患者が医師によって異なった病名をつけられるということがしばしば起きる。こうした行き違いを解消し、診断や統計でどこでも共通して使えるマニュアルとして米国で作られたのがDSM（Diagnostic and Statistical Manual of Mental Disorders）である。米国内はもとより、日本でもこの分類に基づいて診断名のつけられることが多い。古典的な病名の「神経症」「うつ病」という言葉は使われていない。

EBM

➡　エビデンス・ベイスド・メディスン　p.30

HDLコレステロール

コレステロールが血液中を循環するとき、リポ蛋白質（蛋白質と脂肪が結びついた粒子）を形成する。高比重リポ蛋白（HDL）は脂質と蛋白質の割合がほぼ1：1でコレステロールは脂肪の約40％を占める。HDLコレステロールは体内の末梢組織からコレステロールを取り除き肝臓へ運ぶので、抗動脈硬化の作用がある。このため善玉コレステロールと呼ばれている。基準値は、40mg/dl以上。

➡ LDLコレステロール p.3

HDS－R

長谷川和夫（聖マリアンナ医科大学名誉教授）が1974（昭和49）年に開発した正常高齢者と認知症高齢者をスクリーニングするために考案した尺度を現状に合わせて改訂したもの。高齢者のおおまかな知能状態を判定できるため、広く使われている。

➡ 長谷川式簡易知能尺度 p.396

IADL

手段的日常生活動作（Instrumental Activities of Daily Living）の略語。

➡ 手段的日常生活動作 p.225

ICF

国際生活機能分類（International Classification of Functioning）の略語。ICFは、国際障害分類（International Classification of Impairments, Disabilities and Handicaps: ICIDH）の改訂版として2001（平成13）年に世界保健機関（WHO）で採択された。ICIDHは、障害の状況と疾病等を原因とする機能障害、能力障害、社会的不利という概念で整理されていた。これに対してICFは、機能障害を「心身機能・身体構造」に、能力障害を「活動」に、社会的不利を「参加」という中立的、肯定的な表現に改め、これに「健康状態」、「環境因子」、「個人因子」を加え、これらの双方向の関係概念として整理された。

LDH

乳酸脱水素酵素。体内で糖分がエネルギーに転換されるときに働く酵素の一種で、肝臓、腎臓、心筋などに特に多く含まれている。これらの組織に障害が生じると、血液中にLDHが流れ出し、LDH値が高くなる。男女とも30歳ごろから軽度に上昇を示すようになり、女性の上昇度合が男性より大きい。

LDLコレステロール

コレステロールが血液中を循環するとき、リポ蛋白質（蛋白質と脂肪が結びついた粒子）を形成する。低比重リポ蛋白（LDL）は80％の脂肪と20％の蛋白質からなり、脂肪の約

60%がコレステロールである。LDLコレステロールは、コレステロールをさまざまな細胞へ運ぶ。血液中のLDLコレステロール値が過剰になると血管壁に付着し動脈硬化の原因となるため悪玉コレステロールと呼ばれる。成人で140mg/dl未満が望ましい。

➡ HDLコレステロール p.2

MMSE

Mini-Mental State Examination。米国バルチモア大学のフォルスタインらが1975（昭和50）年に開発した簡易知能尺度。もともとは精神疾患等で病院に長期入院している患者用の認知障害測定と臨床評価を目的として作られた。取り扱いが簡便な上に認知症のある患者の評価にも有効なことから現在では認知症の有無、認知症のスクリーニングに広く用いられるようになった。

設問は、①日時の見当識、②場所の見当識、③即時記憶、④簡易計算、⑤遅延再生記憶など基本的な認知能力の測定のほか、簡易ながら書字能力や指示動作能力をみる項目もあり、全部で11項目30点満点を獲得できるように設計されている。例えば、MMSEでは23点未満だと認知症が強く疑われる。MMSEの経過を追うことで認知レベルの推移も測定できることから抗認知症薬の効果判定にも使われることが多い。

MRSA

➡ メチシリン耐性黄色ブドウ球菌 p.451

MS

➡ 多発性硬化症 p.296

NBM

➡ ナラティブ・ベイスド・メディスン p.360

N－バランス

窒素バランスのこと。摂取した蛋白質の含有窒素量と、体外に排せつされた総窒素量の差がN－バランスである。生体の蛋白質代謝が同化・異化どちらの方向にあるのかを判定し、栄養補給の指標とする。同化は、回復や成長期で正のバランス、異化は病気による負のバランスを示す。

NPO法人

特定の非営利活動を行う団体に特定非営利活動促進法により法人格を与えたものであり、特定非営利活動法人のこと。NPOとは、non-profit organizationの略である。その目的は、ボランティア活動をはじめとする市民が行う自由な社会貢献活動を促進するためであり、特定非営利活動促進法によれば、①保健、医療または福祉の増進を図る活動、②社会教育の推進を図る活動、③まちづくりの推進を図る活動、④観光の振興を図る活動、⑤農山漁村または中山間地域の振興を図る活動、⑥学術、文化、芸術またはスポーツの振興を図る活動、⑦環境の保全を図る活動、⑧災害救援活動、⑨地域安全活動、⑩人権の擁護または平和の推進を図る活動、⑪国際協力の活動、⑫男女共同参画社会の形成の促進を図る活動、⑬子どもの健全育成を図る活動、⑭情報化社会の発展を図る活動、⑮科学技術の振興を図る活動、⑯経済活動の活性化を図る活動、⑰職業能力の開発または雇用機会の拡充を支援する活動、⑱消費者の保護を図る活動などがある。

QOL

➡ クオリティ・オブ・ライフ p.117

R４［全老健］

新たに全国老人保健施設協会が開発したケアマネジメント方式。インテークの重要視とICFアセスメントを取り入れていることが特徴。Rとは介護老人保健施設の頭文字R。４とは４つのステップR－１～R－４（アセスメント、ケアプラン作成、実施と確認、モニタリングとDoの評価）と、４つのアセスメントA－１～A－４（ニーズ、適性、生活機能、専門職のアセスメント）を指している。

ROM

関節可動域（Range of Motion）の略語。身体の関節の運動できる範囲。屈曲、伸展、外転、内転など関節の動かせる方向の最大角度で示される。関節可動域には、自分の力で動かす関節可動域と他人の力で動かす関節可動域があるが、一般的にROM制限がある場合は、他人の力で動かす関節可動域の制限を示すことが多い。廃用症候群ではROM制限が生じやすく、生活上でできるだけ自分で動かす機会の確保や他動的な関節可動域訓練等を行うなどの適切なケアが必要である。

➡ 廃用症候群 p.395

WAMNET

福祉医療機構の前身である社会福祉・医療事業団が1999（平成11）年

3月から運用している福祉・保健・医療の情報提供ウェブサイト。①一般の利用者に対して、介護保険・障害福祉サービス事業者情報や病院・診療所情報をはじめ、福祉・保健・医療関連の各種情報を提供するワムネットオープンと、②行政機関や施設・事業所等の間で意見や情報を交換するために作られた会員専用のワムネットコミュニティの2つのウェブサイトがある。

➡ **福祉医療機構**　p.407

α/ω

α遮断薬

降圧薬。血管拡張薬として位置付けられる。交感神経が支配する動脈系のα_1受容体を遮断して、血管の収縮作用を抑制する働きがある。心機能は抑制されないため、α遮断薬は腎機能障害や心不全を合併した高血圧患者に適している。

γ-GTP

ガンマ-グルタミントランスペプチターゼ。蛋白質を分解する酵素である。腎臓に最も多く分布し、膵臓、肝臓、小腸、脳、心筋にも存在する。血清γ-GTPの上昇はアルコールによる肝細胞の破壊で上昇する。アルコール性肝臓障害等の診断に用いられる。基準値は50IU/l未満が目安である。

0/9

1秒率（FEV1.0％）

1秒間に吐いた息の量（1秒量（FEV1.0））が努力性肺活量（息をいっぱいに吸った状態からできるだけ強く息を吐ききったときの呼気量）の何％になるかを示す値である。この値が低ければ、吐き出す力が弱いということを示し、低下がみられればCOPD（慢性閉塞性肺疾患）や気管支ぜんそくなどが疑われる。80歳以上では70％以下になると異常と考えられる。

1秒量（FEV1.0）

肺呼吸において、できるだけ大きく息を吸った後、思いっきり速く息を最後まで吐き出したときの最初の1秒間に吐いた息の量のこと。

1割負担

➡ **利用者負担（自己負担）** p.477

2015年の高齢者介護

いわゆる団塊の世代、「ベビーブーム世代」が65歳以上になりきる2015（平成27）年を念頭に置いた高齢者介護のこと。2003（平成15）年6月には厚生労働省老健局に置かれた高齢者介護研究会が報告書「2015年の高齢者介護」をまとめている。この報告書は副題を「高齢者の尊厳を支えるケアの確立について」とし、高齢社会において、高齢者が介護が必要となってもその人らしい生活を自分の意思で送ることが可能となる「高齢者の尊厳を支えるケア」を実現することを基本に据えている。2005（平成17）年6月の介護保険法改正にも示唆を与え、法の目的で新たに「高齢者が尊厳を保持」する趣旨が明確化されている。

2025年問題

団塊の世代がすべて75歳以上に達することにより懸念される、医療や介護の需要が急増する問題。団塊の世代とは1947～49年（広くは51年）（昭和22～24（26））年に生まれたいわゆる（第一次）ベビーブーム世代である。この世代が前期高齢者に達するときの高齢者問題を「2015年問題」といい、さらに後期高齢者に達するときの問題を「2025年問題」といっている。

2025年には、75歳以上が全人口の18％となる。さらに認知症の高齢者も約700万人に達し、65歳以上高齢者の５人に１人に当たる。こうしたところから、医療・介護の問題についても、2025年度をめどに、医療・介護・予防・生活支援・住まいが一体的に提供される地域包括ケアシステムの構築を実現することが目指されている。

２割負担

介護サービスの利用者負担について、サービス費の２割を負担すること。一定以上の所得のある65歳以上（第１号被保険者）の人が対象となる。従来は、所得にかかわらず一律１割負担であったが、団塊の世代がすべて75歳以上となる2025（平成37）年以降にも持続可能な介護保険制度とするため、2015（平成27）年８月から実施される。２割負担となるのは、65歳以上で合計所得金額が160万円以上の者、単身で年金収入のみの場合は年収280万円以上の者である。

３-３-９度方式

わが国で普及している意識レベルを評価するための方式。Japan Coma Scale（JCS）。覚醒状態の程度で大きく３段階に分け、それぞれを３つに細分化し、合計９段階で表す。数が大きいほど重症で、「Ⅲ．刺激をしても覚醒しない状態（３桁の点数で表現）：300．痛み刺激にまったく反応しない。200．痛み刺激で少し手足を動かしたり、顔をしかめる。100．痛み刺激に対し、払いのけるような動作をする。」「Ⅱ．刺激すると覚醒する状態（２桁の点数で表現）：30．痛み刺激を加えつつ呼びかけを繰り返すと、かろうじて開眼する。20．大きな声または体をゆさぶることにより開眼する。10．普通の呼びかけで容易に開眼する。」「Ⅰ．刺激しないでも覚醒している状態（１桁の点数で表現）：３．自分の名前、生年月日が言えない。２．見当識障害がある。１．意識清明とはいえない。」となる。

65～74歳人口

65歳以上の高齢者のうちで、「前期高齢者」と呼ばれる人口グループである。高齢化に関わる各種の統計において、75歳以上の高齢者と分けて、人口、割合が算出されることが多い。2010（平成22）年国勢調査によれば、前期高齢者は全人口の11.9%を占める。75歳以上の後期高齢者と比較して健康状態が良く、仕事や趣味、また地域での活動など、幅広い領域での「第三の人生」の過ごし方を模索する人の多い世代である。

➡　**前期高齢者**　p.279

75歳以上人口

65歳以上の高齢者のうちで特に「後期高齢者」と呼ばれる人口グループである。2010（平成22）年国勢調査によれば、後期高齢者は全人口の11.1％を占める。日本の人口高齢化の特徴は、高齢化のスピードの速さ、最終的な高齢化率の到達点の高さとともに、後期高齢者の割合の増加があるとされてきた。加齢による健康状態の変化には、個人差が大きいものの、一般的に見て75歳以上の高齢者には、日常生活の中で介護を必要とする人が多く含まれる。

➡ 後期高齢者 p.142

8020運動

80歳になっても自分の歯を20本以上保つことを目標とする口腔保健のスローガンである。80歳は日本人の平均寿命を意味しており、20本以上歯があれば美味しく食べることができるという咀嚼《そしゃく》機能に主眼をおいた数値である。80歳でこのような歯の状態を保つためにはライフステージの各段階で適切な歯科保健医療の展開を図る必要があり、またQOLの観点からもその過程が重要な意味を持っていることが明白である。

あ

アウトリーチ

相談援助やサービスを必要とする利用者が援助機関に来談、申請するのを待っているのではなく、地域包括支援センターなどの援助機関から利用者宅等に出向いて、問題を発見し、援助の手を差し伸べる方法。生活上の困難や障害を抱えているにもかかわらず、サービス利用を拒否したり、自ら不自由な生活に引きこもる人に対して積極的に働きかけていく援助の姿勢が求められる。

悪性腫瘍

腫瘍とは細胞が不可逆的に過剰増殖するもので良性と悪性がある。通常、細胞はある程度増殖すると、自動的に増殖は止まるが、悪性腫瘍の場合、無限に増殖し、周囲の組織へ浸潤《しんじゅん》したり、転移したりして、その場所にあった細胞の機能を失わせたり、人体にとって悪い機能を発揮したりする。最終的には死に至る病気である。悪性腫瘍、がん、悪性新生物は同義として扱われることが多い。

➡ がん p.84

――の疼痛管理

悪性腫瘍に伴う痛みを抑えること。WHOは1986（昭和61）年に「がん性疼痛のガイドライン」を発行し、すべてのがん患者を疼痛から解放することを目指した。たとえ末期がんでなくても痛みを伴う場合は、速やかにWHO３段階除痛ラダー（麻薬の使い方）を使って痛みをとり、QOLの改善を図るべきであるとされている。日本はまだ世界に比べて麻薬の使用量が少なく、十分な除痛が受けられていないと考えられている。

➡ 緩和医療 p.93

アスピリン

解熱、鎮痛、抗消炎作用を持つ非ステロイド抗炎症薬（NSAID）。また、血小板凝集抑制作用を持つため、脳梗塞、心筋梗塞等の血栓予防に用いられている。抗炎症作用があるため慢性関節リウマチなどにも使われる。副作用として、発疹、耳鳴、悪心《おしん》、胃出血を来すことがある。アスピリン喘息患者、消化性潰瘍患者には原則禁忌である。

アセスメント

要介護者等の現状を分析し、利用者が自立した生活を営むことができるように支援する上で解決すべき生活課題やニーズを把握すること。

要介護者等の生活環境、残存する生活能力を含む身体的・心理的状態、すでに提供されている介護・保健医療・社会福祉サービスなどを正しく評価して行う。その際、利用者の生活について、より包括的な状態を正しく把握することが重要であることはもちろん、生活課題を客観的に抽出するための適切な方法を用いなければならない。また、生活課題の把握を行うにあたって介護支援専門員は利用者の居宅を訪問し、利用者やその家族に十分な説明をした上で直接面接をして行わなければならない。

➡ 課題分析 p.82

アニマルセラピー

アニマルセラピーとは、動物と触れ合うことでストレスを軽減し、健康的な精神状態を取り戻すための療法（セラピー）である。このアニマルセラピーは和製英語であり、アニマルセラピーには狭義としてさまざまな心身の問題に対して治療の補助としての介在療法（Animal Assisted

Therapy）と、広義には動物と触れ合うことで情操教育や健康維持に寄与し、生活をより豊かなものにしていく動物介在活動（Animal Assisted Activity）がある。アニマルセラピーとして活用される動物は馬や犬などの家畜とされた動物であるが、イルカが活用されることもある。

アリセプト

一般名を塩酸ドネペジルという。神経細胞の末端で神経伝達物質のアセチルコリンの作用を強める働きがある。脳内でアセチルコリンは注意力や記憶力などの認知機能をつかさどる役目をしており、アルツハイマー病ではこのアセチルコリンが次第に不足していくところから、アルツハイマー病の治療薬として2000（平成12）年より広く使われるようになった。

➡ アルツハイマー病 p.11
➡ 塩酸ドネペジル p.31

アルコール依存症

酒を飲まずにはいられない、飲酒行動が制御できなくなった状態である。アルコールに対する心理的依存と身体的な依存があり、酩酊感を得るために大量の飲酒が習慣となる。その結果、必要な社会的活動や通常の家庭生活に支障を及ぼしやすい。アルコールが体内から抜けていると振戦《しんせん》、不眠、落ち着きのなさ、幻覚などが現れるが、飲酒によって不快感は消失するために飲酒が繰り返される。

あ

アルツハイマー病

ドイツの神経学者アロイス・アルツハイマーが1906（明治39）年に初めて学術報告した認知症疾患。記憶障害が初発症状で、次第に見当識や行為動作の障害へと進行し、8～9年の経過で全介助、寝たきりに近い状態に至る。脳には神経細胞の異常な脱落と老人斑と呼ばれる特徴的な病変が出現する。現在、老人斑はβ蛋白という、特殊な異常蛋白から構成されていることがわかっている。老人性認知症の多くがアルツハイマー病によるとされている。アルツハイマー型認知症ともいう。

アルツハイマー病と血管性認知症の鑑別

アルツハイマー病と血管性認知症の鑑別の要点は発症の仕方と神経症状の有無にある。アルツハイマー病はひどい物忘れから始まっていて、徐々に進行する。初期から中期にかけて神経症状は出ないのが普通である。一方の血管性認知症は、発症が急激で、初期に手足のしびれや麻痺、めまい、歩行の障害など何らかの神経症状を示しながら認知症が加わっていく特徴がある。頭部X線CTやMRI などの画像診断装置が発達していなかった時期は脳卒中の既往、症状の起こり方や高血圧など身体所見の有無を手がかりに鑑別していたが、現在はMRIや頭部X線CT、脳血流検査によって、比較的正確に鑑別できるようになっている。アルツハイマー病では特に海馬皮質の萎縮が先行し、脳血管障害は認められないのに比べ、血管性認知症では粗大な脳梗塞や出血跡などが証明されることで鑑別できる。

➡ **血管性認知症** p.131

アルブミン

アルブミンは体内の血液・筋肉中に含まれる水に可溶な蛋白質の総称である。血液中の血清アルブミンは、血清蛋白質の約60%を占め、人体の内臓の蛋白質の状態や現在の蛋白質の摂取状況を反映する。血清アルブミン測定値は臨床検査値に用いられ、介護保険制度では血清アルブミン値≦3.5g/dlを低栄養状態としている。

あん摩マッサージ指圧師

あん摩マッサージ指圧師、はり師、きゆう師等に関する法律（1947（昭和22）年）に基づき、厚生労働大臣の免許を受けてあん摩、マッサージを業とする者をいう。治療院、施設、患者の自宅等で、あん摩、マッサージの手法等を用いて治療する。

い

胃潰瘍

胃粘膜において攻撃因子（胃酸、ペプシンなど）と防御因子（粘液、血流など）のバランスの崩れによって潰瘍を形成。ヘリコバクターピロリ菌が発症および再発に関与している。また、高齢者で増加する傾向がある。ストレスも発症の誘因となる。症状としては心窩部《しんかぶ》痛、悪心《おしん》、胸やけなどが多い。食事の刺激物、飲酒、喫煙を避け、ストレスをためないように配慮することが必要である。

医学的管理と介護支援

医学的管理は高齢者の疾病予防から治療まで、医学的な指導や助言によって快適な生活を送るために行われるもので、直接には医師、歯科医師、薬剤師、管理栄養士、保健師、看護師等が医学的管理サービスを担当している。介護支援においては主治医と連携し、医学的管理を要する人に対するサービスを組み立てていくことが必要となる。特に、医療制度の改革により療養病床の再編が進められ、施設に余裕がないことから要介護高齢者が施設から自宅に戻ることとなり、医学的管理との連携が重要になってきている。介護予防支援においても、医学的管理サービスを導入し、要支援の高齢者がその能力を維持増進させ、重症化しないよう予防していくことが必要である。

医学的診断

症状や病歴を聴き、科学的根拠に基づく検査の上、結果を判断することである。主訴あるいは苦痛を訴えて医師のもとを訪れる患者に対して、症状の始まりから現在までの経過をたどる病歴を聴取し、身体を診察する。その上で考えられる病気を類推し、その仮説が正しいかどうかを証明するために種々の診断機器を使った検査を行い、病気の本質に迫ろうとする。その過程で出た当面の結論が「医学的診断」である。

異型狭心症

労作性狭心症と異なり安静時に狭心症発作を起こし、発作時心電図でST上昇を示す病型のこと。異型狭心症の原因は冠状動脈の攣縮《れんしゅく》であり、安静時、特に夜間から早朝にかけての睡眠中に出現する。症状は前胸部を圧迫される、しめつけられるという痛みで、胃痛や左肩の痛みを訴えることもある。

➡ **狭心症** p.103
➡ **労作性狭心症** p.482

医師

医療および保健を業として行う医師法の適用を受けた専門家。日本の医師法では、医師国家試験に合格して厚生労働大臣の免許を受けなければ医師と称したり、これと紛らわしい名称を用いてはならない。その使命は「医療及び保健指導を掌ることによって公衆衛生の向上及び増進に寄与し、もつて国民の健康な生活を確保する」とされている。また、医師には業務上の義務（応招義務、守秘義務など）が定められている。

意識障害

人が目覚めているときに働いている知覚、注意、思考、記憶など一連の認知能力が一時的あるいは持続的に障害されて物事を正しく理解し、状況を判断することができなくなり、周囲の人の呼びかけや刺激に対する適切な反応が損なわれている状態を指す。病的に意識が失われたり、曇ったりした状態といえる。原因として、大脳や脳幹を直接障害する脳出血、脳梗塞など重症の頭蓋内疾患の他に、脳の神経機能を障害するさまざまな全身性の異常が挙げられる。意識障害は意識の「清明度」や、周囲をまんべんなく認識する「広がり」の程度、外界からの刺激に対する反応の程度によって意識障害の深さが決まる。外界からの刺激に何の反応もなくなる意識障害は「昏睡」という。軽い意識障害のときに夢と現実が一体となって周囲を正しく認識できなくなる状態に「せん妄」という状態があり、高齢者によくみられる。これも意識障害の一種である。

維持期リハビリテーション

発症間もない急性期、改善の著しい回復期を経て、障害が比較的安定した時期に行われるリハビテーション。機能障害の回復というよりは、体力や機能の維持、改善、生活機能の整備、社会参加の促進、介護負担の軽減など自立生活の支援が目的で、介護保険制度のもとでのリハビリテーションは通常、維持期リハビリテーションが行われる。

従来は、医療機関で行われる急性期リハビリテーション、回復期リハビリテーションに並んで、維持期リハビリテーションという語が使用されていたが、在宅生活を自立して過ごせるようにする意味から維持期リハビリテーションに代わって最近では、生活期リハビリテーションという用語が用いられるようになっている。

➡ **生活期リハビリテーション** p.264

移乗

ベッドから車いす、車いすからポータブルトイレへ、あるいは逆にポータブルトイレから車いす、車いすからベッドなどへの相互移動のこと。生活のなかで行われるさまざまな乗り移りの動作である。

移乗動作訓練

移乗動作の訓練のこと。移乗に当たって介助量の軽減や、安全性を高めるためには移乗をよりスムーズに行うことが必要であり、そのための訓練である。例えば片麻痺の利用者がベッド（端座位）から車いすに移乗する場合には、車いすは健側につける、利用者はおじぎをするように立ち上がる、健側の手で車いすの遠位のアームレストを持つ、健側下肢を軸に体を回転させる、座る位置を確認し深くおじぎをしてゆっくり座るなどの動作が習慣的に行えるようにする。

遺族ケア

家族の死を遺族が経験するプロセスにおいて、遺族に生ずる悲嘆を緩和するためのケア。死亡した人をめぐる遺族との語らいを通して、遺族の悲しみ、喪失感や後悔、自責の念に対するケアを行い、遺族が心の整理と安定を取り戻していくことをサポートする。

遺族年金

年金給付の種類のうちの1つ。被保険者が死亡したときに、残された遺族に支給される公的年金である。遺族年金は国民年金被保険者等が死亡した場合の遺族基礎年金と、上乗せ年金として厚生年金の被保険者等が死亡した場合の遺族厚生年金（あるいは遺族共済年金）がある。受給要件は①被保険者要件（被保険者等が死亡したときなど）、②保険料納付要件、③生計維持関係の条件がある。年金受給できる遺族の範囲は、基礎年金は(1)子のある妻、(2)子、厚生年金は前記のほか、(3)子のない妻等。

一次判定

介護保険制度による介護サービスの利用を希望する被保険者が市町村に要介護（要支援）認定の申請をした場合、申請者に対する市町村の訪問調査の結果からコンピュータ処理にて得られた要介護度の判定のこと。市町村介護認定審査会での要介護（要支援）の認定結果・審査の原案となる（ただし、最終的な結果ではない）。

➡ 介護認定審査会 p.48

一次予防

疾病予防は、一次予防、二次予防（健康診断等により疾病を早期発見し、早期治療する）、三次予防（疾病の回復による復帰過程でのリハビリテーション等）に分けられる。そのうち、一次予防は疾病罹患以前に対応する予防である。環境・食品など社会的な衛生状態の保持と、個人による生活習慣の改善などの健康増進の２つが行われている。

一次予防事業

介護保険制度の地域支援事業とし

て行われていた介護予防事業の1類型。介護予防事業は、二次予防事業と一次予防事業に分けられ、二次予防事業は、要支援・要介護状態となるおそれのある高齢者に対して介護予防サービスを提供し、生活の改善を目指す。一次予防事業は、すべての元気な高齢者（第1号被保険者）を対象とした、生活機能の維持や向上のための事業。介護予防の基本的な知識を普及したり、地域への積極的な参加やボランティアなどの育成などを支援する。

ただし介護予防事業は2014（平成26）年の法改正で「介護予防事業」という名称では行われなくなり、二次予防事業、一次予防事業の区別もない。一次予防事業に相当するものは、地域支援事業の介護予防・日常生活支援事業のなかで、すべての第1号被保険者およびその支援の活動に関わる人を対象とする「一般介護予防事業」に再編されている。

一次予防事業評価事業

介護予防事業で行われていた一次予防事業について評価し改善につなぐ事業である。一次予防事業評価事業では、介護保険事業計画で定められた目標値の達成状況等の検証を通じ、これらの事業の内容を評価し、その結果に基づいて事業を改善する。その際、講演会、相談会、研修会、イベント等の開催回数と参加者数、地域活動組織への支援実施回数、組織数など、適宜指標が設定されていた。ただし、2014（平成26）年の法改正で現在、「介護予防事業」という名称の地域支援事業はなく、一次予防事業評価事業に相当するものは「一般介護予防事業評価事業」として行われている。

一部事務組合

一部事務組合とは、複数の普通地方公共団体（都道府県、市町村）や特別区が、事務の一部を共同処理することを目的として、地方自治法に基づき設置される組織である。介護保険の保険者は、市町村および特別区だが、小規模な保険者の保険財政の運営の安定化を図り事務処理を効率的に行っていくために、一部事務組合または広域連合が保険者となる例がある。

➡ 広域連合 p.140

一体型定期巡回随時対応訪問介護看護

要介護高齢者の在宅生活を支えるため、日中・夜間24時間を通じて訪問介護、訪問看護を一体的に、または緊密に連携しながら、定期巡回訪問と随時対応を行う。

①地域密着型サービスの１つとして創設、②対象者は要介護者のみ、③身体介護サービスを中心とした１日複数回のサービス（看護や生活援助サービス）も一体的に提供する。④スタッフとしては、介護福祉士またはホームヘルパーと、看護師がペアとなって実務を行う。

一般介護予防事業

すべての第１号被保険者とその支援のための活動に関わる者を対象とした、介護予防や要介護状態の軽減・悪化防止のための事業である。介護予防・生活支援サービス事業とともに地域支援事業の「介護予防・日常生活支援総合事業」を構成する。住民主体の通いの場を充実させ、人と人とのつながりを通じて、参加者や通いの場が継続的に拡大していくような地域づくりや、地域においてリハビリテーション専門職等を活かした自立支援に資する取組などを通して介護予防を推進していく。具体的には①支援を要する者を把握し介護予防につなげる介護予防把握事業、②介護予防活動の普及・啓発を行う介護予防普及啓発事業、③住民主体の介護予防活動の育成・支援を行う地域介護予防活動支援事業、④一般介護予防事業の評価を行う一般介護予防事業評価事業、⑤通所、訪問、地域ケア会議、住民主体の通いの場などでリハビリテーション専門職を活用した地域リハビリテーション活動支援事業、で構成されている。2017（平成29）年度までに全市町村で実施される。

➡　介護予防・生活支援サービス事業　p.67
➡　介護予防・日常生活支援総合事業　p.69

一般型特定施設入居者生活介護

特定施設入居者生活介護には一般型のほか外部サービス利用型がある。一般型とは、指定を受けた当該施設の職員が介護サービスを提供する類型を指す。包括型と呼ばれることもあり、この名称からもわかるように、介護保険施設や認知症高齢者グループホームと同様に、包括報酬の扱いとなっている。

➡　特定施設　p.346

溢流《いつりゅう》性尿失禁

尿が膀胱に入りきらずにあふれ出てくる尿失禁。50歳以上の男性に多くみられる。神経因性膀胱や前立腺肥大等が原因となる。神経因性膀胱の場合、下位運動神経障害により膀胱から脊髄まで情報が伝わらないため残尿感がなく、尿意も感じないが膀胱は常に一杯で少量の持続的な失禁となる。前立腺肥大等の場合は、腹圧をかけても排尿できずに尿が膀胱にたまり、少しずつ漏れ出てくる。

➡ 尿失禁 p.367

移動用リフト

身体をつり上げたり支えたりする構造を持ち、自力での移動が困難な者の移動を補助する機能を持つ福祉用具である。電動または手動で人をつり上げ、キャスターで移動して降ろすことによって移乗介護を行う床走行式リフト、浴室や玄関等住宅に固定して使用するリフトで、全体を固定して使用する専用型と、本体一部を持ち運んで複数場所で使用できるポータブル型の住宅用固定式リフト、ベッドや自動車等に設置して使用する機器固定式リフト、走行用のレールを天井に固定し、電動または手動で昇降操作する天井走行式リフトがある。介護保険における福祉用具貸与の移動用リフトとしては、「床走行式、固定式又は据置式であり、かつ、身体をつり上げ又は体重を支える構造を有するものであって、その構造により、自力での移動が困難な者の移動を補助する機能を有するもの（取り付けに住宅の改修を伴うものを除く）」が対象とされている。

――のつり具

移動用リフトに備え付けられている身体をつり上げる部分である。介護保険制度では、移動用リフトは福祉用具の貸与種目であるが、つり具部分については特定福祉用具販売の種目となっている。つり具には両足の腿部分を別々に包む脚分離型、身体全体を包むシート型、また脇の下と腿の下に掛かるセパレート型などがある。脚分離型つり具にはローバック（頭を自分で支持できる）とハイバック（頭をつり具で支持する）、4点づりと6点づりがある。トイレ用つり具は脚分離型つり具の臀部が大きく開いた形状である。股関節固定力が不足したときには胸郭部をベルト等で支持するタイプのものもある。シート型つり具も脚分離型つり具と同様にローバック、ハイバック、4点づりと6点づりがある。ベルト型つり具は2本のベルトで構成されているが、股関節の固定力がないと落下する危険がある。いす・座面型つり具は座面の形状ないしはシャワーキャリーの座面部分だけをつり上げるタイプがある。

介護保険における特定福祉用具販売の移動用リフトのつり具としては、「身体に適合するもので、移動用リフトに連結可能なものであること」とされている。

医療関連行為

「要介護認定等に係る介護認定審査会による審査及び判定の基準等に関する省令」で定められた、基準時間を判定するための「要介護認定等基準時間の分類」の１つである。①直接生活介助、②間接生活介助、③問題行動関連行為、④機能訓練関連行為、⑤医療関連行為という５分類がなされている。このうち、医療関連行為とは、輸液の管理、褥瘡《じょくそう》の処置等の診療の補助等である。

医療機関併設型小規模介護老人保健施設

病院または診療所に併設され、入所者の在宅への復帰の支援を目的とする定員29人以下の介護老人保健施設のこと。介護老人保健施設では、入所者が有する能力に応じ自立した日常生活を営むことができるように、また居宅生活への復帰を目指し、施設サービス計画に基づいて、看護、医学的管理の下での介護、機能訓練その他必要な医療、日常生活上の世話が行われる。

医療計画

医療計画は、地域の実情に応じた医療提供体制の確保を図ることを目的としている。医療法第30条の４では、医療計画の策定を都道府県知事に義務付けている。医療計画は２次医療圏ごとに必要な医療サービスを確保する計画であり、必要病床数、医療施設の整備目標、救急医療および僻地医療の確保、医療機関相互の連携、医療従事者の確保などについて規定されている。

この計画と関連し、2015（平成27）年度より2025年までの医療構想（ビジョン）を策定することが各都道府県に義務付けられている。

医療券

生活保護受給者が医療機関に受診するために福祉事務所が発行する、生活保護受給者であることを医療機関に証明する文書。福祉事務所は申請があった場合に、指定医療機関の意見等が記載された医療要否意見書によって医療の要否を判定し、必要が認められる者に発行する。被保護者は、指定医療機関に医療券を提出し、現物給付を受ける。

医療行為

医療行為とは、医師の医学的判断及び技術をもってするのでなければ人体に危害を及ぼし、または及ぼすおそれのある行為とされる。継続する意思をもってするこの行為を「医業」といい、医師の免許を有さない者による医業は医師法により禁止されている。看護師等一部の医療従事者は、医師の指示のもとに、医療行為を行うことができるが、介護職員は指示があっても行うことはできない。このため高齢者や障害者の介護の現場では、医療職の免許を持たない者が行うことができる医療行為の範囲の解釈が問題となっている。

2005（平成17）年に厚生労働省医政局長通知が出され、原則として医療行為に当たらないとする行為が示された。腋下外耳道体温測定、自動血圧測定、軽微な傷の処置、軟膏の塗布、点眼薬の点眼、耳垢除去などである。また、経管栄養注入、痰の吸引についても2012（平成24）年４月から、一定の研修を受講した介護職が看護職との連携のもとで可能となっている。

医療扶助

生活保護法による扶助の１つで、疾病や負傷による入院または通院により治療を必要とする場合に給付される。診察、薬剤または治療材料、医学的処置、手術その他の治療並びに施術、居宅における療養上の管理およびその療養に伴う世話その他の看護、病院または診療所への入院およびその療養に伴う世話その他の看護、移送がその給付の対象となる。原則として医療扶助は、指定医療機関に委託して行う現物給付となる。福祉事務所は被保護者から医療扶助の申請があった場合に、医療の必要性があると認める場合に医療券を発行し、要保護者はこれを指定医療機関に提出し、現物給付を受ける。

➡ **指定医療機関**　p.195
➡ **医療券**　p.19

――の内容および方法

医療扶助は、生活保護法の扶助の１つとして、困窮のため最低限度の生活を維持することのできない者に対して医療の給付を行うものである。福祉事務所が、生活保護法による指定を受けた医療機関（指定医療機関）に委託して行っている。原則として被保護者の申請により開始され（急迫した状況にあるときは、申請がなくても必要な保護を行う）、申請に基づき福祉事務所長が必要と認めたときは、医療券または診療依頼書を発行する。指定医療機関はこれにより診療を行う。医療機関は、厚生労働省令に定められた各法共通の診療報酬明細書に必要事項を転記の上、他の医療保険および公費負担医療の請求分とともに社会保険診療報酬支払基金へ請求する。

➡ **生活保護制度**　p.268
➡ **福祉事務所**　p.408

➡　**指定医療機関**　p.195
➡　**医療券**　p.19

医療法

良質で適切な医療を提供する体制の確保を図り、国民の健康を保持することを目的に1948（昭和23）年に制定された法律。医療施設の開設・管理に関する必要事項や、施設の整備の必要事項を規定し、地域医療支援病院、特定機能病院、病院（20床以上）、診療所（19床以下）、助産所などについて規定している。

同法では、医業が営利を目的として行われることを禁止している（非営利原則）。

医療保険

医療保険とは、社会保険制度の１つで、業務外での疾病、傷害（保険事故）によって医療を受けた場合に医療の現物給付がなされる保険である。あらかじめ健康不安や疾病リスクが異なる多数の人々を集め、その人々（被保険者）が納めた保険料が主たる財源となる。医療保険には、公的な保険と民間保険がある。わが国においては、年齢、職域・地域によって「健康保険」「船員保険」「共済組合」「国民健康保険」「後期高齢者医療制度」のいずれかの医療保険制度に加入することを義務付けられ、原則としてすべての国民が何らかの公的な医療保険でカバーされる仕組み（国民皆保険）がとられている。医療費の保障には、この社会保険方式のほか、租税方式の国がある一方で、民間保険が中心の国もある。

➡　**保険事故**　p.441
➡　**国民皆保険**　p.159
➡　**租税方式**　p.289

医療保険者

医療保険の適用、給付等の事務を行う運営主体を医療保険者と呼んでいる。公的な医療保険者としては、健康保険組合や政府等が、また民間保険者としては、生命保険会社や損害保険会社等の企業が考えられる。わが国においては、公的な医療保険制度は多数の保険者に分立しており、その総数は現在3,000余である。

その概要は、地域住民を対象とする国民健康保険、主として大企業に勤務する被用者およびその家族を対象とする健康保険組合、主として中小企業に勤務する被用者およびその家族を対象とする協会けんぽ、公務員等を対象とする共済組合、そして、75歳以上の高齢者を対象とする後期高齢者医療制度等である。いずれの制度においても、基本的な給付内容に大きな相違はなく、医療機関への支払方式である診療報酬も各制度共通となっている。

➡ **医療保険** p.21
➡ **国民健康保険** p.160
➡ **後期高齢者医療制度** p.143

——の事務

医療保険者の事務は、基本的に、①被保険者（および被扶養者）に対する関係、②保険医療機関に対する関係に大別できる。①に関しては、被保険者および被扶養者に制度を適用し、被保険者証等を発行し、所要の給付を行うとともに、保険料を徴収することが主たる事務である。②に関しては、診療報酬の審査・支払が主たる事務であるが、実際にはその大部分は審査支払機関に委託されている。

介護保険制度における医療保険者は、当該医療保険に加入している第２号被保険者から、介護保険料を医療保険の保険料と一体的に徴収し、社会保険診療報酬支払基金に介護給付費・地域支援事業支援納付金として納付している。

➡ **社会保険診療報酬支払基金** p.213
➡ **介護給付費・地域支援事業支援納付金** p.37

胃ろう

経口からの栄養摂取が困難になった場合、腹壁から胃までのバイパスを作り、胃に直接栄養を供給する方法の１つ。

胃ろうの増設に当たってはそれが患者のQOLの改善につながるかよく検討する必要がある。誤嚥《ごえん》する患者に行っても、肺炎の予防効果はないことがわかっている。胃の位置が正常であれば、内視鏡を使って胃壁側から腹壁を持ち上げ、比較的に簡単に増設することができるようになった。定期的に胃ろうチューブの交換が必要でおおよそ４、５カ月に１回交換する。再挿入時に胃の中にきちんと入らず、腹腔内に迷入してしまう事故が散見されるので、交換後の最初の注入食は病状に変化がないか気をつける必要がある。

インスリン注射

インスリンの自己注射は、糖尿病の治療で、食事療法や運動療法、内服薬物療法では血糖コントロールができない場合に行う。インスリンを注射するとともに、血糖の自己測定等により血糖をコントロールする。インスリンと食事摂取量のバランスによって高血糖や低血糖になる危険性がある。また、インスリンには超速効型や持効型等があり、効果発現時間や持続時間が異なるため注意を要する。

インテーク

インテークとはケースワークの過程における初期の面接段階のことを指す。援助を求めている利用者またはその家族は、自ら抱えている問題そのものに対しての不安や援助者にその問題を対処してもらえるのかといった不安を抱えている。インテークでは援助者はそういった利用者や家族の抱えている不安に対して傾聴し共感し受容していくことが求められ、そこから信頼関係が生まれる。その信頼関係のもとで利用者や家族のニーズに合った社会資源を検討し、その後、契約等に基づきサービスを設定していくことが行われる。

——の意義

インテークは利用者の抱える問題に対して、利用者から情報収集し、その抱える問題の要因等を明らかにし、その問題を解決していくための課題を提示し、社会資源と結びつけていくところにその意義がある。誤った情報収集を基に、問題に対して不適切な課題分析をしてしまうことになると、利用者の抱える問題は解決されず、かえって悪い結果をもたらすことになる。このためどこまで的確な課題を提示することができるか、インテークの成否がかかっている。

そこでインテークにおいて援助者に求められる取り組みとしては、利用者の訴えに対しての徹底した傾聴、共感、そして受容である。そしてこの受容は利用者との信頼関係（ラポール）を樹立することにつながる。この信頼関係はインテーク後の支援の場においても大切なものである。

——の過程

インテークにおいての面接では、①導入と場面設定、②主訴の聴取と必要な情報交換、③問題の確認と援助目標の仮設定、④援助計画、援助期間、援助方法の確認、⑤援助に関する契約、⑥終結という６つの過程がある。

①導入と場面設定：利用者自身が抱えている問題に対する不安、その問題を援助者が聞き入れてくれるのかといった不安に対して、援助者には利用者が話しやすく、かつ面接が円滑に運ぶような場面設定が求められる。

②主訴の聴取と必要な情報交換：利用者の主訴を手掛かりにその内容と背景を情報収集し、また当該機関が提供できるサービスについて情報提供する。

③問題の確認と援助目標の仮設定：利用者の抱えている問題を面接から課題分析し、活用できる社会資源を利用者と共に検討していくことが求められる。利用者かその家族と共に問題を明確にし、サービスを考えていくことは利用者や家族と問題を共有することにつながる。

④援助計画、援助期間、援助方法の確認：③で行ったサービスを具体的に援助計画、援助期間、援助方法に当てはめていく。このためには利用者や家族とサービスを契約するためにインフォームド・コンセントまたはインフォームド・チョイスが行われる。

⑤援助に関する契約：④を基にサービス提供機関、またそこでのサービス担当者の役割を明確にし、さらに利用者や家族のできること（ストレングス）も視野に入れながら、検討されたサービス内容を利用者や家族と最終決定していく。

⑥終結：面接の目的が達せられればインテークは終了するが、利用者や家族にサービスを利用するに当たって心掛けてほしいこと、またサービスに不満を抱いたとき、利用者の病状・障害に変化があった場合の対応について説明することも必要である。

——面接

インテークで行われる面接をインテーク面接という。インテーク面接は援助者が所属する当該機関内の相談室等で行われる面接と、利用者の居宅等で行われる生活場面面接がある。インテーク面接は受理面接とも呼ばれ、利用者と援助者が初めて出会い、援助者は援助を必要とする状況と利用者が抱えている問題を整理し、提供できるサービスを選定し、援助計画を作成し、援助のための契約が行われる。このため１回だけの面接で終了しない場合も多く、数回の面接で提供されるサービスが選定されていく。インテーク面接では利用者やその家族の抱えている問題に対する情報収集、さらにこれら情報から利用者のニーズ把握、ニーズに合う社会資源・各種サービスとのマッチング、そのサービスについての説明と同意、サービス利用のための契約が援助者に求められる。

——の記録の重要性

インテークはその事例に関する事例会議やサービス担当者会議の以前に行われ、援助者が所属する機関にも情報としてまだ整理されておらず、関係職種間で情報共有もなされていない段階にある。このため、援助者は正確、迅速にインテークの記録をしておく必要がある。面接の経過、援助者の意見と予測、緊急を要する点、当面の課題、他機関との連絡の必要性などを、確実に、また第三者が読んでもわかりやすいように記載する。この記録はサービス担当者へ提供されて共有情報となるものであり、今後、利用者や家族への説明責任、EBP（根拠に基づいた実践）においても重要な資料となる。そのためにも、援助者は関係者と十分検討した上でインテーク記録の様式を決定しておくことが求められる。

インフォーマルサポート

要介護者等を地域社会で支援していくために必要な支援のうち、家族、親族、友人、知人、近隣、同僚、地縁団体、当事者組織、相互扶助組織等が行う定型化されていない多様なサービスや支援活動全般をいう。これに対し、制度を根拠に行われる行政サービスや、認可や指定を受けた事業所が提供する公共サービスがフォーマルサービスである。

ただし、両者の境目は絶対的なものではなく、また、全国一律に考えることもできない。重要なことは、両者を要介護者等の支援に総合的に活用することであり、特に個別性の高いニーズへの対応においては、インフォーマルサポートの活用が期待される。

インフォームド・コオペレーション

インフォームド・コオペレーションとは「説明と協働作業」のことを指し、利用者のエンパワメントを高めて、利用者自身でできることは援助者と共に行うといった取り組みを指す。従来、社会福祉援助では利用者は援助を受けるだけの者としてみなされていた。近年の利用者のできることを生かした援助（ストレングス・アプローチ）においては、利用者自身も内的社会資源としてできることを増やしていく等、援助者と共に取り組む援助の在り方が主流となりつつある。

インフォームド・コンセント

医療従事者と患者の関係を規定した概念。「説明と同意」と訳される。患者が、検査や治療に関して、目的、方法、内容、危険性、合併症、副作用、予後等について、自身が理解できるまで医療従事者から説明を受けた上で同意をすること。具体的には医師から十分に説明を受けることで、患者が医療内容を医師と共に形成する共同の意思決定の過程をいう。

しかし、病名の告知は患者が情報を得ることではあるが、難治性のがん等の場合は告知が困難である場合も少なくない。このように配慮を前提とした情報の提供という側面がある。

インフォームド・チョイス

インフォームド・チョイスとは「説明と選択」のことを指し、インフォームド・コンセント（説明と同意）から派生した概念である。両者とも従来のパターナリズム（一方的な抑圧関係）を払拭した考え方であり、利用者・患者の知る権利を重視したものである。このインフォームド・チョイスはインフォームド・コンセントと並んで、援助者は利用者に対して①利用者に理解できる言葉で説明すること、②非支配的な関係が条件として挙げられ、この２つの条件が満たされたとき、利用者の自律性が発揮され、利用者主体の援助へとつながる。

インフルエンザ

インフルエンザウイルスによっておこる感染症。ウイルスは空気・飛沫感染する。急激な発症で、悪寒を伴う発熱・頭痛・筋肉痛・関節痛で始まる。さらに咽頭痛・結膜充血を伴う。そして、気管・気管支に炎症が及ぶと強い咳が出る。特に高齢者では肺炎を伴う等重症化することがある。ワクチン接種は予防と重症化防止に有効であり、特に施設入所者では予防接種が勧められる。

う

ウイルス肝炎

肝炎ウイルスの感染によって生じる肝臓の炎症性疾患。高齢者では慢性肝炎の場合が多く、急性肝炎の罹患は少ない。主な肝炎ウイルスとしては、A、B、C、D、E型の５種類があり、急性肝炎はA、B、E型肝炎ウイルスによるものが多く、慢性肝炎はB、C型によるものが多い。急性肝炎や慢性肝炎急性増悪期の症状としては食欲不振・倦怠《けんたい》感・頭痛・右上腹部圧痛・発熱・黄疸《おうだん》・褐色尿・吐き気・嘔吐《おうと》・下痢などがある。

➡ 肝炎ウイルス p.86

ウェルナー症候群

ドイツの医師ウェルナーが1904（明治37）年に報告した常染色体劣性の遺伝性疾患で日本に多い。白内障・低身長・低体重・白髪・皮膚の萎縮・硬化などの早期の老化が症状である。思春期に発症し、早期動脈硬化・糖尿病等を合併することがある。平均死亡年齢は40〜50歳といわれている。社会的なサポートを目的とした患者家族会等の支援組織も活動している。

う蝕

歯の硬組織の脱灰と有機質の崩壊を伴う口腔細菌による感染症である。高齢者では、歯の修復物の境界や内部で生じる二次う蝕、歯肉の退縮により露出した歯根表面に発生する根面う蝕、義歯のバネ（クラスプ）のかかっている歯のう蝕が多い。薬物の服用や唾液分泌の減少、口腔清掃自立度の低下が高齢者のう蝕発生の大きな要因となる。

うつ

死別や解雇、失恋等、人生で経験する出来事やストレスにさらされるとふさぎ込み、意欲や関心がなくなり、思考力や集中力が低下する。こうした気分の全般的な落ち込みを「うつ状態」と呼んでいる。これとは別に「うつ病」は「うつ状態」が何日も続き、苦悶感と厭世観念に苛まれる精神疾患である。医学的診断基準からみると抑うつ状態が２週間以上にわたり毎日続き、生活に障害が出ている場合にうつ病と診断される。誰にでもある気分の落ち込みと、精神疾患のうつ病をまとめて「うつ」と表現されることが多い。DSMでは「大うつ病性障害」と「気分変調性障害」に相当する。

➡ DSM　p.2

上乗せサービス

介護保険で定められた居宅サービス等について、給付の上限（国の定める支給限度基準額）を超えて市町村が条例を定め独自に設定・提供するサービス。また、利用者はその費用を全額自己負担することにより、支給限度基準額を超える追加的なサービスを利用することができるが、この場合のサービスを「上乗せサービス」ということもある。

運営基準減算

指定居宅介護支援事業所が運営基準に適合していないことにより介護報酬（居宅介護支援費）が減算されること。例えば、指定居宅支援等の事業の人員及び運営に関する基準に反し、介護支援専門員がアセスメントに当たって利用者の居宅を訪問していない、サービス担当者会議を開催していない、居宅サービス計画原案について同意を得ていない、居宅サービス計画を交付していない、モニタリングに当たって少なくとも月1回利用者宅を訪問していないなどの場合である。この場合100分の50に相当する単位数の算定となり、さらにこの減算が2カ月以上継続している場合は算定されない。

運営推進会議

地域に開かれたサービスとして、外部の要望、助言を踏まえ、質の確保、向上を図るために、地域密着型のいくつかのサービスで、事業者、施設に設置が義務付けられている会議のこと。認知症対応型共同生活介護、小規模多機能型居宅介護、地域密着型通所介護（2016（平成28）年度から）、認知症対応型通所介護（2016（平成28）年度から）、地域密着型特定施設、地域密着型介護老人福祉施設、看護小規模多機能型居宅介護が対象とされている。利用者や家族、地域住民の代用者、市町村職員、地域包括支援センター職員、サービスについての知見を有する人等で構成される。事業者はおおむね2カ月（地域密着型通所介護、認知症対応型通所介護は6カ月）に1回運営推進会議を開催し、活動状況を報告し、評価を受けるとともに、必要な要望、助言等を聴く。自己評価、外部評価の結果を周知するとともに、地域との連携、交流の場とする。なお、定期巡回・随時対応型訪問介護看護では同様の趣旨から「介護・医療連携推進会議」の設置が義務付けられている。

運営適正化委員会

「福祉サービス利用援助事業の適正な運営を確保するとともに、福祉サービスに関する利用者等からの苦情を適切に解決するため」（社会福祉法第83条）に、都道府県社会福祉協議会が設置する委員会。社会福祉、法律、医療の各分野の学識経験者で構成され、上記の目的に対応するために委員会の中に運営監視委員会と苦情解決委員会が設けられる。

え

栄養・食生活のアセスメント

食事調査、身体計測、生理・生化学検査、さらに臨床徴候等から得られた情報により、個人や特定集団の栄養や食生活の状態を総合的に評価、判定することである。要介護者の栄養状態が悪化すると各種栄養欠乏症、免疫力の低下、合併症、介護度の増大等が出現しやすくなる。これらを予防するには、栄養状態や食生活を改善することが必要であり、栄養状態の評価・判定は、以下のパラメーターがある。

①身体計測（身長・体重・上腕三頭筋皮下脂肪厚・上腕筋囲など）、②臨床検査（血液生化学・尿生化学）、③臨床検査（栄養障害による自他覚症状の調査、監察、既往歴、現病歴、体重歴）、④食事調査（食物、エネルギーおよび栄養素の摂取状況）。

栄養管理指導

栄養状態の改善や食生活の支援を適切に行うため、①栄養スクリーニング、②栄養アセスメント、③栄養ケアプランの作成、④栄養ケアプラン実施、⑤モニタリング・再評価するという体制のこと。栄養ケアプランの作成には、管理栄養士、医師、保健師、薬剤師、ケアワーカー等の専門職が相互に情報交換を行う必要がある。

栄養士

厚生労働大臣の指定した養成施設で２年以上必要な知識や技能を習得した後、都道府県知事によって与えられる免許である。栄養士法に基づき、栄養士の名称で栄養の指導に従事することができる。

➡ 管理栄養士 p.93

栄養障害に関係する自他覚症状

低栄養（カロリー・蛋白質の欠乏）は食欲不振、吐気、抵抗力の減退、消化機能障害等をもたらし、脈拍は減少し、血圧は収縮期・拡張期とも降下する。眼（ビタミンA不足）、舌や口唇（鉄、ビタミンB_2不足）に影響を与え、軟骨（カルシウム、リン、ビタミンD不足）、浮腫（ビタミンB_1、蛋白質、エネルギー不足）、貧血（鉄、蛋白質、エネルギー不足）等の症状が出る。また、過栄養の場合は体脂肪の増加や動悸、息切れの症状がみられる。

腋窩《えきか》検温法

体温測定の方法の１つで、腕を下ろして腋《わき》との間に体腔をつくり、体温計の先端を当てて測る。腋窩は腋のくぼみのこと。麻痺や外傷がある場合などは健側で、また腋が湿っている場合は乾いたタオルなどでよく拭いて測定する。体温計の先端が腋窩に密着するように体軸の30～45度くらいの角度で上向きに先端を差し入れる。腕をやや前の方に寄せて、肘を曲げ、ずれないように反対の手で軽く腕を押さえておくか、脇をしっかりしめ、体温計を密着させる。腋窩につくられた体腔の温度が一定の温度に上がるためには5～10分体温計を入れておく必要がある。

エネルギー欠乏症

BMI（体格指数）が18.5以下の人、あるいは通常の体重に比べて体重減少率が6カ月に5％以上の人が対象となる。食欲が低下し、摂取量が少なくなった人に多くみられる。エネルギー欠乏症を予防するには、①摂取エネルギーを増やす、②味を通常より濃くする、③油をとる、④アルコール類やスープを食前にとる、⑤香辛料や香りの強い野菜を利用する、⑥間食やデザートをとるなどが有効である。

➡ 低栄養　p.334
➡ BMI　p.1

エビデンス・ベイスド・メディスン

根拠あるいは証拠に基づいた医療のこと。EBM（Ebidence-based Medicine）。疾患についての情報が量的・質的に収集しやすくなったことから、これらの情報活用の有効性が強調されている。EBMによって根拠となる文献を検索し、その信頼性を評価し、最も信頼できる結論について患者への適用を判断する。

嚥《えん》下《げ》

歯や舌によって咀嚼《そしゃく》された食物が、口腔を通って、喉、食道へ呑《の》み込まれていくこと。食物が口の中に取り込まれ咀嚼されるときを口腔期、次に口蓋（口腔の上壁）により鼻腔が閉じられ食塊が咽頭に押し出され飲み込まれるときを咽頭期、そして咽頭蓋が気道をふさぎ、食物が食道に入るときを食道期という。

嚥下困難への対応

嚥下困難とは飲食物の咀嚼や飲み込みが困難なことで、嚥下障害ともいう。嚥下困難があると誤嚥《ごえん》を起こしやすく、口からの摂食を避けがちになるが、食べることの喜びが回復への意欲とつながるので、できるだけ口から摂食できるようにする。そのために不安感や恐怖感を取り除き、理解と協力を得る。液体よりも、拡散しにくいピューレ状や半固形状のものが飲み込みやすい。とろみのある液体（ポタージュ）、粘度が均一でまとまりやすいもの（マッシュポテト）、粘着性が低く、つるりとしたもの（ムース、ゼリー、豆腐）等が好ましい。姿勢は、座位を保ち、前屈を防ぎ、顎が上がらないようにする。食事前に口腔内を湿らせ、唾液の分泌を促す。一口量を少なくし、ゆっくりよく噛んで食べるよう促す。

嚥下《えんげ》障害

水分や食物を飲み込むのが困難な状態のこと。水分や咀嚼《そしゃく》された食物が口腔を通って喉、食道へと飲み込まれることを嚥下という。嚥下障害の原因は次の3つに分けられる。

①器質的原因（器官の構造に問題があり、通過を妨げる）、②機能的原因（器官の動きに問題があり、うまく送り込めない。加齢も原因の1つとなる）、③心理的原因（所見や検査上明らかな異常が認められない場合）。嚥下障害は、呼吸困難や誤嚥性肺炎等につながる場合があり、注意が必要である。

嚥下性肺炎

本来嚥下機能が正常であれば、気管から肺内には空気以外のものは入らないはずであるが、そこに唾液や食べ物などが侵入し、肺炎を起こしたものをいう。嘔吐したものを誤嚥するとさらに胃液による炎症も加わり、重症化しやすい。高齢者に多く、寝ている間の唾液誤嚥が原因のことがある。口腔ケアによって発症率が減らせるので、特に夜間の口腔ケアは重要である。

➡ 誤嚥性肺炎 p.157

嚥下に好ましい食品

食物を口腔内から食道にスムーズに送り込むためには滑らかな形態の食品が適している。プリン類（プリン、卵豆腐）、ゼリー類（ゼリー、寒天寄せ）、マッシュ類（ポテト、南瓜）、とろろ状のもの（とろろ芋、生卵）、粥、ポタージュ類、乳化状（ヨーグルト、牛乳）のものやミンチ状のものが望ましい。反対に、液体固形物と液体が混ざっているもの（高野豆腐、具入りスープ）、拡散しやすいもの（クッキー、粉薬）は、食塊の形成されないうちに気管へ入り、誤嚥しやすい。噛み砕きにくい練り製品（かまぼこ類、こんにゃく）、口の中に粘着するもの（ワカメ、海苔、葉野菜、餅）等は、大きい塊のまま誤嚥すると呼吸困難や窒息につながる。

塩酸ドネペジル

脳神経細胞の末端でアセチルコリン分解酵素を阻害してアセチルコリンの作用を強めることでアルツハイマー病の認知力低下を緩和しようとする薬。代表的な薬にアリセプトがあるが、その他に各製薬会社で塩酸ドネペジルに社名をつけたジェネリック医薬品が市販されている。

援助困難事例

社会福祉援助等をスムーズに行うことができないケースのこと。援助の必要性があっても受けなかったり、あえて拒否したり、あるいはその適切な判断ができない等のために援助が困難になっている状況である。援助困難事例として従来は、多問題家族における援助の困難さが中心であったが、それらも含めて、今日の多様化した社会においては次の５つの類型が挙げられる。

①社会的抑圧により隠されているニーズによって援助が求められない場合がある。つまりサービスそのものの存在を利用者が把握できていない場合や医療、保健、教育分野とほとんど連携ができておらず、結果、利用者のニーズに沿ったより良いサービスが提供されていない場合等である。②個人・家族的抑圧によってニーズが隠されている場合、接近困難となる。中でも虐待事例はこれに該当する。③利用者本人・家族がニーズを自覚していない場合である。これは援助者が援助対象として利用者本人を評価しても、本人さらにはその家族が援助が必要であることを自覚しておらず、結果として援助困難となる。④極端な社会的孤立によりニーズが隠されている場合、結果として接近困難とさせてしまうことがある。長期にわたる心身の疾患が原因で社会性を失い自閉的な生活を送っている独居世帯等の利用者が該当する。⑤多様な問題の陰にニーズが隠れている場合、接近困難となる。これは先に挙げた多問題家族、つまり家族の中で家族員それぞれが問題を同時に抱えており、それらの問題が慢性的に存在している家族のことであり、その特徴として貧困問題がベースにあることが少なくない、社会福祉機関の援助に拒否的である、地域社会から孤立している事例等が挙げられる。

――の理解とアプローチ

多様な事例があり、それに応じた適切なアプローチが必要となる。いずれにしても積極的援助を必要としている人や家族がいることに変わりはなく、援助者はそれらの人々が相談に来るのを待つのではなく、自ら出向き問題を発見し援助するというアウトリーチが対応の基本となる。そして問題発生の予防と早期発見、信頼関係をつくる、観察と情報収集、課題分析等が重要となる。アプローチに当たっては、対象者の気持ちや状況に共感的理解を示す、正しい知識・情報を提供する、解決しやすい問題から始め、より深刻な問題に具体的に対応していく等に留意する。また家族関係の調整、利用できる社会資源の活用・開発も重要である。ときには強力な介入が必要な場合もある。

エンパワメント

エンパワー（empower）という単語は、「能力や権限を与える」という意味であり、エンパワメントは、利用者等の個人が生活環境を検討することで自分自身本来持っている力が発揮できるようにしていくことである。

このエンパワメントという概念が、米国におけるソーシャルワークの手法や考え方として最初に登場したのは公民権運動にまでさかのぼる。1976（昭和51）年にソロモンは『黒人のエンパワメント（Black Empowerment）：抑圧されている地域社会によるソーシャルワーク』を著し、エンパワメントの重要性を指摘した。

塩分の摂取量

塩分の過剰摂取は高血圧や心疾患や動脈硬化症の原因になる。日本人の食事摂取基準（2015（平成27）年版）では1日当たり成人男性は8g、女性で7g未満の摂取が望ましいとされている。

お

応益負担

医療や介護の費用について、受けたサービスの受益に応じて負担することを応益負担という。

例えば、国民健康保険の保険料賦課においては、所得割、資産割、被保険者均等割、世帯別平等割を使用するいわゆる4方式が主流であるが、この場合、被保険者均等割および世帯平等割は、被保険者や世帯の負担能力とは関係なく課せられる応益負担部分であり、応益割と呼ばれている。

応能負担

医療や介護の費用について、被保険者の負担能力に応じて負担することを応能負担という。

例えば、国民健康保険の保険料賦課においては、所得割、資産割、被保険者均等割、世帯別平等割を使用するいわゆる4方式が主流であるが、この場合、所得割および資産割は、被保険者や世帯の受益とは関係なく、負担能力に応じて課せられる応能負担部分であり、応能割と呼ばれている。

また、介護保険法の一部改正に伴い、2015（平成27）年度から所得の多い利用者の負担が従来の１割から２割負担となった。

オープン・クエスチョン

お

質問方法の代表的な手法であり、「どう思うか？」等のように、制約を設けず相手に自由に答えさせるような質問の仕方をオープン・クエスチョンという。相手からより多くの情報を引き出したい場面で有効とされている。対義語としてクローズド・クエスチョンがある。

➡ クローズド・クエスチョン p.124

お泊りデイサービス

通所介護事業所の設備を利用して行われる介護保険制度外の宿泊サービスのこと。なじみの関係から手軽に安価な料金で利用ができる等のメリットの一方で、保険外であり泊りの環境が不十分等の問題点が指摘されている。2015（平成27）年度から届出制の導入、事故報告の仕組みの構築、情報公表の推進等が義務付けられている。また夜間および深夜に指定通所介護以外のサービスを提供する場合の人員、設備、運営に関する指針（ガイドライン）が厚生労働省から示され、これを基に都道府県等で具体的な基準が定められる。

なお、サービスの適正な運営が確保できない場合、衛生管理、介護上の事故ないし貧困ビジネスの温床となる等の懸念が専門家の中で指摘されている。

オピオイド鎮痛薬

神経系のオピオイド受容体に結合して鎮痛作用を起こす薬をオピオイド鎮痛薬という。麻薬（モルヒネや塩酸ペチジン等）と非麻薬（ペンタゾシン、ブプレノルフィン等）とがある。弱オピオイドのコデインや強オピオイドのモルヒネ等が一般的に使われているものである。作用は鎮痛の他、情動への作用等がある。

オペレーションセンターサービス

夜間対応型訪問介護において、利用者に配布したケアコール端末からの随時の通報に対応し、相談援助、介護職員もしくは看護師等による対応の要否を判断する。センターは事業実施地域内に１カ所以上設置するが、利用人数が少なく利用者との密接な関係により通報に十分に対応できる場合は、設置しないことができる。サービス提供時間帯には最低22時から翌朝６時までの間は含むものとされる。

オペレーター

定期巡回・随時対応型訪問介護看護および夜間対応型訪問介護において、利用者またはその家族からの通報に対応する者。サービス提供時間帯を通じて１人以上配置する。看護師、介護福祉士、准看護師、医師、保健師、社会福祉士、介護支援専門員が従事する。オペレーターのうち１人以上は常勤の看護師、介護福祉士とする。随時訪問サービスを適切に行うため、利用者の面接を行い、１カ月から３カ月に１回程度訪問して随時利用者の心身状況や環境等の的確な把握に努め、利用者・家族に適切な相談・助言を行う。

➡ **定期巡回・随時対応型訪問介護看護**　p.334
➡ **夜間対応型訪問介護**　p.454

おむつ代

2000（平成12）年以前、要介護者等のおむつ代は介護費用の中でも高額になる場合があり、おむつ交換の介護労働と併せて、在宅介護における介護負担として大きな問題となっていた。このため、介護保険制度によって費用負担軽減が図られ、短期入所介護サービスを含めて介護保険施設利用の場合は施設給付に含まれることになった。しかしながら、有料老人ホーム等の特定施設入居者生活介護や認知症高齢者共同生活介護、通所系サービスは介護保険給付対象外で利用者負担となっている。なお、一部に市町村単独事業「紙おむつ」給付を行っているところもある。

音楽療法

心身の障害や機能の回復、改善のために音楽の持つ生理的、心理的、社会的な働きに着目した治療法である。音楽を楽しむことで、障害の回復や生活意欲の向上を目的とする。具体的には童謡、唱歌、歌謡曲等を楽器等も活用し、歌う、身体を動かす、また、歌の時代背景や思い出、好きな理由等をテーマに個人やグループで楽しむ。

この療法の専門家として民間資格の音楽療法士がある。認定内容は各団体で多少の違いが認められる。

温熱作用

温熱がもたらす作用のことで、局所あるいは全身の血流増加を促し、新陳代謝を盛んにし、筋緊張の緩和、鎮痛等の効果がある。また、内臓の働きを助け、自律神経をコントロールする作用もある。このため温熱は最も多用される物理療法の手段の1つともなっている。温熱作用を利用した療法として、伝導熱を利用した温罨法《おんあんぽう》、輻射熱《ふくしゃねつ》を利用する赤外線療法、高周波による超短波、極超短波等の電気療法等がある。

か

概況調査

要介護（要支援）認定に先立つ市町村の訪問調査において、調査対象の氏名、年齢、住所、現在受けているサービスの状況、対象者の主訴、家族状況、住宅環境等を調査する。

介護給付

介護保険制度における要介護者に対して行う法定の保険給付。①居宅介護サービス費、②特例居宅介護サービス費、③地域密着型介護サービス費、④特例地域密着型介護サービス費、⑤居宅介護福祉用具購入費、⑥居宅介護住宅改修費、⑦居宅介護サービス計画費、⑧特例居宅介護サービス計画費、⑨施設介護サービス費、⑩特例施設介護サービス費、⑪高額介護サービス費、⑫高額医療合算介護サービス費、⑬特定入所者介護サービス費、⑭特例特定入所者介護サービス費の14種類の給付がある。

介護給付等費用適正化事業

地域支援事業の中で市町村の任意

事業として行われる事業の１つで、介護給付に要する費用の適正化のための事業である。主な適正化事業として、認定調査状況チェック、ケアプランの点検、住宅改修等の点検、医療情報との突合・縦覧点検、介護給付費通知がある。

介護給付費

介護保険の保険給付の対象となる介護サービスの費用のこと。具体的には居宅介護サービス費、地域密着型介護サービス費、居宅介護サービス計画費、施設介護サービス費、特定入所者介護サービス費、介護予防サービス費、地域密着型介護予防サービス費、介護予防サービス計画費および特定入所者介護予防サービス費（介護給付費及び公費負担医療等に関する費用等の請求に関する省令第１条第１項）である。介護給付費の額は厚生労働大臣が定める基準により算定される。この基準は、本来は保険者である市町村から被保険者への介護給付費の償還払いの際の基準であるが、保険給付が法定代理受領方式により現物給付化される場合は、市町村からサービス提供事業者に対して支払われるサービス対価（介護報酬）の算定基準となる。

➡ **償還払い** p.235
➡ **法定代理受領** p.423

介護給付費請求書

介護給付費（介護報酬）を請求する際の請求書で、各事業所・施設が市町村から審査・支払い事務を委託された国民健康保険団体連合会に提出する。様式が定められ、原則として、伝送または磁気媒体を通じて提出される。

介護給付費単位数表

サービスの種類・内容に応じて定められている介護給付費の単位数を示したもの。介護給付費（介護報酬）は、これをもとに、単位数に１単位の単価をかけ合わせて金額に換算する。

介護給付費・地域支援事業支援納付金

医療保険者が社会保険診療報酬支払基金に納める納付金。各医療保険者は支払基金から第２号保険料として課された額から保険料率を算定し、医療保険料として合算し第２号被保険者から徴収する。支払基金は各市町村に対し、納付金から、介護給付費の第２号被保険者の定率負担分として介護給付費交付金を、また、地域支援事業の介護予防事業に要する費用の定率負担分として地域支援事業支援交付金を交付する。

介護給付費等審査委員会

都道府県の国民健康保険団体連合会（国保連）に置かれている、介護給付費請求書または介護予防・日常生活支援総合事業請求書の審査を行うための委員会。市町村は、介護報酬等の審査および支払いに関する事務を各都道府県単位で設立されている国保連に委託できることになっており、実際にサービス提供事業者は市町村でなく国保連に対し費用請求を行う。この請求に対応する委員会である。委員会は介護給付等対象サービス担当者または介護予防・日常生活支援総合事業担当者代表委員、市町村代表委員、公益代表委員の３者で構成される。

介護券

生活保護の介護扶助対象であることを証する書類のこと。福祉事務所が月単位で指定介護機関に交付する。指定介護機関は、介護券に記載された資格情報等を、介護報酬明細書に転記して、介護に要した費用を国民健康保険団体連合会へ請求する。

介護サービス計画（ケアプラン）

利用者（要介護者）がより自立的で尊厳の保たれた日常生活を営むために何が必要なのか、介護サービスの利用を含めて、どのように暮らしていけばよいのか等を具体的に示したもの。課題分析（アセスメント）を踏まえて、利用者個々の生活課題に即して作成される。居宅介護支援事業所の介護支援専門員によって作成される「居宅サービス計画」や介護保険施設、特定施設等の計画担当介護支援専門員が作成する「施設サービス計画」がある。いずれも、本人・家族の意向を踏まえて担当の介護支援専門員が原案を作成し、サービス担当者会議等で各担当者の専門的な立場からの意見を聴取した上で本人の同意を得て作成される。なお、要支援者に対するケアプランは介護予防サービス計画であるが、これらも含めて介護サービス計画と称されることもある。

➡ **施設サービス計画** p.190
➡ **特定施設サービス計画** p.346
➡ **認知症対応型共同生活介護計画** p.380

介護サービス事業勘定

介護保険の収入・支出については特別会計（介護保険特別会計）を設けなければならないが、その特別会計の区分の１つである。給付の対象となる居宅サービス、施設サービスを実施する介護サービス事業等の収入・支出を扱う。介護保険特別会計にはもう１つの区分として保険事業勘定があり、保険料、支払基金交付金等による収入・支出を扱う。

➡ 介護保険特別会計 p.57

介護サービス情報

介護サービス、介護予防サービスの内容およびそれを提供する事業者・施設に関する情報のこと。法第115条の35で「介護サービスの内容及び介護サービスを提供する事業者又は施設の運営状況に関する情報であって、介護サービスを利用し、又は利用しようとする要介護者等が適切かつ円滑に当該介護サービスを利用する機会を確保するために公表されることが必要なもの」と定義され、具体的には厚生労働省令で定められている。具体的には①名称、所在地、サービス内容など基本的な情報と、②利用者の権利擁護、サービスの質の確保、適切な事業運営・管理体制等詳細な取り組みに関する運営情報からなる。

――の公表

介護サービス事業者から、提供する介護サービスの内容や事業者・施設の運営状況に関する情報について報告を受け、都道府県知事がそれを公表すること。介護保険制度の基本理念である「利用者本位」、「高齢者の自立支援」、「利用者による選択（自己決定）」を現実のサービス利用場面において保障するため、2005（平成17）年の介護保険法改正で制度化された。介護サービス事業者は提供を開始するときと、定期的に年１回程度、介護サービス情報を都道府県知事に報告しなければならない。報告を受けた都道府県知事は、介護サービス情報を公表するとともに、必要と認める場合に調査を行うことができる。

介護支援サービス（ケアマネジメント）

サービス担当者が利用者側の立場に立って、本人や家族のニーズを的確に把握し、その結果を踏まえ「ケアチーム」を構成する関係者が一体になって、ケアの基本方針である介護サービス計画（ケアプラン）を策定し実行していくシステムである。保健・医療・福祉、住宅等の各種サービスだけでなく、家族、ボランティア、近隣等の支援とも調整し、在宅生活を支える。介護支援サービスの目的は、利用者やその家族が持つ生活課題（ニーズ）と社会資源を結びつけることで在宅生活を支援することであり、ひいては要介護者等の自立を支援し、生活の質を高めることにある。

援助過程としては、①計画作成では、要介護者等の生活全般の解決すべき課題（ニーズ）を明らかにする「課題分析（アセスメント）」、②ニーズを解決するための総合的な「介護サービス計画（ケアプラン）の作成」、③介護サービス計画に組み込まれた各種サービス実施のための「サービス事業者との調整・仲介」、④計画に沿って実施される「サービスの継続的な把握（モニタリング）・サービスの評価」であり、これを繰り返して行なう。

——の記録

「指定居宅介護支援等の事業の人員及び運営に関する基準」において、指定居宅介護支援事業者は居宅サービス計画、サービス担当者会議録などの記録の整備が義務付けられている。

現行の基準では、要介護者に対し月１回の訪問と記録の記載が義務付けられている。記録には、利用者の概要、課題分析および計画作成の過程と内容、支援過程の記録、サービスに対する苦情、スーパービジョンの記録等が含まれる。

介護支援専門員（ケアマネジャー）

要介護者・要支援者からの相談に応じて、その心身の状況に応じた適切な居宅サービス、地域密着型サービス、施設サービス、介護予防サービス、地域密着型介護予防サービスまたは介護予防・日常生活支援総合事業を利用できるように、市町村、サービス提供事業者等との連絡調整等を行う者である。要介護者・要支援者が自立した日常生活を営むのに必要な援助に関する専門的な知識・技術を有する者として都道府県知事より介護支援専門員証の交付を受ける必要がある。

ニーズに対応するサービスを適切に組み合わせて継続的に提供し続けるためには、保健・医療・福祉の幅広く総合的な基礎知識および各種サービス等の内容を熟知し、どのような状態にある人にどのような内容のサービスを提供すべきかを十分に理解しておく必要がある。また、利用者やその家族を中心とした各種サービス担当の専門職によるケアチームの一員としての役割を担う。

——の基本倫理

介護支援専門員は、介護支援サービスの全過程において、要介護者等を擁護し、支援し続ける立場にあり、次のような倫理が厳しく問われる。

①人権尊重：絶対的な倫理であり、援助関係における利用者の人権および地域社会における人権を守る必要がある。

②主体性の尊重：支援のすべての過程において、利用者の参加、意思の表明、自己決定を尊重する。

③公平性：支援者は、すべての利用者との関係において、公平性を維持する必要がある。また、サービスの利用援助においては、用意されているサービスを個々のニーズに応じて公平に配分する必要がある。

④中立性：利用者と関係者の間における中立性および利用者とサービス機関との関係における中立性を保つ。

⑤社会的責任：専門職として、社会的責任を持って活動する。

⑥個人情報の保護：利用者に関して知り得た情報を、本人の了解なしに、また問題解決という目的のため以外に口外しない。また、不必要な関心を持たない。

——の義務

①公正・誠実な業務遂行義務（法第69条の34～37）：利用者の人格を尊重し、常にその立場に立って、提供されるサービスが特定の事業者に偏ることなく、公正かつ誠実に業務を行わなければならない。

②基準遵守義務（法第69条の34第2項）：厚生労働省で定める基準に従って、その業務を行わなければならない。

③援助に関する専門的知識、技術の向上と資質の向上（法第69条の34第３項）：要介護者等が自立した日常生活を営むのに必要な援助に関する専門的知識及び技術の水準を向上させ、その他その資質の向上を図るよう努めなければならない。

④秘密保持義務（法第69条の37）：介護支援専門員または介護支援専門員であった者は、正当な理由なしに業務上知り得た人の秘密を漏らしてはならない。

⑤介護支援専門員の義務に違反した場合（専門的知識、技術の向上と資質の向上に関する義務を除く）は、都道府県知事は職権に基づきその登録を消除することができる。

——の禁止行為

①介護支援専門員証の不正使用の禁止（法第69条の35）：介護支援専門員証を不正に使用してはならない。

②名義貸しの禁止（法第69条の35）：介護支援専門員は、その名義を、介護支援専門員の業務のために他人に使用させてはならない。

③信用失墜行為の禁止（法第69条

の36)：介護支援専門員は、介護支援専門員の信用を傷つけるような行為をしてはならない。

——の欠格事由

成年被後見人または被保佐人、禁錮以上の刑に処せられている者、介護保険法その他国民の保健・医療・福祉に関する法律で政令で定めるものの規定により罰金刑に処せられている者、登録申請前５年以内に居宅サービス等に関し不正または著しく不当な行為を行った者、都道府県知事による登録の消除の処分を受けてから５年を経過しない者などは、介護支援専門員の登録ができない（法第69条の２第１項但書き）。

——の業務

介護支援サービス（ケアマネジメント）を中核的に行う。その際には、介護保険以外のサービスも含めた総合的な計画を作成する。居宅サービス計画原案の作成時や、利用者の状態の変化等に応じてサービス担当者会議を開催し各サービスの担当者の意見を求め利用者の情報共有を行う。また、医療サービスの利用の際には、利用者の同意を得て、主治医の意見を求めなければならない。

サービス利用に際しては、支給限度基準額に関する給付管理を行い、自己負担額については利用者、家族に確認しながら行う。

要介護認定の申請に係る援助を行い、新規申請、更新申請等について、情報提供や申請代行を行う。

施設からの退所に際しては、円滑に居宅での在宅生活に移行できるよう援助する。居宅での生活が困難になるなど、必要であれば介護保険施設への紹介を行う。

——の登録と移転

都道府県が行う介護支援専門員実務研修の課程を修了した者は、介護支援専門員として都道府県知事の登録を受ける。登録は、都道府県知事が、介護支援専門員資格登録簿に、氏名・生年月日・住所等、登録番号および登録年月日を登載する。氏名または住所に変更があった場合は、都道府県知事に届けなければならない。

他の都道府県に登録を移転した場合は、登録移転先の都道府県に申請して、介護支援専門員証の交付を受ける。

——の登録の更新

登録を受けた者が交付される介護支援専門員証の有効期間は５年で、申請により更新できる。更新するには、都道府県知事が行う研修を受けなければならない。ただし、現に介護支援専門員の業務に従事しており、かつ更新研修に相当する研修として都道府県知事が指定する研修課程を修了した場合には、更新研修を受けずに更新することができる。

――の登録の消除

都道府県知事は、本人から登録消除の申請があった場合、本人が死亡した場合、被後見人または被保佐人に該当するに至った等の届出があった場合等は、登録を消除しなければならない。また、登録を受けている介護支援専門員が、一定の欠格事由に該当した場合、不正の手段により登録を受けた場合、業務禁止処分に違反した場合等は、職権に基づきその登録を消除しなければならない。

――の役割・機能

利用者に関わる支援（者）チームの全員が、すべての過程において利用者本位の姿勢を貫くことは、介護支援専門員の重要な役割である。チームアプローチにおいては、利用者の多様なニーズに対応するサービスを調整するために、課題分析や介護サービス計画作成を多くの専門職等が合議によって行う必要があり、介護支援専門員は、このような支援者チームのコーディネーターとして、リーダーシップを発揮しなければならない。サービス実施状況や利用者の生活状況をモニタリングし、各居宅サービス事業者等への情報提供や調整を行い、必要があれば計画の修正を働きかける。利用者に関する情報を責任を持って管理し、サービス担当者へ適切な情報提供を行い、サービス担当者間の信頼関係の構築により、利用者のニーズに応じた適切で質の高いサービス提供に結びつけることが大切である。また、サービスが不足している場合は、インフォーマルな支援等の開発を促すことも重要である。

介護支援専門員実務研修

介護支援専門員として利用者の自立に資するケアマネジメントに関する必要な知識、技術を修得するための研修である。介護支援専門員の登録を受けるためにこの課程の修了が必要となる。実施主体は都道府県または都道府県知事が指定した研修実施機関。この研修を受けるためには、「ケアマネジャー試験」等と称されている介護支援専門員実務研修受講試験に合格しなければならない。

実務研修の主な内容は、居宅サービス計画、施設サービス計画および介護予防サービス計画に関する基礎的知識および技術の修得に関するものをその主たる内容とし、かつ要介護認定および要支援認定に関する専門的知識、技術、その他の介護支援専門員として必要な基礎的知識および技術に関するものである。

研修課程は、サービスの基礎技術（講義・演習）、介護支援サービスの展開技術（講義・演習）、介護予防支援（講義・演習）、介護保険制度の理念と介護支援専門員の４つの課程と、居宅サービス計画作成の実習を行う。研修時間は44時間以上であるが、2016（平成28）年度からは、従来から任意で行われてきている介護支援専門員実務従事者基礎研修と統合されて87時間以上となる。

登録後５年以内に専門員証の交付を受けていない者等は、介護支援専門員再研修を受ける必要がある。

介護支援専門員実務研修受講試験

介護支援専門員実務研修を受講するために必要となる都道府県が行う試験である。「ケアマネジャー試験」等と称されている。合格しなければ実務研修を受講できず、従って介護支援専門員の登録を受けることもできない。受験できるのは医師、保健師、看護師、理学療法士、社会福祉士、介護福祉士等保健・医療・福祉に関する法定資格保有者で、他に生活相談員、支援相談員、相談支援専門員、主任相談支援員等相談援助業務の経験のある者。法定資格保有者、相談援助業務経験者とも通算して５年以上の経験が必要である。受験資格については2015（平成27）年度から見直され、それまでの社会福祉主事任用資格者や訪問介護２級研修修了者、福祉事務所のケースワーカー等介護業務等の経験は受験資格から除外されている（ただし経過措置が設けられており、切り替わるのは2018（平成30）年度から）。

介護支援専門員実務研修受講試験の内容は、次の４点である。

①介護保険制度に関する基礎的知識

②要介護認定および要支援認定に関する基礎的知識および技術

③居宅サービス計画、施設サービス計画および介護予防サービス計画に関する基礎的知識および技術

④保健医療サービスおよび福祉サービスに関する基礎的知識および技術

都道府県知事は、登録試験問題作成機関に試験問題作成事務を行わせることができる。これ以外の事務については、指定試験実施機関に行わせることができる。

――の受験資格

養成の対象となる者は、以下の業

務に5年以上従事した者である。
・保健医療福祉分野の一定の有資格者（医師・歯科医師・薬剤師・保健師・看護師・理学療法士・作業療法士・社会福祉士・介護福祉士・精神保健福祉士・栄養士等）による資格に係る業務
・老人福祉施設等、介護老人保健施設、老人デイサービス事業等の従事者による相談援助業務
・老人福祉施設等、介護老人保健施設、病院等の療養病床、老人居宅介護等事業の従事者で社会福祉主事任用資格等を有する者による介護等の業務（社会福祉主事任用資格等を持たない者は10年以上従事していること）

これらの者が介護支援専門員実務研修受講試験を受験し、合格した者が介護支援専門員実務研修を受講し、修了した旨の修了証明書を受けて、都道府県に登録され、介護支援専門員証の交付を受ける。

介護支援専門員証

介護支援専門員として実務に就くことができる者であることを証明する書類である。都道府県知事が交付する。介護支援専門員実務研修の課程を修了し、介護支援専門員として都道府県知事の登録を受けている者（登録者）は、都道府県知事に対し、介護支援専門員証の交付を申請することができる。介護支援専門員証の有効期間は5年。なお、登録を受けた日から5年を超えている者は、都道府県知事が厚生労働省令で定めるところによる研修（再研修）を受ける必要がある。

——の携行

利用者が安心して居宅介護支援の提供を受けられるように、介護支援専門員はその業務を行うにあたり、介護支援専門員証を携行し、関係者から請求があったときは、介護支援専門員証を提示しなければならない。指定居宅介護支援事業者は、当該事業所の介護支援専門員に身分を証する書類を携行させ、初回訪問時または利用者・家族から求められた際には提示すべき旨を指導しなければならない。

——の不正使用の禁止

法第69条の35で、介護支援専門員は、介護支援専門員証を不正に使用してはならない、と規定されている。介護支援専門員の義務に違反した場合は、都道府県知事は登録を消除することができる。

——の有効期間

介護支援専門員証の有効期間は5

年である。ただし、介護支援専門員証が交付された後に他の都道府県に登録を移転した場合は、その介護支援専門員証は効力を失うので、登録移転先の都道府県に申請して介護支援専門員証の交付を受けなければならない。その場合有効期間は前の介護支援専門員証の有効期間の残存期間となる。介護支援専門員証の有効期間は、申請により更新することができ、更新の際には研修を受ける必要がある。

介護施設整備法

公的介護施設の整備を進めるための法律で、正式名称は「地域における公的介護施設等の計画的な整備等の促進に関する法律」。2005（平成17）年４月施行。各地方公共団体が地域の実情に合わせ創意工夫しながら法に基づき、介護サービス基盤を整備することを国が支援していく。国が整備の基本方針を定め、市町村は整備基本方針に基づき市町村整備計画を作成する。

介護施設入所者基本生活費

生活保護の被保護者で介護保険制度の介護保険施設に入所している場合には、障害者加算等が算定されていない際に、通常の生活扶助費に代わって支給される費用。基準生活費に期末一時扶助費や、地区別冬季加算額を加算した額が支給される。介護施設に入所している被保護者の身の回り品等一般生活費として支給され、2014（平成26）年４月１日改定の単価は１級地－１で9,850円以内とされている。生活扶助費の一類型。

介護者

要介護者に対し主に在宅で介護を行う人を指す。複数で行っているような場合では中心となって介護を担う人を「主介護者」、副次的に担う人を「副介護者」と区分する場合がある。

同居の親族が61.6％を占め、続柄は配偶者（26.2％）、子（21.8％）、子の配偶者（11.2％）が上位を占めている。その他としては別居の家族等が9.6％と多いが、介護サービスの普及を反映して介護者が「事業者」という回答も14.8％と多くなっている（2013（平成25）年国民生活基礎調査）。

介護職員

介護保険施設、社会福祉施設等で介護業務を主とするスタッフのこと。業務の内容は、食事や入浴、排せつ、衣服の着脱、移動等生活全般における介助、家族等への介護の相談対応のほか、日誌の作成、各種福祉機器の管理、看護業務の補助、掃除等があり、散歩や買い物の援助、行事やレクリエーション等も行う。国家資格として介護福祉士がある。

厚生労働省の介護サービス施設・事業所調査によれば、2009（平成21）年度の介護職員数は約134.3万人。このうち3割にあたる45.5万人が介護福祉士である。

➡ 介護福祉士 p.49

介護相談員派遣事業

市町村から派遣された介護相談員がサービス事業所等の介護サービスの提供の場を訪ね、利用者や家族から介護サービスに関する疑問や不満等を聴き、サービス提供事業者との橋渡しをしながら、問題の改善や介護サービスの質的向上等を図ることを目的とした事業である。2000（平成12）年度に介護保険制度施行と同時に実施され、介護サービス適正実施指導事業の1つとして位置付けられている。2006（平成18）年度施行の改正介護保険法では地域支援事業の中で実施されている。介護サービス適正実施指導事業（都道府県事業）には介護相談員養成研修等事業もある。施設サービス、小規模多機能型居宅介護、認知症対応型共同生活介護等のほか、2012（平成24）年度から居宅サービス等についても、この派遣事業等に関する努力義務規定が設けられている。

介護総費用

介護給付費と利用者負担分を合わせた費用。制度発足時の2000（平成12）年度は3.6兆円であったが、10年後の2010（平成22）年度には7.8兆円と2倍以上に膨らみ、以後も増え続けている。

2015（平成27）年度以降の第6期においては、10兆円を超え、11兆円規模に達することが予測されている。

介護付き有料老人ホーム

特定施設の指定を受けている有料老人ホームのこと。サービス提供手法によって、①施設の職員が介護サービスを提供する一般型と、②施設の職員が安否確認や計画作成等を実施し、委託先の介護サービス事業所が介護を提供する外部サービス利用型の2つに分類される。広告を行う際には、特定施設の類型、居住の権利形態、利用料の支払い方法、入居時の要件を明示しなければならない。これらに加えて、一般型の場合は介護にあたる職員体制も明示する。特定施設入居者生活介護の指定を受けていない場合は、介護付と表示することはできない。

➡ 特定施設 p.346

介護認定審査会

要介護認定・要支援認定を申請した被保険者について、非該当・要支援・要介護のいずれに該当するか等の最終判定（二次判定）を行うために、市町村に設置された独立の機関。市町村は認定調査の結果（一次判定結果）と主治医の意見書等を審査会に通知し、以下の3点について審査および判定（二次判定）を求める。①要介護状態・要支援状態に該当するか否か、②該当する場合の要介護等状態区分、③第2号被保険者については、特定疾病に関する確認。審査会は、審査・判定の結果を市町村に通知する。その際、必要に応じて介護認定審査会として付帯意見を述べることができる。また、審査・判定にあたり、必要があると認めるときは、被保険者、家族、主治医等の関係者の意見を聞くことができる（法第27条第4項～6項）。

――の委員

市町村長は、保健・医療・福祉に関する学識経験者を介護認定審査会の委員として任命する。委員定数は市町村の保険者の人数等を踏まえて条例で定める。任期は2年であり、再任も可能。身分は特別職の非常勤公務員であり、職務上知り得た個人情報についての守秘義務がある。委員の中から互選により会長を選出し、実際の審査・判定業務は、会長が指名する者によって構成される合議体で行う。合議体は5人の委員で構成するのが標準であるが、3人、4人とすることもできる。必要に応じて合議体を複数設置することも可能である。合議体の長は委員の互選で選出する。合議体の議決は、構成委員の過半数が出席した場で、出席した委員の過半数によって行われる。可否同数の場合は、合議体の長の意見により決定する。

――の意見

二次判定を終えて市町村に審査・判定結果を通知する際に、介護認定審査会は次の事項について付帯意見を述べることができる。①療養に関する事項：具体的には被保険者の要介護状態の軽減や悪化の防止に必要な場合、市町村はサービスの種類の指定を行うことができる。②被保険者が留意すべき事項：具体的にはサービスの適切、有効な利用に際する留意事項を指す（法第37条、法第73条第2項、法第80条第2項）。

――の共同設置

市町村が単独で介護認定審査会を

設置することが困難な場合、①複数の市町村による共同設置、②都道府県や他の市町村への委託、③広域連合や一部事務組合への委託が認められている。共同設置のメリットには、委員の確保、近隣市町村での公平な判定、事務処理の効率化がある。

介護福祉士

専門的知識、技能をもって、身体、精神上の障害により日常生活を送ることが困難な人を援助する専門家である。社会福祉士及び介護福祉士法第２条第２項に「介護福祉士の名称を用いて、専門的知識及び技術をもって、身体上又は精神上の障害があることにより日常生活を営むのに支障がある者につき心身の状況に応じた介護（喀痰吸引その他のその者が日常生活を営むのに必要な行為であつて、医師の指示の下に行われるもの（厚生労働省令で定めるものに限る。以下「喀痰吸引等」という。）を含む。）を行い、並びにその者及びその介護者に対して介護に関する指導を行うこと（以下「介護等」という。）を業とする者」と定義される国家資格である。

職場としては、特別養護老人ホーム、介護老人保健施設、認知症グループホーム、デイサービスセンターや障害福祉サービス事業所、その他の社会福祉施設が挙げられる。また在宅で生活している要介護者等に対する指定訪問介護等は介護福祉士等によって行われる。

➡ ケアワーカー p.127

介護福祉施設サービス

介護老人福祉施設に入所する、原則要介護３以上の要介護者に対し、施設サービス計画に基づいて行われる入浴、排せつ、食事等の介護その他の日常生活上の世話、機能訓練、健康管理および療養上の世話をいう。可能な限り、居宅生活への復帰を念頭に置いて行われる。サービスの基本的視点は自立支援にあり、厚生労働省令第１条１項ではさらに、これらのサービスにより、「入所者がその有する能力に応じ自立した日常生活を営むことができるようにすることを目指すものでなければならない」とされている。また、目的達成に当たっては同２項において「入所者の意思及び人格を尊重」することや、３項において市町村や他の事業者等と連携することも規定している。サービス内容のうち日常生活上の世話については、相談・助言等の援助、教養娯楽設備の整備やレクリエーション行事の提供、家族との交流等への援助がある。また、郵便、証明書等の交付申請等、日常生活上必要な手続について、本人や家族が行うことが困難な場合は、その者の同意を得た上で代行する等社会生活上の便宜も提供する。

➡ **介護老人福祉施設** p.74

——の介護報酬と加算・減算

基本的には「介護福祉施設サービス」の区分、「ユニット型指定介護老人福祉施設における介護福祉施設サービス」と、各種加算・減算の項目に分けられる。

加算の項目としては、日常生活継続支援加算、看護体制加算、夜勤職員配置加算、個別機能訓練加算、初期加算、退所時等相談援助加算、栄養マネジメント加算、経口移行加算、経口維持加算、口腔衛生管理体制加算、療養食加算、看取り介護加算、在宅復帰支援機能加算、在宅・入所相互利用加算、認知症専門ケア加算等がある。減算の項目としては、身体拘束廃止未実施減算がある(2015～2017(平成27～29)年度)。

介護扶助

生活保護法による扶助の1つで、要保護者が受ける最低限度の生活の維持に必要な介護サービスの給付である。原則として現物給付により行われるが、住宅改修や福祉用具購入は金銭給付となる。介護扶助は2000(平成12)年の介護保険の実施に伴い、生活保護法が一部改正され、介護保険の給付の対象となるサービスを要保護者についても受けられるように創設された。被保護者で、介護保険の被保険者である65歳以上の者(第1号被保険者)と40歳以上65歳未満の医療保険加入者(第2号被保険者)は、自己負担相当分(介護費用の1割)が介護扶助として生活保護法により負担される。なお、生活保護受給者については、大多数は医療保険の未加入者(国民健康保険の適用除外となるため)のため、介護保険の被保険者とならないが、この場合は全額が介護扶助として給付される。

——の対象者

介護扶助の対象者は生活保護受給者で、介護保険の被保険者および40歳以上65歳未満で法施行令にある特定疾病により要介護または要支援の状態にある者である。具体的には、被保護者で①65歳以上の者(介護保険第1号被保険者)、②40歳以上65歳未満の医療保険加入者(介護保険第2号被保険者)で特定疾病により要介護または要支援の状態にある者、③40歳以上65歳未満の医療保険未加入者で、特定疾病により要介護または要支援の状態にある者。生活保護受給者については、大多数は医療保険の未加入者（国民健康保険の適用除外となるため）のため、③の位置付けがある。

——の対象となる費用

介護扶助の対象となる費用は、被保護者が被保険者である場合は、保護の補足性の原理から介護保険による保険給付が優先し、自己負担相当分（要した費用の１割）が介護扶助の対象となる。生活保護とは健康で文化的な最低限度の生活を保障する制度であることから、支給限度額を上回る場合等は対象とならない。また被保険者でない場合は、介護サービスに要した費用の全額（居宅サービスの場合は支給限度額内）が介護扶助により給付され、介護保険の保険料および介護保険施設入所者の日常生活費については、生活扶助により給付される。被保険者の施設サービスの場合の食費（負担限度額内）の給付は介護扶助による。

——の範囲

介護扶助は、①居宅介護、②福祉用具、③住宅改修、④施設介護、⑤介護予防、⑥介護予防福祉用具、⑦介護予防住宅改修、⑧移送の範囲において給付される。①⑤は居宅介護支援計画、介護予防支援計画に基づき行うものに限る、②⑥は介護保険制度に基づく福祉用具購入、介護予防福祉用具購入と同一、④は特別なサービスを除き、介護保険制度に基づく施設介護と同一（施設介護とは地域密着型介護老人福祉施設入所者生活介護、介護福祉施設サービス、介護保健施設サービスのこと）、③⑦は介護保険制度に基づく住宅改修、介護予防住宅改修と同一である。

——の方法

介護扶助は保護申請書と居宅介護支援計画または介護予防支援計画の写しを添え福祉事務所に申請して行われる。これは介護保険の被保険者の場合で、被保険者以外の者については、居宅介護支援計画の写しは必要としないが、要介護認定を介護扶助の要否判定の一環として生活保護制度で独自に行われる。この場合、郡部福祉事務所が要介護状態等の審査判定をその所管区域内の町村長と委託契約し、市町村福祉事務所が、市町村の介護認定審査会に依頼することになる。介護扶助の給付方法は原則として現物給付で行われるが、住宅改修や福祉用具等については金銭給付となる。

介護報酬

介護サービス事業所や施設が、利用者（要介護者または要支援者）に介護サービスを提供した場合にその対価として支払われるサービス費用をいう。社会保障審議会の意見を聴いて厚生労働大臣が定める（法第41条5項・48条3項）。介護報酬の算定基準は、それぞれのサービスごとにサービスの内容や要介護・要支援状態区分、事業所・施設の所在地域等を基にして算定される平均的費用額を勘案して定められている（法第41条4項・48条2項）。

さらに、各事業所のサービス提供体制や利用者の状況に応じて加算・減算がされる仕組みになっている。サービス単価は「単位」で表示され、1単位は基本10円で、8つの地域区分により10.00～11.40円の範囲で地域差がある（2015～2017（平成27～29）年度）。2011（平成23）年改正により、地域密着型サービスと地域密着型介護予防サービスについては、厚生労働大臣が定める基準により算定した額を限度として、市町村が独自の額を定めることも認められるようになっている。

➡ **地域区分** p.306

――の審査

介護報酬の請求に際して国民健康保健団体連合会が行う請求書内容の点検と居宅サービスにおける給付管理票との突き合わせ作業。誤りがあった場合は返戻（記載不備で請求書、明細書が差し戻されること）または査定（請求単位数が給付管理票の記載単位数を超えている場合に、その超えた分が減数されること）の取り扱いとなる。国民健康保険団体連合会は請求を審査した上で、市町村に費用請求して支払いを受け、それをもって事業所・施設に介護報酬を支払う。通常の請求はサービス提供月の翌月10日までに行い、翌々月に決定額が支払われる。

――の支払い

介護報酬は、保険者である市町村から介護サービスを提供した事業所・施設に支払われる（法第41条9項・48条6項）。しかし、事務手続きが煩雑になることを避けるため、報酬の支払いは各都道府県単位で設立されている国民健康保険団体連合会に委託され、代行して審査・支払いが行われる。原則として介護報酬の1割（一定の所得のある利用者は2割）は利用者が負担し、残り9割が保険者に請求され、介護保険料と公費で賄われる。

介護保険

介護保険は、その被保険者に被用者も自営業者も含まれる。市町村の区域に着目して区域内の住民を被保険者とし市町村を保険者としているので、地域保険といえる。さらに、当該年度の保険給付に要する費用を基本的に当該年度の保険料収入で賄い、保険給付の支給要件や支給額も原則として加入期間と無関係であることから、短期保険といえる。

介護保険暫定被保険証

介護保険資格者証のこと。要介護認定・要支援認定申請時に、被保険者証を提出するが、その際に引き換えに発行されるもの。暫定被保険者証は、認定結果等が記載された被保険者証が発行されるまでの間の代わりとして用いられる。有効期間は原則として、認定の申請から認定結果が出るまでの間となる。

介護保険資格者証

介護保険暫定被保険者証のこと。要介護認定・要支援認定申請時に、被保険者証を提出するが、その際に被保険者証に代わるものとして発行される。介護保険資格者証は、認定結果等が記載された被保険者証が発行されるまでの代わりとして用いられ、有効期間は認定の申請から認定結果が出るまでとなる。

介護保険事業計画

地方自治体が策定する介護保険の保険給付を円滑に実施するための計画。市町村が作成する市町村介護保険事業計画と都道府県が作成する都道府県介護保険事業支援計画がある。いずれも国の「介護保険事業に係る保険給付の円滑な実施を確保するための基本的な指針」(基本指針)に即して策定される。

法制定当初この計画期間は5カ年計画とされていたが、2005(平成17)年の法改正により、2006(平成18)年度より3カ年計画となり、2015(平成27)年度からは第6期計画が実施されている。

➡ **介護保険事業に係る保険給付の円滑な実施を確保するための基本的な指針**　p.53
➡ **市町村介護保険事業計画**　p.192
➡ **都道府県介護保険事業支援計画**　p.357

介護保険事業に係る保険給付の円滑な実施を確保するための基本的な指針

介護保険法第116条に基づいて、厚生労働省が定める介護保険事業計画の基本指針(平成18年厚生労働省告示第314号)。全国的にある程度の均衡を図りながら、地域の実情に応じて介護サービスが提供されるように、介護給付等対象サービスを提供する体制の確保および地域支援事業の実施に関する基本的事項、市町村介護保険事業計画で介護給付等対象サービスの種類ごとの量の見込みを定めるに当たって参酌すべき標準、市町村介護保険事業計画、都道府県介護保険事業支援計画の作成に関する事項等の基本事項を定めている。

介護保険施設

介護保険サービスの中で、施設サービスを提供する施設類型の総称。介護老人福祉施設、介護老人保健施設、介護療養型医療施設の３類型を指す（ただし介護療養型医療施設については療養病床再編の流れから施設類型としては2017（平成29）年度末までに廃止される方向で、新規指定は認められていない。介護保険法上も関係条文は削除されている）。それぞれ介護保険制度施行以前より設置されている施設であり、介護老人福祉施設は老人福祉法における特別養護老人ホームが介護保険上の指定を受ける。また、介護療養型医療施設は医療法上の病院の開設許可を踏まえ指定。

なお、介護老人保健施設については旧老人保健法に基づく施設であったが、同法から介護保険法上の施設へと変更された。介護保険法施行後は施設類型ごとに厚生労働省令が示され、それぞれの特徴を生かしつつも介護保険制度に基づく共通の理念・目標のもとに運営が行われ、施設サービス計画に基づき各種介護サービスの提供が行われる。

――の基準

他の居宅サービス等と同様に介護保険施設についても介護保険法に基づいて、厚生労働省令がそれぞれ示されており、その目的を達成するために必要な事項が定められている。

基準は例えば、介護老人福祉施設であれば「介護老人福祉施設の人員・設備・運営に関する基準（1999（平成11）年３月31日厚生省令第39号）」の名称で、各施設ごとにそれぞれ示されている。介護保険施設の基準には指定に必要な、人員・設備・運営等の基準や取扱方針等も定められている。また、基準の内容をさらに解説するものとして解釈通知がそれぞれ示されている。

――の指定・許可

介護保険施設の指定を受けるためには介護保険法に基づいた厚生労働省令である、人員・設備・運営の基準を満たす必要があり、これらが充足されたことを都道府県や市町村といった指定を行う地方自治体により確認が行われて、初めて指定が行われる。なお、介護老人保健施設の場合は、都道府県知事等の「指定」ではなく「許可」である。指定は介護保険施設の種類ごとに行われ、介護療養型医療施設は病床単位で、その他の施設は施設単位で指定される（介護保険法第86条、94条、107条）。

——の指定・許可の取消

都道府県、人員・設備・運営のいずれかの基準が満たせなくなったとき等では、介護保険施設としての指定や許可を取り消すことができると定められている（介護保険法第92条、104条、114条）。期間を定めた取り消しや、効力の全部または一部を停止させることもできる。

——の指定・許可の有効期間

介護保険サービスは2006（平成18）年の介護保険法改正により指定許可の更新を行うこととなり、介護保険施設においても指定または開設許可の有効期間は６年と定められた（法第86条の２、94条の２、107条の２）。

——への勧告・命令

都道府県は介護保険施設が人員・設備・運営の基準を満たせていない場合や、定められた適切な運営が行われていない場合には、人員を満たすようにする、適切な運営を行うように命令する等の勧告を行うことができることになっている（介護保険法第91条の２、103条、113条の２）。その他、勧告が期限内に守られなかった場合は、その旨を公表することができる。また、勧告に対する措置をとるよう命令することもできる。

介護保健施設サービス

介護老人保健施設に入所する要介護者に対し、施設サービス計画に基づいて行われる看護、医学的管理の下における介護および機能訓練その他必要な医療並びに日常生活上の世話をいう（法第８条第28項）。介護老人保健施設は医療と福祉のサービスを一体的に提供する施設であり、介護保険施設サービスの提供における運営基準にも医師の診療の方針、必要な医療の提供が困難な場合の措置、機能訓練、看護および医学的管理の下における介護等特徴的な基準が定められている。これに基づき、病状によっては他の医療機関への入院や往診等的確な措置を行うことになっている。そのため介護老人保健施設には急変時に備え協力病院を定めておくことが義務付けられている。機能訓練については、理学療法、作業療法その他の必要なリハビリテーションを計画的に行うことになっている。介護老人保健施設は正当な理由なく介護保健施設サービスの提供を拒んではならず、サービスの提供が困難と認められる場合には、適切な他のサービスを紹介しなければならない。

➡ 介護老人保健施設 p.77

——の介護報酬と加算・減算

入所1日あたりの基本の報酬を介護保健施設サービス費という。在宅復帰率や重度者割合等で従来型と在宅強化型（介護療養型老人保健施設は療養強化型）に分かれ、それぞれ従来型個室と多床室で要介護度別に設定されている。加算は短期集中リハビリテーションや入所前後訪問指導、所定疾患施設療養費等のほか、施設サービスに共通のものがある。減算は人員不足に対するもの等による。

介護保険審査会

保険者が行う被保険者証の交付請求に関する処分や要介護認定等に関する処分など、保険給付に関する処分、および介護保険料に関する処分について不服がある場合の審査請求を取り扱う機関。都道府県に1カ所、知事の附属機関として設置される。要介護認定等に関する処分についての審査請求に対しては専門調査員を設置することができ、専門調査員は保健、医療または福祉に関する学識経験者から都道府県知事が任命することができる。なお、要介護認定等に関する処分に関わる審査請求に関しては、公益を代表する委員のうちから、介護保険審査会が指名する者をもって構成する合議体で取り扱い、その定数は都道府県が条例で定める。また、議事については出席した委員の過半数をもって決することとされ、可否同数の場合は会長が議事を決する（法第185〜188条）。

——の委員

委員は都道府県知事が任命する。委員定数は被保険者代表3人、市町村代表3人、公益を代表とする者3人以上で条例で定める数とされ、公益代表委員のうちから委員の選挙により会長を1名置くことになっている。なお、会長に事故があるときは選挙により選ばれた者が、その職務を代行することになっている。任期は3年。委員は再任されることができるようになっており、中立性・独立性を担保するため、知事の指揮監督は受けるべきものではないとされている（介護保険法第186〜187条）。

介護保険制度創設のねらい

介護保険制度創設のねらいは、従来分立していた制度（老人福祉、老人保健・医療）を再編し、社会保険方式を導入することにより、福祉サービスも保健医療サービスも同様の手続き・利用者負担で、利用者の選択により総合的に利用できる利用者本位の仕組みを構築することにある。

わが国では、急速な高齢化に伴って介護が必要な高齢者が急増する一方、核家族化や女性の社会進出が進み家庭の介護力が減少し、介護の問題が大きな社会問題となってきた。それらを解決するために、1997（平成９）年公布の介護保険法に基づき2000（平成12）年に創設・実施された。

社会保険方式が導入されたのは、保険料を負担する見返りとして介護サービス等の給付を受けるという、給付と負担の関係が明確であることがある。また保険料の使途が介護費用に限定されているため、国民の共同連帯の理念に基づいているという考え方も明確になる。また利用者本位のサービス提供をするため、利用者の選択により保健・医療・福祉のサービスを総合的に利用できるようケアマネジメントの仕組みが採用されている。

介護保険特別会計

市町村が介護保険に関する収入・支出について、一般会計とは別に処理するための特別会計（法第３条第２項）をいう。介護保険財政の収入と支出を明確にし、介護保険事業の健全な運営を確保するために、市町村の一般会計とは切り離す。介護サービス事業勘定、保険事業勘定の２つの区分がある。

➡ **介護サービス事業勘定** p.38
➡ **保険事業勘定** p.440

介護保険被保険者証

介護保険被保険者証は、被保険者であることを示す証明書で、要介護認定等の際に市町村（保険者）に提出するほか、給付の対象となるサービスを受けようとする際には事業者や施設に提示等する（法第27条第１項、第41条第３項等）。第１号被保険者にはすべての者に対して、第２号被保険者には要介護認定等の申請を行った人と、被保険者証交付を申請した人に対して交付する（施行規則第26条第１項）。

介護保険負担限度額認定証

低所得の要介護高齢者等の食費・

居住費（滞在費）の負担については、所得段階に応じた負担限度額が設けられ、これを超える費用は、特定入所者介護（介護予防）サービス費（いわゆる補足給付）として、介護保険から現物給付される（法第51条の３、61条の３）。介護保険負担限度額認定証は、その対象となる利用者負担第１～３段階の人の申請により交付されるもので、施設等は記載されている負担限度額に従って利用者負担を徴収する。

介護保険法

わが国の急速な高齢化、家族機能の低下等にかんがみ、高齢者介護を社会全体で支える仕組みとして創設された介護保険制度を推進するための根拠法。第１条で法の目的を「加齢に伴って生じる心身の変化に起因する疾病等により要介護状態となり、入院、排せつ、食事等の介護、機能訓練並びに看護および療養上の管理その他の医療を要するもの等について、これらの者が尊厳を保持し、その有する能力に応じ自立した日常生活を営むことができるよう、必要な保健医療サービス及び福祉サービスに係る給付を行うため」と規定している。1997（平成９）年12月制定、2000（平成12）年４月から施行された。

その後、2005（平成17）年の一部改正により、2006（平成18）年度より地域包括支援センターの設置を含む地域支援事業が実施された。また、2014（平成26）年の一部改正により、2015（平成27）年度より利用者負担の一部改定があり所得の多い高齢者は定率２割となる等の改定措置がとられた。

介護保険法施行規則

介護保険制度の実施に当たって必要となる具体的な事項を定めた厚生労働省令。第１章総則、第２章被保険者、第３章保険給付、第４章介護支援専門員並びに事業者及び施設、第５章地域支援事業等、第６章保険料等、第７章国民健康保険団体連合会の介護保険事業関係業務、第８章介護給付費等審査委員会等の構成になっている。

介護保険料

介護保険の被保険者が支払う保険料のこと。介護給付費は、50％が公費、50％が介護保険料により賄われている。介護保険料は、第１号被保険者（65歳以上）が負担する第１号保険料と第２号被保険者（40歳以上65歳未満）が負担する第２号保険料からなる。第１号保険料の全国平均は第６期（2015～2017（平成27～29）年度）5,514円で、第１期（2000

～2002（平成12～14）年度）2,911円の２倍以上となっている。これが10年後の2025（平成37）年度には8,165円になるとの厚生労働省の推計もある。第１号保険料と第２号保険料の負担割合は、１人当たりの平均的な保険料が同じ水準になるよう、それぞれの総人数比で定められる（法第125条）。その負担割合は３年ごとに定められ、制度施行時（2000（平成12）年度）の第１号被保険者と第２号被保険者の負担割合は17％と33％であった。しかし、高齢化の進行に伴い第１号被保険者の負担割合が徐々に増え、2015～2017（平成27～29）年度の両者の割合は22％と28％になっている。ただし、後期高齢者の加入割合と第１号被保険者の所得分布状況による、市町村間の保険料基準額の格差を是正するための普通調整交付金が交付される。第１号被保険者の負担割合は市町村によって異なる。

➡ **第１号被保険者の保険料（第１号保険料）** p.290
➡ **第２号被保険者の保険料（第２号保険料）** p.291
➡ **調整交付金** p.326

――の減免

市町村は、災害等により一時的に負担能力が低下したことを認められる等特別の理由がある者については、条例により保険料の減免や徴収猶予をすることができる（法第142条）。ただし、低所得の第１号被保険者の保険料を減免する際に、①保険料の全額免除、②収入のみに着目した一律の減免、③一般財源繰入による保険料減免分の補填といった方法で行うことは適当でないとされている。

――の滞納

第１号被保険者が保険給付を受けながら介護保険料を滞納している場合には、①保険給付の償還払いへの変更、②保険給付の支払の一時差止、③滞納保険料と保険給付との相殺の措置を、市町村は段階的に行うことができる（法第66・67条）。第２号被保険者が介護納付金相当の医療保険料を滞納している場合には、市町村は保険給付の償還払いへの変更とともに介護保険給付の全部または一部につき、支払の一時差止ができる（法第68条）。

介護予防居宅療養管理指導

居宅要支援者に対し、介護予防を目的として、病院等の医師・歯科医師・薬剤師・管理栄養士・歯科衛生士・看護職が居宅を訪問し、療養上の管理と、利用者・家族等に対する指導または助言を行うこと。さらに、介護予防支援事業者等に対して、介護予防サービス計画の作成等に必要な情報提供を行う。

居宅療養管理指導と同様に、区分支給限度基準額管理の適用を受けない。ただし、サービスを提供する職種によって1カ月に利用できる回数の限度が決まっている。医師・歯科医師は1カ月に2回まで、医療機関の薬剤師は1カ月に2回まで、薬局の薬剤師は1カ月に4回まで、管理栄養士は1カ月に2回まで、歯科衛生士は1カ月に4回まで、看護職員は新規認定等のサービス開始から6カ月に2回までとされている。

介護予防ケアプラン

要支援者に介護予防サービスを提供していくための計画である。介護予防サービス計画。また、介護予防・日常生活支援総合事業（地域支援事業）における介護予防・生活支援サービス事業で必要に応じて作成される支援のための計画も介護予防ケアプランという。介護予防ケアプランには提供されるサービスの種類、内容、担当者のほか本人・家族の意向、援助の方針、健康上・生活上の問題点、解決すべき課題、提供サービスの目標、達成時期、提供日時、留意事項、費用負担等が定められている。

➡ **介護予防・生活支援サービス事業** p.67

介護予防ケアマネジメント

課題分析（アセスメント）し、生活機能の維持・向上に関する目標を明確にし（介護予防ケアプランの作成）、それを達成する手段としてサービス・事業が提供され、それを評価するまでの一連のプロセスである。原則として地域包括支援センターの保健師等が介護予防ケアマネジメント事業を主に行う。予防給付における要支援者を対象としたものと、介護予防・日常生活支援総合事業（地域支援事業）で行われる事業対象者に対するものがあるが、プロセスは同じである。

介護予防サービス

予防給付の対象サービスの中核となるサービス。介護予防訪問介護、介護予防訪問入浴介護、介護予防訪問看護、介護予防訪問リハビリテーション、介護予防居宅療養管理指導、介護予防通所介護、介護予防通所リハビリテーション、介護予防短期入所生活介護、介護予防短期入所療養介護、介護予防特定施設入居者生活介護、介護予防福祉用具貸与、特定介護予防福祉用具販売の12種類がある。なお、介護予防通所介護と介護予防訪問介護は、2014（平成26）年の法改正によって、2017（平成29）年度までに市町村が行う地域支援事業の「介護予防・日常生活支援総合事業」のうちの「介護予防・生活支援サービス事業」に移行し、それぞれ訪問型サービス、通所型サービスとして実施される。このため、予防給付として行われるサービスは10種類となる。

介護予防サービス計画

介護予防サービスを受ける際に作成される計画である。利用者の課題分析を踏まえ、提供されるサービスの種類、内容、担当者のほか本人・家族の意向、援助の方針、健康上・生活上の問題点、解決すべき課題、提供サービスの目標、達成時期、提供日時、留意事項、費用負担等が盛り込まれる。サービスには予防給付の対象以外の保健医療サービス・福祉サービス、また、見守り、配食や地域住民による自発的な活動によるサービス利用も併せて位置付け、総合的かつ目標指向的な計画とされる。担当職員は、介護予防サービス計画を作成した際は、利用者および担当者に交付することが義務付けられている。

――の作成

介護予防サービス計画は課題分析、それを踏まえ計画原案の作成、そしてサービス担当者会議の開催を経て、確定される。作成するのは指定介護予防支援事業所の担当職員である。作成に先立つ課題分析は、利用者の生活機能や健康状態、置かれている環境等を把握した上で、①運動および移動、②家庭生活を営む日常生活、③社会参加並びに対人関係およびコミュニケーション、④健康管理の４つの領域について行われる。その結果から、利用者が目標とする生活、具体策、利用者・家族の意向を踏まえた具体的な目標、目標達成のための支援の留意点、支援内容、期間等を記載した計画原案が作成される。原案に対し専門的意見を聞くためサービス担当者会議を開き（新規作成の場合は必ず開催）、確定となる。

――の実施状況の把握

介護予防支援事業所の担当職員は、介護予防サービス計画の作成後、その実施状況を把握（モニタリング）しなければならない。その結果、必要に応じて介護予防サービス計画の変更、介護予防サービス事業者等との連絡調整、その他の便宜の提供を行う。モニタリングは、3カ月に1回は訪問し、利用者・サービスの提供状況を把握する。また、サービスの評価期間が終了する月や、利用者の状況に著しい変化があったときも居宅を訪問し、面接する。モニタリングの結果は、少なくとも1カ月に1回は記録しなければならない。

——の実施状況の評価

介護予防サービス計画に位置付けた期間が終了するときは、介護予防サービス計画の実施状況を踏まえ、目標の達成状況について評価を行う。それによって今後の方針を決定する。必要によって計画の見直しも行われる。評価の実施に当たっては、利用者の状況を適切に把握し、利用者・家族の意見も聞く必要があることから、利用者宅を訪問して行われる。

——の説明

介護予防支援事業所の担当職員は、介護予防サービス計画の原案の段階で、その内容について利用者またはその家族に対して説明しなければならない。その際は、原案に位置付けた介護予防サービス等について保険給付の対象となるかどうかを説明する。そして文書で利用者から同意を得る。介護予防サービス計画に位置付けるサービス等の選択は利用者自身が行うことであり、また計画は利用者の希望を尊重して作成されるべきものであり、このため説明と同意が必要とされている。

介護予防サービス計画原案

介護予防サービス計画の基になる案のこと。介護予防支援事業所の担当職員が作成する。原案ではあるが、支援内容が具体的に盛り込まれ、計画に近い形で作成される。原案は利用者の希望およびアセスメントの結果を踏まえ、目標とする生活、専門的観点からの目標と具体策、利用者・家族の意向、それらを踏まえた具体的な目標、目標達成のための支援の留意点、本人、サービス事業者、自発的な活動によるサービス提供者等による支援内容、その期間等が記載される。介護予防サービス計画は利用者の生活の質に直接影響する重要なものであり、目標指向型の原案となる。原案の内容については利用者・家族に説明し、文書により利用者の同意を得なければならない。

介護予防サービス計画費

介護予防サービス計画を作成するための費用で全額介護保険から支給される。利用者負担はない。

➡ 介護予防サービス・支援計画書 p.63

介護予防サービス・支援計画書

厚生労働省が示す介護予防支援業務に関わる関連様式例にある標準様式の1つで支援の計画に関するものである。予防給付における「介護予防サービス計画」、介護予防事業（地域支援事業）における「介護予防支援計画」に共通し、名称が統合されている。関連様式例は、①利用者基本情報、②介護予防サービス・支援計画書、③介護予防支援経過記録、④介護予防サービス・支援評価表からなっている。介護予防サービス・支援計画書には運動・移動など4つのアセスメント領域ごとに課題分析を踏まえた具体的な支援計画を記載するようになっている。このほか健康状態、本来行うべき支援ができない場合の妥当な支援の実施に向けた方針、総合的な方針（生活不活発病の改善・予防のポイント）、必要な事業プログラム（地域支援事業の場合）等の欄がある。

介護予防サービス・支援評価表

厚生労働省が示す介護予防支援業務に関わる関連様式例にある標準様式の1つで支援内容の評価に関するものである。予防給付における「介護予防サービス」、介護予防事業（地域支援事業）における「介護予防支援」に共通し、名称が統合されている。関連様式例は、①利用者基本情報、②介護予防サービス・支援計画書、③介護予防支援経過記録、④介護予防サービス・支援評価表からなっている。介護予防サービス・支援評価表には、評価日、目標、評価期間、目標達成状況、目標達成/未達成、目標達成しない原因（本人・家族の意見、計画作成者の評価）、今後の方針、総合的な方針、地域包括支援センターの意見、プラン継続・変更・終了等が記載できるようになっている。

介護予防サービス事業者

要支援者に対する介護予防サービスを行う事業者のことで、介護予防サービス事業者は申請により、都道府県知事が指定する。指定はサービスの種類、事業所ごとに行われる。①申請者が都道府県の条例で定める者でない、②従業者の知識、技能、人員が都道府県の条例で定める基準を満たしていない、③都道府県が条例で定める介護予防のための効果的な支援の方法に関する基準または設備、運営に関する基準に従って適正な介護予防サービス事業の運営ができないと認められる等のときは指定されない。指定の有効期間は６年で、６年ごとに更新を受ける必要がある。

介護予防サービス事業の基準

介護予防サービスを適切に提供していくための基準で、①人員に関する基準、②設備に関する基準、③運営に関する基準、④介護予防のための効果的な支援に関する基準、さらにサービスによって⑤基準該当介護予防サービスに関する基準、からなる。

介護予防サービス提供に関する共通の基本方針

介護予防サービスを提供する際の一般原則として、利用者の意思および人格を尊重し、常に利用者の立場に立ったサービスの提供に努めることである。その上で、①利用者ができる限り要介護状態とならず自立した日常生活を営むことができるよう支援する、②利用者がその有する能力を最大限活用することができるような方法によるサービスの提供に努める、③利用者のできる能力を阻害するような不適切なサービス提供をしないという各サービスに共通する基本がある。

介護予防サービス費

介護保険の指定介護予防サービスに係る費用のこと。居宅要支援被保険者が、あらかじめ市町村に届け出て指定介護予防サービス事業者から指定介護予防サービスを受けたとき、費用の９割が現物給付される。

介護予防サービス費等区分支給限度基準

介護予防サービスについての区分支給限度基準額。介護予防サービス費等区分支給限度基準額の区分に含まれるサービスは介護予防訪問看護など12種類（2017（平成29）年度までに10種類となる）。これには介護予防認知症対応型通所介護、介護予防小規模多機能型居宅介護、介護予防認知症対応型共同生活介護（利用期間を定めて行うもの）の地域密着型サービスも含まれる。国の標準（１カ月）は要支援１が5,003単位、要支援２は10,473単位。一方、他のサービスの代替性に乏しい介護予防居宅療養管理指導、介護予防特定施設入居者生活介護、介護予防認知症対応型共同生活介護（利用期間を定めて行うものを除く）は限度基準額が適用されない。

➡　**区分支給限度基準額**　p.120

介護予防支援

介護予防支援とは、居宅要支援者が介護予防サービスや介護予防のための保健医療サービス、福祉サービスを適切に受けられるよう介護予防サービス計画を作成し、サービス提供事業者等との連絡調整、その他の便宜を図ることである。地域包括支援センターの保健師、その他介護予防支援に関する知識を持つ者がこれを担当する。介護予防支援事業者により行われる介護予防支援を介護予防支援という。介護予防支援を実施するに当たっては、単に運動機能や栄養改善、口腔機能等特定機能の改善だけを目的とするものではなく、利用者の日常生活の自立のための取り組みを総合的に支援する、利用者の主体的取り組みを支援する、利用者の状態を踏まえた目標を期間を定めて設定し、利用者、サービス提供者等と共に共有する、利用者の自立を最大限引き出し、利用者のできる行為は可能な限り本人が行うよう配慮すること等に留意する必要がある。

介護予防支援経過記録

厚生労働省が示す介護予防支援業務にかかわる関連様式例にある標準様式の１つで支援の経過記録である。関連様式例は、①利用者基本情報、②介護予防サービス・支援計画書、③介護予防支援経過記録、④介護予防サービス・支援評価表からなっている。介護予防支援経過記録では、時系列に出来事、訪問の際の観察（生活の活発さの変化を含む）、サービス担当者会議の内容、利用者・家族の考え等が記入される。そして介護予防支援や各種サービスが適切に行われているかを判断し、必要な場合には方針変更を行うためのサービス担当者会議の開催、サービス事業所や家族との調整が記入される。事実の記載は重要であるが、その事実に基づき介護予防サービス計画の修正が必要と考えられた場合等は、記録を残すことが重要である。

介護予防支援事業者

要支援者に対する介護予防支援業務を行う事業者のことで、指定介護予防支援事業者は、市町村長に申請しその指定を受けたものである。申請者は地域包括支援センターの設置者に限られている。事業者の人員基準では、居宅介護支援事業者における介護支援専門員に代えて「介護予防支援に従事する従業者」とされている。

——の業務委託

介護予防支援事業者が、介護予防

支援業務の一部を居宅介護支援事業者に委託すること。委託する場合は公正中立性を確保するため、介護予防支援事業者の指定を受けた地域包括支援センターの地域包括支援センター運営協議会の議を経る必要がある。委託を行っても、責任主体はあくまで介護予防支援事業者であり、委託を受けた居宅介護支援事業者が作成した介護予防サービス計画原案の内容が適切であるか確認する。また行われた評価についても確認し、今後の方針等について必要な援助・指導を行うことが必要である。介護予防給付の報酬請求は介護予防支援事業者が行う。

なお、受託（委託）できる件数は、居宅介護支援事業所ごとに、介護支援専門員１人当たり８件と上限が定められていたが、2012（平成24）年の基準の改正により撤廃されている。

介護予防支援費

指定介護予防支援を受けたときに支給される介護給付費のこと。要支援１・２とも月当たり430単位で要支援状態区分による区別はない。新規に介護予防加算には、サービス計画を作成する利用者に対し介護予防支援を行った場合の初回加算、利用者が介護予防小規模多機能型居宅介護の利用を開始する際に必要な情報を提供し、介護予防サービス等の利用に係る計画の作成に協力した場合の介護予防小規模多機能型居宅介護事業所連携加算が算定されている。

介護予防事業

2014（平成26）年度まで行われてきた要介護状態等となることの予防、または要介護状態等になった場合の軽減や悪化防止のために行われる事業で、地域支援事業の必須事業。対象は第１号被保険者。要介護状態等に陥るリスクの高い高齢者を対象にした二次予防事業と、すべての第１号被保険者およびその支援の活動に関わる人を対象とする一次予防事業で構成されている。2015（平成27）年度からは、一次予防事業は地域支援事業の介護予防・日常生活支援総合事業の介護予防・生活支援サービス事業において、また二次予防事業は同じく一般介護予防事業において、同様の事業が行われている。ただし全市町村で実施されることになるのは2017（平成29）年度からである。

介護予防住宅改修

要支援者に対する住宅改修のこと。予防給付として設定されている。対象工事および支給限度額は、要介護者に対する住宅改修と同じ。

相談窓口は地域包括支援センター。「住宅改修が必要となる理由書」は、介護予防サービス計画を担当する地域包括支援センターの職員が作成する。

介護予防小規模多機能型居宅介護

地域密着型の介護予防サービスの1つである。通いサービスを中心に、訪問サービスや宿泊サービスを組み合わせて提供される。利用者は1つの介護予防小規模多機能型居宅介護事業所に登録し、介護職員からサービスを受ける。1事業所当たりの登録者の上限は29人。要介護者対象の小規模多機能型居宅介護事業所と一体的に運営する場合が想定され、介護予防小規模多機能型居宅介護においても、事業所に所属する介護支援専門員が、介護予防小規模多機能型居宅介護計画を作成する。費用は要支援状態区分によって1カ月の金額が決められている。

介護予防・生活支援サービス事業

介護予防・日常生活支援総合事業において、要支援者等の多様なニーズに対応するための事業である。訪問型サービス（第1号訪問事業）、通所型サービス（第1号通所事業）、その他の生活支援サービス（第1号生活支援事業）と介護予防ケアマネジメント（第1号介護予防支援事業）の4つの事業からなっている。対象は要支援者と基本チェックリストにより事業対象者に該当する者。

多様なサービスを提供するため、訪問型サービス、通所型サービスでは従来の介護予防訪問介護、介護予防通所介護に相当するもののほか、雇用労働者が行う緩和した基準によるサービス、住民主体による支援、保健・医療の専門職が短期集中で行うサービス、移動支援等の類型もある。

その他の生活支援サービスでは、栄養改善を目的とした配食や、住民ボランティア等が行う見守り、訪問型サービス、通所型サービスに準じる自立支援に資する生活支援（訪問型サービス・通所型サービスの一体的提供等）等が行われる。

また介護予防ケアマネジメントは、予防給付の介護予防支援と同様、利用者本人が居住する地域包括支援センターが実施するもので、要支援者等に対し、介護予防・日常生活支援総合事業によるサービス等が適切に提供できるようにケアマネジメントを行う。

➡ **介護予防・日常生活支援総合事業**　p.69

介護予防短期入所生活介護

介護予防サービスの1つ。居宅要支援者について、介護予防を目的に、特別養護老人ホーム等に短期間入所し、介護予防を目的として、要支援者の心身の状態を踏まえて、その有する能力に応じ、自立した日常生活が可能となるよう入浴、排せつ、食事等の介護その他の日常生活上の支援および機能訓練を行うサービスである。また、利用者家族の心身両面の負担の軽減を図る。期間については、介護予防サービス計画で定められた期間とされているが、おおむね4日以上。

介護予防短期入所療養介護

病状が安定期にある居宅要支援者に対し、介護予防を目的に、介護老人保健施設、介護療養型医療施設等に短期間入所して、入浴、排せつ、食事の介護、看護、医学的管理下の介護、機能訓練が提供される。これによって、利用者の療養生活の質の向上、心身機能の維持回復を図り、利用者の生活機能の維持、向上を目指す。また、利用者家族の身体的、精神的負担の軽減も図る。おおむね4日以上の利用の場合、介護予防短期入所療養介護計画が作成される。

介護予防通所介護

居宅要支援者を対象に、特別養護老人ホーム、養護老人ホーム、老人デイサービスセンター等で行われる入浴、排せつ、食事等の介護その他の日常生活上の支援、および機能訓練。日常生活上の支援には生活等に関する相談、援助、健康状態の確認もある。介護予防サービス計画に定める期間提供される。必要な日常生活上の支援および機能訓練を行うことで、利用者の心身機能の維持回復を図り、生活機能の維持または向上を目指して提供される。

なお、介護予防通所介護は、2017（平成29）年度までに市町村が行う地域支援事業に移行し、「介護予防・日常生活支援総合事業」のうちの「介護予防・生活支援サービス事業」の1つである通所型サービスの1類型として実施される。

介護予防通所リハビリテーション

居宅要支援者を介護老人保健施設、病院、診療所に通わせ、介護予防を目的に行われる理学療法、作業療法、言語聴覚療法その他必要なリハビリテーションをいう。介護保険法の介護予防サービスの1つ。病状が安定期にあり、主治医がその必要を認めたものに限られ、医師の診療に基づき実施される計画的な医学的管理の下に行われる。

介護予防特定施設入居者生活介護

介護予防特定施設入居者生活介護は、要支援者に対して、介護予防特定施設サービス計画に基づき、入浴、排せつ、食事の介護その他の生活全般にわたる支援、機能訓練および療養上の世話を行うことで、利用者が特定施設で能力に応じた自立した生活をできるように利用者の心身機能の維持回復を図り、生活機能の維持向上を目指すものである。

なお、介護予防サービスの提供を外部の事業者に委託する外部サービス利用型介護予防特定施設入居者生活介護もある。

介護予防・日常生活支援総合事業

市町村が、介護予防および日常生活支援のための施策を総合的、一体的に行うことを目的として行う地域事業。2011（平成23）年の法改正で地域支援事業の１つに加えられ、2014（平成26）年改正で大幅に見直された。実施主体は市町村で、地域の実情に応じて、住民等の多様な主体が参画し、多様なサービスを充実していく。これにより、地域の支え合いの体制づくりを推進し、要支援者等に対する効果的かつ効率的な支援等を可能とすることを目指す総合事業である。要支援者等の多様な生活支援のニーズに対応する「介護予防・生活支援サービス事業」と、要介護状態になっても、生きがい・役割を持って生活できる地域の実現を目指した「一般介護予防事業」で構成される。改正法による施行は2015（平成27）年４月であるが、猶予期間が置かれており2017（平成29）年度までに全市町村で必須実施される。

➡ **介護予防・生活支援サービス事業** p.67
➡ **一般介護予防事業** p.17

介護予防認知症対応型共同生活介護

認知症である要支援２の利用者について、共同生活住居で介護予防を目的として、入浴、排せつ、食事等の介護その他の日常生活上の支援および機能訓練を行って心身機能の維持回復を図り、生活機能の維持・向上を目指すもの。要介護者対象の認知症対応型共同生活介護事業者が一体的に運営している場合がほとんどで、人員・設備・運営に関する基準も同様である。

➡ 認知症対応型共同生活介護 p.378

介護予防認知症対応型通所介護

認知症にある居宅要支援者について、介護予防を目的に、デイサービスセンター等において、入浴、排せつ、食事等の介護その他の日常生活上の支援、機能訓練を行うサービスである。なお認知症の原因となる疾患が急性の状態にある者は対象とならない。日常生活上の支援としては、介護のほか、生活等に関する相談および助言、健康状態の確認等もある。地域密着型の介護予防サービスの1つ。その者が可能な限り居宅において自立した日常生活を営むことができるようにし、利用者の心身機能の維持回復を図り、生活機能の維持または向上を目指す。他の事業所とは併設されない単独型、併設された併設型、このほか居間、食堂、共同生活室等を他のサービスの利用者等と共用する共用型の3形態があり、単独型、共用型の定員は12人以下、共用型は1日当たり3人以下とされている（2015（平成27）年以降、共用型については、1ユニット当たり3人以下に変更される）。

介護予防のための効果的な支援の方法に関する基準

介護予防支援、介護予防サービスを提供する際の効果的な支援の方法に関する国の基準である。介護予防支援、介護予防サービスとも、それぞれ厚生労働省令である「介護予防支援等の事業の人員及び運営並びに介護予防支援等に係る介護予防のための効果的な支援の方法に関する基準」「介護予防サービス等の事業の人員、設備及び運営並びに介護予防サービス等に係る介護予防のための効果的な支援の方法に関する基準」の一部として規定されている。介護予防支援の基準では、基本取扱方針、具体的取扱方針、提供に当たっての留意点からなる。基本取扱方針で①利用者の介護予防に資するよう行う、②医療サービスとの連携に十分配慮する、③目標指向型の介護予防サービス計画を策定する、④自ら提供する指定介護予防支援の質の評価を行い、常に改善を図る、ことを規定している。介護予防サービスの基準は同じく、基本取扱方針、具体的取扱方針、提供に当たっての留意点からなるが、サービスの種類ごとに設定されている。基本取扱方針では、①利用者の介護予防に資するよう目標を設定し計画的に行う、②自ら提供するサービスの質を評価し、常にその改善を図る、③利用者ができる限り要介護状態にならないで自立した日常生活を営むことができるよう支援する、④利用者がその有する能力を最大限活用することができるような方法によるサービス提供に努めること等が定められている。

介護予防福祉用具貸与

予防給付の対象者（要支援１および要支援２）に対する、予防給付サービスに位置付けられる福祉用具貸与であり、①手すり、②スロープ、③歩行器、④歩行補助つえが対象となる。ただし、一定の条件に該当すれば厚生労働省が定める福祉用具貸与の他の種目も貸与できる場合もある。貸与価格の１割を利用者が自己負担する。

介護予防訪問介護

居宅要支援者が、介護予防を目的に居宅で介護福祉士等により受ける入浴、排せつ、食事等の介護その他の日常生活上の支援のこと。日常生活上の支援は厚生労働省令で定めるもので、具体的には、①入浴、排せつ、食事等の介護、②調理、洗濯、掃除等の家事、③生活等に関する相談、助言、④その他、とされている。①は「身体介護」、②は「生活援助」に相当する。居宅要介護者に対する訪問介護では身体介護、生活援助のほか「通院乗降介助等」がサービスに含まれるが、介護予防訪問介護には含まれていない。

なお、介護予防訪問介護は、2017（平成29）年度までに市町村が行う地域支援事業に移行し、「介護予防・日常生活支援総合事業」のうちの「介護予防・生活支援サービス事業」の１つである訪問型サービスの１類型として実施される。

介護予防訪問看護

居宅要支援者に対して、介護予防を目的に、居宅で行われる療養上の世話または必要な診療の補助である。看護師ほか准看護師、理学療法士、作業療法士、言語聴覚士が行う。対象となる要支援者は、病状が安定期にある者である。利用者が可能な限り居宅で自立した日常生活を営むことができるように、療養生活を支援する。それとともに心身の機能の維持向上を図り、利用者の生活機能の維持、向上を目指すものである。

介護予防訪問入浴介護

居宅要支援者に対し、介護予防を目的に、居宅を訪問し、浴槽を提供して行われる入浴の介護である。疾病その他のやむを得ない理由で入浴の介護が必要なときに利用される。

原則として看護職員1人、介護職員2人の計3人で提供される。

介護予防訪問リハビリテーション

居宅要支援者の居宅において、介護予防を目的として行われる理学療法、作業療法、言語聴覚療法その他必要なリハビリテーションをいう。介護保険法の介護予防サービスの1つ。病状が安定期にあり、主治医がその必要を認めたものに限られ、医師の診療に基づく指示および医師、理学療法士、作業療法士、言語聴覚士により作成される訪問リハビリテーション計画に沿ってサービスが提供される。

介護療養型医療施設

療養病床等を有する病院、診療所の入院患者で、病状が安定期にある要介護者に対し、療養上の世話、看護、医学的管理下での介護等を行う施設である。指定に当たっては、医療法上の開設許可等を別途受けていることが前提となっている。①療養病床を有する病院、②療養病床を有する診療所、③認知症疾患療養病棟を有する病院（老人性認知症疾患療養病棟）、の3つの種類がある。療養病床には医療ニーズが高い医療保険適用の医療型と介護ニーズが高い介護保険適用の介護型（介護療養型医療施設）がある。介護型は在宅、居住系サービス、介護老人保健施設等で対応するという再編が進められており、介護療養型医療施設については2017（平成29）年度末までに廃止の方向とされている。当初2011（平成23）年度末までの廃止であったが、6年間延期された。ただし、2012（平成24）年度以降の新設は認められていない。

➡ 介護療養施設サービス p.73

——の運営に関する基準

介護療養型医療施設の事業を提供していくための運営基準。都道府県が定める。診療の方針、機能訓練、看護および医学的管理下における介護、食事の提供、利用料の負担等について定められている。診療方針については、適切な診療指導、厚生労働大臣が定めるもの以外の療法や医薬品の施用等は禁止されている。ユニット型については別途運営基準が定められている。

——の事業者の指定

医療法に定める療養病床および老人性認知症疾患療養病棟を有する病院、診療所の申請により、人員・設備・運営に関する基準に適合するものとし都道府県知事が指定する。開設者は病院・診療所であり、法人である必要はない。

――の人員に関する基準

医師、看護職員、理学療法士および作業療法士、薬剤師および栄養士、介護支援専門員の人員について療養病床を有する病院、療養病床を有する診療所、老人性認知症疾患療養病棟を有する病院それぞれ別に定められている。療養病床を有する病院の場合、①医師：医療法に規定する数以上、②看護職員（看護師または准看護師）：入院患者の数６人または端数を増すごとに１人以上、③理学療法士および作業療法士：実情に応じた適当数、④薬剤師および栄養士：医療法に規定する数以上、⑤介護支援専門員：１人以上（専従・常勤で、入院患者の数100人または端数を増すごとに１人以上が標準）、となっている。療養病床を有する診療所の場合は、医師は１人以上とされ、また、理学療法士・作業療法士、薬剤師・栄養士については設定されていない。老人性認知症疾患療養病棟を有する病院の場合は、看護職員がより多く配置され、作業療法士が１人以上のほか、精神保健福祉士またはこれに準ずる者を１人以上配置することとされている。

――の設備に関する基準

介護療養型医療施設の病室、廊下幅、機能訓練室、談話室、食堂、浴室、消火設備その他の設備等の基準である。療養病床を有する病院、療養病床を有する診療所、老人性認知症疾患療養病棟を有する病院ごとに規定されているが、共通するものも多い。病室の病床数は４以下で、入院患者１人当たり床面積6.4㎡以上、また廊下幅は片廊下1.8m、中廊下2.7m以上必要で、３つの病院・診療所とも共通である。機能訓練室の床面積については療養病床を有する病院は40㎡以上、療養病床を有する診療所は十分な広さ、また老人性認知症疾患療養病棟を有する病院の生活期機能回復訓練室は60㎡以上とされている。食堂の広さは３つの病院・診療所とも入院患者×２㎡以上。老人性認知症疾患療養病棟を有する病院の場合、病棟の床面積は、入院患者×18㎡以上である。

介護療養施設サービス

介護療養型医療施設が提供するサービスのこと。介護療養型医療施設に入院し長期にわたる療養を必要とする要介護者に対し、施設サービス計画に基づいて行われる療養上の管理、看護、医学的管理下での介護その他の世話、機能訓練その他必要な医療をいう。これらのサービスにより、その要介護者が有する能力に応じ自立した日常生活を営むことができるようになることが目指されている。介護療養施設サービスの提供に当たっては、施設の従業者は懇切丁寧を旨とし、入院患者、家族に療養上必要な事項について、理解しやすいように指導、説明を行うことが介護療養型医療施設の運営基準に定められている。施設はサービスの提供に当たっては、緊急やむを得ない場合を除き、身体的拘束その他の行動を制限する行為を行ってはならないと規定されている。また、施設は提供するサービスの質の評価を行い、常に改善を図らなければならない。

——の介護報酬と加算・減算

1日につき、要介護1～5の要介護度別に算定される。施設の規模・形態により療養病床を有する病院、療養病床を有する診療所、老人性認知症疾患療養病棟を有する病院の3つに大別され、それぞれユニット型が設定されている。夜間勤務等看護、退院時指導、老人訪問看護指示、経口移行、栄養マネジメント、経口維持、在宅復帰支援機能、サービス提供体制強化等の加算がある。また、減算として夜勤体制の基準を満たさない、身体拘束廃止未実施、医師の配置基準を満たさない、ユニット型では常勤のユニットリーダーをユニットごとに配置していない等ユニット体制が未整備の場合等がある。

介護老人福祉施設

介護老人福祉施設とは、特別養護老人ホームであって、当該特別養護老人ホームに入所する要介護者に対し、施設サービス計画に基づいて、入浴、排せつ、食事等の介護その他の日常生活上の世話、機能訓練、健康管理及び療養上の世話を行うことを目的とする施設と規定される（法第8条第27項）。ただし入所定員が30人以上のものに限られ、29人以下のものは地域密着型介護老人福祉施設の対象となる。特別養護老人ホームは老人福祉法第5条の3に定められている老人福祉施設の一種である。特別養護老人ホームのうち、都道府県知事に介護老人福祉施設としての指定申請をし、指定を受けたものが指定介護老人福祉施設として介護保険制度の介護福祉施設サービスを提供できる。

➡ **特別養護老人ホーム** p.352

——の現状

厚生労働省「2013（平成25）年介

護サービス施設・事業所調査」によれば、介護老人福祉施設は定員数約45万人の中で入所者数は約44万人となっている。利用率は全国平均で100％近くであり、ほとんどの施設が満床状態でかつ多くの入所待機者がいる状況になっている。平均要介護度は3.89で他の介護保険施設同様、年々重度化が進行している状況である。また、認知症高齢者の日常生活自立度判定基準でもⅢが41.9％、Ⅳが26.6％と高度の認知症を有する利用者が多い。厚生労働省令第7条第2項では「必要性が高い入所申込者を優先的に入所させるよう努めなければならない」と定められており、各都道府県により定められた入所判定基準等に基づき、各施設で入所受け入れが行われている。その結果、多くの都道府県指定都市等において、要介護度が重度の入所者が優先されるようになっている。また、2014（平成26）年の法改正により2015（平成27）年度から、新規入所者を原則要介護3以上とすることになった。要介護度の重度化もあり、各種医療的ケアの必要な入所者が増加しており、安定的な医療ケア提供体制や看取り介護ができる体制の確保等が求められている。

——の人員に関する基準

厚生労働省令第2条に規定されており、医師、生活相談員、介護職員、看護職員、栄養士、機能訓練指導員、介護支援専門員および管理者を配置することが定められている。

また、老人福祉法上の特別養護老人ホームである必要があるため、これに別途、特別養護老人ホームに配置が必要な人員が確保される必要がある。さらに、介護報酬上の各種加算の適用を受ける場合に必要な人員もある。

——の運営に関する基準

介護老人福祉施設の特徴的な側面としては、終身利用できる施設という印象が強いが、厚生労働省令の第1条第1項において「可能な限り居宅での生活の復帰を念頭に置き」と定められており、第2項では「入所者の意思および人格を尊重し」と定められ、常時利用者の立場に立ってサービス提供を行うことが求められている。一方でユニット型介護老人福祉施設の場合は基本方針が別に定められており、厚生労働省令第39条では「ユニット」において「入居前の居宅における生活と入居後の生活が連続したものとなるよう配慮」することが求められている。また、第34条では地域との連携が定められており、「地域住民又はその自発的な活動等との連携及び協力を行う等」として、地域との交流を図る等が定められている。

――の設備に関する基準

厚生労働省令第３条に規定されており、居室、静養室、浴室、洗面設備、便所、医務室、食堂および機能訓練室と消火設備をはじめ、各室に必要な設備や基準が示されている。

また、ユニット型指定介護老人福祉施設については、厚生労働省令40条に別途示されており、ユニットにおける居室、共同生活室とそこにおける洗面設備・便所、浴室、医務室、および消火設備をはじめ、各室に必要な設備や基準が示されている。

――の事業者の指定

介護老人福祉施設は「老人福祉法に規定する特別養護老人ホームであって」（介護保険法第８条27項）とされており、老人福祉法上の特別養護老人ホームの設置認可に併せて、原則として並行して進められる。よって指定を受けるためには特別養護老人ホームとしての認可が得られることが前提となり、認可が受けられないと指定は行われない。また、その定員数は都道府県が策定する介護保険事業支援計画や、設置を計画する市区町村の介護保険事業計画に沿っている必要があり、設置を計画するにあたっては、通常、関係官庁との事前協議等も必要となる。

――の施設サービス計画の実施

介護老人福祉施設は「入所する要介護者に対し、施設サービス計画に基づいて、入浴、排せつ、食事等の介護その他日常生活上の世話、機能訓練、健康管理及び療養上の世話を行うことを目的とする施設」（介護保険法第８条27項）と規定されている。この施設サービス計画の作成に当たっては、入所者・家族に面接し、入所者が自立した日常生活を営むことを支援する上での課題を把握する（アセスメント）。その結果に基づいて施設サービス計画の原案が作成され、サービス担当者会議で専門的見地からの意見を求めた上で、作成されることになる。サービスはこの計画に沿って提供され、モニタリングを通じて実施状況の把握・評価が行われ、必要な場合には計画が変更される。これらの施設サービス計画に関する業務を担当するのが介護支援専門員（計画担当介護支援専門員）である。

具体的なサービスの取り扱い方針や施設サービス計画の作成や実施、介護の実施等は厚生労働省令第11～18条およびその他の規定や解釈通知等に基づいて実施される。

介護老人保健施設

介護保険施設の１つ。要介護者に対して、施設サービス計画に基づいて、看護、医学的管理の下における介護および機能訓練、その他必要な医療、日常生活上の世話を行う施設で、都道府県知事の開設許可を受けたものをいう。介護保険法施行前は、老人保健施設として老人保健法に規定されていた。在宅復帰を目指して医療機関と家庭の中間施設に位置付けられている。同じ介護保険施設でも介護老人福祉施設や介護療養型医療施設と異なり、介護保険法に基づいて設置・開設される唯一の施設でもある。医療、福祉の両サービスに対応するところから、介護、医療、看護、リハビリテーション等のサービスを包括的に提供する体制が整っている。施設サービスのほか、短期入所療養介護、訪問・通所リハビリテーション等の関連サービスを併せて実施している施設が多い。介護療養病床の転換先の受け皿として、2008（平成20）年に「介護療養型老人保健施設」が創設された。

――の意義

介護老人保健施設の意義は、医療機関と中間的機能を有する福祉サービスのことで、いわゆる社会的入院や施設依存の介護を克服することにある。1985（昭和60）年の「中間施設に関する懇談会」中間報告が老人保健施設の起源となっているが、この報告書では要介護老人対策としてリハビリテーションの重要性や多様化するニーズへの対応の必要性が指摘されている。

――の特徴

病状が安定した要介護高齢者に対し、医療と介護の両方のサービスを包括的に提供して、在宅復帰と在宅復帰後の在宅生活の継続を支援するという施設類型は世界でも例が少なく、わが国独得の施設類型である。他の介護保険施設と比較した場合の特徴としては、介護保険法に根拠を置く唯一の施設であること、設置主体が多岐にわたること、リハビリテーション専門職が必置であること、在宅復帰の調整のための入所前後訪問指導加算や在宅強化型の報酬等在宅復帰機能に着目した報酬体系であること等が挙げられる。また、介護保険と医療保険の給付調整により、入所者に提供される医療の多くが医療保険では算定できず、介護報酬によることも介護老人保健施設独特の制度である。

――の機能

介護老人保健施設は次のような機

能と役割を持っている。①包括的ケアサービス施設（医療と介護のサービスを統合した総合的な援助）、②リハビリテーション施設（生活機能の向上を目的とした集中的な維持期リハビリテーション）、③在宅復帰施設（多職種のチームケアで早期の在宅復帰に努める）、④在宅生活支援施設（自立した在宅生活継続のために総合的に支援）、⑤地域に根ざした施設（在宅介護の地域の拠点となる）。

――の運営に関する基準

介護老人保健施設の運営に関する基準については、厚生労働省令（介護老人保健施設の人員、施設及び設備並びに運営に関する基準）の第4章（第5～38条）に定められている。その内容は、サービス提供の開始に際しての手続きや説明と同意、サービス提供困難時の対応、要介護認定の申請に係る援助、入退所（入所の対象者やサービスを受ける必要性が高い入所申込者の優先入所等）に関する規定。サービス提供時の記録に関する規定。利用料の受領等に関する規定。介護保健施設サービスの取扱方針、施設サービス計画の作成、診療や機能訓練・介護・食事等のサービス提供等、サービス提供の方法・内容等に関する規定。管理者による管理、運営規程、災害対策や衛生管理、協力病院等、管理等に関する基準。秘密保持等の倫理基準等に加え、苦情処理や事故対応、会計区分、記録の整備等について規定されている。

――の施設・設備に関する基準

厚生労働省令第3章に介護老人保健施設の施設及び設備に関する基準が定められている。施設には療養室（入所者の部屋を、介護老人福祉施設の居室、介護療養型医療施設の病室に対し、介護老人保健施設では「療養室」と呼ぶ）の他に診察室、機能訓練室、談話室、浴室、レクリエーション・ルーム等を設けることとされている。

また、療養室の定員は4名以下で1人当たりの床面積は8㎡以上、機能訓練室は入所定員数×1㎡以上の面積を有すること等の基準が示されている。構造設備では、建物は耐火建築物（平屋は準耐火建築物でも可）であること。廊下の幅は1.8m以上（中廊下は2.7m以上）で手すりや常夜灯を設けること。療養室が2階以上の階にある場合はエレベーターを付けること等が定められている。

――の開設許可など

介護老人保健施設を開設しようとする者は、厚生労働省令で定めるところにより、都道府県知事（指定都市および中核市にあっては当該市長）の許可を受けなければならない。入所定員その他厚生労働省令で定める事項を変更するときも同様である。開設が許可されるのは地方公共団体、医療法人、社会福祉法人、その他厚生労働大臣が定めた者で、施設や人員基準等必要な条件を満たさない場合や営利目的の者は許可されない。

——の施設サービス計画の実施

施設サービス計画に基づいて行われる看護、医学的管理の下における介護および機能訓練（リハビリテーション）その他必要な医療並びに日常生活上の世話を「介護保健施設サービス」といい、その提供に当たっては入所者の要介護状態の軽減または悪化の防止に資するよう、その者の心身の状況等を踏まえて、その者の療養を妥当適切に行わなければならず、漫然かつ画一的なものとならないよう配慮しなければならない。

施設サービス計画は、入所者ごとに異なることから、その作成から実施の状況はさまざまであり、定型化されたマニュアルはない。ゆえに、スタッフへの周知や実施の有無、その内容を確認する方法には施設によって工夫が必要である。そのために、施設サービス計画の策定については担当の介護支援専門員に加え、多職種のスタッフがかかわることが重要である。

疥《かい》癬《せん》

ヒゼンダニ（体長0.4mm）が人の皮膚表面の角層に寄生することで起こる感染症である。通常人から人へ感染し、単体では生きていくことはできないとされている。成虫は皮膚内にトンネルを掘り、そこに寄生して卵を産み３～５日で孵化し１週間で成虫となる。通常１人の人に1000匹程度だが、その数が100万匹以上になると重症型のノルウェー疥癬と呼ばれる。現在は内服薬で治せるようになった。

回想法

過去に経験したことを思い出すことで、自分の人生を再評価し、人生に前向きに向き合うよう支援する技法。グループアプローチの１つで、計画的な時間、回数の会合の中で、人生経験を高齢者に話し合わせ、記憶の回復や日常生活の関心、コミュニケーションを深める。うつ病や認知症の人の心理療法としてアクティビティ等に活用されることが多い。ライフレビューと一般的回想法の２つの方法がある。

回復期リハビリテーション

医療機関において疾病の急性期治療に続いて回復期に行われるリハビリテーション。心身機能の改善、日常生活活動の自立等を目的に、理学療法、作業療法、言語聴覚療法等がチームアプローチのもとに提供される。

外部サービス利用型特定施設入居者生活介護

特定施設入居者生活介護の形態の1つで、外部の事業者のサービスを利用するもの。特定施設入居者生活介護は有料老人ホーム等の施設を指定し（認知症対応型共同生活介護等の居住系施設に入居した利用者に対するのと同様に）居宅サービスにおける訪問介護等のような時間単位ではなく、包括的に介護サービスを提供するサービスである。

特に、外部サービス利用型特定施設入居者生活介護は、当該施設の介護支援専門員が特定施設サービス計画の作成を行い安否確認や生活相談等の基本サービスはするが、介護サービスや機能訓練、療養上の世話等については委託する外部の居宅サービス事業者等が特定施設サービス計画に基づき、サービス提供を行うものである。2006（平成18）年施行の改正介護保険法により創設された。要支援者対象の外部サービス利用型介護予防特定施設入居者生活介護もある。

――の介護報酬

外部サービス利用型特定施設入居者生活介護費の基本部分は、要介護度別の区分はなく、1日当たりで設定されている。これに外部サービス部分が加わる。外部サービス部分は①訪問介護（身体介護、生活援助、通院等乗降介助）、②訪問介護以外の訪問系サービス、通所系サービス、③福祉用具貸与の算定である。①の身体介護、生活援助は所要時間別、通院等乗降介助は1回当たり、また②は通常の各サービスの基本部分の90%、③は通常の場合と同様である。障害者等支援、サービス提供強化体制の加算があるが、介護職員の員数が基準を満たさない場合は減算となる。外部サービス利用型特定施設入居者生活介護に係る総単位数については要介護度別に限度額が決められている。

解離性大動脈瘤

大動脈壁内に血液が入ると、大動脈壁が中膜と外膜とに分かれてしまう。その解離が進展し大動脈瘤となる。胸部大動脈から始まることが多い。症状は、突然の胸骨中央部付近の激しい痛みで始まり、咳や深呼吸で増強する。痛みの部位は解離の進展に伴い移動することがある。

核家族

核家族とは、家族のうち①夫婦のみの家族、②夫婦と未婚の子のみの家族、③ひとり親と未婚の子のみの家族のことで、核家族による世帯を核家族世帯という。世帯とは一般的に「生計と住居を共にしている社会生活上の単位」である。厚生労働省の国民生活基礎調査によれば、2013（平成25）年の全国の世帯数は5,011万２千世帯。このうち核家族世帯は、3,016万４千世帯で全体の60.2％である。このうち最も多いのが夫婦と未婚の子のみの世帯で29.7％、次いで夫婦のみの世帯23.2％。核家族世帯の全世帯に占める割合が約60％というのは近年ほぼ一定した数字であるが、核家族の中でも多様化をみせ、20年前の1992（平成４）年は、夫婦のみの世帯17.2％、夫婦と未婚の子のみの世帯37.0％であり、夫婦のみの世帯の割合が増えてきている。

家族

基本的には「夫婦を中核とし、親子、兄弟等の近親者を構成員とする血縁的小集団」をいう。同一戸籍ないし同一居住、生計を共にする集団のこと。家族員は共通の家族意識を持ち、相互の感情的結びつきが深いといえる。家族は人間社会の基本的単位であるが、近年の特徴としてあるのは、家族類型の変化である。家族類型は「単独世帯」（32.4％）「夫婦と子供から成る世帯」（27.9％）「夫婦のみ世帯」（19.8％）「ひとり親と子供から成る世帯」（8.7％）「その他の世帯」（11.1％）に分類される（2010（平成22）年国勢調査）。「単独世帯」の割合が最も高いのは、男性は20～24歳、女性は80～84歳である。

——の介護力

要介護者等を家族が介護できる能力のこと。介護する高齢者および高齢者世帯の増加や、少子化と若年世代の就労、親元から離れた地域での居住等により、介護が必要となった高齢者を介護できる家族が少なくなっている。家族の介護力が低下したといわれ、それに対応するために介護保険の制度づくりの中で「介護の社会化」という主張がされるようになった。家族が介護を担うに当たって、①介護に当たることができるのは誰か、②家族の誰がどれくらいの時間を介護に当てられるか、どんな役割なら担えるのかを明確にしておくことが必要である。また、家族１人ひとりの人生設計や経済状況についても話し合っておく必要がある。介護はいつまで続くか予測できないこともあり、身体的・精神的な負担が増大したり、介護サービスを利用し、必要な物品を購入する等で金銭的な負担にもつながるためである。そこで、今日では介護家族への支援が課題となっている。

課題分析（アセスメント）

介護サービスを利用する要介護者等が、尊厳を保持し、自立した日常生活を営むことができるよう支援する上で解決すべき課題を把握すること。まず能力や環境の評価を基に、利用者が生活の質を維持、向上させて行く上での問題点を把握する。そして生活課題を明らかにし、それに対応する要介護者等の対処能力、フォーマルサービスの必要性や内容、インフォーマルサポートの活用を明らかにする。

具体的には居宅介護支援事業所の場合は介護支援専門員が要介護者の居宅を訪問し直接面接を行い、生活環境、心理・身体的状態、残存能力（可能性）を包括的に把握し、課題を相互に確認する。その際、介護支援専門員の経験から生じる個人的な考え方に左右されないよう、客観的な手法が必要とされる。また、要介護者や家族と双方向の取り組みが求められる。

介護予防支援の場合は、地域包括支援センターもしくは、委託を受けた居宅介護支援事業所の介護支援専門員が①運動および移動、②家庭生活を営む日常生活、③社会参加並びに対人関係およびコミュニケーション、④健康管理の４つの領域ごとに課題分析する。

課題分析票

自立した日常生活を営む上で、生活課題を明らかにし、対応するサービスや社会資源を見つけるためのツール。厚生労働省が客観的な課題分析を行うための目安としている23項目の「課題分析標準項目」を基に作成されている書類。要介護者の特性によって尋ねるポイントは違う。また、課題分析票を基本とし、さらに多様な生活課題を見据える力量も求められる。この項目は、①日常生活動作、②身体的健康、③精神的健康、④社会関係、⑤経済状況、⑥住生活環境、⑦ケア提供者の状況の７つに分類される。介護支援専門員はサービス計画作成前に必ずこの書類を作成しなければならない。MDS－HC方式、介護福祉士会方式、フローチャート方式等の書式のほか、各団体、事業所ごとの独自書式もある。要介護者を「解決すべき問題を持った者」としてとらえがちだが、生活意欲や潜在能力を引き出し、本人の尊厳を保持するプラン作成はこの課題分析票にかかっている。

課題分析標準項目

厚生労働省が客観的な課題分析を行うための目安として出している23項目。大きく、基本情報と課題分析に分かれている。

基本情報に関する項目：①基本情報「受け付け」、②生活状況、③利用者の被保険者情報、④現在利用しているサービスの状況、⑤障害高齢者の日常生活自立度、⑥認知症高齢者の日常生活自立度、⑦主訴、⑧認定情報、⑨課題分析（アセスメント）の理由

課題分析に関する項目：⑩健康状態、⑪ADL、⑫IADL、⑬認知、⑭コミュニケーション能力、⑮社会との関わり、⑯排尿、排便、⑰褥瘡《じょくそう》、皮膚の状態、⑱口腔衛生、⑲食事摂取、⑳問題行動、㉑介護力、㉒居住環境、㉓特別な状況

肩関節亜脱臼

肩関節を構成する肩甲骨と上腕骨の位置が正常な位置にない状況。外傷や脳血管障害の片麻痺等で生じる。片麻痺者の場合、麻痺側上肢を支える筋が弛緩することによる肩関節の下方亜脱臼がみられる。

活動のレベル［ICF］

世界保健機関（WHO）の国際生活機能分類（ICF）に定義されている生活機能レベルの１つで、身の回りのことや家事・仕事上の行為等、生きていく上でのさまざまな行為のこと。ICFの生活機能レベルには、「活動」のほか、体の働きや精神の働き、また体の一部の構造である「心身機能・身体構造」、社会的な出来事への関与や役割を果たす「参加」のレベルがある。

これら３つのレベルは、例えば心身機能の障害（機能障害）により活動ができなくなる（活動制限）といったように相互に影響を与えている（相互依存性）。しかし、一方で各レベルは独立し、たとえ機能障害があっても活動向上支援と適切な介護によって活動レベルを向上させることができる（相対的独立性）。この相対的独立性の考えは目標設定やケアプランの立案においても重要となる。

➡ ICF　p.3
➡ 生活機能　p.263

可搬型階段昇降機

階段昇降の操作はもっぱら操作者が行い、操作者が機器本体並びに利用者と共に階段を昇降するもので、

①単体で階段昇降の機能を果たす床走行式の移動リフト、②車いすと一体的に使用して階段昇降する車いす付属品、③車いすと可搬型階段昇降機の複合的機能を持つものがある。車いす付属品、移動用リフトとして介護保険における福祉用具貸与の対象とされている。

仮面様顔貌《かめんようがんぼう》

人の顔には表情筋が分布し、喜怒哀楽、不安等の感情が表情として表出される。こうした顔の表情が消え、能面のように表情の消えた顔貌を仮面様顔貌という。仮面様顔貌を示す代表的な疾患にパーキンソン病がある。この他に抗精神病薬の副作用として仮面様顔貌が出ることがある。

がん

上皮性腫瘍のうち悪性のものをいう。上皮細胞がある全身の臓器で発生し、血行性・リンパ行性に転移する。腫瘍細胞の性質により腺がん、扁平上皮がん等がある。進行により全身衰弱によって死亡する。診断のための検査は視診・触診、腫瘍マーカー、X線検査（造影検査、血管造影、CT等）、MRI、内視鏡検査、超音波検査等。高齢者では、若年者より発生頻度が増加し、多発がんの頻度も上昇する。

日本では臓器別では胃がんは最近減少傾向にあり、肺がん、大腸がん等が増加傾向にある。症状は臓器により異なるが、終末期には痛み、全身倦怠感、食欲不振等が多くなる。若年者と比較して老年者は、痛みの訴えは少ない傾向がある。

——の発症要因

がんの発症要因は多様である。最近は生活習慣との関連が取り上げられている。例えば、喫煙が発症要因となる。たばこには多くの発がん物質が含まれており、日本人を対象とした疫学研究により胃がんと肺がんのリスクが上がることが明らかとなっている。その他、食物、栄養および運動も発症要因として注目されており、がん予防活動の目標となっている。

——性疼痛《とうつう》

がんに伴う痛みで、末期がんの自覚症状として多くみられる。がん性疼痛は、がん患者にとって耐えがたい症状の１つである。骨転移、骨への直接浸潤、末梢神経の圧迫や末梢神経への直接浸潤等が原因で起こる。痛みを感じない程度に疼痛管理をすることで、日常生活のQOLを高めることが治療の目標である。モルヒネの使用や神経ブロックで疼痛の除去を行う。

――検診

がん検診による早期発見・早期治療はがん対策として重要である。がん検診は1983（昭和58）年度から老人保健事業となっている。2008（平成20）年度からは、健康増進法に基づく事業となり、市町村が実施している。厚生労働省は「がん予防重点健康教育及びがん検診実施のための指針」を定めがん検診を推進している。胃がん（上部消化管造影、内視鏡検査）、肺がん（胸部エックス線撮影）、大腸がん（便潜血法等）等が実施されている。

――を防ぐための12か条

がんの予防には、生活習慣の改善が有効である。がんは予防できる病気であるという観点による、国立がんセンターがん対策情報センターの「がんを防ぐための12か条」がある。次の項目であり、ケアをする立場からも支援の指針となる。①バランスのとれた栄養をとる、②毎日、変化のある食生活を、③食べ過ぎを避け、脂肪は控えめに、④お酒はほどほどに、⑤たばこは吸わないように、⑥食べものから適量のビタミンと繊維質のものを多くとる、⑦塩辛いものは少なめに、あまり熱いものはさましてから、⑧焦げた部分は避ける、⑨かびの生えたものに注意、⑩日光にあたりすぎない、⑪適度にスポーツをする、⑫体を清潔に。2011（平成23）年に「がん研究振興財団」が「がんを防ぐための新12条」を提案している。「焦げた部分は避ける」がなくなり、「他人のたばこの煙をできるだけ避ける」等が加わり、たばこ（禁煙）の項目が重視されている。

簡易浴槽

浴室までの移動が困難な人が居室で入浴するための簡易型の浴槽。取水・排水の工事が不要で移動、収納が簡単にできるもの。

介護保険における特定福祉用具販売としては、「空気式又は折りたたみ式等で容易に移動できるものであって、取水又は排水のために工事を伴わないもの」が対象とされている。

肝炎

肝炎とは、肝臓の細胞に炎症が起こり肝細胞が侵害された状態である。無症状の場合もあるが、黄疸、肝腫大、食思不振、腹部不快感、肝機能異常等の症状がある。軽いものから重傷例までさまざまである。原因としてはウイルス、アルコール、自己免疫疾患、薬物等がある。日本ではウイルス性肝炎が多く、C型肝炎が大部分を占めている。高齢者には慢性化した慢性肝炎、肝硬変等が多い。

肝炎ウイルス

肝臓に感染し、肝炎を引き起こすウイルスをいう。A・B・C・D・E型のウイルスがある。A型・E型の肝炎ウイルスは、水や食物を介して経口感染する。B型・C型・D型肝炎ウイルスは、血液・体液を介して、主に輸血後に感染する。A型は経口的に感染するため地域的流行がある。D型、E型肝炎は日本には少ない。予防法としては、A型肝炎ウイルスやB型肝炎ウイルスにはワクチンがある。

感覚器障害

感覚器の障害により視力や聴力、味覚が低下すること。高齢者では老化に伴ってみられるようになり、老年症候群の1つである。感覚障害を種類別にすると、完全に感覚がわからない「感覚麻痺」、少しはわかる「感覚鈍麻（感覚低下・感覚脱失）」がある。「しびれ」は「異常感覚」ともいい、刺激を与えたときに予想されるよりも強い痛みを生じる場合を「感覚過敏」という。中枢神経障害に基づく疼痛を「中枢痛」という。高齢期に感覚器の障害が顕著になり、生活の質に直結する。なお、視覚障害である白内障や緑内障、聴覚障害はその状態が身体障害等級表に該当すれば身体障害者となりえ、また味覚障害はそれ自体は法的に障害ではないが、脳腫瘍や脳卒中による場合、他の合併症によって身体障害者となりえる。

肝機能

肝臓の働きである。肝臓は、栄養素を分解・合成して血液を通じて全身の細胞に届けるとともに、余分な栄養素の貯蔵、アルコール等の分解や毒素の解毒作用、さらに胆汁の生産、赤血球の分解等多くの機能を担っている。このため、肝機能の検査項目も多くなっている。肝機能の検査には、血清AST（GOT）、ALT（GPT）、ALP（アルカリ性ホスファターゼ）等がある。血清AST（GOT）は肝炎、肝硬変、肝がん等の肝胆道疾患で上昇する。ALT（GPT）は、肝疾患の診断、経過観察に有効である。

間欠性跛行《はこう》

一定の時間を置いて正常な歩行ができなくなる状態。特定疾病の1つである閉塞性動脈硬化症（ASO）によくみられる。この疾病は動脈硬化から血管が狭窄、閉塞し血液が十分に末梢に流れなくなる病態で、腸骨、大腿動脈に起因して下肢が虚血する。このため、歩行時に下肢が痛み、休むと痛みが軽減する間欠性跛行が生じる。

肝硬変

さまざまな慢性肝障害の終末像である。肝実質の消失を伴う結合組織の増殖の結果、小葉構造が破壊され結節形成を起こした状態。日本では、B型およびC型肝炎ウイルスに起因するものが多いが、多量飲酒も原因となる。C型肝炎ウイルスによるものが最も多い。肝硬変は中年男性で発症しやすい。高齢者では進行が遅いが肝細胞がんの合併に注意を要する。

看護師

厚生労働大臣の免許を受けて、傷病者、褥婦《じょくふ》（妊婦）の療養上の世話、診療の補助を行うことを業とする者である。看護師になるためには看護師国家試験に合格し、厚生労働大臣の免許を受けなければならない。看護師国家試験を受験できるのは、①大学で必要な学科を修めて卒業した者、②文部科学大臣の指定した学校で３年以上必要な学科を修めた者、③厚生労働大臣の指定した看護師養成所を卒業した者、④免許を得た後３年以上業務に従事している准看護師、または高等学校、中等教育学校を卒業している准看護師で大学、看護師養成所に２年以上修業した者、⑤外国の看護師の業務に関する学校、養成所を卒業し、または看護師免許に相当する免許を受けた者で、厚生労働大臣が認めたもののいずれかに該当する者である。これらは保健師助産師看護師法に規定されている。

看護小規模多機能型居宅介護

地域密着型サービスの１つで、居宅要介護者に対し小規模多機能型居宅介護と訪問看護を一体的に提供するサービスである。利用者が住み慣れた地域での生活を継続できるよう、利用者の病状、心身の状況、希望、置かれている環境を踏まえ、通いサービス、訪問サービス、宿泊サービスを柔軟に組み合わせ、日常生活上の世話、機能訓練、療養上の世話、診療の補助等が療養上の管理の下で行われる。介護支援専門員が作成する看護小規模多機能型居宅介護計画に基づいて提供される。２種類以上のサービスを組み合わせる複合型サービスの、現在唯一の類型である。

➡ 小規模多機能型居宅介護　p.235
➡ 訪問看護　p.429

――の人員･設備の基準

看護小規模多機能型居宅介護の事業を適正に運営していくための従業者、設備の基準。従業者については、日中の通いサービスでは、常勤換算方法で、利用者３人に１人以上、訪問サービスの場合２人に１人以上必要となる（１人以上は看護職員（保健師、看護師または准看護師））。また夜勤職員は夜間および深夜の時間帯を通じて１人以上必要とされている。従業者のうち、常勤換算方法で2.5人以上は看護職員とされている。また登録者に対する居宅サービス計画および看護小規模多機能型居宅介護計画の作成にもっぱら従事する介護支援専門員が置かれる。このほか、管理者、さらに事業者の代表者が必要である。設備に関する基準では、事業所の登録定員・利用定員も定められており、登録定員は29人以下、利用定員は通いサービスは登録定員の２分の１から15人まで（登録定員が25人を超える場合は16～18人）、宿泊サービスは通いサービスの３分の１から９人までとされている。

設備・備品等については、居間、食堂、台所、宿泊室（定員１人、必要と認められる場合２人）、浴室、消火設備その他の非常災害に際して必要な設備、備品等を備える。また事業所については、利用者の家族との交流の機会の確保や地域住民との交流を図る観点から、住宅地または住宅地と同程度の地域とされている。

――の運営に関する基準

看護小規模多機能型居宅介護の事業を適正に運営していくための基準であり、取扱方針、主治医との関係、看護小規模多機能型居宅介護計画、報告書、緊急時等の対応等について規定されている。具体的取扱方針では，利用者が住み慣れた地域での生活を継続できるよう，通い、訪問、宿泊の各サービスを柔軟に組み合わせ、療養上の管理の下で適切に行うことが規定されている。また利用者がそれぞれの役割を持って家庭的な環境の下で日常生活を送ることができるように配慮する。主治医との関係では、看護小規模多機能型居宅介護事業所の常勤の保健師または看護師は、主治医の指示に基づき適切な看護サービスが提供されるよう、必要な管理をすること、事業者は、看護サービスの提供の開始に際し、主治医による指示を文書で受けること、また主治の医師に看護小規模多機能型居宅介護計画、看護小規模多機能型居宅介護報告書を提出し、看護サービスの提供に当たって主治の医師との密接な連携を図ることが規定されている。看護小規模多機能型居宅介護計画は介護支援専門員、看護小規模多機能型居宅介護報告書は看護師等が作成することとされている。

——報告書

看護師等（准看護師を除く）が作成する、訪問日、提供した看護内容等を記載した報告書のこと。看護小規模多機能型居宅介護で行われる看護サービスは主治医の指示に基づいて行われる。事業者は主治医に看護小規模多機能型居宅介護計画および看護小規模多機能型居宅介護報告書を提出することになっている。なお、事業所が病院、診療所である場合は、看護小規模多機能型居宅介護報告書の提出は、診療記録への記載をもって代えることができる。

——の介護報酬と加算・減算

看護小規模多機能型居宅介護の介護報酬（看護小規模多機能型居宅介護費）は要介護１～５まで要介護度別５段階で設定され、月単位で算定される。ただし登録者が事業所と同一建物に居住する者に対する場合は単位が低く設定されている。このほか短期利用居宅介護費（１日当たり、要介護度別）がある。加算としては、初期加算のほか、認知症、退院時共同指導、事業開始時支援、緊急時訪問看護、特別管理、ターミナルケア、訪問看護体制強化、総合マネジメント体制強化、サービス提供体制強化、介護職員処遇改善等の加算がある。減算としては、登録者数が登録定員を超える場合、従業者の員数が基準に満たない、過少サービス、末期の悪性腫瘍等により医療保険の訪問看護が行われる場合、特別の指示により頻回に医療保険の訪問看護が行われる場合等の減算がある。過少サービスに対する減算は、通いサービス、訪問サービス、宿泊サービスの算定付きにおける提供回数が週４回に満たない場合の減算である。

——事業所連携加算

居宅介護支援事業者が利用者の必要な情報を看護小規模多機能型居宅介護事業所に提供し居宅サービス計画の作成等に協力したときの加算である。300単位／回。居宅介護支援を受けていた利用者が居宅サービスから看護小規模多機能型居宅介護の利用へ移行した場合で、介護支援専門員が、複合型事業所に出向き、利用者の居宅サービス計画の利用状況等の情報提供を行い、当該利用者の看護小規模多機能型居宅介護における居宅サービス計画の作成に協力する。ただし、同じ複合型事業所で6カ月以内に当該加算を算定した利用者については、算定できない。

看護小規模多機能型居宅介護計画

看護小規模多機能型居宅介護を提供するための、援助の目標、当該目標を達成するための具体的なサービスの内容等を記載した計画。介護支援専門員が利用者の心身の状況、希望およびその置かれている環境を踏まえて、他の看護小規模多機能型居宅介護従業者と協議の上、作成する。この計画を基本として、利用者の日々の様態、希望等を勘案し、随時適切に通いサービス、訪問サービスおよび宿泊サービスを組み合わせた看護、介護が行われる。作成に当たっては、看護師等と密接な連携を図ること、また地域における活動への参加の機会が提供されること等により、利用者の多様な活動の確保に努めることとされている。介護支援専門員は、看護小規模多機能型居宅介護計画の作成に当たっては、その内容について利用者、家族に対して説明し、利用者の同意を得、作成した際には、当該看護小規模多機能型居宅介護計画を利用者に交付しなければならない。また看護小規模多機能型居宅介護計画の作成後も、常に計画の実施状況および利用者の様態の変化等の把握を行い、必要に応じて見直しすることとされている。

看護職員

施設、事業所等で看護に携わる職員で、具体的には看護師と准看護師がこれに該当するが、介護保険制度の地域密着型サービスの一部（定期巡回型・随時対応型訪問介護看護、看護小規模多機能型居宅介護）では保健師もこれに含まれる。看護師とは看護師国家試験に合格し、厚生労働大臣の免許を受けた者で、傷病者、褥婦《じょくふ》（妊婦）の療養上の世話、診療の補助を行う。また准看護師は医師、歯科医師または看護師の指示を受けて、傷病者、褥婦（妊婦）の療養上の世話、診療の補助を行う。

准看護師は准看護師試験に合格し、都道府県知事の免許を受けていなければならない。保健師は保健指導に従事する者で、保健師国家試験および看護師国家試験に合格し、厚生労働大臣の免許を受ける。

観察［相談援助］

相談援助におけるコミュニケーション技術の1つで非言語的コミュ

ニケーションや利用者の生活状況、利用者を取り巻く家族や人物のメッセージ等に注視して観察する技法。例えば、家庭の居室の状態や介護用品の種類や配置等と高齢者本人や家族の訴えを比較し、両者の落差や矛盾が意味することを解釈し、利用者理解の一助とする。

カンジダ症

カビの一種であるカンジダによる感染症。高齢者の皮膚カンジダ症では陰股《いんこ》部、腋窩《えきか》、乳房下のしわ等にみられるカンジダ性間擦疹《かんさつしん》、カンジダ性爪囲爪炎《そういそうえん》等がある。粘膜カンジダ症は、口腔カンジダ症や外陰腟カンジダ症がある。深部臓器を侵す深在性カンジダ症は日和見感染症であり、糖尿病のほか、抗がん剤・ステロイド・免疫抑制剤による治療、中心静脈栄養（IVH）は危険因子である。

関節可動域訓練

身体の関節の運動できる範囲を広げる訓練。関節可動域の制限が日常生活の支障にならないようにすることが目的で行われる。脳血管障害の片麻痺では、上肢の伸展および下肢の屈曲制限が生じやすい。自力で動かす自動運動、他力で動かす他動運動、一部他力で動かす他動介助運動等が訓練方法として用いられる。

関節拘縮《こうしゅく》とその予防

筋、神経、滑膜《かつまく》、関節包等の軟部組織の変化によって関節の可動域が制限された状態。廃用症候群症での関節拘縮は、関節が一定期間動かされないことにより生じるため、予防には自動的もしくは他動的に関節を動かすことが必要である。

関節疾患

関節疾患とは、関節が壊れたり変形したりして生じる疾病のこと。痛み、腫れにより関節の運動に障害を生じ、歩行をはじめ更衣、整容、入浴等の生活動作が困難になる。関節疾患の代表例として、関節リウマチ、変形性脊椎《せきつい》症、変形性膝《しつ》関節症、五十肩等がある。

間接生活介助

要介護・要支援認定における審査判定基準に用いられる介助等に係る５分野の１つ。衣類の洗濯、部屋の掃除、日用品の整理等の日常生活上の世話についての項目が含まれている。５分野については、間接生活介助のほか、直接生活介助、認知症の行動・心理症状関連行為、機能訓練関連行為、医療関連行為がある。要介護・要支援に該当するか否か、また、該当する場合の区分は基本的には、これらの行為に要する時間（要介護認定等基準時間）により判定されることになっている。

➡ **要介護認定等基準時間** p.467

関節リウマチ

中高年の女性に多い進行性の慢性関節炎で、介護保険における特定疾患に含まれる。わが国の罹病《りびょう》率は全人口の0.3～0.5％と推定されている。関節炎は多発性、対称性の傾向を示す。初期には滑膜の炎症のみであるが、進行すると軟骨、骨の破壊が起こり、関節は変形、脱臼し、また骨性強直により可動性を失う。特に手指、足趾《そくし》（足の指）は変形しやすい。朝起床時に関節が動きにくい、こわばった感じは、「朝のこわばり」といって重要な症状である。治療は、①ステロイド、非ステロイド系抗炎症薬と金製剤、D-ペニシラミン等の寛解導入薬による内科的治療、②滑膜切除術、関節形成術、関節置換術等の整形外科的治療、③温熱、運動、装具、補助具等によるリハビリテーションや環境整備を、病状・病期によりうまく組み合わせて行う。

感染症

ウイルス、リケッチア、クラミジア、マイコプラズマ、細菌、真菌等の微生物が体内に侵入して、臓器や組織あるいは細胞の中で分裂増殖し、その結果として惹起《じゃっき》される疾病を感染症という。抵抗力が低下している高齢者、糖尿病やがん、心不全、腎不全、肝不全患者では感染症が重篤化しやすい。

高齢者によくみられる呼吸器感染症では肺炎、気管支炎、膿胸、肺結核があり、尿路感染症では膀胱炎が挙げられる。敗血症は高齢者では非常に重篤であり、ショック、呼吸困難に陥りやすいが発熱をみないこともある。褥瘡《じょくそう》に感染症を伴うと敗血症の原因となりうる。施設入所者ではインフルエンザやノロウイルスの集団感染に注意を要す。肺結核の早期発見には定期的な胸部レントゲン撮影が必要であり、２週間以上続く咳や微熱があれば疑う。

――の予防

衣食住の生活環境の衛生、食品の清潔な保存と提供、手洗いとうがいの励行が感染予防の原則である。口腔ケアは肺炎の予防に、陰部の清潔保持は尿路感染症の予防に、入浴等による皮膚の清潔は皮膚感染症の予防に重要である。B型肝炎、C型肝炎、メチシリン耐性黄色ブドウ球菌(MRSA)、疥癬《かいせん》、結核に関する情報は介護保険サービスを利用する際に一般に求められる。高齢者にはインフルエンザ、肺炎球菌ワクチンの予防接種が勧められる。

また、MRSAの保菌者は介護施設・住宅では隔離の必要はないが、ケアのときには流水と石けんによる手洗いを励行し、汚物の処理に注意する。B型肝炎、C型肝炎は原則的に血液を介して感染するため、血液を直接触ることがない限り、感染の心配は一般にはない。疥癬は入所時の皮膚のチェックをまず行い、治療時は個室で行い、予防衣の着用と手洗いを徹底する。

完全尿失禁

膀胱内に尿をまったくためることができないために、常にだらだらと漏らしている状態。外科手術、神経損傷、がん浸潤等でありうる。切迫性尿失禁や溢流《いつりゅう》性尿失禁でも、長い間おむつを使用したために蓄尿機能が衰退し、完全尿失禁になることがある。

管理栄養士

厚生労働大臣の免許を受けて、対象者に応じて、個人の身体状況、栄養状態や療養のために必要な栄養指導等に関し、高度の専門知識や技術を要する健康の保持・増進のための栄養指導を実施することを業務とする者。また、病院や施設等継続的に食事を提供する施設における利用者の身体状況、栄養状態、利用の状況に応じた給食管理や栄養指導を行うことを業務とする者をいう。栄養士法に示されている。

➡ 栄養士 p.29

緩和医療

疾病の治療を目指すのではなく、患者の苦痛の緩和とQOLの向上を目指した医療をいう。がんの終末期等の患者を対象とする。痛みや苦しみ等の症状の緩和や患者・家族の不安等の心理面への援助を行う。さまざまな専門家（医師、看護師、心理療法士、ソーシャルワーカー、薬剤師、栄養士、宗教家）やボランティア、家族等がチームとなって行うケアである。患者が、最期まで家族と共にできるかぎり普通の日常生活が送れるように支援する。

ターミナルケアは、死が迫った患者を平穏な死へ導くケアであるが、近年より早い時期のがん患者、エイズ患者等へと対象を広げており、緩和医療・緩和ケアと呼ばれるようになった。ホスピス・緩和ケア病棟だけでなく、特別養護老人ホーム、介護老人保健施設や在宅においても必要な医療である。1996（平成８）年に日本緩和医療学会が設立されている。

き

記憶障害

記憶に関する障害の総称。記憶という機能をプロセスでみるとまず「記銘」し、それを「保持」しておき、必要なときに思い出す「想起」の３段階から成り立つとされている。従って記憶障害はこのプロセスのいずれか、あるいは全部が障害された状態といえる。

認知症の初期では主に保持と想起が難しくなる。その場の話はわかるが、すぐにすっかり忘れてしまう。

機械浴

専用の機械浴用の浴槽を利用した入浴のこと。介護保険施設をはじめとした各種介護保険サービスの設備基準においては、厚生労働省令等の中で「要介護者が入浴するのに適したものとすること」等が定められており、機械浴等の設置によって、その基準を満たす場合がほとんどである。寝たまま入浴ができるストレッチャータイプのものや、シャワーいすを持ち上げる、またはいすごと浴槽に入るリフトタイプのもの等、その他各種の製品が開発されている。

気管カニューレ

気道確保を目的に気管内に挿管するカテーテルであり、経鼻的または経口的に気管分岐部の上部まで挿入して使用する。酸素吸入や全身麻酔の際に用いる場合と、気管切開に用いる場合がある。気管切開では、気管切開術後に切開孔に留置して、気道確保する。気道粘膜への刺激をおさえるため、刺激の少ないプラスチック材料から作られる。

気管支喘息

気道の慢性炎症により気道閉塞が起こり、喘鳴を伴う呼吸困難発作を繰り返し起こす疾患。アレルゲン（ハウスダスト、ダニ、真菌類、花粉、カビ、ペットの毛等）、大気汚染物質、運動、冷気吸入、気道感染、精神的ストレス、身体的疲労等が誘因となる。肥満細胞やマクロファージ、Tリンパ球、気道上皮細胞から気管支筋を収縮させる化学物質が遊離されることにより発症する。

気管切開

緊急の気道確保のために行われる。近年では頭部外傷や脳血管疾患、神経疾患等による長期人工呼吸管理が必要な患者や、手術後にも行われる。気管内挿管が長期にわたると声門の障害や肺合併症を起こしやすいからである。気管切開により気道の分泌物除去が容易となる。また、人工呼吸器を接続すると呼吸も良好となる。切開口は毎日消毒し、気管カニューレは週1回程度交換する必要がある。

気管内挿管

気管内に気管カニューレを挿入し、比較的容易に気道を確保する方法である。気道の分泌物吸引が可能となり、気道・肺内への分泌物や異物の流入を防ぐことができる。また、人工呼吸器を装着し呼吸管理ができる。気管内挿管法は、経口挿管法と経鼻挿管法とがあり、緊急時には技術的に容易な経口挿管法が行われ、呼吸管理が長期になる場合には経鼻挿管法が行われる。カニューレは、体格に応じた大きさを選択する。

きざみ食

きざみ食とは、咀嚼《そしゃく》が弱い人のために食物を食べやすく刻んだ調理形態のことである。嚥下困難者の場合はとろみをつける等して、食塊形成（噛み砕いた食物を口腔内でのみ込みやすいようにもう一度塊にする）されやすいようにする。

➡ 嚥下に好ましい食品 p.31

義肢

義肢とは、事故や病気等で切断・欠損した手や足を補うために身体に装着して使用する器具器械のことである。上肢の義肢を「義手」、下肢の義肢を「義足」と呼ぶ。義手は外見の再現を考えた装飾用と、日常の生活動作を行うための能動用とに大別される。義足の多くは歩行を目的としたもので、歩行能力に合わせて構成部品を選択・調整して作成される。

義肢装具士

医師の指示の下に義肢および装具の採型・採寸並びに適合・調整を行うことを業とする専門職である。1987（昭和62）年に制定された義肢装具士法において、その職務が規定されている。義肢装具士の英語表記であるProsthetist and Orthotistを略してPOと呼ばれる。

器質性精神障害

脳神経の損傷や傷害に基づく精神障害である。幻覚や妄想、気分の障害、認知機能の障害等症状も多彩である。精神活動は脳神経系の機能の中心であるから脳神経系のいずれかに損傷が生ずれば、何らかの精神障害が生ずるのは当然のことである。器質性精神障害には脳以外で身体疾患のために脳が二次的に障害されて何らかの精神障害を来すものも含まれる。これを症状精神病として区別する場合もあるが、脳機能が損傷を受けた結果出ていることから一括して器質性精神障害と呼ぶ。

原因も頭部外傷後遺症、脳腫瘍、ウイルス、細菌性脳炎等多彩である。特に多い原因としては脳梗塞、脳出血等の脳血管障害と脳細胞が変性して脱落していくアルツハイマー病に伴う精神障害が挙げられる。

基準及び程度の原則［生活保護］

生活保護の実施上の４つの原則の１つであり、保護は厚生労働大臣が定める基準（生活保護基準）によって測定した要保護者のニーズに基づき、そのうち本人の収入等では賄うことのできない不足分を補う程度で行うことを意味する。この場合の基準は、要保護者の年齢、性、世帯構成、居住地域、保護の種類に応じて必要な事情を考慮した、最低限度の生活の需要を十分に満たし、かつ、これを超えない水準とされる。

➡ **申請保護の原則** p.254
➡ **必要即応の原則** p.401
➡ **世帯単位の原則** p.278

基準該当サービス

基準該当サービスとは、居宅サービス・介護予防サービスおよび居宅介護支援・介護予防支援について、事業者が都道府県知事の指定を受ける指定サービス事業者の指定基準（法人格、人員、設備・運営）の一部を満たしていなくても、保険者たる市町村が、当該事業者のサービスが厚生労働省で定める一定の水準を満たしていると認めたものをいう（法第42・47・54・59条）。これは、利用者のサービス選択の幅を広げるとともに、地域の実情に即した適切なサービス提供を可能にする意義がある。

➡ **相当サービス** p.286

基準該当サービス事業者

基準該当サービス事業者とは、指定居宅サービス事業者等の指定条件を完全には満たさないものの、保険者たる市町村が一定の水準を満たしていると認めた事業者である。基準該当サービス事業者は、訪問介護・訪問入浴介護・通所介護・短期入所生活介護・福祉用具貸与の居宅サービス（介護予防サービスを含む)、居宅介護支援、介護予防支援について認められている。

➡ 基準該当サービス p.96

基準遵守《じゅんしゅ》義務［介護支援専門員］

介護支援専門員の義務等の１つで、介護支援専門員は、厚生労働省令で定める基準に従って、その業務を行わなければならないとされる（法第69条の34第２項)。

基準値

医学的に健康と判断された状態で健康母集団の±２SD以内の臨床検査の数値および結果のこと。

SD（Standard devision）とは標準偏差のことで、±２SD以内ではほぼ全測定値の95％をカバーするとされている。検査値については最近は正常値より、基準値が使用されることが多く、特に高齢者では個人差が大きいため、検査値を読み取る上で、基準値の概念が重要となる。

気道確保

意識がない患者の治療や全身麻酔の際に呼吸の経路を確保することを気道確保という。救命救急処置の基本的な手技でもある。患者の意識がなく、窒息、喘息等で気道閉塞がある際に気道を開放することが目的である。器具がない場合は、頭部後屈と下顎挙上、器具を用いる方法としては、気管内挿管、輪状甲状靱帯穿刺《りんじょうこうじょうじんたいせんし》のほか、気管切開も用いられる。

気道感染症

ウイルスや細菌の感染によって気道に炎症が起こる疾患のことをいう。上気道感染は、鼻腔《びくう》から喉頭《こうとう》までの炎症であり、くしゃみ、鼻水、喉の痛み等の症状が現れる。喉頭より下の気管、気管支等の下気道まで感染が広がると、痰《たん》、咳《せき》が起こる。さらに悪化すると気管支炎や肺炎を起こす。インフルエンザウイルスや溶血性連鎖球菌が原因となる気道感染症の発生が多い。

機能訓練関連行為

要介護・要支援認定のための審査判定基準に用いられる介助等５分野の１つ。歩行訓練、嚥下《えんげ》の訓練等身体機能の訓練とその補助についての項目が含まれている。機能訓練関連

き

行為のほか、直接生活介助、間接生活介助、認知症の行動・心理症状関連行為、医療関連行為がある。要介護・要支援に該当するか否か、また、該当する場合の区分は基本的には、これらの行為に要する時間（要介護認定等基準時間）により判定されることになっている。

➡ **要介護認定等基準時間** p.467

機能訓練指導員

機能訓練とは日常生活を営むのに必要な機能の減退を防止するために行われるもので、その訓練を行う能力を有する者が「機能訓練指導員」である。必要な資格は理学療法士、作業療法士、言語聴覚士、看護職員、柔道整復師またはあんまマッサージ指圧師とされている。通所介護、短期入所生活介護、特定施設入居者生活介護、指定介護老人福祉施設等の介護（予防）サービスを提供する事業所や介護老人福祉施設に配置される。

機能性精神障害

脳組織に明らかな器質性病変が認められないのに精神障害が生じている状態を機能性精神障害という。機能性精神障害は何らかの誘因による精神機能の変調や脳組織病変が認められないのに脳機能だけが異常を示すことによって発症する。統合失調症、躁うつ病、心因性精神病等がこれに該当する。

➡ **器質性精神障害** p.96
➡ **統合失調症** p.341

機能性尿失禁

排尿のメカニズムに器質的な問題がない人で身体障害や認知症等のため、排せつ動作が適切にできないために起こる失禁。例えば、脳血管障害による片麻痺にて脱衣に時間がかかったり、認知症のためにトイレの場所や排せつの手順がわからなかったりして、間に合わず漏らしてしまう等である。

気分障害

気分の変調が主症状の病気。気分が沈み、何があっても悲哀と抑うつに包まれる「うつ病」と逆に気分が異常に高揚し、多弁、多動となってあたり構わず行為が突出していく「躁病」がこれに相当する病気である。以前は感情障害と呼ばれていた。ただ単に泣いたり笑ったりする「感情」の病気というよりも、もっと長く続く気分と身体全体の調子が変化する病気という意味で、気分障害と呼ぶようになった。病気がひどいときに、一時的に妄想や幻聴等の精神病症状が出ることもある。

気分障害の中にはうつ病のほか、軽いうつ状態が長く続く気分変調症、抑うつ気分を伴う適応障害や内科疾患に伴う気分障害等もある。DSMでは気分障害の中の「躁病」は躁状態だけの人も、いずれうつ状態が出てくることが多いので、双極性障害と呼ぶようになっている。

➡　うつ　p.27

基本チェックリスト

高齢者の生活機能を評価し、要介護状態となるリスクを予測することを目的に開発された25項目からなる質問票である。介護予防支援での課題分析や地域支援事業での介護予防・日常生活支援総合事業に用いられる。手段的日常生活動作（５問）、運動機能（５問）、栄養（２問）、口腔機能（３問）、閉じこもり（２問）、認知機能（３問）、うつ（５問）の７分類からなり、各問「はい」「いいえ」で答える。

基本調査

要介護（要支援）認定の調査対象者の心身の状況を詳細に把握するための調査であり、認定調査の中心をなすものである。認定調査票は大きくは「基本調査」の部分と「特記事項」の部分に分かれている。基本調査の項目は、①身体機能・起居動作に関連する項目、②生活機能に関連する項目、③認知機能に関連する項目、④精神・行動障害に関連する項目、⑤社会生活への適応に関連する項目、⑥特別な医療に関連する項目、⑦日常生活自立度に関連する項目である。

➡　認定調査　p.384

逆選択

保険用語でいう逆選択とは、健康な者が加入せず、保険事故発生の高い危険性のある者のみが加入すること。例えば、任意加入の医療保険の場合、保険者は被保険者の健康リスクを完全に把握していないので、健康な人は（保険料水準を割高に感じて）保険に加入せず、病気がちな人ばかりが保険に加入することになる。その結果、保険料率はさらに上昇して、誰も保険に入れなくなってしまう事態が生じうる。これを逆選択（adverse selection）と呼んでいる。

救護施設

生活保護法に基づく保護施設の１つで「身体上又は精神上著しい障害

があるために日常生活を営むことが困難な要保護者を入所させて、生活扶助を行うことを目的とする施設」（第38条第２項）である。他の障害者福祉施設と異なり、身体障害・知的障害・精神障害といった障害の種類によって対象が規定されていない。2012（平成24）年10月１日現在、全国に184施設あり、約16,000人が在所している。

救護施設では、介護サービス、健康管理、相談援助等の日常生活支援のほか、身体機能回復訓練、就労支援、作業活動、趣味・学習活動、レクリエーション、通所事業、居宅生活訓練事業、グループホームの運営、配食サービス等、リハビリテーションプログラムや自己実現、地域生活を支援するためのサービスが行われている。

きゅう師

きゅう師国家試験に合格し、名簿登載後、厚生労働大臣の免許を受け、灸《きゅう》治療を行うことを業とする者のこと。灸は患者の患部にモグサ（ヨモギの葉の裏面の灰白色の線毛）を乗せて焼き、その温熱を使って刺激を与え、自然治癒力を高める療法である。試験の実施については厚生労働省の指定試験機関として公益財団法人東洋療法研修試験財団が試験の実施の事務を行っている。受験資格としては大学に入学できる者で、３年以上文部科学大臣が指定する学校または、厚生労働大臣が指定する養成施設できゅう師となるのに必要な知識および技能を修得した者である。

急性肝炎

肝臓の急性実質炎症性障害で、原因によって２つに分けられる。第一は病原体の感染によるもので、ウイルス性肝炎と細菌性肝炎がある。第二は中毒性肝炎であり、薬剤性やアルコール性肝炎がこれにあたる。ウイルス性肝炎が最も頻度が高い。わが国での急性肝炎の多くはA・B・C型の肝炎ウイルスによるものである。

急性期リハビリテーション

医療機関において疾病の急性期に行われるリハビリテーション。全身的な疾病の治療や合併症のコントロールと並行して、生活機能の低下の早い時期から、病態に応じて実施される。関節可動域訓練、筋力維持・向上訓練、全身耐久性向上訓練等による廃用症候群の予防と早期離床、ADLの早期自立・向上を図ることを目的とする訓練を行う。

急性腎不全

急激に腎機能低下を来たしている状態。医学的な定義としては、腎臓の障害により48時間以内に血清クレアチニンが急激に上昇する状態とされている。腎機能の低下による体液の恒常性の維持に障害が起きている。原因としては心不全、脱水、薬剤等が挙げられる。症状は、乏尿、悪心《おしん》・嘔吐《おうと》、浮腫《ふしゅ》を伴う体重増加、動悸《どうき》、易《い》疲労感等である。

吸入器具

鼻腔《びくう》または口腔《こうくう》粘膜への吸入を行うために水蒸気とともに薬剤を吸入させる器具。薬剤としては液剤と粉末が用いられる。吸入器具の種類には、ネブライザー、ドライパウダー吸入器等がある。吸入の目的は、上気道または下気道の疾患の治療、あるいは薬剤の吸収である。咽喉《いんこう》または鼻腔における、アレルギー、炎症および感染症の治療に用いることが多い。

給付管理

介護保険サービスの提供に対する支払いが、サービス提供事業所にされるために居宅介護支援事業者等が行う一連の業務のこと。居宅サービス計画の作成、提供されたサービス内容の確認、費用の算出、計画と実績との突合、帳票の作成、都道府県国民健康保険団体連合会（国保連）への提出等がある。給付管理ではサービス利用票、サービス利用票別表、サービス提供票、サービス提供票別表等の帳票を給付管理票と総合して、居宅介護サービス計画費の請求書と共に翌月10日までに国保連に提出する。また事業者は国保連にサービス費の請求も行う。国保連では請求書と給付管理票を突き合わせ、審査の上、サービス提供の翌々月に事業所に介護給付費等が支払われる。

キューブラー・ロス

ドイツの精神科医。1926～2004（昭和元～平成16）年。『死の瞬間』の中で、死の受容に至る５つのプロセスを提唱する等、死の間際にある患者とのかかわりに大きな業績を残している。死の受容までのプロセスとは、①否定（心の中で死を否定する）→②怒り（自分が置かれた状況に対して、感情を周りにぶつける）→③駆け引き、取り引き（なんとか死なずにすむよう取り引きする、何かにすがる）→④抑うつ、うつ状態（沈んだ気持ちになる）→⑤受容（死に行くことを受け入れる）の５段階である。

き

急変時の対応

急変とは状態の変化が急に起こることである。高齢者は身体機能や免疫機能の低下から急変しやすく、治療も想定通り進まず生命を脅かされる状態へ移行しやすいため、素早い対応が要求される。不測の事態を想定し、あらかじめ主治医や関係する人たちと対応方法を決めておく必要がある。すなわち、急変しても慌てない備えが最も重要である。特に多いのは感染症（肺炎や尿路感染症）、虚血性心疾患、脳血管障害である。

球麻痺

延髄から出る運動神経に支配される筋が麻痺すること。球は延髄の慣用語。延髄には嚥下《えんげ》中枢があり、これが機能しなくなると誤嚥の可能性が高くなるほか、言語障害も生じる。急速に運動麻痺が出現する運動神経炎であるギラン・バレー症候群で症状がみられる。

➡ ギラン・バレー症候群 p.114

教育扶助

生活保護法による扶助の１つで、義務教育の就学に必要な費用を給付するもの。義務教育に伴って必要な教科書その他の学用品、通学用品、学校給食その他義務教育に伴って必要なものがその範囲である。小・中学校別に定めた基準に従って支給される。原則として金銭給付で、通常は生活扶助と併せて支給される。

共感

相手の立場になって、相手が喜ぶのを見ると共に喜び、相手が悲しむのを見ると共に悲しむというように、相手と同じ感情を持つことをいう。この場合、相手がある感情を体験しており、その感情表出を援助者が見て、自分も同じような感情を体験することをいう。

またこの前提条件として援助者には非審判的態度つまり援助者個人の価値観を持ち出さないといった姿勢での傾聴が必要とされ、傾聴から共感することが受容へとつながる。

共済年金

共済年金とは公務員等、共済組合に加入する組合員に支給される年金をいう。現在の共済年金には歴史的にみて、大きく３つの系譜がある。その１つは恩給法の流れをくむ国家公務員共済組合、他の１つは条例恩給等の流れをくむ地方公務員共済組合であり、さらに私立学校教職員共済組合である。

従来、共済組合は独自運営が行わ

れていたが、1986（昭和61）年４月以降基礎年金制度導入に伴い、組合のうち20歳以上60歳未満の者は共済組合の組合員であると同時に国民年金の第２号被保険者として位置付けられる。年金給付は基礎年金と、上乗せ年金として現在は共済年金が支給される。さらに共済組合独自の職域加算がある。2012（平成24）年の年金改正により2015（平成27）年10月からは厚生年金に統合される。年金給付は老齢基礎年金、障害基礎年金および遺族基礎年金がある。また、第１号被保険者には死亡一時金等の独自給付がある。

狭心症

一過性の心筋虚血、つまり必要とされる血液を十分に心筋に供給できなくなったために起こる心臓の病気。心筋の壊死は起こしていない。狭心症の主症状の胸痛は発作性であり、持続は５～10分以内で終わる場合が多い。冠動脈硬化による動脈の狭小化による労作性狭心症と、冠動脈攣縮《れんしゅく》によって生じる安静時狭心症がある。

行政処分

行政庁が、具体的事実に基づいて法律に基づき権利を設定したり、義務を命じたり、その他法律上の効果を発生させる行為（行政行為）の法律上の呼び方。介護保険法では保険給付に関する処分、保険料等の徴収金に関する処分について、不服があれば介護保険審査会に請求できるとされている（法第183条）。

強制適用

一定の要件に該当すれば、法律上当然に適用となることで、介護保険制度でも被保険者の地位は一定の要件（被保険者資格）に該当すれば、本人の意思にかかわらず法律上取得することになっており、強制適用（強制加入）の仕組みになっている。健康な者が加入を避け、介護保険事故の発生率の高い者だけが加入する逆選択を防ぐためには、被保険者は保険に任意加入ではなく、強制加入にするという考え方である。実際、日本においては、医療保険各法において、強制適用の規定が置かれている。

胸痛

胸部に感じる痛みの総称。原因となる疾患は多いが、虚血性心疾患等緊急対応が必要な疾患の診断が重要である。解剖学的には心臓、大血管、壁側胸膜、縦隔、胸壁の疾患で胸痛が生ずる。持続時間は、狭心症の痛みは５～10分以内で終わることが多いが、心筋梗塞では30分から数日続くこともある。解離性動脈瘤は、突然の胸骨中央における激しい痛みで、咳《せき》や深呼吸で増強する胸痛である。

共同連帯の理念

社会全体で支え合い国民共通の課題に対処していくこと。連帯（Solidarity）ないしは社会連帯とは、社会保障制度における基本的な考え方であり、「社会保障・税一体改革成案（2011（平成23）年６月）」においても、「国民相互の共助・連帯の仕組みを通じて支援していく」とされている。

介護保険法第１条が、「国民の共同連帯の理念に基づき介護保険制度を設け」としているほか、高齢者の医療の確保に関する法律第１条においても、「高齢者の医療について、国民の共同連帯の理念等に基づき（中略）必要な制度を設け」とされている。

胸部レントゲン検査

胸部レントゲン検査は、肺、心臓、横隔膜等の器官の病気の診断、それらの器官の大きさ、位置等を調べるための基本的な検査である。疾患としては、呼吸器疾患や心疾患の診断に使われる。肺炎、肺がん、肺気腫、肺結核、心疾患による心拡大等の診断に有効である。高齢者では肺結核やインフルエンザを目的として、定期的に胸部レントゲン検査を実施することが必要である。

教養娯楽費

一般に施設や通所サービス等でサービス提供の一環として提供される、クラブ活動や行事等の材料費の一部を指す（通知等では「その他の日常生活費」という場合もある）。このうち、例として作業療法や機能訓練の一環として提供される場合や入居者全員が参加する行事等で使用する材料費等、一般的に介護報酬に含まれると想定されるものは、保険給付の範囲内であるため徴収することができない（厚生省通知老企第54号、2000（平成12）年３月30日）とされている。一方で、習字、お花、刺繍材料等利用者負担として適当と認められるものは、「その他生活費」として徴収することができるとされている。

協力医療機関

居住系施設や介護保険施設等で利用者の容態の急変等に備えて、各厚生労働省令においてあらかじめ定めておくことが求められている。特定施設入居者生活介護や認知症対応型共同生活介護では、協力医療機関の設置を、また、介護老人福祉施設や介護老人保健施設では協力病院と協力歯科医療機関を設置するよう求められている。

虚血性心疾患

心臓の筋肉（心筋）に血液を供給している血管は冠動脈と呼ばれているが、この血管の血流が悪くなることにより、心筋の動きが悪くなる病気の総称である。代表的なものに狭心症と心筋梗塞がある。狭心症は一時的な血流低下であるが、心筋梗塞は長く続き、心筋が傷害され、死に至る病気である。6時間以内に治療が開始された場合の生存率は高く病院まで運ぶ時間はとても重要である。

居室

一般的定義ではその家の住人が日常を過ごす部屋であるが、介護サービス提供上は利用者が居住する部屋のことを指す。これに対し病院等へ入院している場合や、指定介護療養型医療施設は病室という。各厚生労働省令における設備基準の呼称も同じで、介護老人福祉施設や有料老人ホーム、認知症対応型共同生活介護は居室と呼び、介護老人保健施設では療養室、小規模多機能居宅介護は宿泊室とされている。

居住費

一般的に介護サービス提供上は介護保険施設等における利用料のうち、居室に係る自己負担費用のことを指す。一般的な家賃に相当する費用と光熱水費、長期修繕費等が含まれる。2005（平成17）年10月施行分の介護保険法改正において導入された。居住費を積算する上では通常、建物本体の減価償却費から補助金等の公費を控除した上で面積按分をして、居室部分の１日当たりの費用を割出して設定する。なお、室内備品や装飾が異なる等居室のグレードが異なるような場合で、特定の居室のみ費用が高くなるようなときには、その部分のみ「特別な室料」として別途積算し請求を行うことができる。

また、低所得者対策として収入階層により補足給付が行われ、食費の負担減免と併せて市町村等保険者から「負担限度額認定証」が発行される。

居住費・食費の利用者負担のガイドライン

居住、滞在及び食事の提供に係る利用料に関するガイドライン。2005（平成17）年10月施行の介護保険法改正において導入された、居住費・食費の利用者負担化についての手続きが円滑に進められるように、厚生労働省より示されたもの。利用者と施設等事業者において適正な契約が行われるよう、利用者への事前説明や同意の手続き等の「適正手続きのガイドライン」、「居住費（滞在費）の範囲等に関するガイドライン」「食費の範囲等に関するガイドライン」が定められている。

居宅介護サービス計画費

要介護者が、指定居宅介護支援事業者から居宅介護支援（居宅サービス計画の作成、サービス提供事業所との連絡調整等）を受けたときに支払われる保険給付（法第46条）。全額が保険から給付されるため利用者負担はない。

居宅介護サービス費

要介護被保険者が、指定居宅サービス事業者から、指定居宅サービスを受けたときに支給される介護給付（法第41条）。指定居宅サービスには訪問介護、訪問入浴介護、訪問看護等全部で12種類があり、このうち特定福祉用具販売を除く11種類が支給対象となる。被保険者があらかじめ指定居宅介護支援（ケアプランの作成）を受けることを市町村に届け出て、その対象サービスを受けた場合には、費用の９割は現物給付される。

居宅介護サービス費等区分支給限度基準額

介護保険の範囲内で受けることのできる居宅介護サービスの基準の額。要介護度に応じて設定されている。介護保険制度の財源の範囲内でサービス利用が一部の者に偏ることのないように利用の限度を設けているものである。限度基準額の範囲内であれば、利用者は１割の自己負担で利用できるが、これを超えるサービスの利用については全額利用者負担となる。区分支給限度基準額は、１カ月を管理期間として管理される。

居宅介護サービス費用基準額

居宅介護サービス費を支給する際の基準となる費用額のこと。厚生労働大臣が、指定居宅サービスに要する平均的な費用額を勘案し、社会保障審議会の意見を聞いて定める。その額が現に当該指定居宅サービスに要した費用の額を超えるときは、基準額は現に当該指定居宅サービスに要した費用の額とされる。

居宅介護支援

要介護者やその家族の生活課題を介護保険のサービスや社会資源に結び付け、生活の質の向上を図るための支援をいう。介護保険法第８条第24項では、居宅サービス等を適切に利用するため、①居宅サービス計画の作成、②他のサービス提供事業者との連絡調整その他の便宜の提供、③地域密着型介護老人福祉施設、介護保険施設への紹介その他の便宜の提供が挙げられている。居宅介護支援事業を行う者として、都道府県知事（2018（平成30）年４月から市町村長）に申請し、その指定を受けたものが指定居宅介護支援事業者である。

――の過程

居宅介護支援を行うに当たって、開始から終結までの一連の過程のこと。介護サービス利用の開始に当たり要介護者と、居宅介護支援事業所が契約。居宅サービス計画作成依頼の届出を保険者（市町村）へ行う。その後要介護者の居宅を訪問、課題分析を行い、要介護者とその家族の意向を勘案しニーズを発見、自立支援に基づく居宅サービス計画案を作成する。サービス担当者会議の同意を得た上でサービスは実施される。毎月のモニタリング後、状況に応じて再び課題分析し、必要に応じ居宅サービス計画をさらに要介護者のニーズに近付けていく。終結は、在宅から介護保険施設への入所、死亡したとき、要介護者が他の介護支援専門員への交代を求めたとき等である。

――の介護給付費

指定居宅介護支援事業者が、要介護者に対し居宅介護支援（居宅サービス計画の作成）を行った場合に支給される費用である。居宅介護支援費ともいう。全額保険給付され、利用者の自己負担はない。居宅介護支援費は、指定居宅介護支援事業所に支払われる介護報酬を指す。要介護度、取扱件数等により単位数が異なり、介護支援専門員１人当たりの取扱件数が40件未満、40件以上60件未満、60件以上の３つの場合に分け、それぞれ要介護１・２、要介護３・４・５の２つの区分で設定されている。適切な事業運営への担保や、業務の実態を勘案し、加算減算の要件が設けられている。入院時情報連携加算、退院・退所加算、小規模多機能型居宅介護事業所連携加算、運営基準減算等がある。

居宅介護住宅改修費

介護保険における住宅改修費の支

給限度基準額は20万円であり、福祉用具貸与、販売と同様に1割の自己負担があるため、最高で18万円が介護保険から支給される。支給限度基準額を超える住宅改修については自己負担となる。支給限度基準額20万円までの利用は原則として1回（20万円の範囲内であれば数次に分けた工事も可能）である。ただし、介護の必要の程度の段階が3段階以上上がった場合（この取り扱いは1回だけ可能）や転居した場合は再度住宅改修費が支給可能となる。

居宅給付費

介護保険の法定給付（介護費用から利用者負担分を除いた介護給付および予防給付の部分）のうち施設等給付費（介護保険施設、特定施設入居者生活介護、介護予防特定施設入居者生活介護に関する施設等給付費）以外の給付費。法定給付に要する費用は公費と保険料により、それぞれ50％ずつ賄われ、公費の負担割合は原則として国25％、都道府県12.5％、市町村12.5％であり、居宅給付費についても国25％、都道府県12.5％、市町村12.5％の負担割合となる。これに対し、施設等給付費の場合は国20％、都道府県17.5％、市町村12.5％となっている。

居宅サービス

居宅の要介護者が都道府県知事の指定を受けた指定居宅サービス事業者から受けるサービス。以下の12種類がある。①訪問介護、②訪問入浴介護、③訪問看護、④訪問リハビリテーション、⑤居宅療養管理指導、⑥通所介護、⑦通所リハビリテーション、⑧短期入所生活介護、⑨短期入所療養介護、⑩特定施設入居者生活介護、⑪福祉用具貸与、⑫特定福祉用具販売。

この中で特定福祉用具販売は、市区町村が必要と認める場合に限り居宅介護福祉用具購入費が支給される。それ以外の11種類のサービスをニーズに応じて組み合わせ毎月の居宅サービス計画を作成する。

——の説明

介護支援専門員は居宅サービス計画の原案に位置付けた指定居宅サービス等について利用者または家族に説明し、文書により同意を得なければならない。利用者の希望を尊重し、利用者自身がサービスを選択することは介護保険の理念に基づく重要なプロセスである。同意を得て初めて居宅サービス計画は成立する。

居宅サービス計画

居宅の要介護者が居宅において自立した日常生活を営むために、必要な指定居宅サービス等が適切に利用できるよう作成されるサービス計画のこと。心身の状況、置かれている環境、本人・家族の意向を踏まえて、指定居宅サービス等の種類、内容、担当者、本人・家族の意向、援助の方針、健康上・生活上の問題点と課題、提供サービスの目標・達成時期、提供日時、留意事項、利用者の負担額等が記載される。

実際は要介護者等が指定居宅介護支援事業所と契約し、事業所の介護支援専門員が厚生労働省の標準様式に基づいて作成する。介護保険給付対象外の保健医療サービスや福祉サービス、ボランティアや家族のかかわりをサービス計画に入れる努力や、不足するサービスの開発を関係機関に働きかける努力が介護支援専門員に求められる。

――の作成

介護支援専門員は、居宅サービス計画の作成に先立ち、課題分析標準項目を網羅した課題分析に基づくニーズの特定と優先順位の決定、援助目標を利用者と相互に話し合う。その上で日常生活全般を支援する観点から計画原案を作成する。

原案は、自己決定、生活の質の向上、自立支援、可能性の活用等に配慮し作成する。原案を基にサービス担当者会議を開催し、専門的見地からの意見を求め、利用者、家族の同意を得て計画が決定する。

――の交付

作成した居宅サービス計画は、遅滞なく利用者および各担当者に交付しなければならない。各担当者に交付する際は、計画の趣旨、内容等について十分説明し、共有、連携する。また、各担当者が自ら提供する居宅サービス等の計画は、この居宅サービス計画に沿って作成されることになる。

――の実施状況の把握と評価

介護支援専門員は居宅サービス計画作成後、居宅サービスが計画通りに実施されているか実施状況の把握を行わなければならない。これをモニタリングという。計画が、短期目標達成に役立っているのか、利用者の満足度はどうか、新たに発生した問題や課題はないかなど、月に１回以上は利用者宅を訪問し、利用者、家族に面接しモニタリングを実施しなければならない。

また、サービス提供事業所からも同様の情報を収集し実施状況の把握に努める。モニタリング（実施状況の把握）の結果を基に、居宅サービス計画実施の評価を行うこと。介護支援専門員は、必要に応じ（例えば短期目標の期間、更新時期期限等）短期目標、長期目標の達成度、各サービスの有効度を評価する。目標が達成されているか、達成されない場合はその要因は何か、新たに発生している課題の有無等、サービスの有効性を評価しその結果をもって、居宅サービス計画の内容を変更するのか継続するのかを決める。変更する場合は再び課題分析を行い、新たに居宅サービス計画の原案を作成する。

居宅サービス計画原案

介護支援専門員がアセスメントで把握した解決すべき課題を解決するための計画原案。居宅サービス計画は利用者の生活の質に直接影響を及ぼす重要なものであることとの認識が必要である。利用者および家族の意向、総合的な援助の方針、生活全般の解決すべき課題、提供されるサービスの目標およびその達成時期、サービスの種類等が記載される。介護支援専門員はこの原案についてサービス担当者会議で専門的な見地からの意見を担当者に求める。居宅サービス計画に位置付ける居宅サービス等の選択は利用者自身が行うことが基本であり、作成に当たっては利用者の希望が尊重されなければならない。このため原案については利用者または家族に説明し、文書により利用者の同意を得なければならない。

居宅サービス計画作成依頼届出書

利用者が居宅サービス計画の作成を居宅介護支援事業所に依頼することをあらかじめ市町村に届け出る書類。依頼事業所が決まり次第届け出る必要がある。また、利用者は指定居宅介護支援事業所を自由に選択できる。届出なしにサービスを利用した場合、費用はいったん利用者の全額自己負担になることもある。

居宅サービス計画書

居宅サービス計画の作成に用いる様式である。アセスメントに基づいて介護支援専門員が利用者の意思と選択、尊厳の保持に基づいて作成しなければならない書類。厚生労働省が第1～7表からなる標準様式を定めている。第1表には利用者および家族の意向と総合的な援助の方針を記入、利用者および代理人の同意欄が設けられている。第2表はニーズ、目標、達成時期、家族や民間のサービスも含めてサービス内容、サービス事業所を記入。第３表は週間計画表。第４表はサービス担当者会議の要点、第５表は居宅介護支援経過で、月１回以上、モニタリングの内容等を記入する。その他利用者に交付し同意を得る１カ月ごとの介護保険サービス利用の予定表である第６表サービス利用票（兼居宅サービス計画）、これに伴う費用が記載された第７表サービス利用票別表がある。施設サービスについては「施設サービス計画書」があり、これと居宅サービス計画書を併せ「介護サービス計画書」とする。

居宅サービス事業者

居宅サービスを提供する事業者のことであるが、一般には介護保険の指定居宅サービス事業を提供するために都道府県に申請し、指定を受けた指定居宅サービス事業者を指す。指定基準には、①法人格を有すること、②人員基準を満たすこと、③設備基準を満たすことが必要。

また、居宅サービスの種類ごと、個々の事業所ごとに指定を受ける必要がある。指定を受けた後、６年ごとに更新のための手続きが必要となる。

➡ 指定居宅サービス事業者
p.200

居宅サービス事業の基準

介護保険法第74条の規定に基づき、指定居宅サービス事業者、基準該当居宅サービス事業者が事業を行うために満たさなければならない基準をいう。基準は、厚生労働省令である国の基準をもとに都道府県または指定都市、中核市が条例で定める。その基本原則は、利用者の意思および立場に立ったサービス提供に努めなければならない。また、基本方針として、可能な限り居宅においてその有する能力に応じ自立した日常生活が営める援助をする。その上で、各サービスごとに満たすべき人員、設備、運営に関して基準が定められている。

居宅サービス受給者数

居宅介護サービスおよび介護予防サービスを受給した者の数。2012（平成24）年度の１カ月平均受給者数は、337万９千人で、2008（平成20）年度以降、毎年平均10万人程度増加している。2000（平成12）年度の制度創設以降2004（平成16）年度までの平均30万人程度の増加に比べ、伸び率が緩やかになっている。

居宅サービス等区分

在宅のサービスを利用する場合、

一部の要介護者等にサービス利用の偏りが起きないように、要介護・要支援状態区分ごとに支給限度基準額が設けられているが、その基準額の根拠となる居宅サービス、地域密着型サービスのまとまり（区分）のこと。法第43条第１項において「居宅サービス（これに相当するサービスを含む）及び地域密着型サービス（これに相当するサービスを含み、地域密着型介護老人福祉施設入所者生活介護を除く）について、その種類ごとの相互の代替性の有無等を勘案して厚生労働大臣が定める２以上の種類からなる区分のこと」と定義されている。この区分内のサービス費の合計額について区分支給限度基準額が設けられている。具体的には、訪問介護、訪問入浴介護、訪問看護、訪問リハビリテーション、通所介護、通所リハビリテーション、短期入所生活介護、短期入所療養介護、特定施設入居者生活介護（利用期間を定めて行うものに限る）および福祉用具貸与並びに定期巡回・随時対応型訪問介護看護、夜間対応型訪問介護、認知症対応型通所介護、小規模多機能型居宅介護、認知症対応型共同生活介護（利用期間を定めて行うものに限る）、地域密着型特定施設入居者生活介護（利用期間を定めて行うものに限る）、複合型サービスからなる区分である（法施行規則第66条）。

➡ **区分支給限度基準額** p.120

居宅療養管理指導

介護保険における居宅サービスの１つであり、介護保険法第８条第６項に規定されている。「居宅要介護者が、病院等の医師・歯科医師・薬剤師その他厚生労働省令で定める者から受ける療養上の管理と指導」である。在宅や居住系施設に入居している要介護者に、医学的観点から、医師、歯科医師、薬剤師、管理栄養士、歯科衛生士、保健師、看護師が医学的管理サービスを行う。

要支援者には介護予防として、高齢者が健康を維持増進しながら、疾病が重症化しないことを目的とする介護予防居宅療養管理指導がある。

――の目的と内容

医学的な観点から、居宅療養上の管理および指導を受けることによって療養生活の質の向上を図ることが目的である。身体的・精神的な状態の把握と対応をすることにより、疾病の慢性期の療養指導や処置、再発予防や合併症の予防と早期発見、さらには一般的な疾病予防と健康増進を行っていく。予防の観点から、要支援者に対する介護予防居宅療養管理指導も行われている。

——の対象者

居宅療養管理指導は、療養上の管理および指導を必要とする対象者に行うものであり、それを受けることによって療養生活の質の向上を図ることができる。例えば以下のような場合に対象となる。病状が不安定で悪化、再発、合併症を起こしやすい疾患。生命維持の装置・器具を付けている場合。リハビリテーションが必要な場合。入院入所の判断が必要となりやすい。歯や口腔内および栄養の問題がある。精神的に不安定な者。

——の人員・設備・運営に関する基準

人員基準は、病院・診療所の場合、医師または歯科医師は必置、薬剤師、看護職員、歯科衛生士または管理栄養士は提供する内容に応じた適当数となっている。薬局の場合は、薬剤師必置、訪問看護ステーション等の場合は、看護職員必置となっている。

設備基準は、必要な広さを有すること、必要な設備・備品を備えることと定められている。

運営基準は、医師、歯科医師の場合、居宅介護支援事業者等への情報提供・助言、利用者・家族に対する指導・助言、サービス担当者会議に原則出席すること等が定められている。薬剤師、歯科衛生士、管理栄養士の場合は、医師、歯科医師の指示に基づく適切な居宅療養管理指導の提供、報告等が定められている。看護職員の場合は、居宅介護支援事業者等への情報提供、利用者・家族に対する相談・支援、医師・居宅介護支援事業者等への報告等が定められている。

——の事業者の指定

病院・診療所、薬局の申請により、事業所ごとに行われる。ただし、法第71条に定める特例によって、健康保険法に定める保険医療機関、保険薬局の指定があったとき、または特定承認保険医療機関の承認があったときは、居宅療養管理指導事業者の指定があったものとみなされる。

——の介護報酬

介護報酬（居宅療養管理指導費）は、提供に当たる職種（①医師、②歯科医師、③薬剤師、④管理栄養士、⑤歯科衛生士等、⑥看護職員）ごとに、算定される回数や単位が詳しく設定されている。在宅等同一建物居住者以外の場合と、養護老人ホーム等同一建物居住者に対する場合に分けられる。

また、短期入所や入居系のサービスを受けている場合でも居宅療養管理指導は利用できる。

なお、居宅療養管理指導については、他のサービスによる代替性が乏しいところから、区分支給限度管理額は適用されない。

ギラン・バレー症候群

細菌やウィルスの感染をきっかけとする免疫反応によって引き起こされる、下肢の遠位から次第に上行する亜急性の運動麻痺を特徴とする多発性ニューロパチー。髄液検査では細胞数は上昇せず蛋白量だけが増加する蛋白細胞解離が認められる。1～6カ月で症状が寛解することが多い。早期の血漿《けっしょう》交換療法が有効で、回復までの期間を短縮する目的でリハビリテーションが行われる。

起立性低血圧

安静臥床後起立した際に血圧の急激な低下（一般的には起立後3分以内に収縮期血圧で20mm Hg以上、拡張期血圧で10mm Hg以上の低下）が見られるものをいう。めまい・立ちくらみ・動悸《どうき》・失神が誘発されやすい。血管拡張の起こる飲酒・入浴・発熱時、脱水や出血等循環血液量の減少、自律神経障害を来す糖尿病やパーキンソン病のほか、四肢麻痺や対麻痺、降圧薬や抗うつ薬服用中も調節力が低下し、この症状を来すことがある。

記録

介護保険サービスにおける記録は、利用者の生活状況を記すものであると同時に、サービスを提供した支援行為の証ともなる。運営基準では、サービスごとの記録の整備については明示されている。

居宅介護支援事業所の介護支援専門員が整備しておかなければならない利用者に対するサービス提供の記録は下記のものである。①居宅サービス事業者等との連絡調整に関する記録、②居宅サービス計画・アセスメントの結果・サービス担当者会議の記録・モニタリングの結果等を記載した個々の利用者ごとの台帳、③市町村への通知に係る記録、④苦情の内容についての記録、⑤事故の状況とその際の処置についての記録。

なお、2008（平成20）年の介護保険法の改正により、業務管理体制の整備が義務付けられ、法令遵守がより厳しく求められるようになっているため、適確な記録整備の必要性はさらに増している。

――の整備・保存

厚生労働省が定めている国の基準

では、利用者に対するサービス提供の記録は、完結の日から２年間保存しなければならない。なお、不法行為による損害賠償の請求権の消滅時効は３年なので、記録の保存期間には注意が必要である。

また、過払い等の返還請求の消滅時効は５年であることから、介護給付費請求書等の請求に関する書類は５年間保存することが望ましいとされ、条例によって５年保存とする市町村もある。

筋萎縮

筋繊維が細くなる状態で、筋力の低下の原因の１つである。筋そのものに原因がある筋原性、筋を動かす指令を出す部分に原因がある神経原性、筋を使用しないことが原因である廃用性の３つに大別される。

筋萎縮性側索硬化症

大脳皮質からの指令を筋に伝える神経細胞が変性・消失するため、四肢・体幹・顔面等の全身の筋肉が麻痺していく変性疾患である。筋萎縮性側索硬化症（Amyotrophic Lateral Sclerosis）を略してALS（エーエルエス）とも呼ばれる。多くが４～５年で臥床を余儀なくされ、感染症や呼吸不全で死亡する。人工呼吸器の使用により延命が図られる。介護保険法における特定疾患の１つ。

緊急時等居宅カンファレンス

居宅介護支援において、病院または診療所の求めにより、緊急的にその医師、看護師等と共に利用者の居宅を訪問し、カンファレンスを行うこと。利用者の病状が急変した場合や、医療機関における診療方針の大幅な変更等の必要が生じた場合に実施される。利用者の状態像等が大きく変化していることが十分想定されるため、必要に応じて、速やかに居宅サービス計画を変更し、居宅サービスおよび地域密着型サービスの調整を行う等適切に対応することになる。

介護報酬上、利用者１人につき月に２回を限度として所定単位数を加算することができる。

緊急時の対応

サービスの提供を行っているときに利用者の病状の急変が生じたとき等の対応のこと。緊急時、その他必要な場合は、運営規定に定められた緊急時の対応方法に基づき、速やかに主治医に連絡を行う等の必要な措置を講じなければならない。日常から緊急時に対応できるよう、利用者の疾患等の情報、利用者・家族等との十分なコミュニケーション、ケアチームとの連携、生活環境の確認等が必要である。緊急時のために連絡方法と優先度を決めておくとよい。

筋固縮

筋緊張が持続的に亢進している状態。上肢や下肢の関節を他動的に屈伸するときに、関節の動く範囲全体に筋の硬さを生じる。脳血管障害、パーキンソン病等による錐体外路障害に伴う症候である。

➡ **錐体外路症状** p.260

筋・骨格系

筋・骨格系とは、体を支える骨格系と骨格の運動を引き起こす筋系の双方をまとめた名称である。骨格系は骨とそれをつなぐ靭帯、関節、軟骨等から構成される。筋系は筋と腱等から構成される。

筋弛緩薬

運動神経と筋肉との接合部における伝達を遮断して筋の緊張緩和を生じさせる薬剤。末梢の運動神経筋接合部に作用するものと中枢神経に作用するものがある。全身麻酔時に筋弛緩を起こすための補助薬としても使用される。気管内挿管、長期にわたる人工呼吸管理、麻酔中の人工呼吸器の使用等の場合に使われる薬剤である。

金銭給付

社会保障における給付の仕方の1つで、金銭による給付のこと。現金給付ともいう。対照的な分類として「現物給付」がある。これはサービス（福祉サービス、医療サービス）または物品のかたちによる給付である。介護保険法に基づく給付は、法律の文言上、金銭給付を行うことが建前となっているが、市町村（保険者）が被保険者に代わってサービス提供事業者に費用を支払い、被保険者に保険給付を行ったとみなす法定代理受領方式がとられている。

なお、福祉用具購入費、住宅改修費、高額介護サービス費、高額医療合算介護サービス費については、被保険者がサービス費用の全額をいったんサービス提供事業者に支払い、後で保険者からその費用の全額または一部の払戻しを受ける償還払いの方式となっている。

➡ **法定代理受領** p.423
➡ **償還払い** p.235

勤務延時間数

勤務表上、当該事業に係るサービ

スの提供に従事する時間、またはその準備等を行う時間（待機時間を含む）として明確に位置付けられている時間数の合計数である。従業者1人につき、勤務延時間数に参入できる時間数は、当該事業所において常勤の従業者が勤務すべき勤務時間数が上限となる。

筋力強化

筋の収縮によって発揮される張力を筋力と呼ぶ。筋力は、筋の断面積に比例し、活動する線維の数に関係する。機能訓練等による運動で筋線維が太くなると、大きな張力を発揮できるようになり、これを筋力増強という。

——のための訓練

筋力強化を目的とした訓練のこと。筋力が弱い場合は介助された運動から始め、自力で動かす運動、抵抗運動と進められる。筋の疲労等に配慮し筋力強化訓練は週2回程度のペースで行われる等、負荷量、回数、頻度を考慮して実施することが大切である。

く

空腹時血糖

10時間以上の絶食時の血糖。基準値は60～109mg/dlである。126mg/dl以上であれば糖尿病型である。軽度の上昇（110mg/dl～125mg/dl）は境界型耐糖能異常で多くみられるが、胃切除後、甲状腺機能亢進《こうしん》症、膵《すい》炎、膵腫瘍の可能性もある。60mg/dl未満はインスリン・経口糖尿病薬の使用、反応性の低下（ダンピング症候群）で多くみられる。膵β-細胞腫、下垂体機能低下症、肝腫瘍、アルコール性低血糖等の可能性もある。

クオリティ・オブ・ライフ

Quality of life。生活の質、生命の質、人生の質等と訳され、分野や目的により、クオリティ・オブ・ライフ（以下QOL）の定義や構成要素が異なる。医療の分野では、医療の目的は単に病気を治療するだけでなく患者の生活を向上させることにあるという考えのもとに、患者の日常生活能力や身体的快・不快の程度、現状への満足度等を調べることによって、QOLを評価する方法が研究され、活用されている。

ターミナルケアの場面では、QOLは単に患者の生活のレベルを表すものではなく、末期患者等の生命の維持やスピリチュアルな問題にかかわる「生命の質」を意味する。

高齢者ケアでは、身体機能や認知機能がいかに傷害されても、本人の主体性・自立性に基づいたQOLの向上が各種のサービスやシステムに求められている。

苦情処理

利用者、家族からのサービス提供に関する苦情に迅速かつ適切に対応することである。介護保険では各サービスの基準に事業者の義務として規定されている。事業者は、苦情の内容を踏まえ、サービスの質の向上に向けた取り組みを行う必要がある。

具体的な対応としては、相談窓口、苦情処理の体制および手順等事業所における苦情を処理するための概要を明らかにし、利用者、家族にサービスの内容を説明する文書に苦情に対する対応の内容についても併せて記載するとともに、事業所に掲示することがある。事業者は苦情を受け付けた場合、その内容を記録する（国の基準上２年間保存）、市町村からの照会、調査に応じ、指導助言を受けた場合は改善する、国民健康保険団体連合会（国保連）から助言があればそれに従うことが基準で定められている。

なお、苦情処理業務はその中立性・広域性等の観点から介護保険法では保険者である市町村ではなく、国保連の業務とされている。ただし、苦情の受付自体は市町村でも行っている。

なお、社会福祉法では「苦情解決」という用語がキーワードとして使用されている。

――の記録

苦情の内容や対応の経過を記録することが重要である。これにより、事実が確認できるとともに職員間の情報の共有化が図られ、相談者への一貫した対応につながり、苦情対応を円滑に進めることができる。また、原因の究明や再発防止策の検討、問題点の明確化等、サービスの質の向上に向けた取り組みに活用することができる。

記録のポイントは、①相談、要望等もできる限り記録する、②記入は時系列に客観的事実のみを記載する、③記録様式は必要な事項が簡潔に記載でき職員の負担の軽減につながる工夫をする、④記録を活用して事業所内のサービス状況を確認・把握し記録をサービスの向上につなげる等である。記録の保存期間については、国の運営基準上は2年間となっているが、民法等の関係から、必要な保存期間については都道府県（市町村）によって異なる場合がある。

薬の吸収

薬の吸収とは、薬が血液中に移動することをいう。吸収は、どれほど速くどれだけの量の薬が対象とする標的部位に届くかを意味する生体内利用率（バイオアベイラビリティー）に影響し、吸引に影響を及ぼす要因として製剤の設計法や製造法、物理的特性、化学的特性、薬を服用する人の生理的特性等が挙げられる。内服した薬の吸収に影響を及ぼす生理的特性としては、胃が空になるまでの時間、胃の酸性度（pH）、薬が消化管を移動する速さ等が挙げられる。

薬の代謝

薬の代謝とは、体内で起こる薬の化学変化のことをいう。体の中に入った薬は、水溶性が高ければそのままの形で尿と共に腎臓から排出されるが、脂溶性のものが排せつされるためには肝臓で水溶性のものに物質を変える必要がある。経口投与をしたケースでは、消化管から血中に取り込まれ肝臓に運ばれた分布前の薬も、異物とみなされ、有効な物質に変えようと代謝を受けることがある。

薬の副作用

薬の副作用とは、医薬品の作用のうち、治療目的に合わないものをいう。治療目的によって副作用は異なり、必ずしも不都合な作用とは限らない。なお、WHOは不都合な作用に対して有害反応という用語を推奨している。なお、治療目的に合う作用を主作用という。

薬の分布

薬の分布とは、血流に乗って薬剤が身体各部の器官・組織に運搬されることをいう。薬剤を服用して効果が発現するには、病気の原因となっている身体器官に薬の化学成分が届く必要がある。肝臓の解毒機能によって完全に分解（代謝）され切ってしまわない種類の薬は、食道から胃を通過して小腸で吸収され血液に取り込まれて薬理作用を発現する。小腸で吸収されて血流に乗った薬は門脈を介して肝臓に運ばれる。肝臓の解毒機能によって薬の一部分は代謝されるが、残った薬は静脈の血流に乗って心臓に到達する。ポンプの役割を果たす心臓の大動脈によって薬が全身へと送り届けられることになる。

国の事務［介護保険］

介護保険法第５条第１項には「国は、介護保険事業の運営が健全かつ円滑に行われるよう保健医療サービス及び福祉サービスを提供する体制の確保に関する施策その他の必要な各般の措置を講じなければならない」と規定されている。

具体的には、①制度運営に必要な各種基準等の設定に関する事務、②保険給付、地域支援事業、都道府県の財政安定化基金等に対する財政負担、③介護サービス基盤の整備に関する事務、④介護保険事業の健全・円滑な運営のための指導・監督・助言等に関する事務がある。

なお、①の各種基準の１つに都道府県、市町村が条例で定めるサービス提供事業者の人員・設備・運営基準があるが、その際の「従うべき」「標準とする」「参酌する」基準は、国が示している。

また、③に関し、国は、市町村介護保険事業計画、都道府県介護保険事業支援計画に関して「基本指針」（介護保険事業に係る保険給付の円滑な実施を確保するための基本的な指針）を定めることになっている。

➡ **介護保険事業に係る保険給付の円滑な実施を確保するための基本的な指針**　p.53

区分支給限度基準額

区分支給限度基準額とは、居宅サービスについて、対象となるサービスの種類ごとの相互の代替性の有無等を考慮していくつかのサービスを１つの区分としてまとめ、その範囲内で限度額管理期間（１カ月）内に保険給付を受けることができる限度額である。有限であるサービスの利用が一部の要介護者等に偏らないようにするため設けられている。限度基準額は厚生労働大臣が定める。限度基準額を超えた場合には、超えた分は保険給付はなされず、自己負担となる。

区分には、居宅サービスと地域密着型サービスを合わせた居宅サービス等区分、介護予防サービスと地域密着型介護予防サービスを合わせた介護予防サービス等区分がある。

➡ **支給限度基準額**　p.183

区分変更の申請

要介護認定を受けた被保険者は、有効期間満了前でも、要介護状態の程度が大きく変化し、介護を必要とする程度が現に受けている要介護認定に係る要介護状態区分（要介護度）以外の区分に該当するようになったとみられるときは、市町村に対し、要介護状態区分の変更の認定申請をすることができる。

くも膜下出血

脳表の軟膜とくも膜の間の髄液腔を走行する脳血管が破綻し、出血が脊髄液と混じって脳全体に拡散する病態で、瞬間的な頭痛と意識障害を発症する。大多数は脳動脈の分岐部に発生する動脈瘤の破綻によるが、脳動静脈奇形が原因のこともある。くも膜下出血そのもので麻痺等の脳障害を後遺することはないが、引き続いて脳動脈攣縮が起こると脳虚血が生じて機能障害を後遺することも多い。

クラス・アドボケート

被援助者に対して累積された支援困難な事例を基に地域の社会資源を開発・改善し、量的確保ができるように対応していくこと。

アドボケート（advocate）とは弁護・代弁という意味で、要介護者等に代わって問題を解決していくことである。個別のケースにおいて、被援助者を支持し、サポートしていくことを「ケース・アドボケート」といい、さらにこれらの個別事例を一般化したものがクラス・アドボケートである。クラス・アドボケートの結果として社会資源の開発・改善・量的確保がなされれば、その後の個別のケアマネジメントにおいて困難なケースの解決のために多くの選択肢ができることになる。

クリティカルパス

産業分野の研究開発、製造等の現場で、開始から終了までの所要時間を決定する一連の工程の組み合わせを指す用語で、クリティカルパスを用いて工程全体を管理し、時間とコストを抑える目的で開発されたものである。

医療・福祉分野では、質の高い医療や介護サービスを患者に提供する目的で作成する。医療チーム（医師、看護師、介護スタッフ）が、特定の疾患、手術、検査ごとに、共同で実践する治療・検査・看護・処置・指導等を、時間軸に沿ってまとめた計画書のことである。特に認知症の診療と介護の分野では医師が現在の状態を概括し、これから必要とされる診療計画を作り、患者がかかりつけ医以外の医療機関や、リハビリテーション施設、福祉施設等を利用する際に、質の高い診療や介護を受けられるようにする情報提供書としても使われる。

グループホーム

高齢者や障害者等同じニーズを抱えている人同士が、地域社会の中にある住宅等において、少人数で相互に助け合いながら共同生活をし、それを職員や地域住民が支える援助形態のこと。介護保険制度では、認知症対応型共同生活介護のことを通常「グループホーム」または認知症グループホームと呼んでいる。

なお、知的障害者や精神障害者が入居するグループホームの多くは障害者総合支援法に基づいている。

➡ **認知症対応型共同生活介護** p.378

グループワーク

グループワークは、メンバー同士の相互作用による個人の成長と、プログラム活動によるグループ全体の成長を促す集団援助技術である。

従って、グループワーカーはグループおよびメンバー個々人の成長を側面的に援助する専門家としての役割を持っている。このためグループワーカーはグループに参加しているメンバーやそのグループの主体性に応じて相互関係を調整していくことも必要である。そのため、例えば、グループ開始期においてはメンバー個々に力動関係が芽生えていないため、グループワーカーはメンバー同士をつなぐこと、さらに作業期においてはグループのまとまり（凝縮性）を高めるため、あえてメンバー間に介入せず、グループ全体を支持するといった役割がある。

車いす

車いすは使用目的から大きく自走用（自らが操作するもの）と介助用（他者によって操作されるもの）に分けられる。さらに身体機能や能力、駆動方式（動力源）によって手動型と電動型に分けられる。

介護保険における福祉用具貸与としての車いすでは、「自走用標準型車いす、普通型電動車いす又は介助用標準型車いす」が対象とされ、介助用標準型車いすについては、2015（平成27）年度から、介助用電動車いすも対象となっている。

また、介護保険による給付とは別に、身体障害者（肢体不自由）に対して補装具の1つとして、車いすが給付されることがある。

――のための住環境

高齢者が暮らす住宅の住環境整備の配慮事項は、移動形態（自立歩行、介助歩行、車いす）によって異なる。車いすを使用する場合には、通路幅員は75cm以上、方向回転のためには90cm以上、360度回転のためには150cm以上が必要となる。小さな段差でも障害となるため、段差解消も重要である。玄関の上がり框《かまち》等段差が顕著な場合は、昇降機やスロープで対応する。ドアは引き戸が望ましい。また、車いすの座面高を考慮して、テーブルや洗面台の高さを調整する。このほか、浴室、トイレ、ベッド周りに十分なスペースを確保する。最近では、標準型車いすに代わってモデュラー型車いすが普及しつつあるため、高さや幅の具体的数値は微妙に変化しているので留意する必要がある。

――付属品

車いすのシートまたは背もたれに置いて使用するクッションやパッド、自走用標準型車いすや介助用標準型車いすの駆動力の全部や一部を補助する電動補助装置、車いすに装着して使用するテーブル、車いすの速度を制御するブレーキ等がある。

介護保険における福祉用具貸与としての車いす付属品では、「車いすと一体的に使用するものとして、クッション又はパッド、電動補助装置、テーブル、ブレーキ」等が例示されている。

クレアチニン（Cr）

筋肉運動のエネルギー源となるクレアチンが代謝されてできた物質（老廃物）。Cr値の上昇は腎機能の低下を反映し、腎機能の指標としてよく用いられる。クレアチニンは腎臓の糸球体でろ過され、尿と共に体外に排せつされる。しかし腎機能が低下すれば排せつが正常に行われず、体内に蓄積し血液中にたまりクレアチニン濃度が上昇することになる。Cr値の上昇は腎機能の低下を反映するが、高齢者の場合、糸球体ろ過率（クレアチニンクリアランス）が低下している、あるいは筋肉量が減少してCr産生が少なく尿中排泄量が減少しても、血中Cr値が正常を示すことがある。

クロイツフェルト・ヤコブ病

ウイルスより小さいプリオンと呼ばれる感染性を持った蛋白質が脳に入って発病する認知症。プリオン蛋白は人の脳に生理的に存在しているがその生理機能はわかっていない。ただし、これとは別に外部から異常な感染性を持ったプリオン蛋白が入り込むことで発病するといわれる。狂牛病と同じ病原体である。経過が早く発病から１年以内に寝たきり、死亡に至る悪性の認知症疾患である。脳萎縮が異常な速さで進行してすぐに植物状態になってしまうからである。脳組織がすかすかになり海綿状になることから海綿状脳症とも呼ばれる。まれではあるが、人から人への角膜移植や白内障の手術で感染した例もある。病原体のプリオン蛋白は普通の煮沸消毒では消滅しないので焼却処置等特別な消毒が必要。特定疾患の難病に指定されている。

クローズド・クエスチョン

質問方法の代表的な手法であり、相手が「はい、いいえ」の択一で答えられるような、回答を限定した質問の仕方をクローズド・クエスチョンという。クローズド・クエスチョンは、相手の考えや事実を明確にしたい場面で有効とされている。対義語としてオープン・クエスチョンがある。

➡ オープン・クエスチョン p.34

クロール（Cl）

電解質の一種で体内の水分量の調節やpHの調節等重要な役割を担っている。電解質の検査は血液を分析して行われ、Cl値が高ければ脱水症、腎不全、過換気症候群等、また低ければアジソン病、慢性腎炎、肺気腫等が疑われる。電解質とは水に溶けると電気を通す物質のことで体液に存在し、それぞれの電解質はバランスを取りながら水分量の調節、浸透圧の調節、神経・筋肉の働きの調節、骨や歯の形成、血液の凝固等に重要な働きをしている。

➡ **電解質** p.340

訓練等給付

障害者総合支援法による自立支援給付の１つで、障害者が地域で生活を営むために提供される訓練的な支援で、機能訓練や生活訓練、就労に関する訓練を受けた場合の給付である。

就労移行支援、就労継続支援（A型：雇用契約あり、B型：雇用契約なし）、自立訓練（機能訓練）、自立訓練（生活訓練）、宿泊型自立訓練、共同生活援助がある。なお、2014（平成26）年４月１日より、共同生活介護は共同生活援助に一本化されている。

け

ケアカンファレンス

サービスを提供している機関等の担当者である実務者による会議のこと。事例検討会ともいい、個々の事例を基に各担当者が共通の支援目標や役割分担を理解し合い、相互の連携を図る。介護支援専門員が開くサービス担当者会議はこれに当たる。要介護者とその家族、介護支援専門員、医師、利用者のサービス提供に関連する指定居宅サービス事業所の担当者から構成される。介護支援専門員によって課題分析された結果を基に、要介護者と家族に提供されるサービス計画を各々の立場から意見を述べ協議し、本人の了解を得てサービス提供につなげる。

また、地域包括支援センターが実施する地域ケア会議も代表的なケアカンファレンスである。各地域で抱える支援困難事例について解決方法を話し合う。

➡ サービス担当者会議 p.168

ケアコール端末

利用者が随時介護等の必要時にオペレーターに通報する緊急通報装置。ベッドサイドに端末を設置し、簡易な操作で発信・通報ができる。またオペレーターからの受信も可能である。テレビモニターが付いたものや携帯用のペンダント型もある。また、利用者の心身の状況によって、設置型の端末だけでなく、利用者所有の家庭用電話や携帯電話でも随時の通報が可能である。

ケアにおいて課題となる障害や症状

ケアにおいて課題となる障害や症状は、当事者（高齢者・介護者等）がケアの必要性を自覚しているか、いないかで2つに分けられる。

①問題を意識しているが援助を受けようとしない、または、受けていない場合：高齢者自身がプライドを傷つけられることを恐れて援助を受けない。公的サービスに抵抗があって援助を受けない。介護者が高齢者を虐待等していて、それを知られたくないため援助を受けない。身体障害・精神障害等のために社会機関に出向けずに援助を受けていない等が挙げられる。

②当事者が問題を自覚していないために援助を受けようとしない、または、援助を受けていない場合：高齢者が精神疾患、パーソナリティ障害等のため長年そのような生活をし

ていても深刻な状態だと自覚していない。家族介護者が高齢者に無関心なため問題の深刻さを自覚できない。積極的に援助してくれる人がいなかったため問題の深刻さを自覚できない等が挙げられる。

こうした障害、症状のために、孤立事例、サービス拒否の事例、高齢者虐待の事例、多問題家族の事例、過剰要求の事例等の困難事例がみられる。

ケアネットワーク

障害者や高齢者等に必要とする援助を行うための、フォーマルサービス（制度に基づいて行われるサービス）とインフォーマルサポート（家族や近隣、ボランティア等からのサポート）の連携・協力体制をいう。

ケアハウス

軽費老人ホームの１つ。自炊ができない程度の身体機能の低下がある高齢者や在宅で独立して生活するには不安のある、家族の援助が困難な状態にある高齢者が入所できる契約型の施設である。食事等の一般的なサービスは提供されるが、介護は介護保険の居宅サービスを利用する。ただし、特定施設の指定を受けたときには、特定施設入居者生活介護サービスを受けられる。

➡ **特定施設入居者生活介護** p.346

ケアパッケージ

要介護者の生活課題に対して、保健・医療・福祉の各種サービスと、家族、近隣等のケア・サービスが総合的・一体的・効率的に提供されるよう、ひとまとまりのサービスとして提供する仕組み。介護支援専門員が中心的役割を果たす。

ケアプラン

サービスが利用者の目標に沿って効率よく適切に提供されるために作られる利用者のための「サービス利用計画」である。利用者が在宅の場合は、居宅サービス計画・介護予防サービス計画が、施設の場合は、施設サービス計画が作成される。居宅サービス計画と施設サービス計画が介護サービス計画といわれる。

また、介護保険の介護予防・日常生活支援総合事業（地域支援事業）でもケアプラン（介護予防支援計画）が作成される。

➡ **介護サービス計画** p.38

ケアマネジメント

利用者の生活・療養上のニーズを

満たすために、適切な社会資源（各種のサービスを含む）を結びつける体系的な支援の在り方を指す。

介護保険制度上では要介護者等が目標に沿った適切な介護サービスを利用できるように、計画を立て、それに従ってサービスが提供されるように、提供事業者等との調整を行う居宅介護支援サービスをいう。

ちなみに、日本の介護保険関係の定義とは異なるが、英国を中心にCare Managementの概念があり、北米ではCase Managementの概念がある。

➡ 居宅介護支援　p.107

ケアマネジャー

ケアマネジメントを担う専門職のこと。介護保険制度上は介護支援専門員と規定される。アセスメントに基づいて、ケアプランの策定を行い、サービスの調整、評価を行う。居宅介護支援事業所、介護保険施設、一部の地域密着型サービス事業所に配置が義務付けられる。ケアマネジャー（介護支援専門員）を名乗るためには、一定の資格保有と実務の経験があり、介護支援専門員実務研修受講試験に合格して実務研修を修了し、都道府県知事の登録を受け、介護支援専門員証の交付を受ける必要がある。

➡ 介護支援専門員　p.40

ケアワーカー

介護（ケア）を職とする専門家のこと。在宅や福祉施設等で、高齢者や障害者の身体介護や生活援助を行う。また、医療や看護職とも連携しながら、本人、家族に助言し、精神的な支援も行うこともある。

国家資格として介護福祉士がある。

➡ 介護福祉士　p.49

計画担当介護支援専門員

介護保険施設において施設サービス計画の作成に関する主要な過程を担当する介護支援専門員を指す。施設サービス計画の作成・モニタリング・変更に係る業務のほか、入退所について居宅介護支援事業者や介護・福祉の関連機関との連携や調整業務も行うものとされている。

経管栄養

経口摂取（口から食べること）が不可能な場合にチューブを直接消化管まで挿入し、栄養物を送る方法である。チューブは鼻腔《びくう》経由、胃瘻《ろう》、空腸瘻《ろう》の形で挿入される。消化管の形態や機能に欠陥がない場合は、通常の食事をミキサーにかけて流動状にして、チューブから注入する。消化管の形態や機能が侵されている場合は、経管栄養剤を用いる。

傾聴

コミュニケーションスキルの1つ。人の話をただ聞くのではなく、十分な注意を払ってより深く丁寧に耳を傾け、相手が話したいこと・伝えたいことを自らの価値観を排除して共感的な態度で真摯に聴く行為を指す。

軽費老人ホーム

老人福祉法（法第20条の6）に定められた老人福祉施設で、無料または低額な料金で高齢者を入所させ、食事の提供その他日常生活上必要な便宜を供与することを目的とする施設である。A型（給食提供型）、B型（自炊型）、ケアハウス（介護利用型）の3種類があるが、将来的にはケアハウスに一元化する方向性が示されている。

➡ ケアハウス　p.126

——の設備及び運営に関する基準

2008（平成20）年の改正により、ケアハウスに係る規定が基準の本則として定められ、軽費老人ホームについては、ケアハウスに一元化していく方向性が示された。従来のA型・B型に関する基準については現に存在する施設のみ適用される。

また、都市型軽費老人ホーム（都市型ケアハウス）の創設に伴い、2010（平成22）年の一部改正により、基準の特例が設けられた。

ケース・アドボケート

アドボケートとは主体性の低下している利用者に対して利用者が本来持っている権利を代弁・代行・擁護することをいい、ケース・アドボケートとは個人の権利を擁護し保障していくためにサービスを改善していくことをいう。虐待予防のためのチェックリスト等はケース・アドボケートの実践例として挙げられる。

ケースコミッティ

地域の社会資源の開発、改善、量的な確保等について検討するために開かれる、地域の機関・団体・施設の代表者等からなる会議のこと。要介護者等を地域社会で支援していくためにはサービスやサポートを提供する関係機関が連携する（機関間ネットワーク）ことは必要不可欠であり、その直接の場となるのがケースコミッティである。

ケース目標

要介護者に対する支援目標のことで、要介護者の生活課題に対する望ましい解決の方向性や最終的に到達すべき状況を示したものである。居宅サービス計画の上位に位置付けられる。ケース目標の設定に当たっては、要介護者やその家族と共に、要介護者はどこで生活したいのか、どのような在宅生活をしたいのかを見極める必要がある。そして、居宅サービス計画書には「利用者や家族の生活に対する意向」を要介護者と家族別々に記載し、介護支援専門員がどのような立場で支援していくかの「総合的な援助の方針」をまとめる。この総合的な援助の方針は、計画を実施する段階では居宅サービス事業者の共通の支援目標となる。

ケース目標は居宅サービス計画が作成される前に設定されるが、居宅サービス計画を具体的に作成するなかで、要介護者や家族の隠れていた意向が明らかになる場合もあり、居宅サービス計画の作成後でも、「利用者や家族の生活に対する意向」「総合的な援助の方針」が追加、一部修正されたりすることがある。

ケースワーカー

社会生活において困難や問題を抱えている人に、社会福祉の立場から面接、相談等個別的に援助を行う専門家のこと。社会福祉士、精神保健福祉士、医療ソーシャルワーカー等がこれに相当する。社会福祉士は、専門的知識および技術をもって、日常生活を営むのに支障がある者の福祉に関する相談に応じ、助言、指導、福祉サービスを提供することを業務の一部としている（社会福祉士及び介護福祉士法第２条第１項）。

また、生活保護では福祉事務所の「現業員（現業を行う所員）」または社会福祉主事（社会福祉法第18条）がケースワーカーと呼ばれている。現業員とは、援護、育成または更生の措置を要する者等に面接し、本人の資産、環境等を調査し、保護その他の措置の必要の有無およびその種類を判断し、本人に対し生活指導を行う等の事務をつかさどる者（社会福祉法第15条第４項）である。

➡ 福祉事務所　p.408

下血

消化管からの出血により血液が肛門から排せつされた場合を下血と呼ぶ。下血はすべての消化管からの出血で起こりえる。上部の消化管、つまり食道・胃・十二指腸等からのものは黒色のタール便となり、胃十二指腸潰瘍や胃がん等の可能性がある。下部の消化管からの出血は、赤黒い便や鮮紅色となり、大腸憩室炎、大腸がん、痔核等の可能性がある。

血圧

血管内の血液が血管壁に及ぼす圧力。通常水銀柱の高さ（mmHg）で表す。WHOは上腕動脈で測定した安静時の血圧で140/90mmHg未満を正常値としているが、日本高血圧学会は130/85mmHg未満を正常血圧としている。血圧は心拍動に伴い変動し心収縮期に最も高く（収縮期血圧）、心拡張期に最も低い（拡張期血圧）。測定は心臓の高さで行う。通常上腕にマンシェットを巻きつけて行う。血圧測定は健康状態を把握する上で重要である。

血圧障害

血圧障害には低血圧症と高血圧症がある。低血圧症は急性（立ちくらみ、失神、ショック等）と慢性に分けられる。高血圧症は安静時動脈圧が異常に上昇した状態をいう。高血圧症は70歳以上の約７割が罹《り》患《かん》しており、脳卒中や冠動脈疾患の要因ともなる。

高血圧症は、二次性高血圧症と本態性高血圧症に分けられる。前者は、慢性糸球体腎炎、クッシング症、甲状腺機能亢進症等の原因により起こるものであり、後者は直接の原因のはっきりしないものである。高齢者の多くは本態性高血圧症である。

血液検査

採血した血液を検体とする臨床検査。血球検査は、赤血球数、ヘモグロビン濃度、ヘマトクリット値、網赤血球数、血小板数、白血球数等を検査する。生化学検査には、肝機能検査や蛋白質、糖、消化酵素等を調べる検査がある。その他に免疫学的検査や、血液凝固検査等がある。近年では、がんの診断に役立つ腫瘍マーカーと呼ばれるそのがんに特有の血液中の物質を測定することも、血液検査で行われるようになった。

血液透析

急性あるいは慢性腎不全治療の方法。血液中の高窒素血症、水・電解質異常を是正し、人工的に生体環境の維持を行う。血液透析と腹膜透析をあわせて人工透析と呼ぶ。血液透析では、定期的に透析センターに行くことが週３回程度必要である。

在宅自己腹膜透析は在宅で人工透

析を受けられる。人口の高齢化に伴い糖尿病性腎症等による高齢腎不全患者の在宅透析の増加が予想される。

結核

結核菌の感染によって起こる炎症性疾患。肺に発症することが多いが、他の臓器にも発症する。肺結核は、患者から排菌された結核菌を吸入することで感染する。感染予防のためにBCGを皮内接種する。早期発見は定期的な胸部レントゲン撮影により行われる。高齢者にも多い疾患である。施設においては、2週間以上続く咳や微熱があれば結核を疑い、早期発見により感染拡大を防ぐことが重要である。

➡ 肺結核 p.392

血管性認知症

脳の血管障害による認知症の総称。脳梗塞や脳出血で脳が損傷された結果生じる認知症と、脳内に小さな梗塞が多発して起きる多発梗塞性認知症がある。わが国では欧米諸国に比べて血管性認知症が多いといわれていた時期もあったが、脳血管障害予防・減少もあって高齢者の認知症に占める割合は減ってきている。血管障害による認知症は、傷害された脳の容積や梗塞の数、傷害部位によることが明らかにされている。脳梗塞の病巣の大きさが50mlを超えていると認知症が出るといわれている。

血管性認知症の中には大脳の白質と呼ばれている神経繊維が集中している脳の深部のみが慢性的な血液循環の不全で傷害されて起こるビンスワンガー型という特殊な血管性認知症もある。

血漿《けっしょう》

血液中から有形成分である血球を除いた部分。抗凝固薬を加えて全血を遠心分離し、得られた液体部分。透明な淡黄色の上澄みの液体として得られる。総血液量の約55％を占める。血漿は90％以上の水分と7～8％の蛋白質や脂質・糖質・電解質・ビタミン類を含んでいる。血液凝固因子、アルブミン等を含み輸血に使われる。健康人の血漿を冷凍乾燥した製剤は、熱傷・ショック時の治療に用いられる。

血小板

赤血球、白血球と共に血液有形成分の1つ。骨髄巨核球から産生され、寿命はヒトでは8～10日間である。生理的機能として、血液を凝固させて血管を修復して止血することが挙げられる。

一方で、病気の原因ともなり、血栓を形成して脳血栓症、心筋梗塞等を起こす。これらの、予防・治療に抗血小板療法が行われるのは、血栓形成を防ぐためである。血小板数が減少する疾患として、血小板減少性紫斑病がある。

け

血清ALP

ALP（アルカリ性ホスファターゼ）は肝臓、骨、小腸、腎臓等多くの臓器に含まれている酵素。肝炎、肝硬変、肝がん、閉塞性黄疸、総胆管結石、甲状腺機能亢進症、がんの骨転移、骨粗《こつそ》鬆症《しょうしょう》等の検査に用いる。血清ALPは女性では50歳前後から上昇するという加齢変化がある。

血清AST（GOT）

ASTはアスパラギン酸アミノトランスフェラーゼのことであり、GOTとも呼ばれている酵素。肝細胞、心筋、骨格筋に高濃度で存在する。ASTの血中酵素活性値を測定することで、細胞破壊の有無を調べて、肝機能検査等に用いる。慢性肝炎、肝硬変、肝がん等の肝胆道疾患で上昇する。また、心筋梗塞、筋疾患等でも上昇するのでこれらの診断に使われる。

血清アルブミン濃度

血清アルブミンは血清蛋白の多くを占め、浸透圧維持に重要な役割を果たし、水に不溶性の物質（脂肪酸、ビリルビン、チロキシン等）と結合してこれらを運搬する。高齢者の蛋白栄養状態の指標となる。加齢によりアルブミンは肝臓での合成が低下し、血清中の濃度が低下する。加齢による低下は、総蛋白よりアルブミンの方が大きい。基準値は3.8g/dl以上。低下により浮腫や心不全等を起こすことがある。

血清カリウム

血清カリウムは、浸透圧や酸塩基平衡の調整や神経・筋肉の興奮にも関与している。高齢者は、脱水症、熱中症等で、水・電解質代謝異常を起こしやすいため、血清カリウム等の電解質の検査は重要である。薬剤投与、心不全、腎機能低下、糖尿病、ホルモン異常等により異常値を示すことがある。血清カリウムは、加齢とともに増加する傾向がある。

血清グロブリン

血清中の総蛋白はアルブミンとグロブリンからなり、グロブリンは、α_1、α_2、β、γ-グロブリンの4種がある。このうちγ-グロブリンは重要で、抗体等の免疫グロブリンを含んでおり免疫反応に関与している。

➡ アルブミン p.12

血清コレステロール

コレステロールは脂質の一種で、血液中に溶けているコレステロールを血清コレステロールという。いくつかのタイプがあり、それらをあわせて総コレステロールという。血清コレステロールは表面がリポ蛋白という蛋白質の膜に覆われており、高比重蛋白に覆われているコレステロールをHDLコレステロール、低比重蛋白に覆われているものをLDLコレステロールという。LDLコレステロールは過剰になると血管壁に沈着して動脈硬化の原因となることから注目される。また、HDLコレステロールの低値は虚血性心疾患の危険因子の1つである。総コレステロール値は高齢者においては240mg/dl以下が望ましいとされる。LDLコレステロールは140mg/dl以上が異常とされる。HDLコレステロールは、高齢者では40mg/dlが下限とされる。

➡ HDLコレステロール p.2
➡ LDLコレステロール p.3

血清脂質

血清に含まれる脂肪のこと。血清の脂質成分としては、コレステロール、トリグリセリド、リン脂質、遊離脂肪酸の4種類がある。血液中の総コレステロール、LDLコレステロール、トリグリセリドのうちのどれかが基準値以上に高くなった状態が高脂血症である。高脂血症の治療には、食事療法、運動療法、薬物療法等があり、重症度や合併症の有無によって選択される。

血糖降下薬

経口投与する血糖降下作用薬。糖尿病患者の血糖コントロールの目的で用いられる。その作用機序により、①スルホニル尿素剤、②ビグアナイド薬、③αグルコシダーゼ阻害薬、④インスリン抵抗性改善薬に分類される。現在スルホニル尿素剤が主流を占めている。その作用はインスリン分泌を刺激することである。この薬剤を使用する場合、食事摂取量によって、高血糖や低血糖となることに注意が必要である。

血糖値

血液に含まれるブドウ糖の濃度が血糖値。血糖値は食後に150mg/dl程度に上昇するが、空腹時ではほぼ一定であり、基準値は70～109mg/dlである。血糖値は糖分の吸収、肝臓による調節である糖新生、グリコーゲンの合成・分解、末梢組織での糖利用等によって変化する。また、インスリン、グルカゴン、アドレナリン、コルチゾール、成長ホルモン等の影響を受けて変化する。高齢者では耐糖能が低下し、糖負荷試験で高血糖を示す場合がある。

下痢

便中の水分過剰により軟便、泥状便、水様性となった状態をいう。排便回数の増加を伴う。腸粘膜からの水分吸収低下・分泌亢進および腸運動亢進により生じる。その経過から急性下痢と慢性下痢に分けられる。原因により炎症性下痢、伝染性下痢、中毒性下痢、胃性下痢、膵性下痢、神経性下痢等に分類される。高齢者は下痢により、脱水症状、栄養不良となり全身状態が悪化しやすいので注意する必要がある。

現金給付

社会保障における給付のかたちの1つで、金銭による給付のこと。これに対しサービス（福祉サービス、医療サービス）または物品のかたちによる現物給付がある。介護保険法に基づく給付は、法律の文言上、金銭給付を行うことが建前となっているが、実際には市町村（保険者）が被保険者に代わってサービス提供事業者に費用を支払い、被保険者に保険給付を行ったとみなす法定代理受領方式がとられている。

なお、福祉用具購入費、住宅改修費、高額介護サービス費、高額医療合算介護サービス費については、被保険者がサービス費用の全額をいったんサービス提供事業者に支払い、後で保険者からその費用の全額または一部の払戻しを受ける償還払いの方式となっている。

➡ **法定代理受領** p.423
➡ **償還払い** p.235

健康運動実践指導者

健康づくりのための運動指導の知識・技能を持ち、健康づくりを目的に作成された運動プログラムに基づいて実践指導を行うことができる専門家である。医学的基礎知識、運動生理学の知識も有し、アスレチッククラブ、病院、診療所、介護老人保健施設、保健所等で活躍している。フリーで活動する人も多い。公益財団法人健康・体力づくり事業財団が与える称号であり、講習会を受講するか、養成校の養成講座を修了し、認定試験に合格し、台帳に登録された上で取得する。第２次国民健康づくり運動の一環で1989（平成元）年から養成が始まり、2014（平成26）年１月現在、20,731人の健康運動実践指導者がいる。

健康運動指導士

保健医療関係者と連携しながら、安全で効果的な運動を実施するための運動プログラム作成および実践指導計画の調整等を行う専門家である。生活習慣病を予防し、健康水準を保持・増進する観点から本格的な生活習慣病対策において、一次予防にとどまらず二次予防も含めた健康づくりのための運動を指導する。健康運動指導士の養成は、1988（昭和63）年から厚生大臣（現厚生労働大臣）の認定事業として創設され、現在公益財団法人健康・体力づくり事業財団が実施している。健康運動指導士の称号を取得するには、講習会を受講するか、養成校の養成講座を修了し、認定試験に合格し、台帳に登録されなければならない。2013（平成25）年12月現在、16,634人の健康運動指導士が登録され、最近では病院、老人福祉施設、介護保険施設、介護予防事業等での活躍が目立つという。

健康管理

健康を維持・増進させること。そのためには疾病予防が重要であり、疾病予防は、①一次予防：個人の健康増進や生活習慣の改善、予防接種等、②二次予防：健康診断等により、疾病を早期発見し、早期治療につなぐ、③三次予防：疾病の急性期から回復期を経て社会復帰の過程におけるリハビリテーション等に大別される。また健康状態を管理することも健康管理と呼ばれる。例えば要介護者等を訪問するとき感染源とならない、あるいは感染から身を守る等である。

健康寿命

健康上の問題で日常生活が制限されることなく生活できる期間。厚生労働省の統計によれば、2010（平成22）年のわが国の健康寿命は男性70.42年、女性73.62年である。平均寿命と健康寿命の差、つまり日常生活に制限のある「不健康な期間」は男性9.13年、女性12.68年。今後、平均寿命の延伸に伴い、健康寿命との差が拡大すれば医療費や介護給付費の多くを支出する期間が増大することとなる。21世紀のわが国を、すべての国民が健やかで心豊かに生活できる活力ある社会とすることを目指して策定された「健康日本21」（期間2000～2012（平成12～24）年度）においては、健康寿命の延伸がその目的の１つとされた。

さらに後継の「健康日本21（第２次）」（2013〜2022（平成25〜34）年度）においても中心課題となり「平均寿命の増加分を上回る健康寿命の増加」が目標とされている。「健康フロンティア戦略」（2004（平成16）年策定）では、2005（平成17）年から10年間で健康寿命を２年伸ばすことを目標とされている。

健康増進法

国民の健康の総合的な増進に関する基本的事項を定めるとともに、国民の栄養の改善その他の健康増進を図るための措置を講じるための法律。「健康日本21」を中核とする国民の健康づくり・疾病予防をさらに積極的に推進するため、2002（平成14）年に制定され、2003（平成15）年５月に施行された。法に基づき、国民の健康増進について国は基本指針を定め（「健康日本21」を法制化）、都道府県、市町村は健康増進計画を策定しなければならない（市町村は努力義務）。また、国民も生涯にわたって自らの健康状態を自覚するとともに、健康の増進に努めることが責務とされている。国による国民健康調査・栄養調査の実施、地方公共団体による保健指導、健康増進事業の実施、特定給食施設での栄養管理、多数の人が利用する施設における受動喫煙の防止等についても定めている。また食品に関しても、販売食品について乳児用、病者用等特別の用途に適することを表示するときの許可や、国による食事摂取基準、栄養表示基準の策定についても定めている。

健康手帳

健康増進法に基づき、市町村が健康増進事業の１つとして交付する自らの健康管理のために必要な事項を記載する手帳のこと。40歳以上の住民で、特定健康診査等の受診者および、健康教育、健康相談、機能訓練、訪問指導を受けた人、また、がん、歯周疾患、骨粗鬆症、肝炎ウイルス等の検診を受けた人に交付される。特定健診・保健指導等の記録、その他健康の保持のために必要な事項を記載し、自らの健康管理と適切な医療に資することを目的とする。

健康日本21

厚生労働省が、2000（平成12）年から10年間実施した「21世紀における国民健康づくり運動」の呼称。2011（平成23）年に最終評価が行われ、約６割の項目で一定の改善がみられた。健康寿命の延長と生活の質の向上を目的とする。実現のために、生活習慣を改善するための社会資源の充実や環境整備等、生活習慣病を予防する具体的な方策についても述べている。

健康日本21の特徴は次の３点等である。①一次予防の重視、すなわち早期発見・早期治療にとどまらず、個人の生活習慣の改善による疾病予防。②健康づくり支援の環境整備、すなわち個人を支援するため、さまざまな実施主体による保健事業を推進する。③目標の設定と評価、すなわち運動の効果的な推進のため、９つの項目（栄養・食生活、身体活動・運動、休養・こころの健康づくり、たばこ、アルコール、歯科、糖尿病、循環器病、がん）で具体的に目標数値を設定した。

健康フロンティア戦略

国民の健康寿命を延ばすことを目指す施策。超高齢化社会において明るく活力ある社会を築くために文部科学省と厚生労働省が策定した。2005（平成17）年から2014（平成26）年まで実施。目標は、①生活習慣病対策の推進（がん５年生存率を20%、心疾患死亡率を25%、脳卒中死亡率を25%、糖尿病発生率を20%改善する）、②介護予防の推進（要介護２以上への移行を10%防止、要支援・要介護への移行を20%防止する）である。

健康保険

被用者とその扶養家族を対象にした医療保険で、業務外の事由による疾病、負傷、死亡また出産などに保険給付が行われる。1922（大正11）年に成立した健康保険法に基づく制度。保険者は、中小企業等の場合は全国健康保険協会（協会けんぽ）、大企業等の場合は健康保険組合（組合健保）となっている。従来、中小企業等の場合は政府（社会保険庁）が保険者であったが、2008（平成20）年から公法人である全国健康保険協会に代わった。その財政運営については、都道府県支部ごとに、年齢構成や所得水準の相違を調整した上で、地域の医療費の差を反映した保険料率が設定されている。

現在、健康保険組合はおよそ1,400あるが漸減傾向にある。保険料は、ボーナスを含む給与をベースに、毎月天引き（源泉徴収）されている。協会けんぽの場合は、事業主と被保険者本人が折半、組合健保の場合は、それぞれの組合ごとに事業主負担を５割より引き上げることができることになっている。

➡ **被用者保険** p.405
➡ **健康保険組合** p.138

健康保険組合

健康保険組合とは、その組合の被保険者の保険を管掌する保険者で、健康保険の保険者のうち、一定規模以上のものは、健康保険組合を設立できることになっている（健康保険法第11条）。所要規模については、単一組合の場合700人以上、同種または同地域の複数の事業主が共同して設立するいわゆる総合組合の場合3,000人以上の被保険者数が必要とされている。健康保険組合の組合員でない被保険者の健康保険事業については全国健康保険協会（協会けんぽ）が設けられている。

言語障害

主に構音障害と失語症がある。コミュニケーションの障害により、人との交わりや社会参加が制約されやすくなる。言語聴覚士等と連携し、正確な評価に基づいた援助が望まれる。意思疎通を図るべく、適切なコミュニケーション手段の確保が必要である。

➡ 構音障害　p.141
➡ 失語症　p.194

言語聴覚士

厚生労働大臣の免許を受けて、音声機能、言語機能または聴覚に障害のある者について、機能の維持向上を図るため、言語訓練その他の訓練や、必要な検査、助言、指導その他の援助を業とする者。国家資格で言語聴覚士法に規定されている。

医師、歯科医師の指示の下に、嚥《えん》下《げ》訓練、人工内耳の調整その他の行為を行うことができる。業務を行うに当たり、主治医の指導を受ける必要があり、福祉関係者等との連携を保たなければならない。

検査値［生化学検査］

健康状態や疾患を客観的に評価するために行われるのが検査であり、検査で測定された値を検査値という。特に高齢患者を把握するために行われるものとして血球算定、生化学、心電図、呼吸機能、胸部レントゲン等の検査がある。このうち生化学検査とは血液中の化学成分を調べる検査で、総蛋白、アルブミン、血清コレステロール、血糖、肝機能、腎機能、電解質等の検査がある。高齢者はライフスタイルやADLによって検査値が異なることがあり、最近では正常値より基準値が使用されることが多い。

➡ 基準値　p.97
➡ 生化学検査　p.262

見当識障害

人物や周囲の状況、時間、場所等自分自身が置かれている状況等を正しく認識できない状態を指す。アルツハイマー病や血管性認知症等認知症の主症状としてみられることが多い。認知症の場合、始めは日時の見当が曖昧になり、次第に場所や人物の認識も障害されていく。軽い意識障害やせん妄等意識がはっきりしないときにも一時的に生じる。

限度額管理期間

区分支給限度基準額が適用される月単位の期間のこと。居宅介護サービス費等、介護予防サービス等の区分支給限度基準額の管理期間は１カ月である。

新規認定で月途中に認定の効力が発生した場合も１カ月が適用される。また、変更認定で月途中に要介護度・要支援度が変わった場合は、重い方の要介護度・要支援度に応じた１カ月分の限度額が適用される。

➡ **区分支給限度基準額** p.120

現物給付

社会保障における給付の方法の１つで、サービス（福祉サービス、医療サービス）または物品のかたちによる給付である。給付のもう１つの分類に金銭による現金給付がある。介護保険法に基づく給付は、法律の文言上、金銭給付を行うことが建前となっているが、一部のサービスを除き大半のサービスについて、市町村（保険者）が被保険者に代わってサービス提供事業者に費用を支払い、被保険者に保険給付を行ったとみなす法定代理受領方式（現物給付）がとられている。

➡ **現金給付** p.134

権利擁護事業

狭義には、高齢者や障害者等に対する権利侵害を防ぐ事業や、侵害の回復を図る事業をいうが、それらに加えて、本来は国民の誰もが行使できるはずの権利が行使できない場合や活用できるはずのサービスが活用できない場合に、その権利行使や活用を支援する事業も含むとする考え方が広まっている。

介護保険法では、地域支援事業の１つとして、「被保険者に対する虐待の防止及びその早期発見のための事業その他の被保険者の権利擁護のため必要な援助を行う事業」（法第115条の45第２項第２号）が法定化されている。このうち、虐待の防止や早期発見は当然として、後段の「その他の被保険者の権利擁護のため必要な援助」について、援助者がどのような視点から支援を行うかで、利用者の擁護される権利の範囲が異なってくる。

こ

降圧薬

血圧を下降させる薬物で、腎臓でNa排せつを促す利尿薬、交感神経を受容体レベルで抑制するβ遮断薬やα遮断薬、レニン-アンジオテンシン-アルドステロン系を生成酵素のレベルで抑制するアンジオテンシン変換酵素阻害薬や受容体レベルで抑制するアンジオテンシンII受容体拮抗薬、血管を拡張させるカルシウム拮抗薬等が挙げられる。

広域連合

普通地方公共団体および特別区が、その事務の一部を広域にわたり総合的、計画的に処理するため設ける地方公共団体の組合（特別地方公共団体）である。地方公共団体の組合には、他に事務の一部を共同処理するための一部事務組合がある。例えば、後期高齢者医療制度については、都道府県ごとに、すべての市町村が加入する広域連合（後期高齢者医療広域連合）が設けられている（高齢者の医療の確保に関する法律第48条）。

また、介護保険については、被保険者数の少ない小規模の保険者の保険財政の運営の安定化、事務処理の効率化等のために広域連合または一部事務組合を設けて運営しているところもみられる。

更衣のための自助具

更衣をできるだけ自力で行えるよう支援するための用具。靴下、ストッキング、靴、服の着脱等に使用する、ストッキングエイド、ソックスエイド、靴べら、靴脱ぎ具、ドレッシングエイド、ジッパーエイド、ボタンエイド等がある。

抗うつ薬

主として、うつ病の軽減を目的とする薬。構造によって三環系抗うつ薬、四環系抗うつ薬、SSRI、SNRI、MAO阻害薬、その他に分類されている。それぞれ共通した作用・副作用特性を持っている。うつ病、うつ状態の人は脳内のノルアドレナリンやセロトニンといった神経伝達物質が枯渇して抑うつを示す可能性があることから、これらの薬はそれぞれ、神経末端で伝達物質の働きを強めてうつ状態を治療しようとするものである。

公益代表委員

公益委員とは特定の立場に立たず、中立的な立場から社会一般の利益や意見を代表する委員のことである。介護保険では保険者（市町村）、被保険者、サービス提供事業者以外の医療・保健・福祉に関する有識者等がこれに当たる。介護保険法では国民健康保険団体連合会に置かれる介護給付等審査委員会、都道府県が設置する介護保険審査会の組織について、公益代表委員をメンバーの1つとすることが義務付けられている。介護保険審査会の公益代表委員の員数は政令で定められており、勤務形態は非常勤の特別職に属する地方公務員で、任期は3年。再任可能となっている。守秘義務が課せられており、違反した場合には罰則が適用される。

ちなみに、市町村が置く介護認定審査会の委員は「要介護者等の保健、医療又は福祉に関する学識経験を有する者」から市町村長が任命することとなっており、介護認定審査会はすべて公益委員からなるということができる。

構音障害

構音障害とは、発声発語器官（舌、口唇、咽頭、軟口蓋等）にかかわる神経の麻痺や、筋相互の協調運動障害（例えば運動失調等）が原因となり、意図した音がうまく生成されない状態をいう。原因により次の3つに分類される。

①運動障害性構音障害（発声発語器官を思い通りに運動させることができない。脳卒中の後遺症等）
②器質性構音障害（けがや病気等による欠損や奇形等、器質的な原因による）
③機能性構音障害（運動機能にも器質的にも問題が見られないにもかかわらず、発音を誤る場合）

高額医療合算介護サービス費

介護保険における介護サービスの利用者負担と医療保険の患者負担の1年間の合計額が、所得区分に応じた負担限度額を超える場合に、超える分を償還払いで支給する給付のことである。医療保険各制度（健康保険その他の被用者保険、国民健康保険、後期高齢者医療制度）の世帯内に介護保険からのサービスを受ける者（要介護者）がいる場合で、世帯単位で計算される。支給額については、医療保険と介護保険それぞれの自己負担額の比率に応じて按分され、各保険の保険者が支給する。介護予防サービスを受ける者（要支援者）の場合の高額医療合算介護予防サービス費もある。

高額介護サービス費に係る負担上限額

定率１割の利用者負担が一定額（負担上限額）を超えた場合に支給される高額介護サービス費および高額介護予防サービス費は、所得段階別に上限額が設定されており、低所得者の負担の軽減が図られている。

１カ月の利用者負担上限額は、生活保護世帯の被保護者等は15,000円、市町村民税世帯非課税等は24,600円、それ以外は37,200円（一部44,400円）となっている（施行令第22条の２・29条の２）。

高額介護（予防）サービス費

市町村は、要介護者等が支払う定率１割の利用者負担が著しく高額となる場合には、要介護者等に高額介護サービス費（要介護者の場合）または高額介護予防サービス費（要支援者の場合）（以下「高額サービス費等」という）を支給する（法第51・61条）。高額サービス費等は、利用者負担の世帯合計が一定額を超えた場合に、その超えた部分について、申請により償還払いのかたちで支払われる。

また、高額サービス費等の対象となる負担は、居宅サービス（特定福祉用具販売を除く）・地域密着型サービス・施設サービスに係る定率の利用者負担であり、福祉用具購入費や住宅改修費に係る利用者負担は対象とならない。なお、低所得者の場合は、利用者負担額の上限が軽減される。

後期高齢者

「高齢者」とは国際連合の定義やわが国の人口統計区分等でも一般に65歳以上の者とされており、また、高齢者の医療の確保に関する法律（高齢者医療確保法）では、このうち65歳以上75歳未満を「前期高齢者」、75歳以上を「後期高齢者」としている。高齢者医療確保法の前身は老人保健法である。同法は制定時の1982（昭和57）年は老人医療の対象年齢は70歳以上とされていたが2002（平成14）年には75歳以上に引き上げられ、2008（平成20）年の高齢者医療確保法制定（老人保健法改正）において、「後期高齢者」として引き継がれている。

➡ 75歳以上人口　p.9

➡ 高齢者の医療の確保に関する法律 p.155

後期高齢者医療制度

75歳以上の後期高齢者を加入者（被保険者）とし、都道府県単位の広域連合（後期高齢者医療広域連合）を保険者とする地域保険である。従来の老人保健法が高齢者の医療の確保に関する法律に全面改正されるなかで、2008（平成20）年度より、高齢者医療制度は、原則として65歳以上75歳未満の医療保険加入者を対象とする制度間財政措置である前期高齢者医療制度と、75歳以上の者を対象とする独立方式である後期高齢者医療制度に再編成された。

後期高齢者医療制度の財源は、自己負担のほか、高齢者自身が納める保険料（約１割）、公費（５割）、各医療保険制度からの支援金（約４割）という構成になっている。このうち、公費については、国、都道府県、市町村が４：１：１の割合で負担することとされている。後期高齢者医療制度については、従前保険料負担のなかった高齢者にも保険料負担が求められること等について批判の声があり、2009（平成21）年に成立した、民主党を中心とする政権はその廃止を掲げていたが、実現していない。

➡ 高齢者の医療の確保に関する法律 p.155

後期高齢者広域連合

後期高齢者医療制度の運営主体で、保険料の設定、医療の給付等を行っている。広域連合とは都道府県、区市町村の区域を超えて処理することが適当な事務を総合的、計画的に行うために設けられた特別地方公共団体（地方公共団体の組合）であり、後期高齢者医療制度については、都道府県ごとに、都道府県内のすべての市町村が加入する広域連合を設けることになっている（高齢者の医療の確保に関する法律第48条）。

合議体

複数の人員で組織し、その構成員の全会一致または多数決によりその意思の決定が行われる組織を合議体という。

介護保険制度では要介護等認定の審査・判定を行う介護認定審査会や、市町村の行った処分に対する不服申立ての審理・裁決の事務を行う介護保険審査会は合議体において対象を取り扱われることになっている。特に都道府県の介護保険審査会における審査の場合は、原則として、介護保険審査会が指名する委員で構成する合議体により行われる。

要介護認定等に関する審査請求事案は、公益代表委員のうち介護保険審査会が指名する者（定数は都道府県の条例による）からなる合議体において取り扱うこととし、要介護認定等を除く処分に係る審査請求事件は、会長を含む公益代表委員、被保険者代表委員、市町村代表委員、各３名・計９名で構成される合議体で取り扱う。

➡ 介護保険審査会 p.56

抗凝固薬

血液凝固系に作用し血液が凝固する時間を遅らせる作用を持つ薬剤。凝固因子の合成・機能を抑制し、血栓性障害を管理する薬剤である。ヘパリンのような凝固因子の作用を阻止する速効性の注射薬や、ワルファリン等のような凝固因子の産生を低下させる経口薬等が使われる。血栓症の治療やカテーテルの塞栓予防等にも使われる。

口腔ケア

口腔の咀嚼《そしゃく》・嚥下《えんげ》機能は、栄養摂取や食の楽しみにかかわっている。また、構音・発音機能は、社会生活に不可欠なコミュニケーションにかかわっている。口腔ケアにより、これらの機能を維持し、障害を防ぐ必要がある。さらに、要介護高齢者に対する口腔ケアには、誤嚥性肺炎を予防する効果がある。口腔機能の維持により、要介護者のQOLとADLの維持・増進を図る。広義の口腔ケアには、摂食・嚥下機能のリハビリテーション等も含まれる。

——の方法

口腔ケアの基本は、口腔清掃により歯垢や食物残渣《ざんし》を除去し、清潔を保つことである。状態に応じて適する方法や器具が違うので、専門職による指導が必要である。洗口剤や含嗽《がんそう》剤《ざい》を使用する化学的清掃法より、歯ブラシを使用する機械的清掃法の方が効果が高い。開口が困難な場合には、ガーゼや綿棒を使用する。取り外せる義歯は、専用の薬剤とブラシを使用し洗浄する。歯がない場合も、マッサージやうがいをする。

——のアセスメント

適切な口腔ケアのために、口腔アセスメントが重要である。具体的には下記の５点について評価を行う。

①口腔の状態（歯、義歯、噛み合わせ、歯肉、口腔乾燥等）

②口腔の機能（開閉、咀嚼《そしゃく》、嚥《えん》下《げ》、うがい）

③口腔清掃（歯磨き、舌苔《ぜったい》、食物残渣《ざんし》等）

④症状（歯・歯肉、舌の痛み等）
⑤その他（歯磨きや義歯の着脱、義歯の清掃についての自立度等）

口腔検温法

体温測定の方法の１つで、口の中で測る方法である。体温計は、水銀槽部が舌下中央部にくるように挿入し、患者は歯を軽く合わせ、口を閉じる。約５分後に示度を読む。腋窩《えきか》検温よりは短時間で効果的に測定できるが、乳幼児や意識のない人、口を閉じられない人には不適当である。

高血圧

高血圧の判定は通常２回以上の異なる外来診察時の安静時の収縮時血圧が常に140mmHg以上、あるいは拡張時の血圧が常に90mmHg以上の場合をいう。運動・情動等に伴う一過性の反応性血圧上昇と区別される。高血圧患者の90～95％は原因不明の本態性高血圧であり、原因の明らかな二次性高血圧とは治療上の相違がある。高血圧自体の自覚症状は何もないことが多いが、虚血性心疾患、脳卒中、腎不全等の発症リスクとなる。

膠原《こうげん》病

1942（昭和17）年に病理学者クレンペラーらが、全身の結合組織にフィブリノイド変性という共通の変化を来す疾患群を膠原病と名付けた。多数の病気の総称であり、診断病名ではない。予後は、各々の病気で異なる。膠原病では、抗核抗体等の自己抗体が高率に検出され、免疫機序の異常が関与するとされる。

膠原病としては、リウマチ熱、慢性関節リウマチ、全身性エリテマトーデス、強皮症、皮膚筋炎、結節性多発動脈炎等が挙げられる。

高脂血症

➡ 脂質異常症　p.187

高次脳機能障害

外傷性脳損傷や脳血管障害等で脳に損傷を受け、後遺症から生じる記憶障害、注意障害、遂行機能障害、社会的行動障害等を伴う障害のこと。日常生活でさまざまな支障が生じることがあり、一見して後遺症などの症状を認識することが難しい場合もある。従って、市民や関係者に十分な理解を得ることが困難な状況がある。

厚生労働省はモデル事業で診断基準、医学的リハビリテーション等の基準的訓練プログラム、社会復帰支援プログラム、地域支援体制の知見を収集し、2006（平成18）年にはモデル事業から全国へ普及し、障害者総合支援法の都道府県の専門的相談支援事業等で、高次脳機能障害支援普及事業が行われている。

後縦靭帯骨化症《こうじゅうじんたい》

脊椎椎体《せきついついたい》後面にある靭帯の骨化により、脊柱管《せきちゅう》が狭くなり脊髄《せきずい》や神経根が圧迫され起こる病気。50歳前後の男性に多く発症する。首筋の痛みや上肢感覚・運動障害から、歩行障害、排尿排便障害等重篤な神経症状を示すものまで症状は多様である。遺伝、性ホルモン、カルシウム・ビタミンD代謝異常、糖尿病、肥満、老化現象等が要因とされる。転倒や外傷を契機として麻痺や症状の悪化を起こすことがある。

拘縮《こうしゅく》

関節を構成する骨、靱帯、関節包の障害であり、筋や皮膚等の収縮により関節の動きが制限されること。特に、脳卒中等の疾病をはじめ介護を要する高齢者では、廃用症候群により拘縮を生じやすく、生活機能の低下の直接的な原因となるため、関節を適度に動かすことが必要である。

甲状腺機能亢進《こうしん》症

甲状腺においてホルモンの合成と分泌が増加し、甲状腺ホルモン過剰の症状が出現している状態。臨床的には頻脈、不整脈（心房細動）、体重減少、手指振戦、発汗増加等の甲状腺中毒症状があり、血中甲状腺ホルモンが増加していることにより診断できる。原因として、わが国ではバセドウ病が多い。治療は抗甲状腺剤で甲状腺ホルモンの合成を抑制し、後に放射線アイソトープの治療や甲状腺亜全摘術を行う。

甲状腺機能低下症

甲状腺ホルモンの合成、分泌が低下した状態。成人では自己免疫異常による萎縮性甲状腺炎によるものが多い。甲状腺機能亢進症治療後、ヨード欠乏、がん、アミロイドの浸潤等も原因となる。無力感、皮膚の乾燥、発汗減少、便秘、体重増加、低体温等がみられる。代謝が低下して皮下に粘液状の物質が沈着し、浮腫を生じる（粘液水腫）。精神活動も緩慢となり、認知症と間違われる。徐脈や不整脈（心房細動）がみられることがある。

更新認定

要介護認定または要支援認定の有

効期限が過ぎると介護保険の給付が受けられなくなるため、認定の更新を受けなければならない。被保険者は認定有効期間が終了する60日前から満了の日までの間に、市町村に介護保険被保険者証を提出して更新認定の申請を行う（法第28条、第33条）。

抗精神病薬

強力精神安定薬とも呼び、幻覚や妄想、易怒《いど》、興奮性の強い気分変調や行動障害などの精神病状態の治療に使われる薬。

対象となる主な疾患は統合失調症や躁うつ病であるが、認知症に伴う精神病状態にも使われることがある。従来からフェノチアジン、ハロペリドールといった古典的抗精神病薬が広く使われていたが、最近ではより副作用の少ない非定型抗精神病薬が使われるようになっている。

公正・誠実な業務遂行義務［介護支援専門員］

介護支援専門員の義務の1つ。介護保険法上に規定されている（法第69条の34第1項）。要介護者等の人格を尊重し、常にその立場に立って、提供されるサービスが特定の種類または事業者・施設に偏ることがないよう、公正かつ誠実にその業務を行わなければならない。都道府県知事は、介護支援専門員が公正・誠実な業務遂行義務の規定に違反した場合は、介護支援専門員の登録を消除できる。

厚生年金保険

公的年金保険の1つ。一般企業等に勤務する者が加入する制度である。歴史的には1940（昭和15）年6月船員保険制度、1942（昭和17）年7月労働者年金保険制度にさかのぼる（それぞれ、1986（昭和61）年、1944（昭和19）年に厚生年金保険制度に統合）。1986（昭和61）年4月以降、基礎年金制度の導入に伴い、厚生年金の加入者（被保険者）のうち、20歳以上60歳未満の者は同時に国民年金の第2号被保険者となる。年金給付は、老齢年金、障害年金および遺族年金があり、それぞれ国民年金から基礎年金が、厚生年金から上乗せ年金として厚生年金が支給される。また、厚生年金独自の給付制度として、厚生年金基金等をもつ企業もある。

2012（平成24）年度末現在の加入者は3,472万人で、全年金加入者の50％強を占める。

公租公課の禁止

保険給付として支給された金品について租税（公租）その他の金銭負

担（公課）の対象としてはならないこと。被保険者の保険受益を保護するもので、年金給付を除き、社会保険の通則の１つとなっている。

介護保険法第26条で「租税その他の公課は、保険給付として支給を受けた金品を標準として、課することができない」と公租公課を禁じている。また同25条では「保険給付を受ける権利は、譲り渡し、担保に供し、又は差し押さえることができない」と受給権の保護についても規定している。

高体温

一般に37℃以上の体温を高体温という。発熱による場合とうつ熱による場合がある。発熱は感染症等からで、体内における熱の著しい増加と末梢血管収縮による放熱機構の抑制によって発症する。発熱を来す疾患としては、肺炎等の呼吸器感染症、尿路感染症、髄膜炎、敗血症、急性化膿性胆管炎、悪性疾患群等がある。

一方、うつ熱は病気によるものでなく、高温環境や放熱機構（冷却装置）のトラブル等、外部環境の異常が長時間続いた場合に体温調節中枢の働きが限界となり生じる。

高蛋白血症

脱水症に伴う血液濃縮、多発性骨髄腫、感染症、自己免疫性疾患等のγ-グロブリンの増加する疾患がある。血液中の総蛋白質の基準値は6.8～8.2g/dlである。

公的扶助

公的扶助とは生活が困難な者に対し、資力を調査した上で、公的責任において租税を財源に最低生活を保障すること。国民生活を保障するための社会保険と並ぶ社会保障制度の１つである。

公的扶助制度は、大きくは貧困者対策と、低所得者対策の２つがあり、貧困者対策には、健康で文化的な最低限度の生活を営む権利である生存権を実現する生活保護制度がある。また低所得者対策には、公的扶助と社会保険の中間的性格を持つ社会手当制度、生活福祉資金貸付制度、公営住宅制度等がある。

➡ **生活保護**　p.267
➡ **低所得者対策**　p.337

抗てんかん薬

てんかん発作を抑制する薬。てんかん発作は脳の神経細胞（ニューロン）の規則的なリズムが突然崩れて、激しい電気的な乱れ（ニューロンの過剰発射）が生じることによって起きる。このことから、神経細胞の活動中に生じる異常な過剰発射を抑えることによっててんかん発作を抑制しようとするもの。これらの薬はニューロンの電気的活動を調節している神経細胞膜のNaイオンやCaイオンの出入りを正常に戻す働きがある。

更年期障害

更年期に現れる不定愁訴を総括した症候群。視床下部・下垂体・卵巣系の機能低下、特に卵巣機能低下が主たる原因と考えられる。更年期は心理的・社会的にも不安定な時期でもあるので、心因的要素も加えられる。症状には顔面紅潮、発汗、不眠、イライラ、泌尿器系障害、腰痛、肩こり等がある。

治療としては、女性ホルモン剤、自律神経調整薬、精神安定薬等の薬物療法や心理療法が行われる。

高年齢者雇用安定法

定年引き上げ、継続雇用の導入による高年齢者の安定した雇用確保の促進、高年齢者の再就職の促進、定年退職者に対する就業機会の確保等の措置を総合的に講じ、高年齢者の職業の安定や福祉の増進を図ることを目的とした法律。正式名称は、「高年齢者等の雇用の安定等に関する法律」。いわゆるシルバー人材センターに関する規定もある。

後発医薬品

医療機関で処方される医療用医薬品には、先発医薬品と後発医薬品（ジェネリック医薬品）があり、先発医薬品の特許の期間満了後に販売される医薬品が後発医薬品である。先発医薬品については、特許期間が終わると、有効成分や製法等は国民共有の財産となり、他の医薬品メーカーでも製造・販売ができるようになる。

医療費適正化の観点から、後発医薬品の使用促進が図られている。

抗ヒスタミン薬

神経伝達物質であるヒスタミンの作用に拮抗し遮断する薬。多くはアレルギー疾患の際にヒスタミンによって生ずる痒《かゆ》みや、発赤・発疹、鼻アレルギー、蕁麻疹《じんましん》等の治療に用いる。中枢作用として、制吐作用、抗コリン作用を有し、動揺病（乗物酔い）やパーキンソン病の治療にも用いられる。眠気や口渇が副作用として現れる。ジフェンヒドラミン、ヒドロキシジン、プロメタジン等がある。

公費負担医療

国民皆保険体制の補完として、公衆衛生や社会福祉等の観点から、国や地方公共団体が、特定の対象者に対して、公費負担によって医療給付を行う各種制度の総称である。①生活保護法による医療扶助、障害者総合支援法による更生医療、育成医療、精神通院医療の福祉的なもの、②戦傷病者特別援護法による療養の給付・更生医療、原子爆弾被爆者に対する援護に関する法律による医療等の国家補償的なもの、③感染症予防法による入院患者医療・結核患者医療等の社会防衛的なもの、④小児、成人の特定疾患等難病の治療、研究を目的とするものに分けられる。また、地方公共団体では条例等に基づいて乳幼児や障害児・者、一人親家庭の医療費助成等の公費負担医療を実施している。負担割合については、全額公費負担によるもの、一定割合を負担するもの、医療保険による給付を優先し、これにより給付されない部分について負担するもの等がある。医療機関等における保険診療の対象となる傷病の治療に要した費用である「国民医療費」は、公費負担医療給付分、医療保険等給付分、後期高齢者医療給付分、患者等負担分、軽減特例措置からなり、このうち公費負担医療給付分の構成割合は7.4%（2012（平成24）年度）となっている。なお介護保険の費用は国民医療費には含まれない。

➡ 国民皆保険 p.159

公平性［介護支援専門員］

公平とは一方に偏らないことで、公平性の確保は介護支援専門員に求められる重要な基本倫理である。2つのポイントがあり、1つは要介護者と支援者のどちらに対しても公平に対応するということ。そのためには介護支援専門員自身が自分をよく知り、感情をコントロールする必要がある。また特定の利用者と友人のような関係になることは好ましくなく、あくまで専門的な援助関係に徹すること。

もう1つの要点はサービスの利用状況における公平性ということで、各種のサービスを、利用者のニーズに応じて適切に分配するということである。

硬《こう》膜《まく》下《か》血《けっ》腫《しゅ》

脳実質からの静脈流出経路は脳表と硬膜の中の静脈洞を結ぶ架橋静脈であるが、軽い外力で損傷を受け出血すると、ゆっくりと血液が硬膜下に貯留し、やがて脳実質を圧迫するために意識障害等の症状を呈することになる。脳萎縮の強い高齢者で多く、認知症と間違えられることも多いが、侵襲の少ない穿頭《せんとう》術によって血液を排出させることによって劇的な改善を得ることができる。

効力停止

効力停止とは、法の実効性を一時無効にすることである。介護保険法では、都道府県知事や市町村長が指定居宅サービス事業者等に対し、指定を取り消したり、あるいは期間を定めて指定の全部もしくは一部の効力を停止したりすることがある（法第77条、78条の10）。

例えば指定居宅サービス事業者が、当該指定に関する従業者の人員について都道府県の条例で定める員数を満たすことができなくなったときや、虚偽の報告をしたとき等である。効力停止の場合は、指定されていても、一時的に指定されないのと同じ扱いになり、その間指定サービス事業は行えない。

高齢化社会

総人口に占める65歳以上人口の割合が増大している社会のことを指す。人口高齢化の目安とされるのは、国際連合経済社会理事会報告書（1956（昭和31）年）で高齢化している（Ageing Society）と表された総人口に占める65歳以上の者の割合が７％以上の状態である。さらに、この倍の14％が人口高齢化を測る際のもう１つの目安とされ、７％から14％へと高齢化率が増大する期間を高齢化社会とする見方もある。

➡ 高齢社会 p.152

高齢化率

総人口に占める65歳以上の者の割合を高齢化率という。通常、この率が高いほど年金や医療の費用が増大することになる。高齢化率は地域による差異があることから、施策の検討に当たっては、全国のデータだけでなく、地域ごとの変化予測等のデータも重要となる。また、その上昇のスピードも施策に影響し、欧米諸国に比べ日本は高齢化のスピードが非常に早いという特徴がある。日本では2010（平成22）年に23％を超えた。戦後に生まれたいわゆる「団塊の世代」（1947～1949（昭和22～24）年生まれ）がすべて65歳以上になる2015（平成27）年に高齢者数が3,395万人程度になるのを経て、高齢化率はさらに上昇することが予測されており、2060（平成72）年には、39.9％に達するとされている。

高齢者

現在、日本の社会保障制度や統計

においては、65歳以上の者を指すことが通例となっている。これと並行して、「高齢者」という呼称が「老人」に代わって一般的になっている。なお、老人福祉法をはじめとして、老人という法令用語が残っている法律もある。また、高齢者の医療のように75歳を制度上の区分として用いている場合もある。

国際連合等の統計においても65歳以上を区分することが一般的である。

高齢社会

総人口に占める65歳以上人口の割合が高くなった社会という意味で用いられている。目安としては、国際連合経済社会理事会報告書（1956(昭和31)年）で高齢化した(Aged)と表された高齢化率７％の倍の14%以上が用いられる。日本ではすでに、超高齢社会の目安とされる21%を超えてさらに高齢化が進行しつつある。

英語圏の国では、Aged Societyという用語があり、通常これを「高齢社会」と訳している。

➡ 高齢化社会 p.151

高齢者虐待

高齢者に対する直接的な身体への暴力だけでなく、介護の拒否、怠慢、放棄、不適切な介護等によって高齢者の生活を脅かし、高齢者の心身に深い傷を負わせ、基本的人権を侵害する行為。

——のサイン

虐待者の虐待の認識の低さとともに、被虐待者である高齢者本人も虐待の事実を外部に伏せる傾向がある。高齢者自身から訴えるケースは少ない。従って、援助者や周囲の人が虐待のサインをとらえる観察力が不可欠である。不自然な傷や痣《あざ》、不衛生、栄養失調、不安や怯えた表情、無力感、あきらめ、介護者の冷淡な態度や介護の無関心、生活費の途絶等が挙げられる。虐待の深刻度、緊急度の判定も重要である。

——の種類

高齢者虐待防止法では、５つの虐待が定義付けられている。①身体的虐待（身体の外傷を生じさせる暴行）、②養護・介護等の放棄（衰弱させるような放置、養護すべき職務上の義務の怠慢）、③心理的虐待（心理的外傷を与えるような言動）、④性的虐待（わいせつな行為、わいせつな行為の強要等）、⑤経済的虐待（高齢者から不当に経済的に収奪したり財産上の利益を得ること）。

➡ 高齢者虐待防止法 p.153

――への対応

高齢者虐待のサインには、高齢者にみられるサインと、その介護者・家族にみられるサインがある。これらのサインがみられるときは、サービス従事者と情報を交換して虐待の発見に努める。

高齢者虐待防止法では、市町村がこの問題への対応について一義的に責任を有する主体と位置付けている。地域包括支援センターは、地域における虐待対応の中核機関の1つに挙げられる。

高齢者虐待防止ネットワーク

虐待の発見・通報から、事実確認、評価、対応計画の策定、その実施（緊急保護、分離等）、さらに虐待防止のための地域啓発活動等を含む地域ネットワークのこと。市町村と地域包括支援センターが主体となり、早期発見・見守りネットワーク、保健医療福祉サービス介入ネットワーク、関係専門機関介入支援ネットワーク等の整備が挙げられる。

高齢者虐待防止法

正式な法律名は「高齢者虐待の防止、高齢者の養護者に対する支援等に関する法律」。2005（平成17）年11月制定、2006（平成18）年4月施行。高齢者の尊厳を保持し、その権利利益を擁護することを目的とし、虐待に当たる行為を定めている。高齢者の虐待防止、養護者の支援のための国、地方公共団体、国民の責務を規定し、身体・生命に重大な危険が生じている場合の市町村への通報義務、その他の場合の通報の努力義務等を課し、市町村の届出窓口の設置やその周知等、高齢者虐待防止に関する対策を包括的に規定している。

高齢者居住安定確保計画

2009（平成21）年の「高齢者の居住の安定確保に関する法律」の改正において、都道府県が策定することができることとなった高齢者の居住の確保に関する計画。サービス付き高齢者向け住宅および老人ホームの供給目標のほか、その実現に必要な保健医療福祉サービスの提供のための施設の整備促進に関する事項を含む。各都道府県の福祉部局と住宅部局が連携して、2011（平成23）年頃までに策定されている。

➡ 高齢者の居住の安定確保に関する法律　p.155

高齢者人口

65歳以上の高齢者の人口のこと。この人口はまた老年人口として、年少人口（0 −14歳）、生産年齢人口（15−64歳）と対比されることもある。これは、老年人口を年少人口とともに「従属人口」とし、生産年齢人口に扶養される人口であると見る見方である。高齢化の進行による社会の負担を考える際に用いられる。2010（平成22）年国勢調査によれば老年人口は23.0%、年少人口13.2%、生産年齢人口63.8%であった。国立社会保障・人口問題研究所によれば、10年後の2020（平成32）年の割合は、老年人口は29.1%に膨らみ、年少人口11.7%、生産年齢人口59.2%になると推計されている。

高齢者住まい法

➡ 高齢者の居住の安定確保に関する法律　p.155

高齢者単独世帯

厚生労働省の「国民生活基礎調査」では「65歳以上の者のいる世帯」を世帯構造別に、「単独世帯」「夫婦のみの世帯」「親と未婚の子のみの世帯」「三世代世帯」「その他の世帯」に分けている。この65歳以上の者の「単独世帯」（世帯員が 1 人だけの世帯）が高齢者単独世帯である。

世帯を類型別に「高齢者世帯」「母子世帯」「父子世帯」「その他の世帯」と分類した際の、高齢者の一人暮らし世帯（「高齢者世帯」には65歳以上の者のみに18歳未満の未婚の者が加わった世帯も含まれる）。高齢者単身世帯ともいう。「平成25年国民生活基礎調査」によれば2013（平成25）年の「65歳以上の者のいる世帯」の全世帯に占める割合は44.7%で年々増え、このうちの「高齢者単独世帯」は25.6%と 4 分の 1 を占めている。

高齢者に起こりやすい急変とその対応

感染症（肺炎や尿路感染症）、虚血性心疾患、脳血管障害は高齢者で頻度が高く、かつ早期に対応しないと生命にも危険が及ぶ病態である。感染症は発熱をきっかけに気づかれることが多いのでバイタルサインの変化に気をつける。虚血性心疾患や脳血管障害は動脈硬化を起因としており、危険因子も共通であることから、再発を想定した対応をあらかじめ検討しておくことが重要である。

高齢者の医療の確保に関する法律

高齢者の適切な医療を確保するための法律である。2006（平成18）年に実施されたいわゆる医療制度構造改革に基づき、従来の老人保健法が全面改正され、「高齢者の医療の確保に関する法律」に改定された。後期高齢者、前期高齢者の２つの高齢者医療制度に関する基本的な諸規定のほか、中長期的な医療費適正化のため、生活習慣病対策を中心とした特定健康診査および特定保健指導に関する規定が置かれている。施行は2008（平成20）年４月。

この法律は、①総則のほか、②医療費適正化の推進、③前期高齢者に係る保険者間の費用負担の調整、④後期高齢者医療制度、⑤社会保険診療報酬支払基金の高齢者医療制度関係業務、⑥国民健康保険団体連合会の高齢者医療関係業務等の各章から成っている。

➡ 後期高齢者医療制度 p.143

高齢者の感染症

高齢者は免疫力が低下しており、感染しやすく、重症化しやすい。頻度としては肺炎、尿路感染症が多い。共に発熱で発症することが多い。尿路感染症はより短時間で高熱が出ることが多く、女性に多い。肺炎は呼吸器症状（咳や痰、呼吸苦、頻拍呼吸）を伴う。発熱や呼吸器症状が長引く場合は結核も念頭に置く。細菌性の感染症が多いので、それぞれの原因菌にあった抗生剤で治療を行う。

高齢者の居住の安定確保に関する法律

高齢者の居住の安定確保を図り、その福祉の増進に寄与することを目的とする法律。通称、高齢者住まい法。国土交通省と厚生労働省の共管の法律。2001（平成13）年に成立し、数回にわたって改正され、現在に至る。2011（平成23）年の改正によって、従前の高円賃（高齢者円滑入居賃貸住宅）・高優賃（高齢者向け優良賃貸住宅）・高専賃（高齢者専用賃貸住宅）が廃止され、サービス付き高齢者向け住宅に一本化され、都道府県知事への登録制度が創設された。

➡ サービス付き高齢者向け住宅 p.169

高齢者の身体的特徴

加齢による身体的な変化が年齢を重ねるたびに起こる。形態的、生理機能的変化である。多くの機能低下や障害が生じる。加齢現象は生理的老化と病的老化に分けられる。生理的老化は加齢による正常な機能低下であり、病的老化は疾病による老化である。高齢期の身体機能の低下は個人差が大きい。また、運動・生活習慣の改善によって、健康状態や生活機能の維持が可能な場合もある。

高齢者の精神障害と介護

高齢者の精神障害の治療には介護が欠かせない。主な精神疾患は「うつ病」「不安障害」「妄想性障害」「認知症」であるが、普通は認知機能低下のみられない、うつ病や不安障害でも高齢による心身の衰えが背景にあるために自立した日常生活の遂行を困難にしてしまう。介護の手間は身体疾患より過重になりやすく、早めに介護保険等による支援を考慮すべきであろう。

高齢者の精神障害とその治療

高齢者の精神障害の主な疾患は「うつ病」「不安障害」「妄想性障害」「認知症」である。それぞれは独立した別個の疾患単位であるが、高齢期ではそれぞれの疾患が混在した状態で症状が現れることが多い。うつ病はそれ自身が認知症と似たような症状を示す一方、認知症の初期症状としてうつ状態を示すことがある等が、その例である。従って、治療に当たっては基礎疾患を見極めて適切な治療選択が求められる。

高齢者の精神的特徴

高齢期に伴う身体的変化や環境の変化がさまざまな形で高齢期の精神状態に影響することが知られている。身体的要素では高齢に伴う認知機能の衰えと、内蔵や運動機能の衰えが自覚されるにつれて抑うつ気分や意欲低下が目立ち始める。配偶者との死別、家庭内あるいは社会的役割の喪失が負の方向に作用するとさまざまな精神失調を誘発する。一方、健康を維持できている高齢者では長寿に感謝し、苦労はあっても多幸的な気分で生活できる人たちも多い。

高齢者のための食生活指針

疾病や介護の一次予防を目的に1990（平成２）年に厚生省（当時）により作成され、栄養改善のための健康教育の手段としても活用されている。７つの指針が示され、最初に「低栄養に気をつけよう」と、栄養不良を避けることの重要性を示している。2000（平成12）には「健康21」と連動させ、新たな「食生活指針」が厚生労働省・農林水産省・文部科学省によって策定されている。

➡ 食生活指針 p.245

高齢者の歯の現状

高齢者では唾液分泌量の減少、味覚の低下、う蝕・歯周病等による歯の喪失等、顎口腔系に種々の変化が生じ、それに伴い咀嚼《そしゃく》・嚥下《えんげ》障害等が起こりやすい。要介護高齢者では現在歯数が少なく、無歯顎者（歯が１本も無い者）の割合が高い。う蝕、歯周病、義歯不適合等が放置され、口腔内の状態が極めて不良であることが多い。

高齢者の平均薬剤併用数

高齢者は複数の疾患を合併することが多く、このため多剤併用が多くなる。厚生労働省の社会医療診療行為別調査（2013（平成25）年６月審査分）によれば、明細書１件当たりの薬剤種類数は院内処方（入院外・投薬）3.64種類、院外処方（薬局調剤）3.88種類である。これを一般医療と75歳以上からの後期高齢者医療に分けると、一般医療の平均は院内処方3.30種類、院外処方3.54種類に対し、後期高齢者医療ではそれぞれ4.58種類、4.82種類と多い。後期高齢者医療では10種類以上とする割合も院内処方9.4％、院外処方11.3％になっている。

誤嚥《ごえん》

気道の閉鎖不全のため、本来食道に入るべき食物が誤って気管に入ること。加齢に伴う嚥下反射の低下や脳神経系の疾患による嚥下障害は、誤嚥を起こすもととなる。食物等を誤嚥すると、重症な場合は窒息により死亡する危険性もあるため、口内の異物の除去を最優先し、緊急に受診が必要である。

誤嚥性肺炎

誤嚥性肺炎とは、細菌が唾液や食物と共に肺に流れ込んで生じる肺炎のことである。口腔咽頭粘液において増殖した病原菌を多量に含む分泌液（喀痰《かくたん》および唾液）の吸引による場合や、病原菌と食塊が気道内に入り肺炎を起こす場合がある。発症は一般に数日の経過をとって増悪するが、意識障害・ショック等の症状の急変もみられる。激しい咳き込みや高熱があるときには誤嚥性肺炎を疑う。初期症状として、呼吸数増加、呼吸パターンの変化がある。また、食欲低下、全身倦怠感等非特異的な初発症状が多くみられる。

誤嚥《ごえん》防止の介護法

食事をとるときは、できるだけいすに座らせ、頭部と体幹をわずかに前傾させるようにする。いきなり食事を始めると一口目でむせてしまうことが多いので、食事前には口腔内を湿らせ、唾液の分泌を促す。一口量はティースプーン１杯程度。むせが強い場合は背もたれ等に寄り掛かって食べるのがよく、このとき顎は必ず引いておく。食物や液体を飲み込んだ後は、食物が残っていないか口腔をチェックする。

呼吸器

呼吸とは生物が外界から酸素を取り入れ、二酸化炭素を排出することであり、肺における外呼吸と全身の細胞が血液との間で行う内呼吸がある。呼吸器は、外呼吸をするための器官で、鼻、咽頭《いんとう》、喉頭《こうとう》、気管、気管支、肺と、肺を拡張・収縮させる胸郭の骨や筋肉を指す。呼吸器の主な働きは、大気中の酸素を肺内に取り入れ、肺胞でのガス交換によって血液に酸素を取り入れることである。

呼吸器感染症

インフルエンザをはじめ呼吸器感染症は多い。高齢者に多い重い呼吸器感染症は、肺炎、気管支炎、肺結核等である。症状は、咳嗽《がいそう》（せき）、喀痰《かくたん》（たん）、呼吸困難、チアノーゼ（血液中の酸素が減少し、唇・爪・四肢の先等、皮膚や粘膜が青紫色を帯びること）、発熱等であり、ときに食欲不振、せん妄等が現われる場合もある。予防には、うがいの励行、マスクの着用、休養、食生活等がある。口腔ケアも呼吸器感染症の予防に重要である。呼吸困難に対しては、喀痰の吸引、酸素吸入、口腔内異物の除去等が行われる。

呼吸器機能検査

呼吸器の働きを調べる検査。呼吸器疾患の重症度診断や手術前に肺機能を確認するために行う。呼吸能力、つまり肺への空気の出し入れの機能検査は、スパイロメトリーという装置を使って肺活量や１秒率の測定を行う。また、ガス交換機能、つまり肺での酸素と二酸化炭素の交換については、動脈血ガス分析や酸素飽和度測定を行う。

呼吸器疾患

酸素を吸収して血液へ与え、血液中の二酸化炭素を排出する器官が呼吸器であり、その器官の病気の総称。具体的には、鼻、咽頭、喉頭、気管、気管支、肺、肺を動かす胸郭の骨や筋肉に起きる病気である。従って、呼吸器疾患は多様である。例えば、肺では肺炎、肺結核、肺がん、肺気腫、気管支では慢性気管支炎、気管支喘息等がある。

呼吸不全

呼吸不全とは、肺でのガス交換が不能となる多くの疾患の結果である。動脈血ガス分析において、酸素分圧や二酸化炭素分圧が異常値を示す。呼吸不全は、上気道の異物や肺梗塞、麻薬等による呼吸中枢抑制による急性呼吸不全と、呼吸器の慢性疾患による慢性呼吸不全とに分かれる。慢性呼吸不全を来す疾患としては、慢性肺気腫、肺線維症、陳旧性肺結核等がある。慢性呼吸不全は自覚症状が出にくいので注意が必要である。

国際生活機能分類

➡ ICF p.3

国保連

➡ **国民健康保険団体連合会** p.160

国民皆保険

すべての国民が公的医療保険に加入し、必要なときに必要な医療が受けられること。わが国においては、年齢、職域・地域によって「健康保険」「船員保険」「共済組合」「国民健康保険」「後期高齢者医療制度」のいずれかの医療保険制度に加入することが義務付けられている。1961（昭和36）年に国民健康保険制度が完全普及し、以来、国民皆保険体制がとられてきている。

国民健康づくり対策

国が進める国民の健康増進施策のこと。1978（昭和53）年から３次にわたる「国民健康づくり対策」が進められ（第３次の名称は「健康日本21」）、2013（平成25）年度からは、2022（平成34）年度までの第４次対策（「21世紀における第２次国民健康づくり運動（健康日本21（第２次））」）がスタートしている。

健康日本21（第２次）の基本方向は、①健康寿命の延伸と健康格差の縮小、②生活習慣病の発症予防と重症化予防の徹底、③社会生活を営むために必要な機能の維持および向上、④健康を支え、守るための社会環境の整備、⑤栄養・食生活、身体活動・運動、休養、飲酒、喫煙および歯・口腔の健康に関する生活習慣および社会環境の整備の５つである。

➡ 健康日本21 p.136

国民健康保険

国民健康保険は、国民健康保険法に基づき、地域住民を対象とする国民皆保険体制の基盤となる公的医療保険制度である。かつては、農民や自営業者が被保険者の多数を占めていたが、産業構造や人口構造の変化とともに、現在では無職者（その多くは退職した高齢者）が最も多く、健康保険（協会けんぽ・組合健保）が適用にならない被用者がそれに次いでいる。国民健康保険は財政基盤が脆弱なため、全体を平均すると給付費の約５割の高率の公費が投入されている。

国民健康保険組合

国民健康保険組合は、同種の事業または業務に従事する地域住民を被保険者として組織される組合である。国民健康保険の保険者は、市町村及び特別区のほか、国民健康保険組合がなることができる（国民健康保険法第３条第２項）。2011（平成23）年３月末現在、医師、歯科医師、薬剤師、建設土木等164の組合があり、約310万人の被保険者がいる。

➡ 国民健康保険 p.160

国民健康保険団体連合会

国民健康保険の保険者が共同してその目的を達成するために設立された法人である。国民健康保険法第83条に基づいている。国民健康保険団体連合会（国保連）は、都道府県単位に設立されており、その中央組織として国民健康保険中央会がある。国保連の主要な事業としては、①診療報酬の審査および支払、②特定健康診査等に関する事業、③保険者の共同事業、④保険者協議会の運営、⑤国民健康保険に関する広報活動および調査研究事業のほか、⑥介護給付費の審査および支払、⑦介護保険に係る保険者事務共同処理に関する事業等がある。

➡ 国民健康保険 p.160

国民年金

公的年金制度の１つ。1959（昭和34）年４月、被用者年金（厚生年金、船員保険、共済組合）に加入していない人を対象とする年金制度として制定され、1961（昭和36）年４月から全面施行された。1986（昭和61）年４月から公的年金制度の一元化構想により国民年金制度を、基礎的な年金と位置付ける基礎年金制度に改正され、今日に至っている。この制度改正により20歳以上60歳未満の日本に住所を有するすべての人は国民年金に加入することになった。被用者年金加入者を第２号被保険者、その被扶養配偶者を第３号被保険者、その他の者を第１号被保険者と称する。

国民の努力および義務［介護保険法］

介護保険法が規定する国民の努力および義務のことで、法第４条第１項で自ら要介護状態になることを予防すること、同第２項で介護保険事業に要する費用を公平に負担することを挙げている。要介護状態になることを予防するため、加齢に伴って生ずる心身の変化を自覚して常に健康の保持増進に努める。また、要介護状態となった場合においても、進んでリハビリテーションその他の適切な保健医療サービスおよび福祉サービスを利用することにより、その有する能力の維持向上に努めるものとするとされている。

また、費用負担は、共同連帯の理念に基づくものである。

国立社会保障・人口問題研究所

厚生労働省が設置する国立の研究機関であり、国民の社会保障と人口動向の分析等の調査・研究が行われている。

腰掛便座

①和式便器の上に置いて腰掛式に交換するもの（腰掛式に交換する場合に高さを補うものを含む）、②洋式便器の上に置いて高さを補うもの、③電動式またはスプリング式で便座から立ち上がる際に補助できる機能を有しているもの、④便座、バケツ等からなり、移動可能である便器（水洗機能を有する便器を含み、居室に置いて利用可能であるものに限る）、但し、設置に要する費用については従来どおり、法に基づく保険給付の対象とならないものであることが、介護保険における特定福祉用具販売の対象とされている。

個人情報の保護

個人の生命や生活にかかわる情報を漏らさず、個人の権利利益を守るということである。介護保険法第69条の37においては「介護支援専門員は、正当な理由なしに、その業務に関し知り得た人の秘密を漏らしてはならない」と定められ、介護に関わる専門職においても厳しく問われる職業倫理である。「個人情報の保護に関する法律」（2005（平成17）年４月全面施行）での「個人情報」とは、生存する個人に関する情報であって、氏名や生年月日等により特定の個人を識別することが可能な情報等とされている。同法では個人情報を取り扱う事業者は、個人情報を目的外で取得、使用したり、第三者に提供したりしないこと等を規定している。

同法制定を踏まえ、事業分野ごとに個人情報の適切な取り扱いのため、ガイドラインも定められており、厚生労働分野においても「医療・介護関係事業者における個人情報の適切な取り扱いのためのガイドライン」がある。これは病院・診療所・薬局・介護保険法に規定する居宅サービスを実施する事業者等に適用されるものである。その内容は個人情報の適正な取り扱いの確保に関する活動を支援するためとなっている。

国家公務員共済組合

国家公務員の相互共済を目的に設立された共済組合。国家公務員とその被扶養者の病気、負傷、出産、休業、災害、退職、障害、死亡に関し適切な給付を行う。各省庁ごとに、その所属の職員のほか、所管する特定独立行政法人の職員によって組織される。共済組合は、医療保険、労災保険、年金にまたがる総合的な制度であり、皆保険、皆年金の一翼を担っている。

国家責任の原則

生活保護法の基本原理の１つで、生活に困窮する国民の最低生活保障を国がその責任において行うとする原理。生活保護法第１条において「この法律は、日本国憲法第25条に規定する理念に基き、国が生活に困窮するすべての国民に対し、その困窮の程度に応じ、必要な保護を行い、その最低限度の生活を保障するとともに、その自立を助長することを目的とする」と規定している。さらに第１条では生活に困窮する人々の社会的自立を促進することを目的とすることを規定している。

日本国憲法第25条は、第１項で国民の健康で文化的な最低限度の生活を営む権利（生存権）を保障し、第２項では、国に対しすべての生活面で社会福祉、社会保障および公衆衛生の向上、増進に努めなければならないとされている。

国庫負担

国庫負担とは、社会保障等国が一定の責任を持つとされる事務、事業について、その経費を国が補助することである。介護保険財政では介護給付費は公費と保険料によりそれぞれ50％ずつ賄うことになっており、その公費の半分（25％）が国庫負担となっている。施設等給付については20%、それ以外の給付については25%。国庫負担はすべての市町村に一律に交付される20%（施設等給付は15%）の定率負担と、市町村の財政力の強弱に応じて交付される調整交付金５%から構成されている。

骨粗鬆症《こつそしょうしょう》

骨粗鬆症は、生活習慣の影響等により骨塩量の低下を来し、骨組織が粗になり、骨折しやすくなる状態である。骨粗鬆は加齢とともにその発症率は増大し女性に多く、しかも閉経後に急増する。症状は腰痛が主であり、椎体の圧迫骨折が多い。治療にはカルシウム製剤、活性型ビタミンD_3製剤、ビタミンK_2製剤、エストロゲン製剤、ビスホスホネート製剤、塩酸ラオキシフェン、カルシトニン製剤等が使用される。

——検診

健康増進法に基づく保健事業として、多くの市町村にて実施されている。生活習慣等の問診とX線または超音波を用いた骨量測定が行われる。骨粗鬆症検診は、自らの骨塩量を把握し、骨粗鬆症の早期発見、骨粗鬆症を予防する適切な生活習慣の啓発に効果がある。

——による骨折

骨粗鬆症は骨折のリスクが高い。しりもちをついたとき等に起こる脊《せき》椎《つい》の圧迫骨折、転倒したときに手をついて起こる橈骨《とうこつ》遠位部の骨折、肩を打って起こる上腕骨近位端《たん》骨折、股関節を打って起こる大腿骨頸部骨折、胸部を打撲して起こる肋骨骨折が多い。骨折は高齢者の生活機能の低下を来し、廃用症候群（生活不活発病）、要介護状態の主要な原因となる。骨折を伴う骨粗鬆症は介護保険の特定疾病の１つである。

——の予防

骨粗鬆症の予防には食事と運動が重要である。食事は骨の構成物であるカルシウムと蛋白質、カルシウム吸収を促進するビタミンD、骨形成を促すビタミンKを多く含む食品を摂ることが重要である。カルシウムは摂取不足になりがちな栄養素であり、多くの国民は追加して摂取する必要がある。運動は骨組織に荷重をかけ骨形成を促進し、骨量の維持や減少の予防、転倒予防に効果がある。運動量はかかりつけ医と相談し選択する必要がある。

個別援助技術

社会福祉援助技術（ソーシャル

ワーク）のうち、1対1で個別に利用者（クライエント）の生活課題の解決を援助していく援助技術で、ソーシャルケースワークともいわれる。ソーシャルケースワークの創始者であるメアリー・E.リッチモンドによる定義では「ソーシャルケースワークは人間とその社会環境との間を個別に、意識的に調整することを通して、パーソナリティを発達させる諸過程からなっている」とされる。

つまり利用者を取り巻く生活環境との関係性を重視し、そこで生じた問題に対して社会資源を活用しながら生活環境を向上させることによって内的能力を発揮し、自らの力で問題解決ができるように援助していくことをいう。

個別援助計画

居宅サービス計画や施設サービス計画等の基本計画に基づいて作成される、訪問介護計画、訪問看護計画、訪問リハビリテーション計画、夜間対応型訪問介護計画等サービスを具体的に提供していくための計画である。サービス実施計画、個別サービス計画等ともいわれる。また施設サービスでは、個別機能訓練計画、栄養ケアプラン、介護計画、口腔計画等が個別援助計画となる。

個別援助計画には提供サービスの目標、目標達成のための具体的サービス内容が記載される。居宅介護支援の場合、厚生労働省令により、介護支援専門員は、居宅サービス計画を作成した場合には、利用者とともに担当者にも交付しなければならない。担当者（サービス提供事業者）に交付する際には、居宅サービス計画の趣旨、内容について十分説明し、共有、連携を図った上で、各担当者が自ら提供する居宅サービス等の居宅サービス計画への位置付けを理解できるように配慮することになっている。この共有、連携から作成されるのが個別援助計画であり、居宅サービス計画が作成されている場合は、それに沿ったものとすることが規定されている。

個別化の原則

利用者一人ひとりは異なる個人であり、援助活動において、他の利用者と同様な疾病や障害、社会的問題等を抱えていても、同様・同等な援助活動を行ってはならないとする原則である。利用者の権利擁護に根づいた原則であり、実践の場においてありがちな均一的な援助に対する警鐘である。

「個別化の原則」はフェリックス・P.バイステックが『The Casework Relationship（日本語訳:ケースワークの原則）』にて著した7つの実践原則の1つで、他の原則（受容・意図的な感情表出の原則・統制された情緒的関与・非審判的態度・自己決定・秘密保持）と共に社会福祉援助者として持つべき支柱となる。7原則は社会福祉援助者として利用者に対して持つべき考え方、援助支援の在り方の原則であるが、視点を変えれば虐待予防のセーフティネットにも参考にすることもできる。

➡ バイステックの7原則 p.393

個別サービス計画作成の指導

個別サービス計画とは、訪問介護計画、訪問看護計画、介護予防訪問介護計画、介護予防通所介護計画等個別のサービスを提供するための計画である。サービスの具体的内容、頻度等が記載される。居宅介護支援、介護予防支援の各基準では介護支援専門員、担当職員（介護予防支援に関する知識を有する職員）は居宅サービス計画、介護予防サービス計画を作成した場合、利用者とともにサービス担当者にも交付し、担当者が自ら提供するサービスの計画における位置付け等を理解できるよう配慮することとされている。

特に介護予防支援の基準では、担当職員に個別サービス計画の作成を指導することを義務付け、サービス担当者が、介護予防サービス計画の内容に沿って個別計画を作成するよう必要な援助を行うことになっている。

個別リハビリテーション

理学療法士、作業療法士、言語聴覚士等の専門職が利用者との間において1対1で行うリハビリテーション。個々の利用者の持つ身体機能障害、高次機能障害に応じて個別に機能の改善を図り、ADL、IADLの改善につなげていくものである。口腔機能の低下、低栄養状態にある人への個別指導も行われる。介護保険の通所リハビリテーションでは、従来、医師または医師の指示を受けた理学療法士等が個別リハビリテーションを実施した場合に個別リハビリテーション実施加算が算定されていた。2015（平成27）年度の介護報酬改定に当たって、これは基本報酬に包括化され、また短期集中リハビリテーション実施加算が短期集中個別リハビリテーション実施加算として見直されている。

コミュニケーションの基本的技術

社会福祉援助者にとって相談援助の主たるアプローチとして面接が挙げられるが、その面接の中心となるのが利用者・援助者間のコミュニケーションである。面接は相互方向のコミュニケーションの場であるため、面接というコミュニケーション過程において、①相談援助者は利用者に対して共感的相互理解を追求しようとする誠実さ、②利用者の心理情緒的な状態に合わせた言語的コミュニケーションと非言語的コミュニケーションの使い分け、③自己紹介の仕方、利用者に安心感を与える笑顔づくり、相づちの打ち方、質問の仕方、受容的で非審判的な対応の仕方、④面接室の雰囲気、机や椅子の配置、職員の服装が求められる。

コミュニティケア

独力で日常生活を営むのに支障のある高齢者や障害者等が、施設への長期入所ではなく、可能な限り地域の中で暮らし続けられるように支援する地域社会を基盤とした取り組みをいう。

コミュニティケアは、各種の在宅福祉サービスや介護サービスだけでなく、移動や買い物の支援、情報入手の支援、医療へのアクセスの支援、住宅の提供、さらに近隣住民との交流促進等、さまざまな支援策が必要とされる。

コミュニティワーク（地域援助技術）

地域住民や地域の諸団体が、地域の中で起きている福祉課題の解決に共同で取り組むときに、その取り組みを専門的立場から支援する社会福祉専門職が用いる社会福祉援助技術の１つ。問題の明確化と住民への周知、問題解決のためのプログラム策定と進行管理、その実行のための組織づくりや関係機関の連絡調整、財源の調達や社会資源の開発等を具体的内容とする。

誤用症候群

筋力増強のための過度の不適切な運動や誤った福祉用具の使用により起こる、骨・関節・軟部組織にみられる機能障害を誤用症候群という。筋関節炎、靭帯損傷、疲労骨折、過度の筋肉痛・疲労等の状態が発生する。運動方法の選択や福祉用具の使用には専門職の助言・指導が必要である。

雇用保険

雇用保険は、労働者の生活および雇用の安定と就職促進のために失業等給付等を行う保険制度である。労働者の失業という保険事故に対応するため、1947（昭和22）年に制定された失業保険法が1974（昭和49）年に雇用保険法に改定され、現在に至っている。

雇用保険は政府が管掌する強制保険であり、労働者を雇用する事業は、原則として強制的に適用されている。雇用保険においては、労働者が失業した場合等に金銭給付（失業等給付）を支給するとともに、失業の予防、雇用状態の是正及び雇用機会の増大、労働者の能力の開発及び向上その他労働者の福祉の増進を図るための２事業（雇用安定事業および能力開発事業）が実施されている（雇用保険法第１条）。雇用保険の財源については、事業主および被保険者が負担する保険料（失業等給付に関する保険料は労使折半、２事業に関する保険料は全額事業主負担）と国庫負担によって賄われている。

コンプライアンス

コンプライアンス（compliance）は「命令・要求に応じること。規則に従うこと」という意味である。今日のわが国では、企業等が法律や倫理を守ることを意味する場合が多い。この際には「法令遵守」とも訳される。そもそも法令を遵守すべきことは当然であるが、これを主唱することによって企業等の社会的信頼が高まるよう期待されている。

医薬関連では、患者が服薬指導等に従うことを意味する場合がある。

さ

サービス担当者会議

要介護者、その家族、居宅サービス計画に位置付けられたサービス担当者らによる、居宅サービス計画の原案に基づく話し合い。課題の検討を経て修正し、居宅サービス計画を決定する。介護支援専門員が開催し、本人や家族の生活に対する意向から、総合的な援助の方針、解決すべき課題、目標を検討、修正、決定する。目標達成に向けては、本人の希望やできること、家族の意向やできる範囲を明らかにし、サービス担当事業所の担うサービス内容を具体化する場でもある。新規、更新、状態変化等のときに開催が義務付けられている。開催されない場合は居宅介護支援事業所の介護報酬が50%減額になり、翌月も改善されない場合は介護報酬が発生しない。

――の記録

介護支援専門員はサービス担当者会議の内容を必ず記録しなければならない。会議出席者、検討項目、検討内容、結論、残された課題等記載する。また、出席できなかった担当者の意見や同意の内容の記録も必要。欠席の理由、照会した書類の有無を記す項目があり、欠席事業所の意見も反映させる仕組みとされている。

――の要点

サービス担当者会議の記録として重要。要点は、居宅サービス計画書の第4表となる。サービス担当者会議の開催日時、場所、参加者、欠席者、欠席理由、照会の書類の有無、検討項目、検討内容、結論、次回の開催時期、残された課題等を記入する。要点は、できるだけ本人の言葉や要望を記録し、本人の自立支援の方向性がより具体的になるよう記載する必要がある。

➡ 居宅サービス計画　p.109

サービス調整

サービス調整とは、居宅サービス計画において、要介護者に提供される各種のサービスを利用者に合った適切なものに調整することをいう。居宅サービス計画で提供されるサービスは介護保険の給付サービスである居宅介護サービスだけでなく、市町村等で実施する一般保健福祉サービスや、家族、親族、近隣、ボランティアといったインフォーマルな分野からの支援も社会資源として活用することになる。それらを利用者である要介護者のニーズに合わせて、居宅サービス計画に盛り込んでいかなければならない。そこでサービス調整が必要となる。

また、居宅介護支援はチームアプローチが求められており、多機関、多職種が連携し合って進めていくものである。そこで、サービス担当者会議を開催して居宅サービス計画を検討する。

サービス付き高齢者向け住宅

2011（平成23）年の「高齢者の居住安定確保に関する法律」の改正により創設され、同年10月20日より登録が開始された高齢者向けの賃貸住宅。特徴は、①一定の広さと設備を備えたバリアフリー住宅、②生活相談と状況把握を付帯、③介護サービス並びに医療サービスは地域の資源を活用、④居住の安定が図られた賃貸借契約の４点である。一定の基準を満たした有料老人ホームも登録が可能となっている。2015（平成27）年４月末現在で17.8万戸が登録されている。今後、大幅な供給が見込まれる。

サービス提供困難時の対応

介護保険制度においてサービス提供事業者は、正当な理由なくサービスの提供を拒んではならないとされている。しかし、利用申込者の居住地が通常事業の実施地域外の場合等、利用申込者に対して適切なサービスを提供できない場合は、拒むことができ、その場合他の事業者を紹介する等必要な措置を講じなければならない。

さ

サービス提供証明書

サービス事業者や介護保険施設が、利用者が市町村（国保連）に対し直接保険給付を請求する際に発行するサービス提供の証明書である。償還払いのときに使用される。サービス利用時に利用者からサービス費用全額（10割）を徴収した際、サービス内容を証明する書類として被保険者に交付する。利用者は交付されたサービス提供証明書と領収書を添付して、市町村に保険給付（９割分）の償還払い申請を行う。利用者からサービス費用全額を徴収する場合は、ケアプランが作成されていない、被保険者証に支払方法変更の記載がある等である。証明書の記載内容は利用者負担額、作成単位（サービス提供月ごとに作成）事業所印（証明のために事業所の代表印を押印する）である。

サービス提供責任者

訪問介護事業所（介護予防を含む）に配置され、訪問介護計画の作成等指定訪問介護の要となる職務に従事する者のこと。資格要件は、介護福祉士または介護員養成研修修了者。事業所ごとに、常勤の訪問介護員等から利用者が40人またはその端数を増すごとに１人以上置かれる。主要な業務の１つが、訪問介護計画の作成で、そのためのアセスメント、内容についての説明、同意の取り付け、交付、実施状況の把握・変更等がある。訪問介護計画の作成のほか、サービス利用の調整、利用者の状態変化や意向の定期的把握、サービス担当者会議への出席、居宅介護支援事業者等との連携、訪問介護員等の業務の実施状況の把握や研修・技術指導、サービス内容の管理等、訪問介護の事業を行う上での重要な業務を担っている。

サービス提供票

居宅サービス計画が記載された帳票で、居宅介護支援事業者から居宅サービス事業者ごとに毎月送付される。サービス事業者はサービス提供票に基づいてサービス提供を行い、国民健康保険団体連合会（国保連）に介護給付費請求書と介護給付費明細書を提出して限度額の範囲内で請求を行い、国保連を通じて保険者から支払いを受ける。

なお、サービス利用票別表と同じ書式のサービス提供票別表があり、これに基づき支給限度基準額や利用者負担額が計算される。

サービス優先アプローチ

サービス提供の在り方として、利用者の選択に基づくニーズよりも、自らが提供できるサービスをあてがう手法をいう。介護保険法発足時に従来の措置制度と比較し「措置から契約・選択」といった表現で厚生労働省は介護保険制度の特徴を説明していた。この「措置」によって提供されるサービスでは利用者のニーズに沿うサービスが検討されつつも、結果として時には、既存のサービスしか提供できないとして利用者に強いる面があった。サービス優先アプローチとはサービス提供側の事情を押し付けるサービス提供の在り方を述べたもので、利用者にサービスの選択権を認めない援助者主体のサービス提供の在り方をいうものである。対義語としてニーズ優先アプローチがある。

➡ ニーズ優先アプローチ p.361

サービス利用者主導アプローチ

介護保険法に基づく介護サービス計画を作成する際に求められる利用者主体の考え方である。サービスの計画者は常に要介護者等側に立ち、家族を含めた利用者本位の立場から援助していくことを念頭において、ケアプランを作成する。同義語としてニーズ優先アプローチがある。

➡ ニーズ優先アプローチ p.361

サービス利用票

サービスの種類、内容、時間帯、事業所名等が記された帳票で、居宅介護支援事業者がサービス計画を基に作成し、利用者に同意を得て毎月交付される。

また、サービス利用票別表があり、これはサービスを支給限度内と限度外に区分され、保険対象分の費用・利用者負担や保険対象外の利用者負担（全額負担分）を記載したものである。

災害対策

通所介護、通所リハビリテーション、短期入所生活介護、短期入所療養介護、特定施設入居者生活介護等の施設系の指定居宅サービスについて、定員を遵守することが求められるが、災害等の場合は除外される。なお、非常災害に際して必要な具体的計画の策定、関係機関への通報・連携体制の整備、避難、救出訓練の実施等、万全の対策を期さなければならない。

再課題分析（再アセスメント）

居宅サービス計画に基づいて提供されるサービスの中で、生活課題（ニーズ）の変化が発生した場合に、再度課題分析（アセスメント）を行うこと。介護支援専門員が行う。要介護者の心身の状況の変化、介護者や住環境の変化等を把握、生活の質を高めるケアを作りだすケアマネジメントの重要な役割の1つ。利用者の自立を支援する視点での居宅サービス計画の見直しの根拠となる。

再アセスメントでは、アセスメント項目の再チェックだけでなく、確認されたニーズがどのような要因によって生じているのか、要因間の関連性や生活環境の背景も包含した総合的なアセスメントを再度行うことが重要である。

財産管理

財産管理とは、財産の保存、利用、処分等を行うことである。本人に財産管理をするのに必要な判断能力がない等の場合、本人に代わって管理する者が必要となる。具体的には、成年後見制度、任意後見制度、財産管理委任契約がある。成年後見制度は成人の判断能力が不十分、意思決定が困難等の場合にそれを成年後見人が補っていく制度であるが、この成年後見人の重大な職務の１つは、本人に代わって財産を管理することである。

また、任意後見制度は、本人が判断能力はまだあるものの、将来不十分になった場合のことを考え、あらかじめ財産管理等を行ってくれる任意後見人を選任しておく制度である。

これらの後見制度とは異なり、判断能力の低下にかかわらず財産管理の委任契約を結んでおくというのが財産管理委任契約である。任意後見制度は判断能力が衰える前に任意後見契約を結んだとしても、効力が実際に生じるのは判断能力が衰えた後ということであり、財産管理委任契約を併用させ、やがて任意後見に移行するというケースもある。

➡ **成年後見制度**　p.274
➡ **任意後見制度**　p.368

再審査申立

サービス事業所等が介護給付費の請求を国民健康保険団体連合会（国保連）に行った際、その査定に疑義がある場合に、国保連に再審査を依頼すること。

財政安定化基金

保険料の未納が増えたり、予想以上に給付費が膨らんだ場合に、市町村の介護保険特別会計の赤字を補填するために資金を貸し付ける、都道府県に設置されている機関。基金の財源は、国、都道府県、市町村がそれぞれ３分の１ずつ負担する。

財政構造［介護保険］

財政構造とは財政を成り立たせる仕組みのことで、介護保険の場合は、介護保険の法定給付に要する費用（介護給付費）を負担し支えている保険料や公費の割合と仕組みのことをいう。法定給付とは利用者負担を除いた保険給付のことである。負担の割合は租税を財源とする国および地方公共団体の負担である公費が50％、また被保険者が負担する保険料が50％である。公費負担の内訳は、施設給付については国20％、都道府県17.5％、市町村12.5％であり、それ以外の在宅等給付については国25％、都道府県12.5％、市町村12.5％となっている。国の負担のうち、５％は調整交付金である。

一方、保険料負担については、第1号被保険者が22%、第2号被保険者が28%となっている（2015～2017（平成27～29）年度）。保険料の負担割合は第1号被保険者と第2号被保険者の1人当たりの平均的な保険料が同じ水準になるよう、政令で3年ごとに定められる。

在宅介護支援センター（老人介護支援センター）

老人福祉法に基づく老人福祉施設の1つ。法律上は老人介護支援センターとして規定されている。2005（平成17）年の法改正で地域包括ケアの中核として地域包括支援センターが創設され、これに伴って在宅介護支援センターが統廃合された地域も少なくない。各市町村の判断により残存している地域もあるが、国の予算補助は廃止されている。

在宅ケア支援ネットワーク

在宅ケアの利用者・家族を支援することを目的として、保険者である市町村自治体、地域包括支援センター、在宅介護支援センターや介護サービス計画に基づいて各種サービスを提供する居宅介護支援事業者、介護保険施設、協力医療機関等地域の病医院等との密接な連携・協働によって構築される地域ケアシステムの形態。

在宅酸素療法

在宅酸素療法とは、慢性呼吸不全等の患者で、病状は安定しているが十分に体に酸素を取り込めないため、長期間にわたり自宅で酸素を吸入する治療のこと。

Homeoxygenthetapyの頭文字をとってHOTという。HOTの普及により入院しなければならなかった患者の多くが家庭での生活だけでなく、外出も可能となった。HOTを行う場合、火気に注意が必要である。

在宅自己注射

在宅患者が自身で薬剤の注射をする治療法である。高齢者の在宅自己注射は、糖尿病患者がインスリンを自己注射する場合が多い。血糖降下薬等によっても血糖値のコントロールができない場合、インスリンの自己注射を行う。食事摂取が過剰であると高血糖、インスリンが過剰となると低血糖となる可能性がある点に注意が必要である。その他、ヒト成長ホルモン製剤等も在宅自己注射の対象となる。

在宅自己導尿

在宅自己導尿とは、前立腺肥大症

や前立腺がん等、さまざまな原因によって自然排尿が困難な患者が、在宅において患者自らが実施する排尿法のことで、管を尿道に入れて尿を排出させるもの。ただし、実際には患者本人よりも介護者が行う場合が多い。自己導尿ができない場合には、留置カテーテルを挿入する。その場合は感染のリスクが高まるので注意が必要となる。

在宅自己腹膜灌流《かんりゅう》法

在宅で行う人工透析の一種で、自分の腹膜で人工透析を行う腹膜透析療法のこと。CAPDと略称する。人工透析とは腎不全等で低下した機能を人工的に果たすことで、大きく分けて血液透析と腹膜透析がある。CAPDは在宅で人工透析を受けられる点で画期的な方法であり、月１～２回の管理以外は病院に通う必要がなく、患者の社会復帰も容易である。

在宅人工呼吸療法

在宅人工呼吸療法とは、慢性呼吸疾患等で長期にわたり持続的に人工呼吸器に依存せざるを得ず、かつ病状が安定している患者が在宅において実施する治療法のこと。基本的には、人工呼吸器（レスピレーター）、気道内分泌物吸引装置が最低限必要で、必要な器具・器械は患者に貸与することとなっている。筋萎《い》縮《しゅく》性側《そく》索《さく》硬化症、パーキンソン病等、対象となる疾患のいくつかは介護保険の特定疾病に指定されている。

在宅成分栄養経管栄養療法

在宅で実施する管を通じて栄養食を注入する栄養法のこと。腸管機能障害等の原因によって食べ物等を経口摂取できないか、あるいは経口摂取が著しく困難な患者に行われる。どこに管を通すかで、経鼻・経腸・胃ろう・食道ろうの経管栄養法に分かれる。ただし、経管栄養法の導入は、可能な限り経口摂取を続けることが条件で、どうしても不可能な場合に限られる。

在宅中心静脈栄養療法

在宅中心静脈栄養療法とは、食道がん等が原因で、経口あるいは経腸摂取できない患者に水分、電解質、糖質、蛋白質、ビタミン等を含む高カロリー液を、中心静脈という心臓上部の太い血管内に輸液（点滴）する方法のこと。カテーテルを用いた体外式と、ポート型の完全皮下埋め込み式がある。充電式の携帯用自動輸液ポンプを用いると、仕事や外出、旅行等も可能である。

さ

在宅入浴サービス

在宅入浴サービスとは、浴槽を搬送し居宅での入浴を介護するサービスである。厚生省（当時）「民間事業者による在宅介護サービス及び在宅入浴サービスのガイドラインについて」（1988（昭和63）年）で次のように定義される。「ねたきり等心身に障害があることにより自ら入浴することに支障のある高齢者等に対し、搬入した浴槽を用い、その者の居宅において入浴介護を行うものであること」。

介護保険では、要介護者対象の訪問入浴介護、要支援者対象の介護予防訪問入浴介護のサービスがある。

➡ **訪問入浴介護** p.433

在宅ホスピスケア

在宅で行われる死を看取るケアのことである。ホスピスとは、本来的には「死を看取る場合のケアの哲学あるいは概念」を意味するが、広義には「ホスピスが行われる場所や施設」のことを意味し、在宅ホスピスケアにも、在宅ケアとホスピスケアの２つの側面がある。ホスピスという哲学に基づく具体的なケアを意味するホスピスケアの対象は患者の病気ではなく、病気になった人間である。

――の基準

1997（平成９）年に在宅ホスピス協会が公表した在宅ホスピスケアの基準。「前文」「基本理念」「実施基準」からなっている。在宅ホスピスケアの基準では、在宅ホスピスケアを「前文」で「患者の生活の場である“家”において実施されるホスピスケア」としている。「実施基準」では「１．対象者」「２．提供されるケア」「３．患者、家族を対象とした死の教育」「４．チームアプローチ」について規定。

――の流れ

在宅ホスピスケアの開始から死に至る流れのことである。まずは準備期があり、ホスピスケアが開始される開始期、安定期、終末期、臨死期、そして死へと至る。その直後は家族にとっての死別期となる。この流れの中で、死に逝く患者と家族には、ホスピスケアの開始期から各期ごとに死の教育が行われる。この場合の死の教育とは「死を受け入れるよう導く」ことを意味する。

在宅療養支援診療所

ターミナルケアを含む在宅療養患者に関する診療情報や連絡を集約し、24時間体制で往診や訪問看護を実施する診療所である。2006（平成18）年の医療法改正で新設された制度。①24時間対応の連絡先を文書で患者・家族に提供、②連携も含め求めに応じて24時間往診・訪問看護の提供、③緊急入院先の確保、④在宅看取り数等を報告という基準がある。高齢者施設の収容数には限度があるため、多数の要介護高齢者が自宅等で介護を受けている。

また、在宅療養診療所が創設された目的の１つは在宅での看取りである。その際、看取りを居宅のままでよいか、入院に移行するのか、誰に連絡をするか等を確認しておく必要がある。

在宅療養支援病院

在宅療養支援診療所とともに、在宅介護を受ける要介護高齢者の医学的管理を行う医療機関である。24時間365日体制で訪問診療または訪問看護を行う病院である。2008（平成20）年から制度化された。登録には、許可病床数が200床未満の病院、あるいは半径４km以内に診療所が存在しない等の基準がある。介護支援専門員との連携に診療報酬が算定されることになっており、協力体制が可能となっている。

財団法人

個人や会社等の法人から提供された財産によって設立され、これを管理し、運用益等を事業原資として運営する法人。2008（平成20）年11月までは（改正前）民法第34条による公益を目的とする財団法人のみであったが、公益法人制度改革により、2008（平成20）年12月より収益事業を行う一般財団法人と公益事業を行い税制の優遇措置を受けられる公益財団法人に整理された。

公益事業の中には、「障害者若しくは生活困窮者又は事故、災害若しくは犯罪による被害者の支援を目的とする事業」「高齢者の福祉の増進を目的とする事業」「勤労意欲のある者に対する就労の支援を目的とする事業」「児童又は青少年の健全な育成を目的とする事業」等も含まれる。

➡ NPO法人　p.4
➡ 社団法人　p.216

最低生活保障の原理

生活保護法の基本原理の１つで、生活保護法は最低限度の生活を保障するものであるとする原理。最低限度の生活とは、健康で文化的な生活水準を維持することができる生活である。生活保護法第３条は「この法律により保障される最低限度の生活は、健康で文化的な生活水準を維持することができるものでなければならない」と規定している。しかし、最低限度とはいっても、どの程度困っているか、それに対してどの程度の保護があれば最低限度の生活の保障になるかは、具体的に目標となる保護の基準との比較が必要であり、実際に個々の対象者の調査が必要となる。そこで保護の具体的な実施に当たっては、厚生労働大臣が保護の基準（生活保護基準）を定め、要保護者の需要を基にして、その者の金銭または物品で満たすことのできない不足分を補う程度において行うことを原則としている。また、この基準は、要保護者の年齢、世帯構成、所在地域その他保護の種類に応じ、必要な事情を考慮して「最低限度の生活の需要を満たすに十分なものであって、且つ、これをこえないもの」として定められることになっている。この生活保護基準を基にする原則を「基準及び程度の原則」といい、生活保護法第８条に規定されている。

➡ **基準及び程度の原則**　p.96

在日外国人［介護保険関係］

日本に長期にわたり居住する外国人（特別永住者）や、適法に３カ月を超えて在留する外国人（中長期在留者）であって住所を有する者は、住民基本台帳法の適用対象となる。介護保険の被保険者は、「市町村の区域内に住所を有する」ことが要件だが、これは基本的に住民基本台帳上の住所を持っていることをいう。このため、特別永住者、中長期在留者等の外国人住民は、介護保険に加入する被保険者となる。

従来、外国人住民は外国人登録法に基づく登録を行っており、１年以上の在留資格期間（１年以上滞在すると認められるものを含む）を有する者が介護保険の被保険者とされていた。しかし2012（平成24）年７月に外国人登録法が廃止され、外国人住民の新たな在留管理制度が始まっている。

➡ **特別永住権**　p.351

催眠鎮静薬

睡眠を誘発し、持続させるための薬物の総称。最近では睡眠導入剤という呼び方が一般的である。その構造によって、ベンゾジアゼピン系、シクロピロロン系、バルビツール酸系、チエノジアゼピン系、抗ヒスタミン薬等に分類される。医療で多く用いられるのはベンゾジアゼピン系の睡眠導入剤で、作用時間によって超短時間型、短時間型、中間型、長時間型に分類されている。

先取特権

先取特権とは、債務者の財産から、他の債権者に優先して弁済（支払い）を受けることができる権利のこと。債務者の財産の全部から優先的に弁済を受けられる一般先取特権と、債務者の一定の財産についてしか優先的に弁済を受けられない特別先取特権とがある。

介護保険法では、保険料その他について徴収金の先取特権を規定している。その順位は、国税および地方税に次ぐものとなっている。

作業療法士

「理学療法士及び作業療法士法」（1965（昭和40）年）に定める作業療法を行うリハビリテーション専門職。OT（Occupational Therapist）とも呼ばれる。作業療法とは、身体または精神に障害のある者に対して、手芸や工作、その他の作業を行わせ、応用的動作能力、社会的適応能力の回復を促していく治療・訓練、指導および援助である。作業療法士は医師の指示のもとに作業療法を行う。主に医療機関、介護老人保健施設、通所・訪問リハビリテーション事業所等のリハビリテーション関係施設に勤務している。

サテライト型居住施設

介護老人福祉施設（特別養護老人ホーム）との密接な連携を確保しつつ、別の場所で運営される施設。地域密着型介護老人福祉施設の一類型である。入所者に対する処遇が本体施設の職員により適切に行われる場合には、医師・生活相談員・栄養士・機能訓練指導員・介護支援専門員を置かないことができる。療養病床転換支援策の一環として、病院並びに診療所を本体施設とすることも可能である。本体施設は都道府県知事が指定するが、サテライト型居住施設は市町村長が指定する。

➡ **地域密着型介護老人福祉施設** p.315

サテライト型小規模介護老人保健施設

介護老人保健施設との密接な連携を確保しつつ、別の場所で運営され、在宅復帰を目的とする定員29名以下の介護老人保健施設のこと。入所者に対する処遇が本体施設の職員により適切に行われる場合には、医師・支援相談員・栄養士・理学療法士・作業療法士・介護支援専門員を置かないことができる。療養病床転換支援策の一環として、病院並びに診療所を本体施設とすることも可能である。この場合は、医療機関併設型小規模老人保健施設と呼ぶ。

➡ 介護老人保健施設 p.77

サテライト型小規模多機能型居宅介護事業所

利用者に、より身近な地域で小規模多機能型居宅介護のサービスを提供することを目的に設置される、いわば小規模多機能型居宅介護事業所の出張所である。通い・泊まり・訪問のサービスが本体事業所との密接な連携の下に提供される。1事業所の登録定員は、通常の29人より少ない18人以下。居宅サービス事業等その他の保健医療・福祉事業について3年以上の経験のある多機能型居宅介護事業者または複合型サービス事業者が設置できる。本体事業所は、事業開始から1年以上の実績があるか、本体事業所の登録者が登録定員の7割を超えたことがあることが必要である。サテライト型事業所は、本体事業所との密接な連携を確保し、運営するため、本体事業所とサテライト型事業所の距離は自動車等で移動時間がおおむね20分以内の近距離であること、1つの本体事業所につきサテライト型事業所は2カ所程度とすることとされている。

サルモネラ菌

食中毒には微生物性の食中毒、自然毒による食中毒、化学物質による食中毒があるが、サルモネラ菌は微生物性の食中毒（細菌性食中毒）の病原菌である。原因食品は加熱不十分な食肉、鶏卵等である。熱に弱いので食前の加熱（75℃で1分間）が予防に効果的である。

三世代世帯

世帯構造の分類の1つで、親と子と孫等世帯主を中心とした直系三世代の世帯のこと。世帯とは、一般的に生計と住居を共にしている社会生活上の単位、あるいは一人で住居もしくは生計を維持する者である。1975（昭和50）年ごろは、65歳以上の高齢者のいる三世代世帯は50%以上を占めていたが、都市部の核家族化等で年々低下し、近年は20%程度である。一方で、高齢者の単身世帯が増加しており、こうした現状が居宅での介護を困難なものとする一因となっている。

残存能力

疾病により何らかの障害を持っている人が、障害されていない残された機能を用いて発揮する能力のこと。リハビリテーションでは、障害を軽減することだけに目をとらわれずに、残存能力を積極的に高め、生活機能の向上や社会参加を進めることが重要とされている。

算定基準

介護給付費を計算して数字で示す際に参照される基準。社会保障審議会の意見を聴いて厚生労働大臣が定めることになっている（法第41条第５項・第48条第３項）。それぞれのサービスごとにサービスの内容や要介護・要支援状態区分、事業所・施設の所在地域等を基にして算定される平均的費用額を勘案して定められている（法第41条第４項・第48条第２項）。

➡ **居宅介護サービス費用基準額**　p.106
➡ **地域密着型介護サービス費用基準額**　p.313

暫定ケアプラン

要介護認定は原則として、申請日から１カ月以内に申請日にさかのぼり決定される。認定結果が出るまでの期間、状態の悪化が予想されるケースやサービス導入の意向が高まっているケースに適用される。認定結果が出る前に一定程度予想しサービス利用を始める場合のプランをいう。

産婦人科疾患

高齢女性ではエストロゲン分泌停止に伴う婦人科疾患が起こる。更年期障害、膣炎、子宮・膣脱、悪性疾患であり、帯下《たいげ》の増加、外陰部掻痒《そうよう》感や熱感、痛み、不正出血等で気付かれる。婦人科系の悪性疾患は、子宮頸がん、子宮体がん、卵巣腫瘍が多い。

し

死因別にみた死亡率

2013（平成25）年人口動態統計の概況（厚生労働省）によると、2013（平成25）年の死因別にみた死亡率の死因順位第１位は悪性新生物で28.8％、第２位は心疾患で15.5％、第３位は肺炎で9.7％となっている。わが国の疾病構造はこの数十年で大きく様変わりし、戦後すぐの昭和20年代前半に死因の第１位だった結核を代表とする感染症等急性疾患による死亡率が減少する一方で、生活習慣に起因する死亡が増加している。その中で、死因別にみた死亡率で増加が特に顕著なのが悪性新生物であり、1980（昭和55）年ごろに第１位となって以降も大きく上昇している。そのほか、心疾患、脳血管疾患による死亡率も高くなっている。

自営業者保険

自営業者が加入する保険。医療保険をその対象から職域保険と地域保険に分類した場合、職域保険を、さらに被用者保険と自営業者保険に分けることがある。自営業者保険には、同種の事業または業務に従事する基本的に自営業者を対象とする国民健康保険組合が該当する。

ジェネリック医薬品

➡ 後発医薬品 p.149

支援相談員

介護老人保健施設の入所者100人につき1人以上配置される常勤職員。保健医療、社会福祉に関する相当な知識と経験を有する。入所者および家族の処遇上の相談、レクリエーション等の計画・指導、市町村や関係機関との連携、ボランティアの指導、退所指導等を行う。

支援費制度［障害者福祉］

利用者自らがサービスを選択し、契約により利用し、市町村から支援費の支給を受ける制度。この制度以前は、措置制度として国や地方自治体の社会福祉サービスが障害者の意向によらず行政権限による措置として提供されていた。2003（平成15）年から障害者の意向を尊重した支援費制度が開始され、居住地の市町村に申請、受給者証の交付を受けて、サービス事業者と支援計画を作成し、一部利用者負担によってサービスが受給されることとなった。しかし、精神障害者が対象から除かれ、サービス水準にも地域格差があったこと等から、障害の種別にかかわらず、全国一律の共通したサービスを提供するとして、2006（平成18）年度より障害者自立支援法（現障害者総合支援法）が実施され、支援費制度は終了した。

歯科医師

厚生労働大臣の免許を受けて、歯科医業を行う者（行うことのできる者も含む）であり、歯科医療および保健指導をつかさどることにより、公衆衛生の向上・増進に寄与し、もって国民の健康な生活を確保する任務を担っている者である。

歯科衛生士

厚生労働大臣の免許を受けて、歯科医師（歯科医業をなすことのできる医師を含む）の直接の指導の下に、歯牙および口腔の疾患の予防処置、保健師助産師看護師法の例外規定として行う歯科診療補助、歯科衛生士の名称を用いて歯科保健指導を業務とする者をいう。近年では、要介護者に対する居宅療養管理や専門的口腔ケア、摂食機能訓練等も行っている。

歯科衛生指導

う蝕や歯周病は生活習慣病であり、治療よりも予防、さらに本人が自ら生活習慣を改善することが大切である。そのための正しい生活習慣やセルフケアを実行するための専門的な支援（指導）を行うこと。歯磨き指導を中心とした歯口清掃法の指導、要介護者に対する訪問歯科衛生指導、専門的口腔ケア等を含んでいる。また近年では食育の支援や摂食・嚥下機能訓練も新たな分野として注目されている。

歯科技工士

厚生労働大臣の免許を受けて、歯科技工を業とする者をいう。歯科技工法の規制を受ける。歯科技工とは、特定人に対する歯科医療の用に供する補てつ物、充てん物または矯正装置を作成し、修理し、または加工することをいう。具体的には、歯科医師の指示に従い、入れ歯（義歯）、さし歯、金冠、矯正装置等の製作・修理に携わり、歯科医療の一端を担う医療従事者。

視覚障害

身体障害者福祉法においては、視力と視野に関する障害を視覚障害と定め、6等級に区分している。視覚障害は、まったく見えない「全盲」と、不十分にしか見えない「弱視」に分類される。視覚障害により、①移動の困難、②読み書きや表現の困難、③日常生活行動に関する困難等が生じる。

ガイドヘルパー制度（障害者総合支援法による給付としての同行援護、もしくは地域生活支援事業の移動支援サービス）の活用や、弱視の場合は残された視機能を最大限活用するロービジョンケアの利用等が考えられる。

➡ 視能訓練士　p.207

子宮下垂

子宮下垂および子宮脱は子宮の位置の異常であり、子宮が下降して膣内にとどまっている状態を子宮下垂といい、膣から脱出してくる状態を子宮脱という。

支給決定のプロセス［障害者総合支援法］

障害者総合支援法において、自立支援給付費の申請から支給決定までのプロセス。サービス利用を希望する者は、市町村に支給の申請を行い、全国共通調査項目による一次判定が行われる。

介護給付を希望する場合（訓練等給付は一次判定のみ）、審査会での二次判定を経て障害支援区分の認定を受ける。次にサービス利用の意向聴取、支給決定案の作成（非定形的な案は審査会意見聴取）を経て支給決定がされる。

支給限度額

在宅に関する給付について、給付が受けられる限度の額のこと。利用者が無制限にサービスの利用を行い保険給付を受けた場合、負担と給付の公平の観点から不適切であり、また、有限であるサービスの利用が一部の要介護者に偏ってしまう恐れがあることから、在宅サービスについては、厚生労働大臣が定める要介護度に応じた支給限度基準額が設けられ、保険給付はその範囲内で行われる。

支給限度基準額

支給の限度の基準となる給付額のことである。支給限度基準額の範囲を超えるサービス（保険給付対象外サービス）の利用については、その費用は全額利用者負担となる。居宅サービス等について設定される区分支給限度基準額は、厚生労働大臣が、対象となるサービスの種類ごとの相互の代替性の有無等を考慮していくつかのサービスを１つの区分としてまとめ、その区分ごとに、限度額管理期間（１カ月）内に介護給付費の支給を受けることのできる限度額として定める。区分支給限度基準額のほか福祉用具購入費支給限度基準額、住宅改修費支給限度基準額があり、それぞれは独立したものとして設定されている。それに対して、居宅介護支援・介護予防支援と施設介護サービス（介護保険施設）には、支給限度基準額は設定されていない。

さらに、個別の種類のサービスについて、市町村が条例で定める種類支給限度基準額がある。

➡ **区分支給限度基準額** p.120
➡ **住宅改修費支給限度基準額** p.219
➡ **種類支給限度基準額** p.227
➡ **福祉用具購入費支給限度基準額** p.409

し

支給限度基準額の上乗せ

区分支給限度基準額、福祉用具購入費支給限度基準額および住宅改修費支給限度基準額については、市町村独自の条例を定めることにより、厚生労働大臣が定める支給限度基準額を上回る額を支給限度基準額とすることができる。

この場合の財源は、基本的に第1号保険料となるため、その水準、介護サービス基盤の整備状況、上乗せによる費用等を考慮する必要がある。

糸球体濾過《ろか》率

腎臓器官の内部にある糸球体の濾過する能力を示す数値で、いわゆる腎機能のこと。腎臓器官の内部には、糸球体といわれる濾過装置があって、血液中の尿素窒素、クレアチニン、尿酸等の老廃物を濾過し、余分な水分とともに尿をつくる。なお、腎臓に何らかの障害を発症している可能性がある場合は、クレアチニンクリアランス尿検査を行う。

子宮脱

子宮の位置の異常で、子宮が下降して膣から脱出してくる状態。子宮全体が脱出するものを全子宮脱、子宮の一部のみが膣口外に出るものを不全子宮脱という。膀胱脱や直腸脱を合併することが多い。症状は脱出の程度により異なるが、局所不快感、排尿・排便障害、脱出部がこすれて肥厚・びらんが起こる。不全子宮脱は用手的に戻し、ペッサリーで固定する。全子宮脱で固定できないときは、膣式手術を行い、子宮を固定する。

事業者の責務

事業者は要介護者の人格を尊重し、介護保険法やこれに基づく命令を遵守し、要介護者のために忠実に職務を遂行しなければならない。また、事業者は設備・運営基準に従い、要介護者の心身の状況等に応じて適切なサービスを提供するとともに、自らサービスの質の評価を行う等、により常にサービスを受ける者の立場に立ってサービスを提供するように努めなければならない。

さらに、要介護者が示した被保険者証に介護保険審査会の意見が記載されているときは、この意見に配慮してサービスを提供するよう努める義務がある。また、事業者は、必要な員数の従業員を確保する等基準を満たした事業運営を行う責務がある。このほか、事業者には、事業所の名称・所在地等の変更、事業の廃止・休止・再開についての都道府県知事への届出義務がある。

また、いわゆるコムスン問題を経て、2008（平成20）年の法改正により、事業者は、法令遵守等に係る義務の履行が確保されるよう業務管理体制を整備し、その整備に関する事項について都道府県知事または厚生労働大臣（事業所が複数の都道府県に存在する場合）に届け出なければならないこととされている。

事業主負担

社会保険における保険料は事業主と労働者が負担することになっており、その事業主の負担のこと。社会保障財源の項目別内訳を見ると、被保険者拠出26.9％、事業主拠出25.1％、公費負担37.6％、資産収入3.2％、その他7.3％となっている（2011（平成23）年度）。事業主負担の割合は、制度によって異なっており、例えば、医療保険の場合、協会けんぽについては、保険料は労使折半負担であるのに対し、健康保険組合の場合は、規約で定めるところにより、事業主負担の割合を多くすることができることとなっている（健康保険法第162条）。健康保険における任意継続被保険者や国民健康保険の場合は、事業主負担はなく、全額被保険者の負担となっている。

事業の休止

事業を一時的に止めることをいう。介護保険法による指定事業者が事業を休止する場合には、休止予定日の１カ月前までに指定者（都道府県知事または市町村長）への届出が必要である（法第75条第２項等）。また、それまでの利用者（休止の届出日前１カ月以内にサービスを利用した利用者）に対するサービスが継続的に提供されるよう、他の事業者等との連絡調整その他の便宜供与を行わなければならない（法第74条第５項等）。

事業の廃止

事業をやめることをいう。介護保険法による指定事業者が事業を廃止する場合には、廃止予定日の１カ月前までに指定者（都道府県知事または市町村長）への届出が必要である（法第75条第２項等）。また、利用者（廃止の届出日前１カ月以内にサービスを利用した利用者）に対するサービスが継続的に提供されるよう、他の事業者等との連絡調整その他の便宜供与を行わなければならない（法第74条第５項等）。

資金収支

支払資金が増えたり、減ったりと

いった動きのこと。社会福祉法人会計において、支払資金とは貸借対照表の流動資産と流動負債との差額であり、正味運転資金を表す。一般的には現金や普通預金として存在し、未収金や短期借入金等近いうちに現金や預金が増減するものも含む。

また、この支払資金の増減に影響のある取引を記録し、その資金繰りの状況を明らかにするものが資金収支計算書であり、資金収支計算書は財務諸表の１つである。

➡ **社会福祉法人会計** p.212
➡ **貸借対照表** p.294

時効

時効とは、一定の事実状態が一定の期間において継続した場合に、真実の権利関係にかかわらず、事実状態をそのまま権利関係として認めようとする制度である。取得時効と消滅時効の種類がある。前者は一定期間にわたって他人の物を占有する者に権利（例えば所有権）を与える制度であり、後者は一定期間行使されない権利（例えば債権）を消滅させる制度である。

介護保険法では、保険料・納付金等の徴収や還付について、また、保険給付を受ける権利について、２年で時効となり、権利が消滅すると定められている。

――の中断

時効が成立するまでの継続期間が中断すること。時効が認められるための一定期間に、時効の基礎となる継続した事実状態と相反する事由（権利者が権利の行使をしたり、義務者が義務を承認したりすること）がある場合には、この期間の進行が中断される。そこで、すでに進行した期間は全く効力を失い、その後から新たに期間の進行をカウントすることになる。

介護保険法では、保険料等の徴収金の督促があれば、時効中断の効力が生じる。

➡ **消滅時効** p.240

自己決定

すべての人は、高齢で障害があっても、自身の生き方は自らが決定すべきであり、また、決める権利を有しているとする考え方。他方、自己責任を伴う。利用者の自己決定を支援する際、さまざまなサービス内容の情報やサービスを受けることによって予測される結果の説明、権利擁護システムの活用等、適切な情報提供と相談援助が重要である。

し

自己決定の原則

クライエントが自らの判断、意思決定により、自律的な行動がとれるように援助する原則。F. P.バイステックによるケースワーク関係における7つの原則の1つで最も重要な原則とされる。人は本来自身の問題解決の仕方を自ら決める能力があり、また決める権利があるとする考え方に基づいている。たとえハンディキャップがあっても利用者が自身の人生の重要な決定について、十分な説明を受け、最後は利用者自身が主体的に決定を下すことができるように側面的な相談援助が求められる。

自己実現

その人の持つ潜在的な能力を最大限に発揮することができること。ソーシャルワーク、ケアマネジメントにおける広義の目的概念に当たる。人間性心理学のA.H.マズローの5段階欲求説では、生理的欲求、安全的欲求、所属と愛情の欲求、自尊の欲求の上位概念（最終段階）として、自己実現の欲求を位置付けた。創造的活動、自己成長を望む欲求である。

自己選択

自分で選択すること。介護保険制度においては、自己決定の尊重が理念の1つでもあるが、時には自己選択と置き換え説明される場合もある。自己選択は一方で自己責任も伴うため、高齢者が自ら選択しやすいように可能な限りの情報を提供し、自己選択できるように支援することが高齢者ケアでは重要となる。選択するには、選択肢が揃えられているという前提がなければならない。

事故発生時の対応

各サービスに関する厚生労働省令に基づく運営基準では居宅・施設等を問わず、事故発生時の対応を定めることが求められている。具体的には事故発生時に市町村、当該利用者の家族、居宅介護支援事業者に連絡を行い必要な措置を講ずること。また、その際の処置について記録を行うこと、賠償すべき事故が発生した場合は損害賠償をすみやかに行うこと等が定められている。

脂質異常症

血清コレステロールおよびトリグリセリド値が増加した症状をいう。LDLコレステロールが140ml/dl以上、中性脂肪が150ml/dl以上、HDL

コレステロールが40ml/dl未満をいう。

➡ 中性脂肪　p.323
➡ HDLコレステロール　p.2
➡ LDLコレステロール　p.3

事実発生主義

介護保険における事実発生主義とは、適用対象となる事実が発生した日に、届出等の何らの手続きをすることなく、介護保険の被保険者となることをいう。

適用対象となる事実とは、被保険者となる年齢に達すること、住所が存在すること、第2号被保険者の場合は医療保険加入者であること、あるいは介護保険の適用除外に該当しなくなったこと等である。

視床痛

脳の視床の障害で起こる病巣と反対側の顔面や頭皮の激しい痛みや焼けるような感覚。痛みはしばしば障害側の上下肢、体幹に及び、温痛覚の減弱を伴う。触ると痛みを持つ錯感覚が誘発される。視床の血管障害である出血や梗塞の後遺症として起こることが多い。

治療としては、三環系抗うつ薬や抗痙攣薬が投与される。

自助具

上肢や手指等に障害がある人が、物をつかんだり握ったりするのが困難な場合、その作業を補助し、日常生活の便宜を図るために用いられるもの。更衣用具、マニキュア・ペディケア用品、ヘアケア用品、入浴用品、炊事用具、手・指の機能を補助する用具、手の届かないところの物を処理する補助具等がある。

施設介護サービス費

介護保険法第48条に基づき、要介護状態にある被保険者が介護保険施設から指定サービスを受けたときに、施設が提供した現物給付に対して支払われる費用（介護報酬）を指す。

なお、食事の提供に要する費用と居住に要する費用、その他日常生活に要する費用で厚生労働省令で定められた費用は除かれる。

施設介護サービス費の額は施設サービスの種類ごとに要介護状態区分、当該施設サービスを行う介護保険施設の所在地域性、当該所在地で施設サービスが行われる場合に要する平均的な費用の額を勘案して、厚生労働大臣が定める基準に基づき定め、基本的にその額の90％が支払われる。なお、当該基準を定めようとする場合に厚生労働大臣は、社会保障審議会の意見を聴かなければならないと定められている。

施設介護支援

介護保険施設の各施設では厚生労働省令に基づき、施設サービス計画を作成して介護サービスを提供するよう定められている（施設におけるケアマネジメント）。そして、これら施設サービス計画策定過程全般に係る行為について、施設介護支援という名称が定められている。

個別に給付があるわけではなく、施設サービス計画書の標準様式（「介護サービス計画書の様式及び課題分析標準項目の提示について」平成11年11月12日老企第29号）の第6表が「施設介護支援経過」という呼称になっている。

施設介護支援サービス

施設サービス計画策定過程に係る行為については施設ごとに厚生労働省令に基づく運営基準において定められており（介護老人福祉施設第11・12条、介護老人保健施設第13・14条、介護療養型医療施設第14・15条）、施設に配置された介護支援専門員がケアマネジメントの支援技術により行うサービス全般を指す。施設介護支援サービスは居宅介護支援におけるケアマネジメントとほぼ同じ段階（プロセス）を経て、サービス提供が行われる。

施設給付の見直し

2005（平成17）年10月施行分の介護保険法改正において導入された、居住費・食費を利用者負担としたことを指す。改正前は居住費や食事の調理に係る費用についても介護保険給付の対象とされており、給付対象費用の1割自己負担分と食材料費相当分の標準負担額とその他日常生活費についてのみの負担であった。

なお、見直しに伴い低所得者への配慮から補足給付（負担限度額認定）が導入された。

施設サービス

利用者を一定期間入所させ、滞在場所の提供と併せて一定期間専門スタッフの管理下のもと、包括的に各種介護サービスや支援を提供するサービスの総称。狭義で解釈すれば介護保険施設におけるサービスを指すが、広義で解釈すれば「施設系サービス」として、有料老人ホーム等のサービスも含まれる場合がある。

近年、有料老人ホームやサービス付き高齢者住宅を含む場合は「居住系サービス」等の名称が用いられることがある。

施設サービス計画

各介護保険施設の厚生労働省令で作成が義務付けられた計画。介護保険法上における各介護保険施設それぞれの目的には、施設サービス計画に基づくサービス提供を行うことが明記されており、施設で行われる個別サービスについては施設サービス計画書によって利用者・家族等に説明され、同意を得て実行されることになる。施設サービス計画は各施設に配置された個々の専門職が策定するプログラムが集約されたものであり、居宅介護支援における居宅サービス計画と、ほぼ共通した過程（プロセス）をたどって策定されることになる。しかし、施設サービス計画策定においては、居宅サービス計画のような給付管理は一般に伴われない。

――の作成

介護保険施設をはじめとした各施設では厚生労働省令に基づく運営基準の中で、施設サービス計画に基づいて介護サービスを提供するよう定められている。具体的には居宅介護支援にあるケアマネジメントと共通した過程（プロセス）となるが、ボランティアの活用や入所者との定期的な面接等も定められている。

また、情報収集の上では生活・支援相談員や各種医療関係スタッフ、介護職員等、外部はもちろんのこと内部の各関係職種との連携が重要となる。

施設サービス計画書

各介護保険施設に関する厚生労働省令に基づく運営基準により作成が義務付けられた、計画書面を指す。施設サービス計画書の標準様式（「介護サービス計画書の様式及び課題分析標準項目の提示について」平成11年11月12日老企第29号）において書式が定められており、第１表、２表が施設サービス計画書、第３表が週刊サービス計画書、第４表が日課計画書、第５表がサービス担当者会議の要点、第６表が施設介護支援経過となっている。

施設サービス受給者数

2012（平成24）年度介護保険事業状況報告（厚生労働省）によると、介護保険における施設サービス受給者数は、2012（平成24）年度では１カ月平均87万４千人で、サービス受給者数全体の19％に当たる。介護保険制度がスタートした2000（平成12）年度の60万人に比べると、およそ1.5倍となっている。施設別では介護老人福祉施設が約53％で最も多く、次いで介護老人保健施設約

38.5%、介護療養型医療施設約8.5%となっている。

施設等給付費

施設等給付費とは、都道府県知事（指定都市・中核市長）が指定権限を有する介護老人福祉施設、介護老人保健施設、介護療養型医療施設、特定施設（特定施設入居者生活介護、介護予防特定施設入居者生活介護）に係る給付費のこと。施設等給付費以外の給付費を居宅給付費という。従来これらの区別はなかったがいわゆる三位一体改革の中で国と都道府県の負担割合の見直しが行われ、2008（平成20）年度から区別されることとなった。公費負担の割合は国25%・都道府県12.5%・市町村12.5%から、それぞれ20%・17.5%・12.5%と見直されている。居宅給付費は従来通りである。

施設等入所支援［障害者］

障害者総合支援法にある自立支援給付の介護等給付サービスの１つ。主として夜間において、入浴、排せつおよび食事等の介護、生活等に関する相談および助言、その他の必要な日常生活上の支援を行う。対象者は次に該当する者となっている。①生活介護を受けている者であって障害支援区分が区分４以上（50歳以上の者にあっては区分３以上）である者、②自立訓練または就労移行支援（以下「訓練等」という）を受けている者であって、入所させながら訓練等を実施することが必要かつ効果的であると認められる者、または地域における障害福祉サービスの提供体制の状況、その他やむを得ない事情により、通所によって訓練等を受けることが困難な者。

死体検案書

死亡原因等に関する判断を記入した書類。死亡診断書と同様に死亡の医学的、法律的な証明である。検案した医師のみが死体検案書を発行できる。死亡診断書と共に死因の統計作成の資料となる。死亡診断書と死体検案書の様式は同一のものである。医師は、死因が継続的に診療中の病気である場合は死亡診断書を、そうでない場合は死体検案書を作成する。

市町村

地方自治法に基づく、市と町と村。区域をその存立の基礎とし、区域内の住民を構成員として、一定の自治権を持つ基礎的な地方公共団体。都道府県と合わせて普通地方公共団体と呼ばれる。

市町村介護保険事業計画

市町村が行う介護保険事業の保険給付を円滑に行うための事業計画である。厚生労働大臣が定める基本指針に即し、市町村が３年を１期として定める。この計画において定められる事項は、①各年度における介護給付等対象サービスの種類ごとの量の見込み、②この見込み量の確保のための方策、③サービス事業者相互間の連携の確保に関する事業、その他サービスの円滑な提供を図るための事業に関する事項、④その他保険給付の円滑な実施を図るため必要な事項等とされている。

市町村介護保険事業計画は老人福祉法に基づく市町村老人福祉計画と一体のものとして作成され、また社会福祉法に基づく市町村地域福祉計画等と調和が保たれものとして作成される。さらに医療介護総合確保推進法の規定による各種計画と整合性が確保されていなければならない。

市町村交付金

地域の実情に合わせて介護と介護予防のサービス基盤を整備することを支援する「地域介護・福祉空間整備等交付金」により、市町村に交付される。国は、市町村が提出した市町村整備計画について評価を行い、国の採択基準に合致している場合に、市町村に直接交付する。

市町村整備計画

「地域における公的介護施設等の計画的な整備等の促進に関する法律」（平成元年法律第64号）第４条第１項および「地域介護・福祉空間整備等施設整備交付金および地域介護・福祉空間整備推進交付金実施要綱」第２（１）に基づき策定する、公的介護施設等の整備に関する計画のこと。

市町村相互財政安定化事業

介護保険法第148条に規定された、介護保険制度において、財政が不安定となりがちな小規模な市町村や、近隣市町村の住民間の保険料水準格差等を解消するため、複数の市町村間でそれぞれの介護給付費の総額と収入総額が均衡するような調整保険料率を設定し、この率に基づいて広域的な保険財政の調整を行う事業。

市町村地域福祉計画

社会福祉法第107条に基づいて市町村が策定する地域福祉の推進に関する事項を一体的に定めた計画。福祉サービスの適切な利用の推進、社会福祉を目的とする事業の健全な発達、地域福祉活動への住民参加の促進に関する事項等を内容とする。

策定自体について義務付けはないが、地域福祉計画を策定し、または変更しようとするときは、住民や社会福祉事業関係者の意見を反映させるために必要な措置を講ずるよう努めることや、内容を公表するよう努めるという努力義務が課されている。

市町村特別給付

介護保険法第62条に規定された、要介護者への介護給付および要支援者への予防給付以外に、市町村が独自に条例で定めた給付。この給付は、基本的に第1号保険料を財源として実施することになっており、給食サービスや移送サービス等の実施が行われる。

市町村認知症施策総合推進事業

市町村において、医療機関や介護サービスおよび地域の支援機関をつなぐコーディネーターとしての役割を担う認知症地域支援推進員を地域包括支援センターや市町村本庁等に配置し、当該推進員を中心として、介護と医療の連携強化や、地域における支援体制の構築を図ることを目指すもの。2011（平成23）年度から実施されている。

具体的な内容としては、必要な医療や介護等のサービスが受けられるよう関係機関へのつなぎや連絡調整の支援、情報交換や支援事例の検討等を行う連絡会議の設置、医師会や認知症サポート医等とのネットワークの形成、地域資源マップの作成・普及・更新、若年性認知症患者本人の状況に応じた適切な支援、在宅介護サービス従業者の認知症研修の実施、家族等の交流会の実施、多職種を対象とした研修会・事例検討会の実施等が挙げられる。

➡ **認知症地域支援推進員** p.384

市町村の事務［介護保険］

市町村は、法令により、①被保険者の資格管理にかかわる事務、②要介護認定、要支援認定の判定事務、③保険給付管理の事務、④サービス提供事業者に関する事務、⑤地域支援事業および保健福祉事業の実施、⑥市町村介護保険事業計画の策定、⑦保険料に関する事務、⑧会計に関する事務、⑨事業者および施設に関する事務、⑩地域支援事業に関する事務、を行うことが義務付けられている。

市町村老人福祉計画

老人福祉法に基づき、地方自治体

のサービス提供体制の整備を目的とした計画。市町村老人福祉計画は、将来必要となる老人福祉サービスの量と供給体制の整備を目的として策定する。市町村介護保険事業計画と一体のものとして策定される。1993～2007（平成５～19）年度の間は、老人保健法（当時）の規定と併せ、老人保健福祉計画と位置付けれらていた。各市町村では、引き続き老人保健福祉計画または高齢者保健福祉計画と称することがある。

失禁

失禁とは小便や大便を自分の意思によらず排せつしてしまうことで、各々尿失禁、便失禁といい、加齢とともに起こる頻度が高くなる。失禁は切迫性失禁（尿や下痢が我慢できずに漏れる）、腹圧性失禁（腹圧をかけると漏れる）、機能性失禁（排せつ機能に問題はないが、認知症やADL低下のために漏れる）、溢流性失禁（尿意や便意がなく、ちょろちょろ漏れる）の４タイプに分類され、タイプにより原因疾患やその対応方法も異なる。

失行

四肢の運動が可能で理解もできるのに、指示された動作や、使い慣れたものがうまく使えない等、目的に沿った動作ができない状態である。歯ブラシの操作が拙劣になる、お茶を入れる手順が混乱する等が挙げられるが、症状の程度はさまざまである。失語を呈する患者の半数近くがなんらかの失行を呈するといわれている。高次脳機能障害の１つである。

失語症

高次脳機能障害の１つ。脳血管障害による右片麻痺に合併することが多い。脳の損傷により、意図したことを言葉で表現する能力、相手の言葉を聞いて理解する能力、読んで理解する能力が傷害される。脳の損傷部位や範囲により、症状や重症度もさまざまである。

①運動性失語（ブローカ失語）：話し言葉の障害は重度であるが、聞いて理解することは比較的保たれている

②感覚性失語（ウェルニッケ失語）：聞いて理解することの障害が重く、人の声は聞こえても話の内容がうまく理解できない。話し言葉はスムーズに話すが、錯語（言い誤り）が多い

③全失語：話すことも聞いて理解することも難しい状態

等に分類されている。

湿疹

湿疹とは、皮膚表面のさまざまな炎症反応の総称のこと。皮膚炎とほぼ同じ意味で使われる。通常はかゆい赤みのある発疹だが、ぶつぶつができたり、水ぶくれができたりと、症状もさまざまで、原因も特定できない。原因不明のものや、他の病気がひそんでいるものもある。湿疹の場合、通常はステロイドによる治療を必要とする。清潔にする等日ごろの予防で防止できることもある。

失認

認知症や意識障害、感覚障害がないのに、感覚を通しては対象を正しく認知できない症状である。例えば視覚失認では、視覚に障害がないにもかかわらず鉛筆を見てもわからないが、手にとって触るとそれが鉛筆であることがわかる。脳血管障害による代表的な失認として左半分の空間を無視あるいは軽視する左半側空間失認がある。高次脳機能障害の1つである。

指定医療機関［生活保護］

生活保護法による医療扶助のための医療を担当する病院、診療所、薬局または訪問看護事業者等のこと。指定医療機関そのものは労災保険、感染症、自立支援医療費、難病、特定疾患等各種の治療、助成に関するものがあるが、ここでは生活保護法の指定医療機関についてである。指定医療機関は、国の開設した病院、診療所、薬局については厚生労働大臣が、その他の病院、診療所（これらに準ずるものとして政令で定めるものを含む）、薬局については都道府県知事（指定都市・中核市長を含む）が指定する。健康保険法に規定する保険医療機関、保険薬局でなければ指定されない。指定の有効期間は6年。

福祉事務所は要保護者から医療扶助の申請があった場合は、指定医療機関による医療要否意見書によって医療の要否を判定し、医療の必要を認める場合に医療券を発行する。医療券を指定医療機関に提出し、現物給付を受ける。指定医療機関は、懇切丁寧に被保護者の医療を担当すること、被保護者の医療について、厚生労働大臣または都道府県知事の指導に従うことが、義務付けられている。

➡ 医療扶助 p.20

指定介護予防支援等の事業の人員及び運営並びに指定介護予防支援等に係る介護予防のための効果的な支援の方法に関する基準

指定介護予防支援の事業を適切に運営するための国の基準で、①人員に関する基準、②運営に関する基準、③介護予防のための効果的な支援の方法に関する基準、④基準該当介護予防支援に関する基準が定められている。基本方針として、①利用者が可能な限りその居宅において、自立した日常生活を営むことのできるように配慮して行う、②適切な保健医療サービスおよび福祉サービスが、当該目標を踏まえ、多様な事業者から、総合的かつ効率的に提供されるよう配慮して行う、③特定の種類、介護予防サービス事業者等に不当に偏ることのないよう、公正中立に行う、④市区町村、地域包括支援センター、老人介護支援センター、指定居宅介護支援事業者、他の指定介護予防支援事業者、介護保険施設、住民による自発的な活動によるサービスを含めた地域におけるさまざまな取り組みを行う者等との連携に努めることが義務付けられている。

指定介護予防サービス事業者

➡ 介護予防サービス事業者 p.63

指定介護予防サービス等の事業の人員、設備及び運営並びに指定介護予防サービス等に係る介護予防のための効果的な支援の方法に関する基準

指定介護予防サービス事業者が事業を適切に運営するための国の基準で、①人員に関する基準、②設備に関する基準、③運営に関する基準、④介護予防のための効果的な支援の方法に関する基準、⑤基準該当介護予防サービスに関する基準が、サービスの種類ごとに定められている(⑤はサービスによってないものもある)。全サービスに通じる事業の一般原則では、①指定介護予防サービス事業者は、利用者の意思および人格を尊重し、常に利用者の立場に立ったサービスの提供に努める、②事業の運営に当たっては，地域との結びつきを重視し、市区町村、他の介護予防サービス事業者、その他の保健医療サービス、福祉サービスを提供する者との連携に努める、ことが義務付けられている。

指定介護予防支援

➡ 介護予防支援 p.65

指定介護予防支援事業者

➡ 介護予防支援事業者 p.65

指定介護予防支援事業者との連携

介護予防サービスを利用する高齢者が生きがいを持ち地域で自立した生活を送ることができるようにすることを支援するため、指定介護予防支援事業所（地域包括支援センター）は、居宅介護支援事業所および介護予防サービス事業者、地域住民との連携が求められる。

指定介護予防支援の介護給付費

➡ 介護予防支援費 p.66

指定介護療養型医療施設

医療法に定める療養病床および老人性認知症疾患療養病棟を有する病院・診療所の申請によって、都道府県知事が指定した介護療養型医療施設のこと。長期療養が必要な要介護者が入院し、介護療養施設サービスの提供を受ける。

➡ 介護療養型医療施設 p.72

指定介護療養型医療施設の人員、設備及び運営に関する基準

介護保険法の規定に基づき指定介護療養型医療施設の人員、設備及び運営に関する基準を定めた厚生労働省令。「第１章趣旨及び基本方針」「第２章人員に関する基準」「第３章設備に関する基準」「第４章運営に関する基準」「第５章ユニット型指定介護療養型医療施設の基本方針並びに設備及び運営に関する基準」「附則」からなっている。介護療養型医療施設の人員・設備・運営基準は、2012（平成24）年４月からは都道府県の条例に委任されているが、基本的事項については厚生労働省令による基準に従って定めることとされている。

➡ 介護療養型医療施設 p.72

指定介護老人福祉施設

老人福祉法における特別養護老人ホームであり、申請によって都道府県知事が指定する介護老人福祉施設。常時介護が必要で、在宅生活が困難な要介護者が入所し、介護福祉施設サービスの提供を受ける施設である。

し

➡ 介護老人福祉施設 p.74

指定介護老人福祉施設の人員、施設及び運営に関する基準

介護保険法の規定に基づき指定介護老人福祉施設の人員、設備及び運営に関する基準を定めた厚生労働省令である。「第１章趣旨及び基本方針」「第２章人員に関する基準」「第３章設備に関する基準」「第４章運営に関する基準」「第５章ユニット型指定介護老人福祉施設の基本方針並びに設備及び運営に関する基準」「附則」からなっている。

介護保険施設の人員・設備・運営基準は、2012（平成24）年４月からは都道府県の条例に委任されているが、基本的事項についてはこの厚生労働省令による基準に従って定めることとされている。

➡ 介護老人福祉施設 p.74

指定居宅介護支援事業者

指定居宅介護支援事業者とは、要介護者に対するケアマネジメント事業である居宅介護支援事業を行う者として、都道府県知事に申請を行い、その指定を受けたものである。提供サービスは居宅介護支援１種類のみであり、事業者の指定も、サービスの種類ごとではなく、事業所ごとの指定となる。指定を受けるためには社会福祉法人、株式会社、NPO等の法人格が必要。事業の基準は、人員基準、運営基準が厚生労働省令で定められ、指定居宅サービス事業者等の場合と異なり、設備基準は定められていない。常勤の介護支援専門員１人以上が必置とされ、利用者35人またはその端数を増すごとに１人が増員される。指定は都道府県知事。保険者である市町村長は報告、帳簿書類の提出、出頭を求め、指定居宅介護支援事業者への立ち入り、帳簿の検査等が行える。なお、2018（平成30）年４月から、指定は市町村長が行うことになる。

――との連携

介護予防支援において、要支援認定を受けている利用者が要介護認定に移行した場合、継続的にサービス提供が行われるように担当者間で連携を図り、必要な情報を提供する等配慮することをいう。一方居宅介護支援においても、要介護認定を受けている利用者が要支援認定となった場合、指定介護予防支援事業者との連携を図る必要がある。それぞれの人員・運営基準に規定されている。

——の介護報酬

指定居宅介護支援事業者の居宅介護支援サービスを受け、実際に介護保険のサービスを利用した際、計画作成費が給付される。この費用は全額保険給付、利用者の自己負担は発生しない。介護報酬の基本単位は、介護支援専門員1人当たりの取扱件数が40件未満の場合、40件以上60件未満の場合、60件以上の場合に分けられ、それぞれ要介護1・2、要介護3～5の2つの区分がある。40件未満の場合、要介護1・2は月1,042単位、要介護3～5は1,353単位となる。他に、一定の要件を満たした場合に加算がつく。

また、主任介護支援専門員を配置し、一定の基準を満たす事業所には介護報酬が上乗せとなる（特定事業所加算）。サービス担当者会議を開催しない等運営基準に違反する場合は運営基準減算が設けられている（2015～2017（平成27～29）年度）。

➡ **運営基準減算**　p.27
➡ **特定事業所加算**　p.345

——の指定の有効期間

指定には6年の有効期間が定められている。他の指定居宅サービス事業者と同様である。事業者は6年ごとに指定の更新を受けなければならない。

——への勧告・命令

都道府県知事は、運営基準違反、人員基準違反を認めたときには、期限を定めて勧告することができる。事業者が正当な理由なく勧告に従わなかった場合は勧告に従うように命令することもできる（介護保険法第83条の2）。勧告は、①事業所の介護支援専門員の人員の定数を満たしていないとき、②適正な指定居宅介護支援の事業を運営していないとき、③事業の廃止・休止をしたとき継続的なサービス提供を希望する利用者に対して便宜の提供を適正に行っていない場合に、必要な措置をとるよう行われる。

——の指定の取消し

人員基準違反、運営基準違反、居宅介護サービス計画費の不正請求、都道府県知事に虚偽の報告を行った場合等は指定が取り消される。いったん指定が取り消されると、再指定を受けるには厳しい条件が課せられる。また、他のサービス事業者と同様、不当に給付を受けた介護報酬は返還しないといけない。都道府県知事は、ペナルティーとして40％上乗せして返還を請求することができる。

指定居宅介護支援提供証明書

指定居宅介護支援事業者が、利用者に対して交付する指定居宅介護支援の利用料の額等必要な事項を記載した書類。指定居宅介護支援の給付は、全額が保険給付で通常は法定代理受領による。要介護認定の申請前に緊急にケアプラン作成を依頼しサービスを受けた場合等、利用者が償還払いにより保険給付の請求をする必要が生じた際必要となる。

指定居宅介護支援等の事業の人員及び運営に関する基準

指定居宅介護支援事業者、基準該当居宅介護支援事業者が事業を行うために満たさなければならない最低限度の基準を定めた厚生労働省令。基本方針、人員に関する基準、運営に関する基準、基準該当居宅介護支援に関する基準の4章からなる。基本方針は利用者自身の立場に立ち、居宅において日常生活を営むことができるように支援する視点からサービス提供に努めるよう定められている。

人員基準では、常勤の介護支援専門員を1人以上配置し、利用者からの連絡がとれるようにしなければならない等が定義されている。また、常に利用者の立場に立つサービス提供に努めなければならない。利用者の意思と人格を尊重し、公正中立に努めなければならない等が定義されている。他の指定居宅サービス基準等と異なり「設備基準」は設けられていないが、運営基準の中に、事業を行うのに十分な広さの区画と必要な設備・備品を備えることが規定されている。

指定居宅サービス事業者

介護保険の居宅サービスを行う者として、都道府県知事に申請を行い、その指定を受けた事業者のこと。サービスの種類ごとに人員・設備・運営等の基準が定められており、これを満たさない場合は指定または更新を受けられない。指定居宅サービス事業者は、利用者の意思および人格を尊重して、常に利用者の立場に立ったサービスの提供に努めなければならない。

——の指定

介護保険サービスは、サービス種類ごとに定められた事業運営の基準を満たすとして指定を受けた事業者が、提供できるものである。地域密着型サービスは市町村長、それ以外のサービスは都道府県知事が指定を行う。なお、2012（平成24）年4月より都道府県の指定の事務は、指定都市および中核市に移譲されている。

指定基準等を遵守し、適切な介護サービスを提供することができているか、定期的にチェックする仕組みとして事業者の指定に6年間の有効期間が設けられており、事業者は6年ごとに更新の申請を行う。満たすべき基準を満たさない場合は、更新は受けられない。

――の指定の取消し

都道府県知事（指定都市・中核市長）は、事業者が欠格要件に該当する、人員・設備運営基準を満たさない、要介護者の人格尊重・法令遵守・忠実職務遂行の義務に違反、サービス費の不正請求があったとき等の要件に該当するときは居宅介護サービス事業者の指定を取り消し、または期間を定めて、その指定の全部あるいは一部の効力を停止することができる（法第77条）。都道府県知事は、指定または取り消しを行ったときは、公示をしなければならない。

――への勧告・命令

都道府県知事（指定都市・中核市長）または市町村長は、指定サービス事業者が人員や設備・運営に関する基準に従って適正な運営をしていないと認めるときは、期限を定めて基準を遵守すべきことを勧告することができる。また、事業者が勧告に係る措置をとらなかったときは、期限を定めて、勧告に係る措置をとるべきことを命令することができる。いずれの場合も、その旨を公示しなければならない。

指定居宅サービス等の事業の人員、設備及び運営に関する基準

指定居宅サービス事業者が事業の目的を達成するために必要とされる基準（厚生労働省令）。事業者は、この基準の遵守だけでなく、常にその事業の運営の向上に努めなければならない。

サービス提供の前提となる人員・設備基準と、サービス提供の実際についての運営基準がある。訪問介護、訪問入浴介護、訪問看護、訪問リハビリテーション、居宅療養管理指導、通所介護、通所リハビリテーション、短期入所生活介護、特定施設入居者生活介護、福祉用具貸与、特定福祉用具販売の各サービスごとに基準が定められている。

厚生労働省令により従来一律に定められていたが、2012（平成24）年4月の制度改正により、都道府県または指定都市、中核市の条例で定め

ることとなった。条例の策定にあたっては、項目ごとに、厚生労働省令で定める基準との関係で、①基準に従うべきもの、②基準を標準として定めるもの、③基準を参酌して定めるものに分けられている。

指定居宅療養管理指導事業者

介護保険制度において、都道府県または指定都市、中核市の指定を受けて居宅療養管理指導サービスを提供する事業者。病院・診療所または薬局の医師、歯科医師、薬剤師、歯科衛生士、管理栄養士、看護師が利用者の居宅を訪問して、その心身の状況や置かれている環境等を把握し、それらを踏まえて療養上の管理および、指導を行う。

病院、診療所、薬局については、健康保険法による、保険医療機関・保険薬局の指定を受けている場合には、介護保険の指定居宅サービス事業者の指定があったとみなされる。

いわゆる「みなし指定」である。

指定市町村事務受託法人

介護保険法に基づき、保険者である市町村からの委託を受け、市町村事務の一部を実施する法人として、その事務を適正に実施することができると都道府県知事が認めて指定した法人のこと。市町村は、要介護認定の新規認定にかかるものも含めた認定調査等を、指定市町村事務受託法人に委託することができるものとされている。

指定障害者支援施設

障害者総合支援法によるサービスを提供するため、その基準を満たし都道府県（指定都市を含む）の指定を受けた施設をいう。施設に入所する利用者について、主として夜間において日常生活の支援を行う施設（施設入所支援、宿泊型自立訓練等）、および施設入所支援以外の日中活動の場となる施設サービス（生活介護、自立訓練、就労移行支援等）を行う施設がある。

指定情報公表センター

介護サービス情報の公表に関し、情報公表事務を行う機関。都道府県知事が指定する。都道府県知事は、介護サービス情報の報告の受理および公表並びに指定調査機関の指定に関する事務で、厚生労働省令で定めるものの全部または一部を「指定情報公表センター」に行わせることができるとされている（法第115条の42）。

指定地域密着型介護予防サービス事業者

法第８条の２第12項に規定する地域密着型介護予防サービスを行う事業者。要支援者に対しサービスを提供する。事業者は申請により市町村長が指定する。指定の要件は、申請者が市町村の条例で定める者であること、事業所従事者の知識・技能・人員が条例で定める基準等を満たしていること、運営に関する基準に従って適正な事業運営ができると認められること等である。

事業者は、利用者の意思および人格を尊重して、常に利用者の立場に立ったサービスの提供に努めなければならない。事業運営に当たっては、地域との結びつきを重視し、市町村、他の地域密着型介護予防サービス事業者または介護予防サービス事業者、その他の保健医療サービスおよび福祉サービスを提供する者との連携に努めなければならない。

➡ 地域密着型介護予防サービス p.314

――指定の有効期間

指定地域密着型サービス事業者の指定の有効期間は６年である。2006（平成18）年４月施行の改正介護保険法で、指定基準等を遵守し適切な介護サービスを提供することができるかを定期的にチェックする仕組みとして事業者の指定に有効期間６年が設けられた。事業者は６年ごとに指定の更新を受けることになる。指定が更新されたときは、指定更新年月日から起算して６年間が有効期間となるが、過去に取消し処分を受けた事業者については指定更新を受けることができない。また、人員、設備および運営に関する基準に違反している事業者については指定の更新を受けることはできない。

――への勧告・命令

市町村長は、地域密着型介護予防サービス事業者が指定基準を満たしていないことが認められた場合等、当該サービス事業者等に対し、期限を定めて、適正な措置をとることを勧告することができる。

勧告に従わなかったときは、事業者名、勧告に至った経緯、当該勧告に対する対応等を公表することができる。また、サービス事業者等が正当な理由がなくその勧告に係る改善措置をとらなかったときは、期限を定めて、指定地域密着型介護予防サービス事業者に対する改善命令によりその勧告に係る措置をとるべきことを命令することができる。命令をした場合には、その旨を公示しなければならない。

指定地域密着型介護予防サービスの事業の人員、設備及び運営並びに指定地域密着型介護予防サービスに係る介護予防のための効果的な支援の方法に関する基準

指定地域密着型介護予防サービス事業における「人員、設備及び運営」と、「介護予防のための効果的な支援の方法」に関する基準のことである。介護サービスの場合は「事業の人員、設備及び運営」に関する基準だけであるが、介護予防サービスの場合は「介護予防のための効果的な支援の方法」が位置付けられており、地域密着型の介護予防サービスも同様である。

「介護予防のための効果的な支援の方法」に関する基準は、「基本取扱方針」「具体的取扱い方針」がサービスごとに示されており、基本取扱方針では、①予防介護に資する、目標を設定し、計画的に行う、②自ら提供するサービスの質の評価を行い、改善を図る、③利用者ができる限り要介護状態にならず自立した日常生活ができるよう支援することが目的であることを意識する、④利用者がその有する能力を最大限活用できるような方法によるサービスの提供に努める、⑤コミュニケーションを十分図るなどその他の方法により、主体的に事業に参加するよう努める、と示されている。以上は各サービスとも共通であるが、②については、サービスによっては定期的に外部の評価も受けるとされている。

指定地域密着型サービス事業者

市町村長の指定を受け法第８条第14項に規定する地域密着型サービス事業を行う者で、要介護者に対しサービスを提供する。地域密着型サービスは、高齢者が要介護状態となっても、できる限り住み慣れた地域で生活を継続できるようにする観点から創設されたもので、要介護者等の市民が介護保険の対象としてサービスを利用できるのは、原則として所在する地域密着型サービス等事業所に限られる。

——の指定

指定地域密着型サービス事業者の指定は、地域密着型サービス事業を行う者の申請により、市町村長が地域密着型サービスの種類および当該地域密着型サービスの種類に係る地域密着型サービス事業を行う事業所ごとに行う。指定の要件は、申請者が市町村の条例で定める者であること、事業所従事者の知識・技能・人

員が条例で定める基準などを満たしていること、運営に関する基準に従って適正な事業運営ができると認められること等である。事業者は、利用者の意思および人格を尊重して、常に利用者の立場に立ったサービスの提供に努めなければならない。事業を運営するに当たっては、地域との結びつきを重視し、市町村、他の地域密着型介護サービス事業者または介護予防サービス事業者、その他の保健医療サービスおよび福祉サービスを提供する者との連携に努めなければならない。

――の指定の取消し

市町村長が指定地域密着型サービス事業者の指定を取り消すこと。市町村長は申請に基づき指定地域密着型サービス事業者を指定するが、事業者が法令違反で罰金刑に処せられる等一定の欠格要件に該当、人員基準を満たさない、設備・運営基準に従って適正な事業運営ができない、サービス費の請求に不正等正当な理由があれば、市町村長は、指定を取り消し、または期間を定めて指定の全部もしくは一部の効力を停止することができる。

指定地域密着型サービス事業の人員、設備及び運営に関する基準

指定地域密着型サービス事業を行うための人員、設備、運営に関する基準のことである（厚生労働省令）。総則のほか、サービスごとに基本方針、人員に関する基準（従業者の基準、員数等）、設備に関する基準（設備、備品等）、運営に関する基準（サービスの適切な利用、具体的取扱い方針等）が定められる。「定期巡回・随時対応型訪問介護看護」「夜間対応型訪問介護」「認知症対応型通所介護」「小規模多機能型居宅介護」「認知症対応型共同生活介護」「地域密着型特定施設入居者生活介護」「地域密着型老人福祉施設入居者生活介護」「看護小規模多機能型居宅介護」の８つ（2016（平成28）年度から「地域密着型通所介護」が加わり９つ）の地域密着型サービスについて規定しているこの基準は従来厚生労働省令で定められていたが、2012（平成24）年４月から、市町村が定める条例に委任されている。ただし、条例を定める際は、内容によって国の基準に従うべきもの、国の基準を標準とすべきものがあり、必ずしも市町村がすべて自由に決められるわけではない。

➡ 条例委任　p.240

指定調査機関

介護サービス事業者からの介護サービス情報の報告に関して、調査事務を行う機関。都道府県知事が指定する。都道府県知事は、必要があると認めるときは、報告をした介護サービス事業者に対し介護サービス情報のうち厚生労働省令で定めるものについて、調査を行うことができるが、この調査の実施に関する事務を指定する者に行わせることができる（法第115条の36）。

指定都道府県事務受託法人

都道府県は、保険給付の適正な確保のために、介護サービスを行った者に対するサービス提供記録等の提示命令、職員による調査等を行うことができるが、この事務を受託する都道府県知事の指定法人のこと。一定の要件に該当し、その事務を適正に実施することができると都道府県知事が認め指定した法人である。指定は申請により、都道府県事務受託事務所ごとに行われる。都道府県知事は、必要があると認めるときは、居宅サービス等を行った者やこれを使用する者に対し、その行った居宅サービス等に関し、報告もしくは当該居宅サービス等の提供の記録、帳簿書類その他の物件の提示を命じ、または当該職員に質問させることができるとされている。また、受給者に対しても、受けたサービスの内容に監視、報告を命ずること等ができる。これらの事務を受託して行うものである。ただし質問の対象となる者の選定や命令は除かれる。

——の指定取消し

指定都道府県事務受託法人が、都道府県事務を適正に実施することが認められなくなった場合、都道府県知事は、その指定を取り消し、または期間を定めて指定の全部もしくは一部の効力を停止することができる（法施行令第11条の10）。

自動排泄処理装置

尿や便を自動的に吸引する装置で、介護保険の福祉用具貸与の種目の１つである。「尿又は便が自動的に吸引されるものであり、かつ、尿や便の経路となる部分を分割することが可能な構造を有するものであって、居宅要介護者等又は介護を行う者が容易に使用できるもの」と定義されている。

ただし、予防給付では貸与の対象外であり、介護給付においても原則として要介護１～３の要介護者は尿のみを自動的に吸引する機能のものを除き、利用できない。なお、レシーバー、タンク、チューブ等の交換可能部品は特定福祉用具販売の対象となる。

——の交換可能部品

自動排泄処理装置で使用する、レシーバー、タンク、チューブ等尿や便の経路となるもの。介護保険における特定福祉用具販売の自動排泄処理装置の交換可能部品としては、「自動排泄処理装置の交換可能部品（レシーバー、チューブ、タンク等）のうち尿や便の経路となるものであって、居宅要介護者等又はその介護を行う者が容易に交換できるもの。専用パッド、洗浄液等排泄の都度消費するもの並びに専用パンツ、専用シーツ等の関連製品は除かれる」とされている。

死に至る経過

死に至る経過とは、人（介護の対象者）が亡くなるまでの過程のことで、「がん等の場合」「心臓・肺・肝臓等の臓器不全の場合」「老衰・認知症等の場合」の３つのパターンが報告されている。

「がん等の場合」は、死亡の数週間前まで日常生活等の機能は保たれ、ある時期を境に急速に低下していく。この場合、ある程度「最期」を予想することも可能である。

「心臓・肺・肝臓等の臓器不全の場合」は時々重症化しながら、長い期間にわたり機能が低下していく。

「老衰・認知症等」の場合、長い時間を要して徐々に機能が低下していくので、「最期」の予測や判断が非常に難しい。いずれにしても、対象者が「最期」を迎えるまでどのような人生を送ることができるかは、介護支援専門員をはじめ高齢者ケアに携わる人々にとって重要なテーマといえる。

視能訓練士

両眼視機能に障害を持つ人に対して、医師の指示の下で検査や訓練を行う専門職。その資格は視能訓練士法による国家資格で、国家試験に合格し厚生労働大臣から免許を受けるものである。主な仕事は、医師の指示の下、①視力、屈折、視野等の診断の基礎となる検査を行うこと、②弱視や斜視等の患者に対して機能回復訓練を行うことである。

➡ 視覚障害 p.182

死の教育

死にゆく患者と看取る家族を対象に、患者と家族が死を受け入れるように導くことを目標とする教育である。デス・エデュケーションともいい、欧米の福祉先進国では日本での小学校に該当する年齢からカリキュラムに導入されている。死の教育は一定のカリキュラムに従い、開始期（在宅ケア開始後１週間）、安定期（在宅ケアが落ち着く時期）、終末・臨死期、死別期というそれぞれの時期に応じて教育・支援が行われる。死にゆく利用者を前にしたとき、援助者として何ができるのかが大きな課題であり、より良く利用者が死を迎えるために、援助者としてより良い看取りが求められる。死の教育として、まず援助者は「死にいく過程」を学ぶことが必要である。キュープラ・ロスは、その著書『死の瞬間』において①否定、②怒り、③取り引き、④抑うつ状態、⑤受容を、死にゆく人の心理的プロセスとし、看取りのケアを受けている利用者は今どの段階にいるのかといった心理状態を把握することでよりきめの細かい看取りのケアが実現できる。

また、死の教育として、看取りのケアを受けている利用者の持つ痛みと痛みに対するケアを学ぶことも求められる。シシリー・ソンダースは死にゆく利用者には①身体的痛み、②精神的痛み、③社会的な痛み、④霊的（スピリチュアル）な痛みがあり、この４つの痛みを総称して全人的痛み（トータルペイン）に対して援助が必要であると述べている。

支払基金

➡ 社会保険診療報酬支払基金 p.213

死亡診断

入院し、死亡のときに医師が立ち会っているか、在宅の場合も医師がその場にいれば、死亡診断を行う。医師が居合わせてなければ、家族、看護師、ヘルパー等の連絡を受け、医師が患者宅に行き診察をして死亡診断をする。その場にいなくとも、診察後24時間以内に死亡した場合には、医師は死亡診断書を発行することができる。

死亡診断書

医師法施行規則により書式が定められ、人の死亡を医学的・法律的に証明する。死亡時に診療していた医師は死亡診断書を作成する。死亡に関する医学的、客観的な事実を記入する。死亡診断書は死因統計作成の資料となり、保健・医療・福祉に関する行政や医学研究の資料となる。医師法第19条によると診察した医師・歯科医師には死亡診断書作成交付の義務がある。

市民後見人

市民後見人とは、文字どおり一般市民が後見人となるもの。後見とは判断能力が不十分なために意思決定が困難な者の判断能力を補っていくことであり、それを行う者が後見人である。利用件数の増加やニーズの拡大がみられることから、社会全体で利用者を支えていく在り方が進み、専門職や親族以外に第三者である市民が後見人となるべく、養成が進められている。

老人福祉法が改正され、市町村の努力義務として、後見等に係る体制整備を行うこと、都道府県の努力義務として、市町村の後見等に係る体制整備に関して、助言その他の援助を行うことが規定された。

➡ **成年後見制度** p.274

シャイ・ドレーガー症候群

シャイ・ドレーガーが1960（昭和35）年に症例報告をした脊髄小脳変性症の一症型。起立性低血圧、排尿障害等の自律神経障害を主体とする変性疾患で、多くの場合、小脳症状やパーキンソン症状等がみられる。中年以降に発症し、緩徐に進行する。男性に多く、遺伝性ではない。本症候群は、病理学的に同一の疾患としてオリーブ橋小脳委縮症、線条体黒質変性症とまとめて「多系統委縮症」と総称する。特定疾患治療研究事業による医療費の助成制度の対象疾患であり、介護保険法における特定疾病でもある。

社会資源

社会資源とは一定の課題解決、目標達成のために動員される物的・人的資源の総称である。社会福祉分野での社会資源とは、利用者のニーズの充足や問題解決のために活用される各種制度・サービス、施設や設備、資金、人や組織、その中に蓄積された技術や情報等である。物的なものもあれば、人的なもの、また、目に見えるもの、見えないものもある。公的な制度や機関から提供されるフォーマルな資源と、公的ではない団体や組織・私的関係でのインフォーマルな資源とに分類することもできる。

――と介護支援専門員

社会資源は、具体的なサービスや支援の形で直接個々の利用者に提供されるが、それ自体は必ずしもサービスや支援を相互に調整したりする機能を持ち合わせているわけではない。このため有効な資源があっても、それが重複して提供されたり、あるいは間隙を生じたりする。このため、介護支援専門員は、利用者のニーズを充足させるために、適切な社会資源を選び、結びつける役割を果たす。利用者の多様なニーズを充足する力量のある社会資源をケアプランに位置付けるためには、地域にあるフォーマル並びにインフォーマルな各種の社会資源について把握しておくことが必要になる。さらには関係機関に働きかけ社会資源を開発し、不足するサービスを充足していくことも求められる。そのためにはインフォーマルな支援を開発し、フォーマルなサービスを拡充するための働きかけも必要となる。

――とケアネットワーク

地域社会で要介護者等を支援していくためにはさまざまなケアの社会資源を結びつけたケアネットワークが必要である。ケアネットワークには、次の２つがある。

①機関間のネットワーク：地域社会の中にある社会資源（機関や団体・施設等）が地域の介護支援サービスの力量を上げるために組織化されたネットワーク。

②ケアマネジメント：個々の利用者を中心にして、そのニーズを充足させるために、フォーマルやインフォーマル分野の各種の社会資源が、円滑に効果的に提供されるためのネットワーク。

なお、①を円滑に実施していくためには②が不可欠ということができる。

――の機能と役割

地域の中にある社会資源にはそれぞれ特性がある。フォーマルな資源は、普遍性・公共性や専門性が高い半面、自由で柔軟な対応が難しく、最低限のサービスが提供されるという特徴がある。

これに対してインフォーマルな資源は、柔軟でさまざまな機能を持つが、普遍性が低く、安定性や専門性に欠ける面がある。また、地域に根ざした活動が特性の団体や、企業のように、ニーズに敏感に応えることを目指す団体もある。

これら双方の機能や特性を組み合わせて利用することにより、利用者の多様化・高度化するニーズに対応することが可能となる。

社会的責任［介護支援専門員］

介護支援専門員にとっての社会的責任とは、その活動の一つひとつが社会的責任を伴うという意味である。介護支援専門員は、要介護者等の隣人や友人ではなく、職業人としての支援者であり、社会的責任を持って活動することは、公平・中立であり、何よりも人権を尊重するということである。介護支援専門員の活動は、利用者はもちろん社会全体の利益に密接に関連する。

社会的入院

治療を終了した患者が、何らかの社会的な理由から自宅や福祉施設での生活ができず、生活支援の代替として入院を継続すること。入院期間については、多くの場合は6カ月以上の入院のことをいう。日本では、かつて1950年代に結核患者について問題となった。また、精神科病院への統合失調症患者の社会的入院も改善への努力が求められている。1990年代に高齢者の社会的入院が医療資源の不適切な利用と医療費の無駄使いとして注目された。通院の不便や在宅介護の不備等によって、自宅での生活ができないことや、福祉・介護施設の不足から病院が要介護高齢者の長期滞在施設となってきた経緯がある。この事態の解消が介護保険制度創設の目的の1つでもあった。

社会福祉

社会福祉という言葉は、「社会」と「福祉」で構成され、福祉には「至福」「幸福」という意味がある。その求める内容は一人ひとり異なるが、何らかの事情によって個人や家族の力だけで幸福を追求できなくなったとき、あるいはそのような状態にならないようにするために、行われる社会的な取り組みの体系が社会福祉である。

この理念と取り組みは、戦後に制定された日本国憲法（1947（昭和22）年）第25条の規定、社会福祉事業法（1951（昭和26）年、現社会福祉法）、生活保護法、児童福祉法、老人福祉法等、何らかの制度に基づいて支援する方法と、制度によらず、人々が共同して個人の幸福追求を支援する取り組みがある。社会福祉は、前者の制度体系（システム）の意味で使われることが多いが、今日では地域における市民参加が評価されつつある。

社会福祉士

1987（昭和62）年に成立した社会福祉士及び介護福祉士法で設けられた国家資格。

専門的知識および技術を持って、日常生活を営むのに支障がある者の福祉に関する相談に応じ、助言、指導、福祉サービス関係者等との連絡および調整、その他の援助を行うことを業務内容とする。

地域包括支援センターには、原則として社会福祉士の配置が義務付けられている。

社会福祉法人

社会福祉事業を行うことを目的に社会福祉法に基づいて設立される法人をいう。社会福祉事業には、第一種社会福祉事業と第二種社会福祉事業があるが、このうち入所施設などが該当する第一種社会福祉事業を経営できるのは国、地方公共団体以外では、社会福祉法人のみである。社会福祉法人は、社会福祉事業のほかに、公益事業、収益事業も経営することができる。

所轄庁は都道府県知事であるが、事業所の所在地が一市内のみの場合は市長が所轄庁となり、複数の都道府県におよぶ場合は厚生労働大臣となる。

法人の機関として理事および監事が必置であり、その他に評議員会を置く場合がある。公益性を重視して設けられた法人であることから、届け出事項や監査の実施等、国および地方公共団体による関与や規制が強いが、一方で、税制上の優遇や公費補助等で優遇される。また、介護保険制度では、特別養護老人ホーム、訪問介護等のサービスについて低所得者に対する利用料の軽減措置を行っている。

社会福祉法人会計

社会福祉法第44条により、社会福祉法人の会計年度は、4月1日に始まり、翌年3月31日に終わるものとされ、法人は会計年度終了後2カ月以内に事業報告書、財産目録、賃借対照表および収支計算書を作成し、さらにそれらの書類を監事に提出しなければならない。

厚生省（当時）通知により2000（平成12）年4月より適用されていた社会福祉法人の会計処理の基準は、2012（平成24）年4月より新基準の適用となった。ただし、2014（平成26）年度決算までは、従来の会計処理によることができる。従来の会計処理においては、法人のほか施設ごとに基準が混在し、さまざまな会計ルールが併存していたことから、事務処理が煩雑である等の問題点があった。そこで、新基準では①法人全体の状況を把握できるようにするため、公益事業および収益事業を含め、法人で一本の会計単位とする、②施設・事業所ごとの財務状況を明らかにするために拠点区分を設け、さらに施設・事業所内で実施する福祉サービスごとの収支を明らかにするためサービス区分を設ける、③財務諸表の体系を資金収支計算書、事業活動計算書、賃借対照表および財産目録とする等とされている。

社会扶助

社会扶助とは、租税を財源にして保険の技術を用いずに給付を行うもので、国や地方公共団体の施策として、国民や住民に対して現金またはサービスの提供が行われる仕組みである。その典型として生活保護制度がある。また、児童福祉、障害者福祉、老人福祉等の社会福祉制度・事業や、児童手当や福祉年金等も社会扶助に含まれる。

➡ 公的扶助 p.148

社会保険診療報酬支払基金

社会保険診療報酬支払基金（支払基金）は、公的医療保険における診療報酬の審査及び迅速適正な支払を目的とする特別民間法人である（社会保険診療報酬支払基金法第１条）。

介護保険については、医療保険者からの納付金の徴収、市町村に対する介護給付費交付金、地域支援事業支援交付金の交付等の介護保険関係業務を行っている。法律上は国民健康保険も審査支払業務を支払基金に委託できることとされているが、実際には被用者保険のみの委託となっている。東京都に本部が、各都道府県に支部が置かれており、審査支払の費用については、業務を委託した保険者が負担している。

社会保険方式

社会保障の財源を賄う方式の１つで、被保険者が保険料を支払い疾病や老齢等のリスクに備えるものである。これに対して財源を租税（公費）でまかなう方式を租税方式といい、イギリスのNHS（国民保健医療制度）が代表的な租税方式の制度である。

日本においては、戦前からの医療保険制度や年金制度の発展の歴史や社会保障制度審議会勧告（1950（昭和25）年）等に基づき、「保険的方法」に重点を置いた社会保険方式がとられてきた。1961（昭和36）年以来の国民皆保険・皆年金体制に加え、2000（平成12）年に導入された介護保険についても、この方法が貫かれている。社会保険方式については、一般に給付と負担がリンクしており、保険料を負担する加入者の理解が得られやすいといわれている。

日本の社会保障財源の内訳をみると、社会保険料52.0％、公費負担37.6％、資産収入3.2％、その他7.3％となっており（2011（平成23）年度）、社会保険料が最大の項目となっているが、公費もかなりの額が投入されていることには留意する必要がある。

➡ 租税方式 p.289
➡ 社会保障制度審議会 p.215

➡ 国民皆保険　p.159

社会保障

社会保障とは、人々の生活を通じて発生するさまざまな種類の困難に対して、公的な責任によって、現金や現物の給付を行い、国民生活の安定を図ることを目的とする社会的な仕組みである。

社会保障制度審議会勧告（1950（昭和25）年）によれば、「社会保障制度とは、疾病、負傷、分娩、廃疾、死亡、老齢、失業、多子その他困窮の原因に対し、保険的方法または直接公の負担において経済保障の途を講じ、生活困窮に陥った者に対しては、国家扶助によって最低限度の生活を保障するとともに、公衆衛生および社会福祉の向上を図り、もってすべての国民が文化的成員たるに値する生活を営むことができるようにすることをいうのである」とされている。社会保障の規模については、国際労働基準に従った社会保障給付費が毎年公表されているが、2012（平成24）年度の社会保障給付費総額は108兆5,568億円（対国民所得比30.92％）となっている。

➡ 社会保障制度審議会　p.215

社会保障構造改革

少子・高齢化の進展、経済基調の変化、財政状況の深刻化等を背景に、社会保障制度全体の在り方を見直そうと、1990年代後半から中長期的視野に立って進められた社会保障全体の構造改革。介護保険制度の創設はその第一歩と位置付けられている。社会保障に関係の深い８審議会の会長からなる社会保障関係審議会会長会議中間まとめ（1996（平成８）年11月）においては、①国民経済との調和を図りつつ、社会保障に対する国民の需要に適切に対応、②個人の自立を支援することを基本とし、在宅サービスを重視した利用者本位の効率的なサービス提供の仕組みの構築、③公私の適切な役割分担を明確にしつつ、規制緩和等を進めることにより民間活力の導入を促進、といった基本的な方向が示され、高齢化のピーク時において国民負担率50％以下という目安を踏まえ、社会保障制度を再編成することとなった。そして、医療保険、年金の改革を経て、2000（平成12）年の介護保険制度の創設に至る社会保障制度全体の改革の構図が示された。

社会保障審議会

厚生労働省設置法第６条第１項に基づき、設置されている審議会の１

つである。社会保障審議会は、厚生労働大臣等の諮問に応じて社会保障および人口問題に関する重要事項を調査審議するほか、これらの重要事項に関し、厚生労働大臣等に意見を述べること等が所掌事務とされている。社会保障審議会には分科会および部会が置かれ、人口問題、医療、医療保険、年金、介護、障害者、福祉、生活保護等社会保障の幅広い分野について調査審議が行われている。

社会保障制度

社会保障制度とは、国民の疾病や老齢、障害、失業、貧困等に対し経済保障の途を講じ、貧困に対しては最低限度の生活を保障するとともに、公衆衛生、福祉の向上を図るものである。国立社会保障・人口問題研究所「社会保障統計年報（2009（平成21）年度）」等によれば、社会保障制度の体系については、次のように区分することができる。①社会保険各制度、②公的扶助、③社会福祉、④公衆衛生および環境衛生、⑤戦争犠牲者援護等である。このうち、社会保険には、医療保険、年金保険、雇用保険、労災保険、介護保険が含まれる。社会保障給付費（2012（平成24）年度）を部門別に見ると、年金が53兆9,861億円（49.7％）で最も多く、次いで医療が34兆6,230億円（31.9％）、福祉その他が19兆9,476億円（18.4％）となっている。なお、福祉その他に含まれる介護対策費用は総額7兆8,881億円（7.3％）である。

社会保障制度審議会

社会保障制度審議会設置法に基づき、社会保障制度について調査、審議および勧告を行う内閣総理大臣の所轄に属する審議会。国会議員、関係各庁の官吏、学識経験者等から成る委員で組織され、専任の事務局も置かれていた。1950（昭和25）年の社会保障の定義に関する勧告は有名である。中央省庁改革のため、2001（平成13）年1月をもって廃止された。

若年性認知症

18歳以降44歳までに発症する認知症を若年期認知症と呼び、45歳以降64歳で発症するものを初老期認知症と区別して呼ぶこともあるが、便宜上は一括して65歳未満で発症する認知症を若年性認知症ということが多い。発症率は1％未満と極端に低いが、この数年若年性認知症の数は増えている。団塊の世代人口が多いからである。しばらくは若年性認知症の数は増えていくと予測されている。

若年性認知症の多くはアルツハイマー病であるが、高齢者と違い前頭側頭型認知症や血管性認知症、頭部外傷後遺症による認知症も多い。発症が若いため、就労支援や子どもの教育支援など高齢者世代とは違った対策が求められる。

社団法人

一定の目的で構成員が結合した団体（社団）で、法律により法人格が付与され権利義務の主体として認められたもの。2008（平成20）年11月までは（改正前）民法34条による公益を目的とする社団法人であったが、公益法人制度改革により、2008（平成20）年12月より非公益かつ非営利事業、さらには収益事業行う一般社団法人と、公益事業を行い税制の優遇措置を受けられる公益社団法人に整理された。

公益事業の中には、「障害者若しくは生活困窮者又は事故、災害若しくは犯罪による被害者の支援を目的とする事業」「高齢者の福祉の増進を目的とする事業」「勤労意欲のある者に対する就労の支援を目的とする事業」「児童又は青少年の健全な育成を目的とする事業」等も含まれる。

➡ NPO法人　p.4
➡ 財団法人　p.176

週間サービス計画表

利用者の１週間のスケージュルが記載される計画表で「居宅サービス計画書」の第３表に当たる。介護保険外のサービスも含めて、利用者がどのような１週間を過ごすのかが一目でわかる重要な帳票である。また、１日の過ごし方も記載され、起床、食事、日中の過ごし方、就寝、入浴等、何時に行うのかがわかる。また、福祉用具貸与、短期入所のように週単位でないサービスについては表の下部に記載されるようになっている。第１、２表とともに利用者、サービス事業所に交付。

住所

その者（人）の生活の本拠となっている場所を、その者（人）の住所としている（民法第22条）。

なお、介護保険制度では住民基本台帳等をもとに第１号被保険者の資格・保険料等の手続きが行われている。

➡ 住所地主義　p.217

住所移転

住所移転とは住所を移すことで、介護保険において、要介護者・要支援者が住所を移転して、保険者である市町村が変わる場合には、新しい市町村で改めて認定を受ける必要がある。しかし、その場合、改めて介護認定審査会の審査・判定を行うことなく、移転前の市町村における認定を証明する書類に基づいて認定を行うことができるとされている。要介護者等は移転前の市町村で証明書の交付を受け、移転後の市町村に認定申請を行う。

重症筋無力症

全身の筋力低下、すなわち随意筋が軽い運動によって容易に筋力低下する疾患。朝は症状が軽く、夕方に症状が増悪する。神経・筋接合部におけるアセチルコリン受容体に対する自己抗体による自己免疫疾患。眼の症状が多く、眼瞼下垂や複視等がおこる。全身の筋が障害されることもあり、嚥下困難や構音障害等も起こす。胸腺の異常がみられることが多い。特定疾患治療研究事業の対象疾患である。

重症心身障害児（者）施設

重度知的障害児または重度肢体不自由児あるいはその重複の障害のある児童の入所施設。児童福祉法と医療法を根拠とする第一種社会福祉事業の施設であったが、2012（平成24）年の児童福祉法改正によって第42条にある医療型障害児入所施設に位置付けられた。また、児者一貫した支援の必要性から障害者総合支援法の療養介護と一体的に実施するとの特例がある。

住所地主義

介護保険制度は、住所地である市町村の被保険者となる「住所地主義」が原則である。しかし、被保険者が他市町村の施設に入所・入居して、施設所在地に住所を移す場合が多く、住所地主義をとった場合、施設所在の市町村に高齢者が集中し、市町村間に財政上の不均衡を生じさせることが想定される。このような問題に対処するため、住所地特例が設けられている。

➡ 被保険者資格 p.402

住所地特例

被保険者が、他市町村の住所地特例対象施設（①介護保険施設、②特定施設（有料老人ホーム、サービス付きの高齢者向け住宅等）、③養護老人ホーム）に入所・入居して、施設所在地に住所を変更した場合には、元の住所地（施設入所直前）の市町村を保険者とする特例措置（住所地特例）を設けている（法第13条1項）。

なお、2カ所以上の住所地特例対象施設に順次入所し、あわせて住所を移動した場合は、最初の施設に入所する前の住所地であった市町村が保険者となる（法第13条2項）。また住所地特例対象者は、一部の地域密着型サービス（特定地域密着型サービス）と地域支援事業について、2015（平成27）年度から居住地のサービスを利用できることになった。

➡ 特定地域密着型サービス p.349

住所要件

➡ 被保険者資格　p.402

住宅改修

住宅の物理的な不備を改修によって改善し、安全で生活しやすい環境を整えること。適切な住宅改修は本人の自立を促し、介護の負担の軽減にもつながることから、要件に合致したものは介護保険の給付対象となる。

介護支援専門員は居宅サービス計画を作成する際に住環境のアセスメントを行い、住宅改修の必要性をチェックする。本人の身体状況の変化に応じて、定期的にアセスメントすることが大切である。実際の工事は、施工者・設計者・理学療法士・作業療法士・訪問介護員等多職種と連携しながら進めてゆく。

――の目的

介護保険制度における住宅改修の目的は次のようなものである。①生活動作の自立を促進すること。②介護負担を軽減すること。③外出を可能にし、社会参加の機会を保障すること。④在宅生活の継続により、介護費用負担を軽減すること。

これらにより、多くの高齢者が望んでいる「住み慣れた自宅で暮らしたい」という願いを実現することが最終的な目標である。

――の種類

わが国では住宅を個人資産とみなす経緯にあるため、介護保険の給付対象となる住宅改修は比較的軽微で一般的な以下の6項目に限定されている。①手すりの取付け、②段差の解消、③滑りの防止及び移動の円滑化等のための床又は通路面の材料の変更、④引き戸等への扉の取替え、⑤洋式便器等への便器の取替え、⑥その他上記に付帯して必要となる住宅改修。動力を使用する段差解消機や昇降機、洋式便器から洋式便器への変更、トイレの水洗化は給付の対象外である。和式便器から洋式便器に取り換える際に、暖房便座・洗浄機能等が付加されたものを選択することは認められている。

――が必要な理由書

介護保険の給付対象となる住宅改修を行う場合に事前申請に必要となる書類である。記載内容は、利用者の身体状況、介護力、住宅改修を行うことで予想される生活改善の目安と具体等である。一般的には、居宅サービス計画を作成した介護支援専門員（予防給付の場合は地域包括支援センターの職員）が作成する。利用者や家族等が居宅サービス計画を作成している場合は、福祉、医療、建築の専門家等が作成することも可能である。

住宅改修に付帯して必要となる住宅改修

介護保険における住宅改修に付帯して必要となる住宅改修としては、「手すりの取付けのための壁の下地補強、浴室の床の段差解消に伴う給排水設備工事、スロープの設置に伴う転落や脱輪防止を目的とする柵や立ち上がりの設置、床材変更のための下地の補修や根太の補強又は通路面の材料の変更のための路盤の整備、扉の取替えに伴う壁又は柱の改修工事、便器の取替えに伴う給排水設備工事（水洗化又は簡易水洗化に係るものは除く）、便器の取替えに伴う床材の変更」が対象とされている。

住宅改修費

居宅要介護等被保険者が、住宅改修を行ったとき、市町村が必要と認める場合に支給される給付。費用の９割が償還払いで支給される。要介護者に対する介護給付（居宅介護住宅改修費）と要支援者に対する予防給付（介護予防住宅改修費）があるが、内容は同じである。支給を受けるには、住宅改修工事終了後、必要書類を提出する。

このときの提出書類は、①住宅改修に要した費用に係る領収書、②工事内訳書、③住宅改修の完成後の状態を確認できるもの（改修前後の写真、原則として撮影日がわかるもの）、住宅の所有者が利用者でない場合には、④住宅の所有者の承諾書が必要となる。

住宅改修費支給限度基準額

要支援、要介護状態区分にかかわりなく、住宅改修費の支給限度基準額は20万円である。利用者は改修費用を業者に支払い、自己負担分である１割を除いた９割が償還払いで給付される。20万円を超える費用は全額自費となる。軽微な住宅改修の場合、支給限度基準額に達するまでは、複数回の住宅改修を行うことができる。

なお、「介護の必要の程度」の段階が3段階以上あがった場合、転居した場合には、再度、支給限度基準額20万円まで支給を申請できる。

——の上乗せ

市町村は条例によって、厚生労働省が定める住宅改修費支給限度基準額を上回る額を当該市町村の支給限度基準額とすることができる。

住宅改修費の支給申請

住宅改修費の支給申請は、介護支援専門員（予防給付の場合は地域包括支援センターの職員）に相談して進めるのが一般的である。工事実施前に、利用者は①住宅改修申請書、②住宅改修が必要な理由書、③住宅改修に要する費用の見積書、④住宅改修の予定の状態が確認できるもの（改修前の写真や図面）を提出して、保険者（市町村）の審査を受ける。保険者は利用者保護の観点から審査を行う。工事終了後、工事後の写真や領収書等の費用発生に関する書類を保険者に提出する。

住宅型有料老人ホーム

有料老人ホームには①介護付（一般型特定施設）、②介護付（外部サービス利用型）、③住宅型、④健康型の4つがある。このうち、③の住宅型とは、生活支援等のサービスが付いた有料老人ホームを指す。介護が必要となった場合には、入居者自身の選択により、地域の訪問介護や通所介護等の介護サービスを利用することで、住み続けることができる。

2006（平成18）年の改正介護保険法施行により、市町村は介護付き有料老人ホームの新規開設を制限できることになり（総量規制と呼ぶ）、これ以降、住宅型有料老人ホームが急増している。

住宅扶助

生活保護法による扶助の1つで、「住居」および「補修その他住宅の維持のために必要なもの」の範囲で行われる。具体的には、住居については、借家・借間の場合の家賃・間代等や、転居時の敷金等、契約更新料等が対象となる。また住宅維持費については現に居住する家屋の補修や建具、水道設備等の従属物の修理経費が対象である。

原則として金銭給付であり、通常は生活扶助と併せて、世帯主またはこれに準ずる者に対して支給される。

集団援助技術

➡ ソーシャルグループワーク p.287

集団リハビリテーション

理学療法士、作業療法士、言語聴覚士等が同時に複数の利用者に対して行うリハビリテーションのこと。診療報酬および介護報酬では、理学療法、作業療法、言語聴覚療法は個別リハビリテーションが基本であるが、言語聴覚士が行う脳血管障害や小児疾患に対する集団コミュニケーション療法は、診療報酬で算定対象となっている。

柔道整復師

柔道整復師とは、骨折・脱臼等の治療をする柔道整復を行うことができる国家資格を持つ者のこと。介護保険における柔道整復師は、看護師、理学療法士、作業療法士、言語聴覚士、あん摩マッサージ指圧師等とともに機能訓練指導員として位置付けられている。機能訓練指導員とは、介護施設や病院等で機能訓練の指導をする職員のことをいう。

重度認知症患者デイケア

精神症状や行動障害が著しい認知症高齢者の心身機能の回復や維持を目的としたデイケア。一定の施設基準を満たして厚生労働省に届け出た医療機関（病院、診療所等）に併設されている。このデイケアに通うには医師の診断と指示が必要で、指示に基づいて作業療法士、精神保健福祉士、介護スタッフ等がリハビリテーションを実施する。医療保険で賄われる。

重度訪問介護

障害者総合支援法にある自立支援給付の介護等給付の１つ。重度肢体不自由者その他の障害者で常に介護を必要とする人に居宅で入浴、排せつおよび食事等の介護、調理、洗濯および掃除等の家事並びに生活等に関する相談および助言その他の生活全般にわたる援助並びに外出時における移動中の介護を総合的に行う。対象は、障害支援区分４以上で次のいずれにも該当する者、①二肢以上麻痺等がある、②「歩行」「移乗」「排尿」「排便」のいずれも「できる」以外と認定されていること。なお、2014年（平成26）年より、認定要件は別であるが知的障害、精神障害も対象となっている。

終末期のケア

死が間近に迫った人に対して行うケアのことで、ターミナルケアともいう。より良く死を迎えることができることを目標に、その人の持つ全人的痛み（トータルペイン：①身体的痛み、②精神的痛み、③社会的痛み、④スピリチュアルな痛み）に対して行われる。スピリチュアルな痛みは、霊的な痛みともいわれ、死という自己存在の最大の危機にさらされた者が感じる、生きることの意味を問う形で表れる心の痛みである。ターミナルケアではこのスピリチュアルな痛みに対するケアも大きな意味を持ち、実践の場であるホスピスにおいては神父または牧師が在籍している場合が多い。

➡ ターミナルケア　p.290

住民基本台帳

住民基本台帳とは、住民基本台帳法に基づいて、市町村長が個人を対象とする住民票を世帯ごとに編成したものである。そして、住民票は住民に関する公文書であり、その記載事項は氏名、生年月日、性別、住所等であるが、それとともに介護保険の被保険者資格に係る事項（資格取得／資格喪失年月日）等も含まれる。

➡ 被保険者資格　p.402

住民基本台帳法

住民基本台帳法は、市町村において、住民に関する記録を正確かつ統一的に行う住民基本台帳の制度を定めた法律である。1967（昭和42）年制定。住民の居住の証明、選挙人名簿の登録等住民に関する行政事務の基礎となるとともに住民の住所に関する届出等の簡素化を図る等、その目的は住民の利便を増進するとともに、国および地方公共団体の行政の合理化に資することを目的としている。

2009（平成21）年には出入国管理及び難民認定法（入管法）とともに住民基本台帳法が改正され、外国人住民も住民基本台帳制度の適用対象となった。それまで外国人住民は外国人登録法に基づく登録であったが、外国人登録法は廃止され、外国人住民も住民票に記載されている。

就労移行支援事業

一般就労を希望する65歳未満の障害者で、適性に合った職場等での就労が見込まれる者を対象とする。一定期間（標準24カ月）にわたる計画的なプログラムに基づき、事業所に通所し作業等を行うことによって、体力や知識・能力の向上のための準備訓練や、適性に合った職場探しを行う。また職場実習や就職後の職場定着支援も実施する。通所に際して障害者と事業者は雇用契約を結ばない。

就労継続支援A型

特別支援学校卒業後や就労移行支援事業終了後、また一般企業等離職後において、体力・能力の不足等の理由で現在雇用に結びついていない障害者を対象に、原則雇用契約に基づく就労の機会を提供する。利用開始時の年齢が65歳未満の者が対象で、利用期間の制限はない。通所により一般就労に必要な知識・能力が高まった者に対しては、一般企業における就労への移行に向けた支援を行う。

就労継続支援B型

就労移行支援事業利用後雇用に結びつかなかった障害者や、年齢や体力の面で就労が困難な障害者を対象とする。通所により就労や生産活動の機会の提供、知識および能力向上のための訓練を行い、これにより知識や能力が高まった者に対しては、就労継続支援A型や企業等における就労への移行の支援を行う。利用期間・年齢に制限はない。

受給権［介護保険］

介護保険における受給権とは、介護サービスを受ける権利のこと。介護保険法は被保険者の要介護状態または要支援状態に関して必要な保険給付を行うとしている。第1号被保険者と第2号被保険者はそれぞれの資格要件に該当したときにその保険給付を受ける権利を有する。

これを受けようとする場合には、介護保険法上で該当する区分について認定（「要介護・要支援認定」）を受けねばならない。ただし、例えば労働者災害補償保険法の規定による給付等を受ける場合には、重複はできず、給付調整がなされる。

――の保護

受給権者が確実に保険給付を受け取ることができるようにするため、受給権の譲渡等は認められないこと。一般に、わが国の社会保障では、保険給付等について、その受給権は一身専属的と考えられている。従って、一部の例外を除き、原則的に譲渡等を認めない。この点で、一般債権の場合とは異なっている。介護保険法でも、保険給付を受ける権利は譲り渡すことができないと定められている。担保に供することも、差し押さえることもできない。

し

受給資格

介護保険制度で介護給付を受けるためには、一定の介護保険受給資格が必要であり、①介護保険の被保険者であること、②要介護認定等を受けていることが要件となる。特に、第2号被保険者では、要介護・要支援状態の原因となった心身の障害が、老化に起因する一定の疾病（特定疾病）によるものであることが条件となる。

➡ **被保険者資格** p.402
➡ **要介護認定** p.464
➡ **特定疾病** p.348

――の確認

介護保険給付を受けることができるのは、要介護認定等を受けている被保険者に限られる。このことから、介護保険サービス事業者は、サービスの提供の開始に際し、利用者の提示する被保険者証によって、被保険者資格、要介護認定等の有無およびその有効期間を確かめる必要がある。

受給者数［介護サービス］

介護サービスを受けた者の数であり、具体的には、居宅サービス受給者、地域密着型サービス受給者、施設サービス受給者からなる。介護予防の受給も含む。2012（平成24）年度の受給者数は、1カ月当たりの平均で、居宅サービス受給者約338万人、地域密着型サービス受給者約33万人、施設サービス受給者約87万人でおよそ458万人である。介護保険制度開始時の2000（平成12）年度に比べ、居宅サービス受給者は2.7倍、施設サービス受給者は1.4倍に増えている。また地域密着型サービス受給者については、地域密着型サービス創設の2006（平成18）年度から6年で、2.1倍となっている（厚生労働省「2012（平成24）年度介護保険事業状況報告（年報）」）。

➡ **居宅サービス受給者数** p.111
➡ **施設サービス受給者数** p.190

主治医（主治の医師）

主治医とは、ある患者の疾患の診療全般に主として責任を持つ医師のことで、介護保険においては、被保険者の身近に存在し、往診や訪問診療を行って、病気の治療を継続し健康管理を含めた生活支援も行う医師をいう。その被保険者にとって、介護保険における各サービスが必要かどうかの判断も行い、要介護認定等にかかわる主治医意見書を書くことを求められる。

主治医意見書

主治医意見書とは、介護保険において、保険者が申請を受けて要介護・要支援認定を行うに当たって主治医の医学的意見を求めるため、主治医に書いてもらう意見書のこと。主治医意見書の様式は全国一律となっており、申請者氏名等の基本情報、傷病に関する意見、特別な医療、心身の状態に関する意見、生活機能とサービスに関する意見、その他特記事項といった項目を記載する。

主治医意見書記入の手引き

「主治医意見書記入の手引き」とは、主治医意見書が要介護・要支援認定の判定に用いられるため、その役割が大きいことから、介護認定審査会において公正・公平な審査が行われるよう厚生労働省から示された手引きである。内容は「Ⅰ介護保険制度における主治医意見書について」「Ⅱ記入に際しての留意事項」「Ⅲ記入マニュアル」からなっている。

主体性の尊重

その人が主体的に自身の意思と判断を通して自分らしい生活の実現を図っていく価値を援助者や周囲の人たちが尊重し、その人の自律的な生活を側面的に支援していくこと。一方、人は周囲の人々と社会関係の中で生活していることから、主体性の発揮とともに他者との良好な関係が形成されるように支援することも必要である。

手段的日常生活動作

手段的日常生活動作（Instru-mental Activities of Daily Living）の頭文字をとりIADLと略される。日常生活動作（ADL）が食事、入浴、排せつ等日常の基本的な動作であるのに対し、手段的日常生活動作は地域社会で生活するために欠かせないより広い範囲の活動のことをいう。具体的には、調理、洗濯、掃除等の家事全般、電話をかける、バスや電車等を利用した外出、金銭の管理、服薬管理、趣味活動等である。高齢者や障害者の介護支援計画を立案する上で、IADLの自立度は介助量を決定するための不可欠な指標である。生活関連活動（Activities Parallel to Daily Living : APDL）と同義語。

——訓練

手段的日常生活動作（IADL）で

ある調理、洗濯、掃除等の家事全般、電話をかける、バスや電車等の利用、金銭の管理、服薬管理、趣味活動等、地域社会の中で自立した日常生活を送るために必要な能力を向上させるための訓練。訓練では、実際の生活で継続して行えるように、安全性や実用性を確保するための動作の容易化・効率化が図られ、困難な動作については介助の必要性とその程度が判断される。自助具等を含む福祉用具の使用や、物干しや調理台の高さを変える等の住環境の調整、介助者への介助方法の指導とともに行われる。訓練が生活で定着するには、本人の行いたいという気持ち（動機）があること、家庭内での役割分担や介助について家族の協力を得ること等が必要である。医療機関では作業療法士が主体となり実施される。

出産扶助

生活保護法による扶助の１つで、分娩の介助、分娩前後の処置のほか脱脂綿、ガーゼその他の衛生材料の範囲内で、出産に必要となる費用が対象となる（施設分娩、居宅分娩別）。原則として金銭給付である。

主任介護支援専門員

介護保険サービスや他の保健・医療・福祉サービスを提供する者との連絡調整、他の介護支援専門員に対する助言指導等介護支援専門員の業務に対し十分な知識と経験を持つ介護支援専門員。ケアマネジメントが適切かつ円滑に提供されるために必要な業務に関する知識および技術を習得するための研修（主任介護支援専門員研修）を修了する必要がある。2016（平成28）年度からは、主任介護支援専門員研修修了証明書に有効期間が設けられ、５年ごとに主任介護支援専門員更新研修を受けなければならない。地域包括支援センターと居宅介護支援費に関する特定事業所加算を取得する事業所は主任介護支援専門員の配置が義務付けられている。

守秘義務

職業上知り得た利用者の秘密は、他に漏らさないということ。F.P.バイステックの相談援助者としての基本姿勢の原則に挙げられている「秘密保持の原則」と同意語である。

介護支援専門員については、介護保険法第69条の37において、「介護支援専門員は、正当な理由なしに、その業務に関して知り得た人の秘密を漏らしてはならない。介護支援専門員でなくなった後においても、同様とする」と秘密保持義務が規定されている。

社会福祉士、介護福祉士等にも社会福祉士及び介護福祉士法において同様の義務が課せられており、また日本社会福祉士会の倫理綱領では「業務の遂行にあたり、必要以上の情報収集をしてはならない。利用者の秘密について敏感かつ慎重でなければならない。業務を離れた日常生活においても利用者の秘密を保持しなければならない。記録の保持と廃棄について、利用者の秘密が漏れないように慎重に対応すべきである」と定めている。

受容と共感の原則

受容とは、利用者をたとえそれが是認できないものがあるとしても、あるがままに受け止めることであり、共感とは相手の感情を生き方や立場が違っても同じよう感じとることである。

利用者を受容するためには、まず利用者の抱えている問題に対して非審判的態度で傾聴することが求められる。この非審判的態度とは援助者自身の持つ個人としての価値観を捨てることであり、現象学のエポケー（判断停止）に近い考え方である。

そして傾聴することで利用者の価値観に擦り合わせ共感することが可能となる。共感することから、あるがままに利用者を受け入れるといった受容が可能となり、利用者を１人の人格として尊重することにつながる。社会福祉援助者として持つべき価値観はこの共感と受容によって得られた利用者の価値観でもある。しかしながら、この共感は「同情」と同意語ではない。同情は相手の抱えている問題に一緒に巻き込まれるものであるのに対して、共感は利用者の抱えている問題に巻き込まれず、冷静に利用者との距離の取り方を念頭に入れて置くことが求められる。

➡ 共感　p.102

し

主要な援助、介入のための諸技術［面接］

面接では傾聴を通しての共感的理解と受容による基本的な面接技術の他に、より積極的に利用者にアプローチする技術が用いられる。

誤解の修正、対処法の示唆、対人関係や環境整備についての助言、困難の現実的な認識に向けての援助、問題状況の明確化と課題の細分化、家族のコミュニケーションパターンの修正等、精神療法、カウンセリング、家族療法の技法を援用した多彩な面接技術、援助技術である。

種類支給限度基準額

厚生労働大臣が定める区分支給限度基準額の範囲内において、市町村が条例で、地域のサービス基盤の整備状況等に応じて定める個別の種類のサービスの支給限度基準額のこと。

利用者は区分支給限度基準額の範囲内であれば特定の種類のサービスを上限まで利用できるが、地域のサービス基盤に限りがある場合、他の利用者のサービス利用を妨げないようにするため設けられている。

➡ 区分支給限度基準額 p.120

循環器

心臓と、全身の血管やリンパ管系等が循環器であり、血液やリンパ液等を体内に循環させる。血管は大動脈から動脈、細動脈へと枝分かれしながら、臓器や組織へと向かう。心臓は拍動し、血液循環のためのポンプ機能を担っている。循環器は、酸素、炭酸ガス、栄養素、ホルモン、老廃物等を運ぶことがその働きである。

循環器疾患

循環器疾患は循環器の疾患であり、高血圧や虚血性心疾患、脳血管疾患等である。2013（平成25）年度の日本人の死因では心疾患が第２位であり、脳血管疾患は第４位である。高血圧は循環器疾患の発症要因であり、血圧の管理は重要である。また、脳梗塞、脳出血、くも膜下出血等は、四肢の麻痺や認知症、高次脳機能障害等を起こす原因となる。要介護状態の予防のためにも脳血管疾患の予防が重要である。

――の予防

循環器疾患の予防には、運動と食事の対策が重要である。食事については、高血圧に対する減塩が重要である。また、高脂血症、耐糖能異常の原因となる過剰な糖や脂肪の摂取も制限する必要がある。喫煙は虚血性心疾患や脳卒中のリスク要因であり、多量の飲酒は虚血性心疾患のリスク要因である。つまり、禁煙や多量飲酒の制限も循環器疾患の予防につながる。

准看護師

准看護師とは、都道府県知事の免許を受けて、医師、歯科医師または看護師の指示を受けて患者に対する療養上の世話や診療の補助を行う者のこと。介護保険においての准看護師の役割も同様であり、各種サービスの人員に関する基準で「看護師又は准看護師○人以上（看護職員と表記される場合もある）」等と規定される、介護保険サービスの担い手の１人として位置付けられている。

障害高齢者の日常生活自立度判定基準

障害高齢者の日常生活の自立度の状況を判定する評価方法の１つ。介護保険の認定調査に用いられる等、わが国で普及している基準である。判定は、生活自立（ランクJ)、準寝たきり（ランクA)、寝たきり（ランクB、ランクC）の４段階で行われる。

ランクJは、何らかの身体的障害等を有するが、日常生活はほぼ自立し、１人で外出する。

ランクAは、屋内での日常生活のうち食事、排せつ、着替えに関してはおおむね自分で行えるが、外出には介護者の援助が必要。

ランクBは、食事、排せつ、着替えのいずれかにおいては部分的に介護者の援助が必要で、１日の大半をベッドで過ごす。

ランクCは食事、排せつ、着替えのいずれにおいても介護者の援助を全面的に必要とし、１日中ベッドで過ごす場合が該当する。

障害支援区分

障害者等の障害の多様な特性その他の心身の状態に応じて必要とされる「標準的な支援の度合を総合的に示すもの」として厚生労働省令で定める区分のこと。障害者総合支援法において、給付決定に当たって基準となる客観的評価尺度として導入されている区分である。従来の障害者自立支援法で用いられてきた「障害程度区分」は、制度発足当時の介護保険の認定調査項目と27の障害独自の調査項目をもって調査され第一次判定が行われていた。しかし、この区分は「支援の必要度」に関する評価尺度であって、標準的な支援の必要の度合を示す区分としてはわかりにくいとの批判が多かった。特に呼吸器障害、知的障害や精神障害を対象とした場合、判定が適切でないとの指摘がされてきた。そこで障害者総合支援法では、2014（平成26）年４月１日から名称・定義を改め障害支援区分とし、新しい区分の方法が導入されることになった。

障害者基本法

すべての国民が、障害の有無によって分け隔てられることなく、相互に人格と個性を尊重し合いながら共生する社会を実現するため、障害者の自立および社会参加の支援等のための施策を総合的かつ計画的に推進することを目的とする法律である。すべての国民は障害の有無にかかわらず基本的人権を享有するかけがえのない個人として尊重されるという理念に基づく。1993（平成５）年心身障害者対策基本法の一部改正で障害者基本法となり、障害者施策の根幹の法律として位置付けられる。

総則で地域社会における共生、差別の禁止、国際的協調、国および地方公共団体の責務、国民の理解と責務等を明らかにしている。具体的施策として医療、介護、教育、療育、職業相談、雇用、公共施設や情報利用のバリアフリー化等について規定されている。

法律では、「障害者」を身体障害、知的障害、精神障害（発達障害を含む）その他の心身の機能の障害がある者で、障害および社会的障壁により継続的に日常生活または社会生活に相当な制限を受ける状態にあるものとしている。

障害者虐待防止法

障害者の権利・利益の擁護を目的に、障害者に対する虐待の禁止、国等の責務、障害者虐待を受けた障害者に対する保護および自立の支援のための措置、養護者に対する支援のための措置等を定めた法律である。正式名称は「障害者虐待の防止、障害者の養護者に対する支援等に関する法律」。2011（平成23）年６月成立し、同10月１日から施行されている。何人も、障害者に対し、虐待をしてはならないと規定するとともに、国や地方公共団体、障害者福祉施設従事者等、使用者等に障害者虐待の防止等のための責務、また障害者虐待を受けたと思われる障害者を発見した者に市町村への通報義務を課している。

虐待の種類は、身体的虐待、性的虐待、心理的虐待、放置、経済的虐待の５つ。身体虐待については、暴行だけでなく理由なく身体拘束することも含まれている。

虐待は当事者だけではなく社会の問題でもある。市町村や都道府県には虐待対応窓口として、市町村障害者虐待防止センター、都道府県障害者権利擁護センターがある。

障害者雇用促進法

障害者の雇用の促進等に関する法律。1960（昭和35）年「身体障害者雇用促進法」として制定され、その後適用範囲が知的障害者、精神障害者にも順次拡大された。法の目的は、障害者の職業生活における自立の促進により、障害者の職業の安定を図ることにある。法には職業リハビリテーションの推進と、障害者雇用の促進が規定されている。職業リハビリテーションにおいては、公共職業安定所（ハローワーク）、障害者職業センター、障害者就業・生活支援センター等の機関が、関係機関と連携の上、障害者各人に応じた措置を総合的・効果的に実施するものとされる。

障害者雇用の促進においては、障害者雇用率制度により、企業には一定割合の障害者の雇用が義務付けられている。また、障害者雇用を経済的側面から支えるため、障害者雇用納付金制度が運営されている。

➡ ハローワーク　p.398
➡ 法定雇用率　p.422
➡ 障害者就業・生活支援センター　p.231
➡ 障害者職業センター　p.231

障害者差別解消法

障害を理由とする差別の解消を推進することを目的とした法律。すべての国民が、障害の有無によって分け隔てられることなく、相互に人格と個性を尊重し合いながら共生する社会の実現に向けたものである。国際連合の「障害者の権利に関する条約」の締結に向けた国内法制度の整備の一環として、2013（平成25）年6月成立。施行は一部の附則を除き2016（平成28）年4月1日。正式法律名「障害を理由とする差別の解消の推進に関する法律」。

すべての障害者が、障害者でない者と等しく、基本的人権を享有する個人としてその尊厳が重んぜられ、その尊厳にふさわしい生活を保障される権利を有するという障害者基本法の基本的な理念を踏まえている。障害を理由とする差別の解消の推進に関する基本的な事項、行政機関等および事業者における障害を理由とする差別を解消するための措置等が定められている。

障害者就業・生活支援センター

就職を希望する障害者や在職中の障害者を対象に、雇用・福祉・教育等の関係機関との連携のもと、障害者の身近な地域において就業および生活の一体的な支援を行う（2013（平成25）年8月現在全国に318カ所設置）。就業面では、障害者に対する相談、就職準備、職場定着等の支援のほか、事業所に対する助言も行っている。生活面では、日常生活や地域生活の支援等を行っている。

➡ 障害者雇用促進法　p.230

障害者職業センター

障害者の職業生活における自立を促進するため、以下の施設が設置されている。①障害者職業総合センター（千葉市）：職業リハビリテーションに関する調査・研究、障害者雇用に関する情報の収集・分析、専門職の養成等を行う。②広域障害者職業センター（埼玉県・岡山県）：

障害者に対する職業評価、指導、職業訓練等を行う。③地域障害者職業センター（47都道府県）：障害者に対する職業評価・準備訓練、事業主に対する助言等を行う。

➡ 障害者雇用促進法 p.230

障害者職業能力施設

障害者の職業能力開発について、国は一般の公共職業能力開発校に知的障害者等を対象とした訓練コースを設置して訓練機会を提供している。一般校での訓練が困難な重度障害者については、職業能力開発促進法に基づき、障害者職業能力開発校が設置されており（全19校）、関係機関との密接な連携のもと、訓練科目・方法等に特別の配慮を加えつつ障害の様態等に応じた公共職業訓練を実施している。

➡ 障害者雇用促進法 p.230

障害者自立支援法

障害者および障害児が自立した日常生活や社会生活を営むことができるように、必要な障害福祉サービスに関する給付その他の支援について定めた法律。2003（平成15）年施行。社会福祉基礎構造改革の一環で障害者福祉サービスは、措置制度から支援制度に移行した。しかし、財源の確保、障害種別ごとに縦割りで行われるサービス、サービス提供の水準の地域格差等が問題となり、すべての障害者がどの地域においても必要に応じて一定の水準のサービスを安定的かつ公平に利用できることを目指し立法された。

その後、障害者自立支援法に対する各方面からの批判、並びに検討を経て、2012（平成24）年６月に関係の整備法が成立し、障害者自立支援法は障害者総合支援法となり、2013（平成25）年４月から改正法が施行されている。

障害者総合支援法

障害者および障害児が基本的人権を享有する個人としての尊厳にふさわしい日常生活または社会生活を営むことができるよう、必要な障害福祉サービスに係る給付、地域生活支援事業その他の支援を総合的に行うことを定めた法律である。正式名「障害者の日常生活及び社会生活を総合的に支援するための法律」。総則、自立支援給付、地域生活支援事業、事業及び施設、障害福祉計画、費用、国民健康保険団体連合会の障害者総合支援法関係業務、審査請求、雑則、罰則の10章および附則からなる。

障害者自立支援法を改正し、2013

(平成25) 年４月から施行されている。基本的なサービス体系等は旧法から大きく変わったわけではないが、いくつか改正が行われている。

まず、法の目的について、「自立」に代わり、新たに「基本的人権を享有する個人としての尊厳」が明記されている。また2011 (平成23) 年７月成立の改正障害者基本法の考えを踏まえ、「すべての国民が、障害の有無によって分け隔てられることなく、相互に人格と個性を尊重し合いながら共生する社会を実現する」等基本理念も創設した。その他①障害者の範囲の見直し (難病等の追加)、②「障害者程度区分」から「障害者支援区分」への名称・定義の改正、③重度訪問介護の拡大等障害者に対する支援の拡大、④サービス基盤の計画的整備等について改正が行われている (②と③の大部分については2014 (平成26) 年４月施行)。

➡ 障害者自立支援法　p.232
➡ 障害者基本法　p.229

障害者の雇用の促進等に関する法律

➡ 障害者雇用促進法　p.230

障害者福祉制度

障害者の福祉施策を進める諸制度のこと。諸制度は多くの関連法を根拠にサービスの内容、対象、提供主体等が規定されている。障害者福祉制度に関する法律には、主に理念的方向性を示す障害者基本法、具体的なサービス提供を規定した障害者総合支援法がある。

また、障害者であることを定義づける、あるいは自治体等を含めた公共関連サービスの対象の根拠のための法制度として、身体障害者福祉法、知的障害者福祉法、精神障害者保健福祉法がある。それぞれに身体障害者手帳、療育手帳 (名称はさまざま、東京都の場合は愛の手帳)、精神障害者保健福祉手帳 (表紙は障害者手帳) が交付されている。

さらに、発達障害者支援法、障害児を対象とする児童福祉法がある。これらで障害者福祉はその体系をなしている。関連して障害者雇用促進法、バリアフリー法、身体障害者補助犬法がある。

なお、介護保険の対象ともなり、重なり合うのは第２号被保険者となる40歳以上からである。また、障害者虐待防止法が2012 (平成24) 年10月、障害者優先調達推進法が2013 (平成25) 年４月に施行され、障害者権利条約批准に向けて障害者差別解消法は2013 (平成25) 年に制定された。

障害程度区分

障害者自立支援法において導入された、支援の必要度に関する客観的な評価尺度のこと。障害者の心身の状態を総合的に示す区分で、市町村がサービスの種類や提供する量を決定する場合に勘案される。106項目によるアセスメントの結果から1から6まで6つの区分が示され、数が大きくなるほど障害程度は重くなる。

なお、障害者自立支援法が障害者総合支援法に改正されたことに伴い、2014（平成26）年4月から、支援の必要度を示す「障害程度区分」は、標準的な支援の度合いを示すものとして「障害支援区分」に改められた。

➡ 障害支援区分 p.229

障害年金

病気やけが等で重い障害を負ったときに支給される公的年金である。障害基礎年金と障害厚生年金があり、国民年金から障害基礎年金が、被用者年金（厚生年金および共済組合）被保険者は被用者年金から上乗せ年金として障害厚生年金（障害共済年金）が支給される。

支給要件は①保険料納付要件として、初診日の前日において、初診日の属する月の前々月までの保険料納付済等期間が被保険者期間の3分の2以上であること（初診日が2016（平成28）年4月1日前の場合は、初診日の属する月の前々月までの1年間に保険料の滞納がないこと）、②初診日において被保険者であること等、③障害の状態が該当すること、である。なお、20歳前に初診日がある場合は、障害の程度に該当すれば障害基礎年金が支給される。

障害福祉計画

障害者総合支援法を根拠とした、市町村、都道府県の障害福祉サービスの提供体制の確保、円滑な実施に関する計画。国の指針に基づき、3年を1期として策定され、2015～2017（平成27～29）年は第4期計画に当たる。市町村障害福祉計画と、その達成のためより広域的見地から定める都道府県障害福祉計画がある。

市町村障害福祉計画では、①各年度における障害福祉サービス・相談支援の種類ごとの必要な量の見込み、②障害福祉サービス・相談支援の種類ごとの必要な見込量の確保のための方策、③地域生活支援事業の種類ごとの実施に関する事項等をその内容とする。

都道府県障害福祉計画では、①区域ごとの各年度の障害福祉サービス・相談支援の種類ごとの必要な量の見込み、②区域ごとの障害福祉サービス・相談支援の種類ごとの必要な見込量の確保のための方策、③区域ごとの障害福祉サービス・相談支援に従事する者の確保または資質向上のために講ずる措置に関する事項、④各年度の障害者支援施設の必要入所定員総数、⑤施設障害福祉サービスの質の向上のために講ずる措置に関する事項、⑥地域生活支援事業の種類ごとの実施に関する事項等が内容となっている。障害者基本法による障害者計画を含めて調和のとれた内容とすることと、特に都道府県障害福祉計画は医療法に基づく医療計画と相まって、精神障害者の退院の促進に資するものでなければならないとしている。

消化器

食道・胃・十二指腸・小腸・大腸・肛門は消化管であり、栄養素を体内へ取り込むための器官系である。肝臓、胆嚢《たんのう》、膵臓《すいぞう》は消化液を分泌する。これらを含めて消化器と呼ぶ。食物を摂取し、栄養素のレベルまで消化し、それを吸収する働きがある。また、不消化物を運び排せつも行う。消化管は平滑筋と粘膜により形成されている。栄養素の多くを吸収するのは小腸絨毛の粘膜上皮細胞である。

消化器疾患

消化器疾患は、消化管（食道、胃、十二指腸、小腸、大腸)、胆嚢、肝臓、膵臓等に関する疾患である。これらの臓器に不調が起きると、腹痛や嘔気、食欲不振、下痢、便秘等の症状が起こる。疾患名としては、胃・十二指腸潰瘍、食道がん、胃がん、大腸がん、肝臓がん、膵臓がん、胃・大腸・胆嚢ポリープ、過敏性腸症候群、胆嚢胆管結石、閉塞性黄疸、急性膵炎・慢性膵炎、急性肝炎・慢性肝炎等である。

償還払い

償還払いとは、サービスを利用した者がかかった費用をいったん全額支払い、後に申請して現金の払い戻しを受けること。介護保険の場合、利用者負担は原則１割なので、市町村に申請すると利用した費用の９割の払い戻しを受けることになる（給付に上限あり)。

主に居宅介護住宅改修費や居宅介護福祉用具購入費が償還払いの対象となる。一方、居宅介護サービス費等は現物給付の対象である。

小規模多機能型居宅介護

要介護者について、居宅において、またはサービス拠点施設に通わせたり、短期宿泊させたりして、家庭的な環境と地域住民との交流のもとで、入浴、排せつ、食事等の介護その他の日常生活上の世話および機能訓練を行うサービスである。これにより、利用者が有する能力に応じて居宅で自立した日常生活を営むことができるようにする。地域密着型サービスの1つ。

——の目的

小規模多機能型居宅介護は利用者が居宅において可能なかぎり自立した日常生活を営むことができるようにすることを目的としている。そのため、要介護者について、訪問・通い・宿泊の3つのサービスを利用者に応じて提供し、居宅で、またはサービスの拠点に通わせたり、短期間宿泊させたりして、家庭的な環境と住民交流のもと、入浴、排せつ、食事などの日常生活上の世話、機能訓練が行われている。

——の内容

小規模多機能型居宅介護の内容は、登録された利用者を対象として、通いサービスを中心に利用者の様態や希望に応じて、随時訪問や宿泊を組み合わせてサービスを提供するものである。通い・訪問サービスをおおむね週4回以上提供するのが適切な利用とされる。宿泊サービスについては特に制限はないが、他の利用者の適切なザービス利用の妨げになることは避ける。小規模多機能型居宅介護の登録者に対しては、事業所の介護支援専門員が居宅サービス計画の作成をはじめとするケアマネジメントを担当する。また、社会生活上の便宜を提供するということから、利用者の外出の機会の確保等にも努める。その他の社会生活継続のための支援、行政機関に対する手続きの代行、家族との連携、利用者と家族との交流機会の確保等にも努める。2カ月に一度、運営推進会議も行われている。

なお、2012（平成24）年度から、3年以上の実績のある小規模多機能型居宅介護事業所は、本体事業所と密接な連携のもとに、サテライト型小規模多機能型居宅介護事業所を設置することが可能とされている。

——の事業者の指定

小規模多機能型居宅介護事業者の指定は、申請により、市町村長が行い、市町村長が監督権を持つ。指定に関する手続き等は、地域密着型サービス事業者に共通している。

——の登録定員

小規模多機能型居宅介護のサービ

スでは、利用者は事業所に登録して必要な３種（訪問・通い・宿泊）のサービスを利用することになる。１事業所当たりの登録定員は29人以下とされ、通いサービスは登録定員の２分の１から15人以下（登録定員が25人を超える場合、16～18人）、宿泊サービスは通いサービスの定員の３分の１から９人以下となっている。

サテライト型事業所の場合は、１事業所当たりの登録定員は18人以下、通いサービスはその２分の１から12人以下、宿泊サービスは通いサービスの定員の３分の１から６人以下である。

——の人員・設備に関する基準

小規模多機能型居宅介護の人員に関する基準については、次のような規定がある。以下は国の基準（厚生労働省令）であるが、条例で基準を定める際は「従うべき基準」となる。

①管理者：常勤、専従。必要な知識・経験があり、厚生労働大臣が指定する研修を修了する必要がある（管理上の支障がない場合は、同一事業所内の他の職務、または同一敷地内の他の事業所の職務との兼務が認められている）。

②計画作成担当者：介護支援専門員を配置すること（他の職務との兼務でも可）。

③介護従事者：夜間・深夜を除く時間帯の場合、通いサービスの利用定員が３人または端数を増すごとに１人以上、訪問サービスの提供に当たる従業者１人以上等。従業者のうち１人以上は常勤。１人以上は看護師または准看護師である必要がある。

また、設備については次の基準がある。以下は国の基準（厚生労働省令）であるが、条例で基準を定める際は、一部が「従うべき基準」とされている。

①登録定員：29人以下。

②居間および食堂：合計した面積は、３㎡に通いサービスの利用定員を乗じた面積以上。

③宿泊室：宿泊室１室当たりの定員は１人とする。ただし、利用者の処遇上必要と認められる場合は２人とすることができる。宿泊室１室当たりの床面積は7.43㎡以上とする。個室以外の宿泊室の構造は利用者のプライバシーが確保されたものでなければならない。居間はプライバシーが確保されたものであれば、個室以外の宿泊室の面積に含めて差し支えない。

——の運営に関する基準

小規模多機能型居宅介護の運営に関する基準には、従業者の勤務体制および勤務形態一覧を作る、運営規定（事業の目的及び運営の方針、従業者の職種・員数及び職務の内容、営業日及び営業時間、サテライト型指定多機能型居宅介護の内容及び利用料その他の費用の額、通常の事業の実施地域、サービス利用にあたっての留意事項、緊急時等における対応方法、非常災害対策、その他運営に関する重要事項）、苦情を処理するために講ずる措置、記録の整備、協力医療機関との契約の内容、誓約の書面、その他重要な運営基準等がある。

——の介護報酬

小規模多機能型居宅介護の介護報酬は、サービスの種類、提供回数に関係なく、1カ月につき、要介護1から要介護5までの要介護度別に算定される。加算には、初期加算、認知症加算、看護職員配置加算、看取り連携体制加算、総合マネジメント体制強化、サービス提供体制強化加算等がある。

また、減算として、登録者数が登録定員を超える場合または従業者数が基準に満たさない場合、過少サービスに対する減算等がある（2015～2017（平成27～29）年度）。

——事業所連携加算

小規模多機能型居宅介護事業所連携加算は、介護支援専門員が、小規模多機能型居宅介護事業所に出向き、利用者の居宅サービスの利用状況等の情報提供を行い、その事業所での利用者の居宅サービス計画の作成に協力した場合の加算である。居宅介護支援費で算定される。ただし、当該小規模多機能型居宅介護事業所について6カ月以内に当該加算を算定した利用者については、算定することができない。また、この加算は、利用者が小規模多機能型居宅介護の利用を開始した場合にのみ算定できる。看護小規模多機能型居宅介護事業所との間でも同様の連携加算がある。

小規模多機能型居宅介護計画

小規模多機能型居宅介護を進めるに当たっての具体的計画である。計画作成者研修を修了した計画作成者が、利用者の心身の状況、希望およびその置かれている環境を踏まえて作成する。利用者本人、その家族と協議の上、援助の目標、目標を達成するための具体的なサービス内容等が記載される。

作成に当たっては、内容について利用者、家族に説明し、利用者の同意を得、作成した際は利用者に交付しなければならない。介護支援専門員は計画の作成後も、その実施状況および利用者の態様の変化等を把握し、必要に応じて柔軟に計画を変更する。

常勤換算方法

事業所の従業者の員数を常勤の従業者の員数に換算する方法で、従業者の勤務時間延時間数を就業規則等で規定されている常勤が勤務すべき時間数（週32時間を下回る場合は32時間が基本）で除して算出する。例えば、ある訪問介護事業所で、管理者１人（常勤専従）、サービス提供責任者１人（常勤）、訪問介護員３人（各非常勤）がいて、常勤従業者の勤務時間数が週40時間と規定されている。それぞれの１カ月（４週）の勤務時間が、管理者160時間、サービス提供責任者160時間、訪問介護員A120時間、B80時間、C60時間の場合、算出方法は［(160＋120＋80＋60）÷160＝2.6（小数点第２位以下切り捨て)］となる（「管理者」としての業務に従事する時間は算入できない)。

常在菌

人体に通常存在する微生物で、健康時には病原性を示さないが、免疫力が低下した場合は発病する可能性がある。黄色ぶどう球菌や緑膿菌等が問題となる。咽頭《いんとう》、鼻腔《びくう》、表皮等に常在菌を検出することがある。抵抗力を維持し、口腔ケアやうがい、手洗いの励行により感染を予防することが重要である。

少子高齢化

出生率の低下と平均寿命の伸長により子どもの数が減り、高齢者の数が増えていくこと。日本の人口は、戦前の多産多死から、戦中から戦後にかけての多産少死の段階を経て、出生率、死亡率がともに低くなる少産少死の段階へと転換してきた。その結果、戦後の日本では急速に、総人口に占める65歳以上人口の割合が高くなり始めた。

人口が減少局面に入った現在、少子高齢化の概念は、特に少子化に注意を促す目的で用いられている。

➡ 日本の将来推計人口　p.364

情報公表事務

介護サービス情報の公開において、指定サービス情報公表センターが行う、介護サービス情報の報告の受理、公表に関する事務、指定調査機関の指定に係る審査に関する事務のこと（法第115条の42)。

情報公表センター

➡ 指定情報公表センター p.202

消滅時効

消滅時効とは、一定期間権利が行使されない場合、その権利が消滅される制度である。一定の事実状態が一定期間継続した場合に、その事実状態を優先して法律上も権利のとらえ方を変えるということになる。例えば、債務者が契約を履行しないで一定期間が経過したのち、消滅時効を援用するならば、この相手方の債権は消滅することになる。

介護保険法では、保険料や納付金等を徴収し、または還付を受ける権利および保険給付を受ける権利は2年を経過したときに時効で消滅することとしている。

➡ 時効 p.186

省令

各省大臣がその行政事務について法律や政令を施行するため、あるいは法律や政令の特別の委任に基づき出す命令のことである。介護保険法、介護保険施行法、介護保険法施行令を施行するための介護保険法施行規則が1つの例。

国家行政組織法第12条第1項で「各省大臣は、主任の行政事務について、法律若しくは政令を施行するため、又は法律若しくは政令の特別の委任に基づいて、それぞれその機関の命令として省令を発することができる」とされている。なお省令には、法律の委任がなければ、罰則を設け、または義務を課し、もしくは国民の権利を制限する規定を設けることができないとされている（国家行政組織法第12条第3項）。

条例

地方公共団体が独自に定める法規である。地域における事務、その他の事務で法令により地方公共団体が処理することとされているものに関す事項を処理するために制定する。条例は法律の範囲内で定めることができ（日本国憲法第94条）、国の法令と共に全体として体系的・統一的な法秩序を形成することとされている。なお条例は議会の議決によって定められ、首長が定める「規則」とは区別される。

条例委任

条例委任とは、省令等で定められていたサービス基準等を地方公共団体が制定する条例に委任すること。わが国の法令においては、その具体的な内容等をすべて取り決めずに、その一部を地方公共団体の判断に委ねて条例に委任しているケースがある。

2011（平成23）年、「地域の自主性及び自立性を高めるための改革の推進を図るための関係法律の整備に関する法律」が公布され、介護保険法で規定されているサービスや施設についても、従来は厚生労働省令で定められていた人員・設備・基準が、都道府県または市町村が制定する条例に委任されることとなった。基準が都道府県の条例に委任されるのは居宅サービス、介護予防サービス、介護保険施設等、市町村の条例に委任されるのは、地域密着型サービス、地域密着型介護予防サービス等のサービスである。条例は地方公共団体が、自主立法権に基づき、法令に違反しない限りでその議会の議決によって制定される。この場合、条例は法令の趣旨に反しないで、かつ地域の実情に即した独自性を示さねばならない。

ただし、介護保険法の条例委任においては、厚生労働省で定める基準に対し「従うべき基準」「標準とする基準」「参酌すべき基準」の３類型があり、すべての基準を都道府県や市町村が自由に決めることができるわけではない。

——において従うべき基準

条例は法令の趣旨に反しないで、かつ地域の実情に即した独自性を示さねばならないことから、法令が「従うべき基準」を定めることがある。条例の内容を直接的に拘束するものであり、必ず適合しなければならない基準である。この基準に従う範囲内で地域の実情に応じた内容を定めるべきで、当然、この基準と異なる内容を定めることは許されない。介護保険の場合は、従業員の基準および従業者数等がこれに当てはまる。

——において標準とする基準

条例は法令の趣旨に反しないで、かつ地域の実情に即した独自性を示さねばならないことから、法令が「標準とする基準」を定めることがある。法令の「標準」を通常よるべき基準とするが、合理的な理由がある範囲内で、地域の実情に応じた「標準」と異なる内容を定めることが許容される。介護保険の場合、利用定員（小規模多機能型居宅介護、介護予防小規模多機能型居宅介護、認知症対応型通所介護および介護予防認知症対応型通所介護を除く）がこれに当てはまる。

――において参酌すべき基準

条例は法令の趣旨に反しないで、かつ地域の実情に即した独自性を示さねばならないことから、法令が「参酌すべき基準」を定めることがある。これはあくまで「参酌」であり、法令が条例の内容そのものを直接的に拘束しない。国が示すこの基準によることの妥当性を地方自治体は十分参酌した上で、地域の実情に応じた設定を行うことができる。結果、この基準とは異なる内容を条例で定める場合がある。介護保険の場合、「従うべき基準」と「標準とすべき基準」に該当しないものが「参酌すべき基準」とされている。

上腕囲、上腕筋囲、上腕筋面積

上腕囲は上腕の最も膨らんだ部位の周囲値である。上腕筋囲、上腕筋面積は、上腕囲に基づき計算される筋肉量の指標である。上腕筋囲は、上腕囲（単位cm）－0.314×上腕三頭筋皮下脂肪厚（キャリパーという道具で計測、単位mm）で求められる。上腕筋面積は上腕筋囲の２乗を４×3.14で割った数値である。これらは栄養状態や食生活のアセスメントのための重要な評価項目として活用される。

ショートステイ

短期間、施設に入所してサービスを受ける短期入所系サービスの通称で、具体的には短期入所生活介護、短期入所療養介護がある。短期入所生活介護では介護老人福祉施設等に短期間入所し、入浴・排せつ・食事の介助、その他日常生活上の世話と機能訓練等のサービスを受ける。また、短期入所療養介護では介護老人保健施設等に短期間入所し、看護・医学的管理下の介助、機能訓練その他必要な医療と日常生活上の世話等のサービスが受けられる。それぞれ要支援者対象の介護予防サービスもある。いずれも利用者の心身の状況に応じたサービスであるが、家族の病気・冠婚葬祭・出張等のときも利用でき、家族の介護負担の軽減も目的とされる。

➡ **短期入所生活介護**　p.298
➡ **短期入所療養介護**　p.302

初回加算

介護サービスにおいて、新たに居宅サービス計画等が作成されサービスを提供することになった場合の加算。居宅介護支援、訪問介護、訪問看護で算定される。

居宅介護支援の場合、①新規に居宅サービス計画を作成、②要支援者が要介護認定を受け居宅サービス計画を作成、③要介護状態区分が２区分以上変更され居宅サービス計画を作成したときに算定される。

訪問介護では、新規に訪問介護計画を作成した利用者に対してサービス提供者が始めて指定訪問介護を行った場合等、また訪問看護では新規に訪問看護計画を作成した利用者に対して始めて指定訪問看護を行った場合等。

職域保険

被保険者が雇用されている職場を単位とする社会保険。これに対して、被保険者の居住する地域を単位とする場合を地域保険という。わが国の医療保険においては、共済組合や健康保険組合は基本的に職域を単位とする職域保険であり、その他、年金における厚生年金保険、労働保険における雇用保険や労災保険等も職域保険である。介護保険や、市町村国民健康保険、後期高齢者医療制度は地域（市町村や都道府県）を単位とする地域保険である。

また、協会けんぽは、基本的に職域を単位とする被用者保険であるが、2008（平成20）年度から、その財政運営については、都道府県支部単位で行われており、地域保険的な要素も加味されている。

➡ **地域保険** p.313
➡ **被用者保険** p.405

食環境

人々の食行動・食生活にかかわる環境をいう。社会における食物の生産、加工・流通等のフードシステムや食情報システムは、人々が食事を作る行動、食べる行動と密接な関係がある。介護・支援に携わる者は対象者の置かれている食環境の全体を視野に入れて支援することが必要である。

食形態

食材の質、大きさ、硬さ等食物の形態のこと。その食材の性質や栄養等を組み合わせて加工、調理し、口腔機能に適応させた常食、きざみ食、ソフト食、ミキサー食等の分類を食形態とする場合もある。高齢者や障害者にとって食べやすい形態にするため、飲み込みやすい食品を選択したり、水分を含ませ加熱し軟らかくする、細かく切る、表面を滑らかにすること等、調理形態を工夫することが必要である。

➡ **嚥下に好ましい食品** p.31

食行動

食材を選択し購入する、調理して食べる行動等、食に関する人の行動の総称をいう。食欲が起こる要因には生理的な状態の変化で空腹感が起こるが、食事の内容や方向性が決まるのは、食に対する知識や嗜好が深くかかわっている。

食事調査

食事調査は食事の摂取状況を調査し、食物、エネルギーおよび栄養素の摂取状態をみるものである。食物摂取状況調査には、秤量《ひょうりょう》法、思い出し法、記録法、食物摂取頻度調査等がある。①秤量法：摂取した食品を計量器（秤、計量カップ、スプーン等）で重量を測定する方法である。食材料、調理中の廃棄量、食後の残菜量を測定し、実際に摂取された分量を調査するものである。②思い出し法：対象者と面接して24時間以内に食べたものを思い出してもらい自己記録する方法である。③記録法：食後すぐに自己記録してもらう方法である。記録された内容から食事内容を分析して食品分析表を用いて栄養計算をする。④食物摂取頻度調査：調査対象者に特定期間中における各食品に関する日常の摂取頻度を尋ねるものである。

食事のアセスメント

食事介護を的確に行うため、利用者の食事摂取量、食欲、摂取動作、咀嚼《そしゃく》・嚥下《えんげ》機能の状態、歯や口腔の状態、精神問題（うつ等）についての問題点を把握すること。

食事の介助

食事の介助は、対象者が健康を維持するため行われるが、介助される人が自分で食べられるようにする、口から食べられる（経口摂取）よう働きかける、心理的、社会的、文化的欲求が満たされるような援助を目標とする。対象者の食物摂取の過程における問題点を把握し、食品の選択、調理方法、介助方法を工夫することが必要である。

食事のための自助具

障害のため、食物を口まで運ぶ等の行動が困難な場合、食事行動をスムーズに行えるように工夫された器具のこと。スプーンホルダー、コップホルダー、ふた付き吸口付きコップ、大柄付きスプーン、曲りスプーン、縁高・すくいやすい食器等がある。

食事の提供に要する費用

施設サービス等におけるいわゆる「食費」のことで、具体的には「材料費＋調理費相当」である。当初は介護報酬の対象に含まれていたが、2005（平成17）年の介護保険法改正において、保険給付外とされ、全額利用者負担となっている。もともと食費や居住費が自己負担である在宅と施設の利用者負担の公平性や、介護保険の給付と年金給付の機能の調整を図る観点から見直されたものである。ただし、低所得の人に対しては居住費とともに負担軽減がなされる。

施設サービスのほか、短期入所系サービス（短期入所生活介護、短期入所療養介護等）、通所系サービス（通所介護、通所リハビリテーション等）の食費も利用者負担となっている。

食事バランスガイド

食事バランスガイドは、2005（平成17）年、厚生労働省と農林水産省により策定された。食事バランスガイドは実際に食事をする際に何をどれくらい（量）食べると良いかを「食事摂取基準」に基づき、わかりやすく示されたもので、同様の栄養素が含まれた食品や料理を５つに区分し、バランスよく摂取できるようにしている。

食生活指針

健康を維持するために栄養素が過不足なく摂取できるようその支援も含め、2000（平成12）年厚生労働省、農林水産省、文部科学省の３省合同で策定された。なお、最初の食生活指針が策定されたのは1985（昭和60）年であり、その後1990（平成２）年に「対象特性別食生活指針」が策定され、ここには高齢者の疾病や介護の予防を目的とした内容も含まれている。

現在の食生活指針の内容は、①食事を楽しみましょう、②１日の食事のリズムから、健やかな生活リズムを、③主食・主菜・副菜を基本に、食事のバランスを、④ごはんなどの穀類をしっかりと、⑤野菜・果物、牛乳・乳製品、豆類、魚なども組み合わせて、⑥食塩や脂肪は控えめに、⑦適正体重を知り、日々の活動に見合った食事量を、⑧食文化や地域の産物を活かし、ときには新しい料理も、⑨調理や保存を上手にして無駄や廃棄を少なく、⑩自分の食生活を見直してみようの10項目からなっている。

褥《じょく》瘡《そう》（床ずれ）

ひとつの部分に持続的に圧力が加

わり血行が悪くなって皮膚に栄養が行き渡らず、虚血性変化、壊死、潰瘍等ができる状態である。いわゆる「床ずれ」である。まれに傷口の感染から死に至る場合もある。寝たきりの人にできやすく、いったんできてしまうとなかなか治りにくい。

——の発生原因

褥瘡《じょくそう》は体重による圧迫が腰や背中、足等の骨の突出部に持続的に加わることにより生じる。特に腰は体重がかかるのでできやすい。このほか、尿・便や汗等皮膚の不潔や湿潤、皮膚の摩擦、低栄養等が要因となる。また知覚麻痺、意識障害、失禁、るいそう等も褥瘡の発生を促す。

——の好発部位

骨の突き出ている部分は、皮下組織や筋肉等が少なく、集中して圧力がかかるため好発部位である。仰臥位時の好発部位としては、仙骨部、踵骨《しょうこつ》部、後頭部、肩甲骨部、肋骨角部、脊柱（背骨)、肘部《ちゅうぶ》等、また側臥位では腸骨部、骨盤上部、大転子部、上腕骨上部（肩峰《けんぽう》部)、膝蓋骨《しつがいこつ》部、外踝《がいか》部、内踝《ないか》部、耳介《じかい》部、肘部等が好発部位となる。座位でも、坐骨部、尾骨部等に褥瘡が発生しやすい。

——への対応法

褥瘡ができた場合は、早期に治癒させる。そのためには褥瘡の予防、つまり圧迫を分散させる、皮膚の不潔、湿潤のないようにする、皮膚の摩擦を避ける、栄養不良にならないようにする等を、確実に実行することが基本である。褥瘡は発赤の段階で発見し、進行させないことが大切である。そのためには入浴、おむつ交換のとき等、皮膚の状態を常に観察する。初期の発赤の段階であれば傷つけないよう保護し清潔にし、適切な介護によって改善するが、水疱やびらん、潰瘍になれば、医療処置が必要となる。その場合、医療職等に早期に連絡し、介護職の判断で処置してはならない。

褥瘡ができた場合、褥瘡部は細菌に感染しやすいので、感染を防止する。また創面から、蛋白質等の栄養分が分泌液や浸出液となり失われていくため、栄養補給にも努める必要がある。

——の予防

好発部位の圧迫を除くことが第一で、体位変換は２～３時間ごとに行い、エアマット、クッション等予防用具も使用する。マッサージも効果がある（ただし発赤部分には行わない)。また、皮膚を不潔にしないため入浴・清拭のほかスキンケアを行い、寝具は清潔なものを使用する。皮膚の湿潤にも注意し、排尿直後のおむつ交換等失禁対策やむれ防止に努める。また、皮膚の摩擦や損傷がないようにする。シーツや寝具はしわをつくらない、糊のききすぎたものを使用しないようにする。さらに高たんぱく、高カロリー、高ビタミン食等を十分に与え、栄養不良のないようにしていく。

——の予防用具

体圧の分散、皮膚の摩擦を少なくする、通気性をよくする等の目的で使用される褥瘡《じょくそう》予防のための用具である。全身用として、体圧の分散に優れたウォーターベッド、ウォーターマット、エアーマット等がある。またウレタンフォーム製波型マットは通気がよく、むれ防止に適している。局所用では、腰当て用、いす用等各型のある発泡スチロールマット、ヒツジの毛皮をなめしたもので通気性、吸湿性がよく腰や背中に敷くムートン、部位に合った大きさに切って用いるフォームパッド、布団の重さから足を保護する離被架《りひか》等さまざまのものがある。円座は褥瘡部を座面に接触させない効果があるが、褥瘡部の周囲の皮膚が引っ張られ、圧迫が加わるため、用いられなくなってきている。

褥瘡感染症

褥瘡は細菌感染の危険がつきまとい、深い傷では、骨も感染することがあり（骨髄炎）、また敗血症の原因となることもある。その温床となる壊死組織は取り除くことが必要となる。感染が合併した場合は、抗生剤の全身投与、切開排膿が行われる。

食物摂取の過程

食欲が出て食事をとる準備ができ、食事を摂食し、口腔で咀嚼《そしゃく》・嚥《えん》下《げ》する。次に消化管から消化・吸収されて不要物は排せつされる。人はこの一連の過程で栄養やエネルギー源を補給することができるが高齢期になると食物摂取が困難になる要因が出てくる。

食物繊維

食物繊維は人の消化酵素で消化されない食品中のセルロース（野菜）やペクチン（果物）等の難消化性多糖類で低エネルギーである。血糖の上昇を抑制する作用があるので糖尿病予防や便秘予防に役立つ。

助産師

厚生労働大臣の免許を受けて、助産または妊婦、じょく婦、新生児の保健指導を行うことを業とする女子（保健師助産師看護師法第３条）。文部科学大臣の指定した学校で１年以上助産に関する学科を修めた者、厚生労働大臣の指定した助産師養成所を卒業した者、外国の学校、養成所を卒業し、または外国で助産師免許に相当する免許を受けた者で、厚生労働大臣が認めたものが助産師国家試験を受験できる。

日本では助産行為を行うことができるのは、医師および助産師である。戦前は産婆と呼ばれていた。

所得段階別定額保険料

個々の被保険者の保険料は、所得状況等負担能力に応じた所得段階別の定額保険料となっている。この所得段階別の定額保険料については、市町村が条例でさらに細分化したり、各段階の保険料率を変更することができる。

近年、介護保険料システムの設計は多段階化の傾向にある。

処分の取消しを求める訴え

行政の処分に対し、その取消しを訴えること。公権力の行使に関する不服の訴訟の１つ。一般に、行政行為がその根拠法規等に合致しない場合や公益に反するものである場合には、その行政行為を取り消すべきとして訴訟が提起されることがある。行政行為の形式・手続・内容・主体に瑕疵《かし》があると考えられる場合も同様である。

介護保険法では、要介護認定の結果や保険料等に関する決定について不服がある場合は、この処分の取消しを求める訴えを裁判所に提起することができる。ただし介護保険審査会に審査請求を行い、その裁決を経た後でなければ、提起できない（審査請求前置）。なお、審査請求から３カ月を経過しても裁決がないときは、行政事件訴訟法により訴えることができる。

➡ **審査請求前置** p.253

徐脈

心臓の拍動数が異常に減少する不整脈。脈拍数が１分間60未満に低下すること。心臓の洞結節からの収縮刺激が少ない場合を洞徐脈という。迷走神経緊張、心筋梗塞、ジギタリスの使用、甲状腺機能低下症等でみられる。また、房室ブロックの際にもみられる。病的な徐脈にはペースメーカー植え込みが適応となる場合もある。徐脈は健常者でも就寝中に認められ、また、加齢やスポーツ心臓という状態でも起こる。

初老期認知症

40歳から65歳未満で発症した認知症の総称。歴史的には初老期に好発する若年アルツハイマー病と、性格変化と不適切な行動を特徴とするピック病を指すことが多かったが、認知症疾患の研究が進むうちにアルツハイマー病の他にも血管性認知症やアルコール性認知症、外傷性の認知症、その他若年で発症して認知症状を示す脳の変性疾患すべてを含むようになった。

介護保険法において、初老期認知症は、第２号被保険者（40歳以上65歳未満）として、給付を受けられる16種類の特定疾病の中に含まれているので、要介護、要支援の認定を受けた場合には、介護保険の給付を受けることができる。

➡ **若年性認知症** p.215

自立支援

自らの意思に基づき、自分らしく生活することができるように支援すること。介護保険制度における理念の１つでもあり、自分の意思でサービスを選択するということが原則となっている。

自立には、①ADLなどの身辺自立、②経済的自立、③自分のことは自分で決めていく人格的自立があり、高齢者ケアではこの３つの側面について支援するが、最終的には人格的自立を支援することになる。また、自立とは自らの責任で自己決定することであり、高齢者が自らの問題を自ら解決していけるよう、身体的・精神的・社会的な力を主体的に獲得していくこと（エンパワメント）を支援していくことも重要である。

自立支援医療

障害者総合支援法に基づく、障害者等の心身の障害の状態の軽減を図り、自立した日常生活、社会生活を営むために必要な医療のことで、具体的には育成医療、更生医療、精神通院医療がある（障害者総合支援法第５条第23項、同施行令第１条の２）。

従来、知的障害児の育成医療は児童福祉法、身体障害者の更生医療は身体障害者福祉法、精神障害者の精神通院医療費は精神保健福祉法に基づいていたが、これらの公費負担医療制度を障害者自立支援法（現障害者総合支援法）において一本化されたものである。支給認定手続きおよび利用者負担の仕組みが共通化され、指定された医療機関での利用（指定医療機関制度）となる。

自立支援医療費

障害者総合支援法では、障害者の総合的自立支援システムの自立支援給付があり、その中に自立支援医療費がある。障害者は所得に応じて1月当たりの負担に上限額が設定される。費用上限額が1月当たりの医療費を超える場合は、自己負担は1割となる。

自立支援医療費の支給を受けようとする障害者または障害児の保護者は、市町村等の自立支援医療費を支給する旨の認定を受けなければならない。市町村は支給認定者が自立支援医療を受けた場合、自立支援医療費を指定医療機関に支払う（代理受領方式）。

➡ 自立支援医療 p.249

自立支援給付

障害者総合支援法に基づき、障害種別にかかわらず全国一律に提供される障害福祉サービス等の給付のこと。介護等給付（居宅介護、重度訪問介護、同行援護、行動援護、重度障害者等包括支援、短期入所、療養介護、生活介護、施設入所支援、共同生活介護）、訓練等給付（自立訓練、就労移行支援、就労継続支援）のほか自立支援医療（更生医療、育成医療、精神通院医療）、補装具給付（義肢、装具、車いす等）がある。

利用者負担は原則として提供を受けた費用の1割負担とされている（定率負担）が、負担能力に応じた負担となるよう軽減策が講じられている。

自立（非該当）

自立とは通常①ADL等の身辺自立、②経済面での経済的自立（就労や年金による収入を含む）、③尊厳のある人格的自立（自己決定を含む）等を指しているが、この用語の場合、要介援（要支援）認定について該当せずとなった者である。

新規認定

被保険者が介護保険の給付要件を満たしているかどうかを確認するために、保険者である市町村は、被保険者から申請があった場合には、全国一律の客観的基準に基づいて要介護または要支援の認定を行う。

被保険者に対して初めて認定を行うのが新規認定である。新規認定は、①申請、②調査、③審査・判定、④認定の手順で行われる。

認定には有効期間があり、それを過ぎて継続の必要性が認められる場合には改めて認定が行われ、これが更新認定である。

2005（平成17）年介護保険法改正

後は認定調査の適正化を図る観点から、新規認定に係る調査については、委託を行わず市町村による調査の実施を原則とすることとされた。ただし、更新認定に関しては、市町村は指定居宅介護支援事業者・地域密着型介護老人福祉施設・介護保険施設・地域包括支援センターまたは、介護支援専門員のうち、厚生労働省令で定めるものに調査を委託することができるとされている。

腎機能

腎臓には、尿の生成・排せつによる体液の調節と老廃物の排せつという2つの主な働きがある。その他の機能として内分泌機能もある。腎臓は、尿の生成・排せつにより、体内の水分量、電解質、酸・塩基等の細胞外液成分量を調節し、生体内部環境の恒常性を維持している。高齢者では腎機能の低下がみられる。

腎機能が低下すると、薬の半減期がのびるため、薬の投与量を減らす必要がある可能性も考慮する。

腎機能検査

腎の濾過《ろか》、再吸収、分泌等の機能に対する検査であり、多くの検査法が使われている。腎循環に関する検査法としては、RBF（腎血流量）またはRPF（腎血漿流量）、腎動脈造影法、糸球体機能に関しては、クレアチニンによる糸球体濾過値の検査、排せつ機能に関しては酸塩基負荷試験、色素排せつ試験、尿濃縮力、希釈力の試験等がある。

心筋梗塞

心筋が壊死し心臓のポンプ機能が低下した状態。主要冠状動脈の閉塞により血流が途絶え、心筋の酸素や栄養が欠乏したために生じる。冠動脈の粥腫《しゅくしゅ》の崩壊と血小板凝集、血栓形成による閉塞のほか、冠攣縮等が原因である。前胸部痛が主症状で、狭心症より激しく、持続が長い。冬季、早朝に発症しやすく、安静やニトログリセリンでは改善しない。心停止に至る可能性もあり、近年死亡数が増加している。

神経症

体の不調や、対人関係の悩み等普通に生活していて生じる心理的な反応で、他人からも理解できるような悩みの症状である。客観的にはたいしたことではなくても本人自身は深刻に悩んでいるのが特徴である。

➡ **老年期神経症** p.486

神経内科

日本の神経内科は当初、精神科に含まれていたが、1960年代に日本臨床神経学会が開催されるに当たり、脳に器質的な病変を持つ神経学（のちの神経内科）と器質的な障害を持たない精神科とに別れた。現在は日本神経学会と改称され9,000人の神経内科医が誕生している。脳神経領域の疾患はまだまだ解明されておらず、難病に指定されているものも多い。代表疾患にパーキンソン病、筋萎縮性側索硬化症等がある。

人権尊重

社会福祉援助者は利用者の人権を守る立場に立ち、人間としての尊厳を尊重することが大切である。このため利用者自身が何らかの権利侵害を受けている場合、権利を擁護すること、権利が剥奪されている場合は、復権できるよう援助していくことも求められる。つまりその人がよりその人らしく生きていくための援助が必要とされる。

人工呼吸器

呼吸障害時、心肺蘇生時、全身麻酔等自発呼吸ができない状態のときに人工的に呼吸を行わせる装置。近年では、在宅呼吸管理にも使われる。その際、患者は呼吸の管理を機器に頼る不安、恐怖があることに注意する。人工呼吸器装着患者であっても電動車いす等により外出も可能である。介護支援専門員は、人工呼吸器の正確な知識や技術とともに、心理的支援や社会活動への支援にも配慮する必要がある。

人工透析

腎不全等の患者に対して人工的に水分・電解質・酸塩基平衡異常や高窒素血症を治療すること。人工透析には透析膜の区別により血液透析と腹膜透析がある。急性・慢性腎不全、薬物中毒および肝疾患等で適応となる。介護を必要とする腎不全、糖尿病性腎症の患者の増加により、在宅での定期的通院による血液透析や、在宅や施設での腹膜透析を受ける要介護者が増加することが予想される。

審査・支払［介護報酬］

市町村から委託を受け、国民健康保険団体連合会（国保連）が行うサービス提供事業所・施設からの介護報酬の請求に対する審査と支払いのこと。サービス提供事業者は国保連に対し費用請求を行い、国保連では介護給付費（介護報酬）の算定基準、事業者の設備・運営基準等に照らし、ケアプランの内容や支給限度基準額に応じた請求内容になっているか等を審査する。審査の上で市町村に費用請求して支払いを受け、それを介護報酬として事業者に支払う。

審査請求

審査請求とは、行政の処分等に不服を申し立てること。行政不服審査法に定める行政処分に関する不服申立制度の一環として位置付けられている。介護保険法では、保険給付に関する処分（被保険者証の交付の請求に関する処分と要介護認定・要支援認定に関する処分を含む）や保険料その他の徴収金に関する処分について不服がある場合、都道府県の介護保険審査会に対して審査請求ができると定められている。

これを行うと、「裁判上の請求」とみなされ、時効の中断事由になる。不服申立には、審査請求のほか、異議申立、再審査請求がある。

審査請求前置《ぜんち》

原則として、行政処分についての取消訴訟は、この処分の審査請求に対する裁決の前でも提起しうる。しかし、例外的に、裁決の後でなければ、訴えを提起できないとされることがある。これを「審査請求前置」という。

介護保険法の処分の取消を求める訴えも審査請求に対する裁決を経た後でなければ、提起することができないこととされている。大量な行政処分の統一性が重視される場合や行政の専門技術的性質を帯びる場合等には、こういった考え方が採用されている。租税法や社会保障法関係で多い仕組みである。

➡ **処分の取消しを求める訴え** p.248

審査判定

介護認定審査会が行う要介護認定・要支援認定に関する判定・審査は、認定調査の結果である一次判定結果と、特記事項、主治医意見書等に基づき、要介護状態・要支援状態に該当すること、要介護状態に該当する場合にはその要介護状態区分、第２号被保険者については要介護・要支援の原因が特定疾患によること、について審査判定を行い、市町村に結果を通知する。

身上監護

身上監護とは、親権者が未成年の子の身体的・精神的な成長を図るために監護（監督し保護すること）・教育を行うこと。民法上、親は子について身上監護権と財産管理権を有していると解されるが、それらの総称として親権が認められている。

成年後見事務の１つにも「身上監護」がある。身上監護には事実行為と法律行為があり、成年後見人の身上監護には事実行為は含まれないとされている。したがって実際の介護ではなく、介護契約や施設入所契約・病院入院手続等の行為を本人に代わって行う。

申請主義

社会保険制度においては、被保険者の資格取得や給付受給等の申請や届出、保険者による確認等が、一定の手続きにおいて必要なことをいう。年金受給者や介護保険の要介護認定、福祉用具購入費や住宅改修費の給付、健康保険の高額療養費の支給等を受けるためには申請をしなければならない。届出主義（または確認主義）ともいう。

申請処理期間

要介護・要支援の認定申請に対する処分（認定・不認定の決定等）は、申請のあった日から原則として30日以内に行われなければならない。

ただし、申請した被保険者の心身の状況の調査に日時を要する特別な理由がある場合には、市町村は、申請のあった日から30日以内に、申請処理に要する見込み期間と理由を被保険者に通知した上で、処分を延期できる。

申請保護の原則

生活保護は保護の申請（意思表示）があって初めて手続きが開始される。これを申請保護の原則という。生活保護法第７条に「保護は、要保護者、その扶養義務者又はその他の同居の親族の申請に基いて開始するものとする」と規定されている。

ただし同条には「但し、要保護者が急迫した状況にあるときは、保護の申請がなくても、必要な保護を行うことができる」と但書きがあり、要保護者が生活の困窮が差し迫った状態にあるときは申請がなくとも保護を行うことができる。

振戦《しんせん》

不随意運動の１つ。意思とは無関係に生じる律動的な細かい振動運動（ふるえ）のこと。振動（ふるえ）の大きさ・速さ・発生状況等で分類される。ストレス・不安・精神的緊張・甲状腺機能亢進・アルコールの離脱症状等でも生じる。パーキンソン病等では黒質線条体と呼ばれる中枢神経の障害から錐体外路症状として出現する。日常生活に支障がある場合や、重症に分類される場合は薬物治療を行う。

心臓神経症

器質的な心臓の病気がないのに症状に強くとらわれ、死の不安を持つ。動悸・前胸部痛・胸部不快感・息ぎれ・めまい等の心臓の症状を訴える。痛みは労作による増強がないという特徴がある。

国際疾病分類（ICD－10）では、身体表現性自律神経機能不全の心臓および心血管系に分類される。要因としては、精神的ストレスや肉体的過労、医師の不注意な発言や誤った知識、あるいは身近な心臓死等がある。

身体介護

訪問介護で行われる、利用者の身体に直接接触して行われる介護のこと。食事、排せつ、着脱、入浴（清拭）、体位変換、移乗・移動、通院・外出の介助等がある。また、利用者の日常生活動作（ADL）や意欲向上のために利用者と共に行う自立支援のためのサービスも含まれている。

このほか、専門的知識・技術をもって行う生活援助サービスも身体介護に含まれ、例えば、一般的な調理は生活援助となるが、嚥下《えんげ》困難者のための流動食・糖尿病食等の調理は身体介護に当たるとされている。海外では、パーソナルケア（Personal care）と呼ばれるサービス形態がこれに相当する。

➡ 生活援助 p.263

身体計測

人体の大きさを計測することで、健康診断や義肢、装具の作成で必要となる。栄養状態によって身体の構成成分も変化することから、栄養状態を知る上でも身体測定が用いられる。身長、体重の測定が中心だが、体脂肪量をみるための皮下脂肪圧測定、筋蛋白質の状態を知るための上腕筋囲測定等も行われる。身長の短縮は脊椎の圧迫骨折、円背、骨粗鬆症の早期発見の手がかりとなる。また急激な体重の減少は悪性新生物、糖尿病の悪化等、体重増加は肥満症、心不全、肝硬変等の浮腫性疾患等の把握につながる。

また、体格の判定ではBMI（Body Mass Index）という指標が用いられるが、BMI＝体重（kg）÷身長（m）÷身長（m）で算出され、18.5未満がやせ、18.5以上25未満が標準、25以上が肥満と判定される。

身体拘束

病院や施設等で、認知症の高齢者等をひもや抑制帯でベッドやいすに固定したり、柵でベッドを囲んだり、あるいは部屋に閉じ込める、向精神薬を服用させ行動を制限したりすること。

人間としての誇り・尊厳を奪われた状態であるとして厚生労働省は、介護保険施設では、緊急やむを得ない場合でない限りこのような身体拘束をすることを禁止している。

診断

医師が診察・検査・解剖等による所見に基づいて下す医学的判断。患者を診察して病状や病名を判断すること。診断は、疾患名を決定し、適切な治療や対応をするための根拠となる。類似した他の疾患の症候と識別することを鑑別診断という。また、疾病の経過に伴い診断が変化する場合もある。直ぐに診断を下しにくいときに暫定的な診断をした上で、十分な情報が得られてから診断した場合を最終診断という。

心停止

心筋の収縮活動が止まること。心停止は全疾患における最終的な死の状態である。脈は触れず、血圧は測定不能となり、心音も聴かれない。血液を送り出すことができるような心筋の収縮作用が停止している状態。治療方法が異なるので鑑別が必要である。3分以上心停止すれば脳が障害を受ける。心停止に関する原因としては冠動脈疾患、不整脈や、外傷等による心破裂等がある。この場合、緊急処置が必要であり、心肺蘇生を行う。

心電図

心臓は拍動により活動電流を発生する。これにより四肢や胸壁等、体表面の異なった部位間に電位差が生じる。この電位差を導出するための装置である心電計により電位の変化を記録したものが心電図。心電図の波形は、心房の脱分極を示すP波、心室の脱分極のQRS波、心室の再分極を表すT波よりなる。不整脈や狭心症、心筋梗塞等の診断に使用される。

心肺蘇生のABC

心肺停止を来した患者に対して行う救急救命処置が心肺蘇生である。

A（Airway）は気道確保であり、用手による下顎挙上、頭部後屈を行う場合と気管内挿管による気道確保等の器具を用いる場合がある。

B（Breathing）は人工呼吸であ

り、口対口人工呼吸による方法や人工呼吸器を用いる方法がある。

C（Circulation）は循環補助であり、胸骨圧迫による体外心マッサージを行う。国際的なガイドラインの改定により日本版「救急蘇生法の指針2010（市民用）」が策定され、市民が行う救急蘇生法の手順が示されている。従来はABCの手順だったが、CBAに変更され、体外心マッサージ（胸骨圧迫）が優先されている。

心不全

心臓の能力低下によって、全身の臓器や組織に必要な血液を十分に送り出せない状態である。軽症では、運動等労作時に疲労感・動悸・咳・息切れ等の症状が出るが、安静により軽快する。重症化すると、安静時でも症状が起こる。高齢者では症状が活動性の低下や見当識障害等に見誤られる可能性がある。また、特に高齢者では、感染症や低栄養、貧血等から心不全の症状を呈することもある。

腎不全

腎機能の低下を来す状態。腎機能が低下すると、尿素窒素等の老廃物を排せつし、水・電解質・酸塩基平衡を維持する働きが十分に行われなくなる。その結果、体内に不要有害物が蓄積したり、水・電解質・酸塩基平衡が異常となった状態をいう。急に発症し回復の可能性のあるものを急性腎不全と呼び、腎機能が慢性的不可逆的に低下した場合を慢性腎不全と呼ぶ。

心膜炎

心臓の外側の心膜の炎症。他の疾患の合併症として、あるいは他の疾患に引き続いて起こることが多い。心膜炎の原因は、ウイルス、細菌等の感染症、胸部の外傷や心臓手術後、リウマチ熱、川崎病等である。症状としては、左肩・左上腕部・頸部等に放散する前胸部痛が起こる。痛みは、咳、呼吸、体動、横臥位で増強する。心膜摩擦音の聴診、心電図異常、心エコー図、心膜液の貯留等によって診断する。

信用失墜行為の禁止

介護支援専門員に課せられる義務の1つ。介護支援専門員としての信用を傷つけるような行為をしてはならない（法第69条の36）。都道府県知事は、介護支援専門員が信用失墜行為の禁止規定に違反した場合は、介護支援専門員の登録を消除できる。

信頼関係の構築

相談援助においてはその援助が順調に展開していくためには、まず人間関係の根幹の部分として信頼関係（ラポール）が必要とされる。この信頼関係の構築はインテーク面接では重要な課題となっており、そのためにも利用者から信頼されるべき態度が援助者に求められる。非審判的態度にて傾聴すること、そして傾聴から共感することが信頼関係を構築する上で必要とされることである。

心理的虐待

心理的障害を与える虐待で、高齢者虐待防止法（第２条）では、「高齢者に対する著しい暴言又は著しく拒絶的な対応その他の高齢者に著しい心理的外傷を与える言動を行うこと」としている。

2012（平成24）年度の厚生労働省による高齢者虐待調査によれば、15,202件の虐待件数のうち、心理的虐待は6,319件（40.4％）で身体的虐待に次いで多い。どのような虐待行為の場合でも少なからず同時に行われるものと考えられている。

➡ **高齢者虐待防止法**　p.153

診療所

診療所とは、医師又は歯科医師が、公衆又は特定多数人のため医業又は歯科医業を行う場所であって、患者を入院させるための施設を有しないもの又は19人以下の患者を入院させるための施設を有するものをいう（医療法第１条の５第２項）。

患者19人以下の有床診療所と、外来診療のみの無床診療所がある。届出上の名称としては「医院」「クリニック」が多い。

診療補助

医師の診療を補助すること。介護保険のサービスでは、訪問看護、定期巡回・随時対応型訪問介護看護にサービスの１つとして「診療の補助」が明記され、医師の指示によって行われる。これを行えるのは看護師、准看護師、保健師、理学療法士、作業療法士、言語聴覚士である。訪問看護では、利用者の６割が診療の補助を利用し、その中でもバイタルサインの測定、状態観察、薬剤管理が多い。また医療処置に関する緊急時の対応も医師との連携のもとで行われる。

また、訪問介護の身体介護でも、社会福祉士及び介護福祉士法の改正（2011（平成23）年）により、2015（平成27）年度から介護福祉士等の介護職も診療の補助として一定の条件の下で喀痰吸引を行うことができることとなった。

す

随時対応サービス

定期巡回・随時対応型訪問介護看護のサービス形態の１つで、随時通報を受け、相談援助、対応の要否等を判断するサービスである。あらかじめ利用者の心身の状況、その置かれている環境を把握した上で、随時、利用者またはその家族等からの通報を受け、通報内容をもとに相談援助または訪問介護員の訪問、看護師等による対応の要否等を判断する。定期巡回・随時対応型訪問介護看護は地域密着型サービスの１つで、重度者をはじめとした要介護高齢者の在宅生活を支えるため、日中・夜間を通じて、訪問介護と訪問看護を一体化、または密接に連携させて定期巡回と随時対応を行うものである。

➡ **定期巡回・随時対応型訪問介護看護** p.334

炊事のための自助具

身体機能の低下等で日常生活の動作に困難がある場合に、できるだけその自立を支えるための用具のうち、調理をしやすくするために工夫された用具である。食品を切るために工夫された用具（包丁・はさみ・まな板）、片手で食品の皮をむくための用具、容器の蓋や栓、缶を容易に開けるための用具、瓶や鍋を固定しておくための用具、皿等を洗うための用具（吸盤やネジで固定できる洗浄ブラシ等）等がある。

随時訪問サービス

定期巡回・随時対応型訪問介護看護のサービス形態の１つで、随時通報に基づいて対応を判断する随時サービスにおいて訪問が必要と判断された場合に、訪問介護員等が利用者の居宅を訪問して行う日常生活上の世話である。日常生活上の世話として、入浴、排せつ、食事等の介護、これらに付随して行われる調理、洗濯、掃除等の家事、生活に関する相談、助言等がある。

定期巡回・随時対応型訪問介護看護は地域密着型サービスの１つで、重度者をはじめとした要介護高齢者の在宅生活を支えるため、日中・夜間を通じて、訪問介護と訪問看護を一体化、または密接に連携させて定期巡回と随時対応を行うものである。

➡ **定期巡回・随時対応型訪問介護看護** p.334

錐体外路症状

体の筋肉の緊張や姿勢をコントロールする大脳の錐体外路という神経の通り道に、何らかの損傷が起きることによって現れる症状の総称。筋肉がこわばって体の動きが緩慢になる症状と、筋肉が自然に振動してしまう症状がある。手足のふるえ、体が前に傾き、筋肉のこわばりのために小股歩行になり、動作が遅くなる。パーキンソン病の主症状としてみられるほか、精神疾患の薬の副作としても引き起こされることがある。

睡眠の介護

睡眠のリズムは、成長・発達・加齢によって変化をみせ、特に高齢になると不眠の訴えが多くなる。安眠に導くことは高齢者の健康回復や精神安定に欠かせない援助である。不眠の援助としては、まず不眠の状況を聞き、原因を取り除くことである。高齢者の不眠の訴えの背景には、日中の活動不足、昼間の居眠り、夜間頻尿による頻回な覚醒、腰痛、関節等の疼痛、皮膚の瘙痒による入眠困難や覚醒、夜間の不安感の増強、疾患からくる不眠（高血圧・脳動脈硬化症・認知症・うつ病）等がある。

介護の方法として、就寝前には1日の終了を意味する歯磨きや洗顔といったけじめを習慣付けさせたり、コーヒー等精神を高ぶらせる飲み物やテレビを控えさせる。さらには安眠を誘うような環境整備が必要で、室温を調整し、騒音を排除する。日中の過ごし方としては、日中は身体を動かし、規則正しい生活パターンをつくる。また、できるだけ離床を勧めた活動を促す。それでもなかなか安眠ができない場合は、睡眠薬が処方されるが、その乱用はかえって不眠の原因ともなり、慎重な与薬が必要である。

スーパービジョン

援助者が、自己流の援助に陥らないよう、熟練者が支援を行っていく方法。社会福祉機関・施設において、利用者への援助の向上と援助者の養成を目的に、実践経験と専門知識を持つスーパーバイザー（指導する人）がスーパーバイジー（指導を受ける人）との契約に基づいたスーパービジョン関係を通して行われる指導・監督機能である。

スーパービジョンの機能には3つ

の機能がある。具体的な援助に必要な知識、技術、価値を伝える教育的機能。機関の目的に沿った組織づくりやスーパーバイジーが行う業務分掌を策定する管理的機能。スーパーバイジーの精神的なサポートをする支持的機能がある。スーパービジョンの形態は、1対1の個人スーパービジョン、グループ単位で行われるグループスーパービジョン等がある。その他、同僚や仲間同士によるピアスーパービジョンがある。

ストレングス

ストレングス（Strength）とは、英語で「強さ・力」の意味である。近年のソーシャルワーク理論では、従来の無力な利用者といった利用者観から脱却して、ストレングスアプローチでは利用者が元来持っている「強さ・力」に着目して、それを引き出し、活用していく手法が中心である。今日の社会福祉のどの分野にも通じる、いわゆるジェネリック・ソーシャルワークでは利用者の問題点の発見から「できないことをできるように援助するといった従来の手法に加えて、利用者の強さを発見しできることをさらに伸ばすといった2つの手法が求められている。

スピリチュアルケア

スピリチュアルペインを抱える人をそれらから解き放つためのケア。魂の痛みを抱える人が、心の安寧を得て、あるがままに自己を受容し、生きる意味や価値について、人間を超えた超越者との関係の中で確認し、また、内面の究極的自己と出会う中で見出せるようにするケア。援助者は傾聴を通して、誠実に当事者の抱える痛みに寄り添う姿勢と技術が求められる。

スピリチュアルペイン

重篤な疾病や障害によって死を意識した人や危機的な状況に立たされた人の人間存在の根源にかかわる実存的な痛み。魂の痛み。今を生きるよりどころが揺さぶられ、自身の人生の意味、目的、価値を見失ったり、否定されることに起因する。例えば、緩和医療において、末期患者が死に対する不安、苛立ち、不穏、抑うつ、怒り、諦観、希死念慮等広範な訴えを通して表出される。1990（平成2）年、世界保健機関（WHO）専門委員会において、がん患者の苦痛の1つに定義付けられた。

滑りの防止及び移動の円滑化等のための床又は通路面の材料の変更

畳にはクッション性があるため、車いすのキャスターが沈み込みうまく操作できないことによる床材の変更、滑りやすい階段の踏面へのノンスリップ加工、カーペットの貼り付け、床面に溝を付ける等移動時の円滑化や転倒防止を図る工事等がある。介護保険における住宅改修としての「滑りの防止及び移動の円滑化等のための床又は通路面の材料の変更」としては、「居室においては畳敷から板製床材、ビニル系床材等への変更、浴室においては床材の滑りにくいものへの変更、通路面においては滑りにくい舗装材への変更等」が対象とされている。

スロープ［福祉用具］

車いす使用者や下肢能力が低下している者の移動の安全性を高め行動範囲を広げるため、段差がある所に設置して段差を解消するもので、車のトランクに収納したり、携帯して持ち運びができるもの等がある。形状は、折りたたみ１枚型と２枚（本）型に分けられ、材質はアルミニウムや強化プラスチック、ステンレスのメッシュ等が多い。介護保険における福祉用具貸与のスロープとしては、「段差解消のためのものであって、取り付けに際し工事を伴わないものに限る」とされており、据え置きタイプのものが対象となる。なお、取り付けに工事を伴うスロープについては、住宅改修における「段差の解消」が適用される。

せ

生化学検査

血液に含まれる蛋白質、糖、電解質、酵素等の化学成分を測定する検査のこと。尿、髄液等を用いる場合もある。身体に異常がある場合は、これらの成分が増えたり減ったりするため、複数の検査を組み合わせて病気の診断、治療の判定等に利用される。

①肝機能検査（検査項目：総蛋白、アルブミン、AST（GOT）、ALT（GPT）、γ－GTP等）、②腎機能検査（検査項目：尿素窒素（BUN）、クレアチニン等）、③膵機能検査（検査項目：アミラーゼ、リパーゼ等）、④脂質代謝検査（検査項目：総コレステロール、HDLコレステロール、LDLコレステロール、中性脂肪等）、⑤糖代謝検査（検査項目：血糖、ヘモグロビンA１c（HbA１c）等）、⑥痛風の検査（検

査項目：UA（尿酸））、⑦電解質検査（検査項目：Na、K、Cl等）等の検査がある。

生活援助

訪問介護で行われる、掃除、洗濯、ベッドメイク、衣服の整理、一般的な調理、生活必需品の買い物、薬の受け取り等日常生活の援助である。例えば食事をとる（身体介護）ために調理をする（生活援助）というように、身体介護は利用者の生活行為に対しボディ・タッチを伴う直接的な援助であるが、生活援助は利用者の生活行為に必要な条件や手段を整える間接的な援助である。なお、従来は「家事援助」という概念（Home making）が使用されていた。

➡ **身体介護** p.255

生活課題（ニーズ）

日常生活を営む上で困っていたり、ケアを必要とする状態のことで、その状態を解決する目標・事項のことでもある。生活課題は、下記の4つの視点からとらえられる。

①全体性：身体機能的、精神心理的、社会環境的状況が密接にかかわり合っている

②個別性：利用者は、個別に独自の生活課題を持っている

③継続性：現在の生活課題は過去の生活とかかわりを持ち、将来にも影響する

④地域性：介護サービスの整備状況等利用者の住む地域の特性によっても影響を受ける

生活課題を明らかにし、必要な介護サービスの内容を導き出すために行われるのが課題分析（アセスメント）である。

➡ **課題分析** p.82

生活機能

生活を維持していくためのさまざまな機能や能力のことで、心や体の動きだけでなく、日常生活の動作、家庭や社会での役割も含まれる。生活機能は、国際生活機能分類（ICF）、パーキンソン病等特定疾患にかかわる生活機能障害度、日常生活機能評価表等多様に取り上げられている。

例えば、世界保健機関（WHO）の高齢者の生活機能自立度では、歩行、食事、排せつ、入浴、着脱衣等の日常生活を独力で営む能力を生活機能というが、それだけでなく、地域社会での自立生活に必須のコミュニケーション能力等もこれに含まれるとしている。またWHOのICFの中心概念は生活機能であり、生活機能には「心身機能・身体構造」「活

動」「参加」の３つのレベルがあるとする。

➡ ICF p.3

——の３つのレベル

国際生活機能分類における生活機能の３つの階層である「心身機能・身体構造」「活動」「参加」をいう。それぞれのマイナス面（生活機能低下）が「機能障害」「活動制限」「参加制約」である。また、これに「健康状態」「環境因子」「個人因子」が関連して生活機能構造のモデルが示されている。

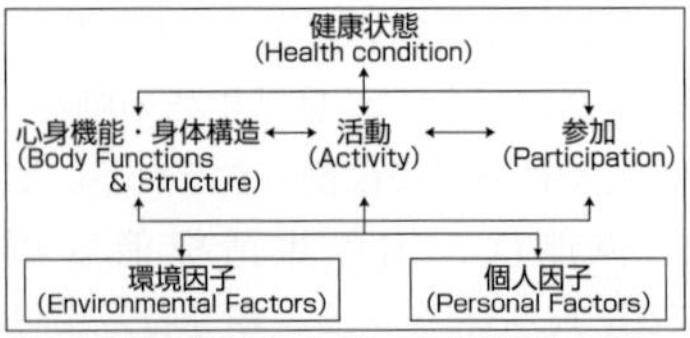

ICF：国際生活機能分類（2001）の生活機能構造モデル

——の相互依存性

国際生活機能分類（ICF）において、生活機能と障害にかかわる３つの階層（心身機能、活動、参加）は、相互に影響を与え合うということ。例えば、心身機能に問題が生じた場合（機能障害）、活動ができなくなり（活動制限）、その結果趣味の会にも参加できなくなる（参加制約）といったことである。

——の相対的独立性

国際生活機能分類における生活機能と障害にかかわる３つの階層（心身機能、活動、参加）はそれぞれ独立し、互いに影響し合うが、それによって全部決まってしまうということはないということ。例えば心身機能レベルの低下が改善しなくても、適切な補助具を使ったり、適切な向上支援や介護によって活動レベルに働きかけることができ、通所介護の活用で参加レベルを向上させることができる、といったことである。生活機能の相対的独立性の視点は目標設定やケアプラン立案にとっても重要である。

生活期リハビリテーション

維持期リハビリテーションと同義語。脳血管障害、骨折等の疾患に対して医療機関で提供されるリハビリテーションは、疾患発症から治療に至る時系列により急性期、回復期、生活期（維持期）に分類される。

生活期リハビリテーションとは、急性期、回復期に続いて実際の生活の場でリハビリテーションが提供される時期として用いられる。主に介護保険により通所リハビリテーション、訪問リハビリテーション等自立支援を目的としたリハビリテーションサービスが提供される。

➡ 維持期リハビリテーション p.14

生活支援員

日常生活自立支援事業を実施している市町村社会福祉協議会に配置される職員のこと。同事業の利用者のために、利用契約締結時に策定された支援計画（定期的に見直しが行われる）に基づいて、利用者の預貯金の出し入れや公共料金の支払い等を代行したり、福祉サービス利用や日常生活上のアドバイス等を行い、利用者の生活を支援する。

➡ 日常生活自立支援事業 p.363

生活習慣病

運動習慣・食習慣・休養・喫煙・飲酒等の不適切な、よくない生活習慣が積み重なって引き起こす疾患。厚生労働省は、1956（昭和31）年から使用されてきた「成人病」という用語を、1996（平成８）年10月から「生活習慣病」と変更した。生活習慣改善等の予防策を強力に推進するため、行政的に名称を変えたものである。

生活習慣病は、健康長寿の阻害要因となるだけでなく、医療費の増大につながっている。高血圧、脳血管障害、虚血性心疾患、糖尿病、脂質異常症、がん、肝臓病、痛風等生活習慣が要因となる疾患の対策は、早期発見、早期治療ばかりではなく、子どものころから健康的な生活習慣を確立することが必要である。対策として、適度な運動、バランスのとれた食生活、禁煙による一次予防を推進することや、そのための地域社会における環境や資源、患者への生活の質（QOL）に配慮した取り組みなどを推進している。

――の対策

生活習慣病の対策は次のようなものである。①健康増進と発病予防のための生活習慣の改善支援。②早期発見、早期治療のための検診の促進。③治療・機能回復のリハビリテーション支援と再発予防。

また、厚生労働省の生活習慣病対策には、運動施策の推進、栄養・食育対策の推進、たばこ対策、メタボリックシンドロームに着目した特定健康診査・特定保健指導等がある。

生活相談員

介護老人福祉施設や短期入所生活介護、通所介護などに配置され、入所者や通所者、またはその家族に対して相談援助業務を行う職種を指す。資格要件は、社会福祉士、社会福祉主事任用資格またはこれと同等以上の能力を有すると認められる者とされている。配置基準や業務内容については、各サービスの人員・運営基準において定められている。

生活の継続性の支援

高齢者が生活を継続できるように支援することで、介護保険制度において、「自己決定の尊重」「自立支援」と並ぶ、高齢者ケアの原則の1つとされている。生活の継続性の支援には時間的な継続性と面的な継続性からの支援がある。時間的な継続性とは、高齢者の過去・現在・未来という時間的な継続において、過去の価値観や文化を尊重し、さらには生活を将来に向けた一連の流れとしてとらえていくということ。また面的な継続性は、ある時点において広範囲にわたるケアの継続性を意味し、保健・医療・福祉等のサービスが連携して提供されることである。これらの支援を支えるのが居宅介護支援（介護支援専門員）であり、高齢者の生活を時間的かつ空間的な継続性でとらえる必要がある。

生活の質

➡ QOL p.5

生活不活発病

生活不活発病は生活が不活発なことによって生じる全身および心身機能低下で、学術用語としては廃用症候群といい、特に高齢者で起こりやすい。生活習慣を見直し、高齢者の社会参加を促し、予防的リハビリテーションを取り入れ、生活不活発病の予防・改善を図ることは重要である。

➡ **廃用症候群** p.395

――の３タイプ

生活不活発病の発生の契機は①「活動の量的減少」、②「活動の質的低下」、③「参加の制約」に分類される。①は病気、外傷、術後等で不必要な安静をとりすぎる場合が多い。慢性疾患等での疲労感や視力や聴力の低下等よりくる消極化もある。②は脳血管障害、骨折等にて運動が困難になること、変形性関節症による疼痛等が原因となる。③は退職、転居、独居、災害が契機になり、外出や社会生活への参加が減少することが挙げられる。

――の症状

生活不活発病の症状は生活機能により、「Ⅰ全身に影響するもの」、「Ⅱ

体の一部に起こるもの」、「Ⅲ精神や神経の働きに起こるもの」に分類される。Ⅰには心肺機能低下、起立性低血圧、食欲不振・便秘等がみられる。Ⅱは関節拘縮、廃用性筋力低下・筋委縮、褥瘡《じょくそう》、静脈血栓症等。Ⅲはうつ状態（仮性認知症）、関心の低下、自律神経不安定等が挙げられる。

生活扶助

生活保護法による扶助の1つで、「衣食その他日常生活の需要を満たすために必要なもの」「移送」の範囲で行われる食費、被服費、光熱水費、家具什器等を対象とする給付である。現行8種類の扶助の中でも最も基本的な扶助であり、被保護者の9割は生活扶助を受けている。被保護者が入院している場合には入院患者日用品費、介護施設に入所している場合は介護施設入所者基本生活費が生活扶助として給付される。

また、個別的な特別需要を補填するため、母子加算、妊産婦加算、障害者加算、介護保険料加算等8種類の加算制度が設けられている。介護保険料加算は被保護者が負担すべき第1号保険料に対応したものである。生活扶助は原則として金銭給付により1カ月分が世帯主またはこれに準ずる者に対し交付される。

——の内容と方法

生活扶助は、個人単位の経費である第1類の経費（食費、被服費等）と世帯単位の経費である第2類の経費（光熱費、家具什器費等）を合わせた基準生活費、病院・診療所、介護施設に入院（所）している場合の入院患者日用品費、介護施設入所者基本入所者基本生活費、個別的な特別需要を補填するための各種手当、さらに期末一時扶助、一時扶助からなる。第1類費は年齢別、第2類費は世帯人員別の算定となる。生活扶助は世帯構成が異なる個々の世帯を対象としており、第1類費と第2類費を合算して給付されることになる。各種手当に対応して母子、妊産婦、障害者、介護施設入所者、在宅患者、放射線障害者、児童養育、介護保険料の各加算がある。また期末一時扶助は年末（12月）の特別需要に対応するもの、一時扶助は保護開始時や出生、入学、入退院時に必要不可欠の物資を欠き、緊急やむを得ない場合の扶助である。

生活保護

生活保護とは、国や自治体が生活に困窮する国民に対し、その困窮の程度に応じて必要な保護を行い、最低限度の生活を保障するものである。公的扶助（最低限の生活を保障するために行われる公的な経済的援助）の中心をなし、生活保護法に基づいて行われる。保護を決定、実施する者（保護の実施機関）は都道府県知事、市長、福祉事務所を管理する町村長（福祉事務所のない町村は都道府県知事）であるが、実際には、第一線の現業機関として福祉事務所に委任されている。保護には生活、教育、住宅、医療、出産、生業、葬祭、介護の８種類の扶助があり、個々の要保護者の資力と生活需要に応じて必要の限度で給付される。費用負担は人件費等の費用は地方自治体、保護費は国が４分の３、地方自治体が４分の１を負担する。

生活保護受給者数は高度経済成長に伴う失業者の減少や社会保険制度の普及・充実等で減少、横ばいの傾向であったが、1995（平成７）年を底に増加に転じ、2014（平成26）年には約217万人となり、2011（平成23）年に過去最高を更新して以降も増加は続いている。増加の要因は、就労による経済的自立が難しい高齢者世帯が増加していることが挙げられるが、加えて厳しい社会情勢の影響を受け、失業等により生活保護に至る世帯が増えていることも指摘されている。このため生活保護受給者への就労・自立支援の強化等生活保護制度の見直しも進められている。

➡ 福祉事務所 p.408

生活保護制度

生活保護制度とは、生活に困窮する者に対し、その困窮の程度に応じて必要な保護を行い、健康で文化的な最低限度の生活を保障し、その自立を助長する制度である。最低生活の保障は世帯全員がその利用できる資産や能力、その他あらゆるものを活用することが前提であり、保護の開始時には、預貯金、不動産、稼働能力、扶養義務者からの扶養、年金、手当等の社会保障給付等について調査が行われる。

保護は、要保護者の生活需要の性格によって生活扶助、教育扶助、住宅扶助、医療扶助、介護扶助、出産扶助、生業扶助、葬祭扶助に区分されて行われる。支給される保護費の額は、厚生労働大臣が定める基準（生活保護基準）で計算される最低生活費から収入を差し引いた差額である。

生活保護法に基づき、「国家責任の原則」「無差別平等の原則」「最低生活保障の原理」「補足性の原理」の４つの基本原理と、「申請保護の原則」「基準及び程度の原則」「必要即応の原則」「世帯単位の原則」という実施上の４つの原則を基本として保護が実施される。

生活保護法

生活保護を行う根拠となる法律である。生活保護法第１条は、この法律の目的を「日本国憲法第25条に規定する理念に基き、国が生活に困窮するすべての国民に対し、その困窮の程度に応じ、必要な保護を行い、その最低限度の生活を保障するとともに、その自立を助長すること」と規定している。生活保護の制度の原型となるのが、わが国では恤救《じゅっきゅう》規則（1874（明治７）年)、救護法（1929（昭和４）年）である。しかし、恤救規則では国の扶助義務はなく、救護法において扶助は不十分ながらも義務付けられたが、国民には救護を請求することは権利として認められているわけでなかった。

戦後、日本は深刻な食糧不足、失業に見舞われ、GHQ（連合国軍最高司令官総司令部）が日本政府に国民の救済に関する指令を出し、1946（昭和21）年、旧生活保護法が制定されることとなる。しかし、旧法では、国家責任による無差別平等の保護を明文化したが、欠格条項（怠惰、素行不良者）も置かれていた。1947（昭和22）年に日本国憲法が公布され、第25条で国民の生存権（「健康で文化的な最低限度の生活を営む権利」）を保障するとともに、国に対しても生活保障の義務を課した。1948（昭和23）年にGHQから米国社会保障制度調査団報告書「社会保障制度への勧告」が提出され、厚生省（現厚生労働省）でも旧生活保護法の全体的見直しを行い、1950（昭和25）年、日本国憲法第25条の理念に基づく現在の生活保護法に改正されることとなる。生活保護法は国家責任、無差別平等、最低生活保障、保護の補足性を４つの基本原理とし、保護請求権も権利として認めている。

生活保護法は過去にも一部改正されているが、生活保護受給者の高齢化、社会経済情勢の影響等から近年増える傾向にあり、就労による自立支援、健康・生活面等に着目した支援、不正・不適正需給対策の強化等、医療扶助の適正化を柱に2013（平成25）年12月一部改正された。一部の規定を除き2014（平成26）年７月から施行されている。なおこの改正では、併せて生活困窮者自立支援法が成立し、2015（平成27）年４月から施行されている。

➡ **生活保護** p.267
➡ **生活保護制度** p.268

生業扶助

生活保護法による扶助の１つで、就労に必要な技能の修得等に係る費用の給付である。「生業に必要な資金、器具又は資料」「生業に必要な技能の修得」「就労のために必要なもの」の範囲で行われる。ただし、その費用によって、その者の収入を増加させ、またはその自立を助長することのできる見込みのある場合に限られる。なお、他の扶助は「困窮のため最低限度の生活を維持することのできない者」が対象であるが、生業扶助の場合は「そのおそれのある者」も対象とされている。

清潔の介護

身体や身辺の清潔を保持するために行われる介護のこと。入浴、シャワー浴、清拭の介護がある。身体を清潔にする意義としては、①生理的意義：皮膚の汚れをとる、血行・新陳代謝を促進する、疲労回復、感染予防等、②心理的意義：気分爽快、活動意欲を高める等、③社会的意義：不快感を他人に与えない、人間関係を円滑にする、その人の社会的評価を高める等、がある。

身体の清潔の介護の基本としては、まず全身状態の観察やバイタルサインをチェックし、可否について慎重な判断をするとともに、健康状態や運動機能に合った最適な方法を選択する。次に湯加減、脱衣場の温度の調節、必要物品、着替え等の準備を行った上で、介護する。実際の介護に当たっては利用者の持っている能力を活用し、安全性に十分配慮して行う。事後の疲労感、身体状態の変化等にも注意する。

清拭

お湯等で身体を拭き清めることをいう。入浴ができない場合に行われる。一度に全身を清拭する全身清拭や陰部清拭、足、手等の部分清拭がある。就眠前の清拭は、身体を清潔に保ち、爽快感や安心を与え、就眠を助けることとなる。清拭の効果として、皮膚の汚れをとる、マッサージ効果、血行を良くする、皮膚の異常を発見できる等がある。

精神科救急医療

精神疾患の急激な発症や精神症状の悪化等により医療が必要となった場合に、休日、夜間を含めて緊急に対応する精神科医療である。精神科救急医療体制は精神科救急医療システム整備事業として、精神科病院群の輪番制が整備され、すべての都道府県で実施されてきている。

国の実施要綱では精神科救急医療情報センター、24時間精神医療相談窓口、精神科救急医療の確保、身体合併症救急医療の確保等がある。しかし、精神科救急医療体制は地域差が大きい状況がある。地域生活者への危機介入や地域ケアの促進にとって重要な機能である。

精神科専門療法

精神科医は患者の話を聴き、診察した上で、治療方針を決める。患者の精神的な苦痛を緩和したり、取り除く治療を進める。精神を患う患者に対して行う精神科医の心の治療は、精神科専門療法として健康保険で定められている。現在、この専門療法には入院患者に対する「入院精神療法」、通院患者に対する「通院・在宅精神療法」等21項目ある。それぞれに健康保険で請求できる金額が定められている。

精神科デイケア

精神科デイケアは精神科通院医療の一形態で、在宅精神障害者に昼間の一定時間（6時間)、医師の指示および十分な指導・監督のもと、一定の医療チーム（作業療法士、看護師、精神保健福祉士、臨床心理技術者等）による集団治療である。活動の内容は集団精神療法、作業指導、生活指導、療養指導およびレクリエーションや創作活動等である。精神科デイケアには①部分入院、②居場所（安全・安心の場)、③医学的リハビリテーション（再学習、再発達、再社会化、新たな人生づくり、悪化防止）の3つの機能がある。

精神科デイナイトケア

精神科通院医療の一形態で、在宅精神障害者に精神科デイケアと精神科ナイトケアを連続して、1日10時間を基準に提供する精神科療法である。朝から夕刻まで連続して精神科デイケアと精神科ナイトケアの提供では、単身生活の精神障害者に対して、安全で安心の場を提供し、医学的リハビリテーションとして、生活の維持と支援に役立つといえる。また、重度の精神障害者の退院促進を支えるサポートにもなる。

精神科ナイトケア

精神科通院医療の一形態で、午後4時以降に1日4時間を基準に、集団活動で医学的リハビリテーション等を提供する精神科療法である。スタッフは作業療法士やデイケア等の経験がある看護師、精神保健福祉士や臨床心理技術者等で構成される。在宅精神障害者に、多くは夕食等を提供して、孤立の防止や食生活の安定、仲間とのだんらん等、生活継続の安全・安心と生活維持・安定を支援する。

精神障害

精神障害は精神疾患で精神・心理・行動上の異常・機能障害によっ

て、生活を遂行する能力が相当程度の影響を受け、生活に影響がある状態である。精神疾患は思考、現実認識、意思疎通、記憶、感情表出、問題対処能力等が損なわれて不安、緊張、混乱、思考停止等が起こり、日常生活が不能であったり、著しく制限を受けるか、制限を加える必要がある程度の生活障害の状態である。また、社会生活が制限される状態もある。精神障害には医療・保健の「脳の機能障害（精神疾患）」と、社会福祉の「生活の障害」の２つの概念がある。

➡ **精神保健及び精神障害者福祉に関する法律** p.273

精神障害者

精神障害者とは、障害者のうち精神障害がある者である。精神保健福祉法（精神保健及び精神障害者福祉に関する法律）は第５条で、具体的に「統合失調症、精神作用物質による急性中毒又はその依存症、知的障害、精神病質その他の精神疾患を有する者」と定義している。なお、障害者基本法第２条では、精神障害者を含め障害者については「障害がある者であって、障害及び社会的障壁により継続的に日常生活又は社会生活に相当な制限を受ける状態にあるもの」としており、精神障害者は、精神障害（精神疾患）があり継続的に日常生活または社会生活が相当な制限を受ける者（mentally disa - bled）ということである。この法律では、「生活能力」に着目した障害の概念である。

一方、精神保健福祉法の保健医療施策のとらえ方では、精神疾患を有する者（mentally disordered）という「医学的概念」である。従って、精神保健福祉法による精神障害者は、ごく軽度の精神疾患や短期的な精神疾患をも含んでいて、対象の範囲が広義となっている。この医学的概念では、障害者基本法の障害の対象である知的障害も含んでいる。

➡ **障害者基本法** p.229
➡ **精神保健及び精神障害者福祉に関する法律** p.273

精神障害者保健福祉手帳

精神障害者保健福祉手帳は、精神保健及び精神障害者福祉に関する法律に基づき、精神障害者で一定の精神障害にある者に交付される。知的障害者を除くが高次脳機能障害者と発達障害者は対象である。

障害等級は１級、２級、３級があり、１級および２級は、国民年金の障害基礎年金の１級および２級と同程度、３級は厚生年金の障害厚生年金３級より広義である。１級は精神障害で日常生活の用を弁ずることを不能ならしめる程度。2級は精神障害で日常生活が著しく制限を受けるか、または制限を加えることを必要とする程度である。

精神保健及び精神障害者福祉に関する法律

精神障害者の医療および保護、社会復帰の促進およびその自立と社会経済活動への参加の促進のために必要な援助を行い、精神障害者の福祉の増進および国民の精神保健の向上を図ることを目的とする法律である。略称「精神保健福祉法」。

1950年（昭和25）に制定された精神衛生法が、1987（昭和62）年に精神保健法へと改正され、さらに1995（平成7）年に精神保健法が「精神保健及び精神障害者福祉に関する法律」に改正され、社会福祉の要素である自立と社会参加の促進への支援が位置付けられた。特に精神障害者保健福祉手帳の創設があり、医療や保健だけでなく社会福祉領域を含んだ法律である。

2013（平成25）年6月には、精神障害者の医療に関する指針（大臣告示）の策定、保護者制度の廃止、医療保護入院における入院手続等の見直し等を内容とする改正が行われた。施行は2014（平成26）年4月1日。

➡ 精神障害者 p.272

精神保健指定医

一定の精神科実務経験を有し、法律等に関する研修を修了した医師に対し、患者本人の意思によらない入院や行動制限の判定を行う者として厚生労働大臣が指定する医師（精神保健福祉法第18条、第19条）。

精神科医療では、本人が病識を持たない場合があるという精神疾患の特徴があるため、患者本人の意思によらない入院医療や一定の行動制限を行うに当たって、患者に十分な人権上の配慮を行う必要があり、これに必要な知識を備えた医師である。職務内容は、精神科病院の強制的な形態である措置入院および医療保護入院の要否、措置入院の解除の判定、一定の行動制限の要否の判断、定期病状報告に関する診察等。指定を受けた医師には、5年ごとの研修が義務付けられている。

精神保健福祉士

精神保健福祉士（PSW）は、精神保健の向上および精神障害者の福祉の増進に寄与する職種である。精神保健福祉士法に基づき、社会福祉士、介護福祉士と並ぶ社会福祉の国家資格の1つ。精神障害者の保健および社会福祉に関する専門的知識や技術を持って、精神障害者の医療、相談、助言、指導を行い、日常生活を営む上での諸問題を解決する。精神保健福祉士は社会福祉の専門職であるが、保健の予防概念や精神科医療の領域をも視野に入れた名称独占資格で、1998（平成10）年から精神保健福祉士試験が開始されている。

精神保健福祉法

➡ 精神保健及び精神障害者福祉に関する法律　p.273

静水圧作用

静水圧とは静止した水中に働く圧力のことで、この圧力による作用をいう。例えば、半身浴では、下半身に静水圧がかかり心臓へ血液が戻りやすくなる結果、血液循環が良くなり、筋肉の疲労が快復される。一方、全身浴では、胸郭にかかる静水圧は大きくなり、循環機能が抑えられ心臓への負担が増す。

性的虐待［高齢者虐待］

高齢者虐待防止法（第２条）では、「高齢者にわいせつな行為をすること又は高齢者をしてわいせつな行為をさせること」とされている。2012（平成24）年度の厚生労働省による高齢者虐待調査によれば、養護者による高齢者虐待が認められた件数は15,202件。このうち性的虐待は81件（0.5％）で、身体的虐待、介護等放棄、心理的虐待、性的虐待、経済的虐待、の５類型の中で最も少ない。具体的内容としては、性行為の強要・性的暴力、性的羞恥心を喚起する行為の強要、不必要な性器への接触、排せつの失敗等に対し懲罰的に下半身を裸にして放置する等が挙げられている。

➡ 高齢者虐待防止法　p.153

成年後見制度

成年後見制度とは、認知症や知的障害等で判断能力が不十分な成年（成人）を支援する制度。法定後見と任意後見とがある。民法上の後見には未成年後見と成年後見とがある。後者について、以前は心神喪失者や心神耗弱者に対する保護のために禁治産・準禁治産という制度があった。しかし、これらの制度は本人の意思が尊重されにくく画一的になりやすい、資格制限の範囲が広い、戸籍にも記載される等、課題が多く指摘されていた。

そこで1999（平成11）年の民法改正に伴い、2000年（平成12年）４月より現行の成年後見制度が始まった。これにより、自己決定権の尊重・残存能力の活用・ノーマライゼーション等の理念が実現されるよう期待されたのである。それと共に個々人の状況に合わせた柔軟な運用が目指された。以前のように戸籍に記載するのではなく、登記制度を別で創設している。資格制限の範囲も縮少された。本人の意思や自己決定を尊重するという法改正の趣旨からして、手続きの中で本人もなるべくかかわれるよう配慮されねばならない。

➡ **任意後見制度** p.368

――身上監護

成年後見事務は「身上監護」と「財産管理」とで整理される。身上監護事務とは、生活に関する事務・療養看護に関する事務であり、そのために必要な契約等の法律行為を行うことである。代表例には、医療に関する事項、住居の確保に関する事項、施設の入退所や処遇の監視・異議申立てに関する事項、介護生活の維持に関する事項、教育・リハビリに関する事項等がある。それらに関して必要な施設入所契約や介護契約を締結する。さらに履行をかなえ、あるいは必要に応じて契約を解除する。新しいこの制度趣旨が従前の財産管理中心の考え方を改めたところにある以上、これは重要な事務である。なお、成年被後見人も婚姻や認知等の身分行為については単独で行うことができ、法的に有効とされる。

➡ **身上監護** p.253
➡ **財産管理** p.171

――財産管理

財産管理は、成年後見事務の１つである。例えば、家庭裁判所が後見開始の審判をすると、選任された後見人はその就任後に本人（成年被後見人）の財産調査を行わねばならない。不動産を所有している場合には、登記簿謄本や登記済権利証、固定資産評価証明書を確認するとともに、建物の火災保険・地震保険等の関係書類も確かめることが必要となる。そして、作成した財産目録をもとに後見事務方針を立てる。財産管理の第１は、財産の保全を目的として維持することである。第２には、財産の利用・改良を行うことがある。第３には、財産を処分することがある。つまり、浪費を防いで維持に努めるとともに、適切に財産を利用・処分せねばならない。預貯金の管理・年金やその他の収入の管理・不動産の売買や賃貸借を行う等が例である。本人（成年被後見人）は日用品の購入等については認められている。

整髪をするための自助具

障害のある人ができるだけ自分で整髪をしようとする場合に使用する用具。長柄のくし・ヘアブラシ、ヘアドライヤー（ドライヤースタンドを含む）等がある。

整容

洗面、歯磨き、洗髪、ひげ剃り、爪切り、化粧等、身なりを整えること。目、耳、鼻等の手入れもある。整容は本人の爽快感とともに人間関係をよくする上でも大切である。起床時、就眠前の洗面は顔の汚れを取るとともに、1日の始まりと終わりのけじめをつける意味がある。歯は栄養確保にとって大きな役割があり、毎食後や就寝前の歯磨きは励行し、口腔内を清潔に保つ。

整容や入浴のための自助具

自助具とは、身体が不自由になっても、それを少しでも補い、自立した生活を送るために工夫された補助用具のことで、整容や入浴のためのものも開発されている。整容では、例えば柄の長さや、角度、握りやすいグリップ等を工夫した歯ブラシやくし、台に固定した爪切り、靴下を履けない人のためのソックスエイド等がある。

また、入浴でも洗う、拭くといった洗体動作がしにくい人のために、柄の付いたブラシやスポンジ、スポンジブラシ等を使えない人のための浴用手袋、ループつきタオル、シャワーチェア等もある。

生理的老化

加齢に伴いさまざまな生理的機能が低下すること。循環器系では心係数が低下する。呼吸器系では肺活量が低下し、痰の喀出が困難となる。腎・泌尿器系では腎機能が低下し、排尿力の低下、夜間排尿回数の増加や尿失禁がみられる。運動機能では筋力の低下等がみられ、消化器系では唾液分泌量の低下や歯牙欠損による咀嚼と嚥下運動の支障、胃液の減少、肝機能の低下がみられる。聴力、視力や味覚も低下する。

政令

内閣によって制定される命令である。閣議の決定によって成立し、天皇が公布する。憲法および法律の規定を実施するためのものと、法律の委任に基づくものとがある。政令には、法律の委任がなければ、義務を課し、または権利を制限する規定を設けることができない（内閣法第11条）。また、法律の委任がなければ罰則を設けることはできない（日本国憲法第73条第６号)。

脊髄小脳変性症

原因不明の神経変性疾患の１つで、運動失調症を主症状とする一群の疾患。介護保険制度の特定疾病の１つ。非遺伝性と遺伝性に大別される。失調症状以外にも自律神経症状、パーキンソン症状等もあり、遺伝形式や、症状の組み合わせによって、オリーブ橋小脳萎縮症、シャイドレーガー症候群、線条体黒漆変性症、フリードライヒ失調症、spinocerebellar ataxia（SCA）等、さまざまな病名がある。

脊髄損傷

脊柱に外力が加わり脊髄が損傷される病態。頸髄損傷では四肢麻痺、胸・腰髄損傷では両下肢麻痺（対麻痺）が起きる。脊髄のどのレベルでの障害か、完全麻痺か不全麻痺かに基づいて、重症度分類（Frankelの分類、ASIA分類）が決定されれば、可能な動作と不可能な動作がほぼ決定される。高齢者では中心性頸髄損傷と呼ばれる、上肢により強い麻痺を後遺する病態も多い。

脊柱管狭窄症

脊柱管が狭小化したもので、加齢に伴って発生する脊髄変性症で広くみられる症状であるが、ときには脊椎椎間板ヘルニア、骨粗鬆症や腫瘍等によってもみられる病態である。腰椎部、ついで頸椎部に多く、前者では間欠性跛行（歩行すると痛みやしびれが生じ、休むと回復する）や根性疼痛（坐骨神経痛等）、後者では脊髄損傷の原因となる。保存療法が奏効することもあるが、手術療法が必要な場合も少なくない。介護保険制度の特定疾病の１つ。

せ

咳反射

気管内に痰がたまる、有毒物を吸い込む、異物が気管に入る等の刺激に対して出るのが咳である。咳は、肺内の吸気を突発的に流出させ異物を排除する防御反射といえる。呼吸器にある咳受容体が刺激され、三叉神経、舌咽神経、上喉頭神経等を介し、延髄の咳中枢に伝わる。咳中枢から迷走神経、横隔神経等を介し、遠心性に刺激が伝えられ、声門の閉鎖、呼気筋群の収縮により咳が発生する。

世帯

世帯とは一般に、住居および生計を同一にする者の集合体、または１人で独立して住居もしくは生計を維持する者をいう。家族とは必ずしも一致しない。「国民生活基礎調査」では、世帯構造は、単独世帯、核家族世帯（夫婦のみの世帯、夫婦と未婚の子のみの世帯、ひとり親と未婚の子のみの世帯）、三世代世帯、その他の世帯に、また世帯類型は、高齢者世帯、母子世帯、父子世帯、その他の世帯に分類されている。

世帯単位の原則

生活保護の要否や程度の決定は、世帯を単位として行うとする原則である。生活保護法第10条で「保護は、世帯を単位としてその要否及び程度を定めるものとする。但し、これによりがたいときは、個人を単位として定めることができる」と規定されている。

厚生労働省の調査によれば、2013（平成25）年度1カ月平均の被保護者世帯数は約159万世帯であり、世帯類型別では高齢者世帯45.4％、障害・傷病者世帯29.3％、母子世帯7.4％、その他の世帯18.2％となっている。その他の世帯の割合が増える傾向にある。

世帯主

世帯主とは通常、社会通念上、世帯を主催する者とされる。介護保険法における世帯主は、第1号被保険者の納める保険料の連帯納付義務を負う等、家計上の主たる責任の所在を考慮する必要があると考えられる。国民健康保険においては、「主として世帯の生計を維持する者であって、国保の保険料または国保税の納付義務者として、社会通念上妥当と認められる者」とされている。

赤血球

血液の細胞成分の1つ。ヘモグロビンが細胞内蛋白質の97％を占め、色は赤い。直径7～8 μm、厚さ2 μmの中央がくぼんだ円板状の無核の細胞である。血液の体積の約半分を占め、1 μlの血液中に男子約500万個、女子約450万個が存在する。赤血球の主な機能は肺から組織に酸素を供給し、組織から肺に二酸化炭素を運ぶことである。骨髄で生成され脾臓と肝臓で破壊される。平均寿命は約120日である。

切迫性尿失禁

切迫性尿失禁は、尿意が切迫し、我慢ができなくなって起こる尿失禁。70歳以上に多く、高齢になると尿をためておく筋肉（膀胱括約筋）が弛緩したり、排尿神経が鈍くなり、尿意を我慢できなくなって起こる。また、脳血管障害があると、大脳にある排尿の自制が傷害され、我慢ができなくなる。

➡ 尿失禁 p.367

船員保険

船員保険法に基づく船員を被保険者とする社会保険（健康保険）。船員保険制度は1940（昭和15）年に、疾病、失業に備えた総合的社会保険制度として創設されたが、1986（昭和61）年、さらに2010（平成22）年の改正により、労災相当部分（職務上疾病・年金部門）は労災保険制度、雇用保険相当部分（失業部門）は雇用保険制度に統合された。残る健康保険に相当する部分（職務外疾病部門）と船員労働の特殊性を踏まえた給付が「船員保険制度」からの給付となっている。船員保険の保険者は全国健康保険協会である。

前期高齢者

65歳以上の高齢者のうち65歳以上74歳未満の高齢者のこと。総務省は国勢調査をもとに高齢者（65歳以上全員）の割合を高齢化率として公表するが、さらに、高齢者を年齢により、前期高齢者（65歳以上74歳未満）と後期高齢者（75歳以上）に区分した上で分析している。

75歳以上を対象に2008（平成20）年度に始まった後期高齢者医療制度が社会的に関心を集めたことから、それとの対比で前期高齢者という言葉もある程度浸透した。

➡ 後期高齢者 p.142

センター方式［認知症］

全国３カ所の認知症介護研究・研修センターが共同開発した「認知症の人のためのケアマネジメント・センター方式」の略称。センター方式は、認知症高齢者が最期まで安定したケアを受けられるよう、サービス事業所等が変わっても本人の情報を継承できるようにしたケアマネジメントシステムである。構成は、(A) 基本情報、(B) 家族や生活史等に関する暮らしの情報、(C) 心身の情報、(D) 生活リズムやできること・できないこと等を重点的に評価する焦点情報、の４つの領域別に15種類のアセスメントシートがあり、それを最終的に (E)「二四時間生活アセスメントまとめシート」に反映させて具体的なケアプランにつなげていくようになっている。本人の生活習慣や過去の暮らしぶりを、本人を主語に（本人の視点に立って）具体的に記入することで、周辺症状の原因を検証するヒントとなる。

蠕《ぜん》動《どう》運動

消化管にみられる平滑筋による伝播性の収縮運動である。消化管壁が

せ

内容物によって機械的および化学的に刺激された場合に起こる反射性運動である。口側の縦走筋と輪走筋に興奮収縮である上行収縮が起こり、肛門側では抑制弛緩である下行抑制が起こる。この運動により管腔内容物が消化・吸収されながら、上方から下方に輸送される。食道から直腸までの消化管にみられる運動である。

前頭側頭葉変性症

以前はピック病と呼ばれていた。古典的なピック病では前頭葉と側頭葉またはそのいずれか一方が限局性に萎縮する。しばしば、左右差があり、症状もさまざまである。しかし、現在はこのような変性を示す疾患はピック病以外にも多数知られるようになり、FTLD（前頭側頭葉変性症）として一括されるようになった。この疾患群にはアルツハイマー病と同様の病変を持つタイプや筋萎縮を伴う認知症等多彩である。

せん妄

軽い意識障害のときに夢と現実が一体となって周囲を正しく認識できなくなる状態である。高齢者によくみられる。周囲の認識ができなくなり、夢の中で異常な行動に走る。多くは一過性である。原因はさまざまだが、脱水や骨折など脳の働きを急に落とす病気や怪我がもとになることが多い。もとの病気が軽快すれば「せん妄」は治る。

専門調査員［介護保険審査会］

専門調査員とは、各都道府県の介護保険審査会に置くことができる専門の調査員のこと。要介護認定または要支援認定に関する処分に対する審査請求があった場合には、専門の事項について調査が必要となる。このために介護保険審査会にはより専門的な知識を持った調査員を置くことができる。要介護者等の保健、医療または福祉に関する学識経験を有する者のうちから、都道府県知事が任命する。専門調査員は、非常勤とする。

➡ 介護保険審査会　p.56

専門的援助関係の原則

援助者は常に専門的援助者として臨み、個人的な問題関心から利用者にかかわってはならないとする原則。援助者と利用者は人格として対等な関係であるが、援助における最終的な責任は援助者にあり、援助者は専門的援助者としての立場を自覚する必要がある。この原則は利用者と援助者が援助過程を歩んでいくために、契約に基づいて援助者による専門的援助が担保された、利用者と援助者による相互協働的な援助関係の原則である。

援助者の基本的姿勢として、P.F. バイステックによる援助関係の７原則（「個別化の原則」「受容と共感の原則」「意図的な感情表出の原則」「統制された情緒的関与の原則」「非審判的態度の原則」「自己決定の原則」「秘密保持の原則」）がある。これは利用者と援助者の信頼に基づく援助関係を築く原則であるが、専門的援助関係の原則は、その基盤となるものである。専門的援助関係では、利用者の攻撃的な態度や暴力に対して、援助専門職として予防的、回避的に対処することが求められる。また、援助者の個人的な好悪や偏見、問題関心の見方を排するための自己覚知が重要である。

➡ バイステックの７原則 p.393

前立腺がん

近年日本人男性に高い伸び率で増えてきた前立腺のがん。主に前立腺の外腺後葉から発生し、ほとんどは腺がんである。50歳以上の高齢者にみられ、加齢につれて頻度が上昇する。比較的進行が遅く、また症状が現れるのはかなり進行した後である。症状としては腫大が進み尿道を圧迫したり、膀胱に浸潤して、頻尿・排尿時痛・排尿困難を起こす。また、骨転移により疼痛を起こす。

前立腺肥大症

前立腺が肥大し、尿道を障害する加齢に伴う疾患である。50歳以上の男性の約２割以上とされ、加齢とともに進行する。尿道周囲腺が腫大するため、尿道や膀胱を圧迫する。症状は閉塞症状（排尿開始の遅れ、排尿時間の延長、尿線細小、尿閉）や刺激症状（尿意切迫、残尿感、頻尿、切迫性尿失禁）がある。

そ

躁うつ病

感情の躁状態とうつ状態とがいずれも出現する病気。躁状態もうつ状態もみられない時期は精神的には正常のことが多い。DSMでは双極性障害ともいう。躁状態だけの場合も「双極性障害」とされる。臨床経過をたどると躁状態だけの人もいずれかの時期にうつ状態を伴うことが多いので躁うつ病（双極性障害）としている。うつ病に比べ頻度は少ないが、再発しやすく長期にわたる治療が必要な病気である。

総合相談支援業務

地域包括支援センターの業務の1つ。初期段階では、本人、関係者からの相談を受けて状況把握をし、対応を判断する。専門的・継続的な相談支援が必要と判断されれば、訪問や関係者との連携により、適切なサービスや制度につなぐ等の支援を行う。地域において支援が必要な高齢者を見出し、適切な支援を行い、さらなる問題の発生を予防する基盤として、ネットワーク構築を図る。ネットワークの活用、さまざまな社会資源との連携、戸別訪問等により高齢者の実態把握を行う。

相互作用モデル

グループワーカーをグループとグループに属する個々人の媒介者として位置付け、両者の相互作用関係を促進するために両者に働きかけて、両者の問題解決をはかる理論モデルである。

「媒介モデル」とも呼ばれ、シュワルツに代表されるグループワークのモデル。1960～70年代にかけて発展したモデルで、ソーシャルワーク全体に多大な影響を与えた。お互いに援助し合うシステムを相互援助システムという。

相互扶助の精神

お互いに助け合う意思のことをいう。かつてわが国では、家族内や親族内の「血縁」、近所同士の「地縁」等、何らかの「縁」でつながっている人々の間には、このような精神があり、実際に助け合いが行われていた。しかし、現代は相互扶助の精神が希薄化しているといわれており、人口の高齢化や独居者が増加する中で、特に近隣関係における相互扶助精神の再興が期待されている。

総コレステロール

脂肪の一種であり、脂肪酸と結合したエステル型と遊離型を合わせて総コレステロールという。コレステロールは、ホルモンの合成や臓器や器官、細胞膜の構成成分など生命活動の維持に重要な役割をしているが、必要以上に蓄積された場合は、動脈硬化の要因となりやすい。卵黄やレバー、バターと等の食品に多く含まれている。

➡ LDLコレステロール p.3
➡ HDLコレステロール p.2

そ

葬祭扶助

生活保護法による扶助の１つで、葬祭を行う者が生活に困窮して行えない場合に、その者に対して行われる葬祭費用の給付である。検案（医師が死体を医学的に調べること）、死体の運搬、火葬または埋葬、納骨その他葬祭のために必要なものの範囲で行われる。被保護者が死亡してその葬祭を行う扶養義務者のない場合、また遺留した金品で、葬祭を行うに必要な費用をまかなうことのできない場合に、葬祭を行う者に葬祭扶助が行われる。

相談援助

支援を要する人の相談に応じ、課題解決のための援助を行うこと。直接的な対人支援だけでなく、幅広くケアのための課題分析からケアの計画の作成、実施、その評価まで一連の過程での援助をいう。社会福祉士及び介護福祉士法において、「社会福祉士」は「相談援助」を行うことを業とする者であるが、その相談援助については「日常生活を営むのに支障がある者の福祉に関する相談に応じ、助言、指導、福祉サービスを提供する者又は医師その他の保健医療サービスを提供する者その他の関係者との連絡及び調整その他の援助を行うこと」と定義されている。

また、介護保険法でも「介護支援専門員」について、「要介護者又は要支援者からの相談に応じ、（略）適切なサービスを利用できるよう……連絡調整等を行う者……」（法第７条第５項）と定義し、相談援助を行う者と位置付けている。

総蛋白（総蛋白質）

血清に含有される蛋白質の総称であり、低下すると蛋白質の栄養状態が悪いことが推定できる。ネフローゼ症候群、急性腎炎、蛋白漏出性胃腸炎などの疾患のときも低下するので注意が必要である。

➡ アルブミン p.12

相談面接

相談面接とはたんに面接して情報収集したり、説得したりすることではなく、面接自体が相談の１つとなって行われる面接のことである。福祉サービスを提供するためのアセスメントやケア計画策定・実施、また福祉サービス提供後のモニタリング等、利用者やその家族に対するサービスの提供には利用者やその家族との共同作業が求められる。この共同作業には「相談面接」が媒介している。この相談面接を行うに当たっての援助者の基本姿勢は、利用者の人権を尊重し、人間性を受け止め、現実的かつ柔軟でなければならない。

また援助者は自らの偏見や先入観を排し、利用者の主体的に現在抱えている問題を解決することができるように援助することが求められる。このため、援助者は利用者やその家族の主体性に応じて柔軟に役割を変えていくことが相談面接の場において必要である。利用者の主体性の程度に応じた援助者の役割として、最も主体性が低下している場合であれば、援助者の役割として「代弁・代行」があり、利用者は最も問題解決能力が欠如している状態であるため（アムビバレンツな心理状態）であるため、利用者本人に代わって、事を進めていく役割が求められる。

また、主体性の向上に向けて「教師・指導者」といった役割であればジョブ・コーチのような役割があり、主体性がある程度向上している状態であれば、インフォームド・チョイスが可能であるため、利用者にサービスを紹介し選択させる「広報専門職」としての役割が求められる。さらに主体性が高い状態であれば、問題解決能力がある状態の利用者であるため、利用者の決定を支持する「支持者」としての役割がある。このような役割つまり利用者との距離の取り方で相談面接は進めていかなければならない。

――の４つの基本的視点

相談の一環として行われる相談面接においては、次の４つの基本的視点が必要である。

①人権尊重と権利擁護：援助者は利用者の人権を守る立場にあり、人として利用者の尊厳を尊重することが求められる。利用者が認知症疾患であっても、本人の立場に共感して徹底して本人の価値観で物事をみていく姿勢が必要である。また利用者の権利を擁護することも同時に求められる。認知症疾患の利用者の場合であれば、本人にとっての権利とは何か、本人にとって守らなければならないものは何かと徹底して本人にとっての権利を追求し、擁護していく姿勢が必要である。

②生活の全体把握：具体的には生活の多面性に着目して、できないことにとらわれず、できることを生活全般から発見し援助していくことが求められる。このためにも生活全体をみていく視野が求められる。

③自立支援・自己決定・社会参加の拡大：初めて相談面接に訪れた利用者やその家族は、自ら抱えている問題が解決できず、不安感・焦燥感を持って面接を受けており、この場合、主体性は決して高いとはいえない。援助者はこのような利用者が最終的には自己決定できるように自立支援し、利用者自身自立性の高い生

活が営めるよう援助・支援することが求められる。さらに自立性の高い生活は利用者本人にとっての社会参加の拡大にもつながる。このためには本人の立場に徹底的に共感して、本人にとっての自己決定・自立支援とは何か、追求していく姿勢が求められる。

④専門的援助関係と職業倫理：専門的援助関係として共感が挙げられるが、共感の場合、同情と異なり利用者の抱えている問題に巻き込まれない。常に利用者の立場になって問題をとらえる姿勢と同時に利用者との距離感を意識した冷静な思考が求められる。さらにこの冷静な思考の根幹には職業倫理が存在する。この職業倫理は援助者としての専門性が向上すれば、より高い次元での職業倫理が要求される。援助者自身、常に自らが行った援助が職業倫理に抵触していないのか自己点検することが必要である。

――の８つの実践原則

福祉援助者にとって利用者に援助していく場合、福祉援助者として持たなければならない価値がある。それは徹底した人権擁護であり、この人権擁護の延長線上にはノーマライゼーションが存在する。さらにこの価値を実践していくものとして挙げられるのが倫理綱領であり実践原則である。実践原則とは代表的なものとしてF.P.バイステックが挙げられるが、今日の福祉実践の現状からその拡大したものとして次の８つの実践原則を挙げることができる。

①個別化の原則：同様な疾病、障害、社会的問題を抱えた利用者であっても、その生い立ちや考え方は異なるため、同様な援助を提供してはならないということである。

②受容と共感の原則：福祉援助者は利用者をいかなる場合があっても尊重していくことが求められる。しかし尊重するためには、まず援助者として個人の価値観を排除（非審判的態度）した上で利用者の訴えを傾聴することで共感することでき、共感することで尊重することが可能となる。つまり、人権擁護の視点から受容と共感は大切な取り組みである。バイステックは「受容と共感の原則」を「受容の原則」としている。

③意図的な感情表出の原則：援助者は利用者が考えや感情（肯定的な感情も否定的な感情も）を自由に表現できるように働きかけなければならない。このときの利用者の感情表現を大切に扱わなければならない。

④統制された情緒関与の原則：利用者の表出した感情に適切そして暖かく対応していくため、援助者は共感し受容していくことが求められる。

⑤非審判的態度の原則：利用者や

その家族の意見や行動を援助者は自らの個人的な価値観を持って、懐疑的に受け止めたり、批判してはならない。さらにそのことを表明してはならない。援助者は利用者やその家族の立場になって傾聴することが求められる。

⑥自己決定の原則：援助者は利用者の意思に基づく自己決定ができるように援助していくことが求められる。具体的には問題解決の方策について利用者と共に検討しつつ自己決定に至る過程を一緒にたどり、ときには今後の方向性について選択肢を用意する等自己決定の条件整備をすることも求められる。

⑦秘密保持の原則：いかなる場合であっても援助者は業務上知り得た利用者の情報を他言してはならない。これはその援助者が援助者としての業務を退いた場合であっても同様である。また援助者はこの知り得た情報をケースカンファレンス等で共有する必要性がある場合は、あらかじめ利用者にそのことを説明し同意を得ることが求められる。

⑧専門的援助関係の原則：常に援助者は専門家として意識し行動することが求められる。援助者個人の興味・関心で必要外の情報収集はしてはならないし、自身の利益のための言動は行なってはならない。この「専門的援助関係の原則」はバイステックの７原則に専門家としての行動規範として加えられたものである。

相当サービス

指定事業者や基準該当事業者による介護サービス確保が困難な離島等で提供されるそれらに相当するサービス。このサービスを受けた場合も、市町村の個別の判断で給付対象となる。相当サービスは、居宅サービス、地域密着型サービス、居宅介護支援、介護予防サービス、地域密着型介護予防サービス、介護予防支援について認められている。相当サービスを提供する事業者を相当サービス事業者という。

総リンパ球数

リンパ球は顆粒球や単球と共に白血球の１つで、末梢血では白血球の約30〜40%を占める。T細胞、B細胞、NK細胞等に分けられる。免疫機能によって侵入した異物を攻撃したり、排除する。総リンパ球数の検査によって免疫機能をみることができる。ウイルス感染症やリンパ肉腫、リンパ球性白血病等の血液疾患等で増加する。また、AIDS、SLE、関節リウマチ、栄養不良等で減少する。

早老症

ウェルナー症候群、ハンチントン・ギルフォード症候群等の遺伝子病の総称。白内障、白髪、脱毛、糖尿病、動脈硬化等のいわゆる老化現象が早期に現れ短命となる。ウェルナー症候群は青年から成人期に、ハンチントン・ギルフォード症候群は小児期に発症する。介護保険の特定疾病である。

ソーシャルグループワーク（集団援助技術）

集団場面や集団関係を対象にソーシャルワーク（社会福祉援助技術）を行う方法である。G.コノプカによるソーシャルグループワークの定義では、「グループワークとはソーシャルワークの1の方法であり、意図的なグループ経験を通じて、個人の社会的に機能する力を高め、また個人、集団、地域社会の問題により効果的に対処しうるよう、人々を援助するものである」とされる。小集団の持つ働きと、集団の中で個人が学習し成長していくことを利用し、集団内での個人相互のかかわりと、集団そのものの展開・発達を援助していく。集団関係では、他のメンバーの行動の観察、メンバー同士で共通の問題の発見、集団内での役割交換、社会的学習機会の拡大、援助の分かち合い等の効果が期待できる。それを個別援助の課題と結び付け、集団の形成、個人と集団との結び付き、集団内での個人の活動への援助を目指していく。これを集団の成り行きに任せるのでなく、意図的に介入していくのがソーシャルグループワークである。

ソーシャルケースワーク

➡ **個別援助技術** p.163

ソーシャルサポート・ネットワーク

個人を取り巻く家族、親族、友人、近隣者、ボランティア、その他定期的に交流のある人たちからなるインフォーマル支援と、法律や制度に基づく公的機関や援助専門職による支援であるフォーマル支援の両者を包含した総合的な支援ネットワークのこと。社会関係に対する支援の方法において、個人と他者とを一対の社会関係と焦点付けて把握するソーシャル・ネットワークと、これに呼応し支援的機能を反映した、ソーシャル・サポートを有機的に連結させて利用者にアプローチする方法である。1970年代以降、欧米において精神保健、医療、福祉サービス等のヘルスケア領域で発展した実践モデルで、わが国では1990年代以降、特に介護保険制度に伴うケアマネジメントの導入によって注目されるようになった。

ソーシャルワーカー

生活にさまざまな不安や問題を抱えている人や社会から疎外されて、権利を剥奪されている人に対して、生活支援を提供する専門職の総称であり、またその背景にある社会や生活環境等を改善する専門職の総称である。このため高度な理論と技術が要求され、国家資格である「社会福祉士」が相当する。従来は対象に応じ、個人（個別援助技術）に対してはソーシャル・ケース・ワーカー、集団（集団援助技術）に対してはソーシャル・グループ・ワーカー、地域（地域援助技術）に対してはコミュニティ・ソーシャル・ワーカーと分別されていたが、昨今の理論的動向の中では、この三者をまとめて「ジェネリック・ソーシャル・ワーカー」とする見解もある。

遡及適用

遡及適用とは、過去の事象に対して法令がさかのぼって適用されることである。過去の事実関係を法律の認める関係に正当化する場合等もある。さかのぼって異なる効力を生じさせることは、混乱と不安を招くのでふさわしくないというのが法の世界の原則である。特に刑罰法規で遡及効を認めることは憲法上も禁止されている。遡及適用はあくまで限定的・例外的となる。

介護保険法における要介護認定の効力は申請日に遡及されると定められているので、申請直後に利用したサービスもさかのぼって保険給付の対象となる。

続発性骨粗鬆症

特定の疾患や薬剤によって起こる骨粗鬆症。関節リウマチ、副甲状腺機能亢進症、糖尿病、クッシング症候群、腎疾患、肝疾患の他、多発性骨髄腫もみられる。薬剤性ではステロイドの長期投与（6カ月以上の治療）で起こりやすい。

咀嚼《そしゃく》と嚥下《えんげ》の仕組み

咀嚼された食物が口腔を通って喉、食道へと飲み込まれるのが嚥下で、3つの期に分けられる。食物が歯や舌によって咀嚼される「口腔期」、口蓋により鼻腔《びくう》が閉じられると食塊が咽頭《いんとう》へ押し出されて飲み込まれ、喉頭蓋《こうとうがい》が下に倒れ気管が閉じられる「咽頭期」、食塊が食道に入る「食道期」。この一連の筋肉の動きの神経支配を嚥下反射と呼ぶ。

租税方式

社会保障の財源を租税（公費）により賄う方式。日本においては、戦前からの医療保険制度や年金制度の発展の歴史や社会保障制度審議会勧告（1950（昭和25）年）等により、被保険者が保険料を支払い自ら財源を賄う「保険的方法」に重点を置いた社会保険方式がとられてきた。医療保障に関しては、ドイツやフランス等社会保険方式をとる国がある一方で、イギリスのNHS（National Health Service、国民保健サービス）に代表される租税方式をとっている国もある。

➡ 社会保険方式　p.213
➡ 社会保障制度審議会　p.215

措置制度

社会福祉サービスの給付主体である地方公共団体等が、利用希望者からの申請に基づいて給付の適否を調査し、給付をする場合にはサービスの種類や組み合わせ、提供する事業者等を決める制度のこと。「措置制度」という名称の制度があるわけではなく、例えば、老人福祉法第11条第１項は、「市町村は、必要に応じて、次の措置を採らなければならない」とした上で、その措置の内容として、高齢者虐待を受けた者等必要な者を「特別養護老人ホームに入所を委託すること」を規定している。措置による制度については、利用者の選択が保障されないという問題点等があったことから、現在では従来の福祉制度が措置を変更し、契約利用制度に移行しているが、養護老人ホームの入所や、児童養護施設への入所等については、措置が行われている。

損害賠償請求権

債務不履行や不法行為等の場合に、損害を与えた者は、損害を受けた者に対してその損害を埋めねばならない。損害賠償請求権とは、これを請求する権利のことである。当事者間であらかじめ特別の取り決めをしておかない限り、賠償を請求できるのは相当因果関係に立つ損害に限られる。通常は財産的損害だが、精神的損害を請求できる場合もある。民法は賠償の方法について金銭賠償を原則としている。介護行政に関する損害は国家賠償法に基づいて損害賠償の訴を提起することもできる。

た

ターミナルケア

死が間近に迫った人や家族に対する総合的な援助のこと。終末期ケア、終末ケアとも呼ばれる。末期がん等、治癒困難な患者と家族を対象に身体・精神両面からケアが行われる。そこでは延命治療を主とするのではなく、苦痛や死に対する恐怖の緩和が中心に置かれ、自由と尊厳が保障された生活の中で死を迎えられるよう援助する。また終末期の期間については、末期がん患者では終末期と判断してから死亡まで通常3～4カ月であるが、高齢者ではその期間はさまざまである。一般的に、高齢者の終末期介護の期間は長くなる。

第1号被保険者

介護保険における被保険者は、第1号と第2号の2種類に区分される。第1号被保険者は、市町村の住民のうち65歳以上の人である。第1号被保険者は、要介護認定等を受ければ、要介護・要支援状態になった原因のいかんを問わず保険給付を受けることができる。また、生活保護の被保護者も、65歳以上であれば介護保険の第1号被保険者になる。

➡ 第2号被保険者　p.290
➡ 被保険者資格　p.402

第1号被保険者の保険料（第1号保険料）

第1号被保険者の保険料は、その被保険者が属する市町村（保険者）の給付の財源に直接的に充当され、その額は市町村ごとに異なる。さらに、個々の第1号被保険者の保険料の額は、市町村（保険者）ごとに保険料率に基づき算定され、3年に1度見直される（法第129条）。保険料率は、被保険者の負担能力（所得水準）に応じた原則9段階の定額の保険料率（基準額×所得段階別の割合）となっているが、各市町村の判断により多段階の設定も行われている。

➡ 介護保険料　p.58
➡ 第1号被保険者　p.290

第2号被保険者

介護保険における被保険者は、第1号と第2号の2種類に区分される。第2号被保険者は、市町村の住民のうち40歳以上65歳未満の医療保険加入者である。なお、生活保護の被保護者は、40歳以上65歳未満の場合、医療保険の非加入者であれば、介護保険の被保険者とはならない。この場合、介護サービスは、生活保護の介護扶助を受ける。

第2号被保険者は、加齢に伴って生ずる特定疾病（16種類）に起因する要介護・要支援状態に限り、保険給付の対象となる（法7条3項2号・同条4項2号）。

➡ 特定疾病　p.348
➡ 被保険者資格　p.402
➡ 要介護認定　p.464

第2号被保険者の保険料（第2号保険料）

第2号被保険者の保険料は、医療保険者ごとに医療保険料と一括徴収し、さらに医療保険者から社会保険診療報酬支払基金にいったんプールした上で、各市町村に介護給付費交付金・地域支援事業支援交付金として交付される。

医療保険が、一般にサラリーマン等を対象とする健康保険の場合は、健康保険組合等の算出した定率の介護保険料率に標準報酬月額（賞与については標準賞与額）を乗じて得た介護保険料額と、医療保険の給付に充てる一般保険料額とを合算したものが徴収される。なお、一般保険料と同様介護保険料にも事業主負担がある。国民健康保険の場合は、支払基金から課せられる介護納付金額から国庫負担金等を控除した額を基準として、介護納付金賦課総額が算定される。この総額について、医療費給付分の保険料（税）と同様に、各市町村の算定ルールにより、所得割、均等割、資産割、平等割で世帯主から徴収する。

➡ 介護保険料　p.58
➡ 第2号被保険者　p.290

体位変換

仰臥位から側臥位へ等、体位を変えることをいう。同じ姿勢のまま長く寝ていると褥瘡《じょくそう》が起きやすく、また内臓の機能低下や下肢の変形等が生じやすくなり、体位は時々変える必要がある。寝たきりの状態では寝返りをうつことも困難な場合が多く、介助によって定期的に体位を変換する必要がある。少なくとも2時間以上同じ姿勢のままでいることのないようにする。体位変換の介助では無理に身体を動かそうとしないこと。声を掛け、どうするのかを伝え、できるところは自力で動いてもらう。介助する側もボディメカニクスを活用し、安定した姿勢で効率よく介助する。

体位変換器

体位を変換するために使用する用具である。介護保険における福祉用具貸与の品目の１つになっている。空気パッド等を身体の下に挿入し、てこ、空気圧、その他の動力を用いることにより、仰臥位から側臥位へ等の体位の変換を容易に行うことができるもので、①動力により寝ている面全体を周期的に傾けるもの、②人力で行う寝返り介助を補助する用具がある。介護保険における福祉用具貸与の体位変換器としては、「空気パッド等を身体の下に挿入することにより、居宅要介護者等の体位を容易に変換できる機能を有するものに限り、体位の保持のみを目的とするものは除く」ものが対象とされている。

退院計画

退院計画とは、退院後のケアを継続的に行い、生活を安定させていくための計画である。厚生労働省は「医療ソーシャルワーカー業務指針」（2002（平成14）年）を打ち出し、その中で医療ソーシャルワーカー業務として退院援助を挙げている。

これは国民総医療費が高騰していく中で、入院治療の必要度の低い長期入院患者を減少させることが狙いである。

この退院援助は同指針では「生活と傷病や障害の状況から退院・退所に伴い生ずる心理的・社会的問題の予防や早期の対応を行うため、社会福祉の専門的知識および技術に基づき、これらの諸問題を予測し、退院・退所後の選択肢を説明し、相談に応じ、次のような解決、調整に必要な援助を行う」と述べられており、退院計画とは退院援助と同義とみなすことができる。医療では地域連携クリティカルパスも効率的・効果的医療サービスを実施する上で必要とされている。このためにも退院計画の意義には大きいものがある。

退院・退所加算

居宅介護支援費について、居宅介護支援事業者が、利用者が病院等から退院（所）するに当たり、職員と利用者に関する情報共有等を行った場合の加算である。病院、診療所、地域密着型介護老人福祉施設、介護保険施設から利用者が退院（所）するに当たり、介護支援専門員が病院、施設等に赴き、当該職員との「面談」により「利用者に関する必要な情報」を得た上で、当該情報を反映した居宅サービス計画を作成し、必要なサービスの調整を行った場合に算定される。

体温

体温とは生体の温度のことで、日内変動があり、通常夕方に高く、早朝には最も低くなる。発熱は多くの病気の重要な指標となる。個人差があるが、高体温は一般に37℃以上、低体温は34℃以下をいい、高齢者では低体温が問題になることが多い。体温は腋窩《えきか》、口腔、直腸で測定されるが、一般的には腋窩検温法、口腔検温法が用いられる。

滞在に要する費用

施設サービス等におけるいわゆる「滞在費」のことである。従来は介護報酬の対象に含まれていたが、2005（平成17）年の介護保険法改正において、保険給付外とされ、全額利用者負担となっている。もともと食費や居住費が自己負担である在宅と施設の利用者負担の公平性や、介護保険の給付と年金給付の機能の調整を図る観点から見直されたものである。施設サービスのほか、短期入所系サービス（短期入所生活介護、短期入所療養介護等）、通所系サービス（通所介護、通所リハビリテーション等）の滞在費も利用者負担となっている。

第三者行為

第三者行為とは当事者以外の行為のこと。介護保険の給付事由が第三者の行為によって生じる場合がある。例えば、加害者（第三者）のある交通事故等によって負傷したときである。その被害により介護が必要な状態となったため、介護保険サービスを利用することとなった場合等は、もともとその加害者（第三者）が支払うべき費用を介護保険が負担したことになる。そこで介護保険法では、加害者（第三者）に対するこの分の損害賠償請求権を保険者が取得すると定めている。被害者（被保険者）がすでに損害賠償を受けているときは、保険者はその分の保険給付を免れる。

第三者行為求償事務

第三者行為によって被害者となった者がその後に要介護認定を受けて給付がなされたとき、この被害者の損害賠償請求権を保険者が肩代わりする。つまり、加害者にその給付分の限度内で費用の支払いを請求することになる。この事務が第三者行為請求事務である。国民健康保険団体連合会であって厚生労働省令で定める者にこの事務を委託できる。

貸借対照表

一定時点における企業（あるいは組織や個人）の財政状態あるいは財産状態を表示する財務諸表の１つ。バランスシートとも呼ばれる。社会福祉法人会計においては、法人や事業、拠点の会計年度末現在における資産、負債および純資産の状態を明瞭に表示するものとされる。

やや詳しく述べると、表の左側が資産の部で資金の運用形態を、右側が負債の部（将来的に返済義務を有する）・純資産の部（返還義務を有しない）で資産に投下した資金の調達源泉を示す。言い換えると、左側に財産の中身が、右側にその財産を形成するために用いた財源が示されることになる。この資産と負債のバランスを示す貸借対照表は、組織の永続性を最も集約的に表現した財務諸表ということができ、流動比率や固定比率、負債比率等さまざまな財政分析に用いられる。

➡　社会福祉法人会計　p.212

帯状疱疹

小児期に水痘・帯状疱疹ウイルスに感染すると水痘となるが、このときに神経節に潜伏感染したウイルスが、長期間を経た後に再活性化され、神経を伝わって皮膚に水疱をつくるのが帯状疱疹である。片側性に神経痛様の疼痛が数日続き、一定の神経の分布領域に一致して浮腫性の紅斑が出現し、その後数日間に水疱が多発し、10日程度でびらんとなり、痂皮化して２～３週で治癒する。一般に疼痛は皮疹が治癒するころには消失するが、その後長期にわたって続く痛みを残すことがある（帯状疱疹後神経痛）。

治療は抗ウイルス薬の点滴静注剤、経口剤、外用剤、および対症療法である。早期発見、早期治療が重要である。

退職者医療制度

国民健康保険制度において、企業等を退職して国民健康保険に加入した場合に、その治療費等については退職被保険者が支払う保険料と、被用者保険からの拠出金によって負担する制度。会社等の健康保険を抜けて国民健康保険に加入すると、国民健康保険の負担が大きくなり、医療保険制度間の負担を公平化するため、1984（昭和59）年、に導入された。しかし、2008（平成20）年からの新たな高齢者医療制度（前期高齢者医療制度）の創設に伴い、退職者医療制度は2014（平成26）年度までの間は65歳未満の退職被保険者を対象として経過的に存続し、2015（平成27）年度には廃止されることとされている。

退職年金

一般的には公務員等共済組合の加入者であった者が退職した場合に、65歳から支給される年金をいう。1986（昭和61）年４月から基礎年金制度の導入により、老齢基礎年金の上乗せ年金として支給される。年金額計算方法等は老齢厚生年金と同じであり、厚生年金相当部分である。なお現在は、共済組合の独自給付として、職域加算がある。

大腿骨頸部骨折

太ももの骨（大腿骨）の脚の付け根に近い部分の骨折で、高齢者に多い。骨粗鬆症《こつそしょうしょう》に加え、視力低下、筋力低下、平衡感覚の低下、薬物の副作用、不適切な生活環境等により転倒して受傷することが多い。寝たきりの原因となり、褥瘡《じょくそう》、尿路感染症、肺炎、認知症の発症に影響しうるため重要である。大腿骨頸部骨折は内側骨折と外側骨折に分類され、単純X線写真、MRI等により診断される。一般に内側骨折では人工骨頭置換術、外側骨折では骨接合術が行われる。

大都市等の特例

都道府県が処理する事務のうち政令で定めるものを指定都市または中核市が行うこと。介護サービスの基盤強化のための介護保険法等の一部を改正する法律（2012（平成24）年４月施行）に基づき、地域の自主性および自立性を高めるための改革の趣旨に沿って特例として行われることとなった。

都道府県知事が処理している指定居宅サービス事業者、指定居宅介護支援事業者、指定介護老人福祉施設、介護老人保健施設および指定介護予防サービス事業者の指定等、報告命令、立入検査等について、また申請者の法人格の有無に係る基準、事業者および施設の指定基準、指定介護老人福祉施設等の入所定員に係る基準の条例制定権限も、指定都市および中核市へ移譲されている。

多系統委縮症

自律神経症状・小脳症状・錘体外路症状等を示す進行性・致死性の神経変性疾患。オリーブ橋小脳変性症、線条体黒質変性症、シャイ・ドレーガー症候群の３つの疾患をまとめて「多系統委縮症」という。病理学的には線条体黒質系、自律神経系諸核の変性に加え、錐体路脊髄前角病変を示す。特定疾患治療研究事業の対象疾患であり、介護保険法における特定疾病でもある。

立ち上がり補助便座

既存の腰掛式便器に設置し、下肢の関節障害や筋力低下がある人の着座、立ち上がり動作を便座が電動またはスプリングで昇降し補助するもの。便座が斜めに昇降するものと垂直に昇降するものがある。介護保険における特定福祉用具販売の腰掛便座として対象とされている。

脱水

高温時や発熱、嘔吐、下痢等により体内の水分が不足した状態。呼吸や発汗や尿によって水分が失われることも原因となる。喉の渇きを感じることによって飲水が促され、水分のバランスが自然に維持さるれが、高齢者では体内の水分量が少なく、また口渇を感じにくいため脱水になりやすい。症状は、口渇、食思不振、頭痛等であり、高度の場合は意識障害を起こす。

多点づえ

一本づえ等の先端部分を3～4本に分岐したもので脚の数により、3点づえ、4点づえとも呼ぶ。支柱の取り付け位置が脚の中心より内側にオフセット（偏位）しているものでは、つえに左右が存在する。歩行が不安定で一本づえより大きな支持が必要な場合に用いる。

他動的訓練

関節の動く範囲を関節可動域といい、その訓練（関節可動域訓練）において、援助する者が関節を動かして行う方法である。関節を自分で動かして行う訓練は自動的訓練という。関節可動域訓練は、拘縮の予防、改善に効果がある。他動的訓練は、意識レベルが低い、自分で運動できない（行ってはならない）場合等に行う。自分で運動できる場合は、なるべく自分で行い、他動的訓練の場合もできない運動だけを介助するようにする。

多発性硬化症

中枢神経系の髄鞘《ずいしょう》が壊れる脱髄疾患で、90％が15～50歳で発病、女性にやや多い。大脳、小脳、脳幹、脊髄、視神経に多発し、複数の神経症状が寛解・再発を繰り返す。症状は病変部位により異なり、視力障害・複視・運動麻痺・手足のしびれ等の症状がみられる。治療は急性期のステロイド剤、再発予防にインターフェロンβが用いられる。特定疾患治療研究事業の対象疾患である。

多発性脳梗塞

脳梗塞は適切な管理・治療が行われないと再発が必ず起こる。大梗塞が多発すれば遷延性意識障害（いわゆる植物状態）になることがある。また、1つひとつは軽症あるいは無症状の小梗塞でも、多発すれば血管性認知症や血管性パーキンソン症候群を来す。

他法との給付調整

介護保険法以外の法令により、介護保険の介護給付・予防給付と重なる給付がある場合の調整のこと。他法令の給付が優先されるのは災害補償関係各法の療養調整費等との給付調整のとき。

その他の法令では、老人福祉法の措置との調整では、家族による虐待・放置のために契約に基づく介護保険からのサービスが利用できないときは措置によるサービス提供となる。

医療保険各法の給付調整、生活保護法の介護扶助と介護保険との調整、障害者総合支援法の自立支援給付と介護保険法の給付との調整、公費負担医療制度による給付と介護保険法の給付との調整では、それぞれ介護保険法の給付が優先することとされている。

単位［介護報酬］

介護報酬の単価を設定する際の単位。介護報酬の場合、全国統一単価である診療報酬とは異なり、地域保険を前提とする地域別単価であることから、「点」ではなく「単位」が用いられる。1単位の単価は10円が基本であるが、サービス提供地域ごとの人件費等の地域差を反映させるため地域区分が設定され、またサービスによる人件費割合が考慮される。2015～2017（平成27～29）年度は8つの地域区分で10.00～11.40円の幅がある。10.00円は「その他地域」で全国の7割強の市町村。また11.40円は東京都特別区23地域の「1級地」で、訪問介護、訪問看護等人件費割合70%のサービスの場合である。ただし、居宅療養管理指導、介護予防居宅療養管理指導、福祉用具貸与、介護予防福祉用具貸与には地域差がなく、一律10円である。介護報酬は、提供したサービスの種類・内容に応じ、介護給付単位数表により、単位の数（単位数）が計算され、それに1単位の単価を乗じて金額に換算される。

➡ **地域区分** p.306

短期集中リハビリテーション

理学療法、作業療法、言語聴覚療法等が一定期間に集中して実施されること。リハビリテーションの利用者が医療保険から介護保険に移行しても、ニーズに沿ったサービスを継ぎ目なく一貫して受けることができるよう、介護報酬上の加算の要件ともなる。介護保険の通所リハビリテーション、訪問リハビリテーション、介護老人保健施設（介護療養型老人保健施設を含む）、介護療養型医療施設において「短期集中リハビリテーション」として介護報酬の加算が可能である。また、認知症に対しては、介護老人保健施設、介護療養型医療施設および通所リハビリテーションの認知症の入所者に対して在宅復帰に向けた生活機能の回復を目的として、短期集中的な個別リハビリテーションを「認知症短期集中リハビリテーション」として加算が可能である。

た

短期入所生活介護

居宅要介護者について、特別養護老人ホーム、養護老人ホーム等に短期間入所させ、入浴、排せつ、食事等の介護その他の日常生活上の世話、機能訓練を提供するサービスである。在宅での自立的な生活の継続を支援することを目的に、心身の機能の維持を図る。また、利用者の家族の身体的、精神的負担の軽減を図ることも目的であり、介護者・家族の病気、冠婚葬祭、出張、介護疲れ等のときも利用できる。ショートステイの１つ。

事業所としては老人短期入所施設のような単独型、特別養護老人ホーム等に併設される併設型、特別養護老人ホームの空いている居室やベッドを利用する空床利用型がある。

➡ ショートステイ p.242

――の意義

短期入所生活介護は利用者の日常の生活を安定させると同時に、家族の生活を支援するところに意義がある。サービス内容は、利用する要介護者の心身の状態や生活課題に合わせ、日常の身辺生活への介護や家事的援助、日常生活で必要な生活訓練や機能訓練、相談・援助、レクリエーション行事等により、日常的な生活の支援が行われる。また事業の運営では地域との交流にも努めなければならないことになっている。こうした活動を通して、利用者は人間関係、社会関係を広げ、生活を安定させていくことが期待されている。一方、介護者家族に対しても、短期間でも介護の拘束感から解放させ、身体的・精神的負担を軽くし、仕事や就労を支援し、家族生活の維持・安定への支援を行っている。

——の目的

短期入所生活介護は、短期入所させ、要介護状態となった場合でも、その利用者が可能な限り居宅で、有する能力に応じ自立した日常生活を送ることができるように支援することを目的としている。そのために入浴、排せつ、食事等の介護その他の日常生活上の世話や機能訓練が行われる。それらによって利用者の心身の機能の維持を図るが、併せて家族の身体的・精神的負担の軽減を図ることも目的となっている。

——の事業者の指定

短期入所生活介護事業者の指定は、都道府県知事（または指定都市・中核市長）により、事務所ごとに行われる。他の居宅サービス事業者の場合と同様、申請者が都道府県の条例で定める者（＝法人）でないとき、事業所の従業者の知識・技能・人員が都道府県の条例で定める基準・員数を満たしていないとき、設備・運営基準に従って適正な運営ができないと認められるとき等は、指定されない。また申請書類には協力医療機関との契約内容も含まれる。

——の人員に関する基準

居宅サービス等基準に定められている人員に関する基準である。これにより短期入所生活介護事業所は、管理者（常勤・専従）（１人）、医師（１人以上）、生活相談員（利用者１～100人に１人、１人は常勤）、介護・看護職員（利用者３人に１人、１人以上は常勤）、栄養士（１人以上、40人の事業所では他施設との連携があれば置かなくても可）、機能訓練指導員（１人以上、併設施設との兼務可）、調理員、その他（必要数）を配置する必要がある。単独型、併設型、空床利用型によって異なるところもあるが、基本的に同じである。

——の運営に関する基準

短期入所生活介護事業者が事業を運営するに際して、国の基準をもとにして都道府県（指定都市、中核市）が定める基準である。国の基準（指定居宅サービス等の事業の人員、設備及び運営に関する基準）には短期入所生活介護の運営基準として、内容・手続きの説明・同意、利用料等の受領、短期入所生活介護の取扱方針、短期入所生活介護計画の作成、介護、食事、機能訓練、健康管理、利用・援助、その他のサービス提供、緊急時の対応、運営規程、定員遵守、地域等との連携、記録の整備等についての規定がある。取扱方針では、利用者の心身の状況に合わせ、日常生活に必要な援助を妥当適切に行うこと、また相当期間（おおむね４日以上）以上継続して入所する利用者については短期入所生活介護計画に基づくこと等が規定されている。都道府県の基準は、多くの項目についてこれらの基準に従って定めることになっている。

——の設備に関する基準

居宅サービス等基準に定められている設備に関する基準である。利用定員についても、空床利用型を除き20人以上とし、事業の専用の居室を設けることを定めている。また併設事業所では20人未満とすることができる。建物については、耐火建築物でなければならない（利用者の日常生活を送る場が１階のみの場合は準耐火建築物でもよい）。設備については、居室、食堂、機能訓練室、浴室、便所、洗面設備、医務室、静養室、面談室、介護職員室、看護職員室、調理室、洗濯室・洗濯場、汚物処理室、介護材料室を備える。ただし、他の社会福祉施設等の設備を利用できる場合は、居室、便所、洗面設備、静養室、介護職員室、看護職員室以外は必ずしも設けなくてよい。居室は定員４人以下で１人当たり床面積は7.43㎡以上とされている。

——の利用定員

短期入所生活介護事業所の利用定員は20人以上と定められている。ただし「空床利用型」「併設型」では20人未満でもよい。また、ユニット型短期入所生活介護事業所のユニットの利用定員は10人以下を原則とし、やむを得ない場合10人を超えるユニットも認められる。ただし「おおむね10人」の範囲内であること、10人を超えるユニット数は、その事業所の総ユニット数の半数以下であることが要件である。

——ユニット型の設備・運営に関する基準

ユニット型短期入所生活介護の事業を営むための設備・運営に関する基準である。設備基準では建物については、耐火建築物でなければならない（利用者の日常生活を送る場が１階のみの場合は準耐火建築物でもよい）。設備については、ユニット、浴室、医務室、調理室、洗濯室・洗濯上、汚物処理室、介護材料室を備えなければならないが、他の社会福祉施設等を利用できる場合はユニット以外は、必ずしも設けなくてよい。ユニットとは少数の居室と居室に近接して設けられる共同生活室とで一体的に構成される場所のことで、ここの居室の定員1人、必要によって2人とされている。

また運営基準では、ユニット型の特徴として、取扱方針の中で、各ユニットにおいて利用者がそれぞれの役割をもって生活を営むように配慮することが規定されている。また勤務体制として、昼間についてはユニットごとに常時1人以上の介護職員か看護職員を配置する、夜間および深夜については2ユニットごとに1人以上の介護職員か看護職員を夜間・深夜の勤務に従事する職員として配置する、ユニットごとに常勤のユニットリーダーを配置する等の規定が置かれている。

短期入所生活介護計画

短期入所生活介護において相当期間以上（おおむね4日以上）にわたり継続して入所することが予定される利用者に対し、具体的にサービスを提供するための個別計画である。短期入所生活介護事業者の管理者が、サービスの目標、目標達成のための具体的なサービスの内容等が記載される。利用者の心身の状況、希望、置かれている環境を踏まえ、短期入所生活介護の提供の開始前から終了後に至るまでの利用者が利用するサービスの継続性に配慮し、他の短期入所生活介護従事者と協議して作成する。すでに居宅サービス計画がある場合は、その計画の内容に沿って作成される。管理者は、作成に当たって、その内容について利用者または家族に説明し、同意を得、作成した際は利用者に交付しなければならない。

短期入所生活介護費

短期入所生活介護の介護報酬で入所生活介護費と小規模のユニット型短期入所生活介護費がある。短期入所生活介護費は、大きく単独型、併設型、単独ユニット型、併設ユニット型に分けられる。要介護度別に、1日につき算定されている。スポット的な利用を想定しているため、連続30日を超える場合は、超えた分については介護報酬が算定されない。また、基本報酬についても減算される。

加算には看護体制、認知症行動・心理症状緊急対応、若年性認知症利用者受入、緊急短期入所受入、在宅中重度者受入等がある。また、利用者数、入所数の合計数が入所定員を超える、介護・看護職員の員数が基準を満たさない、ユニット型短期入所生活介護で常勤のユニットリーダーをユニットごとに配置していない等ユニットケア体制が未整備の場合の減算等がある。

短期入所療養介護

居宅サービスの１つ。病状が安定期にあり、看護、医学的管理の下における介護および機能訓練その他必要な医療を要する居宅要介護者について、介護老人保健施設その他の厚生労働省令で定める施設（介護療養型医療施設等）に短期間入所させ、看護、医学的管理の下における介護および機能訓練その他必要な医療並びに日常生活上の世話を行う。短期入所療養介護の中心となるのは短期入所者に対する看護等の医療的ケアであるが、利用者の家族の休息（レスパイト・ケア）のための利用もある。また、医療ニーズの高い利用者や認知症高齢者のBPSD等への対応のための緊急的な受け入れや、リハビリテーションを目的とした利用が考えられる。さらに、近年ではターミナルケアへの対応も求められている。なお、特定短期入所療養介護とは、難病やがん末期の要介護者など、特に医療ニーズの高い利用者への日帰りサービスである。

――の特徴と対象者

短期入所療養介護を行う事業所は、医療法に規定する「医療提供施設」であり、「看護、医学的管理の下における介護及び機能訓練その他必要な医療並びに日常生活上の世話」を行うことから、医療ニーズの高い利用者やBPSDを有する認知症患者への対応が可能である。また、個別リハビリテーション実施加算の対象となるようなリハビリテーション目的の利用も多い。

――の事業者の指定

短期入所療養介護を行う事業者は、介護老人保健施設、医療法７条２項４号に規定する療養病床を有する病院もしくは診療所（療養病床を有する病院等）、それ以外の診療所である。短期入所療養介護は居宅サービスであり都道府県知事（指定都市・中核市長）より指定居宅サービス事業所の指定を受けなければ実施できないが、介護老人保健施設については開設許可を受ければ指定があったものとみなされる。

――の人員・設備・運営に関する基準

短期入所療養介護は本体施設である介護老人保健施設等における施設サービスと一体的に提供される。従って、本体施設となる介護老人保健施設、介護療養型医療施設等がそれぞれの人員・施設基準を満たしていればよい。

なお、療養病床を有する病院または診療所については、それに加えて消火設備その他の非常災害に際して必要な設備を有することが必要とされている。運営基準も同様である。

――の実施

居宅サービス計画により、1カ月に30日以内の実施が可能である（介護支援専門員が必要と認めた場合は居宅サービス計画に位置付けられていなくても7日を限度に実施可能）。短期入所療養介護は本体施設である介護老人保健施設等における施設サービスと一体的に提供されることから、その取扱方針等もそれに準じている。すなわち、利用者の要介護状態の軽減または悪化の防止に資するよう、認知症の状況等利用者の心身の状況を踏まえて妥当適切に行うこと等である。また、相当期間以上にわたり継続して入所する利用者については、居宅サービス計画の内容に沿って作成された短期入所療養介護計画に基づき、漫然かつ画一的なものとならないよう注意する。なお、施設内での医療や他科受診についても本体施設と同様に扱われる。

――の介護報酬と加算・減算

短期入所療養介護費の基本報酬は短期入所療養介護の1日当たりの報酬である。本体施設のサービス費より若干高く設定されている。なお、短期入所療養介護費は、連続して30日を超えて利用した場合は、超えた分については算定されない。介護老人保健施設で行われる場合については、介護保健施設サービス費と同様に従来型と在宅強化型（介護療養型老人保健施設は療養強化型）に分けられている（本体施設が在宅強化型であれば在宅強化型となる）。

加算は個別リハビリテーションの実施、認知症ケア、若年性認知症利用者の受け入れ、計画的な医学管理を要する重度者の受け入れや、居宅サービス計画にない緊急的な受け入れについての加算がある。減算については定員超過や職員の欠員等に関するもので、他の施設系サービスと同様である。

短期入所療養介護計画

短期入所療養介護計画は、居宅サービス計画の内容に沿って作成されるものである。おおむね4日以上にわたる利用の場合に作成される。介護計画作成担当者は、相当期間以上にわたり継続して入所することが予定される入所者については、利用者の心身の状況、病状、希望およびその置かれている環境並びに医師の診療の方針に基づき、提供の開始から終了後に至るまでの利用者が利用するサービスの継続性に配慮して、他の短期入所療養介護従業者と協議の上、サービスの目標、当該目標を達成するための具体的なサービスの内容等を記載した短期入所療養介護計画を作成することが必要である。また、たとえ短期間の利用であっても、家族のレスパイトやリハビリテーション等、当該利用者の短期入所療養介護の利用目的を踏まえ、退所後の在宅生活につながる計画を策定することが重要である。

短期保険

一般に保険期間が短期の保険を短期保険という。例えば、民間の損害保険では、保険期間が1年未満のものを短期保険契約と呼んでいる。また、社会保険においては、医療保険のように、基本的に単年度で保険の適用や給付、さらには収支を考えるものを短期保険と呼んでいる。

短期目標

要介護者の生活課題（ニーズ）の解決を目指す援助目標のうち、一定期間に実現可能な具体的生活目標である。「居宅サービス計画書」第2表に「長期目標」と共に記載される。要介護者と共に作成する。杖で200メートル離れたパン屋まで歩けるようになる等実現可能で具体的な記載が必要。また、目標達成期間も求められている。

➡ 居宅サービス計画　p.109

痰吸引

口腔内、喉、鼻腔、気管、気管支等にたまっている分泌物（痰）を吸引器等を利用して体外に出すこと。気管切開により喉から気管内に気管カニューレが挿入されている人では、気管内カニューレ内吸引も行われる。通常、痰は勢いのある呼気や、咳等で口から排出したり、無意識のままに飲み込んだりするが、それができなかったり、また嚥下《えんげ》障害で飲み込めない場合、これらの喀痰が、局所にたまってくる。各種分泌物や喀痰が気道にたまると気道を狭窄し、窒息や呼吸困難を来してしまうため、これを取り除く必要がある。

痰吸引は「医療行為」であり、介護職は本来行えず、一定の条件下で当面のやむを得ない場合として行うことがあった。これが、社会福祉士及び介護福祉士法の改正により、2012（平成24）年4月から介護福祉士および一定の研修を受けた介護職員等が、医師の指示、看護職との連携による安全確保が図られていること等一定の条件のもとに、口腔内、鼻腔内、気管カニューレ内部の喀痰吸引を実施できることが法制化された（介護福祉士については2015（平成27）年度から）。

短期利用共同生活介護

短期に利用する認知症対応型共同生活介護。認知症対応型共同生活介護は、長期入居が一般的であるが、介護者の都合等により、短期で利用する場合も想定され、共同生活住居の空室を利用して１名のみ30日を限度として、短期利用を受け入れるものである。指定要件として、事業者が最初の指定を受けた日から３年以上の期間が経過していることと定められており、介護報酬も別途定められている。

段差解消機

玄関等段差のあるところで、スロープを設置する十分なスペースがない場合等に使用する福祉用具で、テーブル状の台上に車いすを乗せたまま垂直方向に上下する。昇降行程は小さいもので60cm、大きいもので1.3m程度である。昇降の動力は、スイッチ操作による電動式と人力によるハンドル等を操作して昇降させる手動式がある。介護保険における福祉用具貸与の移動用リフトとして対象とされている。

段差の解消［住宅改修］

屋内外段差、玄関の上がり框、和洋室の床段差、建具の敷居段差、浴室出入口の段差等の解消がある。介護保険における住宅改修としての段差の解消としては、「居室、廊下、便所、浴室、玄関等の各室間の床の段差及び玄関から道路までの通路等の段差又は傾斜を解消するための住宅改修で、具体的には敷居を低くする工事、スロープを設置する工事、浴室の床のかさ上げ等」が対象とされている。ただし、浴室内すのこを置くことによる段差の解消、昇降機、リフト、段差解消機等動力による段差を解消する機器を設置する工事は除かれる。

単独世帯

住居や家計を共にする世帯員のいない世帯人員が１人だけの世帯を指す。世帯主のみの世帯。総務省統計局の「国勢調査」や厚生労働省の「国民生活基礎調査」等における世帯概念の１つである。

戦後日本では、単独世帯の増加が著しく、特に高齢者単独世帯が著しく増加している。

蛋白質・エネルギー低栄養状態

蛋白質やエネルギーの低栄養状態をPEM（protein energy malnutrition）という。蛋白質の不足（血清アルブミン3.5g/dl以下）では、浮腫や貧血が生じやすく、また免疫機能が低下し感染症にかかりやすい。主食や主菜のとり方が減少することが原因になる。

➡ 低栄養 p.334

蛋白質食品

良質の蛋白質（必須アミノ酸を含有）を多く含む食品のことで、肉類、魚介類、卵類、大豆・大豆製品、牛乳・乳製品がある。

ち

地域援助技術

➡ コミュニティワーク p.166

地域区分［介護報酬］

介護報酬設定に当たって人件費の地域差を調整するための地域区分。介護報酬は単位数に単価を乗じて金額に換算するが、1単位の単価は10円を基本とし、サービスごとの人件費割合別に地域ごとの人件費の地域差を調整し、単価が割増しされている。2015～2017（平成27～29）年度は、1級地～その他の8地域に区分され、上乗せ割合は1級地20％～その他0％となっている。人件費割合はサービスによって70％、55％、45％と設定され、人件費割合の高いサービスほど単価は高く設定される。このため、1級地の人件費割合70％のサービス（訪問介護、訪問看護、定期巡回・随時対応型訪問介護看護等）では、10円＋割増し（10円×70％×20％）＝11.40円となり、これが最も高い単価となる。

8つの地域区分は、①1級地：東京都特別区の23地域、②2級地：東京都狛江市、東京都多摩市、横浜市、川崎市、大阪市の5地域、③3級地：千葉市、東京都八王子市、神奈川県鎌倉市、名古屋市等21地域、④4級地：埼玉県さいたま市、千葉県船橋市、神戸市等18地域、⑤5級地：茨城県つくば市、東京都三鷹市、神奈川県小田原市、京都市、広島市、福岡市等47地域、⑥6級地：仙台市、茨城県水戸市、栃木県宇都宮市、埼玉県川口市、岐阜市、静岡市、奈良市、和歌山市等135地域、⑦7級地：札幌市、前橋市、新潟市、富山市、金沢市、岡山市等174地域、⑧その他：その他の地域。そ

の他の地域数が全国の約76％であり、1単位単価10円の地域が全国の4分の3ということになる。

➡ **介護報酬** p.51

地域ケア会議

支援対象被保険者への適切な支援を図るために必要な検討を行うとともに、地域において自立した日常生活を営むために必要な支援体制に関する検討を行う会議である。介護支援専門員、保健医療・福祉に関する専門的知識を有する者、民生委員その他の関係者、関係機関・関係団体で構成される。地域包括支援センターに置かれ包括的・ケアマネジメント業務を効果的に実施していくための会議となる。

従来地域包括センターの運営に関する厚生労働省の通知によって位置付けられていたが、2014（平成26）年の法改正で、市町村は設置するよう努めなければならないとされ（法第115条の48）、法律上制度化された。

地域支援事業

高齢者が要介護状態になることを予防するとともに、要介護状態等の軽減、悪化の防止、あるいは要介護状態等になった場合でもできる限り地域において自立した日常生活を営むことができるよう支援するための事業である。必須で行う介護予防・日常生活支援総合事業（以下、総合事業）、包括的支援事業と任意で行う事業かならなる。地域支援事業は2005（平成17）年の法改正で介護予防事業、包括的支援事業、任意事業からなる事業として創設され、2011（平成23）年の改正で市町村の判断で行う総合事業が加わった。

さらに2014（平成26）年改正で総合事業が発展的に見直しされ（介護予防事業に相当するものもこの中で行われる）、包括的支援事業と共に必須の事業として位置付けられた。ただし、総合事業には猶予期間が置かれ、2017（平成29）年4月までに全市町村で実施することになっている。

➡ **介護予防・日常生活支援総合事業** p.69
➡ **任意事業** p.369
➡ **包括的支援事業** p.418

――の費用負担

介護予防・日常生活総合支援事業に関しては、在宅サービスの介護給付費と同じ負担割合である。それ以外の介護予防支援事業を除く包括的支援事業に関しては、第1号被保険者の負担割合は介護給付費と同様の負担割合だが、第2号被保険者の負担はない。その分は国、都道府県、市町村が負担する。

地域支援事業支援交付金

社会保険診療報酬支払基金（支払基金）から市町村に交付される地域支援事業の介護予防・日常生活支援総合事業に充てるための交付金。介護保険の第２号保険料は各医療保険者が徴収し、支払基金に「介護給付費・地域支援事業支援納付金」として支払基金に納付することになっている。支払基金は、その納付金から、被保険者のうち第２号保険者の定率負担分（28％）として介護給付費交付金、また地域支援事業のうち介護予防事業に要する費用の第２号保険者の定率負担分（28％）として地域支援事業支援交付金を交付する。

なお、2015（平成27）年度以降、制度の一部改定が予定されている。

地域社会の役割

近隣、町内会や自治会単位、市町村単位、さらに複数市町村のまとまり等、地域社会のとらえ方はさまざまである。仮に、地域社会がこれらのどの単位であるとしても、そこは要介護者等が生活する場であることから、地域社会には、要介護者等をみつける役割や、要介護者等の自立生活を実現するために必要とされる支援策を不足なく用意し総合的に提供する役割が期待される。そこでの支援策の形態には、フォーマルサービスとインフォーマルサポートの２種類があるが、それらは二者択一ではなく、地域社会を基盤に、要介護者にできるだけ身近なところで一体的に提供される必要がある。また、必要な支援策が地域社会にない場合には、新たに整備する役割が地域社会に期待される。

地域自立支援協議会

障害者等への支援体制を整備するために地方公共団体が単独または共同でつくる協議会。障害者総合支援法第89条の３において「地方公共団体は協議会を置くよう努めなければならない」とされている。関係機関、関係団体並びに障害者等、その家族、さらに障害者等の福祉、医療、教育、雇用に関連する職務に従事する者や関係者で構成される。関係機関等が情報を共有し、連携を深めながら、地域の実情に応じた体制の整備について協議する。また、障害福祉計画策定、変更においては協議会の意見を聴くよう努めなければならない。協議会は障害者自立支援法において「自立支援協議会」として法定化されたものだが、障害者総合支援法への改正に伴い、名称を地域の実情に応じて変更できるよう「協議会」に改められた。また協議会の構成員に障害者等およびその家族が含まれることが明記された。

地域生活支援事業

障害者総合支援法に基づき、地域の特性や利用者の状況に応じ柔軟な事業形態で行われるサービス事業である。市町村を実施主体とする市町村地域生活支援事業と、広域支援、人材育成、市町村相互間の連絡調整等を担う都道府県地域生活支援事業がある。

市町村地域生活支援事業の必須事業は、①理解促進研修・啓発事業、②自発的活動支援事業、③相談支援事業、④成年後見制度利用支援事業、⑤日常生活用具給付等事業、⑥移動支援事業、④地域活動支援センター機能強化事業等がある。市町村の判断による任意事業も行われる。市町村地域生活支援事業、都道府県地域生活支援事業の他に、特別支援事業があり、実施が遅れている地域への支援等を行う。

地域との連携

介護サービス事業の運営に当たって市町村をはじめとする地域の関係機関や人々と連携すること。国の居宅介護支援、居宅サービス等、地域密着型サービス、介護保険施設、介護予防サービスの各基準には一般原則や基本方針を述べる中に規定があり、さらに個別のサービス事業者に対し規定を置くものもある。居宅介護支援を除く基準では、いずれも「地域との結び付き」を重視した運営を求めている。苦情処理に関し「提供した指定訪問介護に関する利用者からの苦情に関して市町村等が派遣する者が相談および援助を行う事業その他の市町村が実施する事業に協力するよう努めなければならない」などの規定もある。

ち

地域における公的介護施設等の計画的な整備等の促進に関する法律

地域が実情に合わせ介護給付等対象サービス等を提供する施設・設備の計画的な整備等を促進するための法律である。1989（平成元）年「民間事業者よる老後の保健及び福祉のための総合的施設の整備の促進に関する法律」として制定されていたが、2005（平成17）年に全面改定、改称されたものである。略称「介護施設整備法」。国は市町村が公的介護施設等の整備を行う際の整備基本指針を定め、市町村は整備基本指針に基づき、市町村介護保険事業計画と調和が保たれた市町村整備計画を作成することができる。市町村整備計画が国に提出された場合、国は予算の範囲内で交付金（地域介護・福祉空間整備等施設整備交付金等）を交付し、施設の整備を支援する。

地域ネットワーク

ネットワークとは、目標や価値を共有する者同士が、既存の組織や枠組みを超えて対等の立場で連携している状態をいい、それが地域の中で実現した状態が地域ネットワークである。かつては市民運動の場面でよく使われたが、現在は、例えば要介護者等の生活全般を支援するための関係機関や個人のゆるやかなつながり、といった視点から広く使われている。

地域の自主性及び自立性を高めるための改革の推進を図るための関係法律の整備に関する法律

地方分権改革の一環で、主に自治体に対する事務の処理方法の義務付けの見直し、条例制定権の拡大等を進めるため関係法律を一括して改正する法律（地方分権一括法）。

なお、第２期地方分権改革での一括法であり、第１期の地方分権一括法（2000（平成12）年施行）とは区別される。これまで第１次（2011（平成23）年）、第２次（2011（平成23）年）、第３次（2013（平成25）年）にわたる一括法が公布されてきている。

介護保険法との関連では、居宅サービス、施設サービスの指定基準の地方公共団体への条例委任（第１次一括法）、居宅介護支援事業所、介護予防支援事業所、地域包括支援センターの指定基準の地方公共団体への条例委任（第３次一括法）等が行われている。

地域福祉権利擁護事業

社会福祉基礎構造改革により、多くの福祉サービスが選択による契約利用方式に移行することを受け、福祉サービスの利用やそれに付随する金銭管理等の支援を目的に1999（平成11）年10月に創設された福祉サービスをいう。社会福祉法に基づく社会福祉事業の名称ではなく、厚生省（当時）の補助に伴う事業実施要綱の中で地域福祉権利擁護事業の名称が使われた。後に、日常生活自立支援事業に名称変更された。

➡ **日常生活自立支援事業** p.363

地域包括ケア

高齢者が住み慣れた地域でできる限り自立して生活できるように医療・介護・福祉の包括的な支援・

サービスを提供すること。2005（平成17）年の介護保険法改正で取り入れられた考え方。要介護高齢者の生活を支えるためには、介護保険を中心とする公的な保健医療福祉サービス、地域のボランティア等のあらゆる社会資源を統合し、ネットワーク化して継続的、包括的に支援していく必要がある。生活圏域における地域包括ケアを有効に機能させるための中核機関として、地域包括支援センターが設置されている。地域包括支援センターには保健師、社会福祉士、主任介護支援専門員が配置され、それぞれの専門的知識を生かして、高齢者のために相談からサービス調整まで1カ所で対応することができる。

地域包括ケア研究会報告書

地域包括ケア研究会は、地域における医療・介護・福祉の一体的提供（地域包括ケア）の実現に向けた検討に当たっての論点を整理するため、厚生労働省の2008（平成20）年度老人保健健康増進等事業において有識者で組織された会議である。報告書は随時まとめられ、それらをも踏まえ、2011（平成23）年には地域包括ケアの実現に向け法改正も行われた。この改正では、法に地域包括ケアの推進に関する規定が設けられるとともに、24時間対応の定期巡回・随時対応サービスや複合型サービス等の新しいサービスが創設されている。

地域包括ケアシステム

高齢者が、可能な限り住み慣れた地域で、自分らしい暮らしを継続することができるよう、医療・介護・予防・生活支援・住まいが一体的に提供される体制のこと。高齢者の尊厳の保持と自立生活の支援を目的とする。2014（平成26）年成立した医療介護総合確保法は第2条第1項で「地域の実情に応じて、高齢者が、可能な限り、住み慣れた地域でその有する能力に応じ自立した日常生活を営むことができるよう、医療、介護、介護予防（要介護状態若しくは要支援状態となることの予防又は要介護状態若しくは要支援状態の軽減若しくは悪化の防止をいう。）、住まい及び自立した日常生活の支援が包括的に確保される体制」と定義している。厚生労働省では団塊の世代が75歳以上となる2025（平成37）年を目途に、地域包括ケアシステムの構築を実現するとしている。

地域包括支援センター

地域の高齢者の心身の健康の保持、保健医療の向上、福祉の増進、生活の安定のために必要な援助や支援を包括的に行う「地域包括ケア」の中核機関。市町村が設定した日常生活圏に1カ所設置し、市町村が直営する場合と、民間に委託する場合がある。施設には、保健師・社会福祉士・主任介護支援専門員の3職種が配置される。必須業務として、地域支援事業のうちの包括的支援事業(①介護予防ケアマネジメント事業、②総合相談支援事業、③権利擁護事業、④包括的・継続的ケアマネジメント支援事業、⑤在宅医療・介護連携の推進、⑥認知症施策の推進、⑦生活支援サービスの体制整備)と介護予防支援がある。また、これらを効果的に実施するために、多職種協働による地域支援ネットワークの構築が必要となる。

――の機能強化

2012(平成24)年の介護保険法改正に伴い、保険者による主体的な取り組みの推進として、法に次の規定が新設された。

①地域包括支援センターは、介護サービス事業者、医療機関、民生委員、ボランティア等の関係者との連携に努めなければならない。

②市町村は、委託型の地域包括支援センターに対して、包括的支援事業の実施に当たっての運営方針を明示する。

さらに地域包括支援センターは、行政直営型、委託型にかかわらず、行政(市町村)機能の一部として地域の最前線に立ち、地域包括ケアシステムにおける中核的な機関として期待されている。このため2014(平成26)年の法改正では、現状の課題や今後求められる役割を勘案しながら、複合的に機能強化を図ることが重要とし、適切な人員体制の確保、センター間の役割分担・連携を強化、継続的な評価・点検の強化、取り組みに関する情報公表等の機能強化の方針が示されている。

――運営協議会

地域包括支援センターにおける各事業の評価を行い、適切、公正かつ中立な運営を確保するために市町村に設置される機関。協議事項は、地域包括支援センターの設置、業務指針、運営、職員確保、その他地域包括ケアに関することである。構成員は、介護保険サービス事業者および職能団体、介護保険サービス利用者、介護保険被保険者、権利擁護事業の関係者、学識経験者から、市町村長が選定する。

地域包括支援ネットワーク

包括的支援事業を効果的に実施するために、地域の医療保健福祉サービスやインフォーマルサービス等のさまざまな社会資源を有機的に連携させるネットワークのこと。介護サービス提供者、医療関係者、民生委員、行政職員等、多職種から構成される会議体を、地域包括支援センターまたは市町村が主催し、運営すること等が考えられている。

地域保険

被保険者の居住する地域を単位とする社会保険。これに対して被保険者が雇用されている職場を単位とする場合を職域保険という。わが国の医療保険を例にとると、共済組合や健康保険組合は基本的に職域を単位としており、市町村国民健康保険や後期高齢者医療制度は地域（市町村や都道府県）を単位としている。

介護保険は、被用者、自営業者も被保険者となるが、市町村を保険者とし、その区域内の住民を被保険者とすることから地域保険である。

➡ **職域保険** p.243

地域密着型介護サービス費

要介護被保険者が指定地域密着型サービス事業者から指定地域密着型サービスを受けたときに、市町村が支給する保険給付（介護給付）である。居宅介護支援を受けることを市町村に届け出て、その対象サービスを受けた場合に支給される。利用者は費用の１割を負担し、９割が現物給付される。届出前の緊急やむを得ない場合に利用したとき等、償還払いで支給される特例地域密着型介護サービス費もある。

対象となるサービスは、①定期巡回・随時対応型訪問介護看護、②夜間対応型訪問介護、③認知症対応型通所介護、④小規模多機能型居宅介護、⑤認知症対応型共同生活介護、⑥地域密着型特定施設入居者生活介護、⑦地域密着型介護老人福祉施設入所者生活介護、⑧看護小規模多機能型居宅介護の地域密着型サービスのすべてである。2016（平成28）年度から地域密着型通所介護が加わる。

地域密着型介護サービス費用基準額

厚生労働大臣が定める基準により算定した地域密着型介護サービスに要する費用の額のこと。厚生労働大臣は、地域密着型介護サービスの内容、要介護状態区分、事業所の所在地等を勘案して算定される地域密着型サービスに要する平均的な費用の額を勘案し、社会保障審議会の意見を聴いた上で定める。この基準額の100分の90に相当する額が「地域密着型介護サービス費」として、法定代理受領方式で利用者に支給される。

なお、地域密着型サービス、地域密着型介護予防サービスについては、この基準額を限度に、市町村が独自に定める額を、地域密着型介護サービス費の額とすることができる。

地域密着型介護予防サービス

介護予防を目的に生活機能の維持・向上を目指す地域密着型サービスである。事業者の指定・監督は市町村長が行う。介護予防認知症対応型通所介護、介護予防小規模多機能型居宅介護、介護予防認知症対応型共同生活介護の3種類がある。各事業に通じる一般原則として、利用者の意思、人格を尊重し常に利用者の立場に立ったサービスの提供に努めること、地域との結び付きを重視し、市町村、他の（地域密着型）介護予防サービス事業者、その他の保健医療・福祉サービスを提供する者との連携に努めることが挙げられる。

➡ 地域密着型サービス　p.317

地域密着型介護予防サービス事業者

地域密着型介護予防サービスを行う者である。市町村長に申請し、その指定を受けたものが指定地域密着型介護予防サービス事業者である。この指定は、地域密着型介護予防サービスの種類ごと、かつサービス事業を行う事業所ごとに行われる。事業者は、地域密着型介護予防サービスに係る介護予防のための効果的な支援の方法に関する基準、事業の設備・運営に関する基準に従って適切なサービスを提供するとともに、自らそのサービスの質を評価し、サービスを受ける者の立場に立ってこれを提供するように努めなければならない（法第115条の13第1項）。

地域密着型介護予防サービス費

居宅要支援被保険者が、あらかじめ介護予防支援を受けることを市町村に届け出て、地域密着型介護予防サービス事業者から地域密着型介護予防サービスを受けたときに支給される予防給付。費用の9割が現物給付される。支給対象サービスは、①介護予防認知症対応型通所介護、②介護予防小規模多機能型居宅介護、③介護予防認知症対応型共同生活介護、の3種類である。

要支援認定の効力が生じる前に、緊急、やむを得ない理由でサービスを受けた場合で、その必要が認められたとき等、特例地域密着型介護サービス費と同様の特例が認められている。費用の9割相当額を基準に市町村が定める額が償還払いで支給される。

➡ **特例地域密着型介護サービス費** p.355

地域密着型介護老人福祉施設

入所定員が29人以下の介護老人福祉施設。介護老人福祉施設とは特別養護老人ホームであって、入所する要介護者に対し、施設サービス計画（地域密着型の場合は地域密着型施設サービス計画）に基づいて、入浴、排せつ、食事等の介護その他の日常生活上の世話、機能訓練、健康管理および療養上の世話を行うことを目的とする施設である。地域密着型介護老人福祉施設の利用は原則として当該市町村の者で、要介護者等が住み慣れた地域と切り離されることなく、身近なコミュニティで生活が続けられることにある。地域住民のための地域の施設であり、地域密着型介護老人福祉施設は市町村長に指定申請する（介護老人福祉施設の指定申請は都道府県知事）。

地域密着型介護老人福祉施設の運営形態として、①単独小規模の介護老人福祉施設、②同一法人によるサテライト型居住施設、③通所介護事業所や小規模多機能型居宅介護事業所等との併設事業所を組み合わせたものがあるが、介護老人福祉施設を本体施設とし、その支援体制の下に別の場所で運営されるサテライト型居住施設としての地域密着型介護老人福祉施設の場合は、本体施設は都道府県知事、サテライト型居住施設は市町村長が指定することになる。

➡ **特別養護老人ホーム** p.352

――の人員に関する基準

地域密着型介護老人福祉施設に置くべき従業者とその員数の基準である。医師（必要数）、生活相談員（1人以上）、介護職員または看護職員（看護師・准看護師）（総数は常勤換算法で入所者数が3またはその端数を増すごとに1人以上。看護職員1人以上）、栄養士（1人以上）、機能訓練指導員（1人以上）、介護支援専門員（1人以上）とされている。

――の運営に関する基準

地域密着型介護老人福祉施設を運営していくための基準。サービス提供困難時の対応、入退所、サービスの提供の記録、利用料の受領、地域密着型介護老人福祉施設入所生活介護の取扱方針、地域密着型施設サービス計画の作成、介護、食事、相談・援助、社会生活上の便宜の提供、機能訓練、健康管理、入院期間中の取扱、管理者、計画担当介護支援専門員の責務、勤務体制、定員、協力病院、秘密保持、事故発生の防止と発生時の対応等について基準がある。また地域との結び付きが重視されるところから、活動状況について協議する運営推進会議の設置も義務付けられている。

➡ **運営推進会議** p.28

——の設備に関する基準

地域密着型介護老人福祉施設の設備に関する基準。居室（4人以下)、静養室、浴室、洗面設備、便所、医務室、食堂および機能訓練室を備えることとされている。

地域密着型介護老人福祉施設入所者生活介護

地域密着型介護老人福祉施設が、入所する要介護者に対し地域密着型施設サービス計画に基づいて行う入浴、排せつ、食事等の介護その他の日常生活上の世話、機能訓練、健康管理および療養上の世話である。

地域密着型施設サービス計画には、サービス内容や担当者、要介護者・家族の生活に対する意向、総合的な援助の方針、健康上・生活上の問題点と解決すべき課題、サービスの目標と達成時期、提供上の留意事項が定められる。これに基づき要介護状態の軽減または悪化の防止を助けるよう、心身の状況に応じて提供される。

——の意義

地域密着型介護老人福祉施設入所者生活介護は、利用者が可能な限り居宅生活への復帰を念頭に置いて行われ、有する能力に応じ自立した日常生活を営むことができるようにすることが目指されている。これに向かって地域密着型施設サービス計画に基づき、入浴、排せつ、食事等の介護その他の日常生活上の世話、機能訓練、健康管理および療養上の世話が行われる。

——の介護報酬と加算・減算

地域密着型介護老人福祉施設入所者生活介護費は要介護1～5の5段階で、1日単位で算定される。施設の形態により、地域密着型、ユニット型地域密着型、経過的地域密着型、ユニット型介護老人福祉施設における地域密着型の4種類に大別され、さらに従来型個室、多床室、ユニット型個室、ユニット型準個室等に分けられ、これがさらに細分化されている。加算として退所時等相談援助、口腔衛生管理、看取り介護、在宅・入所相互利用、小規模拠点集合型施設、認知症行動・心理症状緊急対応、介護職員処遇、日常生活継続支援等の加算がある。小規模拠点集合型施設加算は、同一敷地内に複数の居住単位を設け、1つの居住単位が5人以下の場合に算定される。また、減算については、夜勤を行う職員の勤務条件を満たさない、入所者数が定員を超える、介護・看護職員、介護支援専門員の員数が基準に満たない、ユニット型においてユニットケア体制の体制が未整備、身体拘束廃止未実施等の場合がある。

地域密着型サービス

介護保険法に基づき、要介護や要支援状態となっても可能な限り、住み慣れた自宅や地域での生活を継続できるように提供されるサービスである。介護給付と予防給付があり、介護給付を行うサービスには、①定期巡回・随時対応型訪問介護看護、②夜間対応型訪問介護、③地域密着型通所介護（2016（平成28）年度から）、④認知症対応型通所介護、⑤小規模多機能型居宅介護、⑥認知症対応型共同生活介護、⑦地域密着型特定施設入居者生活介護、⑧地域密着型介護老人福祉施設入所者生活介護、⑨看護小規模多機能型居宅介護の9種類がある。また予防給付を行うサービスには、①介護予防認知症対応型通所介護、②介護予防小規模多機能型居宅介護、③介護予防認知症対応型共同生活介護の3種類がある。

地域密着型サービスは、従来の全国的に共通する「一般的なサービス」と並んで、サービス利用が市町村の圏域内におけるサービスとして、2005（平成17）年の介護保険法改正により創設された。事業者の指定・監督は市町村長が行う。また、事業の人員・設備・運営に関する基準についても、国の基準をもとに条例で定めるが、さらには厚生労働省令で定める範囲内で、独自に設定できる。また介護報酬についても、国が定める基準を超えない額の範囲で独自に設定できる。

地域密着型サービス運営委員会

地域密着型サービスの適正な運営を確保するために市町村ごとに設置する委員会。市町村は独自に介護報酬、従業者の基準、設備・運営基準等を定めることができるが、それに当たっては、市町村は被保険者、関係者の意見を反映させ、また学識経験者の知見を活用するための必要な措置を講ずる必要があることが介護保険法に規定されている。これに基づく委員会である。運営委員会では、地域密着型サービスの指定、指定基準や介護報酬の設定に当たって、市町村長に意見を述べる。また地域密着型サービスの質の確保、運営評価等についても協議する。構成員は被保険者、介護（介護予防）サービス利用者、事業者、保健・医療・福祉関係者、学識経験者等で、市町村長が選定する。

地域密着型サービス事業者

地域密着型介護サービス事業を行う者として、市町村長に申請し、指定を受ける。指定は、地域密着型介護サービスの種類ごと、かつサービス事業を行う事業所ごとに行われる。指定に際しては、地域密着型サービス運営委員会に意見聴取を行うことが必要。法人格を有することが要件である。

また、事業所の従業者の知識・技能・人員が市町村の条例で定める基準・員数を満たしていないとき、申請者が市町村の条例で定める設備および運営に関する基準に従って適正な事業運営ができないと認められるとき等は指定されない。事業者は、事業の設備・運営に関する基準に従って適切なサービスを提供するとともに、自らそのサービスの質を評価し、サービスを受ける者の立場に立ってこれを提供するように努めなければならない（法第78条の３第１項）。

地域密着型施設サービス計画

地域密着型介護老人福祉施設入所者生活介護を提供していくための計画である。施設の介護支援専門員（計画担当介護支援専門員）が作成する。作成に当たっては、入所者が自立した日常生活を営むことができるように支援する上で解決すべき課題を把握し（アセスメント）し、その結果に基づき、まず原案が作成される。原案には入所者と、その家族の希望を勘案して、①入所者およびその家族の生活に対する意向、②総合的な援助の方針、③生活全般の解決すべき課題、④サービス（地域密着型介護老人福祉施設入所者生活介護）の目標およびその達成時期、⑤サービスの内容、⑥サービスを提供する上での留意事項等、が記載される。サービス担当者会議を開催し、この原案について担当者から専門的な見地から意見を聞き、計画となる。原案の内容については入所者またはその家族に説明し、文書により入所者の同意を得、作成した計画は入所者に交付しなければならない。計画担当介護支援専門員は、計画の作成後、その実施状況の把握を行い、必要に応じて計画の変更を行うこととされている。

地域密着型通所介護

地域密着型サービスの１つで、利用定員18人以下の事業所で行われる通所介護。2016（平成28）年度から。居宅サービスでの通所介護と同様、居宅要介護者に対し、特別養護老人ホーム、養護老人ホーム、老人福祉センター、老人デイサービス等に通わせ、入浴、排せつ、食事等の介護、その他の日常生活上の世話、機能訓練が行われる。また介護者の負担を軽減する役割も担っている。

通所介護事業所は前年度１月当たり平均利用延べ人数によって750人を超える大規模型、300人を超え750人以内の通常規模型、300人以内の小規模型がある。このうち小規模型事業所については2014（平成26）年の法改正で、大規模・中小規模事業所や小規模多機能型居宅介護事業所のサテライト事業所、さらに定員18人以下のものについては市町村が指定・監督する地域密着型サービスに移行することになった。

――の目的

居宅サービスの通所介護と同じく、居宅要介護状態となった場合でも、利用者が可能な限り居宅において、有する能力に応じ自立した日常生活を営むことができるように生活機能の維持、向上を目指し、必要な日常生活上の世話、機能訓練が行われる。それによって、利用者の社会的孤立間の解消、心身の機能の維持、そして利用者の家族の身体的、精神的負担の軽減を図る。

――の人員、設備に関する基準

事業所には、生活相談員１人以上、看護職員（看護師または准看護師）１人以上、介護職員（サービス提供時間を通じて利用者15人までは１人以上、15人を超える場合は２人以上）、機能訓練指導員１人以上。利用定員が10人以下の場合は、例外も認められる。他に常勤の管理者が置かれる。設備については食堂、機能訓練室、静養室、相談室、事務室のほか、消火設備その他の非常災害に際しての設備を備えなければならない。

――の運営に関する基準

運営基準においては、他の密着型サービスと同様に、サービス提供に当たって、事業者は利用者の心身の状況、置かれている環境、他の保健医療サービス、福祉サービスの利用状況の把握に努めることが第一に挙げられている。基本取扱方針としては、利用者の要介護状態の軽減または悪化の防止のために、目標を設定し、計画的に行うこと、また事業者は、自ら提供するサービスの質の評価を行い、常にその改善を図ることがある。具体的取扱方針では、利用者が住み慣れた地域での生活を継続できるよう、地域住民との交流や地域活動への参加を図りつつ行うこととされている。サービス提供は、管理者が機能訓練等の目標、目標達成のための具体的なサービス内容を記載した地域密着型通所介護計画を作成し、この計画に基づいて行われる。

地域との連携では、事業者に、利用者、家族、市町村の職員、地域包括支援センター、地域密着型通所介護について知見を有する者等からなる協議会（「運営推進会議」）の設置も義務付けている。おおむね6カ月に1回以上、運営推進会議にサービス提供の活動状況を報告し、評価を受け、必要な要望、助言等を聴く機会を設けなければならない。

ち

――の介護報酬

地域密着型通所介護費と療養通所介護費からなる。いずれも2015（平成27）年度までは居宅サービスの介護給付費であり、地域密着型通所介護費は小規模型通所介護費として算定されている。地域密着型通所介護費は、基本部分は所要時間3時間以上5時間未満、5時間以上7時間未満、7時間以上9時間未満の3つに区分され、それぞれ要介護1～5の要介護度別の設定である。また療養通所介護費は療養通所介護計画に位置付けられている標準的な時間で、3時間以上6時間未満、6時間以上9時間未満の区分で算定される。要介護度別の設定はない。

加算には地域密着型通所介護では7時間以上9時間未満の通所介護の前後に日常生活上の世話を行う場合、入浴介助を行った場合、中重度ケア、個別機能訓練、認知症、若年性認知利用者受入れ、栄養改善、口腔機能向上等、また療養通所介護では個別送迎体制強化、入浴介助体制強化があり、共通してサービス提供体制強化、介護職員処遇改善の加算がある。減算では、地域密着型通所介護、療養通所介護とも利用者数が定員を超える、看護・介護職員数が基準を満たさない、事業所と同一建物に居住する利用者にサービスを提供、事業所が送迎を行わない等の場合がある。地域密着型通所介護では、所要時間2時間以上3時間未満の通所介護を行う場合は、3時間以上5時間未満の70％の算定となる。

地域密着型特定施設入居者生活介護

入居定員が29名以下の特定施設に入居する要介護者に対して地域密着型特定サービス計画に基づいて行われる、入浴、排せつ、食事等の介護その他の日常生活の世話、機能訓練および療養上の世話。利用者がその有する能力に応じて自立した日常生活を営むことができるようにすることを目指して行われる。サービスの提供方法は一般型のみで、外部サービス利用型の類型は存在しない。このためこのサービスを提供しているのは有料老人ホームとケアハウスが大半を占める。当該市町村の住民のための施設であり、市町村の監督下にあることが最大の要点である。市町村長は、事業者の申請があっても、介護保険事業計画に定める定員を超える場合は、指定をしないことができる。他の地域密着型サービスと同様に運営推進会議を設置しなければならない。

2012（平成24）年度から、特定施設入居者生活介護と同様に、短期利用地域密着型特定施設入居者生活介護費が新設され、いわゆるショートステイでの利用が可能となった。

➡ **特定施設** p.346

――の人員・設備に関する基準

一般型の特定施設入居者生活介護とほぼ同じである。具体的な人員基準は以下のとおり。①管理者：他の職務や同一敷地内の他の事業所や施設の職務と兼務可、②生活相談員：専従で１人以上、③看護職員・介護職員：利用者３人または端数を増すごとに１人以上、④機能訓練指導員：１人以上で施設内の他の職務と兼務可、⑤計画作成担当者（介護支援専門員）：１人以上で施設内の他の職務と兼務可。設備基準は、①居室定員は１人で処遇上必要な場合は２人、②居室面積は施設種別の基準を援用、③所要室は介護居室、浴室、便所、食堂、機能訓練室等、④消火設備その他の非常災害に際して必要な設備を設ける。

➡ **特定施設入居者生活介護の人員・設備に関する基準** p.347

――の介護報酬

地域密着型特定施設入居者生活介護の介護報酬の仕組みは一般型の特定施設入居者生活介護と同じである。すなわち、①要介護度別に１日単位で算定され、②地域密着型特定施設入居者生活介護費と短期利用地域密着型特定施設入居者生活介護費の単位数は同じで、③個別機能訓練、医療機関連携、夜間看護体制、看取り介護等の加算および看護・介護職員数が基準に満たない場合の減算がある。基本単位は、要介護１で533単位、要介護５で798単位となっている（2015～2017（平成27～29）年度）。

チームアプローチ

介護支援計画やリハビリテーション計画等に基づいて、多職種が共同してサービスを提供すること。チームの構成員には、医療職、福祉職、介護職等が含まれる。チームアプローチは各職種の個別のアプローチの集合体ではなく、それぞれの専門性を生かした役割分担のもと、目的とそれを達成するための期間を定めて行われるアプローチを指す。

地誌的障害

よく知っている場所で道に迷う、近所の地図が書けない、地図を持っていても見方がわからない、自宅の見取図が書けない、目的地にたどり着けない等地理や場所がわからなくなる障害である。高次脳機能障害にみられ、認知症を伴わないで目立つ場合は大脳の局所の障害が疑われる。

窒息

肺によるガス変換に障害が生じた状態。重い物による胸部圧迫のほか、食事中の誤嚥《ごえん》により上気道が閉塞して発生することがあるため小児や高齢者に多い。窒息の開始から数分から15分位で心停止となるため、近くにいる介護者は異物除去を試みる必要がある。掃除機による異物除去や患者の後ろから手のひらの基部で左右の肩甲骨の中間あたりを力強く何度も連続してたたく背部叩打法が有効である。

知的障害

知的障害とは、記憶、推理、判断等の知的機能の発達に有意な遅れがみられ、社会生活等への適応が難しい状態とされる（文部科学省）。知的障害者福祉法（1960（昭和35）年制定当初は精神薄弱者福祉法）に知的障害の定義はない。日本では国が調査で対象とする「概ね発達期（18歳）までに現れ何らかの配慮を要する者」が代わりに提示されることが多い。療育手帳の発行手続きを担う知的障害者更生相談所にはそれぞれの基準を有しているが、おおむね知能指数（IQ）70以下が知的障害の有無の境界とされている。これは、「疾病、傷害及び死因分類」（WHOのICD - 10（1990（平成２）年）の一部改正のICD-10（2003（平成15）年）に準拠）が影響している。

なお、WHOは、「知的機能の水準の遅れ、そのために通常の社会環境での日常的な要求に適応する能力が乏しい」と定義している。また、アメリカ精神遅滞学会（AAMR）（2007（平成19）年アメリカ知的・発達障害学会（AAIDD）に改称）の概念では、AAMR - 10（2002（平成14）年）によれば、「知的機能（知能）が平均より2標準偏差以上低いこと、また同時に、適応行動の3領域の少なくとも1つの領域の得点、または、すべての領域の総合得点が平均より2標準偏差以上低いこと」と定義している。

中間施設

介護老人保健施設が制度創設時に呼ばれた通称である。医療機能を有する病院と福祉機能を有する特別養護老人ホームとの中間的な施設という意味と、入所施設と在宅との中間的な施設という意味がある。1985（昭和60）年の「中間施設に関する懇談会」中間報告にある中間施設構想を受けて、1986（昭和61）年に老人保健法改正が行われ、当初の老人保健施設が創設されたのである。

中間評価項目

要介護（要支援）認定で用いられる調査項目のうち、心身の状況に関連する62項目を5つのグループにまとめたもの。このグループを群と呼び、第1群（身体機能・起居動作）、第2群（生活機能）、第3群（認知機能）、第4群（精神行動障害）、第5群（社会生活への適合）がある。中間調査項目は、各項目の選択肢（自立、一部介助、全介助、ない、ときどきある、ある等）の結果に基づき総合化され、群ごとに最高100点、最低0点となるように得点化される。機能、状態が高ければ高く配点され、低ければ低い配点となる。中間評価項目得点は、高齢者の状態について、一定の特徴や介助の内容を反映する総合的な指標となっている。

中心静脈栄養療法

経口栄養摂取ができない患者に、高濃度ブドウ糖液と、アミノ酸、ビタミン、電解質等を含む製剤を上大静脈という心臓に近い中心静脈に留置したカテーテルを通じて投与する。在宅での管理では、カテーテル部位の発赤や腫脹等の観察、点滴の滴下状況の確認等が必要である。また、カテーテル刺入部の清潔の維持が重要である。長期的には経腸栄養への移行が行われることが多い。

中性脂肪

TG：トリグリセリド。皮下脂肪をはじめ、体内に最も多く存在する脂肪成分であり、性腺、腸間膜など全身の脂肪組織に存在している。体脂肪の2/3を占める。中性脂肪は加齢とともに上昇し、食事による数値の変動がある。中性脂肪が高い場合、高脂血症の原因になるので、摂取エネルギーや単糖類、二糖類を制限することが必要である。基準値150mg/dl未満。150ml/dl以上は高脂血症として診断される。

➡ 高脂血症 p.145

中立性［介護支援専門員］

どちらの側にも偏らない中立性を保つことは介護支援専門員の基本倫理の1つである。介護支援専門員にとっての中立性には2つの側面があり、1つは介護を受ける者と介護する家族、あるいは介護をめぐる家族や親族の間の葛藤等、要介護者等をめぐる関係者の間にあって中立性を保つこと。この場合は、要介護者等を擁護する立場にありながらも関係者それぞれが安定した生活ができるように活動しなければならない。

もう1つの中立性はサービスを提供する機関との関係において中立性を保つということである。自分の属する機関や関連する居宅サービス事業者の利益のために働くようなことがあってはならない。要介護者等に有効な・適切なサービスの利用に向けて助言、調整し要介護者等の利益のために活動するのが介護支援専門員である。このことは、指定居宅介護支援等の事業の人員・運営基準にも規定が置かれている。

聴覚障害

聴感覚の障害によりまったく聞こえない、あるいは聞こえにくいことをいう。身体障害者福祉法では、聴覚障害者を聴力の程度によって2～4、6級に区分している。聴覚障害は伝音性難聴、感音性難聴および混合性難聴に分類される。補聴器の効果が大きいのは伝音性難聴である。聴覚障害の程度は個人によって異なり、また障害が発生した時期や受けた教育により、話す能力や筆談・手話の能力にも個人差がある。

長期保険

一般に保険期間が長期の保険を長期保険という。例えば、民間の損害保険では、保険期間が1年以上のものを長期保険契約と呼んでいる。また、社会保険においては、年金のように、基本的に長期間で保険の適用や給付、さらには収支を考えるものを長期保険と呼んでいる。

長期目標

要介護者の生活課題（ニーズ）の解決を目指す援助目標のうち、最終的に目指す目標や結果のことで、「居宅サービス計画書」の第2表に短期目標とともに記載される。要介護者、家族のニーズに基づいて、持てる力や自立支援の視点、尊厳の保持の視点等勘案し、一定期間の中での到達点を示す。ポジティブに生活を支援する視点でサービス担当者会議で合意する。目標達成期間ごとにアセスメント、サービス担当者会議が必要となる。

長期療養ケア

心身の障害のために長期にわたり療養する人に対し、診断、予防、治療、機能回復、障害補助等のサービスを総合的、長期的に提供すること。ロングタームケアとも呼ばれる。サービスの提供は、ただ単に提供するというのでなく、対象者のニーズを最優先し、生活の質の向上・維持を目的として行われる。

なお、介護老人福祉施設のほか、介護療養型医療施設は長期療養が必要な要介護者を対象とする療養病床で、療養上の管理、看護、医学的管理下での介護等が行われるが、ここでも自立した日常生活を送ることができるようにすることが目的とされている。

超高齢社会

一般に、総人口に占める65歳以上の割合が21%を超えた社会を指すとされる。2005（平成17）年の国勢調査によれば、日本の高齢化率は2005（平成17）年に20.2%を超え、2010（平成22）年には23.0%に達したことが報告され、日本はイタリアを抜いて世界で最も高齢化が進んだ国となった。今後も高齢化率は上昇を続け、2060（平成72）年には39.9%、すなわち日本の人口2.5人のうちの1人が65歳以上の割合となることが予想されている。

調査命令［介護サービス情報］

都道府県知事が介護サービス事業者に対し、介護サービス情報を報告しない等の場合に行う命令のこと。介護サービス事業者が介護サービス情報の報告をしない、あるいは虚偽の報告をしたとき、また調査を受けず、あるいは調査の実施を妨げたとき、都道府県知事は、期間を定めて、当該介護サービス事業者に対し、その報告を行う、もしくはその報告の内容を是正する、またはその調査を受けることを命ずることができる（法第115条の35第4項）。

長寿医療制度

後期高齢者医療制度の通称。後期高齢者医療制度については種々の批判があり、「後期高齢者」という名称に対する批判の声もあった。これを踏まえて、2008（平成20）年に当時の福田康夫内閣は「後期高齢者医療制度」に代わる通称として「長寿医療制度」を提唱したが、法律自体は変更されておらず、この呼び方は必ずしも定着していない。

➡ 後期高齢者医療制度 p.143
➡ 後期高齢者 p.142

徴収金の督促

保険料の延滞金等徴収金についてその納付を催告すること。催告とは一定の行為を請求することで、これに応じないと一定の法律効果、例えば義務者に対する時効の中断等がある。

介護保険法においては「保険料その他法律の規定による徴収金の督促は、民法第153条の規定にかかわらず、時効中断の効力を生ずる」との規定が置かれ（法第200条第２項）、市町村からの保険料の督促があった場合等では無条件で時効中断となる。時効とはある状態が一定の期間継続した場合に、権利の取得・消滅の効果が生じることで、介護保険の保険料についても、督促がなければ、２年を経過したときに時効によって徴収金を徴収する権利が消滅する。

調整交付金

介護保険の公費負担のうち、国の負担である国庫負担の一部が調整交付金である。調整交付金は、市町村の財政力の強弱に応じて傾斜的に交付され、保険給付費の５％に相当する（法第122条）。

調整交付金には、要介護リスクの高い75歳以上の後期高齢者の加入割合の違いと、第１号被保険者の所得の格差に対応する普通調整交付金がある。この他、特別調整交付金があり、これは災害時の保険料減免等の特殊事情に対応するものである。

➡ 介護保険料 p.58

調整保険料率

市町村は、財政単位の広域化による財政安定と市町村間の保険料格差の是正を図るため、他の市町村と共同して、保険給付費等の総額と収入総額とが均衡するような共通の保険料率を設定することができる。これを調整保険料率といい、この事業を市町村相互財政安定化事業という（法148条）。この事業は、広域連合による保険運営とは異なり、保険者自体を一体化するものではない。

➡ 一部事務組合 p.16
➡ 広域連合 p.140

➡ 第１号被保険者の保険料 p.290

直接生活介助

要介護認定等の審査判定は、基本的には、介助等の５分野についての要介護等認定基準時間によりなされるが、その５分野の１つ。身体に直接触れて行われる入浴、排せつ、食事等の介護である。

➡ 要介護認定等基準時間 p.467

直腸検温法

最も正確に体温を測定することのできる方法。直腸用の体温計を使用し側臥位の姿勢で足を深く曲げ肛門から３～４cmの部分に挿入し、約３分後に示度を読む。下痢や肛門周囲に疾患のある場合には適さない。

治療

治療は疾患に対して治癒《ちゆ》あるいは軽快を目的に行う医学的処置で、薬物療法、運動療法、食事療法等多様である。原因療法と対症療法、あるいは局所療法と全身療法という分け方もできる。患者が治療内容の説明を受け、患者自身が理解することが重要である。そのため、患者や家族にわかりやすく説明することが必要である。医師は治療に際して、本人の希望に沿い、最適な治療を提供することが役割である。

鎮痙薬《ちんけいやく》

鎮痙薬とは平滑筋、特に消化管平滑筋の痙縮を抑制する薬物をいう。胃腸の急な痛みは痙縮によって起こるため、鎮痛作用を示すことになる。平滑筋に直接作用する向筋肉性鎮痙薬と、平滑筋を支配する自律神経に作用する向神経性鎮痙薬がある。後者の例は抗コリン薬であり、副支感神経系を抑制する。症状としては、胃痛・腹痛が対象となる。

鎮痛剤

中枢神経や末梢神経に作用して疼痛を消失・軽減させる薬物をいう。麻薬性鎮痛剤、麻薬拮抗性鎮痛剤、解熱消炎鎮痛剤等がある。麻薬性鎮痛剤はモルヒネ等で、強い鎮痛作用を持っているが、多幸感等精神作用も強く、精神的、身体的薬物依存を起こし社会問題となることがある。麻薬拮抗性鎮痛剤はペンタゾシン等であり、依存性は比較的起こりにくいとされる。

つ

通院等のための乗車又は降車の介助

訪問介護の一形態で、利用者に対し通院等のために車で移動する際に提供されるサービス。訪問介護事業所の訪問介護員等が、利用者に対し自らの運転する車両への乗車または降車の介助を行うとき、あるいはこれに併せて、乗車前もしくは降車後の屋内外における移動等の介助を行うとき、さらには通院先もしくは外出先での受診等の手続き、移動等で行われる介助である。

通過施設

医療の場と生活の場を結ぶ役割を持つ施設のことで、介護老人保健施設がこれに当たる。家庭復帰施設ともいう。介護老人保健施設は、要介護者に対し、施設サービス計画に基づいて、看護、医学的管理の下における介護、機能訓練その他必要な医療並びに日常生活上の世話を行うことを目的とする施設である。その目指すところは、自立した日常生活を営むことができるようにするとともに、「居宅における生活への復帰」である。しかし、家庭復帰を進めるためには退所後の継続的ケアが必要であり、介護老人保健施設では退所後の高齢者、家族を支える「在宅ケア支援施設」として、短期入所療養介護（ショートステイ）事業、通所リハビリテーション（デイケア）事業等の居宅サービスも行われている。

通所介護

居宅要介護者を対象に、特別養護老人ホーム、養護老人ホーム、老人デイサービスセンター等で行われる入浴、排せつ、食事等の介護その他の日常生活上の世話、および機能訓練（法第８条７項）。日常生活上の世話には生活等に関する相談、援助、健康状態の確認もある。介護保険の居宅サービスの１つである。介護保険法の規定上、「通所介護」には、要介護者を対象とする通所介護のほか、要支援者を対象とした介護予防通所介護、地域密着型サービスにおける認知症対応型通所介護および介護予防認知症対応型通所介護の分類がある。ただし介護予防通所介護については、2017（平成29）年度までにすべての市町村で地域支援事業の介護予防・日常生活支援総合事業に移行し、実施されることになっている。

また、利用定員18人以下の小規模

事業所によるものについては、2016（平成28）年４月、地域密着型通所介護として地域密着型サービスに移行される。さらに、一般の通所介護とは性格が異なるが、難病等を有する重度要介護者またはがん末期の者でサービス提供に当たり常時看護師による観察が必要な者を対象にした療養通所介護がある。これについても2016（平成28）年度に地域密着型通所介護の類型に移行される。

➡ **介護予防通所介護** p.68
➡ **地域密着型通所介護** p.319
➡ **認知症対応型通所介護** p.380
➡ **療養通所介護** p.478

——の意義

通所介護サービスは、要介護者に対して、日常生活上の世話および機能訓練を行うことにより、個々の利用者がその有する能力に応じ自立した日常生活を営むことができるよう生活機能の維持、向上を目指して行われる。これによって、利用者の社会的孤立感の解消および心身の機能維持、並びに家族の身体的、精神的負担の軽減を図る。

——の事業者の指定

通所介護サービスは、事業運営の基準を満たすとして指定を受けた事業者が、提供できるものである。地域密着型通所介護、認知症対応型通所介護、介護予防認知症対応型通所介護は市町村長、それ以外のサービスは都道府県知事が指定を行う。なお、2012（平成24）年４月より都道府県の指定の事務は、指定都市および中核市に移譲されている。指定は、６年ごとに更新を受けなければならない。事業者が人員基準や設備運営基準を満たしていない場合は指定・更新は行われない。

——の人員に関する基準

通所介護事業者が置くべき人員は以下のとおり。①管理者（常勤で専従の管理者を配置。兼務可)、②生活相談員（１人以上必要)、③介護職員（サービス提供時間を通じて定員15人までは１人以上。以降定員が５人増すごとに１人が必要)、④看護職員（専従で１人以上が必要。ただし、定員10名以下の場合は、介護職か看護職を１人以上)、④機能訓練指導員（１人以上)。なお、2012（平成24）年度の介護保険改正により、生活相談員はそれまでのサービス提供時間を通じた配置義務から、提供時間に応じた配置に変わっている。

——の設備に関する基準

通所介護事業所は、食堂・機能訓練室（１人当たり３㎡以上の面積が必要）・静養室・相談室および事務室を有するほか、消火設備その他の非常災害に際して必要な設備並びにその他必要な設備および備品を備えなればならない。

——の運営に関する基準

通所介護事業者が、事業目的を達成するために必要とされる最低限度の基準。事業者は、この基準の遵守だけでなく、常にその事業の運営の向上に努めなければならない。運営面では、①利用申込者に対して運営規定の概要、職員の勤務体制、苦情処理体制、緊急時の対応等について文書を交付し、同意を得た上でサービスを提供すること。②居宅サービス計画に沿ったサービスを提供すること。③通所介護計画を作成すること。④利用定員を超えてサービス提供を行わないこと等が定められている。

——の介護報酬と加算・減算

通所介護の介護報酬（通所介護費）は、サービス提供時間（３～５時間・５～７時間・７～９時間）、利用者の要介護度、事業規模（小規模型（2015年度まで）・通常規模型・大規模型）に応じた基本サービス費の設定がされている。この基本サービス費に加え、利用者の状態に応じたサービス提供に対する加算（入浴・個別機能訓練・栄養改善・口腔機能向上・認知症・若年性認知症利用者受入等）が算定される。また、事業所の体制に対する加算（サービス提供体制・処遇改善）、減算（定員超過・人員基準欠如・２～３時間利用等）がある。

➡ **認知症加算** p.373

通所介護計画

個々の利用者ごとにサービス提供にかかわる従業員が共同して作成する利用者のサービス利用計画。利用者の心身の状況や希望、利用者が置かれている生活環境等を踏まえて機能訓練等の目標とそれを達成するための具体的なサービス内容が記録される。介護支援専門員が作成する居宅サービス計画に沿って作成されなければならない。サービス内容等への利用者の意向の反映の機会を保障するために、通所介護計画の作成に当たっては、その内容を説明した上で利用者の同意を得なければならない。また、その通所介護計画書を利用者に交付しなければならない。

また、療養通所介護計画は、訪問

看護計画の内容との整合を図りつつ、作成される。

——の作成と評価

通所介護事業者は、通所介護計画を作成するとともに、これに従ったサービスが提供されているか、計画に記載された目標が達成されたかについて記録をとる。その実施状況や評価については利用者または家族に説明を行う。通所介護の提供は、介護支援専門員の作る居宅サービス計画に位置付けられていることが必要であるので、利用者が居宅サービス計画の変更を希望する場合には、居宅介護支援事業者への連絡調整等の援助を行う。

通所介護等における日常生活に要する費用の取扱について

通所介護等の事業者が、居宅介護サービス費以外に利用者から受けとることができる費用のうち「日常生活においても通常必要となるものに係る費用であって、その利用者等に負担させることが適当と認められるもの（その他の日常生活費）」について定めた厚生労働省の通知（「2000（平成12）年3月30日、老企第54号」）である。通所介護では、利用者の希望によって提供される身の回り品（歯ブラシやタオル等）、教養娯楽費（クラブ活動や行事における材料費等）の範囲が示されている。

通所型介護予防事業

地域支援事業における二次予防事業の対象者把握により、要介護状態となるおそれが高いと認められた高齢者を対象に行われてきたサービス。市町村が適当と認める施設に通いながら、運動機能の向上や栄養改善、口腔機能向上、閉じこもり予防支援、その他のプログラムを行い、活動的で生きがいのある生活を送ることができるようにすることを目的とした事業。2014（平成26）年の法改正で、地域支援事業の介護予防事業と称する事業はなくなり、通所型介護予防事業に相当するものも介護予防・日常生活支援総合事業の「通所型サービス」に再編されている。

通所型サービス（第1号通所事業）

居宅要支援被保険者等を対象に介護予防を目的に、施設で機能訓練や集いの場等日常生活上の支援を提供するものであって、地域支援事業である介護予防・日常生活支援総合事業のうち介護予防・生活支援サービス事業として行われる。法律上の正式名称は第1号通所事業。従来の介護予防通所介護がこの事業に移行され、施設に通わせて入浴、排せつ、食事等の日常生活上の支援や機能訓練等の同様のサービスが行われる。

このほか、緩和した基準によるミニデイサービス、運動・レクリエーションや住民主体による体操、運動等の活動等、自主的な通いの場の支援、あるいは3～6カ月の短期間実施する生活機能改善のための運動器機能向上や栄養改善等プログラムの短期集中予防サービス等多様なサービスがあり、市町村は地域の実情に応じてサービス内容を検討する。

通所リハビリテーション

介護保険法の居宅サービスの1つ。居宅要介護者を介護老人保健施設、病院、診療所に通わせ、心身の機能の維持回復を図り、日常生活の自立を助けるために行われる理学療法、作業療法、言語聴覚療法その他必要なリハビリテーションをいう。病状が安定期にあり、主治医がその必要を認めた者に対して、医師の診療に基づき実施される計画的な医学的管理の下に行われる。要介護状態となった場合においても、その利用者が可能な限りその居宅において、その有する能力に応じ自立した日常生活を営むことができるよう生活機能の維持、向上を目指し支援する。医療保険における外来でのリハビリテーションとともに、要介護高齢者が住みなれた地域で在宅での日常生活活動と社会参加の向上のために有効なサービスである。

――の対象者

通所リハビリテーションの対象者は、心身の機能の維持・回復を図り、日常生活の自立を助けるために行われる理学療法、作業療法、言語聴覚療法その他必要なリハビリテーションが必要な要介護者である。ただし、病状が安定期にあり、主治医がその必要を認めた者に限られる。

――の事業者の指定

通所リハビリテーション事業者の指定は、介護老人保健施設、病院・診療所が、都道府県知事（指定都市・中核市）に申請し、事業所ごとに指定を受ける。保険医療機関、介護老人保健施設については、申請を経ることなく指定があったとみなされる。介護保険でのサービス事業者・施設は、サービス種類・事業所ごとに都道府県知事または指定都市・中核市の市長（地域密着型サービス・地域密着型介護予防サービス、介護予防支援は市町村長）に申請し、指定を受ける。

――の人員・設備・運営に関する基準

通所リハビリテーションの事業を行うための国の基準である。人員基準は配置すべき従業員の資格要件、員数等の基準で、通所リハビリテーションの場合、専任の常勤医師1人以上置かなければならない。また、理学療法士、作業療法士、言語聴覚士、看護師、准看護師、介護職員が利用者数に応じて置かれる。特に理学療法士、作業療法士、言語聴覚士については、利用者が10人までは1人、利用者が10人を超える場合は10で除した数以上必要となる。

設備基準は備えておくべき設備に関する基準で、通所リハビリテーションを行うのにふさわしい専用の部屋等で3㎡に利用定員を乗じた面積以上、専用の器械および器具が必要である。

運営基準はサービス提供のための取り扱い方針等運営に関する基準で、通所リハビリテーション計画を作成し、利用者への説明と同意の上で要介護状態の軽減または悪化の防止を目標に計画的に実施すること等が定められている。都道府県は条例で、内容により、国の基準に従う、国の基準を標準とする、国の基準を参酌するに分け、独自に定めるが、ほとんどが国の基準に従って定めることになっている。

――の介護報酬と加算・減算

通所リハビリテーションの介護報酬（通所リハビリテーション費）は、①実施時間（1時間以上2時間未満、2時間以上3時間未満、3時間以上4時間未満、4時間以上6時間未満、6時間以上8時間未満）、②利用者の要介護度、③前年度の1月当たりの平均利用者延人数により3分類された事業所の規模（通常規模、大規模Ⅰ、大規模Ⅱ）により報酬が区分される。

加算には、社会参加支援加算、理学療法士や作業療法士等を専従かつ常勤で2名以上配置する等の体制強化加算、多職種協働によるリハビリテーションマネジメント加算、短期に集中して個別リハビリテーションを行った場合の短期集中個別リハビリテーション実施加算等がある。認知症については認知症短期集中個別リハビリテーション実施加算が認められている。減算は、利用者の定員超過、スタッフが人員基準に満たしてない場合等に行われる（2015～2017（平成27～29）年度）。

通所リハビリテーション計画

通所リハビリテーションを実施する上で必要な計画のことで、リハビリテーションの目標、当該目標を達成するための具体的なサービスの内容等を記載したもの。医師および理学療法士、作業療法士その他通所リハビリテーションの提供に当たる者が、診療または運動機能検査、作業能力検査等を基に、利用者の心身の状況、希望およびその置かれている環境を踏まえて、共同して作成する。居宅サービス計画が作成されている場合は、当該計画の内容に沿って作成される。その内容について利用者またはその家族に対して説明し、利用者の同意を得るとともに、作成した際には利用者に交付される。

爪の手入れをするための自助具

障害のある人が手足の爪の手入れをする場合に使用する、爪切りを台に固定したもの、ブラシややすりを吸盤やクランプで固定した爪ブラシ、爪やすり等がある。

て

低栄養

高齢や病気の後遺症等で咀嚼が困難になることや口腔機能の低下や嚥《えん》下《げ》障害等何らかの原因で食事の摂取量が減少することで、エネルギーや蛋白質の欠乏をはじめとした低栄養状態に陥ること。疾病の悪化や褥瘡の重症化を来す（体重の減少や血清アルブミン値が3.5g/dl以下）。

➡ **蛋白質・エネルギー低栄養状態**　p.306

定期巡回・随時対応型訪問介護看護

2012（平成24）年度の介護保険制度改正に伴い、重度者の在宅生活を可能にする「地域包括ケアシステム」において、重要な地域密着型サービスとして創設された。居宅要介護者を対象とし、定期的な巡回訪問（定期巡回）や、随時通報に対する電話応対や訪問（随時対応）を、日中・夜間を通じ行う。介護福祉士等により行われる入浴、排せつ、食事等の介護等の日常生活上の世話と、看護師等により行われる療養上の世話または必要な診療の補助が、１日複数回利用可能である。

当該事業所には、①１つの事業所で訪問介護と訪問看護のサービスを一体的に提供する「介護・看護一体型」、②訪問看護を地域の訪問看護事業所と連携してサービスを提供する「介護・看護連携型」がある。いずれの場合も、医師の指示に基づく看護サービスを必要としない利用者が対象である。

――の内容

訪問介護と訪問看護を一体的または連携して行うサービス。具体的には次のサービスが提供される。①定期巡回（訪問介護員等が行う定期的な日常生活上の世話）②随時対応（利用者またはその家族等からの通報に対する相談援助または訪問介護員等による対応の要否等の判断）③随時訪問（②での判断に基づき、訪問介護員等が行う日常生活上の世話）④訪問看護（看護師等が行う療養上の世話または必要な診療の補助）

――の人員に関する基準

必要人員として、①オペレーター（利用者の通報に対応する経験と知識を有する者）を提供時間帯通じて１人以上。②定期巡回を行う訪問介護員を必要数。③随時訪問を行う訪問介護員を提供時間通じて１人以上。④訪問看護を行う保健師、看護師等を常勤換算方法で、2.5人以上（うち１人は、常勤）、理学療法士、作業療法士等を実情に応じ適当数。⑤管理者（専従かつ常勤。場合により兼務可能）が必要である。

――の運営に関する基準

基準には、基本取扱方針、具体的取扱方針、主治の医師との関係、介護看護計画等の作成等が規定されている。主な内容は、計画作成責任者による計画の作成には、保健師等による定期的（おおむね１カ月に１回程度）居宅訪問とアセスメントが必要であること。看護サービスは、主治の医師との密接な連携と、利用者の病状、心身の状況および環境を的確に把握し適切な指導が求められるほか、主治の医師の文書による指示や、計画書および報告書の提出義務があること。看護介護の質の確保として、定期的な外部評価と結果の公表義務が規定された。

また、随時対応では、オペレーターは、計画作成責任者等と連携し、的確な状況把握による利用者またはその家族へ相談および助言を行う。その他、利用者またはその家族に対する説明責任や利用者宅の鍵の管理方法がある。

――の設備に関する基準

事業の運営を行うために必要な広さを有する専用の区画を設けるほか、必要な設備および次の通報を受ける機器等設備に関して規定されている。①利用者の心身の状況等の情報を蓄積することができる機器、②

随時適切に利用者からの通報を受けることができる通信機器、③利用者が適切にオペレーターに通報できる端末機器（ケアコール端末、場合により携帯電話でも可）。

――計画

利用者の日常生活全般の状況および希望を踏まえ、定期巡回・随時訪問サービスの目標、目標達成ための具体的なサービス内容等が記載される。計画作成責任者（看護師、介護福祉士等）は、既存の居宅サービス計画に沿って利用者の居宅を訪問したアセスメントの結果を踏まえ作成する。計画の実施に当たり、その内容を利用者またはその家族への説明と同意が必要である。

――の介護報酬

定期巡回・随時対応型訪問介護看護費は要介護１～５までの要介護度別、月単位で算定される。介護・看護一体型の定期巡回・随時対応型訪問介護看護費（Ⅰ）と連携型の（Ⅱ）があり、一体型はさらに訪問看護サービスを行わない場合、訪問看護サービスを行う場合に分けられている。基本単位は一体型、連携型とも同じであるが、一体型の看護サービスを行う場合は高く設定されている。加算には一体型、連携型共通に初期、退院時共同指導、総合マネジメント体制強化、サービス提供体制強化、介護職員処遇等の加算、さらに一体型の看護サービスを行う場合には緊急時訪問看護、特別管理、ターミナルケア等の加算がある。減算では通所介護、通所リハビリテーション、認知症対応型通所介護を受けている利用者に対して行った場合や事業所と同一建物の利用者にサービスを行う場合は減算される。また、一体型で看護サービスを行う場合、准看護師によるサービス提供は減算となる。

提供拒否の禁止

介護保険サービスの事業者は、原則として利用申込者からのサービス提供の求めに応じなければならない。特に要介護度や所得の多寡を理由にサービス提供を拒否することを禁止している。

なお、サービスの提供を拒むことができる正当な理由とは、①当該事業所の現員からは利用申込に応じきれない場合、②利用申込者の居住地が当該事業所の通常の実施地域外である場合、③利用申込者に対し自ら適切なサービスを提供することが困難な場合である。

居宅介護支援事業者の場合は、利用申込者が他の居宅介護支援事業者にも併せて居宅介護支援の依頼を行っていることが明らかな場合は、提供拒否の正当な理由となる。介護保険施設の場合は、入院治療の必要がある場合が該当する。

➡ **サービス提供困難時の対応** p.169

デイケア

もともとは、イギリス・アメリカで発達した精神障害者の環境療法の一形態。精神医療、高齢者医療等の分野で在宅の患者を日中に預かり、治療や利用者同士の交流やレクリエーション、機能訓練を通して社会復帰や入院予防を目標に行われた。また、サービス機能が強化されている場合、デイホスピタルと呼ばれることもある。

なお、高齢者分野では、老人保健施設等で行われる通所サービスについて「デイ・ケア」と呼ばれることもあるが、現在は通所リハビリテーションの名称が普及している。

デイサービス

介護が必要な在宅の高齢者や障害児者に日帰りで施設に通ってもらい、入浴や食事の提供、機能訓練等を行うサービス。介護保険制度上は通所介護と呼ばれる。障害者総合支援法では児童デイサービス、地域活動支援センターで行われる障害者デイサービス等がある。

低所得者対策

低所得者を対象に最低生活の保障を行うこと。わが国の社会保障制度は社会保険方式と社会扶助方式に大別できるが、いずれの方式でも低所得者対策がある。社会保険では保険料負担は被保険者の負担能力に応じて設定されており、介護保険でも第１号保険料は、所得水準に応じて原則９段階の区分になっている。最も所得の低い第１段階（生活保護受給者、市町村民税非課税かつ老齢年金受給者）は基準額×0.5の保険料である。一時的に負担能力が低下したとき等特別の理由がある場合は、保険料の減免や徴収猶予が認められることもある。またサービス利用の負担についても低所得者対策がとられ、介護保険の場合でも、高額介護サービス費、特定入所者介護サービス費（いわゆる補足給付）は所得段階に応じた負担限度額が設定され、これを超える費用が介護保険から支給される。医療保険と介護保険の定率自己負担の合計額が所得区分に応じた負担限度額を超える場合、超える分が支給される高額医療合算介護サービス費もある。

一方、社会扶助では資力調査を要件とする生活困窮者対策、所得調査を要件とする低所得者対策がある。困窮者対策が生活保護である。低所得者対策としては、生活福祉資金貸付制度、社会手当制度等がある。

また、公営住宅制度も社会扶助における低所得者対策の1つである。その根拠となる公営住宅法は「健康で文化的な生活を営むに足りる住宅を整備し、これを住宅に困窮する低額所得者に対して低廉な家賃で賃貸し、又は転貸する」(公営住宅法第1条) ことを目的としている。

➡ **特定入所者介護サービス費** p.350
➡ **高額医療合算介護サービス費** p.141
➡ **負担限度額** p.413
➡ **補足給付** p.444

低体温

正常より低い体温を示す状態。直腸温等の中心体温が35℃以下になった状態。低体温は環境によるものと体温調節機能が低下して起こるものがある。後者は、熱産生の低下や熱放散の増大による。症状としては、ふるえが増大し、周囲に無関心となる。重症では呼吸数低下、昏睡状態、瞳孔散大、不整脈等も生じる。体温が30℃以下になると死亡する場合が多い。

低蛋白血症

蛋白質が不足し、血漿の総蛋白質やアルブミン濃度が低下している状態をいう。主な疾患はネフローゼ症候群や肝障害 (肝硬変)、悪性腫瘍が挙げられる。

老人では軽度の低蛋白血症は病的とはいえないことがある。

デーケン, A.

アルフォンス・デーケン (独Alfons Deeken 1932－) は、ドイツオルデンブルク生まれのイエズス会司祭、上智大学名誉教授、哲学者である。専門は死生学 (サナトロジー) であり、わが国に初めてデス・エデュケーション (death education:死の教育、死への準備教育) を導入した。受賞は数多く、アメリカ文学賞 (倫理部門、1975年)、グローバル社会福祉・医療賞 (1989年)、全米死生学財団賞 (1991年)、ドイツ連邦共和国功労十字勲章 (1998年)、東京都文化賞 (1999年)、若月賞 (1999年) 等。また著書も数多く、『死とどう向き合うのか』、『生と死の教育』等がある。

デーケンは「death education」は決して暗いことではなく、いかに人間らしく死を迎えるか、いかに最後まで人間らしく生きられるかという教育の必要性を主張している。

適合高齢者専用賃貸住宅

2005（平成17）年の高齢者の居住安定確保に関する法律の改正において創設された高齢者専用賃貸住宅のうち、一定の人員基準や設備条件を満たし、介護保険法に基づく届け出を行ったもの。都道府県知事に届け出られたものは、特定施設入居者生活介護事業の指定を受けることができた。

2011（平成23）年の高齢者の居住安定確保に関する法律の改正により、高齢者専用賃貸住宅制度は廃止され、サービス付き高齢者向け住宅が創設された。

適用除外

障害者支援施設、救護施設（生活保護法）等一定の施設（適用除外施設）に入所・入院している者について、経過措置として当分の間、介護保険制度の被保険者としない取り扱いをすること。これらの施設には長期にわたり継続して入所（院）し、介護保険サービスを受ける可能性が低いこと、またこれらの施設では、介護に相当するサービスが提供されることからこうした経過措置がとられている。適用除外施設には、障害者支援施設、障害福祉サービス事業者である病院、重症心身障害者施設、肢体不自由児施設支援を行う医療機関、ハンセン病療養所、救護施設（生活保護法）等がある。

手すり

住宅で利用される手すりは、主に屋外アプローチ、玄関、廊下、階段、洗面・脱衣室、浴室、トイレ等に設置され、移動動作、立ち上がり動作等を補助する際に活用される。

介護保険における福祉用具貸与の手すりとしては、「取り付けに際し工事を伴わないものに限る」とされており、据え置きタイプのものが対象となる。なお、取り付けに工事を伴う手すりについては、住宅改修における「手すりの取り付け」が適用される。

手すりの取り付け

手すりの取り付けには、下地の補強、手すりの形状・径、高さ、位置、種類等身体状況と設置環境を考慮し設置する。介護保険における住宅改修としての手すりの取付けとしては、「廊下、便所、浴室、玄関、玄関から道路までの通路等に転倒予防もしくは移動又は移乗動作に資することを目的として設置するもので、手すりの形状は、二段式、縦付け、横付け等適切なもの」が対象とされている。

手の届かないところのものを処理する自助具

障害者や高齢者が手の届きにくい場所のものをとったり移動させたりする作業を行うもの。先端部が開閉するマジックハンド、把持機能を持たずフック等によって機能を果たすリーチャー等がある。

手や指の機能を補助する自助具

手や指の機能を補助するために工夫された、把持具のアタッチメント、筆記具や食事用具、操作用具を取り付けて使用するホルダー、指先の力が弱い人でも書きやすく握りやすいペン、手指の巧緻性が低下している人でも使用できるスタンド付きペン、磁石式手首固定用具、ドアオープナー、ドアハンドル、引き出しオープナー、水道栓を開閉する用具等がある。

電解質

電解質とは水に溶けると電気を通す物質のことで、体液に存在し、生体の恒常性維持に重要な役割を持っている。ナトリウム、カリウム、カルシウム、クロール等があり、ナトリウムは体の水分調節にかかわっている。カリウムは筋肉や神経に関係し、またカルシウムは骨や歯の形成、神経刺激の伝達、血液の凝固に関係した働きをする。クロールは体内の水分量の調節やpHの調節等重要な役割を担っている。

てんかん

種々の原因によって、大脳ニューロンの過剰な電気的活動が引き起こされ、反復性に発作性の意識障害やけいれん発作を起こす慢性の脳疾患である。通常、大脳の神経細胞（ニューロン）は規則正しいリズムでお互いに調和を保ちながら電気的に活動しているが、このリズムを持った活動が突然崩れて、激しい電気的な乱れ（ニューロンの過剰発射）が生じることによって起きるのが、てんかん発作である。頭部外傷後遺症や出生時に脳障害が残る等原因のはっきりしたてんかんと原因の不明な特発性のてんかんがある。

➡ 抗てんかん薬　p.148

転倒

高齢になるに従って筋力、敏捷性、平衡感覚が低下するため、転倒さらに転倒による骨折が多くなる。これを予防するためには、その原因となる環境因子を取り除くことが第一で、照明、段差やカーペットのめくれた床、不適切な位置に設置された手すり、電気のコード、家具のレイアウト等に十分注意する。また薬剤の中には、ふらつきや眠気等の副作用を持つものもあり、内服中の薬剤については転倒を予防する上でチェックが必要である。

転落

階段からの転落、ベッドやいすからの転落等、落差のある高いところから転げ落ちること。80歳以上の高齢者の不慮の事故による死亡をみると、窒息による死亡が最も多く(31.4%)、次いで多いのが転倒・転落（24.1%）である。他の年齢層もこの2つの事故による死亡は多いが、高齢者では特に転倒・転落によるものが多い。転倒・転落の中でも「スリップ、つまずきおよびよろめきによる同一平面上での転倒」が20.1%と圧倒的に多く、「階段およびステップからの転落およびその上での転倒」が1.3%となっている(2013（平成25）年、厚生労働省「人口動態統計」)。

と

トイレキャリー

キャスターや車輪が付いており、後方が大きく開いていて、便器に合わせられるもの。居室からトイレへの移動と、そのまま排せつを行うために使用する。また、シャワーチェアーとしても兼用することができる。

介護保険における特定福祉用具販売の腰掛便座として対象とされている。

統合失調症

代表的な精神疾患の1つ。思春期から幻覚・妄想で発症する例が多く、放置すると徐々に増悪を繰り返しながら経過し、やがて特有な人格の変化を来し、周囲に無関心となって自分だけの世界に閉じこもる。人格が崩れていくために19世紀末の精神医学者クレペリンが早発性痴呆（ちほう）dementia praecoxと名付けた。しかし、1911（明治44）年、ブロイラーが患者の思考内界を考察し、妄想世界と現実世界の間にあって生活している実態からスキゾフレニアschizophreniaという呼称が適切とした。

日本ではschizophreniaを直訳した精神分裂病という病名が1937（昭和12）年より長く用いられてきた。しかし、精神それ自体の分裂と誤解されやすいこと、患者の人格否定につながる等の理由から、2002（平成14）年schizophreniaを訳し直した「統合失調症」に改められた。最近は、早期発見と適切な治療により回復可能な例も多く、再発を防ぐ努力もなされ、以前よりも重篤な状態に陥ることが少なくなった。原因は今日なお不明であるが、発生頻度は100人当たり１人といわれている。

疼痛

疼痛は、国際疼痛学会による定義を参照すると以下のように表現されている。実際に起きたか、または可能性としての組織損傷によって生じる不快な感覚および情動体験である。場合によっては、心因のみによって生じる同様の体験をも示す。痛みはその人が表現する主観的なものであり、その人が「痛みがある」といったときには、存在する心理的状態でもある。

疼痛緩和

原因の治療を目指すのではなく、患者の苦痛の緩和とQOLの向上を目指した医療をいう。ホスピス・緩和ケア病棟では、延命よりもむしろモルヒネや鎮痛剤を使用して苦痛を取り除きQOL（生活の質）をできるだけ高めることを目的とした医療が中心となる。末期患者に対する延命中心の近代医療への反省から、患者の苦痛を積極的かつ全人的にとらえ、患者中心の医療を行うという考え方によるものである。

➡　緩和医療　p.93

糖尿病

インスリンが不足したり、作用が不十分であるために血糖が高くなる疾患。日本糖尿病学会では、随時血糖値が200mg/dl以上、空腹時血糖値が126mg/dl以上、75g経口ブドウ糖負荷試験２時間値が200mg/dl以上のいずれかがあれば糖尿病型としている。Ⅰ型とⅡ型とに分けられ、Ⅰ型は、ウイルス感染や自己免疫による膵β細胞の傷害によりインスリンが絶対的に不足している。Ⅱ型は、肥満や栄養の過剰摂取によるインスリン分泌低下やインスリン抵抗性増大による相対的インスリン不足である。

高齢者の糖尿病はⅡ型が多い。症状は口渇、多飲、多尿等がある。しかし、高齢者では無症状の場合も多い。合併症を併発するとその症状が加わる。治療は食事療法や運動療法を基本とし、経口血糖降下薬やインスリン注射を行う。

——の合併症

糖尿病の合併症としては糖尿病性昏睡や感染症のような急性合併症と慢性合併症がある。糖尿病昏睡は死亡率が高い。慢性合併症は、糖尿病の罹患年数が長く、血糖コントロールが悪い場合に起こってくる。3大合併症と呼ばれるのは、神経障害、網膜症、腎症である。いずれも、糖尿病性血管障害によるもので、失明や腎不全、糖尿病性壊疽等の可能性もある。この他に、動脈硬化症なども合併症の1つである。

——の予防

糖尿病の予防には、過食、運動不足、ストレスを避けることが挙げられる。食事と運動のアンバランスは肥満として現れる。食事については、過剰な脂肪摂取や総カロリー摂取を避け、標準体重を維持することが重要である。運動については、適度な運動と十分な熱量消費を行うことが必要である。また、糖尿病を発症した場合、喫煙を継続していると合併症の進行が早くなる。禁煙し、合併症の進行を予防することも必要である。

糖尿病性神経障害、糖尿病性腎症および糖尿病性網膜症

糖尿病性神経障害、腎症、網膜症は糖尿病の3大合併症と呼ばれる。神経障害には、自律神経症状として、起立性低血圧、排尿障害、インポテンス、下痢や便秘等がある。また、末梢神経症状として、しびれや知覚障害等が起こる。腎症は、腎臓の血管に障害が起こり、進行すると腎不全となる。人工透析が必要となる場合もある。網膜症は、網膜の細小血管障害により起こる。大出血を起こすと失明する場合もある。

動脈硬化

動脈が厚く硬くなる、動脈壁の肥厚、弾力性の低下、および動脈の内膜に悪玉コレステロール等が沈着することによる内腔の狭小化が動脈硬化である。病理学的な分類としては、粥状動脈硬化が重要な病変である。これは、細動脈以上の動脈に生じ、大動脈瘤破裂や腎動脈狭窄の原因ともなる。また、冠動脈の硬化では狭心症や心筋梗塞、脳動脈の硬化では一過性脳虚血や脳梗塞等を起こす。

トータルペイン

末期がん患者の痛みは身体的な痛みだけではなく、精神的な痛み、社会的な痛み、スピリチュアルペインをも含むというとらえ方のことである。末期がんの患者の痛みをトータルペインととらえることにより、患者と家族のQOLの向上を目指すことを緩和ケアの目標とする考え方である。トータルペインについては、医療専門職のみでなく、心理社会的要因や宗教的要因に関する専門職との協力が必要である。

特殊寝台

特殊寝台は、背もたれが水平から75度程度まで起き上がってくる「背上げ機能」、膝だけが上がる構造や下腿部全体が水平に上がる構造、膝が上がるとともに足先が下がる構造等の「膝上げ（足下げ）機能」、ベッド全体が昇降する「昇降機能」、これらが電動化されているものが一般的である。介護保険における福祉用具貸与の特殊寝台としては、「サイドレールが取り付けてあるもの又は取り付けることが可能なものであって、①背部又は脚部の傾斜角度が調整できる機能、②床板の高さが無段階に調整できる機能」を有するものが対象とされている。

特殊寝台付属品

マットレス、ベッドの移動が簡単に行えるキャスター、昇降機能がないベッドの高さを調節するハイトスペーサー、布団やベッドからの落下を防ぐサイドレール、移乗や立ち上がり動作時に使用する介助バー（移乗バー）、テーブル、寝返りや移乗動作を容易にするスライディングボード、スライディングシート等がある。

介護保険における福祉用具貸与としての特殊寝台付属品では、「特殊寝台と一体的に使用するものとして、サイドレール、マットレス、ベッド用手すり、テーブル、スライディングボード・スライディングマット、介助用ベルト」等が例示されている。

特定介護予防福祉用具販売

予防給付の対象者（要支援１および要支援２）に対する、予防給付サービスに位置付けられる特定福祉用具販売であり、①腰掛便座、②自動排泄処理装置の交換可能部品、③入浴補助用具、④簡易浴槽、⑤移動用リフトのつり具の部分が対象となる。支給限度基準額は年10万円で購入価格の１割を利用者が自己負担する。なお、支給限度基準額管理期間は毎年４月１日から１年間とされている。

特定健康診査・特定保健指導

40歳～74歳までの公的医療保険加入者全員を対象に行われる、生活習慣病予防のための健診・保健指導。2006（平成18）年の「高齢者の医療の確保に関する法律」の制定等により、40歳以上の被保険者に対する健診が義務付けられ、2008（平成20）年４月から実施されている。

特定健康診査はメタボリックシンドローム（内臓脂肪症候群）に着目した健診で、血液検査では脂質、血糖、肝機能の検査も行われる。特定健康診査の結果から、生活習慣病の発症リスクが高く、生活習慣の改善による生活習慣病の予防効果が多く期待できる人に対して、生活習慣を見直すサポートをするのが特定保健指導である。特定保健指導には、リスクの程度に応じて、動機付け支援と積極的支援がある。

特定事業所加算

指定居宅介護支援事業所に支払われる介護報酬（居宅介護支援費）加算の１つ。特定事業所加算（Ⅰ）（Ⅱ）（Ⅲ）の３つの区分があり、１カ月につき（Ⅰ）は500単位、（Ⅱ）は400単位、（Ⅲ）は300単位を加算する。必要な人員については、特定事業所加算（Ⅰ）は、常勤専従の主任介護支援専門員を１人以上、常勤専従の介護支援専門員を３人以上、同（Ⅱ）は、常勤専従の主任介護支援専門員を１人以上、常勤専従の介護支援専門員を３人以上、（Ⅲ）は、常勤専従の主任介護支援専門員を１人以上、常勤専従の介護支援専門員を２人以上配置することになっている。

（Ⅰ）では利用者の総数のうち、要介護３～５の割合が40％以上、地域支援センター等が実施する事例検討会等への参加が要件となる。このほか、３区分のいずれについても、①利用者情報またはサービス提供にあたっての留意事項の伝達等を目的とした会議を定期的に開催、②24時間の連絡体制と利用者等の相談に対応する体制を確保、③介護支援専門員に対し計画的に研修を実施、④地域包括支援センターから紹介された困難事例に対応、⑤居宅介護支援費にかかる運営基準減算または特定事業所集中減算の適用なし、⑥利用者数が介護支援専門員１人当たり40名未満、⑦法定研修等における実習受け入れ事業所となる等、人材育成への協力体制の整備が要件とされている。

と

特定事業所集中減算

指定居宅介護支援事業所に適用される介護報酬減算の１つで、１カ月に200単位を所定単位数から減算する。その基準は、正当な理由なく、前６カ月間に作成した居宅サービス計画に位置付けられた指定訪問介護、指定通所介護、または指定福祉用具貸与の提供総数のうち、同一の訪問介護サービス等にかかる事業者によって提供されたものの占める割合が80％を超えていることである。

特定施設

特定施設は、有料老人ホーム、養護老人ホーム、軽費老人ホームと定められている（法第８条第11項および施行規則第15条）。また食事、介護、家事、健康管理のいずれかのサービスを提供するサービス付き高齢者向け住宅は、有料老人ホームに当たり、これも特定施設に該当する。このうち、軽費老人ホームについては、A型・B型・ケアハウスの３種類があり、介護対応型施設として位置付けられているケアハウスが特定施設の主な対象として考えられている。

特定施設は、介護保険制度では「居宅」（居住の場所）とされており、居宅サービスとしての特定施設入居者生活介護を利用できる。

特定施設サービス計画

特定施設入居者生活介護を利用する利用者一人ひとりに対して作成されるサービス計画のこと。サービスの目標、目標達成のための具体的なサービスの内容、サービス提供上の留意事項等が記載される。特定施設に計画作成担当者として配置されている介護支援専門員が作成する。アセスメント、カンファレンス、計画原案の利用者への説明・同意を得て、計画を確定し、その後もモニタリング、必要に応じた計画の変更を行うこととされている。

特定施設入居者生活介護

介護保険法における居宅サービスの１つ。特定施設として指定を受けた有料老人ホーム、養護老人ホーム、軽費老人ホーム（主としてケアハウス）において、当該施設の職員によってそこに入居している要介護者に対して、特定施設サービス計画（ケアプラン）に基づいて行われる入浴、排せつ、食事等の介護や洗濯、掃除等の家事、生活上の相談・助言、その他の日常生活上の世話、および機能訓練、療養上の世話等を行うものをいう。これを通して要介護状態の軽減または悪化の防止を図り、自立した日常生活への支援を行っていく。

特定施設の空室を利用し、短期間（30日以内）受け入れる短期利用特定施設入居者生活介護もある。2005（平成17）年の法改正に伴って、特定施設サービス計画の作成、利用者の安否確認、生活相談等の基本サービスは当該施設が行い、実際の居宅サービスは外部の受託サービス事業者が行う外部サービス利用型特定施設入居者生活介護が創設された。

➡ **外部サービス利用型特定施設入居者生活介護** p.80

――の目的

居宅基準の「基本方針」（第174条）にある通り、入居者の心身機能（能力）に応じた「自立した日常生活」への支援にある。具体的には、「利用者の要介護状態の軽減又は悪化の防止」（居宅基準第183条）である。日常生活の支援において、要介護状態の軽減や悪化の防止という目的のために、意図的・意識的に取り組む必要がある。

――の内容

特定施設に入居している要介護者に対し、特定施設サービス計画に基づいて「入浴、排せつ、食事等の介護その他日常生活上の世話」および「機能訓練および療養上の世話」を提供する。施設サービスと同様、総合的なサービスを提供するため、訪問介護・通所介護等の居宅サービスを重複して利用することはできない。

――の事業者の指定

特定施設入居者生活介護の指定は、都道府県知事（指定都市・中核市長）が行い、監督権は都道府県知事にある。都道府県知事は、都道府県介護保険事業計画に定める必要利用定員に達していたり、指定によって超える場合には、指定しないことができる。入居定員29人以下の施設は、地域密着型特定施設入居者生活介護として市町村長による指定の対象となる。

――の人員・設備に関する基準

人員基準は、生活相談員、看護・介護職員（常勤換算で要介護者３人につき１人）、機能訓練指導員、計画作成担当者（介護支援専門員）、管理者を配置することが定められている。

設備基準は、一時介護室、浴室、便所、食堂、機能訓練室を設けること、介護居室の定員は原則１人とすること、車いすの円滑な移動が可能な空間と構造を有すること等が定められている。

——の運営に関する基準

内容および手続きの説明および契約の締結等、指定特定施設入居者生活介護の提供の開始等、法定代理受領サービスを受けるための利用者の同意、サービスの提供の記録、利用料等の受領、指定特定施設入居者生活介護の取扱方針、特定施設サービス計画の作成、介護、健康管理、相談および援助、利用者の家族との連携等、運営規程、勤務体制の確保等、協力医療機関等、地域との連携等、記録の整備等について定められている。

内容および手続きの説明および契約の締結等においては、一般居室から介護居室に移して介護を行う場合には、その際の利用者の意思確認等の適切な手続きを契約書に定めておくこと、特定施設入居者生活介護の提供の開始等においては、入居者が希望する場合には、それ以外の介護サービスを利用することを妨げてはならないこと等が定められている。

——の介護報酬

特定施設入居者生活介護の介護報酬は、①特定施設入居者生活介護費、②外部サービス利用型特定施設入居者生活介護費、③短期利用特定施設入居者生活介護費の３つがある。特定施設入居者生活介護費および短期利用特定施設入居者生活介護費は１日につき、要介護度別に設定されている。個別機能訓練（短期利用は除く）、夜間看護体制、医療機関連携（短期利用は除く）、看取り介護（短期利用は除く）、認知症専門ケア（短期利用は除く）、サービス提供体制強化等の加算があるが、看護・介護職員の員数が基準に満たない場合は減算となる。（外部サービス利用型特定施設入居者生活介護費については「外部サービス利用型特定施設入居者生活介護の介護報酬」参照）

特定市町村

厚生労働省が定める支給限度基準額よりも低い支給限度基準額を定めることが可能な市町村のこと。介護保険の創設当初、サービス基盤が未整備である市町村が散見されたことからとられた経過措置である。こうした市町村を特定市町村と呼び、その基準額を経過的居宅給付支給限度基準額という。この額は、法定の支給限度基準額の２分の１を下回ることはできない。

特定疾病

要介護状態、または要支援状態の原因である身体上または精神上の障害が加齢に伴って生ずる心身の変化に起因する疾病のことである。第2号被保険者については特定疾病に起因する要介護状態・要支援状態でない限り保険給付の対象とならない。特定疾病は心身の病的な加齢現象との医学的関連がある、65歳以上の高齢者に多く発生しているが40歳以上65歳未満でも発生がみられ、罹患率・有病率等について加齢との関連が認められ、医学的根拠が明確に定義できる、継続して要介護状態となる割合が高い等から定められている。

具体的には法施行令で、①がん(医師が一般に認められている医学的知見に基づき回復の見込みがない状態に至ったと判断したもの)、②関節リウマチ、③筋萎縮性側索硬化症、④後縦靭帯骨化症《こうじゅうじんたいこっかしょう》、⑤骨折を伴う骨粗鬆症、⑥初老期における認知症、⑦進行性核上性麻痺、大脳皮質基底核変性症およびパーキンソン病、⑧脊髄《せきずい》小脳変性症、⑨脊柱《せきちゅう》管狭窄症、⑩早老症、⑪多系統萎縮症、⑫糖尿病性神経障害、糖尿病性腎症および糖尿病性網膜症、⑬脳血管疾患、⑭閉塞性動脈硬化症、⑮慢性閉塞性肺疾患、⑯両側の膝関節または股関節に著しい変形を伴う変形性関節症、の16の疾病とされている。

特定短期入所療養介護

要介護者に日帰りで行われる短期入所療養介護。在宅の中重度者の生活の質の向上、家族負担軽減のための利用のほか、退院退所直後やレベル低下時に集中的なリハビリテーションを提供するサービスとしても利用できる。3時間以上4時間未満、4時間以上6時間未満、6時間以上8時間未満の区分がある。

➡ 短期入所療養介護 p.302

特定地域密着型サービス

住所地特例の対象者が利用できる地域密着型サービスのこと。従来は、住所を移して介護保険施設等に入所した場合、保険者は転居前の市町村となるため(住所地特例)、住所地の地域密着型サービスが利用できなかった。2014(平成26)年の法改正により、住所地の市町村の指定を受けた地域密着型サービスを使えるようにしたもの。法第8条14項により、特定地域密着型サービスは定期巡回・随時対応型訪問介護看護、夜間対応型訪問介護、認知症対応型通所介護、小規模多機能型居宅介護及び複合型サービスとされている。認知症対応型共同生活介護や地域密着型特定施設入居者生活介護等の居住系サービスは含まれない。また特定地域密着型介護予防サービスは、介護予防認知症対応型通所介護、介護予防小規模多機能型居宅介護とされている。

➡ 住所地特例 p.217

特定入所者介護サービス費

施設サービスと短期入所サービスでは食費・居住費について、所得段階に応じた負担限度額が設けられている。この限度額を超える費用が、特定入所者介護サービス費として介護保険から給付される。いわゆる補足給付のことであり、要介護の低所得者に対する負担軽減措置の１つ。市町村から交付された介護保険負担限度額認定証を事業者に提示すると、負担限度額内でサービスを利用できる。事業者は、基準費用額と負担限度額の差額を代理受領する（介護法第51条の３、第61条の３）。

特定入所者介護予防サービス費

居宅要支援者が、介護予防短期入所生活介護費、介護予防短期入所療養介護を利用した場合に、食費・滞在費については負担限度額を超える費用が特定入所者介護予防サービス費として支給される。いわゆる補足給付である（法第51条の３、第61条の３）。要支援の低所得者に対する負担軽減措置の１つ。

特定被保険者

健康保険の被保険者のうち、40歳未満または65歳以上の被保険者で、40歳以上65歳未満の被扶養者を持つ被保険者のこと。

特定福祉用具

介護保険では、居宅要介護者等に対し福祉用具を貸与するサービスがあるが、福祉用具のうち、排せつ用具・入浴用具等、貸与になじまない用具を特定福祉用具という。他人が使用したものを再利用することに心理的な抵抗感を覚える用具で、この用具については、貸与ではなく販売（購入）が行われる。具体的には、①腰掛便座、②自動排泄処理装置の交換可能部品、③入浴補助用具、④簡易浴槽、⑤移動用リフトのつり具の部分が対象とされている。

➡ 福祉用具 p.408
➡ 特定福祉用具販売 p.350

特定福祉用具販売

介護給付の対象者（要介護１～要介護５）に対する、介護給付サービスに位置付けられる特定福祉用具販売のサービスである。適切な特定福祉用具の選定の援助、取り付け、調整等を行い、販売する。それを通して利用者の日常生活の便宜を図り、その機能訓練に資するとともに、介護者の負担の軽減を図ることが目的となる。

2006（平成18）年度からは、適切な福祉用具の選定が行われるよう、福祉用具貸与の場合と同様に、人員の基準にも福祉用具専門相談員の配置が義務付けられている。利用者には一定のものの購入については居宅介護福祉用具購入費として介護給付が行われる。支給限度基準額は年10万円で購入価格の１割を利用者が自己負担する。なお、支給限度基準額管理期間は毎年４月１日から１年間とされている。居宅要支援者に対する介護予防についても、同様の介護予防特定福祉用具販売がある。

特別永住権

特別永住権とは、「出入国管理及び難民認定法」の特例法（「日本国との平和条約に基づき日本の国籍を離脱した者等の出入国管理に関する特例法」）によって定められる特別永住者としてわが国に永住できる権利である。改正住民基本台帳法に基づき、2012（平成24）年７月９日から特別永住者証明書が交付されることとなった。住所のある市区町村で住民票が作成される。

特別会計［介護保険］

介護保険事業の収支を経理するために市町村や特別区が一般会計とは区分して設ける会計（介護保険特別会計）。法第３条第２項で規定されている。介護保険料、国および県の支出金、市町村の一般会計からの繰入金を主な歳入とし、介護給付費を主な歳出としている。介護保険特別会計は保険事業勘定と介護サービス事業勘定に区分される。

➡ **保険事業勘定**　p.440
➡ **介護サービス事業勘定**　p.38

特別指示書［訪問看護］

訪問看護は主治医が必要を認めた場合に提供されるものであり、主治医の指示書の交付を受けて行われるが、病状が悪化する等急性増悪により頻回の訪問看護が必要な場合には主治医から特別の指示書が交付される。特別指示書があるときは、14日間に限り毎日訪問看護を提供できる。

なお、気管カニューレを使用している状態、真皮を越える褥瘡にある患者には、１カ月に２回（28日間）まで訪問できる。その際の訪問看護は介護保険ではなく医療保険での対応となる。

➡ 訪問看護指示書　p.432

特別徴収

特別徴収とは、第１号被保険者が一定額（年額18万円）以上の公的な老齢（退職）年金・遺族年金・障害年金を受給している場合に、年金保険者（厚生労働大臣、共済組合等）が年金を支給する際に年金から天引きするかたちで保険料を徴収し、市町村に納入する仕組みのことをいう（法第131・134〜137条）。特別徴収は、市町村の事務負担の軽減・被保険者の利便性向上・介護保険料の収納率向上等の観点から行われる。

➡ 第１号被保険者の保険料（第１号保険料）　p.290
➡ 普通徴収　p.414

特別調整交付金

介護保険財政の国庫負担は全体の25％を占めるが、そのうち５％相当分は市町村ごとの介護保険財政の調整を行うため調整交付金に充てられる。この調整交付金のうち、災害時の保険料減免等の特殊事情がある場合に交付されるのが特別調整交付金である。

➡ 調整交付金　p.326

特別養護老人ホーム

老人福祉法による老人福祉施設の１つで、常時の介護を必要とする高齢者の入所施設で、長期滞在が認められている。老人福祉法第20条の５で「第11条第１項第２号の措置に係る者または介護保険法の規定による地域密着型介護老人福祉施設入所者生活介護に係る地域密着型介護サービス費若しくは介護福祉施設サービスに係る施設介護サービス費の支給に係る者その他の政令で定める者を入所させ、養護することを目的とする施設」とされている。そして措置に係る者については、「65歳以上の者であって、身体上または精神上著しい障害があるために常時の介護を必要とし、かつ、居宅においてこれを受けることが困難なものが、やむを得ない事由により介護保険法に規定する地域密着型介護老人福祉施設又は介護老人福祉施設に入所することが著しく困難であると認めるとき」（老人福祉法第11条第１項第２号）とされている。

特別養護老人ホームの入所者は、①措置により入所する者、②介護保険法に基づく介護老人福祉施設および地域密着型介護老人福祉施設の入所者で構成される。年齢については①は65歳以上、②は40歳以上ということになる。2015（平成27）年より入所者の要件が要介護１以上から原則要介護３以上へと変更された。

介護老人福祉施設は特別養護老人ホームであるが、特別養護老人ホーム＝介護老人福祉施設ということではない。特別養護老人ホームが介護保険による施設サービスを提供するためには、都道府県知事に介護老人福祉施設としての指定申請し、指定を受け、指定介護老人福祉施設となる必要がある。

特例介護予防サービス計画費

居宅要支援被保険者が、指定介護予防支援を受けたときに支給される介護予防サービス計画費について、支給要件を満たさないが、市町村が必要と認める場合に支給される予防給付である。費用（基準額）の全額を基準に市町村が定める額が償還払いで支給される。支給要件を満たさない場合とは、基準該当介護予防支援を受けたとき、離島その他の地域で相当サービスを受けたとき、緊急その他やむを得ない理由で被保険者証を提示しないで指定介護予防支援を受けたとき。

➡ **介護予防サービス計画費**
p.62

特例介護予防サービス費

居宅要支援被保険者が指定介護予防支援サービスを受けたときに支給される介護予防サービス費について、支給要件を満たさないが、市町村が必要と認める場合に支給される予防給付である。費用（基準額）の９割相当額を基準に市町村が定める額が償還払いで支給される。

支給要件を満たさない場合とは、要支援認定の効力が生じる日前に緊急その他やむを得ない理由で介護予防サービスを受けたとき、基準該当介護予防サービスを受けたとき、離島その他の地域で相当サービスを受けたとき、緊急その他やむを得ない理由で被保険者証を提示しないで指定介護予防サービスを受けたとき。また、要支援認定の効力が生じる日前に緊急その他やむを得ない理由で基準該当サービスや相当サービスを受けたときである。

特例居宅介護サービス計画費

居宅要介護被保険者が、指定居宅介護支援を受けたときに支給される居宅介護サービス計画費について、支給要件を満たさないが、市町村が必要と認める場合に支給される介護給付である。費用（基準額）の全額を基準に市町村が定める額が償還払いで支給される。

支給要件を満たさない場合とは、基準該当居宅介護支援を受けたとき、離島その他の地域で相当サービスを受けたとき、緊急その他やむを得ない理由で被保険者証を提示しないで居宅介護支援を受けたときである。

特例居宅介護サービス費

居宅要介護被保険者が指定居宅サービスを受けたときに支給される居宅介護サービス費について、支給要件を満たさないが、市町村が必要と認める場合に支給される介護給付である。費用（基準額）の９割相当額を基準に市町村が定める額が償還払いで支給される。支給要件を満たさない場合とは、要介護認定の効力が生じる日前に緊急その他やむを得ない理由でサービスを受けたとき、基準該当介護サービスを受けたとき、離島その他の地域で相当サービスを受けたとき、緊急その他やむを得ない理由で被保険者証を提示しないでサービスを受けたとき。

また、要支援認定の効力が生じる日前に緊急その他やむを得ない理由で基準該当サービスや相当サービスを受けたときである。

特例子会社

障害者の雇用に特別の配慮をした子会社。親会社との人的関係や、雇用される障害者の人数・割合等について一定要件を満たす場合には、特例子会社に雇用されている労働者を親会社に雇用されているとみなして実雇用率を算定することができる。特例子会社を持つ親会社については、一定の要件を満たす場合、企業グループ全体による実雇用率算定が可能とされている。

➡ 法定雇用率　p.422

特例施設介護サービス費

要介護被保険者が施設サービス等を受けたときに支給される施設介護サービス費について、支給要件を満たさないが、市町村が必要と認める場合に支給される介護給付である。費用（基準額）の９割相当額を基準に市町村が定める額が償還払いで支給される。支給要件を満たさない場合とは、要介護認定の効力が生じる日前に緊急その他やむを得ない理由で指定施設サービス等を受けたとき、緊急その他やむを得ない理由で被保険者証を提示しないで指定施設サービス等を受けたときである。

特例地域密着型介護サービス費

居宅要介護被保険者が指定地域密着型サービスを受けたときに支給される地域密着型介護サービス費について、支給要件を満たさないが、市町村が必要と認める場合に支給される介護給付である。費用（基準額）の９割相当額を基準に市町村が定める額が償還払いで支給される。支給要件を満たさない場合とは、要介護認定の効力が生じる日前に緊急その他やむを得ない理由でサービス等を受けたとき、離島その他の地域で相当サービスを受けたとき（地域密着型介護老人福祉施設入所者生活介護を除く）、緊急その他やむを得ない理由で被保険者証を提示しないでサービスや相当サービスを受けたときである。

特例地域密着型介護予防サービス費

居宅要支援被保険者が指定地域密着型介護予防サービスを受けたときに支給される地域密着型介護予防サービス費について、支給要件を満たさないが、市町村が必要と認める場合に支給される予防給付である。費用（基準額）の９割相当額を基準に市町村が定める額が償還払いで支給される。

支給要件を満たさない場合とは、要支援認定の効力が生じる日前に緊急その他やむを得ない理由でサービスを受けたとき、離島その他の地域で相当サービスを受けたとき、緊急その他やむを得ない理由で被保険者証を提示しないでサービスを受けたとき、緊急その他やむを得ない理由で相当サービスを受けたときである。

特例特定入所者介護サービス費

低所得の要介護被保険者が支給を受ける特定入所者介護サービス費について、支給要件を満たさないが、市町村が必要と認める場合に支給される介護給付である。負担限度額を超える額が償還払いで支給される。

支給要件を満たさない場合とは、要介護認定の効力が生じる日前に緊急その他やむを得ない理由でサービスを受けたとき、短期入所生活介護、短期入所療養介護において基準該当サービスや離島その他の地域で相当サービスを受けたとき、緊急その他やむを得ない理由で被保険者証を提示しないでサービスを受けたとき、緊急その他やむを得ない理由で要介護認定の効力が生じる日前に基準該当サービスや相当サービスを受けたときである。

➡ 特定入所者介護サービス費 p.350

特例特定入所者介護予防サービス費

低所得の要支援被保険者が支給を受ける特定入所者介護予防サービス費について、支給要件を満たさないが、市町村が必要と認める場合に支給される予防給付である。負担限度額を超える額が償還払いで支給される。

支給要件を満たさない場合とは、要支援認定の効力が生じる日前に緊急その他やむを得ない理由でサービスを受けたとき、短期入所生活介護、短期入所療養介護において基準該当サービスや離島その他の地域で相当サービスを受けたとき、緊急その他やむを得ない理由で被保険者証を提示しないでサービスを受けたとき、緊急その他やむを得ない理由で要支援認定の効力が生じる日前に基準該当サービスや相当サービスを受けたときである。

吐血

食道、胃、十二指腸等の上部消化管からの出血により、血液を嘔吐すること。出血性胃炎、胃潰瘍、十二指腸潰瘍、胃がん、食道静脈瘤破裂、マロリー・ワイス症候群等で起きる。輸液・輸血により全身管理を行いつつ、原疾患を診断し治療する必要がある。緊急内視鏡検査を行うこともある。救急処置を要する場合が多く、早期受診が必要である。対応としては、血圧等のバイタルサインをチェックし、医療機関に連絡する。

床ずれ防止用具

床ずれ防止用具の減圧原理は、複数のエアセル等を膨張・収縮させて体を支持する面を変化させる動的なもの、より広い面で支えることにより体圧を分散する静的なものに分けられる。介護保険における福祉用具貸与の床ずれ防止用具としては、「①送風装置又は空気圧調整装置を備えた空気マット、②水等によって減圧による体圧分散効果を持つ全身用のマット」のいずれかが対象とされている。

特記事項［認定調査票］

要介護等の認定調査に当たって用いられる「認定調査票」の一部で、認定調査員が介護の手間や頻度等を具体的に文章で記述する。認定調査票は、調査対象者の①概況を記す概況調査、②能力、介助、障害等をみた基本調査、③特記事項からなる。

基本調査は、具体的に身体機能・

起居動作、生活機能、認知機能、精神・行動障害、社会生活への適応、特別な医療、日常生活自立度の７群に分類され、該当する番号に○をつける。特記事項は、この７分類に基づき構成され、基本調査の確認、介護の手間、頻度に留意し記載することになっている。その内容が、二次判定で評価される。

都道府県

都と道と府と県。１都１道２府43県ある。市町村を包括する広域の地方公共団体、地方自治法に基づく。議決機関として議会、執行機関として知事、補助機関として副知事、職員等を置き、教育委員会、選挙管理委員会、監査委員会等の委員会および委員を置く。自治権を持ち、条例、規則を制定し、また、地方税、負担金等を賦課・徴収し、地方債を起こす等の権限がある。

都道府県介護認定審査会

独力で介護審査・判定業務を行うことが困難な市町村から委託を受け、審査・判定業務を行うために都道府県に置かれる審査会。この場合でも、審査・判定業務は都道府県が行うが、認定調査や認定自体は市町村が行う。

都道府県介護保険事業支援計画

介護保険法第118条に規定された３年を１期として都道府県が策定する計画。策定事項として、①区域ごとの各年度の介護保険施設の種類ごとの必要入所定員総数、介護給付等対象サービスの見込み、②介護保険施設の整備に関する事項、③介護支援専門員等従事者の確保や資質の向上に関する事項、④施設相互間の連携等サービスの円滑な提供を図るための事業、⑤その他保険給付の円滑な実施に必要な事業、となっている。

都道府県介護保険事業支援計画は老人福祉法に基づく都道府県老人福祉計画と一体のものとして作成され、また社会福祉法に基づく都道府県地域福祉計画等と調和が保たれたものとして作成される。さらに医療介護総合確保推進法の規定による都道府県計画医療法による医療計画と整合性が確保されていなければならない。

都道府県地域福祉支援計画

都道府県が、広域的な見地から市町村の地域福祉を支援するために策定する計画で、2000（平成12）年に社会福祉事業法が社会福祉法に改正された際に第108条で定められた。法律では策定義務は明記されていないが、策定する場合の住民の意見反映や内容公表等の努力義務が課されている。

市町村の地域福祉の推進の支援や、社会福祉事業に従事する者の確保や資質の向上等を内容とする。

都道府県の事務

介護保険における都道府県の事務については「都道府県は、介護保険事業の運営が健全かつ円滑に行われるように、必要な助言および適切な援助をしなければならない」（法第5条第2項）とされており、広域的な地方公共団体として、市町村に対する指導と援助が求められている。具体的には認定業務の支援、財政支援、基準の設定等サービス提供者に関する事務、介護サービス情報に関する事務、介護支援専門員関連事務、介護サービス基盤の整備、介護保険審査会の設置・運営、報告請求、報告徴収等の事務がある。

都道府県の条例

都道府県がその自治体としての立法権に基づき、都道府県議会の議決によって制定する条例のこと。

都道府県の負担［介護保険の財源］

介護費用から利用者負担を除いた保険給付の財源は、公費が50％、保険料が50％となる。公費については、国、都道府県、市町村がそれぞれ負担する。公費負担50％の内訳は、居宅給付費と施設等給付費とで異なる。都道府県負担の居宅給付費は12.5％であるが、施設等給付費は17.5％である。

都道府県老人福祉計画

市町村老人福祉計画の達成に資するため、各市町村に通じる広域的な見地から都道府県が定める、老人福祉事業の供給体制の確保に関する計画である。老人福祉法に基づく。都道府県が定める区域ごとの養護老人ホーム、特別養護老人ホームの必要入所定員総数その他老人福祉事業の量の目標のほか、老人福祉施設の整備および老人福祉施設相互間の連携のために講ずる措置に関する事項、老人福祉事業に従事する者の確保または資質の向上のために講ずる措置に関する事項が定められる。

都道府県老人福祉計画は、都道府県介護保険事業支援計画と一体のものとして作成され、また、都道府県地域福祉支援計画その他の法律の規定による計画であって老人の福祉に関する事項を定めるものと調和が保たれたものでなければならない。

届出主義

法律、条例等により、届出がなければある種の行為をすることが認められないこと。介護保険の場合、第1号被保険者は、保険者（市町村）による被保険者の把握を確実にするため、資格の取得と喪失に関する事項その他必要な事項については、市町村への届出義務が課せられている。届出により被保険者資格を取得すると、その日から保険給付を受ける権利と保険料を負担すべき義務が発生する。

届出は資格等に変動（異動）があった場合、その日から14日以内に行うこととされている。届出をしない場合、過料を科せられることもある。なお、その市町村の区域内に住所を有する者（医療保険加入者を除く）が65歳になって被保険者資格を取得した場合は、市町村で自動的に把握されるので届出は不要である。

な

内視鏡的胃ろう増設術

内視鏡を用いて胃ろうを増設する治療法である。胃ろうは、嚥下《えんげ》障害、意識障害等により、経口摂取ができないときに行われる。経鼻栄養が長期にわたる場合に用いられる。胃から腹部表皮へ通ずるチューブを通し必要な栄養を注入する。栄養は腸管から吸収され中心静脈栄養に比べ生理的である。また、経鼻栄養と比べて不快感が少ないという利点がある。しかし、無意味な延命措置となってしまう問題点も指摘されている。

内臓脂肪症候群

➡ メタボリック・シンドローム p.450

内的資源

要介護者等を支援していくために活用できる資源で、要介護者等自身が持つ能力、経験、資産、さらには意欲、自信等をいう。介護支援専門員等専門職は、内的資源を発見し、発揮できるように支援すること、内的資源をフォーマル、インフォーマルな社会資源（外的資源）と同様に活用することが重要である。

ナラティブ・ベイスド・メディスン

患者の語りを中心にして患者の自己決定を支援する医療のこと。Narrative-based Medicine。ナラティブとは「物語」という意味で、物語に基づく医療とも呼ばれる。患者が自分の口を通して語る、病気になった理由や病気について考えていること等から、医師が病気の背景や人間関係を理解し、患者にアプローチしていく。NBMの実践には、以下の6つの過程がある。①患者の話（ドミナント・ストーリー）を徹底して傾聴する、②専門職といった視点ではなく、患者の語った物語に対して純粋に質問をしながら、患者の物語を確認する、③医療従事者の考え方を柔軟にして、患者の物語の多様性を認める、④患者の言葉を使いつつ、医療従事者の視点に立った物語を伝える、⑤患者と医療従事者の物語をすり合わせ、新たな物語（オルタナティブ・ストーリー）を創り出していく。

本来、論文やデータをもとに適正に医療を行っていくことをエビデンス・ベイスド・メディスン（EBM：Evidence-based Medicine、根拠に基づく医療）というが、根拠になるデータが不足、高齢者のケア、死に至る病気等、EBMで解決できない領域では、物語に基づく医療が行われるようになっている。

➡ エビデンス・ベイスド・メディスン　p.30

な

に

ニーズ

➡ 生活課題　p.263

ニーズが隠されているケースとその対応

ケアに対するニーズが隠されている場合があり、要因を見極めて対応していく必要がある。隠されるニーズとして、次のようなケースがある。①社会的抑圧により隠される（サービスの存在が十分認識されず、利用を妨げられる）、②個人的・家族的抑圧により隠される（虐待がある場合等）、③本人・家族がニーズを自覚していない、④社会的孤立によりニーズが隠されている（ニーズが誰の目にも止まらない）等がある。これらに対応するためには、ニーズを初期の段階で的確にとらえ、問題を整理し、解決に向けた支援計画を作成し実施していく支援方法が必要となる。

ニーズ優先アプローチ

➡ サービス利用者主導アプローチ p.171

二次性高血圧症

高血圧症は何らかの病気があり起こる二次性高血圧症と原因不明の本態性高血圧症に分けられる。二次性高血圧症は、クッシング症候群や原発性アルドステロン症、甲状腺機能亢進症および低下症、腎炎や糖尿病性腎症等の原因疾患が明らかな高血圧症をいう。高血圧症全体の約15～20%とされる。原因疾患を治療することで高血圧症が治癒する可能性がある。

二次判定

介護保険の要介護認定・要支援認定での最終判定である。介護認定審査会が、認定調査票の基本調査・特記事項・主治医の意見（主治医意見書）に基づき、厚生労働省令に照らして審査・判定する。具体的にはコンピュータにより行われた一次判定結果を原案とし、これに特記事項や主治医の意見を加味することになる。一次判定は、認定調査の基本調査のデータから算定されるよう要介護認定等基準時間をベースに判定されている。

二次予防

疾病予防において、健康診断等により、疾病を早期発見し、早期治療につなげる予防である。早期発見には健康診断（スクリーニング）、人間ドック、早期治療には臨床的治療がある。疾病予防は一次予防（健康増進、生活習慣改善、予防接種等）、二次予防、三次予防（疾病から回復し社会復帰の過程で行われるリハビリテーション等）に大別される。

二次予防事業

地域支援事業で行われていた介護予防事業のうち、要介護状態等となるおそれの高い高齢者（二次予防事業対象者）を対象に、心身の機能や生活機能の低下の予防、あるいは悪化の防止のために行われていた事業である。一人ひとりの生きがいや自己実現のための取り組みを支援し、活動的で生きがいのある生活や人生を送ることができるよう支援する。①二次予防事業対象者把握事業、②通所型介護予防事業、③訪問型介護予防事業、④二次予防事業評価事業、の４種類がある。介護予防事業には、一般の高齢者等を対象とする一次予防事業もあったが、2014（平成26）年の法改正により、地域支援事業が再編された。一次予防事業と二次予防事業を区別せずに、地域の実情に応じた効果的・効率的な介護予防の取り組みを推進する観点から見直しが行われている。

日常生活活動（ADL）

ひとりの人間が独立して生活するために行う基本的な、しかも各人ともに共通に毎日繰り返される食事、更衣、整容、排せつ、入浴、起居、移動等の一連の身体的動作群のこと。精神活動やコミュニケーション能力を含む場合もある。日常生活動作と同義である。日常生活活動（Activities of Daily Living）の頭文字をとりADLともいう。

日常生活活動の自立の支援、介護負担の軽減は介護保険サービスの目的であり、介護支援計画の立案、モニタリングにおいて要介護高齢者等の身体活動能力や障害の程度を図るための重要な指標である。リハビリテーション医学では、日常生活活動の自立度の向上が治療の目標として重視され、能力的に可能な「できるADL」を実際の生活場面での「しているADL」に近付けることが機能訓練の目標となる。

日常生活圏域

日常生活の場であり、高齢者からコールがあればおおむね30分以内に駆けつけられる圏域とされる。具体的には中学校区が基本となる。市町村介護保険事業計画においては「その住民が日常生活を営んでいる地域として、地理的条件、人口、交通事情その他の社会的条件、介護給付等対象サービスを提供するための施設の整備の状況その他の条件を総合的に勘案して定める区域」（法第117条第２項第１号）ごとに介護給付等対象サービスの種類ごとの見込み量が定められるが、この区域が日常生活圏域に相当する。住まい・医療・介護・予防・生活支援を一体的に提供する地域包括ケアシステムは日常生活圏域を単位に想定されている。

また医療介護総合確保推進法では「地理的条件、人口、交通事情その他の社会的条件、医療機関の施設及び設備並びに公的介護施設等及び特定民間施設の整備の状況その他の条件からみて医療及び介護の総合的な確保の促進を図るべき区域」（医療介護総合確保推進法第４条第２項第１号）として医療介護総合確保区域が定義されている。市町村における医療介護総合確保区域は日常生活圏域を念頭に置いて設定される。

➡ 地域包括ケアシステム p.311
➡ 市町村介護保険事業計画 p.192

日常生活自立支援事業

日常生活に必要なサービスを独力で利用することが困難な高齢者や障害者等を対象に、都道府県社会福祉協議会および指定都市社会福祉協議会が、市町村社会福祉協議会および区社会福祉協議会の協力を得て行う事業。福祉サービス利用や苦情解決制度の利用援助、行政手続の援助、預貯金の払い戻しや預け入れの援助、日常生活費の管理、定期的訪問による相談等を支援内容とする。

➡ 地域福祉権利擁護事業 p.310

日常生活動作訓練

病気やけが等によって困難もしくはできなくなった食事、更衣、起居、移動、入浴、排せつ等の日常生活に必要な動作の遂行能力を向上させるための訓練。「ADL訓練」とも呼ばれる。日常生活活動訓練と同義である。医療機関では入院の初期から廃用症候群の予防と日常生活活動の自立度の向上を目的に、看護師、理学療法士、作業療法士等により病棟や訓練室で日常生活動作訓練が行われる。訓練では、残存能力を最大限に発揮させるとともに、できない動作については代償的な方法として歩行補助具、自助具等の福祉用具を利用する、あるいは手すりの設置等の環境整備を行ない目的とする動作の自立が図られる。自立が困難な動作については介助の必要性とその程度が判断され、残存機能を発揮させる介助方法が指導される。能力的に可能な「できるADL」を実際の生活場面での「しているADL」に近づけることが訓練の目標となる。

➡ 日常生活活動 p.362

日常生活に要する費用

施設サービスやデイサービス等の際に同時に提供される、日常生活において通常必要となるものにかかる費用のこと。具体的には、食費、居住（滞在）費、おむつ代（サービスにもよる）、理美容代等のほか、その他の日常生活費がある。これらは保険給付されず、自己負担となる。「その他の日常生活費」については、さらにその範囲が定められている。

「その他の日常生活費」とは、利用者、入所（居、院）者または家族等の自由な選択に基づき、事業者、施設が通所介護等の提供の一環として提供する日常生活上の便宜にかかる経費である。例えば身の回り品（歯ブラシ、化粧品等）、教養娯楽品（クラブ活動のための材料費等）として日常生活に必要なものとして提供されるものはこれに該当するが、利用者等の嗜好品の購入等サービスの提供と関係ないものは当てはまらない。

➡ **通所介護等における日常生活に要する費用の取扱について** p.331

日常生活用具

市町村が行う障害者総合支援法における地域生活支援事業の１つとして給付等されるもので、①障害者等が安全かつ容易に使用できるもので、実用性が認められるもの、②障害者等の日常生活上の困難を改善し、自立を支援し、かつ社会参加を促進すると認められるもの、③用具の製作、改良または開発に当たって障害に関する専門的な知識や技術を要するもので、日常生活品として一般に普及していないもの。これらの要件をすべて満たした、介護・訓練支援用具、自立支援用具、在宅療養等支援用具、情報・意思疎通支援用具、排せつ管理支援用具、居宅生活動作補助用具（住宅改修費）が定められている。

日常生活用具給付等事業

市町村が行う障害者総合支援法における地域生活支援事業の１つとして規定され、重度障害者等の日常生活がより円滑に行われるための用具を給付または貸与すること等により、福祉の増進に資することを目的とする。対象者は日常生活用具を必要とする障害者、障害児、難病患者等で、介護・訓練支援用具、自立生活支援用具、在宅療養等支援用具、情報・意思疎通支援用具、排せつ管理支援用具、居宅生活動作補助用具が対象と定められているが、具体的な対象品目は市町村が地域の実情に応じて決定している。

日本の将来推計人口

全国の将来の出生、死亡、国際人口移動に関する仮定に沿って、将来の人口規模、男女・年齢構成の推移について日本の将来人口を推計したもの。国立社会保障・人口問題研究所が公表している。対象は外国人を含めた日本に在住する総人口である。将来の出生推移・死亡推移についてそれぞれ中位、高位、低位という３つの仮定を行い、それらの組み合わせによって９通りの推計がなされる。

2010（平成22）年国勢調査の確定数に基づいて2012（平成24）年１月

に発表された推計のうち、死亡中位推計によれば、日本の総人口は今後減少し、2048（平成60）年には1億人を割り込むとされている。一方、老年人口割合は、23.0%から一貫して上昇し、50年後の2060（平成72）年には39.9%に至るとされる。

入院リハビリテーション

医療機関に入院して行われるリハビリテーション医療のこと。基本的動作能力の回復等を目的とする理学療法や応用的動作能力、社会的適応能力の回復等を目的とした作業療法、言語聴覚能力の回復等を目的とした言語聴覚療法等が展開される。

入浴台

浴槽の縁にまたがせて腰掛けながら浴槽への出入り動作を補助するものでバスボードとも呼ばれる。介護保険における特定福祉用具販売の入浴補助用具として対象とされている。

入浴中の事故

高齢者の入浴は危険を伴い、高齢者の急死の25%は入浴中に発生するといわれている。入浴死の原因は、心疾患、脳血管障害、溺死が多い。入浴中の急死は冬に多いことから、脱衣所や浴室を暖め、介護者がいるときに入浴し、介護者は入浴中にも時々声をかける等注意する。また、溺水を発見したら、浴槽の栓を抜く、救急車を呼ぶ、救出可能であれば救出し心肺蘇生術を行う。

入浴の介助

入浴は身体を清潔にするだけでなく、心身の緊張を緩和し、血液の循環をよくし新陳代謝を促進する等の生理機能を高める効果も大きい。従って運動機能障害があってもできるだけ入浴を勧めるが、その自立度が低いほど介助の労力も要し、介助法を工夫することが必要である。一般的な浴槽での入浴では、自力でできることは自力でしてもらう、できるだけ利用者に近付き重心を低くして介助する、次の動作に移るときは必ず声かけする、浴槽内でバランスを崩さないよう介助する等に注意する。

運動機能障害のある人には、特別な設備や介助方法の工夫が必要である。下肢に運動障害があると浴槽をまたぐことが難しくなる。据え置き式の深い浴槽は不適当で、埋め込み式か洋式の浴槽が適している。また、浴槽に板を渡したり、浴槽と同じ高さのいすや手すり等を使用する、リフトを活用する、浴槽の底に踏み台を取り付ける等の工夫もある。家庭にいる寝たきりの高齢者のためには簡易浴槽や訪問入浴サービスの利用がある。

入浴のための自助具

背中や足先等を洗うことが困難な人が使いやすいように工夫された、洗体ブラシ・スポンジ、洗体タオル、バス用ブラシ、洗体用手袋等がある。

入浴補助用具

介護保険における特定福祉用具の種目の1つである。福祉用具のうち、入浴や排せつに関連するものは貸与になじまないため、特定福祉用具として購入して利用することになる。その購入費について保険給付が行われる。入浴補助用具には、具体的に①入浴用いす、②浴槽用手すり、③浴槽内いす、④入浴台、⑤浴室内すのこ、⑥浴槽内すのこ、⑦入浴介助用ベルト等がある。このうち入浴用いすは、シャワーを浴びたり、洗体や洗髪をする際に座るいすでシャワーチェアーとも呼ばれる。背なしタイプ、背付きタイプ、肘掛け付きタイプ、座面回転タイプ、肘掛け跳ね上げタイプ、折りたたみタイプ等さまざまな種類がある。また、キャスターや車輪が付いているものはシャワーキャリーといい、トイレキャリーと併用して使用されるものもある。また、入浴用補助ベルトは、利用者の身体に巻き付けて介護者が浴槽への出入りを容易に介助するためのもの。介護者に巻き付けて利用者がそれを支えに使用する場合もある。

尿検査

尿検査には、尿中の化学的成分や細胞成分の検査・沈渣・細菌検査・細胞診・尿結石検査等があり、診断・治療に必要な情報を得る。蛋白や核酸代謝の代謝物、無機塩類、ホルモン、酵素等の変化を調べる。腎・尿路系疾患、代謝疾患、血液疾患、消化器疾患、膠原病、内分泌疾患、心疾患、急性感染症等多くの全身性疾患において尿検査が必要である。

尿酸

プリン代謝の最終代謝産物として生成されるものである。血中尿酸濃度の増加は生成の増加と排せつの減少によって起こる。尿中に排せつされるが、熱傷や白血病、炎症性疾患等で細胞の破壊が著しい場合に増加する。痛風は血中尿酸の増加によって起こる合併症であり、関節に尿酸塩の結晶が沈着して起こる。高尿酸血症の合併症として、その他に腎機能障害がある。

尿失禁

膀胱から尿を無意識的に漏らす状態である。①腹圧性尿失禁：咳、くしゃみのとき等腹圧上昇時に少量の尿が漏れる、②切迫性尿失禁：膀胱括約筋が弛緩し、少量の尿でもトイレに間に合わず、漏らしてしまう、③反射性尿失禁：膀胱内に尿がたまると、意思とは関係なく漏らしてしまう、④溢流性尿失禁：膀胱内に尿がたまっても、尿道が開かずだらだらと漏れてしまう、⑤機能性尿失禁：身体障害や認知症等で排せつ動作が適切にできないために起こる等の種類がある。

――のアセスメント

尿失禁の状態を把握すること。尿意の有無、尿量、排尿の自制、自発的排尿、失禁きっかけや状況、場所、失禁後の気付き方等を把握する。これには24時間にわたる時間ごとの排尿チェック表がよく用いられている。また実際の排尿動作の観察も重要である。尿意の知覚、トイレまでの移動、下着の着脱、便座に座る、あるいは立位で排尿姿勢の維持、排尿、排尿後の後始末ができる、といった一連の動作である。それらの情報をもとに、失禁をもたらしている原因や背景、問題点を明らかにし、自立に向けた適切な介護方法を選択する。

➡ **排尿チェック表** p.394

尿素窒素（BUN）

血液中の尿素窒素量を測定し、腎機能・肝機能の状態を調べる検査である。尿素は体内で蛋白質が分解されてできる最終代謝産物で、その80%を窒素が占めている。腎機能が低下すると血液中の尿素窒素を円滑に濾過・排せつできないため高値を示すことになる。消化管出血時、脱水症等でも値が上昇する。

尿閉

膀胱内の尿を排出することができない状態。尿閉の原因は器質的なものとして、前立腺肥大症、尿道や膀胱頸部の腫瘍、尿道外傷後の尿道狭窄、結石等がある。神経障害としては脳血管障害、髄膜炎、脊髄障害等の中枢神経障害と、子宮がんや直腸がんの術後、糖尿病等のように利尿筋を支配する末梢神経が傷害された場合とがある。抗ヒスタミン剤や抗精神薬等、薬の副作用によるものも多い。カテーテルを挿入することで尿閉による症状は消失するが、原因疾患の治療を要する。

尿路感染症

腎、尿管、膀胱、尿道等、尿路の感染症の総称。おむつや尿道カテーテル使用者に起こりやすい。急性腎盂腎炎と膀胱炎が多く、膀胱炎では頻尿、排尿痛、残尿感等、腎盂腎炎では発熱、腰痛を呈するが、重症の場合は腎不全、敗血症、ショックを来す。抗生物質による治療が主体であるが、複雑性尿路感染症では基礎疾患に対する治療も重要である。

尿路結石

尿の通り道である尿路にできた結石のことである。結石とは尿の中の成分（カルシウム分等）が固まってできた石のようなもので、ほとんどが腎臓でつくられる。この結石が、腎臓から出て、尿管に詰まったとき、脇腹から背中へ走る激痛が起こる。結石が尿管の中をふさいでいたり、腎臓の中で大きくなった場合には、ESWL（体外衝撃波破砕術）という治療法も用いられる。体外から衝撃波を体内の尿路結石に当てて結石を砕き、尿と一緒に体外へ排出させてしまう治療法である。

任意後見制度

任意後見制度とは成年後見制度の1つで、本人に判断能力がありながら、今後に判断能力が不十分になる（精神上の障害により事理を弁識する能力が不十分になる）ことを想定し、あらかじめそれに備えるためのものである。これについては「任意後見契約に関する法律」が規定している。法定後見とは異なり、委任者が受任者と契約を交わす。自己がいずれ精神上の障害により物事を判断する能力が不十分な状況になるとして、その際の自己の生活・療養看護・財産の管理に関する事務の代理権を付与する委任契約である。実際にそのような状況が発生すると、本人・配偶者・任意後見受任者等が家庭裁判所に請求して任意後見監督人が選任される。その時点から任意後見人の代理権の効力が発生する。なお、契約に当たっては、公正証書を作成しなければならない。

➡ **成年後見制度** p.274

――任意後見監督人

任意後見監督人とは、任意後見人を監督する者のことをいう。職務は①任意後見人の事務を監督すること、②監督内容を家庭裁判所に定期的に報告すること、③窮迫の事情がある場合に任意後見人の代理権の範囲において、必要な処分をすること、④任意後見人またはその代表者と委任者本人との利益が相反する行為について本人を代表すること、である。任意後見人に対していつでも事務の報告を求められるほか、その事務内容や本人の財産状況を調査することができる。

――任意後見受任者

任意後見受任者とは任意後見契約を締結した段階での受任者のこと。すなわち将来の任意後見人である。判断能力のある本人が将来に備えて委任をしておくのが任意後見制度である。その委任契約上、財産管理等の事務について全部または一部の代理権を付与することになる。この役目を引き受けるとして契約を受任する者が任意後見受任者であり、この契約は判断能力の低下のときが来て任意後見監督人が選任されたところから効力を生じることになっている。従って、その段階から任意後見受任者は任意後見人となる。

――任意後見人

任意後見人とは、任意後見監督人が選任された後における任意後見の受任者である。委任者本人が精神上の障害により事理を弁識する能力が不十分な状況で、本人の生活、療養看護および財産の管理に関する事務の全部または一部を引き受け、それについての事務の代理権を付与されることになる。不正な行為、著しい不行跡等、その任務に適しない事柄があった場合には、家庭裁判所が任意後見人を解任できる。

任意事業

介護保険法に基づいて行われる地域支援事業のうち、市町村の判断で任意に行うことのできる事業である。①被保険者のコスト意識を喚起する等により介護給付、予防給付の適正化を図る「介護給付費等適正化事業」、②介護方法を指導する家族介護教室の開催や、要介護者等を介護する家族を支援する「家族介護支援事業」、③介護保険事業の運営の安定化や被保険者の地域における自立した日常生活の支援に必要な事業を行う「その他の事業」を行うことができる。任意事業の財源は、国39％、都道府県・市町村各19.5％（計39％）、1号保険料22％で、2号保険料の負担はない。

認知症

脳障害によって引き起こされた認知機能の低下した状態である。先天的な脳障害による知能低下や発達障害は含まれない。すなわち脳が通常に発達し、通常の日常生活や社会生活ができていた状態が、何らかの脳障害が加わって次第に認知機能が低下していく病態を指す。以前は痴呆症と呼称されていた。通俗的な用語では「ぼけ」あるいは「耄碌《もうろく》」と呼ばれる状態とほぼ同義。加齢に従って増えていく特徴がある。65歳以上の人口に占める認知症の割合は15%といわれる。厚生労働省の調査では、2012（平成24）年では認知症の人が462万人（65歳以上高齢者の約７人に１人）だが、2025（平成37）年には約700万人（高齢者の５人に１人）に達すると推定されている。今後、高齢者人口の急増とともに認知症患者数も増加していくことは確実な情勢である。

わが国の認知症の原因疾患は、1980年代まで脳血管性が最多とされていたが、近年の疫学研究によるとアルツハイマー病が最も多い傾向にある。性差については、アルツハイマー病は女性に、脳血管性は男性に多いとされている。その他認知症を起こす疾患は多数知られており、治療と介護の面からも専門医による正確な診断が求められる。最近注目される若年性認知症については、正しくは18歳以降44歳までに発症する認知症を若年期認知症と呼び、45歳以降64歳で発症するものを初老期認知症と区別して呼ぶこともあるが、便宜上は一括している。

——の一次的要因・二次的要因

認知症の原因は、脳そのものの病変による一次的要因と、それ以外の環境の変化や人間関係等による二次的要因に分けられる。一次的要因としては、アルツハイマー病やピック病、レビー小体型認知症等の脳変性疾患、脳出血や脳梗塞等の脳血管障害、慢性硬膜下血腫等の外傷性疾患等が挙げられる。

認知症の発症には脳内に生じる病的な変化に環境や心理的要因が深くかかわっていることも次第に明らかになりつつある。不活発な精神活動や生活習慣病を誘発するような食生活、運動不足も発症の要因とされている。

——の家族会

認知症の高齢者を介護するという同じ経験を持つ家族の当事者組織。各地につくられ、全国組織を持つものもある。介護の苦労や悩みを互いに共感的に傾聴することにより、自分を客観的に見つめ、介護をすることの意味を見出し、自ら成長していく。介護支援専門員は、個別的な援助だけでなく、家族会等の活用や育成を視野に入れて、援助することが重要である。

——の原因疾患

認知症を引き起こす原因としては、脳血管障害（脳出血、脳梗塞）、脳変性疾患（アルツハイマー病、ピック病、レビー小体型認知症）、外傷性疾患（頭部外傷、慢性硬膜下血腫）、感染性疾患（進行麻痺、各種髄膜炎および脳炎）、内分泌代謝性疾患（甲状腺機能低下、副甲状腺機能異常、ビタミンB_{12}欠乏症、ウィルソン病）、中毒性疾患（アルコール、鉛、水銀等の中毒、一酸化炭素中毒）、腫瘍性疾患（脳腫瘍）、その他（正常圧水頭症、てんかん、多発性硬化症）等さまざまなものがある。この中でも代表的な疾患は、アルツハイマー病と血管性認知症であり、老年期にみられる認知症のおよそ75～80％を占めている。

——の症状

中心となる症状は「記憶障害」である。今のことをすぐに忘れる。忘れていることを忘れる、と表現できるようなひどい物忘れを示しながら進行する。進行するにつれて今いる場所がどこか、今の日時や季節、相手の人物が誰であるか等の見当が曖昧になっていく（見当識障害）。こうなると自立して日常生活を送ることは困難になる。やがてはこれまでできていた簡易な日常的な行為、動作もできなくなり、身の周りの世話も必要になっていく。重度になると障害は認知機能ばかりでなく、歩行や姿勢の異常も生じ、車いす、寝たきりへと進行する。こうした症状経過はアルツハイマー型認知症で典型的にみられる。

一方、前頭側頭型認知症では、病初期は物忘れは軽いのに性格変化が顕著だったり、レビー小体型認知症では早期からパーキンソン症状と幻視、幻覚症が目立つ等認知症疾患によって症状のスペクトラムや進行の仕方に違いがみられる。

➡ **認知症高齢者にみられる一般的特性** p.374
➡ **認知症の中核症状・周辺症状** p.372

——の症状診断と評価

認知症の診断にはDSMが適用されることが多い。それによると、A：短期および長期の記憶障害がある。B：次のうち少なくとも１項目が認められることが必須。すなわち①抽象的思考の障害、②判断の障害、③失語、失行、失認等の高次皮質機能障害、④人格変化である。そしてAおよびBは仕事、日常の社会的活動、または他者との人間関係を著しく障害していることがあれば認知症と診断する。その際、以上の症状がせん妄の経過中にのみ起こるものではないことを確認しておくことが大切である。

認知症の評価によく使われている尺度に長谷川式認知症スケール、MMSE等がある。本人に面接して尋ねる方式で、認知症をスクリーニングする際に役立つほか、経過を観察したり、重症度の目安をつける際の参考となる。

——の早期発見と診断

自ら異常を感じて物忘れ外来に訪れるケースもあるが、多くは身近な介護者や近親者が気付く。これまでと違った生活態度やひどい物忘れに違和感を感じるものの、年のせいとして見過ごすと認知症が相当進んでしまう。画像診断機器の普及や診断技術の進歩で早い段階から認知症の有無は鑑別できる。早期発見で治療を開始すると進行をある程度緩和できる利点のほか、BPSD（認知症の行動・心理症状）への対応も容易になるため、早期発見は重要である。

——の中核症状・周辺症状

認知症の症状は、必ず出現する中核症状と、二次的に生じる周辺症状に大別できる。中核症状の中でも最も中心となるのが記憶障害、見当識障害、判断能力の低下等知的機能低下である。認知症は脳の何らかの病気や異変によって引き起こされるため、それまであった知的機能が次第に欠落していく状態である。忘れること、わからなくなること、できなくなることが必発であることから、これらを認知症の中核症状と呼んいる。

周辺症状は、認知症の中核傷害に伴い生じてくる感情変化や行動の異常である。排せつ障害、食行動障害（過食・巨食・異食）、徘徊、不潔行為、暴言・暴力、幻視・幻聴（ないものが聞こえる・見える）、幻覚（事実ではない思い込み）、不安、抑うつ等で、BPSD（Behavioral and Psychological Symptoms of Dementia；認知症の行動・心理症状）、随伴症状、精神症状、行動障害とも呼ばれている。BPSDは介護保険の要介護認定等の審査判定基準でも、要介護認定等基準時間算出のための５分野の行為の１つに挙げられており、「徘徊に対する探索、不潔な行為に対する後始末等」に要する１日当たりの時間が算出される。

——の治療薬

認知症に関しては完治を目標にした治療薬はまだ登場していない。おおむね認知症状の進行緩和か認知症に伴う行動･心理症状に対する対症療法に限られる。治療薬が認められているのは現在のところアルツハイマー病（アルツハイマー型認知症）のみである。アルツハイマー病の治療薬は主に脳内のアセチルコリンの働きを強めるアセチルコリン分解酵素阻害薬が主流で、グルタミン酸過剰抑制薬が別に併用されることもある。いずれにせよ効果は弱い。アルツハイマー病の原因とされる脳内のβ蛋白の蓄積を防止、あるいは消去する治療が模索されており、中でも抗β蛋白ワクチン（アルツハイマー病ワクチン）が有望視されている。

アルツハイマー病以外の前頭側頭型認知症やその他の認知症についての治療薬はなお、手つかずで追いついていない。ただし、頭部外傷による慢性硬膜下血腫や正常圧水頭症等外科治療によって完治する認知症も少なからずあるので、正確な鑑別診断が求められている。

認知症加算

通所介護において設定されている、認知症高齢者への対応を評価するための加算である。認知症高齢者の増加が見込まれる中で、在宅生活を継続するために認知症対応機能を充実させる必要があることから、2015（平成27）年度の介護報酬改定で創設された。算定要件は①指定基準に規定する介護、看護職員に加え、常勤換算方式で２人以上確保している、②前年度または前３カ月間の利用者総数のうち、認知症高齢者の日常生活自立度Ⅲ以上の利用者が20%以上を占める、③指定通所介護を行う時間帯を通じて、もっぱらこれに当たる認知症介護の指導者研修、実践リーダー研修、実践者研修等を修了した者を１人以上確保している等。2016（平成28）年度から、小規模型通所介護のうち、利用定員18人以下のものは地域密着型通所介護に移行するが、ここでも認知症加算は算定される。なお、従来、居宅介護支援費に「認知症加算」があったが、個人の心身の状況等に応じてケアマネジメントを行うことは介護支援専門員の基本的業務であることから、2015（平成27）年度の改定で廃止され、基本報酬に包括されている。

認知症ケアマッピング

パーソンセンタードケアの流れをくむツールの１つ。認知症ケアマッピング（DCM）は、資格を得たマッパーがグループホーム等認知症のケアが行われている施設に出向き、一定の時間ごとに認知症の人の行動とケアの状況を観察する方法であり、ケアの客観性を求め、現在、認知症ケアの有効な方法として考えられている。

認知症高齢者家族と介護支援サービス

高齢者の介護をめぐる家族の問題は多様であり、一面的な理解では適切な援助や介護支援サービスを行うことはできない。特に認知症の場合には、問題が潜在化し、表面に出にくいという特徴がある。介護家族への理解の視点としては、家族の介護力・対応能力（コーピング）、介護者をめぐる人間関係の重層構造とサポートシステム、認知症介護受容の過程と援助の基本、介護受容と家族の自立性・同一性の関連等が挙げられる。認知症高齢者・家族への支援においては、家族の生活状況も理解し、介護保険サービス、医療サービスのほか、認知症高齢者に対する療法的なアプローチや家族の会、ソーシャルサポートネットワーク等フォーマルなサービス、インフォーマルなサポートを適切に利用することが大切である。

認知症高齢者グループホーム

認知症高齢者を対象としたグループホームのこと。1980年代の中ごろスウェーデン等福祉先進国によって開発された少人数ケアで、認知症症状の改善、日常生活の安定に効果があることが認められるようになり、急速に普及した。その背景には、従来の大規模施設ケアに対する反省がある。わが国においても、1997（平成９）年度から「痴呆対応型老人共同生活事業」として運営費の面で制度化がなされた。

また、2000（平成12）年４月から施行された介護保険法によって、「痴呆対応型共同生活介護」として居宅サービスの１つに位置付けられ、急速に増加した。現在は、2005（平成17）年の法改正により、「認知症対応型共同生活介護」として地域密着型サービスに位置付けられている。

➡ **認知症対応型共同生活介護** p.378

認知症高齢者にみられる一般的特性

認知症の原因となる病気によって症状は異なるが、一般的には記銘・記憶力障害を中心に知的機能が低下し、それに伴う日常生活能力の障害がみられる。またしばしば行動障害、随伴精神症状、身体症状を伴う。一般的特性として①基本症状としては、「記銘・記憶力障害、日時・場所・人物の見当識障害、計算力の低下、知識の低下、理解力・判断力の低下」、②日常生活能力の障害としては、「着脱行為の障害、食餌摂取行為の障害、排尿・排便行為の障害（失禁）、入浴行為の障害、歩行の障害（寝たきり）」、③行動障害としては、「徘徊、叫声、昼夜の区別不能、攻撃的行為、破衣行為、不潔行為、弄火行為（火遊び）、収集癖、性的問題」、④随伴精神症状としては、「過食、異食、自傷、自殺企図、不眠、興奮、せん妄、抑うつ、躁状態、幻覚、妄想、情動状態、人格変化」、⑤身体症状としては、「運動障害、構音障害、嚥下《えんげ》障害、摂食障害」が挙げられる。

認知症の症状は、中核症状と、二次的に生じる周辺症状に分けられるが、①は中核症状、②～⑤は周辺症状に相当する。

➡ **認知症の中核症状・周辺症状** p.372

認知症高齢者の日常生活自立度判定基準

認知症高齢者の日常生活自立度を判定するために定められた基準。1993（平成５）年に厚生省（当時）が作成、公表した。以下の各段階に分けられる。

Ⅰ：何らかの認知症を有するが、日常生活は家庭内および社会的にほぼ自立している。

Ⅱ：日常生活に支障を来すような症状・行動や意思疎通の困難さが多少みられても、誰かが注意していれば自立できる。

Ⅱa：家庭外で上記Ⅱの状態がみられる。（たびたび道に迷うとか、買い物や事務、金銭管理等それまでできたことにミスが目立つ等）

Ⅱb：家庭内でも上記Ⅱの状態がみられる。（服薬管理ができない、電話の応対や訪問者との対応等ひとりで留守番ができない）

Ⅲ：日常生活に支障を来すような症状・行動や意思疎通の困難さがみられ、介護を必要とする。

Ⅲa：日中を中心として上記Ⅲの状態がみられる。（着替え、食事、排便・排尿が上手にできない・時間がかかる。やたらに物を口に入れる、物を拾い集める、徘徊、失禁、大声・奇声を上げる、火の不始末、不潔行為、性的異常行為等）

Ⅲb：夜間を中心として上記Ⅲの状態がみられる。（ランクⅢaと同じ）

Ⅳ：日常生活に支障を来すような症状・行動や意思疎通の困難さが頻繁にみられ、常に介護を必要とする。（ランクⅢに同じ）

M：著しい精神症状や周辺症状あるいは重篤な身体疾患がみられ、専門医療を必要とする。（せん妄、妄想、興奮、自傷・他傷等の精神症状や精神症状に起因する問題行動が継続する状態等）

認知症高齢者への対応と課題

認知症の症状は中核症状と周辺症状に大別されるが、特に周辺症状は介護者の戸惑いも大きく、心身の負担も大きい。また認知症の程度が中程度で行動範囲が広い場合にはより家族へのストレスは大きくなる。介護支援専門員は、認知症に対する基本的な理解を深め、できるだけ早く認知症の兆候に気付くとともに、専門医等への受診や在宅介護の限界の見極め等、タイムリーに家族への適切な助言と支援を行うことが大切である。一方、周囲との意思疎通が難しい認知症高齢者は虐待の被害者にもなりやすい。その他、転倒・骨折のリスクが高まること、排せつケアにおける多面的な問題に絡む困難さが課題として挙げられる。認知症高齢者の人権や尊厳を重視した上で、個別的な状況に応じて対応することが重要である。

認知症施策検討プロジェクトチーム

認知症の人が医療、介護等の支援を受けながら地域で生活を継続していくための支援の在り方を明確にし、より実効ある施策を講じることを目指して、2011（平成23）年11月に厚生労働省に設置された。その検討内容は、2012年（平成24）年6月に「今後の認知症施策の方向性について」にまとめられ、それらに基づいて、同年9月に「認知症施策推進5か年計画（オレンジプラン）」が策定され、さらに2015（平成27）年1月、新オレンジプランが公表されている。

認知症施策推進総合戦略（新オレンジプラン）

認知症の人の意思が尊重され、できる限り住み慣れた地域のよい環境で自分らしく暮らし続けることができる社会を実現するための総合戦略。これまでの「認知症施策推進5か年計画」（オレンジプラン）を改め、2015（平成27）年1月、政府により公表された。対象期間は2025（平成37）年までであるが、2017（平成29）年度末が当面の目標設定年度とされている。

認知症の人は増え、2025（平成37）年には約700万人となり、65歳以上高齢者に対する割合は、約5人に1人に上昇すると推計されている。こうしたことから、認知症の人に寄り添いながら、認知症の人が認知症とともによりよく生きていくことができるよう、環境整備を行っていくことが求められているとし、総合戦略では次の7つの基本方針が立てられている。

①認知症への理解を深めるための普及・啓発の推進、②認知症の容態に応じた適時・適切な医療・介護等の提供、③若年性認知症施策の強化、④認知症の人の介護者への支援、⑤認知症の人を含む高齢者にやさしい地域づくりの推進、⑥認知症の予防法、診断法、治療法、リハビリテーションモデル、介護モデル等の研究開発及びその成果の普及の推進、⑦認知症の人やその家族の視点の重視。

認知症疾患医療センター

厚生労働省が認知症対策の一環として各都道府県、指定都市に認知症を専門に扱う医療機関の整備を目的に設置した。認知症疾患医療センターは主に認知症の鑑別診断、専門医療相談、合併症対応、医療情報提供等を行う。具体的には医療相談室を設置し、専門知識を有する精神保健福祉士等を配置することとなっており、関係機関（地域包括支援センター、市区町村、保健所・保健センター、介護保険事業所等）からの認知症に関する医療相談に対応する。専門医による認知症の鑑別診断を行い、診断後は、かかりつけ医と連携を図り、日常の診療はかかりつけ医が担当することが基本となる。認知症の人の身体合併症および周辺症状の治療についてもこのセンターで受け入れるほか、地域の認知症に係る専門医療機関、一般病院や精神科病院等と連携を図り、地域全体で受け入れる体制をつくっていくことが目標である。地域においては、かかりつけ医の認知症対応力の向上を図るための研修等にも力を入れることとなっている。

認知症疾患治療ガイドライン

国内初の認知症診療に関するガイドラインは、『痴呆疾患治療ガイドライン2002』である。それ以前は認知症診療の指針になるものはなく、欧米でも初めてガイドラインが発表されたのは、およそ10年前のことである。欧米に続いて日本でも2002（平成14）年に神経内科医の専門学会である日本神経学会が中心となって認知症の治療ガイドラインを作成した。

2002（平成14）年のガイドライン発表以後、認知症治療薬に関する治験の蓄積、診断技術の向上、病態の解明、介護保険制度の導入による介護システムの充実等、この間に認知症診療を取り巻く環境は大きな進歩と変化を遂げ、それが背景となってガイドライン改訂の機運が高まり、2008（平成20）年に改訂作業が始まった。当初は日本神経学会が中心となって文献のシステマティックレビューが進められていたが、その後、日本精神神経学会、日本認知症学会、日本老年精神医学会、日本老年医学会、日本神経治療学会も参加して共同で作業が進められ、2010（平成22）年に『認知症疾患治療ガイドライン2010』が完成した。一般の医師でも認知症診療にかかわれるガイドブックになっている。

認知症専門病棟

認知症が進行し、妄想等の精神症状や徘徊等や不眠、夜間に大声を出す、夜間せん妄、問題行動等のために自宅での生活が難しい認知症の人に対して短期集中的に精神科的な治療と手厚いケアを行うために設置された病棟のこと。医師による専門的治療のほか、ケア対応を必要とする認知症症状やそれに伴う問題行動に対して医師・看護師・作業療法士・ソーシャルワーカー等が専門的立場からチームでケアをするようになっている。

認知症対応型共同生活介護

介護保険法における地域密着型サービスの１つ。認知症である要介護者（急性を除く）について、共同生活住居において、入浴、排せつ、食事等の介護その他日常生活上の世話および機能訓練を行うものをいう。通常「グループホーム」もしくは「認知症高齢者グループホーム」とも呼ばれている。

――の目的

認知症の要介護者に対し、共同生活住居において、「利用者がその有する能力に応じ自立した日常生活を営むことができるように」、家庭的な環境と地域住民との交流の下で入浴、排せつ、食事等の介護その他の日常生活上の世話および機能訓練が行われる。

――の内容

日常生活の場である共同生活住居においては、生活のあらゆる機会をとらえて認知症の症状の緩和に資するようなケアが提供されなければならない。利用者の心身の状況を踏まえ、食事その他の家事等の共同作業や余暇活動、リアリティ・オリエンテーション等を通じて、利用者の潜在能力を引き出したり、利用者の見当識に働きかけるような支援が必要である。

――の事業者の指定

認知症対応型共同生活介護は地域密着型サービスの１つであり、事業者は市町村長に申請し、指定を受けなければならない。指定要件は、市町村の条例で定める者であること、条例で定める人員、設備・運営の基準を満たしていること等である。特に認知症対応型共同生活介護の場合は、①住宅地への開設・整備の促進、②管理者・計画作成担当者への研修の義務付け、③サービス評価の義務付け、④情報公開の義務付け、が基準の特徴として挙げられ、これらを満たす必要がある。

——の人員に関する基準

認知症対応型共同生活介護の人員基準により、共同生活住居（ユニット）ごとに介護従業者、計画担当作成責任者、管理者が置かれる。介護従業者は認知症の介護等に対する知識、経験があり必要な研修を修了している者で、日中は、常勤換算方法で利用者３人に対し１人以上、夜間・深夜は１人以上配置する。計画作成担当者は１つの共同生活住居を有する事業所は介護支援専門員、２つ以上有する場合は少なくとも１人を介護支援専門員とする。計画作成担当者は管理者を兼務できる。また、管理者は常勤・専従であるが、管理上支障がない場合は、他の職務を行ったり、同一敷地内にある他の事業所や施設の職務を行うことができる。３年以上認知症の介護に従事した経験があり、厚生労働大臣指定の研修修了者。事業者の代表者は認知症の介護の経験または保健医療、福祉サービスを提供する事業に携わった経験があり、厚生労働大臣指定の研修を修了した者でなければならない。

——の設備に関する基準

認知症対応型共同生活介護での生活の場ともなる共同生活住居（ユニット）は１事業所に１または２（用地の確保が困難等の場合３とすることができる）設けられる。１ユニット５人以上９人以下が定員である。ユニットは居室、居間、食堂、台所、浴室、消火設備その他非常災害に際し必要な設備、日常生活を営む上で必要な設備からなる。居室（個室）の面積は7.43㎡（4.5畳）以上で、定員は原則１人であるが、夫婦等の利用から２人部屋とすることもできる。各居室には、廊下や居間・食堂等の共有スペースに直接つながる出入口が必要となる。利用者の家族や地域住民との交流の機会の確保を図る観点から、事業所は住宅地の中やそれと同程度の地域に置くという立地基準もある。

——の運営に関する基準

入退居、サービスの提供の記録、利用料等の受領、認知症対応型共同生活介護の取扱方針、認知症対応型共同生活介護計画の作成、介護等、社会生活上の便宜の提供等、管理者による管理、運営規程、勤務体制の確保等、定員の遵守、協力医療機関等、居宅介護支援事業者に対する利益供与等の禁止、記録の整備等について定められている。入退居においては、主治の医師の診断書等により認知症であることの確認をしなければならないこと、認知症対応型共同生活介護の取扱方針においては、自己評価を行うとともに、定期的に外部評価を受けること、また、運営推進会議の設置、開催が定められている。

――の介護報酬と加算・減算

認知症対応型共同生活介護費、短期利用認知症対応共同生活介護費は、それぞれ要介護度別に別途設定されている。共に共同生活住居の数が１の場合と２以上の場合に類別され、１の場合が高く報酬が設定されている。加算については、夜間支援体制加算、認知症行動・心理症状緊急対応加算（短期利用認知症対応共同生活介護のみ）、若年性認知症利用者受入加算、看取り介護加算（医療連携体制加算の算定が条件）、初期加算、医療連携体制加算、退居時相談援助加算、認知症専門ケア加算、サービス提供体制強化加算、介護職員処遇改善加算がある。また、夜勤職員の勤務条件を満たさない場合や定員超過利用、介護従業者が人員基準を満たさない場合は減算となる。

認知症対応型共同生活介護計画

認知症対応型共同生活介護の利用者一人ひとりに対して作成されるサービス計画のこと。認知症対応型共同生活介護事業所に配置されている計画作成担当者が作成する。計画作成に当たっては、通所介護等の活用等地域における活動への参加等により利用者の多様な活動の確保に努めること、他の介護従事者と協議の上、援助の目標、当該目標を達成するための具体的なサービスの内容を計画に記載すること、計画の内容については利用者またはその家族の同意を得ること、作成した計画は利用者に交付すること、その実施に当たっては計画に基づき利用する他の居宅サービス等を行う者との連絡を密にし、モニタリングを行い、必要に応じて計画の変更等を行うこと等が規定されている。

認知症対応型通所介護

居宅要介護者で認知症の人について、特別養護老人ホーム、養護老人ホーム、老人福祉センターや老人デイサービスセンターに通わせ、その施設で入浴、排せつ、食事等介護その他の日常生活上の世話および機能訓練を行うサービスである。地域密着型サービスの1つ。①特別養護老人ホーム等に併設されない事業所で行われる単独型、②併設された事業所での併設型、③指定（介護予防）認知症対応型共同生活介護事業所の居間、食堂、あるいは地域密着型特定施設、地域密着型介護老人福祉施設の食堂、共同生活室等をその施設の利用者、入所者と共にサービスが行われる共用型の3形態がある。単独型、併設型の定員は12人以下、共用型は1日当たり3人以下（2015（平成27）年度以降は1ユニット当たり3人以下）と決められている。

――の目的

認知症対応型通所介護の目的は、通所により日常生活上の世話および機能訓練を行い、認知症である利用者が、可能な限り居宅において、有する能力に応じ自立した日常生活を営むことができるように援助していくことである。それによって、利用者の社会的孤立感の解消や心身の機能を維持し、さらに利用者の家族の身体的および精神的負担の軽減を図る。

――の内容

認知症対応型通所介護では、認知症の居宅要介護者デイサービスセンター等に通い、その施設で、①入浴、排せつ、食事等の介護、②生活等に関する相談および助言、健康状態の確認その他の居宅要介護者に必要な日常生活上の世話、③機能訓練等が行われる。

――の事業者の指定

指定認知症対応型通所介護事業者の指定は、申請により、市町村長が行い、市町村長が監督権を持つ。指定に関する手続きは、地域密着型サービス事業者に共通のものである。

――の人員・設備に関する基準

単独型、併設型事業所の従業者については、①生活相談員：提供時間を通して、専従で1人以上確保に必要な数、②看護職員（看護師、准看護師）または介護職員：単位ごとに専従で1人以上、提供時間帯を通じて専従で1人以上確保に必要な数、③機能訓練指導員：1人以上（当該事業所の他の職務に従事可）、④生活相談員、看護職員または介護職員のうち1人以上は常勤等の基準がある。また事業所ごとに常勤の管理者を置かなければならない。管理者はサービス提供のための知識や経験がある、認知症対応型サービス事業管理者研修を修了している等が要件となっている。設備基準としては食堂、機能訓練室および相談室（合計面積は、3㎡に利用定員を乗じて得た面積以上）、静養室、相談室、事務室のほか、消火設備その他の非常災害に際して必要な設備、その他必要な設備および備品等を備えておく。共用型事業所については、必要とされる従業者の員数は、母体である事業所・施設の基準を満たす範囲内とされ、また管理者は単独型・併設型と同様である。

――の運営に関する基準

認知症対応型通所介護の運営に関する基準である。他のサービスと同様に利用者の心身状況等の把握、利用料等の受領、取扱方針、認知症対応型通所介護計画の作成、管理者の責務、運営規程、勤務体制の確保、定員の遵守、非常災害対策、衛生管理、地域との連携、記録の整備等について規定がある。取扱方針では、利用者の心身の状況を踏まえ、妥当適切に行うとされている。このため認知症対応型通所介護計画は利用者の認知症の症状の進行の緩和に資するよう、個々の利用者に応じて作成され、サービスはこれに基づいて行われることに留意する。また地域との連携については、地域に開かれた事業として行われるよう、事業者は地域の住民やボランティア団体等との連携・協力を行う等地域との交流に努めなければならない。

――の介護報酬と加算・減算

認知症対応型通所介護の介護報酬は基本的に単独型、併設型、共用型の3種類ごとに、要介護度別、3段階の所要時間で設定され、これに加算、減算がある。所要時間は、3時間以上5時間未満、5時間以上7時間未満、7時間以上9時間未満の3段階。単位数は単独型が最も高く、共用型が最も低い。要介護1の認知症要介護者で所要時間が5時間以上7時間未満の場合、単独型865単位、併設型778単位、共用型439単位の算定となる。加算は、7時間以上9時間未満の前後に日常生活上の世話を行う場合の加算のほか、栄養改善加算、口腔機能向上加算、個別機能訓練加算、若年性認知症利用者受入加算、特別サービス提供体制強化加算等。減算は、2時間以上3時間未満のサービス、利用者数が利用定員を超える場合、事業所と同一建物に居住する者や同一建物から利用する者に対してサービスを行う場合、事業所が送迎を行わない場合等（2015～2017（平成27～29）年度）。

認知症対応型通所介護計画

認知症対応型通所介護を個別・具体的に進めていくための計画である。利用者の心身の状況、希望、置かれた環境を踏まえ、機能訓練等の目標、目標を達成するための具体的なサービス内容等が記載される。すでに居宅サービス計画が作成されている場合、その内容に沿って作成される。計画の取りまとめは、認知症介護の提供に関する計画の作成経験のある者や、認知症介護の提供について豊富な知識、経験を有する者が行う。認知症対応型通所介護計画の作成に当たっては、その内容について利用者、家族に説明し、利用者の同意を得、作成した際には、利用者に交付する。介護従業者は、それぞれの利用者について、計画に従ったサービスの実施状況および目標の達成状況の記録を行う。交付した介護計画は、2年間（市町村によっては異なる場合もある）保存しなければならない。

認知症対策の推進

「介護サービスの基盤強化のための介護保険法等の一部を改正する法律」（2011（平成23）年6月公布、2012（平成24）年4月施行）において、6つの柱の1つとして掲げられている。今後、親族等による成年後見の困難な者が増加するものと見込まれるため、市町村は市民後見人を育成・活用することにより権利擁護を推進すること、また国や地方公共団体は、認知症の予防、診断・治療、介護方法に関する調査研究の推進に努めることとされている。認知症対策の推進については2014（平成26）年の法改正でも、地域支援事業の包括的支援事業に認知症施策の推進が加わっている。

また厚生労働省は認知症対策を総合的に推進していくため2012（平成24）年9月に「認知症施策推進5か年計画」（オレンジプラン）を策定し、2015（平成27）年1月政府により「認知症施策推進総合戦略」（新オレンジプラン）が策定されている。

➡ **認知症施策推進総合戦略（新オレンジプラン）** p.376

認知症短期集中リハビリテーション

認知症が認められるが、なお改善が見込まれると判断された人に対して、生活機能の改善を目的として行われる。あらかじめ作成したリハビリテーション実施計画に基づき、医師または医師の指示を受けた理学療法士が記憶の訓練、日常生活活動の訓練を組み合わせたプログラムを実施する。プログラムは週2日実施することが標準となっていて、精神科、神経内科、認知症に対するリハビリテーションに関する専門的な研修を修了した医師の指示により行うことが必要。健康保険で加算が認められている。

認知症地域支援推進員

市町村認知症施策総合推進事業で地域包括支援センター等に配置される。要件としては、認知症の医療や介護における専門的知識および経験を有する医師、保健師、看護師、作業療法士、精神保健福祉士、社会福祉士、介護福祉士、もしくは上記以外で市町村が認めた者（認知症介護指導者養成研修修了者等）となっており、別途、認知症地域支援推進員研修を受講するものとされている。

➡ **市町村認知症施策総合推進事業** p.193

認知症老人徘徊感知機器

認知症である高齢者が徘徊し、屋外へ出ようとしたとき、または屋内のある地点を通過したときに、センサーにより感知し、家族、隣人等へ通報するもの。認知症である高齢者が身に付けた送信機からの電波を感知する送信機型、設置したセンサーで人の通行を感知する人感センサー型、シートを踏むことで人の動きを感知するシートセンサー型等がある。介護保険における福祉用具貸与の認知症老人徘徊感知機器としては、「認知症である老人が屋外へ出ようとした時等、センサーにより感知し、家族、隣人等へ通報するもの」が対象とされている。外部との通信機能を持つものについても、2015（平成27）年度からは、給付対象となる福祉用具と対象外の通信機能部分が分離できる場合は、給付の対象なっている（通信費用は自己負担）。

認定申請

要介護・要支援に該当することおよびその該当する要介護・要支援状態区分について認定を受けるために市町村に申請をすること。

➡ **要介護認定** p.464

認定調査

要介護（要支援）認定の申請があったときに、市町村が申請者に対して行う調査のこと。

➡ **要介護認定** p.464

認定調査員

認定調査を実際に行う担当者のことである。①市町村職員、②市町村から委託を受けた市町村事務受託法人、居宅介護支援事業者、地域密着型介護老人福祉施設、介護保険施設、地域包括支援センターに所属する介護支援専門員、③介護支援専門員のいずれかで、都道府県が実施する認定調査員研修を修了した者とされている。保健、医療、福祉に関し専門的知識を有していることが望まれ、調査は全国一律の方法によることから、公平公正で客観的、かつ正確に調査し、介護の手間を適正に評価し、特記事項等もわかりやすく記載すること等が求められる。調査は被保険者に面接して行うことから面接技術も必要である。認定調査で知り得た個人の秘密に関して守秘義務がある。

認定調査票

認定調査に用いる全国共通の調査票のこと。認定調査票は、被保険者自身に関することや家族状況、居住環境等の「概況調査」、心身の状況、特別な医療、日常生活自立度等に関する「基本調査」、および基本調査の内容についての「特記事項」で構成されている。基本調査は全7群で構成され、7群のうち心身の状況に関する5群62項目と特別な医療12項目の計74項目について、該当する番号に○をつけ、コンピュータ入力され、一次判定に用いられる。特記事項は基本調査の内容について特記すべき事項を文章で記述するもので、二次判定の資料となる。

➡ 特記事項［認定調査票］ p.356

認定有効期間

認定が効力を有する期間。要介護・要支援状態区分に応じて厚生労働省令で定められている。有効期間は新規認定と更新認定で異なり、新規認定の有効期間は原則6カ月で、市町村が介護認定審査会の意見に基づき必要と認める場合は、3～5カ月、7～12カ月の範囲で、短縮や延長ができる。更新認定の場合、前回要支援→今回要支援、前回要介護→今回要介護の場合は原則12カ月で、介護認定審査会の意見に基づき必要と認める場合は、前回要介護→今回要介護の更新認定では3～11カ月、13～24カ月の範囲で、短縮や延長ができ、前回要支援→今回要支援の場合は3～11カ月の範囲で短縮できる。また前回要支援→今回要介護、前回要介護→今回要支援の更新認定では原則6カ月で、3～11カ月の範囲で短縮・延長できる。なお、月に満たない端数期間は認定期間に加えられる。

ね

ネグレクト

養護・介護等の放棄。高齢者虐待防止法（第２条）では、「高齢者を衰弱させるような著しい減食又は長時間の放置、養護者以外の同居人による身体的虐待、心理的虐待、性的虐待の行為と同様の行為の放置等養護を著しく怠ること」（一部加筆）としている。

2012（平成24）年度の厚生労働省による高齢者虐待調査によれば、15,202件の虐待件数のうち、3,663件（23.4％）みられた。ネグレクトの原因として、養護者の間違った介護知識や不十分な介護技術から、養護者によって不適切な介護が行われたり、養護者自身の身体の病弱やアルコール、薬物依存症等によって介護の遂行がままならず介護放棄に至る場合等、その原因と発生プロセスは多岐にわたる。

➡ **高齢者虐待防止法**　p.153

熱量の摂取量

１日の熱量（カロリー）の摂取量は適正体重［身長(m)^2×22］に25～30kcalかけた数が適正とされる。傷病者は下のHarris-Benedict（ハリスーベネディクト）法を用いる。

エネルギー必要量＝BEE×活動係数×損傷係数

〈BEE（基礎エネルギー消費量）〉

男性：66＋13.7×体重（kg）
　＋5.0×身長（cm）－6.8×年齢

女性：655＋9.6×体重（kg）
　＋1.7×身長（cm）－4.7×年齢

〈活動係数〉

ベッドでの安静：1.2　離床：1.3

〈損傷係数〉

小規模手術：1.2　大規模な敗血症：1.6　高度熱傷：2.1

ネブライザー

ネブライザーは液体の薬剤を噴霧する装置のことで吸入療法で用いられる。少量の薬用量で気道局所に直接薬物を作用させ，気道の攣縮を改善し、喀痰の排出を促す。速効性や安全性の面でも優れている。吸入療法には定量噴霧式ネブライザー、ジェットネブライザー、超音波ネブライザー等があり、在宅ではジェット式、超音波式ネブライザーの使用がほとんどである。ジェットネブライザーは気管支拡張症、慢性気管支炎等で喀痰の多い場合に、また、ジェット方式より小さな粒子が発生する超音波式は気管切開・気管カニューレ挿入患者、慢性閉塞性肺疾患、気管支拡張症等の気道加湿に用いられる。

ネフローゼ症候群

蛋白尿により、血清蛋白（アルブミン）が減少し、低蛋白血症・高脂血症・浮腫という共通の症状を起こす疾患群。ネフローゼ症候群は、原発性糸球体疾患による一次性ネフローゼ症候群と、全身疾患が原因となる二次性ネフローゼ症候群に分けられる。糸球体腎炎・膜性腎症・糖尿病性腎症・全身性エリテマトーデス・アミロイドーシス・多発性骨髄腫・腎静脈血栓症・亜急性腎炎等にみられる。

年金保険

老齢·障害等の保険事故に備えて保険料を拠出し、保険事故の際に年金の支給を受けるという保険の仕組みを用いた所得保障のための制度をいう。民間会社が行う私的年金と公的年金がある。公的年金制度は、すべての国民を対象とする所得保障のための相互扶助体制である。歴史的に大きく3つの系譜がある。民間企業のサラリーマン等を対象とした厚生年金、公務員等を対象とした共済組合、およびその他の人を対象とした国民年金制度である。1985（昭和60）年に改正が行われ、1986（昭和61）年4月から国民年金を基礎的年金制度とする制度に改正された。これにより20歳以上60歳未満の日本に住所を有するすべての人は、国民年金の被保険者となることとなった。また、年金給付は、国民年金から基礎年金が、被用者年金から上乗せ年金が支給される。

年金保険者

年金保険者とは年金保険の運営に当たるものをいい、私的年金では民間保険会社をいう。公的年金の保険者は、1961（昭和36）年皆年金制度発足に伴って、厚生省（現厚生労働省）の外局として社会保険庁が設置され、2009（平成21）年12月まで保険者機能を担ってきた。2010（平成22）年1月から社会保険庁の年金業務は厚生労働省から日本年金機構に委託された。

年金保険者の事務

年金保険者の主たる事務は、保険料の徴収および年金の支払いにある。従って、保険料の納付記録は、年金保険者事務の中枢事務といえる。さらに広報活動、被保険者等に対する相談業務等がある。2010（平成22）年1月から保険事務は、厚生労働大臣の監督のもとに日本年金機構で行っている。

の

ノイローゼ

➡ 老年期神経症　p.486

脳SPECT（脳血流シンチ）

放射性同位元素（ラジオアイソトープ）を用いて脳血流を評価する検査法。CTスキャンやMRIは脳梗塞で壊死した部位を同定するには適しているが、本法は壊死には至っていないが機能が低下している部位（ペナンブラ）の評価に適している。また、近年では認知症の型別診断にも多用される。さらに、健常の脳機能の研究にも用いられている。放射線被ばく量は胃透視レベルとされている。

脳血管疾患

脳の血管で生じる疾病の総称。多くは突然発症する脳卒中であるが、緩徐に発症する場合もある。脳卒中としては、脳内出血、脳梗塞およびくも膜下出血が大部分を占める。

緩徐に発症する病態としては、血管性認知症、血管性パーキンソン症候群等がある。これまでは症状が出現して始めて診断されてきたが、MRIの普及により無症候性の血管病変が指摘されることも増えてきている。

脳血栓《けっせん》

脳梗塞のうち以下のような病態で生じるもの。脳動脈硬化が進行すると動脈の内膜に細かな損傷が生じる。内膜の損傷は血液の凝固能を亢進させ血液凝固が起きやすくなる。こうして形成される血栓そのものや、損傷された内膜下に血液が侵入して解離性動脈瘤が生じることによって血管の内腔が狭くなる。この病態が進行し、やがて血管が閉塞する。抗血小板剤が再発予防には必要である。

脳梗塞《こうそく》

脳動脈が閉塞し、その灌流域の脳実質が酸素や栄養の供給を受けられなくなり壊死に陥る病態。脳血栓と脳塞栓に大別される。脳表を走行する脳動脈の閉塞では大きな範囲で梗塞が起きる。それに対して脳実質に入り込む穿通枝《せんつうし》の梗塞は小さな梗塞が多く、ラクネ梗塞と呼ばれる。CTスキャンやMRIが普及し、無症状の小梗塞が見つかることは珍しいことではなくなった。

脳出血

脳血管障害のうち、脳実質に入り込む穿通枝《せんつうし》の破綻によって出血し脳実質内に血腫を形成する疾患。基底核部出血が最も多く、他に皮質下出血、視床出血、小脳出血、橋出血がある。いずれも何らかの機能障害を来し後遺障害の頻度も非常に高い。

脳塞栓《そくせん》

脳梗塞のうち、不整脈が原因で心臓で形成される血栓（血液の固まったもの）、動脈の粥状硬化の部位で生まれる血栓あるいは下肢の静脈血栓の一部が断片化されたものが塞栓となって血管を閉塞させる病態。抗凝固剤（ワルファリン等）の投与が必要である。発症からおよそ2～3時間以内に専門施設で血栓融解術を行うと予後がよいとされる。骨折後の脂肪塞栓も脳塞栓の原因となり得る。

脳卒中

脳血管障害のうち、突然発症し脳の機能障害をもたらす疾患の総称。脳梗塞、脳出血そしてくも膜下出血がある。多くの場合何らかの障害を後遺し、リハビリテーションの適応となる。また脳梗塞と脳出血は再発することが多く、適切な管理と予防的治療が必要である。

ノーマライゼーション

障害の有無にかかわらず、誰もが当たり前（ノーマル）に暮らせる社会を目指そうとする理念。デンマークのニルス・エリク・バンク－ミケルセン（N.E.Bank-Mikkelsem）が、1951（昭和26）年に発足した知的障害者の親の会の活動のスローガン「知的障害者ができるだけノーマルな生活を送れるようにする」を国の施策に反映させ、「1959年法」の法案作成に貢献したのが初めとされている。1963（昭和38）年には、スウェーデン知的障害児者連盟のベンクト・ニィリエ（B.Nirje）により、「知的障害者は、ノーマルなリズムに従って生活し、ノーマルな成長段階を経て、一般の人々と同等のノーマルなライフサイクルを送る権利がある」とし、これを原理としてまとめた。ノーマライゼーションは世界に浸透し、1981（昭和56）年の「国際障害者年」のテーマを「完全参加と平等」とした国連決議へとなり、障害者の福祉のみならず社会福祉の全般の基本的な理念の1つになっている。

ノルウェー疥癬《かいせん》

角化型疥癬ともいう。免疫が低下している人が疥癬に感染するとノルウェー疥癬に移行する危険性が高い。通常の疥癬では、寄生数が多くても1000匹以下であるが、ノルウェー疥癬の場合100万から200万匹寄生している。そのため、非常に感染力が強い。皮膚に厚く増殖して灰色や黄白色の垢がカキの殻のようにつく特徴があり、かゆみを伴わない場合もあるので注意が必要。

は

パーキンソン病

神経変性疾患の一種で、中脳黒質の神経細胞が変性・脱落する。静止時振戦《しんせん》、筋強剛、動作緩慢・無動、姿勢反射障害を4主徴とする。他に仮面様顔貌《かめんようがんぼう》、前傾姿勢、小刻み歩行、すくみ足、突進歩行、方向転換困難等が出現する。早期から便秘があり、進行すると排尿障害、低血圧等の自律神経症状が出現する。認知症や治療薬の副作用にて幻覚、妄想が加わり、15〜20年の経過で自立困難となる。治療は薬物療法が基本であるが、深部脳刺激療法や定位脳手術を行うこともある。

——の臨床的重症度分類

パーキンソン病の重症度はHoehn & Yahr（ホーエン&ヤール）の臨床的重症度分類および生活機能障害度を用いる。パーキンソン病は厚生労働省が定めた特定疾患治療研究事業の対象疾患であるが、重症度はHoehn & YahrのStageⅢ以上、かつ生活機能障害度Ⅱ、Ⅲ度でないと認定の対象にならない。

パーキンソン様症状

パーキンソン病の主な症状は振戦《しんせん》、筋固縮、無動、姿勢反射障害であるが、脳血管障害、薬剤、中毒、腫瘍、外傷等、パーキンソン病以外でも同様な錐体外路症状を呈し、その場合をパーキンソン様症状という。パーキンソン様症状を起こし得る薬剤には、抗精神病薬や抗うつ薬、制吐薬等ドーパミン拮抗作用のある薬剤、降圧剤、認知症治療薬、頻尿治療薬等がある。

パーソンセンタードケア

イギリスの心理学者トム・キッドウッド（Tom Kidwood）によって提唱された認知症ケアの概念。認知症を疾病や症状からのみ理解するのではなく、認知症の人を全人的に理解し、その人を中心としたケアを実践するという考え方。パーソンフッド（その人らしさ）という概念を構築し、「前向きな働きかけ」と「悪性の社会心理」を対比して、認知症の人がその人らしく生活することのできるケアについて提唱した。

グループホームやユニットケア等日本でも広がりをみせているケアの考え方であり、その流れをくむツールとして、認知症ケアマッピング（DCM）、バリデーション法、認知症の人のためのケアマネジメントセンター方式がある。これまでの古い体質の集団ケアや施設ケアであるオールドカルチャーに対してニューカルチャーといわれている。

肺炎

肺に炎症が起きる病気の総称。原因微生物により細菌性肺炎・マイコプラズマ肺炎・ウイルス性肺炎等に分けられる。高齢者では誤嚥《ごえん》性肺炎を起こすことがある。高齢者では、意識障害・ショック等の急な重症化がみられ、死亡率が高い。また、高熱が出ないこともあり、食欲低下、全身倦怠《けんたい》感等非特異的な初発症状が多く、せん妄、傾眠等の症状を起こしやすいという特徴もある。

肺活量

最大吸気から最大呼気まで努力して吐き出した空気量。年齢、性、胸郭の容積等によって影響される。成人基準値は、男性は3,000〜4,000ml、女性は2,000〜3,000mlとされる。無気肺、肺繊維症、肺気腫、肺炎、腹水、胸郭変形、神経筋疾患等によって減少する。高齢者では生理的にも呼吸器機能が低下する。すなわち、加齢により肺活量が減少し、努力性肺活、1秒率も減少する。呼吸後の残気量は増加する。

肺気腫

肺気腫は肺胞が拡張・破壊される疾患。肺の弾性収縮力の低下と動脈血ガスの低下を起こす。症状としては、息切れ、咳、痰のほか、喘鳴、労作時呼吸困難がある。また、口すぼめ呼吸と呼吸音の減弱がみられる。肺気腫患者の８割以上が喫煙者である。汚染物質の吸入や感染も要因として挙げられる。禁煙指導、感染予防が重要であり、呼吸不全が重症となれば在宅酸素療法の適応となる。

肺結核（結核）

結核菌による肺感染症。飛沫感染により経気道的に侵入した結核菌による初感染結核と、初感染から数年から数十年経過して発病する二次結核がある。近年では多くは二次結核である。高齢者の肺結核は免疫力の低下等により初感染巣に残っていた結核菌の勢いが活発化して発症する。症状としては咳、痰、血痰、喀血、胸痛を示す。さらに、微熱、発汗、食欲不振、体重減少等もみられる。化学療法が有効である。

敗血症

細菌感染巣から、病原菌やその毒素が血液を介して全身に影響を及ぼし重篤な症状を示す状態。起炎菌にはブドウ球菌・連鎖球菌・大腸菌等さまざまである。敗血症は特に高齢者において重篤な疾患であり、ショック、呼吸困難、高熱、発疹等の症状がみられる。高齢者の感染経路は、尿路由来、胆道感染が多い。褥瘡《じょくそう》感染、腹膜炎等によるものもある。原因菌に有効な抗生物質で治療する。

肺梗塞《こうそく》

下肢静脈や骨盤静脈等にできた血栓が、血流によって肺に運ばれ、肺動脈を閉塞したものを肺塞栓症という。その結果閉塞された部分の肺血流が止まり壊死巣ができた状態を肺梗塞という。症状は、胸痛、咳、血痰、発熱等が多い。エコノミー症候群も肺梗塞の１つである。高齢者では手術後等の長期臥床の際に多くみられる。治療は抗凝固療法を行う。再発予防が重要である。

配食サービス

調理が困難な高齢者や障害者等を対象に、自宅に食事を届けるサービス。実施主体や実施方法に規制はなく、社会福祉協議会やボランティアグループ等が材料費の実費程度を徴収して行っている。実施頻度はさまざまであるが、栄養の摂取とともにに、安否確認や、新たなニーズの発見といった役割が大きい。非営利団体のほか、企業による参入も行われている。

バイステック，F.P

フェリックス・P・バイステック（米Felix.P.Biestek， 1912－1994）はアメリカ・イリノイ州シセロ生まれのイエズス会司祭、社会福祉研究者である。専門は社会福祉哲学（Social Ethics）であり、シカゴ・ロヨラ大学で30年間、教鞭をとる。またNational Commission on Social Workで議長も歴任している。著作は『The Casework Relationship』（1957）、『The Five Methods of Social Work』（1960）、『Client Self-Determination in Social Work』（1978）であり、わが国では『The Casework Relationship』（1957）が『ケースワークの原則』として出版されている。この著作では社会福祉援助者としての７つの実践原則を著し、わが国の社会福祉研究者、実践者に与えた影響、功績は非常に大きいものがある。

バイステックの７原則

バイステックによって示された個別援助における倫理的な実践原則。次の７つの原則がある。①個別化、②意図的な感情表現の表出、③統制された情緒的関与、④非審判的態度、⑤受容、⑥自己決定、⑦秘密保持。

➡ **相談面接の８つの実践原則** p.285

排せつの介助

尿や便の排せつ・後始末を自らの力で行うことが困難な人に対し、排せつの手助けをすること。排せつケア。具体的には、トイレの介助の場合は、尿意がないか聞く、トイレまでの誘導、下着の着脱、便座に座る、便座から立ち上がる、排尿・排便、後始末等の際の介助となる。トイレ（ポータブルトイレ）介助のほか、おむつ介助、差込便器介助、尿器介助等も含まれる。排せつは人に見られたり、他人の手に委ねたりはしたくない行為である。それを介助することは自尊心を傷つけやすく、できる限り自立を助け、プライバシーを守る配慮が必要である。便意を察して声かけし頼みやすい雰囲気をつくる。また安易におむつに頼らない。利用者の羞恥心、困惑、やりきれなさといった思いを受け入れ、気持ちよく排せつしてもらうよう環境を整え、適切な技術で介助する必要がある。

バイタルサイン

人が生きていく上で最低限必要な生体情報のことで、一般には体温、血圧、脈拍、呼吸を指す。救急医学等ではこれに意識レベルを加えることもある。バイタルサインとは、「vital（命）」の「signs（兆候）」という意味で、人の生命にもかかわる最も重要な情報を指し、生命兆候ともいう。

排尿

体内の不要な物質や老廃物等を静脈血から取り除き、濾過《ろか》して尿として体外に捨てる働きをいう。その回数や性状は健康の大切な指標となる。1日の排尿回数は人によりさまざまであるが、おおよそ日中4～6回、夜間は0～1回である。

は

排尿障害

排尿状態の異常をいい、多尿、頻尿、排尿困難・閉尿、尿失禁、乏尿・無尿、残尿感等がある。膀胱の感覚が鈍い、排尿の刺激が脳でうまく伝わらない、尿道が開かない、膀胱が伸びすぎている等が原因とされる。多尿は1日尿量2,500ml以上のこと（通常1日尿量1,000～2,000ml）、また頻尿とは、尿の回数が多いことで昼間頻尿は日中覚醒時の排尿回数が8回以上、夜間頻尿は夜間就眠中に覚醒しての排尿回数が2回以上のものとされる。

尿失禁は、尿を自分の意思によらず排せつしてしまうこと。排尿障害の中でも最も多く見られるのが尿失禁である。尿閉は膀胱の尿を排出できない状態で、前立腺肥大症のある高齢男性に多い。乏尿は1日尿量400ml未満、無尿は100ml未満の状態。残尿感は残尿の有無にかかわらず、残っているように感じることで、膀胱炎、尿路感染で多い。

排尿チェック表

排尿の状態を項目に分けて観察するチェック表である。個々の排せつパターンを知り、介助につなぐ。この表では、いつ排尿したか、正しく排尿できたか、尿意の有無、尿量、尿失禁をした場合に本人はいつの時点で気付いたか、どのような動作のときか等排尿の状態を時間と共に記録できるようになっている。

排尿の仕組み

尿は腎臓でつくられ、膀胱で蓄えられ、排せつされる。その仕組みである。体内にたまった老廃物は、血管を通して腎臓に集められ、血液が濾過《ろか》されて尿ができる。この尿は尿管を通って膀胱にためられ、一定量

(250～300ml) に達すると尿意を催し、膀胱括約筋がゆるんで尿道を通って排せつされる仕組みとなっている。

背部叩打法《こうだ》

窒息のとき気道に入り込んだ食物、吐物等の異物を取り出す方法の1つ。患者の後ろに回り、手のひらの基部で左右の肩胛骨の中間あたりを力強く連続したたたく方法である。

排便

便意を感じて、排せつすること。一般的に食事・運動・精神面の影響を受けやすいといわれる。1日1回程度形のある状態で排せつされるのが正常な便である。

排便の仕組み

胃や小腸で体内に栄養分として吸収された食べ物の残りが、大腸で便となり、腸管の蠕動《ぜんどう》作用によって排せつされる仕組みである。便意を催し、排便しようとする意思で肛門括約筋がゆるみ、排せつされる。大腸に到達した食べ物の残りの9割が水分。大腸は、直腸に達するまでの過程で徐々に水分を吸収して固形化し、便を形成する。直腸に便がたまると直腸壁が伸展し、その刺激が排便中枢を介して大脳に伝わり、便意となる。便意が起こると、腹筋の収縮、横隔膜の下降により腹圧を高めて（いきんで）便を押し下げる。そして、内肛門括約筋と外肛門括約筋をゆるませ、体外に排出する。

廃用症候群

疾病治療で安静期間が長くなる等、日常生活で活動性が低下することによって生じる身体的・精神的機能の全般的低下のこと。生活不活発病ともいう。近年はその発症頻度が非常に高いことが知られてきた。筋力低下と筋萎縮、関節拘縮、心肺機能の低下、褥瘡《じょくそう》、骨粗鬆症《こつそしょうしょう》の進行、せん妄・うつ状態あるいは認知症の進行等の心理的症状、膀胱・直腸機能障害あるいは起立性低血圧等の自律神経障害がある。特に高齢者では重度になりやすく回復も困難になる。予防のためには、安静は治療上必要な最小限のレベルにとどめることが肝要である。回復のためにはまずリハビリテーションであるが、開始に当たっては、起立性低血圧や心肺機能の低下を考慮し、まず体位変換やストレッチ等から徐々に筋力トレーニングや起立訓練へと進めてゆく慎重さが求められる。また心理的な側面も配慮されるべきである。

➡ 生活不活発病 p.266

白《はく》癬《せん》

カビの一種である白癬菌が皮膚に感染することによって起こる病気である。高齢者によくみられる。白癬の原因菌にはさまざまな種類があり、皮膚糸状菌中の白癬菌、小胞子菌、表皮菌の３つの属にわたっている。足にできる白癬は俗に水虫と呼ばれ、その他頭部、顔面、体部、股部、陰嚢、手、爪等にできる。白癬になると皮膚のバリアの働きが失われるので、細菌感染が起こりやすくなる。糖尿病患者は要注意である。白癬は家族内感染があり、スリッパや足ふきマットの共用は避ける。

白内障

水晶体が混濁して視力が低下した状態。加齢白内障、代謝異常等の全身疾患に伴う白内障、眼疾患に伴う併発白内障、外傷性白内障、薬物・毒物による白内障等がある。最も多いのは加齢による老人性白内障である。60歳代では70％、80歳以上ではほとんどの人が影響を受けている。点眼薬治療もあるが、視力障害と混濁の部位や進行の程度によっては手術が有効である。

長谷川式簡易知能尺度

正常高齢者から認知症高齢者をスクリーニングする目的で開発された簡易知能尺度。1974（昭和49）年に長谷川和夫（認知症介護研究・研修東京センター名誉センター長）らが作成したので長谷川式簡易知能尺度という。知能障害のない正常高齢者では比較的簡単に答えられるような問題で構成され、通常５分から10分程度でおおまかに高齢者の認知レベルを推測できる。当初開発された尺度は、記銘、記憶を中心に見当識、計算、一般常識からなる11項目32.5点満点で設定されていた。これで20点以下であると認知症が疑われる。しかし、時が経つうちに質問内容に終戦の日を尋ねる項目等時宜にそぐわない設問があり、1991（平成３）年に改訂が行われ、９項目30点満点の尺度に改訂された。それが現在のHDS－Rである。

➡ HDS－R p.3

波長合わせ

W.シュワルツのグループワークで用いられる概念であり、利用者・メンバーが投げかけてくる感情や関心ごとについての合図を援助者が敏感な洞察力で受け止め対応するために、利用者の生活状況や感情を事前に把握し、表面化するかもしれない感情についてあらかじめ予測を立てておくことをいう。

白血球

血液成分の一種で、細菌やウイルス、異物（抗原）の進入に対し、それらを直接分解したり、攻撃する物質（抗体）をつくる等、からだを守る働きをする。好中球、リンパ球、好酸球等の種類があり、血液1μl中4,000〜9,000個含まれる。白血球数（WBC）は、炎症や白血病等で増加し、再生不良性貧血や薬剤等で骨髄が抑制された場合等に低下する。増加する場合でも、細菌による急性の感染症では好中球が、アレルギー性の病気では好酸球が、結核等の慢性の感染症ではリンパ球がそれぞれ増える等、病気によって増加する白血球の種類が異なる。

発熱

体温が平常時以上に上昇することをいうが、日本では1回の腋窩《えきか》温37.5℃以上（口腔内温38℃以上）が発熱と定義される。熱型により弛張《しちょう》熱《ねつ》、稽留熱《けいりゅうねつ》等と分ける。敗血症等では最高の体温と最低の体温の差（日差）が1℃以上であることが多い。また原因により感染熱、腫瘍熱、薬剤熱あるいは不明熱等と分ける場合も多い。発熱時は、感冒様症状、排尿痛、腰痛、下痢、食欲、頭痛、意識障害、関節痛等に注意する。一般細菌による感染症では、肺炎、気管支炎、胆道感染、腎盂炎、前立腺炎、髄膜炎、敗血症、腸炎、子宮瘤《りゅう》膿腫《のうしゅ》、腹膜炎等を検討する。発熱を来しやすい病態は感染症のほか、自己免疫疾患（膠原病・類縁疾患）、食物や薬物等のアレルギー、悪性腫瘍、サイトカイン投与、甲状腺機能亢進症、自律神経異常、脱水、中枢性発熱等がある。

バトラー，R.

Robert Neil, Butler。アメリカの老年学者、医師、精神科医。1927（昭和2）年生―2010（平成22）年没。国立老化研究所（National Institute on Aging）初代所長。健康な加齢、認知症研究のほか、高齢者の権利擁護にも尽力した。『老後はなぜ悲劇なのか』（原題Why Survive? Being Old in America）によりピュリッツアー賞受賞（1976（昭和51）年)。「エイジズム」(1968（昭和43）年）の造語、「プロダクティブ・エイジング」概念（1982（昭和57）年～）による加齢研究がある。

はり師

はり師国家試験に合格し、名簿登

載後、厚生労働大臣の免許を受け、はり（鍼）治療を行うことを業とする者のこと。鍼治療は経絡という気（エネルギー）が流れているとされる路や、その経絡に反応が出やすい経穴（ツボ）に細い鍼で刺激を与え、自然治癒力を高める療法である。試験の実施については厚生労働省の指定試験機関として公益財団法人東洋療法研修試験財団が実施の事務を行っている。受験資格としては大学に入学できる者で、３年以上学校または、厚生労働大臣が指定する養成施設で必要な知識および技能を修得した者である。

ハローワーク

公共職業安定所の略称。障害者の就労を支援・促進する専門援助部門が設置されている。就職を希望する障害者に対して求職登録を行い、求人情報の提供や個別の相談・指導を行う。また、職業訓練等の情報提供や関連機関の紹介を行っている。企業に対しては障害者雇用に関する助言や指導、新たな障害者求人の開拓、雇用率未達成企業に対する指導等を行っている。

➡ **障害者雇用促進法** p.230
➡ **法定雇用率** p.422

バンク＝ミッケルセン,N.E.

Bank-Mikkelsen, N.E.。1950年代にデンマークの「知的障害者施設の家族会」に同国社会省スタッフとしてかかわり、ノーマライゼーションを提唱した社会運動家。ノーマライゼーションの父と称されている。彼はノーマライゼーションを「障害がある人を障害のない人と同じノーマルにすることではなく、人々が普通に生活している条件が障害者に対しノーマルであるようにすること。自分が障害者になったときにして欲しいことをすること」としている。

ハンセン病療養所

「癩予防ニ関スル件」（1907～1953（明治40～昭和28）年）「らい予防法」（1953～1996（昭和28～平成８）年）に基づき設置されたハンセン病患者に対する隔離施設である。同法は1996（平成８）年に廃止され、強制隔離された患者に対する医療の継続や生活の保障を定めた「らい予防法廃止に関する法律」が同年に制定されている。国内にはハンセン病療養所は15施設あり、国立ハンセン病療養所は松丘保養所（青森県）、東北新生園（宮城県）、栗生楽泉園（群馬県）、多摩全生園（東京都）、駿河療養所（静岡県）、長島愛生園（岡山県)、邑久光明園(岡山県)、大島青松園(香川県)、菊池恵楓園(熊本県)、星塚敬愛園(鹿児島県)、奄美和光園(鹿児島県)、沖縄愛楽園(沖縄県)、宮古南静園(沖縄県)、私立ハンセン病療養所は神山復生園(静岡県)、琵琶崎待労病院(熊本県)がある。ハンセン病は末梢神経や皮膚組織が冒され、失明や顔面・手足に変形等の後遺症が残るため、1943(昭和18)年プロミン(治らい薬)が開発されるまで不治の病として恐れられ、ハンセン病患者は強制的にハンセン病療養所に閉鎖隔離されていた。

今日、「らい予防法」は廃止され治療薬も開発されているにもかかわらず、多くのハンセン病患者は療養所を退所せず、そこでの生活を続けている。ハンセン病患者に対する一般社会の風当たりは強く、不当なスティグマが残存しているといえる。

半側空間無視

脳損傷の反対側からの刺激を認識(視覚、聴覚、触覚等)できず、見落とすこと。視野全体に広がる半側空間だけでなく、規定された空間についてもいえ、図形、文字等でもその半側が認知されない。また食事の際に半側の料理にまったく手をつけていないことも多い。右半球損傷による左側の無視が多い。脳損傷による認知障害である高次機能障害のうち注意障害の一種とされる。

ハンチントン病

常染色体優性遺伝によって発病する神経変性疾患で、原因遺伝子が判明している。遺伝は100%で、多くは30歳から50歳ごろまでに発症する。人格変化を伴った認知症と手足をくねくねと動かす舞踏様の運動が特徴で、10年から20年の経過で、ゆっくりと進行する。脳の中枢にある尾状核という部分が特に障害されてこのような症状が出る。特定疾患の1つで、医療費の補助がある。

ひ

皮下脂肪厚

体脂肪量を把握するため、上腕三頭筋部の中央の皮膚と脂肪組織をつまみキャリパーで測定し判定する。超音波や電気抵抗の差を利用したバイオインピーダンス法により体脂肪率を測定する方法もある。

引き戸等への扉の取替え

扉には、開き戸、引き戸、折戸、引き回し戸、アコーディオンカーテン等があり、高齢者等の身体状況や設置目的、設置場所等を検討し取り替える。介護保険における住宅改修としての引き戸等への扉の取替えとしては、「開き戸を引き戸、折戸、アコーディオンカーテン等に取り替える扉全体の取替えのほか、扉の撤去、ドアノブの変更、戸車の設置等」が対象とされている。ただし、引き戸等への扉の取り替えにあわせて自動ドアとした場合の動力部分の設置は対象にはならない。

非言語コミュニケーション

コミュニケーションにおいては、言語と共に、音声、抑揚、話すときの表情や速さ等が大きな役割を果たし、また目線や身体的接触（例えば握手等）の非言語的コミュニケーションも極めて重要である。言語障害の症状に応じたコミュニケーション手段の選択においては、首振り、写真や絵の指さし、指でのサイン、ジェスチャー等非言語的な手段を検討する必要がある。

皮脂欠乏症

皮脂欠乏症になると、皮脂や汗の分泌が減少し、皮膚が乾燥し光沢がなくなる。幼児や老人（老人性乾燥症）の四肢末梢部に多くみられる。栄養障害やアトピー性皮膚炎、ビタミンA欠乏症等が原因と考えられている。

非ステロイド性消炎鎮痛剤

化学構造的に、ステロイド骨格を持たないアセチルサリチル酸（アスピリン）、インドメタシン（インダシン）、ロキソプロフェンNa（ロキソニン）等の抗炎症薬。鎮痛および解熱作用を有する。炎症の起因物質である種々のプロスタグランジンの産生にかかわる酵素を抑制し炎症を抑える。胃粘膜細胞保護作用を有するプロスタグランジンの活性も同様に抑制するため、副作用として胃障害がある。

ヒゼンダニ

体長0.2～0.4㎜のごく小さいダニで、脚は退化し円形の体型を持つ。全国に分布し、人に寄生し、人から人へ伝播する。このダニによって起きる皮膚感染症が疥癬《かいせん》である。疥癬虫ともいい、また疥癬は、俗称「ひぜん」ともいう。

➡ 疥癬　p.79

ビタミンB_{12}

葉酸と共に、赤芽球が増殖し赤血球に形成されるときにかかわるビタ

ひ

ミンである。体内では肝臓に大量に含まれている。ビタミンB_{12}が欠乏すると巨赤芽球貧血、末梢神経障害が起こる。巨赤芽球貧血とは赤血球になる前の赤芽球が大きくなり、赤血球が正常につくられないため、酸素運搬能力が低下して起こる貧血症状である。高齢者の場合は、胃酸分泌の減少によりビタミンB_{12}の吸収不全が原因になることが多い。

ビタミンC

ビタミンCは水に溶けやすい水溶性ビタミンである。コラーゲンの生成や体内の酸化還元作用に関与している。また、ビタミンCは鉄の吸収を促す。ビタミンCが不足すると皮下出血、貧血、疾病に対する抵抗力の減少等が起こる。ビタミンCは野菜や果物、いも類に多く含まれている。

ピック病

1892（明治25）年にプラハ大学のアーノルド・ピックが言語障害と性格変化を示した71歳の男性認知症例を報告したことに始まる。大脳の側頭葉の異常な萎縮とピック嗜《し》銀球《ぎんきゅう》と呼ばれる特殊な脳病理所見を示す特徴があった。45歳から65歳までの初老期によく発症するので、アルツハイマー病、クロイツフェルト・ヤコブ病と合わせて三大初老期痴呆（当時）とされてきた。しかし、その後の研究によって必ずしも初老期だけに発症するわけではないこと、また、特徴の１つである嗜銀球という病理変化がないものもあることがわかってきたために、現在は認知症の１つで、前頭葉と側頭葉が選択的に萎縮する「前頭側頭型認知症」の一群に組み入れられている。一般的な認知症の主症状が記憶障害であるのに対してピック病では人格障害が顕著で、軽薄になったり、不潔な行為を平気でするようになったり、万引きしたりといった反社会的な行動を示すので対応に苦慮する。

必要即応の原則

保護は、機械的、画一的に行うのではなく個々の要保護者の実情に即して実施すべきとする生活保護の原則の１つ。生活保護法第９条で「保護は、要保護者の年齢別、性別、健康状態等その個人又は世帯の実際の必要の相違を考慮して、有効かつ適切に行うものとする」と規定されている。

泌尿器科疾患

高齢者に頻度が高い泌尿器科疾患では、尿失禁、頻尿等の排尿障害、尿路感染症、前立腺肥大症、前立腺がん、尿路結石等がある。

皮膚科疾患

高齢者の皮膚は乾燥し、もろく、毛細血管も脆弱となる。かゆみを生じやすく、少しの外力でびらん、その他の損傷、皮下出血を伴いやすいため、スキンケアは重要である。高齢者に多い皮膚疾患は次の通りである。皮膚腫瘍では日光角化症、表皮内がん、基底細胞がん、有棘細胞がんや脂漏性角化症、感染症では蜂窩《ほうか》織炎《しえん》、丹毒、白癬、カンジダ症、帯状疱疹、疥癬《かいせん》等がある。湿疹・皮膚炎には接触皮膚炎、尋常性乾癬、水泡性類天疱瘡《てんぽうそう》、薬疹等がある。下肢末梢の血行障害による浮腫、壊疽《えそ》や潰瘍もよくみられる。爪の異常では、陥入爪《かんにゅうそう》や爪白癬がある。褥瘡《じょくそう》は仙骨部、坐骨部、大転子部で発生しやすい。

皮膚掻痒《そうよう》症

外見上皮膚の異常が認められなくともかゆみを覚えるのが皮膚掻痒症である。かゆみのためにかくことによって、かき傷や軽度の湿疹が二次的にみられることがある。高齢者の場合、皮膚表面の皮脂が減少するため、皮膚が乾燥し、かゆみが出現する。特に冬季の適切なスキンケアが重要である。入浴時の熱すぎる湯、長風呂、ナイロンタオル等の刺激を避けるとともに、入浴後の保湿を心がける。また、肝疾患、腎疾患の有無にも注意する必要がある。

被保険者

被保険者とは、保険制度に加入して、保険者に保険料を納付するとともに、その保険の目的である保険事故が発生した場合には、保険金等の保険給付（損害等の補填）を受け取る主体のことである。

介護保険制度の場合、被保険者は第１号被保険者と第２号被保険者の２種類に区分される。

被保険者資格［介護保険］

介護保険は社会保険なので、一定の要件に該当する者は被保険者として強制適用される。介護保険における被保険者の資格要件は、市町村に住所を有する、65歳以上の人（第１号被保険者）と40歳以上65歳未満の医療保険加入者（第２号被保険者）である（法第９条）。

なお、生活保護を受けていて医療保険に加入していない人は、40歳以上65歳未満であっても第２号被保険者の適用外とされている。また、「住所を有する」とは基本的に住民基本台帳上の住所を持っていることを指す。従って、日本に長期に居住する在日外国人や3カ月を超えて在留する外国人等は住民基本台帳法の適用対象となり、住所要件を満たす。他方で、日本国籍を持つ人が海外に長期滞在しており、日本に住民票がない場合は、住所要件を満たさない。なお、障害者支援施設等の一定の入所者・入院者は、当分の間、介護保険の被保険者としないとする介護保険制度の適用除外となっている（法施行法第11条第1項・法施行規則第170条）。

➡ **住民基本台帳** p.222
➡ **第1号被保険者** p.290
➡ **第2号被保険者** p.290

——の記録管理

市町村は、被保険者資格の記録管理について被保険者台帳をもとに行う。被保険者資格の記録管理としては、①65歳到達者、転入者、外国人、第2号被保険者証交付申請者を扱う資格取得管理、②死亡者、転出者を扱う資格喪失管理、③転出を除く氏名・住所等の変更を扱う住民異動管理がある。このほか、④施設の入・退所に伴う住所地特例者管理、⑤他市町村管理分の住所地特例者の異動や障害者支援施設等入所者を扱う適用除外者管理がある。なお、被保険者証交付（再交付）や被保険者証の定期更新についての記録も管理される。

➡ **被保険者資格の取得** p.403

——の取得

介護保険の被保険者資格取得の形態は、（事実）発生主義をとっており、介護保険を適用すべき原因となる事実が発生した日に、何ら手続を要せずに取得することになる。

被保険者資格の取得時期には、①医療保険加入者である住民が40歳に達した日（誕生日の前日）、②被保険者資格の要件を満たす人が当該市町村の住民になった日、③被保護者から医療保険加入になった日、④被保護者が65歳に到達した日（誕生日の前日）がある（法第10条）。

➡ **住民基本台帳** p.222

——の喪失

被保険者は、その市町村の住民でなくなった日の翌日に、その市町村の介護保険の被保険者資格を喪失する。ただし、住民でなくなった日に他の市町村の住民になったときは当日に喪失する（法第11条第1項）。また、第2号被保険者が生活保護を受ける等により医療保険加入者でなくなった場合には、その日から資格を喪失する。このほか、被保険者が適用除外施設に入所した場合は翌日に喪失し（法施行法第11条第２項）、死亡した場合も喪失する。

➡ 住民基本台帳　p.222

被保険者証

➡ 介護保険被保険者証　p.57

被保険者数［介護保険］

介護保険の被保険者数は、65歳以上の第１号被保険者が2015（平成27）年11月現在で3,286万人で、介護保険制度発足時の2000（平成12）年度末現在の2,242万人から約1,040万人増加している。特に、65歳以上75歳未満の前期高齢者と75歳以上の後期高齢者を比較すると、2000（平成12）年度末では1,319万人対923万人であったものが、2012（平成24）年度末においては1,574万人対1,520万人と拮抗してきており、後期高齢者の比率が増加している。

一方、第２号被保険者数は2012（平成24）年度月平均で、4,275万人。2000（平成12）年度月平均は4,308万人であったが、翌年度以降4,200万人台で推移し、大きな増減は見られない。介護給付費の50％は保険料で賄われるが、その50％についての第１号保険料と第２号保険料の負担割合は、それぞれの被保険者の総人数比で按分して負担する考え方がとられている。被保険者数のうち第１号被保険者が増えてきていることから、第１号保険料の割合は上昇し、第１期（2000～2002（平成12～14）年度）17％から、第６期（2015～2017（平成27～29）年度）は22％となっている。

➡ 受給者数　p.224

肥満

肥満とは、脂肪組織に脂肪が過剰に蓄積した状態をいい、日本肥満学会の基準では体格指数BMI25（体重（kg）÷身長（m）÷身長（m））以上としている。ちなみに、WHO（世界保健機関）における基準ではBMI30以上である。また、内臓脂肪肥満は生活習慣病になりやすくハイリスク肥満と呼ばれる。同学会の基準では、腹部CT（コンピュータ断層撮影）による内臓脂肪面積100㎠以上と定義している。

びまん性汎細気管支炎

びまん性凡細気管支炎は、終末細気管支から呼吸細気管支領域を中心とした気道炎症および気道狭窄を伴う疾患である。炎症の原因は不明で、主症状としては慢性の咳、痰、労作時息切れがみられ、高頻度に慢性副鼻腔炎を合併する。男女差はほとんどなく、発病年齢は40～50歳代をピークに若年者から高齢者にわたる。なお、特定疾病である慢性閉塞性肺疾患に分類される。

➡ 特定疾病 p.348

秘密保持の原則

➡ 守秘義務 p.226

被用者保険

被保険者が事業所に雇用される被用者である保険を被用者保険という。職域保険について、これを被保険者の就業形態により、被用者保険と自営業者保険に分けることがある。

➡ 職域保険 p.243
➡ 自営業者保険 p.181

病的老化

高齢者に出現することが多い生理的に起こる老化ではなく、年齢にふさわしくないレベルの老化が生じること。病的老化は、疾患や栄養等の何らかの理由で心身の機能低下が加速されたものと考えられる。病的老化の一例にアルツハイマー型認知症が挙げられる。

日和見感染症

普段から体にすみついている常在菌は通常は無害で感染症を起こさないが、体の抵抗力が低下したときに、起こす感染症のこと。緑膿菌、真菌、カリニ原虫、サイトメガロウイルス等による感染症がこれに当たる。感染抵抗性が低下する原因には，糖尿病や悪性腫瘍等の基礎疾患、各種手術等による衰弱、からだの抵抗力の低下のほか、制癌剤、免疫抑制剤、副腎皮質ホルモン等病気の治療に用いた薬剤による副反応、放射線療法の副反応等がある。

開かれた質問

➡ オープン・クエスチョン p.34

貧血

ヘモグロビン濃度が正常下限以下に低下した状態（WHOの基準：成人男子13.0g/dl、女子12.0g/dl以下）。成因は、①赤血球産生減少（造血幹細胞またはその分化の障害）、②赤血球消失量の増大（溶血や出血）、③両者の合併または不明な場合が考えられる。貧血になると血液の酸素運搬能が減少し、種々の臓器ないし組織は酸素欠乏状態に陥り、代償性に心拍出量や心拍数の増大、呼吸数の増加等が起こる。症状は微熱、皮膚・粘膜蒼白、心悸亢進、息切れ、収縮期雑音、易疲労感等多様である。

頻脈

脈が速くなる不整脈である。脈拍は通常１分間に60～80が正常であり、おおむね100以上を頻脈という。電気的刺激の発生場所によって、洞性頻脈・上室性頻拍・心室頻拍等に分けられる。冠動脈疾患、先天性心疾患、甲状腺疾患等で起こるが、洞性頻脈は、心臓に器質的または機能的な異常がない場合でも起こる。激しい運動や精神の興奮、心理的ストレス、発熱、炎症、脱水等でも起こる場合がある。

ふ

フォーマルサービス

社会資源・各種サービスを、類型化するとき、公的な制度に基づくサービスのこと。行政によるもののほか、認可や指定を受けた民間機関・団体によるサービス等がある。また企業による民間法人、地域の団体・組織であるNPOといった市民活動団体によるサービスも該当する。これに対して、家族成員、親戚、友人、同僚、近隣、ボランティア等による提供はインフォーマルなサポートという。フォーマルなサービスは最低限の保障があり、公正性があるが、画一的になりやすい。一方、インフォーマルなサポートは、柔軟な対応が可能であるが、専門性が低く、量的な確保に難がある。

➡ 社会資源　p.209

不感蒸泄

人間の体からは汗によって水分が喪失されているが、通常このことは自覚されている。一方、本人が自覚することなく皮膚や呼気からも常時一定量の水分が喪失されている。このことを不感蒸泄という。通常、健常の成人の安静時で１日に約900ml（皮膚で約600ml，呼気で約300ml）の水分喪失がみられるとされるが、環境や健康状態によりこの量は変動する。

腹圧性尿失禁

飛び跳ねたり、咳をしたり、重いものを持ち上げたりしたときに起こる失禁。女性は男性より尿道が短いという解剖学的な原因により、経産婦の中高年女性に多い。

複合型サービス

小規模多機能型居宅介護と訪問看護等、複数の居宅サービスや地域密着型サービスを組み合わせて提供するサービス。2011（平成23）年の法改正で創設された。利用者がニーズに応じて柔軟に医療サービスに対応した小規模多機能型サービス等の提供を受けられるようになる、事業者にとっても、柔軟な人員配置が可能、ケア体制の構築がしやすい等が利点として挙げられている。複数のサービスの組み合わせが可能ではあるが、現在は厚生労働省令により小規模多機能型居宅介護と訪問看護の組合せにより「看護小規模多機能型居宅介護」として提供されるサービスと限定されている。

➡ 看護小規模多機能型居宅介護 p.87

福祉医療機構

社会福祉事業振興会と医療金融公庫の2つの法人が社会福祉・医療事業団として1985（昭和60）年に統合した後、特殊法人等改革により、その事業を継承して、2003（平成15）年に福祉の増進と医療の普及向上を目的として設立された独立行政法人。事業の主な内容は、①社会福祉施設および医療施設の整備のための貸付事業、②施設の経営診断・指導事業、③社会福祉を振興するための助成事業、④退職手当共済事業、⑤心身障害者扶養保険事業、⑥福祉保健医療情報を提供する事業、⑦年金受給者のための資金を融資する事業、⑧年金住宅融資等債権の管理・回収業務、⑨教育資金貸付けあっせん業務等である。なお、施設整備のための貸付事業においては、療養病床を介護保険施設等に転換する際も、融資の対象としている。

また、当法人の提供する情報サービスとして、WAMNETがある。

➡ WAMNET p.5

福祉サービス利用援助事業

精神上の理由で日常生活を営むのに支障がある人に対して、福祉サービスの利用を援助する事業である。社会福祉法第2条第3項第12号で第二社会福祉事業として位置付けられている。日常生活に必要なサービスを独力で利用することが困難な高齢者や障害者等を対象に、無料または低額な料金で、福祉サービスの利用に関する相談や助言、福祉サービスの利用に必要な手続きや費用の支払いに関する支援等、福祉サービスの適切な利用のために必要な一連の援助を一体的に行う。

福祉事務所

社会福祉法に基づき、条例で自治体に置かれる福祉に関する事務所である。都道府県と市（特別区を含む）は必置、町村は任意で設置されている。都道府県の福祉事務所は生活保護法、児童福祉法、母子および寡婦福祉法（福祉三法）について、また市町村の福祉事務所はこれらの法律のほか老人福祉法、身体障害者福祉法、知的障害者福祉法（福祉六法）に定める援護または育成の措置に関する事務について、都道府県、市町村が処理することとされている事務を行う。当初は都道府県および市部の福祉事務所が福祉六法における関連事務を行っていたが、事務が町村に移譲され、現在市町村の福祉事務所が福祉六法の関連事務を行っている。福祉事務所には所長のほか、指導監督を行う所員（査察指導員）、現業を行う所員（ケースワーカー）、事務を行う所員が置かれる。所員の定数は条例で定められるが、ケースワーカーについてはその標準が定められており、都道府県の事務所は被保護世帯65世帯につき１人、市町村は80世帯につき１人を標準に配置される。

社会福祉主事またはケースワーカーは、援護、育成または更生の措置を要する者等に面接し、本人の資産、環境等を調査し、保護その他の措置の必要の有無およびその種類を判断し、本人に対し生活指導を行う等の事務を行っている。2014（平成26）年４月現在、都道府県福祉事務所208か所、市996か所、町村43か所を数え、全国に1,247か所の福祉事務所がある。

➡ **生活保護**　p.267

福祉用具

障害や加齢による運動機能の低下、麻痺等がある場合に、自立した動作を助けるための用具である。それによって介護の負担も軽減する。1993（平成５）年10月に施行された「福祉用具の研究開発及び普及の促進に関する法律」（通称「福祉用具法」）では、福祉用具とは「心身の機能が低下し日常生活を営むのに支障のある老人又は心身障害者の日常生活上の便宜を図るための用具及びこれらの者の機能訓練のための用具並びに補装具」と定義され、また目的として、自立の促進、介護負担の軽減を挙げている。福祉用具法が施行される以前から福祉用具を指す法律的な用語としては、身体障害者等が用いる補装具や日常生活用具等があるが、一般的には福祉機器や介護機器等と同義語として用いられる。

介護保険法においては、福祉用具貸与、特定福祉用具販売のサービスがある。その際の福祉用具は「心身の機能が低下し日常生活を営むのに支障がある要介護者等の日常生活上の便宜を図るための用具及び要介護者等の機能訓練のための用具であって、要介護者等の日常生活の自立を助けるためのもの」と定義されている。

福祉用具購入費支給限度基準額

介護保険における福祉用具を購入する際は、特定福祉用具販売事業者もしくは特定介護予防福祉用具販売事業者から直接購入するものが対象となる。現物と引き換えに代金を全額支払い、購入に要した費用の9割相当額について保険者に請求し支給を受ける。ただし、特定福祉用具販売の支給限度基準額は年10万円で、支給限度基準額以上の商品（品目数は問わない）の購入を希望する場合は自己負担となる。なお、支給限度基準額管理期間は毎年4月1日から1年間とされている。

福祉用具購入費支給限度基準額の上乗せ

介護保険法第44条第6項の規定により、「市町村は福祉用具購入費支給限度額を上回る額を条例に定めるところにより当該市町村における支給限度額とすることができる」と定められている。なお、制度上これに要する給付費は基本的に第1号被保険者（65歳以上）の保険料で賄うことになる。

福祉用具サービス計画（書）

2012（平成24）年4月から福祉用具の貸与・販売事業所に作成が義務付けられている、福祉用具の適切な選定、活用のための計画である。それぞれの計画（福祉用具貸与計画、特定福祉用具販売計画、介護予防福祉用具貸与計画、介護予防特定福祉用具販売計画）を総称して福祉用具サービス計画（書）という。計画には①利用者の基本情報、②福祉用具が必要な理由、③利用目標、④具体的な福祉用具の機種と当該機種を選定した理由、⑤その他関係者間で共有すべき事柄等が記載される。作成するのは事業者に配置が義務付けられている福祉用具専門相談員である。また作成に当たっては利用者の心身の状況や置かれている環境を踏まえることとされている。

➡ 福祉用具専門相談員 p.409

福祉用具専門相談員

福祉用具専門相談員は利用者の心

身の状況や置かれている環境を踏まえ、相談、情報提供、点検、調整、福祉用具の指導方法のほか、福祉用具サービス計画の作成を行う。福祉用具貸与事業者、販売事業者の人員に関する基準に事業所1カ所につき、常勤換算で2名以上の配置が義務付けられている。福祉用具専門相談員は法施行令第4条第1項に掲げる保健師、社会福祉士、介護福祉士等と都道府県知事が定める指定講習を修了した者。指定講習時間は50時間。

福祉用具貸与

居宅要介護者に対して行われる福祉用具の貸与である。サービス提供に当たっては、福祉用具専門相談員により福祉用具貸与計画が作成される。福祉用具の種目は、厚生労働大臣が定めるとされ、①車いす、②車いす付属品、③特殊寝台、④特殊寝台付属品、⑤床ずれ防止用具、⑥体位変換器、⑦手すり、⑧スロープ、⑨歩行器、⑩歩行補助つえ、⑪認知症老人徘徊感知機器、⑫移動用リフト（つり具の部分を除く）、⑬自動排泄処理装置が対象になっている。軽度者（要介護1）は介護予防福祉用具貸与の場合と同様に、その状態像から手すり、スロープ、歩行器、歩行補助つえの4種目が給付対象である。ただし、一定の要件を満たせば他の種目も例外的に給付の対象とすることができる。また自動排泄処理装置は要介護4、5が対象である。貸与価格の1割を利用者が自己負担する。

――の事業者の指定

福祉用具貸与は居宅サービスに位置付けられるサービスであり、他の居宅サービス事業者と同様、事業者からの申請に基づき、都道府県知事（指定都市・中核市長）が事業所ごと指定する。指定要件は、条例で定める者であること（法人であること）、人員基準を満たすこと、設備・運営基準に従い適正な運営ができること等である。指定の有効期間は6年間。

――の人員・設備・運営に関する基準

基本方針、人員、設備、運営、基準該当等で構成される。福祉用具貸与事業者はこれを守らなければならない。基準は、国の基準（厚生労働省令）をもとに各都道府県（指定都市・中核市）が策定する。2012（平成24）年4月から福祉用具貸与計画が義務化されたことに伴い、厚生労働省令の基本方針は「（略）適切に行わなければならない」から「その目標を設定し、計画的に行わなければならない」に変更、第199条の２に「福祉用具貸与計画の作成」の項目が新たに加わり、計画作成に当たっては利用者への説明と同意を得ること等が盛り込まれた。

なお貸与の特性上、設備基準には保管と消毒設備を求めているが、同時に、保管、消毒については他の事業者に行わせることができるということも明記されている。

――の介護報酬

福祉用具貸与の介護報酬は、１カ月につき算定されるが、その費用は現に要した費用とされる。福祉用具貸与事業者が設定した貸与利用料を請求するため、同一の福祉用具であっても福祉用具貸与事業者によって料金は異なることになる。そのため運営に関する基準の中で、「目録等の文書を示して福祉用具の機能、使用方法、利用料等に関する情報を提供し、個別の福祉用具の貸与に係る同意を得るものとする」と定められている。指定福祉用具貸与事業者は、福祉用具の貸与価格の届出が必要だが、2015（平成27）年度からは、同一利用者に複数の福祉用具を貸与する場合は、あらかじめ都道府県等に減額の規定を届け出れば、通常の貸与価格から減額して貸与できることになっている。

福祉用具の研究開発及び普及の促進に関する法律

福祉用具の研究開発および普及のための基盤を整備することを目的に、1993（平成５）年10月に施行された法律で、通称「福祉用具法」とも呼ばれる。高齢者の心身の特性を踏まえた福祉用具の研究開発を促進し、さらに、利用者一人ひとりのその心身の状況に適合した福祉用具の普及が図れるよう厚生省（現厚生労働省）・通商産業省（現経済産業省）の両省が主管として定めた法律。

福祉六法

各分野の社会福祉制度の基本となる法律をいい、児童福祉法（1947（昭和22）年）、身体障害者福祉法（1949（昭和24）年）、生活保護法（1950（昭和25）年）、知的障害者福祉法（1960（昭和35）年）、老人福祉法（1963（昭和38）年）、母子及び寡婦福祉法（1964（昭和39）年）を指す。第二次世界大戦終結後、早い時期に児童福祉法、身体障害者福祉法、生活保護法の福祉三法が整備され、その後、福祉六法の時代に移行した。

副腎皮質ホルモン製剤

副腎皮質ホルモン剤は、ステロイ

ドと称され、抗炎症作用、抗アレルギー作用、免疫反応抑制作用および細胞増殖抑制作用等がある。アトピー性皮膚炎や気管支喘息等のアレルギー性疾患、膠原病の治療、化学療法等に使用される。副作用として易感染、糖尿病、高血圧、胃腸障害、精神症状、骨粗鬆症等がある。長期間ステロイド薬を服用した人が急に使用を中止すると、副腎不全やステロイド離脱症候群を招くため、使用に注意を要する。

腹痛

消化器疾患の主症状である。腹痛は消化器の炎症、穿孔、壊死、虚血、閉塞等で生じるが、狭心症や尿路結石等消化器以外の疾患もあるので注意が必要である。腹痛を認める場合は、症状の発症の仕方、腹痛と食事との関係、吐き気、嘔吐、便秘、下痢、発熱等も確認する。致命的な疾病もあり、バイタルサインには注意を要す。

腹膜透析

体内の腹膜を利用する透析療法。腹腔内に腹膜透析液を注入、排出するという透析方法である。腹腔内に挿入したカテーテルを介して腹膜透析液を患者自身や家族が交換する。在宅腹膜透析は、通院を避け、在宅で透析を続ることが可能な方法である。高齢者の糖尿病性腎症等による腎不全患者を対象として増加すると予想される。糖尿病性腎症は介護保険の特定疾病の１つとなっている。

服薬補助ゼリー

ゼリーに薬剤を混和・融和した薬剤入りゼリーで、子ども向けだけでなく、嚥下《えんげ》機能の低下により服薬が困難な高齢者向けにも開発されている。もともと、くず湯、ヨーグルト、ゼリー等適度に粘性がある食品は、嚥下機能低下者でも嚥下が容易で、介護の現場でもこれらの食品に薬剤を混ぜて飲みやすくする工夫がされてきていた。しかし単なる市販のゼリーでは糖分が多く薬剤の成分の吸収を遅らせる、かんだ拍子に薬剤が引っかかる、嚥下機能低下者への有用性が定かでないものもある等が指摘されていた。そこでゼリーの物性も研究、調整し、均質の薬剤入りゼリーとして開発されたものである。

不顕性誤嚥《ごえん》

気付かないうちに誤嚥を起こしていること。健常者の場合、夜間の睡眠中に６～18mlの唾液が分泌されるが、それは無意識に嚥下される。ところが高齢者は嚥下反射や咳反射が低下していることがあり、夜間等に唾液が知らず知らずのうちに気道に流れ込んでしまっていることがある。「咳き込み」や「むせ」等、異物が気道内に入ったときに起こる反射もみられない。脳血管障害、認知症等の脳疾患でも併発しやすい。

不顕性肺炎

不顕性誤嚥《ごえん》によって、唾液が気管や気管支に侵入し、細菌が繁殖し発症する肺炎。

➡ 不顕性誤嚥 p.412
➡ 誤嚥性肺炎 p.157

不随意運動

自分の意志に基づかない運動のこと。脳血管障害、パーキンソン病、脊髄小脳変性症等により、大脳基底核等の錐体外路障害に起因する。

➡ 錐体外路症状 p.260

不整脈

心臓の刺激生成や刺激伝導に異常が生じ脈が乱れた状態を不整脈という。徐脈性不整脈（おおむね60/分以下）と、頻脈性不整脈（おおむね100/分以上）がある。高齢者は不整脈を起こしやすい。徐脈により倦怠感、めまい、失神、心不全等をみとめる場合はペースメーカー治療が、頻脈により、動悸、失神、心不全等をみとめる場合は抗不整脈薬投与等の治療を行う。

不正利得の徴収［介護保険］

市町村が、偽りその他不正の行為によって本来受けることができない保険給付を受けた者から、給付の価額の全部または一部を徴収すること。特定入所者介護サービス費等いわゆる補足給付についても、不正によるものであれば支給額の２倍内を徴収できる。また不正受給が医師等の診断書の虚偽の記載のために行われた場合は、その医師等に対し、保険給付を受けた者に連帯して徴収金を納付すべきことを命ずることができる。さらに、サービス提供事業者が偽りその他不正の行為によって代理受領方式で現物給付化された費用の支払いを受けた場合は、返還額を徴収するほか、これに100の40を乗じて得た額を徴収することができる。これらは法第22条に規定されている。

負担限度額

定率１割の利用者負担が世帯合計で一定額（負担上限額）を超えた場

合には高額介護サービス費等として、超えた分が払い戻される（法第51・61条）。なお、低所得者の負担が過重にならないよう、上限額は所得段階別に設けられている。また、要介護高齢者等の食費・居住費等の負担についても、所得段階に応じた負担限度額が設けられ、これを超える費用は、特定入所者介護サービス費等として、介護保険から給付される（法第51条の３・61条の３）。

➡ **特定入所者介護サービス費** p.350
➡ **利用者負担** p.477

負担限度額認定証

低所得の要介護・要支援被保険者については入所系サービス等の食費・居住費（滞在費）の負担については、所得に応じた負担限度額を超える分は補足給付される。この補足給付の対象となる利用者（利用者負担第１～３段階の人）に、申請により交付される認定証のことである。認定証には負担限度額が記され、施設等は、認定証に従って利用者負担を徴収し、補足給付を請求する。

➡ **負担限度額** p.413
➡ **補足給付** p.444

普通徴収

介護保険の第１号被保険者に係る保険料徴収は、実際には年金支給の際に天引きする特別徴収によるものが多数を占めるが、一定額（年額18万円）に満たない老齢年金等の受給者については、市町村が直接、個別に保険料を徴収をする（法第131条）。これを普通徴収という。この場合には、第１号被保険者の配偶者および世帯主に対して、保険料の連帯納付義務が法律上課せられている（法第132条）。

➡ **第１号被保険者の保険料（第１号保険料）** p.290
➡ **特別徴収** p.352

ブドウ糖負荷試験

糖尿病等の有無とその程度を知るために被検者にブドウ糖を与え、血糖・尿糖・血中インスリン等を一定の間隔で測定する検査。ブドウ糖液75gを負荷して、投与前および30分、１時間、２時間後に血液を採取して、血糖を測定する。日本糖尿病学会による診断基準で糖尿病型と判定されるのは、空腹時126mg/dl以上、または２時間値200mg/dl以上である。

舞踏様運動

➡ ハンチントン病　p.399

不服申立

裁判による処分や行政処分等について、その取消、変更を申し立てること。通常、行政処分の不服申立は、行政不服審査法に基づき行政庁（市町村等）自らが不服申立の処理を行うが、介護保険では、専門の第三者機関である介護保険審査会を都道府県に設置し、そこで不服申立（介護保険の場合は審査請求）を受理し、審理・採決を行う（法第183条）。審査請求ができる事項は、①保険給付に関する処分（要介護認定等等）、②保険料その他の徴収金に関する処分（保険料や滞納処分等）である。

➡ 審査請求　p.253

不眠症

睡眠が障害された状態。入眠困難、中途覚醒や早朝覚醒、熟眠困難が1カ月以上続く。覚醒時に睡眠不足感があり日中の倦怠《けんたい》感、意欲低下、集中力低下等の生活支障がある。身体的、心理的、精神医学的、薬理学的な原因が考えられる。睡眠が良好になるよう援助することは、高齢者の健康維持や精神安定にとっても重要である。

へ

平均寿命

0歳人口の平均余命のこと。すべての年齢の死亡状況を集約し、その後、死亡率の変化がないと仮定し、あと何年生きられるかを示したもの。このため、保健福祉水準を総合的に示す指標とされる。戦後、日本では平均寿命が著しく伸長し、現在、男性80.21年、女性86.61年（平成25年簡易生命表）で、世界最高水準となっている。経済成長による国民の生活水準の向上、衛生水準の向上、医学・医療技術の進歩がその背景にある。

閉経期骨粗鬆症《こつそしょうしょう》

閉経後、女性の骨粗鬆症の頻度は男性の6～8倍高率になる。閉経期骨粗鬆症はエストロゲン分泌が低下することにより骨吸収が骨形成を上回り、骨量が減少するため起こる。閉経期骨粗鬆症の治療は食事療法や運動療法のほか、エストロゲン補充療法、選択的エストロゲン受容体モジュレーター（SERM）の使用が、活性型ビタミンD_3製剤、ビタミンK_2製剤、カルシトニン製剤等の薬物療法とともに選択される。

閉塞性動脈硬化症

主として下肢の動脈硬化により血管が狭窄、閉塞し血液が流れにくくなる疾患。頻度の多いのは大腿動脈、膝窩《しっか》動脈、腸骨動脈であり、下肢に血流不足を来す。初期に、冷感、しびれ感等を訴え、ついで間欠跛行という歩行障害が出現する。間欠跛行では、歩行時に疲れ、だるさ、痛みが起き、休むと軽減するという症状を示す。進行すると四肢末端に潰瘍や壊死を起こす。介護保険の特定疾病の1つ。

ヘマトクリット

血液を遠心分離して血球成分と血漿成分とに分かれたとき、血球成分が全血液に占める体積比率（%）のことである。貧血や栄養状態が悪いと低値、脱水等で高値を示す。静脈血を用いて測定する。ガラス管に抗凝固剤を入れた血液をとり30分間低速で遠心し、血液全量を表す高さに対する赤血球柱の高さを%で表す。正常値は成人男性は40～50%、成人女性は35～45%である。

ヘモグロビン

赤血球に含まれる血色素。鉄を含む色素（ヘム）と蛋白質（グロビン）とからなる複合蛋白質である。ヘモグロビンは、血液が肺の中を流れるときに酸素と結び付き、酸素を全身の組織へ運ぶ役割を担っている。そして全身の組織で発生した二酸化炭素を回収し、肺まで運んできて放出し、再び酸素と結びついて各組織に運ぶ。ヘモグロビン濃度が低下すると、鉄や総蛋白質の栄養状態の悪化が推定される。血液の酸素運搬能力が低下し、多臓器や組織が低酸素状態になり、倦怠《けんたい》感や蒼白等の貧血の症状が現れる。

変形性股関節症

先天性要因（先天性股関節脱臼、臼蓋形成不全）または後天性要因（大腿骨頸部骨折、化膿性関節炎、突発性大腿骨頭壊死等）により股関節の構造が傷害され、痛みや歩行障害を来したもの。進行すると関節の曲がりが悪くなり、日常生活に支障を来す。消炎鎮痛剤の服用、つえの使用、運動制限、肥満の解消、温熱療法、股関節周囲筋の強化等が優先されるが、症状、年齢、活動性を考慮し、手術も検討される。両側の股関節に著しい変形を伴う変形性股関節症は介護保険の特定疾病の1つとなる。

変形性膝《しつ》関節症

関節軟骨の加齢変性に肥満やO脚等の負担が加わって発症する。膝関節内骨折、半月板損傷、靭帯損傷後に発病することもある。膝の屈曲や長時間の歩行で痛みが出やすい。進行すると関節水腫、関節可動域の制限も来す。痛みが強いときは、安静、湿布、消炎鎮痛剤、関節内注射で治療する。温熱療法、膝関節周囲筋の強化、装具、足底板も有効である。効果がないときは、手術（骨切り術、人工膝関節置換術）も検討される。両側の膝関節に著しい変形を伴う変形性膝関節症は介護保険の特定疾病の１つとなる。

便失禁

自分の意思によらず便を排せつしてしまうこと。高齢者は肛門括約筋の弛緩に伴い、便失禁が起こりやすくなる。緩下剤による便秘の調節の失敗がこれにつながっていることも少なくない。便失禁には、尿失禁と同様、腹圧性便失禁（腹圧が急激にかかったときに漏れる）、切迫性便失禁（急に便意を感じたとき、我慢できずに漏れる）、溢流性便失禁（便がたくさん詰まっているために溢れ出てくる）、機能性便失禁（排せつ動作が適切にできない）等がある。

便秘

便秘とは、便が大腸や直腸に長時間とどまり、排せつの回数が少ないことである。あるいは水分が吸収されて便が硬くなり、排出時に困難と苦痛が伴う場合である。特に高齢になると、腸管の蠕動《ぜんどう》運動の低下、排便に必要な筋群の緊張の減少等により便の排出力が弱まる。また歯の欠損、消化機能の低下、運動不足等も影響する。訴えがなくとも常に注意し、習慣にならないようにする。便秘の判断は、排便回数の減少だけでなく、その性状も考慮して行う。例えば排便間隔が２～３日でも正常な性状の便が排出されていれば正常な便通といえる。逆に、毎日便通があったとしても、硬く乾燥した便で、排便に困難を来せば便秘とみなされる。

返戻

国民健康保険団体連合会が指定事業者からの介護報酬の請求審査を行うに当たり、居宅介護支援事業者が作成する給付管理票に記載のないサービス提供事業者からの介護給付費明細書について、審査せずそのままサービス提供事業者に戻すこと。

ほ

包括的・継続的マネジメント支援業務

地域包括支援センターの必須業務である包括的支援事業７事業のうちの１つである。地域における多職種の連携により高齢者の状況や変化に応じた包括的・継続的支援のために、次のような支援を行う。

①包括的・継続的なケア体制の構築：医療機関を含めた関係機関との連携体制を構築し、地域の介護支援専門員と関係機関との連携を支援する。

②地域における介護支援専門員のネッワークの活用：情報交換の場を設ける等、ネットワークの構築・活用を図る。

③日常的な個別指導・相談：地域の介護支援専門員の日常的業務に対する相談窓口等を設け、ケアプラン作成技術の指導、サービス担当者会議の開催の支援等を行う。資質向上のため、事例検討会や研修の実施、情報提供等を行う。

④支援困難事例等への対応：地域の介護支援専門員が抱える困難事例について、関係機関との連携のもとで、具体的な支援方針を検討し、指導・助言を行う。

包括的支援事業

地域支援事業のうち、被保険者が要介護状態等になることを予防するとともに、そうなった場合でも可能な限り、地域において自立した日常生活を営むことができるように支援する事業である。地域包括支援センターが中心となって進める。次の事業で構成されている。

①介護予防事業ケアマネジメント業務：要介護状態になることを予防するため、介護予防事業等適切なサービスが包括的効果的に提供されるよう必要な援助を行う。

②総合相談・支援業務：保健医療の向上や福祉の増進を図るため総合的な支援を行う（心身状況等の実態把握、関連施策に関する総合的な情報提供、関連機関との連絡調整等）。

③権利擁護業務：虐待の防止および早期発見等、権利擁護のため必要な援助を行う事業。

④包括的・継続的ケアマネジメント支援業務：保健・医療・福祉の専門職が居宅サービス計画や施設サービス計画を検証し心身等の状況等を定期的に協議する等の取り組みを通じて、地域において自立した生活を継続できるように支援する事業（地域のケアマネジャーの支援、困難事例への対応、地域ネットワークの構

築、地域ケア会議の主催等)。

⑤在宅医療・介護連携の推進:医療に関する専門的知識を有する者が、介護サービス事業者、居宅における医療を提供する医療機関その他の関係者の連携を推進する。

⑥生活支援サービスの体制確保:被保険者の地域における自立した日常生活の支援および要介護状態等となることの予防または要介護状態等の軽減、悪化の防止のための体制の整備。

⑦認知症施策の推進:保健医療および福祉に関する専門的知識を有する者による認知症の早期における症状の悪化の防止のための支援その他の総合的な支援。

――の委託

市町村が事業の実施を委託できるのは、①包括支援事業を適切・公正・中立・効率的に実施できる法人であって、老人介護支援センター(在宅介護支援センター)の設置者、医療法人、社会福祉法人、一般社団法人、一般財団法人、NPO法人その他市町村が適当と認めるものである。委託する場合は、在宅医療・介護連携の推進、生活支援サービスの体制確保、認知症施策の推進の事業を除く包括的支援事業を一括して委託しなければならない。

――の費用負担

地域支援事業のうち、介護予防支援事業を除く包括的支援事業等の財源構成の特徴は、第2号保険料による負担がないことにある。その分を国が50%、都道府県と市町村が25%ずつを負担する。

包括的支援事業等の費用負担割合

包括的支援事業等とは介護予防事業以外の地域支援事業のことで、この費用負担割合は、国が25%プラス第2号保険料負担28%の2分の1(計39%)、都道府県・市町村が各12.5%プラス第2号保険料負担28%の2分の1(計各19.5%)、第1号保険料負担22%となっている。第2号保険料による負担はなく、その分を公費負担が賄っている。

報告の徴収

報告とは事実、状況を他の特定の人や機関に告げ知らせることであり、介護保険法では厚生労働大臣、都道府県知事に介護保険事業の実施状況等について報告を徴収する権限を与えている(法第197条)。必要を認めるとき、①市町村に対し介護保険事業の実施状況に関する報告(厚生労働大臣、都道府県知事の権限)、

②都道府県知事、市町村長に対し、サービス提供事業者・施設の指定や指揮監督等の事務に関する報告（厚生労働大臣の権限）、③医療保険者に対し、介護給付費・地域支援事業支援納付金の算定の業務に関する報告（厚生労働大臣、都道府県知事の権限）を求めることができる。

法人

法人とは、人または財産の結合であり、権利を持ち義務を負うことのできるもの。こうした権利能力が認められる典型は自然人であるが、一定の目的を持って集まった団体（社団）も、一定の目的のもとにささげられた財産（財団）も、それぞれ社会において重要な仕事を営むから、法的な関係の主体とするにふさわしいと考えられる。そこで法は自然人以外に権利能力を認めて法人とした。また、NPO法人は特定非営利活動促進法の定めるところにより設立された法人であり、社会福祉法に基づく社会福祉法人もある。

法定給付

介護保険法第18条第1号に定められている「介護給付」（被保険者の要介護状態に関する保険給付）と、第2号に定められている「予防給付」（被保険者の要支援状態に関する保険給付）のこと。同第3号には「市町村特別給付」（要介護状態等の軽減又は悪化の防止に資する保険給付）が挙げられているが、これは条例で個別に定める保険給付であり、法定給付には該当しない。

法定後見制度

法定後見制度とは、判断能力が現に不十分となっている者を対象にする制度である。本人の判断能力の程度に応じて、後見類型・補佐類型・補助類型の三つに分かれる。本人・配偶者・四親等内の親族等の請求により家庭裁判所が開始の審判を行う。本人の保護が目的である。本人の法律行為が制限され、成年後見人・保佐人・補助人に一定の権限が与えられるなかで、本人不在の制度とならないように、自己決定の尊重が重要である。各類型を弾力的に運用していくことが望まれる。

➡ **成年後見制度** p.274
➡ **任意後見制度** p.368

――後見類型

後見類型とは、法定後見の一類型である。本人が精神上の障害により事理を弁識する能力（判断能力）を欠く常況にある場合に、請求権者（配偶者や四親等内の親族等）から求めがあれば、家庭裁判所は後見開始の審判をすることができ、成年後見人を選任する。ここでいう「精神上の障害」とは広義に解されていて、身体上の障害を除くすべての障害が含まれる。例えば、認知症・知的障害も該当する。また、「常況にある」とは、判断能力が回復することが一時的に起こるとも、通常は判断能力を欠くケースである。選任された成年後見人は善良な管理者の注意をもって後見事務を行わなければならない（「善管注意義務」）。また、本人（成年被後見人）における心身の状態や生活の状況に配慮しなければならない（「身上配慮義務」）。

——身上配慮義務

成年後見人は、本人（成年被後見人）の生活、療養看護および財産の管理に関する事務を行うのであるが、これらは本人（成年被後見人）の意思を尊重しながらでなければならない。このため、心身の状態や生活の状況といった身上に配慮する義務がある。この場合、QOLの向上やノーマライゼーションの観点をもって取り組むことも求められてくる。

——成年後見人

成年後見人は、後見類型において、本人（成年被後見人）のためにどのような保護・支援が必要か等の事情に応じて、家庭裁判所が後見開始の審判を行い、選任する。必要に応じて複数人を選任することもできる。本人の親族以外にも、法律や福祉の専門家等の第三者や、法人を選任することも可能である。成年後見人は民法上、本人に関する財産上の法律行為全般について、代理権・財産管理権・取消権が与えられている。ただし、本人が居住するための不動産を処分するときには、家庭裁判所の許可を得なければならない。また、本人（成年被後見人）と利益が相反する行為については、本人を代理することができない。

——補助類型

補助類型とは、法定後見の一類型である。補助類型は精神上の障害により事理を弁識する能力が不十分な者の保護を図る。保佐の対象ほどではないが保護が必要な者を対象とする。本人・配偶者・四親等内の親族等の求めにより、家庭裁判所が補助開始の審判を行う。ただし、本人以外の求めによって補助開始の審判をするには、本人の同意がなければならない。この審判を受けた本人を被補助人と呼び、これに補助人を付すことになる。補助人に権限を付与するために、「補助人に対する代理権または同意権の付与の審判」がなければならず、それについての本人の同意が必要である。

——補助人

補助人は補助類型において、補助を開始する家庭裁判所の審判によって選出される。しかし、補助人の権限の範囲や本人（被補助人）の行為能力が制限される範囲は、この審判では決まらず、別に行われる同意権付与の審判・代理権付与の審判によらねばならない。もっとも、婚姻・離婚・認知・養子縁組・遺言等は本人の一身に専属的な身分行為と考えられるため、代理権の対象とはならない。なお、本人（被保佐人）が居住するための不動産を処分するためには、家庭裁判所の許可を得る必要がある。

——保佐類型

保佐類型とは、法定後見の一類型である。保佐類型では、精神上の障害により事理を弁識する能力が著しく不十分な者の保護を図る。本人・配偶者・四親等内の親族等の求めにより、家庭裁判所が保佐開始の審判を行う。この審判を受けた者を被保佐人と呼び、これに保佐人を付すことになる。保佐人は本人（被保佐人）が行う一定の重要な財産行為について、同意や取り消しを行う。例えば、「元本を領収し、または利用すること」や「借財または保証をすること」である。

——保佐人

保佐人は保佐類型において、家庭裁判所の審判によって選出され、本人（被保佐人）が行う一定の法律行為について、同意権・取消権を与えられる。また、代理権付与の審判によって、範囲を決めて代理権が与えられることもある。もっとも、婚姻・離婚・認知・養子縁組・遺言等は本人の一身に専属的な身分行為と考えられるため、代理権の対象とはならない。なお、本人（被保佐人）が居住するための不動産を処分するためには、家庭裁判所の許可を得る必要がある。

法定雇用率

障害者雇用促進法により、事業主は法定雇用率を上回る身体障害者または知的障害者の雇用を義務付けられている。精神障害者は現在雇用義務の対象ではないが、雇用者数の算定対象に加えることができる（2018（平成30年）より義務化施行予定）。従業員50人以上の事業主の法定雇用率は2013（平成25）年４月１日より2.0％である。雇用率未達成の企業に対してはハローワークより「障害者雇入れ計画」の作成発令、指導等が行われる。

➡ 障害者雇用促進法 p.230
➡ ハローワーク p.398

法定代理受領

法定代理受領方式とは、市町村（保険者）が、サービスを受けた被保険者に代わって、サービス提供事業者にサービス利用に要した費用を支払うことにより、被保険者に保険給付を行ったものとみなす方式のことである（法第41条6項・同条7項等）。

この法定代理受領方式により、通常は、利用者はサービス利用時に1割の定率負担等の利用者負担を行い、残りの費用はサービス提供事業者が直接市町村に請求し、支払がなされる。

➡ 介護保険料の滞納 p.59

訪問介護

居宅要介護者が、居宅で介護福祉士等により受ける入浴、排せつ、食事等の介護その他の日常生活上の世話のこと。日常生活上の世話は厚生労働省令で定めるもので、具体的には、①入浴、排せつ、食事等の介護、②調理、洗濯、掃除等の家事、③生活等に関する相談、助言、④その他、とされている。①は「身体介護」、②は「生活援助」に相当する。身体介護には移乗・移動、通院・外出等の生活動作に関する介助もあり、「通院乗降介助等」がサービスに含まれる。

——の意義

訪問介護では、入浴・排せつ・食事等の介護、調理・洗濯・掃除等の家事、生活に関する相談・助言、日常生活上の世話が行われる。それらを通して、要介護状態となった場合においても、その利用者が可能な限り居宅で、その有する能力に応じ自立した日常生活を営むことができるようになることを目指している。利用者の生活基盤を支え、在宅生活を維持していく上で根幹となるサービスである。また訪問介護員は、日常生活上の世話を通じて利用者の普段の様子を最も知る立場にあり、チームケアにあっては、利用者についての的確な情報提供者としての役割も期待されている。

——の目的

訪問介護は、訪問介護サービスによって利用者が可能な限り居宅で、その有する能力に応じ自立した日常生活を営むことができるようになることを目指している。身体機能や認知機能が衰えたとしても、住み慣れた居宅に住み続けたいという願いに応えようとするものである。こうしたニーズに応えるため、訪問介護には、次のような具体的目的がある。①利用者の生活習慣や文化、価値観を尊重し、利用者の希望する生活を実現していく。②潜在的能力を引き出し、自立を支援する。③地域や社会からの孤立を防ぎ、サービス提供の過程を通じて自己実現を支援する。④寝たきり、失禁、褥瘡、認知レベルの低下等二次的障害が起きないよう、予防的な視点で介護を提供する。⑤利用者の状態の変化に気付き、他職種へ連絡・相談する。

――の内容

訪問介護は身体介護と生活援助に大別される。身体介護は、利用者の身体に直接接触して行う生活動作に関する介助のほか、通院・外出も含まれる。介護職は「医療行為」をしてはならないが、体温測定や血圧測定、軽微な切り傷ややけどの処置、軟膏の塗布、湿布の貼付、一包化された内服薬の内服等は「医療行為」から除外され、身体介護として行うことができる。ALS患者等への吸引行為についても、一定の条件のもとで当面のやむを得ない場合として、介護職が行うことができる。また2012（平成24）年4月から、一定の研修を受講した介護職による痰の吸引や経管栄養の医療行為が、医師の指示、看護職との連携のもとで可能となっている。一方、生活援助は、いわゆる家事の援助で、調理、掃除、洗濯、買い物等である。ただし、①主として家族の利便に供する行為または家族が行うことが適当と判断される行為（利用者以外の者の洗濯、調理、来客の応接等）、②訪問介護員が行わなくても日常生活を営むのに支障がないと判断される行為（草むしり等）、③日常的な家事の範囲を超える行為（大掃除、おせち料理など特別な手間をかける調理等）は生活援助の範囲外とされる。

――の役割

訪問介護は、居宅要介護者を対象とするサービスの中心となるサービスであり、直接提供する身体介護、生活援助を通じて利用者の様子をよく知る立場にある。そこから利用者の状況を居宅介護支援事業者や他職種へ伝え介護支援サービスに活用する、本人の代弁者として発言する等の重要な役割を担っている。また、要介護認定や更新の必要性、居宅サービス計画の変更等の希望を把握したときには介護支援専門員と密接な連携をとる等の援助も行う。

——の事業者の指定

訪問介護の事業者の指定は、都道府県知事ないし、指定都市、中核市の市長（以下、都道府県は指定都市、中核市を含む）が行い、監督権者も都道府県知事である。居宅サービス事業者の指定はサービスの種類ごと、個々の事業所ごとに行われ、居宅サービスの１つである訪問介護の場合も同じである。申請者が都道府県の条例で定める者（具体的には法人）でないとき、事業所の従業者の知識・技能・人員が都道府県の条例で定める基準・員数を満たしていないとき、申請者が都道府県の条例で定める基準を満たしていないとき等は指定されない。指定の有効期間は６年であり、更新を受けなければ効力を失う。

——の人員・設備に関する基準

訪問介護の事業を適切に運営していくための従業員、設備に関する基準で、都道府県ないし、指定都市、中核市が国の基準をもとにして定める。国の基準（指定居宅サービス等の事業の人員、設備及び運営に関する基準）では、人員に関する基準については、事業所ごとに配置すべき訪問介護員等の員数として、常勤換算方法で2.5人以上と定められている。訪問介護員等とは介護福祉士または介護職員養成研修修了者である。また常勤の訪問介護員等の中から利用者が40人（常勤のサービス提供責任者３人以上配置し、専従する者１人以上配置の場合は50人）またはその端数を増すごとに１人以上のサービス提供責任者を選任しなければならない。管理者は常勤・専従とするが、管理上支障がなければ事業所の他の業務や同一敷地内にある多の事業所・施設の業務に就くことができる。

また、設備に関する基準については、必要な広さを持つ専用の区画を設けるほか、必要な設備、備品を備えるとされているだけで、具体的な基準は設定されていない。

——の運営に関する基準

指定訪問介護の事業を適切に運営していくための基準で、都道府県ないし、指定都市、中核市が国の基準をもとにして定める。国の基準（指定居宅サービス等の事業の人員、設備および運営に関する基準）では、心身の状況の把握、居宅介護支援事業者等との連携、居宅サービス計画変更等の援助、法定代理受領サービスの提供を受けるための援助等居宅サービスに共通する基準が訪問介護についても定められている。さらに訪問介護において注意すべき事項として、身分を証する書類の携行、同居家族に対するサービス提供の禁止、身体介護あるいは生活援助に偏らない総合的サービスの提供、緊急時等への対応、事故発生時の対応等についての規定がある。

——巡回型

指定訪問介護のサービス提供形態の１つで、30分未満の短時間で１日に数回、巡回訪問してサービスを提供するものである。排せつ介助、安否の確認、定時の水分補給、体位変換、服薬の介助等、１日に何回もの援助を必要とする内容に適している。

——滞在型

指定訪問介護のサービス提供形態の１つで、利用者の家に一定の時間（２時間前後）滞在してサービスを提供するものである。調理、掃除、洗濯、買い物等の生活援助や入浴介助等、まとまった時間を必要とする内容に適した形態である。

——の介護報酬

訪問介護の介護報酬（訪問介護費）は、１回につき所要時間に応じて区分されている。また、身体介護が中心、生活援助が中心、通院等のための乗車または降車等の介助が中心、の３区分が設定されている。例えば、身体介護は所要時間が①20分未満（165単位）、②20分以上30分未満（245単位）、③30分以上１時間未満（388単位）、④１時間以上（564単位プラス30分増すごとに80単位）となっている（2015〜2017（平成27〜29）年度）。同時に２人の訪問介護員による提供、夜間・早朝の提供、一定の要件を満たす事業所、離島等での提供等に加算がある。また、訪問リハビリテーションが行われる際、訪問介護のサービス提供責任者が同行し、理学療法士等と連携しながら訪問介護計画に基づく訪問介護を行った場合に、生活機能向上連携加算がある。一方で、事業所と同一の建物に居住する利用者20人以上（１月当たり）に提供する場合は減算される。

——における介護予防の視点

訪問介護のサービスを漫然と提供していると、要介護状態のある利用者は、寝たきり、失禁、褥瘡《じょくそう》等二次障害を生じさせ状態を悪化させたり、生活の質（QOL）を低下させたりしてしまう。それらの危険が生じないよう介護予防の視点からサービスを提供する必要がある。そのためには、将来の危険性をも予測し、対策を立てながら計画的にサービスを提供していくことである。「利用

ほ

者の要介護状態の軽減または悪化の防止に資するよう、目標を設定し、計画的に行う」ことは、各介護サービスに共通する取り扱いの基本であり、訪問介護においてもこの視点は重要である。

——におけるリハビリテーションの視点

訪問介護のサービスは身の回りの動作等の自立を促し、生活の質（QOL）の向上を目指すものである。これは、障害があっても人間らしく生活できるよう支援するという、本来持っているリハビリテーションの理念に通じるものである。訪問介護は、利用者が持つ潜在能力を引き出していくものであり、できることまで介助し機能低下を起こさないようにしなければならず、リハビリテーションの視点から自立を支援していく。

なお、介護サービスの訪問サービスには「訪問リハビリテーション」があり、理学療法、作業療法その他のリハビリテーションが行われ、利用者の心身の機能の維持回復を図ることを目指している。訪問介護の介護報酬では、この訪問リハビリテーションや、通所リハビリテーションとの連携による「生活機能向上連携加算」も設定されている。自立支援型のサービスの提供を促進し、利用者の在宅における生活機能向上を図る観点から、訪問リハビリテーション実施時や、通所リハビリテーションで利用者の居宅を訪問する際に訪問介護のサービス提供責任者と理学療法士等のリハビリテーション専門職が、同時に利用者宅を訪問し、両者の共同による訪問介護計画を作成することについての評価を行うものである。

——における病状悪化時の対応

訪問介護の提供を行っているときに利用者の病状が急変することがある。その場合は、運営規程に定められた緊急時の対応方法に基づき、速やかに主治医等への連絡を行う等必要な措置を講じるようにしなければならない。自分の判断で勝手な行動を起こさないようにする。また普段から病状をよく知っておく必要がある。そのためには医師や看護師に不明なところは尋ね、疑問の内容にしておく。

なお、訪問介護の提供により事故が発生した場合は、訪問介護事業者は、市町村、利用者の家族、居宅介護支援事業者等に連絡を行う等の必要な措置を講じるとともに、事故の状況、とった処置について記録しなければならない。賠償すべき事故が起きた場合は、損害賠償を速やかに行わなければならない。

訪問介護計画

訪問介護を具体的に進めていくためにサービス提供責任者が作成する個別計画である。訪問介護計画は、居宅サービス計画が作成されている場合は、それに沿って作成される。作成に当たっては、サービス提供責任者は内容について、利用者、家族に説明し、利用者の同意を得、作成した際には利用者に交付する。また、作成後、その計画の実施状況を把握し、必要に応じて変更しなければならない。

――の作成と評価

訪問介護では、サービスの提供に当たり、訪問介護計画を作成し、これに基づき利用者が日常生活を営むのに必要な援助を行うこととされている。訪問介護計画は、利用者の日常生活全般の状況、希望を踏まえ、訪問介護の目標、目標達成のためのサービスの内容等を記載したものである。内容については、利用者、家族に説明して、利用者から同意を得、作成した際には利用者に交付する。

訪問介護計画の作成後は、計画の実施状況を把握し、これを評価することとなる。訪問介護では漫然と行為が継続される危険性があるだけに、微妙な状態の変化や意向等をよく観察し、課題解決や目標達成状況、利用者、家族の満足度等を評価する。その上で必要に応じて計画を変更する。これらはサービス提供責任者によって行われる。

訪問型介護予防事業

地域支援事業の介護予防事業のうち、要介護状態等となるおそれの高い高齢者を対象とする二次予防事業で行われてきた、保健師等が居宅を訪問し、生活機能に関する問題を総合的に把握・評価し、必要な相談・指導等を実施する事業である。低栄養状態の改善のために特に必要な場合は、栄養改善プログラムの一環として配食の支援も行われる。二次予防事業対象者の中でも、特に閉じこもり、うつ、認知機能の低下のおそれがある等、心身の状況により通所形態での二次予防事業への参加が困難な人が対象となる。2014（平成26）年の法改正で、地域支援事業は見直された。介護予防事業と称する事業はなくなり、訪問型介護予防事業に相当するものも介護予防・日常生活支援総合事業の「訪問型サービス」に再編されている。

訪問型サービス（第１号訪問事業）

居宅要支援被保険者等を対象に介

護予防を目的に、掃除、洗濯等日常生活上の支援を提供するものである。地域支援事業である介護予防・日常生活支援総合事業のうち介護予防・生活支援サービス事業として行われる。法律上の正式名称は第１号訪問事業。従来の介護予防訪問介護がこの事業に移行され、同様の訪問介護員による身体介護、生活援助相当のサービスが行われる。このほか、緩和した基準による生活援助、住民主体による支援、保健師等が３～６カ月居宅での健康指導等を実施する短期集中予防サービス、移送前後の生活支援である移動支援等多様なサービスがあり、市町村は地域の実情に応じてサービス内容を検討する。

訪問看護

病状が安定期にある居宅要介護者に対し、居宅で看護師等が療養上の世話または必要な診療の補助を行うサービスである。看護師のほか保健師、准看護師、理学療法士、作業療法士、言語聴覚士が行う。訪問看護の目的は、要介護状態となった場合でも利用者が可能な限り居宅において、有する能力に応じ自立した日常生活を営むことができるように、療養生活を支援し、心身の機能の維持回復および生活機能の維持、向上を目指す。療養上の世話としては、清潔、排せつ、移動、食事、衣服の着脱等の支援がある。

――の内容

訪問看護とは、主治医の指示に基づき看護師等が居宅要介護者のその居宅を訪問して行う療養上の世話または必要な診療の補助である。療養上の世話としては、清潔、排せつ、移動、食事、衣服の着脱等の支援がある。また診療の補助は医師の指示により行われ、バイタルサインの測定、状態観察、薬剤管理等がある。医療処置に関する緊急時の対応も医師との連携のもとに行う。このほか、精神的支援、家族支援、療養指導、在宅での看取りの支援等もある。訪問時には病状の観察と情報収集も行われる。それをもとにしたアセスメントによって訪問看護計画が変更されることもある。介護保険法に基づく訪問看護は、病状が安定期にあり、医療的な判断や処置が必要な居宅要介護者に提供するものである。病状が安定期にある利用者に対するケアであることから、予防的なかかわりによるQOLの向上、家族に対するケア、利用者の生き方、価値観を尊重したケア、24時間365日いつでも提供できるサービス、といった特徴がある。

——と医師の指示

訪問看護の利用対象者は、その主治医が指定訪問看護の必要性を認めたものに限られている。このため訪問看護事業者は、サービスの提供の開始に際しては、利用者の主治医が発行する訪問看護指示の文書（指示書）の交付を受けなければならない。なお、病状が悪化する等急性増悪により頻回の訪問看護が必要な場合には主治医から特別の指示書が交付される場合もある。その際の訪問看護は介護保険ではなく医療保険での対応となる。

——の事業者の指定

訪問看護事業者の指定は、訪問看護ステーション・病院・診療所の申請により、都道府県知事ないし、指定都市・中核市長が事業所ごとに行う。ただし、病院・診療所については、法第71条に定める特例によって、健康保険法に定める保険医療機関の指定があったとき、または特定承認保険医療機関の承認があったときは、訪問看護事業者の指定があったものとみなされる（みなし指定）。従って、改めて指定を申請することなく指定訪問看護を提供できる。

➡ みなし指定　p.448

——の人員・設備に関する基準

指定訪問看護の事業を運営していくための「人員に関する基準」および「設備に関する基準」である。国の厚生労働省令をもとに都道府県（指定都市、中核市）が策定する。人員に関する基準では、訪問看護を提供する看護師等の従業者の員数について定めており、指定訪問看護ステーションの場合は、保健師・看護師・准看護師を常勤換算法で2.5人以上（うち１人は常勤）、理学療法士・作業療法士・言語聴覚士は実情に応じた適当数配置することとされている。また病院・診療数は保健師・看護師・准看護師を適当数置く。また指定訪問看護ステーションには、必要な知識・技能を有する専従・常勤の管理者を置かなければならない。管理者は保健師または看護師とされている。

設備に関する基準では、訪問系のサービスであるため、指定訪問看護ステーションの設備は、訪問看護の提供に必要な広さの専用の事務室に、必要な設備・備品を備えればよいとされている。同一と基地内に他の事業所や施設がある訪問看護ステーションや医療機関に併設の事業所の場合には、専用の区画を設ければよいことになっている。

——の運営に関する基準

訪問看護の事業を適正に運営していくための基準で、サービス提供困難時の対応、居宅介護支援事業者等との連携、利用料等の受領、取扱方針、主治医との関係、訪問看護計画書、訪問看護報告書の作成、同居家族に対する訪問看護の禁止、緊急時等の対応等について規定されている。具体的取扱方針では，主治医との密接な連携および訪問看護計画書に基づいて、利用者の心身の機能の維持回復を図るよう妥当適切に行うことが規定されている。その主治医との関係では、事業者は、サービスの提供の開始に際し、主治医による指示を文書で受けること、また主治の医師に訪問看護計画書、訪問看護報告書を提出し、サービスの提供に当たって主治の医師との密接な連携を図ることが規定されている。訪問看護計画書、訪問看護報告書とも看護師等が作成する。

——の介護報酬と加算・減算

訪問看護ステーションから提供される場合と、病院・診療所から提供される場合の２つの体系となっており、訪問看護ステーションから提供される場合の介護報酬（訪問看護費）が高く設定されている。また訪問看護の所要時間の区分による算定となり、20分未満、30分未満、30分以上１時間未満、１時間以上１時間30分未満の区分がある。訪問看護ステーションの場合には、さらに理学療法士等による訪問の場合の算定がある。この区分は現に要した時間ではなく、訪問看護計画に位置付けられている所要時間。このほか指定定期巡回・随時対応型訪問介護看護事業所と連携して指定訪問看護を行う場合があり、これは月単位の算定となる。

なお、急性増悪等により、主治医から特別指示書が出た場合は、その指示の日から14日間は、訪問看護費は算定されず、医療保険からの給付となる。加算には、夜間・早朝や深夜に提供する場合のほか、特別地域、緊急時、２人以上による提供、１時間30分以上、特別管理、ターミナルケア、初回、退院時共同指導、看護・介護職連携強化、看護体制強化、サービス提供体制強化等の加算がある。特別管理加算は在宅悪性腫瘍患者指導管理等を受けている、留置カテーテルを使用している、在宅酸素療法指導管理を受けている場合等である。減算としては、准看護師により訪問看護が提供された場合、事業所と同一建物等の利用者が20人以上の場合がある。

訪問看護計画

訪問看護を提供するために作成する計画である。運営基準により、訪問看護は訪問看護計画に基づき、利用者の心身の機能の維持回復を図るよう妥当適切に行うこととされている。療養上の目標、その目標を達成するための具体的内容等を記載したのが訪問看護計画書である。利用者の希望、主治医の指示、心身の状況等を踏まえて看護師等（准看護師を除く）が作成する。すでに居宅サービス計画が作成されている場合は、それに沿って作成する。訪問看護計画書の作成に当たっては、その主要な事項について利用者・家族に説明し、利用者の同意を得ること、作成した場合は利用者に交付することも義務付けられている。指定訪問看護事業者は、訪問看護計画書を主治医に提出し、指定訪問看護の提供に当たって主治医と密接に連携する必要がある。

——の実施

指定訪問看護は、利用者の心身の状態を踏まえて適切に行い、さらにその生活の改善を図っていくものである。このため主治医との密接な連携のもとに訪問看護計画に沿って行われる。この訪問看護計画は、看護師等が利用者の希望、主治医の指示、看護目標、具体的なサービスの内容等を盛り込んだもので、居宅サービス計画が作成されている場合には、その内容に沿って立案される。そして、訪問看護の提供については、目標達成の度合やその効果等について評価を行い、訪問看護計画の修正を行い改善していくこととなる。

訪問看護サービス

訪問看護で行われるサービスのことで、看護師等が医師の指示に基づき、利用者の居宅を訪問して行う療養上の世話または必要な診療の補助である。ただ、定期巡回・随時対応型訪問介護看護では、「訪問看護サービス」が「定期巡回サービス」「随時対応サービス」「随時訪問サービス」と共に１つのサービスとして類型化されている。

➡ **定期巡回・随時対応型訪問介護看護** p.334

訪問看護指示書

指定訪問看護を提供するに当たって主治医から出される指示書のこと。訪問看護は主治医がその必要性を認めて提供されるものであり、事業者は指定訪問看護の提供の開始に際しては、主治医からその指示を文書で受けることが義務付けられている。

訪問看護ステーション

指定訪問看護を行う病院・診療所以外の事業所のこと。看護師等従業者の員数等の人員に関する基準や設備に関する基準が定められている。

➡ 訪問看護の人員・設備に関する基準 p.430

訪問看護報告書

訪問看護を行ったときの訪問日、提供した訪問看護の内容等を記載した報告書のこと。看護師等が作成する。訪問看護計画書と同様、主治医に提出し、主治医と密接な連携を図らなければならない。

訪問入浴介護

居宅要介護者について、その居宅を訪問し、浴槽を提供して行われる入浴の介護である。介護保険法の居宅サービスに位置付けられている。原則として看護職員１人、介護職員２人によって行われる。入浴には温熱作用（体が温まり血行がよくなる）、静水圧作用（全身に水圧がかかり、内臓が刺激され内臓運動になる。ただし全身浴は心臓に負担もかかる）、浮力・粘性作用（浮力で体がより動かせる）があり、身体の清潔保持、疾病予防、生活機能の維持向上、リハビリテーション効果、精神的安らぎ等身体面、精神・心理面に大きな効果がある。これを介護サービスに取り入れたものである。

——の意義

訪問入浴介護は、居宅での入浴を確保することによって、利用者の身体の清潔の保持、心身機能の維持等を図ることを目的とするサービスである。高齢者が要介護状態等になった場合に、可能な限りその居宅において、その有する能力に応じ、自立した日常生活を営むことができるように提供される。

——の事業者の指定

指定訪問入浴介護事業者の指定は、申請により、都道府県知事（指定都市・中核市長）が行い、監督権者も都道府県知事（指定都市・中核市長）である。指定に関する手続きは他の居宅サービス一般のものと同じである。

——の人員・設備に関する基準

人員・設備の基準は厚生労働省が定める訪問入浴介護の人員・設備に

関する基準（指定居宅サービス等の事業の人員、設備及び運営に関する基準）をもとに都道府県、ないし指定都市、中核市が定める。基準省令では、人員については、従業者は看護職員（看護師または准看護師）1人以上・介護職員2人以上（うち1人以上は常勤）とされる。サービスの提供は原則として看護職員1人、介護職員2人の計3人で実施されるが、そのうち1人がサービス提供責任者を務める。また設備基準では、特に手指を洗浄するための設備等感染症予防に必要な設備等に配慮することが規定されている。

——の運営に関する基準

運営基準は厚生労働省が定める訪問入浴介護の運営に関する基準（指定居宅サービス等の事業の人員、設備及び運営に関する基準）（厚生労働省令）をもとに都道府県、ないし指定都市、中核市が定める。厚生労働省令では、利用料等の受領、取扱方針、緊急時の対応、管理者の責務、運営規程、記録の整備等が規定されている。訪問入浴介護サービスの特有の運営基準として、①利用者の選定により提供される特別な浴槽水等に係る費用の額の支払いを利用者から受けることができる、②サービスの提供に用いる設備、その他の用品の使用に際して安全及び清潔の保持に留意し、特に利用者の身体に接触する設備、器具その他の用品については、サービスの提供ごとに消毒したものを使用する、③サービス提供時に利用者に病状の急変が生じた場合その他必要な場合は、速やかに主治医またはあらかじめ定めた協力医療機関への連絡を行う等の必要な措置を講じなければならない等が定められている。

——の実施

訪問入浴介護の実施に当たっては、訪問入浴介護事業者は事前訪問し、看護職員は主治医の指示を確認し、利用者の健康状態の確認を行う。介護職員は特殊浴槽の搬入方法、利用者の移動の方法等を確認する。利用者・家族に対しては注意事項、協力してもらうこと等の事項を説明し、書面を渡しておく。

提供に際しては、体調の変化に注意し、場合によっては部分浴や清拭への変更、入浴の中止等の処置をとる。緊急時には主治医や指定訪問入浴介護事業者があらかじめ定めている協力医療機関への連絡を行う等必要な措置をとる。

——の介護報酬と加算・減算

利用者に対して、訪問入浴介護事業所の看護職員（看護師または准看護師）１人および介護職員２人が、訪問入浴介護を行った場合に、1,234単位／回が算定される（2015～2017（平成27～29）年度）。短期入所を含む入所系のサービスを利用している間は算定されない。離島等厚生労働大臣が定める一定の地域に所在する訪問入浴介護事業所が訪問入浴介護を行った場合の特別地域加算（15％加算）等の加算がある。減算は主治の医師の意見を確認した上で、介護職員３人で訪問入浴介護を行った場合（５％減算）、全身入浴が困難な場合に、希望により清拭・部分浴を実施した場合（30％減算）、訪問入浴介護事業所と同一の建物等に居住する利用者20人以上に訪問入浴介護を行った場合（10％減算）等。

訪問入浴介護計画

訪問入浴介護を具体的に進めていくための個別計画である。利用者ごとに、事前訪問した結果に基づき、利用者、家族の希望を踏まえ、目標を設定した訪問入浴介護の計画が作成される。計画については、利用者、家族に説明し、同意を得る。厚生労働省の指定居宅サービス等の事業の人員、設備及び運営に関する基準の訪問入浴介護では、作成は義務付けられていないが、訪問入浴介護計画またはこれに準ずる個別サービス計画の策定が望ましいとされる。また、介護サービス情報の公表制度において、訪問入浴介護計画が作成されているかどうかが１つの公表項目になっている。

訪問リハビリテーション

居宅要介護者の居宅において、その有する能力の応じ自立した日常生活を営むことができるよう生活機能の維持、向上を目指して行われる理学療法、作業療法、言語聴覚療法等のリハビリテーションをいう。介護保険法の居宅サービスの１つ。病状が安定期にあり、主治医がその必要を認めた者に対して、医師の診療に基づく指示および医師、理学療法士、作業療法士、言語聴覚士により作成される訪問リハビリテーション計画に沿ってサービスが提供される。医師の診療の基づく指示は、医師の診療の日から３カ月間のみ有効である。

――の特徴

理学療法士、作業療法士、言語聴覚士といったリハビリテーション専門職が、高齢者や障害者の実際の生活場面で指導・訓練を行うことで自立的生活を支援することが特徴である。機能訓練のみならず高齢者本人と自宅環境との適合を調整する役割、リハビリテーション専門職と訪問介護等の介護職が連携し、自立支援を推進するなど、自宅での自立支援の効果的なサービスである。

——の提供拠点と対象者

訪問リハビリテーションの提供拠点は、事業所として指定された病院、診療所または介護老人保健施設である。サービスの提供拠点ごとに事業者指定を行うことが原則であるが、職員体制、サービス提供状況の把握、職員に対する技術指導が一体的に行われる場合にはサテライト型訪問リハビリテーション施設となることができる。訪問リハビリテーションの対象者は通院が困難な利用者であるが、通所系サービスにおいても、家屋内におけるADLの自立が困難である場合等ケアマネジメントの結果必要とされれば対象となることができる。

ほ

——の事業者の指定

訪問リハビリテーション事業者の指定については、都道府県知事（指定都市または中核市長）に申請し、事業所ごとに指定を受ける。指定されるためには、人員、設備、運営の基準を満たさなければならない。申請者が都道府県の条例で定める者（具体的には法人）でないとき、事業所の従業者の知識・技能・人員が都道府県の条例で定める基準・員数を満たしていないとき、申請者が都道府県の条例で定める基準を満たしていないとき等は指定されない。指定の有効期間は6年であり、更新を受けなければ効力を失う。

——の人員・設備・運営に関する基準

都道府県等が条例によって定める基準に基づく、指定訪問リハビリテーションの事業を行うための基準である。人員基準は配置すべき従業員の資格要件、員数等の基準で、訪問リハビリテーションでは、事業所ごとに事業を行う上で適当数の理学療法士、作業療法士または言語聴覚士の配置が必要とされている。

設備基準は備えておくべき設備に関する基準で、訪問リハビリテーション事業所は、病院、診療所または介護老人保健施設であって、事業の運営に必要な広さを有する専用の区画を設けていること、必要な設備および備品等を備えていることが定められている。

運営基準はサービス提供のための取り扱い方針等運営に関する基準で、利用者ごとに利用者の心身の状態、生活環境を踏まえた訪問リハビリテーション計画を作成し、利用者への説明と同意の上でサービスを計画的に実施すること等が定められている。なお、都道府県等の条例は、国の基準に従う、国の基準を標準とする、国の基準を参酌するに分け、定められるが、上記はほとんどが国の基準に従って定められた基準である。

――の介護報酬と加算・減算

理学療法士、作業療法士、または言語聴覚士が居宅要介護者宅で、利用者またはその家族等利用者の看護に当たるものに対して1回当たり20分以上指導を行った場合に算定される。40分連続してサービスを提供した場合は、2回として算定可能。1週に6回を限度とされている。加算は、短期に集中して個別リハビリテーションを行った場合の短期集中リハビリテーション実施加算、継続的にリハビリテーションの質を管理した場合のリハビリテーションマネジメント加算、リハビリテーションを行い、利用者の社会支援等を支援した場合の社会参加支援加算、理学療法士、作業療法士、言語聴覚士の勤続年数が3年以上のものがいる場合の体制強化加算等がある。減算は、訪問リハビリテーション事業所と同一の建物等に居住する利用者20人以上に対し訪問リハビリテーションを行った場合に行われる（2015～2017（平成27～29）年度）。

訪問リハビリテーション計画

訪問リハビリテーションを実施する上で必要な計画のことで、リハビリテーションの目標、当該目標を達成するための具体的なサービスの内容等を記載したもの。医師および理学療法士、作業療法士等訪問リハビリテーションの提供に当たる者が、診療または運動機能検査、作業能力検査等を基に、利用者の心身の状況、希望およびその置かれている環境を踏まえて、共同して作成する。作成する際は、利用者、家族、リハビリテーション専門職、介護支援専門員、居宅サービス担当者等で構成するリハビリテーション会議が開催される。居宅サービス計画が作成されている場合は、当該計画の内容に沿って作成される。その内容について利用者またはその家族に対して説明し、利用者の同意を得るとともに、作成した際には利用者に交付される。

➡ リハビリテーション会議 p.475

ポータブルトイレ

主として寝室で使用する便器であり、ベッドから離して使用するタイプとベッドサイドに設置できるタイプがある。材質によってプラスチック製標準型、木製いす型、金属製コモード型に分けられる。水洗式を含め介護保険における特定福祉用具販売の腰掛便座として対象とされている。

保険外併用療養費

保険診療と保険外診療の組み合わせを例外的に認めた療養費のこと。わが国の公的医療保険制度においては、一般に混合診療（一連の診療行為について保険診療と自由診療を組み合わせること）は禁止されているが、その例外として医療保険各法において保険外併用療養費制度が規定され、混合診療が一部解禁されている（健康保険法第86条他）。保険外併用療養費は、①選定療養および②評価療養に分けられている。選定療養とは、被保険者の選定に係る特別の病室の提供（いわゆる差額ベッド）その他の厚生労働大臣が定める療養のことであり、評価療養とは、厚生労働大臣が定める高度の医療技術を用いた療養その他の療養であって、適正な医療の効率的な提供を図る観点から評価を行うことが必要な療養として厚生労働大臣が定めるもののことである（健康保険法第63条第２項第３号及び第４号）。

保険給付

保険制度において、保険者との契約に基づいて、保険事故が発生した場合に支給される現金や現物給付のことを保険給付という。例えば、健康保険法においては、保険給付は、①療養の給付、②入院時食事療養費、保険外併用療養費等の各種療養費の支給、③傷病手当金の支給、④埋葬料の支給、⑤出産育児一時金の支給、⑥出産手当金の支給、⑦家族療養費等の支給、⑧高額療養費等の支給等の給付が法律上明記されている（健康保険法第52条）。

また、上記の法定給付のほか、保険者が健康保険組合の場合は、各組合の規約で定めるところにより、上記の保険給付の他に付加給付を行うことができることとされている（健康保険法第53条）。介護保険の保険給付には、①介護給付、②予防給付、③市町村特別給付の３つがある。

➡ **保険事故**　p.441
➡ **保険外併用療養費**　p.438

――の基本的理念

保険給付を行う上での基本的な理念として、介護保険では、介護保険法第２条に、①要介護状態等の軽減または悪化の防止に資する、②医療との連携に十分配慮する、③被保険

ほ

者の選択に基づく、④適切な保健医療サービス、福祉サービスが、多様な事業者、施設から、総合的かつ効率的に提供されるよう配慮する、④可能な限り、その居宅において、その有する能力に応じ自立した日常生活を営むことができるように配慮する等について規定がある。

――の財源構成

介護保険の保険給付の財源は租税を財源とする国および地方公共団体（都道府県・市町村）の負担である公費50%、並びに被保険者（第１号被保険者・第２号被保険者）が負担する保険料50%で構成されている。公費負担の国・都道府県・市町村の各内訳は施設等給付とそれ以外の給付とで異なり、また保険料負担については第１号被保険者が22%、第２号被保険者が28%となっている（2015～2017（平成27～29）年度）。

➡　財政構造　p.172

――の種類

介護保険の保険給付の種類は、介護給付は14種類、予防給付は12種類である。内容は次のとおり。

［介護給付］①居宅介護サービス費、②特例居宅介護サービス費、③地域密着型介護サービス費、④特例地域密着型介護サービス費、⑤居宅介護福祉用具購入費、⑥居宅介護住宅改修費、⑦居宅介護サービス計画費、⑧特例居宅介護サービス計画費、⑨施設介護サービス費、⑩特例施設介護サービス費、⑪高額介護サービス費、⑫高額医療合算介護サービス費、⑬特定入所者介護サービス費、⑭特例特定入所者介護サービス費。

［予防給付］①介護予防サービス費、②特例介護予防サービス費、③地域密着型介護予防サービス費、④特例地域密着型介護予防サービス費、⑤介護予防福祉用具購入費、⑥介護予防住宅改修費、⑦介護予防サービス計画費、⑧特例介護予防サービス計画費、⑨高額介護予防サービス費、⑩高額医療合算介護予防サービス費、⑪特定入所者介護予防サービス費、⑫特例特定入所者介護予防サービス費。

――の制限

介護給付等を行わない等給付を制限すること。次の３つのケースがある（法第63～65条）。①刑事施設、労役場その他これらに準ずる施設に拘禁された者については、その期間に係る介護給付等は行わない。②自己の故意の犯罪行為もしくは重大な過失により、または正当な理由なしにサービスの利用に関する指示に従わないことにより、要介護状態等に陥ったり、または要介護状態等の程度を増進させた場合は、介護給付等の全部または一部を行わないことができる。③介護給付等を受ける者が、正当な理由なしに、法の規定に基づく文書の提出に応じず、または市町村職員の質問に対する答弁を拒んだときは、介護給付等の全部または一部を行わないことができる。

——の一時差し止め

保険料滞納等の場合に、保険給付を一時的に差し止めることをいう。介護保険制度においては、第1号被保険者である要介護被保険者等が保険料を1年6カ月以上滞納しており、かつ、当該保険料滞納につき災害その他の特別の事情があると認められない場合には、市町村は、保険給付の全部又は一部の支払を一時差し止めるものとするとされている（法第67条第1項）。

また、滞納期間が1年6カ月未満であっても、市町村は、保険給付の全部または一部の支払を一時差し止めることができることとされている（法第67条第2項）。

保健師

厚生労働大臣の免許を受けて、保健師の名称を用いて、保健指導に従事することを業とする者（保健師助産師看護師法第2条）である。大学や保健師養成校にて所定の教育を受けた後、保健師国家試験に合格して得られる国家資格（免許）である。保健師は名称独占の資格。

保険事業勘定

介護保険の収入・支出については特別会計（介護保険特別会計）を設けなければならないが、その特別会計の区分の1つである。保険料、支払基金交付金等の、収入・支出を扱う。①歳入となるのは保険料、分担金および負担金、使用料および手数料、国庫支出金、支払基金交付金、都道府県支出金、相互財政安定化事業交付金、財産収入、寄附金、繰入金、繰越金、市町村債ならびに諸収入であり、②歳出となるのは総務費、保険給付費、財政安定化基金拠出金、相互財政安定化事業負担金、地域支援事業費、保健福祉事業費、基金積立金、公債費、予備費および諸支出金その他の諸費である（法施行規則1条）。

介護保険特別会計にはもう1つの区分として給付の対象となる居宅サービス、施設サービスを実施する介護サービス事業等の収入・支出を扱う介護サービス事業勘定がある。

➡ 介護サービス事業勘定 p.38

保険事故

保険事故とは、保険システムにおいて保険者が保険給付をする義務を発生させるような事実が起こることをいう。医療保険においては、例えば、健康保険では、労働者の業務外の事由による疾病、負傷もしくは死亡または出産等とされている（健康保険法第１条）。また、介護保険における「保険事故」は、被保険者の要介護状態または要支援状態とされている（法第２条第１項）。

➡ 保険給付 p.438

保険者［介護保険］

保険の実施・運営の主体であり、介護保険では、市町村および特別区（東京23区）である。一定の条件に当てはまる者を被保険者として強制加入させて、保険料の徴収や被保険者の資格管理等を行うとともに、保険料の収入や国・都道府県からの負担金等を財源として保険財源の適正な運営を図り、要介護状態等（保険事故）に対応して保険給付を行う役割を持っている。

――の事務

保険者としての市町村は被保険者に保険料を賦課し、徴収するとともに、国や都道府県等からの負担金を受け入れて、要介護状態を認定したときは、被保険者に対する保険給付を行い、また、保険財政のバランスをとりながら介護保険を運営する。介護保険特別会計を設けて、介護保険に関する収入と支出について予算を組み執行し、決算を行う。

保健所

地域保健法第５条第１項に基づく地域の公衆衛生活動の中心となる公的機関である。地域保健法に基づき都道府県、指定都市、中核市その他指定された市または特別区が設置し、医師・保健師等を置き、衛生思想の普及・向上、栄養の改善、衛生の指導、疾病の予防等を行う。1937（昭和12）年保健所法（現地域保健法）の制定により創設。近年では市町村保健センターの設置が行われ、福祉事務所等と統合されているところもある。

保健福祉事業

市町村が地域支援事業のほか、第１号保険料を財源に独自に条例で定めて実施する事業である。法115条の49に、①要介護被保険者を現に介護する者の支援のために必要な事業、②被保険者が要介護状態等となることを予防するために必要な事業、③居宅サービス及び居宅介護支援の事業並びに介護保険施設の運営その他の保険給付のために必要な事業、④被保険者が利用する介護給付等対象サービスのための費用に係る資金の貸付け、⑤その他の必要な事業、が挙げられている。地域支援事業の事業費について、限度以上の事業量が必要と判断した場合に、保健福祉事業として実施することもできる。

保険料

社会保険は将来の保険事故に備え多数の人（被保険者）がお金を拠出し、実際に誰かに事故が起きたときに給付によりその損害を補填する仕組みである。保険料とはその将来に備え拠出しておくお金のことである。介護保険の場合は、財源の50％が公費で賄われ、50％を保険料で賄うこととされている。

➡ 介護保険料 p.58

歩行器

四脚のフレーム構造でできており、フレームの下端接地面に先ゴムが付き、握り以外に支持部のない歩行補助具。フレームが固定されている持ち上げ型歩行器と、左右のフレームを交互に動かす交互型歩行器、四脚のうち前二輪に小さな車輪が付いた前二輪車輪型、四脚に小径の車輪が付いた四輪型がある。

介護保険における福祉用具貸与の歩行器としては、「歩行が困難な者の歩行を補う機能を有し、移動時に体重を支える構造を有するもので、次のいずれかに該当するものに限る。①車輪を有するものにあっては、体の前及び左右を囲む把手等を有するもの、②四脚を有するものにあっては、上肢で保持して移動させることが可能なもの」が対象とされている。

歩行車

左右のフレームとこれを連結する中央部のパイプからなり、手あるいは腕などで身体を支え操作する歩行補助具で三輪や四輪のものがある。

歩行の介助

歩くことを介助すること。歩行が可能であっても、判断力の低下や視力・聴力の低下、下肢筋力の低下により自立歩行が不安定な場合に介助したり、つえや歩行器の使用が行われる。歩行介助の基本は、①自力で歩行できる場合は、そばで見守り、必要時に手を貸す、②その人の歩行リズムに合わせて歩く、③麻痺のある場合は麻痺のある側に立ち、麻痺がない場合は危険な側（道路側等）に立つ等身体の状態に合わせて介助する。また、家庭内では転倒しないよう、段差やカーペットのめくれ、家具のレイアウト等、転倒の原因になるものには注意し、照明を明るくしておくことも必要である。

補高便座

便座の座面を高くするもので、便座からの立ち座りが困難な人が使用する。ネジ等で元の便座に固定する固定型と、必要なときに便座にかぶせて使う取り外し式がある。また、和式便器の上にかぶせて腰掛式便器にする据置式も含まれる。介護保険における特定福祉用具販売の腰掛便座として対象とされている。

歩行補助つえ

歩行用補助用具としてのつえは、身体の支持や体重の免荷、バランス補助、歩行パターンの矯正、歩行のスピードと持久性の向上を目的に導入される。一本づえ、多点づえ、ロフストランド・クラッチ、松葉づえ、カナディアン・クラッチ、シュアゲイトクラッチ、エルボークラッチ、サイドケイン等がある。

介護保険における福祉用具貸与の歩行補助つえとしては、「松葉づえ、カナディアン・クラッチ、ロフストランド・クラッチ、プラットホームクラッチ及び多点杖」が対象とされている。

ホスピス

治療効果がこれ以上期待できず、余命が限られた患者に対して、苦痛が少なく安らかに死を迎えられるよう援助する看取りの哲学、考え方のことである。広義にはこの看取りの哲学に基づく具体的なケアである「ホスピスケア」が行われる場所や施設を含む。施設でホスピスケアが行われる場合は施設ホスピス（緩和病棟）、在宅で行われるのであれば在宅ホスピスという。ホスピスケアの基本的特徴は、患者の病気ではなく、病気を担った人を対象とすることである。またホスピスケアの要件として、24時間ケア体制が整っていること、チームケアでのサービスの提供であり医師でなく看護師が主導すること、家族をも対象とする、特に痛みに対する症状緩和がなされていること、ボランティアの参加がある等が挙げられる。

➡ 在宅ホスピスケア　p.175

補装具

身体障害者、身体障害児が日常生活を送る上で必要な移動等の確保や、就労場面における能率の向上を図ることおよび障害児が将来、社会人として独立自立するための素地を育成助長することを目的に国が補装具費支給制度を行っている。障害者総合支援法に基づく。この制度における補装具は、①障害者等の身体機能を補完し、または代替し、かつ、その身体への適合を図るように製作されたものであること。②障害者等の身体に装着することにより、その日常生活において又は就労若しくは就学のために、同一の製品につき長期間にわたり継続して使用されるものであること。③医師等による専門的な知識に基づく意見又は診断に基づき使用されることが必要とされるものであること。これらのいずれにも該当し、具体的には、義肢、装具、座位保持装置、盲人安全つえ、義眼、眼鏡、補聴器、車いす、電動車いす、座位保持いす、起立保持具、歩行器、頭部保護具、排便補助具、歩行補助つえ、重度障害者用意思伝達装置が定められている。

補足給付

低所得の要介護被保険者が、介護保険施設等のサービスを受けたときに、食費と居住費（滞在費）について所得区分ごとに負担限度額を超えた場合に受ける給付。支給対象者は低所得者（特定入所者）であり、支給対象サービスを利用した生活保護受給者と市町村民税世帯非課税者であり、具体的には、所得区分に応じた利用者負担段階の第１段階～第３段階に該当する人である。支給対象サービスは、特定介護サービスの場合、介護保険施設のサービス、地域密着型介護老人福祉施設入所者生活介護、短期入所生活介護、短期入所療養介護、また、特定介護予防サービスの場合、介護予防短期入所生活介護、介護予防短期入所療養介護が規定されている。特定入所者介護サービス費等の額は、「食費の基準費用額から食費の負担限度額を控除した額」と「居住費の基準費用額から住居費の負担限度額を控除した額」の合計額となる。

➡ **負担限度額**　p.413

補足性の原理

生活保護法の基本原理の１つで、あらゆるものを活用しても、それでも足りないときに始めて保護するという原則で、保護の前提となる要件である。生活保護法第４条第１項では「保護は、生活に困窮する者が、その利用し得る資産、能力その他あらゆるものを、その最低限度の生活の維持のために活用することを要件として行われる」とされ、また第2項で「民法に定める扶養義務者の扶養及び他の法律に定める扶助は、すべてこの法律による保護に優先して行われるものとする」と規定されている。

また、生活保護の被保護者が介護保険の被保険者である場合は、介護保険からの給付が優先的に行われ、自己負担部分については生活保護制度の介護扶助が行われる。なお、第1号保険料負担分については、生活保護の生活扶助として給付される。

本態性高血圧症

原因が特定できない高血圧症をいい、日本人の高血圧症の9割以上を占める。遺伝的な体質、加齢、塩分やアルコール摂取の過剰、肥満、ストレス等の生活習慣が、血圧上昇に影響を及ぼしているとされる。本態性高血圧では、症状が軽い場合は有酸素運動の指導や食事指導等の日常生活の改善から始まり、降圧薬による薬物療法等が行われる。

本態性振《しん》戦《せん》

手指等の細かなふるえのみが症状の病気である。主に両手に出ることが多く、下肢には目立たない。ふるえ以外の姿勢異常や歩行の障害等の症状はみられず、目立った進行がないのが特徴。人前で字を書いたり、何かをしなければならない緊張状態のときはふるえが余計に目立つことがある。原因がはっきりせず、中枢神経に異常が認められないことから本態性という。16人に1人ぐらいが本態性振戦の患者であるといわれている。

ま

まだら認知症

認知機能が全般にわたって低下するのではなく、脳機能が部分的にシマ状に障害されるため正常な部分と認知機能障害の部分ができ、低下している機能としていない機能が混在する状態を指す。認知症があっても知能の侵され方にむらがあることからまだら認知症と呼ばれることが多い。傷害部位が限定されやすい脳血管性認知症の際にみられる。例えば、記憶についての障害が著しいわりには計算力、理解力が比較的よく保たれているといったことである。

松葉づえ

松葉づえには一般的に松葉の形をしたものと、単支柱がオフセットしたアンダーアームクラッチ、折りたたみ式がある。素材としては木製やアルミ合金があり、木製のものが軽く振り出しやすい。いずれも腋をしめることで杖を固定し手掌部で体重を支持する。腋窩《えきか》部で支持すると腋窩を圧迫し、血流障害や神経障害を生じることがある。

麻痺

神経系の異常による筋力の低下、随意運動の障害、感覚の低下等をいう。脊髄レベルより先で起こる末梢性麻痺と、脳や脊髄神経での異常から起こる中枢性麻痺がある。麻痺の分布により、片麻痺、四肢麻痺、対麻痺、単麻痺、麻痺の程度により、完全麻痺と不完全麻痺に分類される。

慢性肝炎

1996（平成８）年の新犬山分類によると、慢性肝炎とは臨床的には６カ月以上の肝機能検査値の異常とウイルス感染が持続している状態をいう。急性肝炎が起こり治癒が長引き慢性化したものが二次的な慢性肝炎であり、急性肝炎の症状がないものが原発性慢性肝炎である。肝生検によって肝炎を証明して診断される。肝生検による組織像から活動型と線維化についての段階を診断する。

慢性気管支炎

気管支が慢性的に炎症を起こし、喀出される痰が増加する状態。１年のうち少なくとも３カ月以上、毎日喀痰が認められ、これが２年以上続く場合。他の肺疾患や心疾患、耳鼻科疾患等が原因として確認された場合を除く。原因としては、喫煙や大気汚染、感染症のほか、加齢も挙げられる。去痰剤や消炎薬あるいは抗生物質等の内服と、感染予防に配慮することが対策である。

慢性呼吸不全

酸素を取り込み、二酸化炭素を大気中へ放出できなくなり、血液中の酸素濃度が低下し、二酸化炭素濃度が増加する慢性的状態。血液ガスの数値により定義される。肺がん、肺結核後遺症、慢性閉塞性肺疾患、間質性肺炎等の慢性呼吸疾患が進行した場合に起こることが多い。治療としては、疾患の治療のほか、酸素供給器による在宅酸素療法の対象となる場合もある。

慢性腎臓病

慢性に経過するすべての腎臓病をいう。生活習慣病との関係も深く、この状態の患者はわが国でも多い。また、高齢になるほど増加する。腎臓の働き（GFR）が健康な人の60%以下に低下することや蛋白尿、画像診断、血液所見、病理所見で腎障害が続く状態で診断される。虚血性心疾患や脳血管疾患の危険もあるので、早期からの積極的な治療をすすめることが重要である。

慢性腎不全

腎不全のうち、腎機能の不可逆的な低下を来して体液の恒常性を維持できなくなった状態。腎機能障害がゆっくりと進行して起こる。原因は、糖尿病性腎症、慢性糸球体腎炎、間質性腎炎等が多い。腎機能障害を起こす疾患の多くが原因となる。症状は、初期には少ない。進行すると浮腫、全身倦怠《けんたい》感等が起こる。蛋白制限、減塩、適切な血圧管理等の支援を行う。末期には透析療法が必要となる。

慢性閉塞性肺疾患

慢性閉塞性肺疾患（COPDともいわれる）は、肺や気道での広範囲な病変により非可逆性の閉塞性換気障害を示すものを包括的にとらえた概念。かつては、慢性気管支炎や肺気腫と呼ばれた。喫煙が大きな原因となっており、中高年に多い。症状は、体動によって増強する労作時呼吸困難が特徴的である。介護保険法の特定疾病に指定されており、在宅酸素療法の際等の支援が必要となる。

み

味覚障害

味覚とは舌の表面にある乳頭（舌の表面にあるざらざらした突起）の表面にある味蕾《みらい》（味を感知する器官）に味覚物質が接触すると味蕾が刺激され感覚神経を経て大脳に伝達され味を感じる。味覚障害はこの味覚の伝達経路のどの部分が障害を受けても生じる。また、舌の病気や喫煙、脳の疾患によっても起こる。

看取り

近い将来に死に至ることが予見される患者に対し、寄り添い看病・世話をすること。その身体的・精神的苦痛、苦悩をできるだけ緩和し、最期までその人の尊厳を保ち、その人が生きてきた延長にある「人生の仕上げ」として死を全うさせるよう援助する。

➡ ターミナルケア　p.290

みなし指定

介護保険法においては、事業者からの申請に基づいて都道府県知事（指定都市・中核市長）が居宅サービス事業者の指定を行うが、健康保険法上の指定を受けた病院・診療所・薬局については、特例として居宅サービス事業者しての指定があったものとみなされる（法第71条第1項、第72条第1項）。これを「みなし指定」という。介護予防サービス事者についても準用される。サービス提供を開始するに当たっては、そのための届出は特に必要ないが､「別段の申し出」を届出した場合、過去に廃止届を届出した場合で、再度サービス提供を希望する場合は、みなしの再申請が必要となる。

みなし指定の対象事業者とその提供サービスは次のとおり。①保険医療機関（病院・診療所）／（介護予防）訪問看護、（介護予防）訪問リハビリテーション、（介護予防）居宅療養管理指導、（介護予防）通所リハビリテーション、（歯科の場合は、（介護予防）居宅療養管理指導のみ)、②保険薬局／（介護予防）居宅療養管理指導、③介護老人保健施設／（介護予防）通所リハビリテーション、（介護予防）短期入所療養介護、④介護療養型医療施設／（介護予防）短期入所療養介護。介護老人保健施設については、介護保険法による開設許可、介護療養型医療施設は指定を受けた場合にみなし指定となる。

みなし認定

要介護認定の申請を行った被保険者が、介護認定審査会により要介護には該当しないが要支援に該当すると認められた場合に、市町村が要支援とみなして認定すること。逆に、要支援には該当しないが要介護に該当すると認められた場合の認定もいう。みなし認定をした場合は、通常と同様に、市町村は認定を通知するとともに、被保険者証に要支援状態区分（要介護状態区分）、認定審査会の意見を記載し、返付する。

身分を証する書類

介護支援専門員の場合は都道府県知事が交付する「介護支援専門員証」が該当する。指定居宅介護支援事業者は、所属する介護支援専門員に身分を証明する書類（介護支援専門員証）を携行させ、初回訪問時、あるいは利用者やその家族に身分証の提示を求められた際にはこれを提示しなければならない。

脈拍

左心室の収縮によって生じる動脈の拍動である。脈拍の測定は心臓血管系の機能評価を行う最も簡単で、有力な方法である。1分間の脈拍数は通常1分間に60～80が正常であり、60未満を徐脈、100以上を頻脈という。徐脈は心疾患や脳圧亢進、薬物中毒、甲状腺機能低下症、低体温症等により、また頻脈は、心疾患や発熱、甲状腺機能亢進症、炎症、脱水等により生じる。脈拍のリズムが規則正しいものを製脈、乱れているものを不整脈といい、高齢者には心房細動等の不整脈がみられる。

民間活力

行政が担ってきた公共的なサービスについて、民間部門（営利団体／非営利団体）の参入を促進し、効率的な運営とサービスの向上を目指すもの。その際、規制緩和は、民間部門の参入を促進するとともに民間部門の活動を活性化させるが、行き過ぎた競争を招く等その弊害も懸念されている。介護の分野においては、在宅サービスにおいて民間事業者や住民参加の非営利組織が重要な役割を果たしており、このような民間活力の活用が、競争を促しサービスの向上が図られると考えられている。

民生委員

民生委員法に基づき、厚生労働大臣から委嘱を受けて自分の暮らす地域の福祉活動を無償で行う者をいう。町内会等一定地域ごとにその地区に住む住民の中から選ばれる。生活問題全般にかかわる相談への対応や、関係機関への橋渡し等の役割を担っている。すべての民生委員が児童委員でもあり、さらに、一部の民生委員は、もっぱら児童問題に携わる主任児童委員となる。

む

無差別平等の原理

生活困窮者の信条、性別、社会的身分等による優先的、差別的な取り扱いは行わないとする生活保護法の基本原理である。生活困窮に陥った原因による差別を否定し、現在生活に困窮しているかどうかという経済状態にのみ着目する。生活保護法第２条で「すべて国民は、この法律の定める要件を満たす限り、この法律による保護を、無差別平等に受けることができる」と規定している。

むし歯

➡ う蝕　p.27

め

メタボリック・シンドローム

1998（平成10）年WHO（世界保健機関）が定義し勧告したもので、メタボリック・シンドローム（metabolic syndrome／内臓脂肪症候群）とは肥満、高血圧、動脈硬化症、糖尿病、腎臓病等の危険因子が重複している病態をいう。これらの生活習慣病の程度が軽度でもその危険因子の重複により冠動脈疾患発症のリスクが増加する。各危険因子は密接に関連していると考えられ、特に肥満、高脂質、高血圧、高血糖の４つの危険因子が代表的である。

日本では2005（平成17）年診断基準を公表しており、2008（平成20）年から40歳以上の公的医療保険の被保険者等を対象にメタボリック・シンドロームの予防を目的に「特定健康診査・特定保健指導」が医療保険者に義務付けられている。

➡ 生活習慣病　p.265
➡ 内臓脂肪症候群　p.359

メチシリン耐性黄色ブドウ球菌（MRSA）

MRSAは多くの薬剤に対し耐性を示す黄色ブドウ球菌のことである。MRSA感染症は、血管内・尿路にカテーテルを留置している患者、気管内挿管をしている患者、褥瘡《じょくそう》等の皮膚欠損がある患者、手術後の患者、血液疾患で白血球が減少している患者、悪性腫瘍で抗がん剤等の化学療法を受けている患者、副腎皮質ホルモン等の免疫抑制剤使用中の患者、高齢者、未熟児等に発症しやすい。黄色ブドウ球菌は人への感染力が強く、種々の毒素を産生するので感染予防のために、処置前後の手洗い、消毒を確実に行うことが大切である。病院内でMRSAに感染した患者は感染防止のため個室に隔離する。介護施設・在宅では隔離の必要はない。

免疫機能

免疫機能とは、病原体等の「非自己」成分を識別するように進化してきた生体システムである。また、「非自己」を認識することによって起こる生体反応でもある。自然免疫系と獲得免疫系の2つがあり、両者は関連しつつ生体の防御機能を担っている。免疫機能の異常増強はアレルギー疾患や自己免疫疾患の原因となり、機能障害は免疫不全症の原因となる。高齢者では免疫機能が低下する。

面接

➡ 相談面接 p.283

面接の焦点を定める技術

面接の焦点を定める技法としては、A.E.アイビイによる「かかわり行動・技法、言い換え」がある。まず利用者を安心させ、話やすい雰囲気を作ることを目的に、①視線を合わせる。相手を凝視するのではなく、自然に相手を見つめる。次いで②身体言語に気を付ける。リラックスした前傾姿勢になり関心を示す。このとき、腕を組んだりしない。そして③言語的な応答。声のトーンを相手に合わせ、温かい表情をつくる。相手に話の主導権を渡し、話題を変えたりしない。さらに④うなずき、相づちを打つ。相手の発言に対して受容し理解を示す。⑤沈黙。相手の話に介入せず黙って聴く。⑥繰り返し。相手が話のキーワードになる単語を繰り返す際に聴いていることを伝える。最後に⑦否定的な発言を肯定的な言い方に変えて伝え返す。この技法はカウンセリング技法であるが、利用者は自分の主訴を援助者はしっかり聴いているといった印象を持ち、このことが信頼関係づくりの第一歩となる。またこの技法はインテーク面接（初回面接）で特に有効である。

も

目標指向型プラン

生活機能低下の課題に対し、目標を定め、その目標達成に向けて具体的取り組みが示されたプランのこと。単にできないことをサービスで補うというのではなく、利用者の主体的取り組みを重視したものである。これは国際生活機能分類（ICF）の考え方でもある。例えばリハビリテーション計画立案の特徴は以下の通りとなる。

①障害者や要介護高齢者等の個別的・個性的な新しい人生を創るというリハビリテーションの視点から、参加レベルの目標を主目標、活動レベルの目標を副目標として、これらを実現するために必要な心身レベルの目標を定めるというプロセスを重視する。

②リハビリテーションチーム全体としての共通プランを作成した上で専門職種ごとのプログラムを立案する。

③目標設定に本人・家族が主体的に関与し最終的には本人・家族が決定する。

➡ ICF　p.3

目標指向的“活動”向上支援

入浴、排せつ等の一つひとつの「活動」について、目標として「する活動」を設定し、それに向けて「できる活動」と「している活動」を向上させていくための支援をいう。目標指向型プランを具体的に実行する際の考え方であり、目標（する活動）を設定し、それに向けて実生活での生活状況（している活動）と、評価・訓練時の能力（できる活動）に働きかけていく。

➡ 目標指向型プラン　p.452

モニタリング

計画に基づいて行われる介護サービスの実施状況を把握すること。居宅サービス計画の場合は介護支援専門員、介護予防サービス計画の場合は地域包括支援センターの担当職員、もしくは、委託を受けた居宅介護支援事業所の介護支援専門員、施設サービス計画の場合は施設の計画担当介護支援専門員がこれを行う。サービス計画の実施が適切に行われているか、サービス内容が必要かつ十分なニーズを満たしているか、目標達成度はどうか、要介護者等の日常生活動作能力や社会環境に変化はないか、サービス満足度はどうか、新たに発生した課題はないか等について本人とその家族、サービス提供事業者から必要な情報を得ることをいう。その結果、サービス計画が利用者の目標達成に向かっていない場合は、サービスのミスマッチか、目標の見直しか等原因を検証し、新しい目標を検討するため、再アセスメントを行いサービス計画の修正が必要となる。

——の目的

モニタリングは、介護サービスを利用することで要介護者等が、その尊厳を保持し、自立を志向する方向に向かっているかを確認する目的で行う。具体的には、サービス計画の実施状況、利用者本人の状況を把握する、また、サービス利用が要介護者等やその家族の生活に有効に作用しているかも把握する。また、モニタリングにより、サービス計画を評価する中で、サービス計画に修正を加え、より要介護者等の生活の質、要介護者等に対するサービスの質の向上を目的とする。

——の頻度

モニタリングは支援する期間中に何回行うか等その頻度については、運営基準に規定されている。介護支援サービスの場合は、少なくとも月に1回は利用者の自宅を訪問しモニタリングを実施しなければならない。1カ月に1回実施しない場合は介護給付費が50％減算される。改善されない場合は介護報酬が算定されない。

介護予防支援サービスでは、①少なくともサービス提供を開始する月の翌月から起算して3カ月に1回、②サービスの評価期間が終了する月、③利用者の状況に著しい変化があったときに、利用者の居宅を訪問し、面接して行う。面接しない月については、介護予防通所介護事業所、通所リハビリテーション事業所等を訪問して利用者に面接する、そこでも面接できない場合は電話等で連絡する等により行われる。

施設サービスの場合は、定期的に入所者と面接して行うとされ、「定期的」の具体的な頻度については規定されず、心身の状況に応じて判断するとされている。

——の記録

モニタリングの実施、およびモニタリングを通じて把握したことの記録で、利用者・家族の意向や満足度、目標の達成度、事業者との調整内容、サービス計画の変更の必要性等が内容となる。介護支援サービス、介護予防支援サービスとも、少なくとも1カ月に1回はモニタリングの結果を記録しなければならない。施設サービスの場合は、定期的記録しておく。「定期的」の頻度については、入所者の心身の状況に応じて判断する。

や

夜間対応型訪問介護

居宅要介護者の在宅生活を支えることを目的とした、夜間の時間帯に訪問介護を提供する地域密着型サービス。22時～6時を最低限含む時間帯（最大18時～8時）に、定期的な巡回またはオペレーションセンターへの随時通報により居宅を訪問し、適宜訪問介護員等による排せつの介護、日常生活上の緊急時の対応等を行い、その居宅において安心して生活を送るための援助を行うもの。

――の目的

夜間対応型訪問介護は、要介護高齢者が在宅を中心とする住み慣れた地域で、尊厳と個別性が尊重された生活を継続することができる地域包括ケアシステムの一翼を担うサービスとして、2005（平成17）年度介護保険法改正に伴い創設された。事業所との契約に基づき、夜間において、定期的な巡回または随時通報によりその者の居宅を訪問し、排せつの介護、日常生活上の緊急時の対応等の援助を目的としている。

——の内容

夜間の時間帯に提供する次のサービスが行われる。①定期巡回サービス（定期的に利用者の居宅を巡回して行う訪問介護）、②オペレーションセンターサービス（利用者の心身の状況、その環境等を把握した上で、利用者からの通報を受け、通報内容等をもとに訪問介護員等の訪問の要否等を判断）③随時訪問サービス（オペレーションセンター等からの随時の連絡に対応して行う訪問介護）

——の事業者の指定

夜間対応型訪問介護を提供するには、事業所ごとに市町村長による指定を受ける必要がある。指定を受けるには、人員基準・設備基準・運営の基準を満たす必要がある。2012（平成24）年より当該事業所が訪問介護事業所または定期巡回・随時対応型訪問介護看護事業所の指定を受けることが可能となった。

——の人員に関する基準

基準は国の基準（指定地域密着型サービスの人員、設備及び運営に関する基準）をもとに市町村が条例で定める。厚生労働省令では、人員基準として、①オペレーター（利用者からの通報を受け付ける業務に当たる看護師、介護福祉士等）を提供時間を通じて１人以上、②面接相談員（利用者の面接その他の業務を行う従業者）を１人以上、③定期巡回サービスを行う訪問介護員等を必要数、④随時訪問サービスを行う訪問介護員等（介護福祉士または訪問介護員）を必要数うち専従が１人以上、⑤管理者（指定夜間対応型訪問介護事業所ごとにもっぱらその職務に従事する常勤者）を置くとされている。ただし、管理上支障がない場合、当該夜間対応型訪問介護事業所の他の職務または同一敷地内の他の事業所、施設等の職務に従事することができ、日中のオペレーションセンターサービスを実施する場合、訪問介護事業者の指定を受け、一体的に運営するときは、訪問介護事業所の職務に従事することもできる。

——の設備・運営に関する基準

厚生労働省令に基づく基準では、事業運営のために専用の区画を設け、オペレーションセンターには、必要な情報の蓄積と、適切に利用者からの通報を受けることができる通信機器等必要な設備および備品等を備えるとされている。運営においては、利用者の心身の状況の把握に努め、サービスを適切に行うため、夜間対応型訪問介護計画の作成やそのモニタリングの頻度、管理者や事業者の運営規程が定められている。

——のオペレーションセンター

オペレーションセンターでは、随時、利用者からの通報をオペレーターが受け、通報内容等を基に、訪問介護員等の訪問介護の要否等の判断と対応を行う。通常、当該事業の実施地域内に1カ所以上設置するが、定期巡回を行う訪問介護員等が利用者から通報を受け、適切にオペレーションセンターの機能を果たすことが可能であると認められる場合は、設置しないことがある。

——の介護報酬と加算・減算

オペレーションセンターの設置の有無により、夜間対応型訪問介護費（Ⅰ）か（Ⅱ）が算定できる。夜間対応型訪問介護費（Ⅰ）の場合、981単位/月の基本単位と、訪問ごとの定期巡回サービス費・随時訪問サービス費が算定できる。サービス提供時間に応じた基本サービス費に、利用者の状態に応じたサービス提供や事業所の体制に対する加算・減算がある。

なお、日中において、オペレーションサービスを実施する場合、1カ月につき24時間通報対応加算が算定できる。一方、事業所と同一建物等に居住する利用者20人以上にサービスを行う場合は減算となる。夜間対応型訪問介護費（Ⅱ）の場合、2,667単位／月のみ算定（2015～2017（平成27～29）年度）。

薬学的管理指導計画書

薬学的管理指導計画書は、薬局薬剤師が居宅を訪問する前に作成する、薬学的な管理、指導のための計画書である。薬剤の管理方法、処方薬剤の副作用、相互作用等を確認した上、実施すべき指導の内容、利用者宅への訪問回数、訪問間隔等が記載される。処方医から提供された医師・歯科医師の居宅療養管理指導における情報提供等に基づき、または必要に応じ処方医と相談し、他の医療関係職種（歯科訪問診療を実施している保険医療機関の保険医である歯科医師等および訪問看護ステーションの看護師等）との間で情報を共有しながら、利用者の心身の特性および処方薬剤を踏まえ策定される。

薬剤管理指導

薬剤管理指導とは、使用される薬剤に関して、不必要な薬の使用を避けて利用者の病状や体質に最も適した薬剤を選択し、正しい保管、確実な服用を指導し、副作用の防止や早期発見に努めること等により、医療の質の向上を図ることをいう。最少の薬剤使用で最大の効果を得ることが目的である。高齢者は複数の疾患を抱えて多種類の薬剤を併用している場合が多く、それによって引き起こされる相互作用が問題となるので、適切な薬剤管理指導が必要である。また、視覚や聴覚の低下、認知症等により薬に対する理解が不十分で、適切な保管や服用が行われないことも多く、介護者や家族による適切な管理が必要である。介護保険制度では、薬剤師による薬剤管理指導が居宅サービスの居宅療養管理指導の1つとして行われる。

——の利用者

薬剤管理指導は、通院ができず自宅や施設で薬剤管理指導を受けている者が利用する。医師または歯科医師の指示のもと薬剤師が自宅や施設に訪問し、薬の正しい飲み方の説明、服用状況の確認、副作用のチェック等の疑問に答えながら、薬物療法が適正に実施されているかどうかを確かめ、より質の高い在宅療養を提供するためのサービスを受ける。

——記録

医療機関の薬剤師が在宅患者に対して薬剤管理指導業務を行った際に記録する患者ごとの記録簿のことである。患者の氏名、生年月日、性別、入院年月日、退院年月日、診療録（カルテ）の番号、投薬・注射歴、副作用歴、アレルギー歴、薬学的管理の内容（重複投与、配合禁忌等に関する確認等を含む）を記載する。患者への指導および実施日、記録の作成日およびその他の事項を記録し、最後の記入から最低3年間保存しなければならない。

薬剤管理表

薬剤管理表とは、薬剤師が初めて利用者と接したときに作成する、薬剤投与に必要な情報を記載する一覧表のこと。利用者の薬剤服用歴に基づき、薬剤の名称、用法、用量、効能、効果、副作用、相互作用、アレルギー歴等について利用者や家族等に確認して作成する。さらに、新たな要件として、後発（ジェネリック）医薬品に関する情報提供、残薬の確認、お薬手帳を活用した情報提供等が追加されている。

薬剤師

薬剤師は、厚生労働省が管轄する国家資格で、医師の処方箋に基づいて調剤・供給したり、その他の薬事衛生面をつかさどり国民の健康な生活を確保する技術者である。薬剤師法に基づく。薬剤師の最も代表的な業務は調剤だが、現在では医師の処方箋通りに薬を正確に調整するだけでは十分とはいえない。薬の有効性や安全性を確保して適正な使用を推進するため、処方された薬に関する副作用や併用している薬との相互作用について患者の体質やアレルギー歴、これまでの服薬状況等をまとめた記録と照合したり、患者との対話で疑問点があれば処方医に照会した上で調剤することが必要となっている。

薬剤費の削減

薬剤費の削減とは、主に薬剤を後発（ジェネリック）医薬品に置き換えることで薬剤費を抑制することをいう。後発医薬品とは、有効性や安全性が実証されてきた新薬と同等と認められた低価格の薬のことで、後発医薬品を利用すれば薬剤費の一定の抑制になる。しかし、すべての薬が後発医薬品に置き換えられるわけではない。薬剤師は患者に対して、後発医薬品に関することも含め、薬剤費抑制の情報提供をすることが大切である。

➡ 後発医薬品 p.149

薬剤服用における問題点

薬剤服用における問題点のうち、まず挙げられるのは、高齢者の多剤併用による相互作用である。医師の処方薬だけでなく、一般医薬品、漢方薬、栄養剤、さらには特定保健用食品等との併用について、問題がないか確認する。また、利用者に薬剤の服用方法や、服用の際の注意事項、保管方法等、薬剤について正しい理解をしてもらうことも必要である。

薬疹

薬疹とは、薬剤によって引き起こされる皮膚の症状のこと。アレルギー型と中毒型がある。アレルギー型はⅠ型、Ⅲ型、Ⅳ型等が関与する。中毒型は薬物自身が原因となる場合と、薬物とその結合分子の複合体が原因となる場合がある。また個体の性質が影響する。薬疹は種々の皮膚疾患の形態をとり、紅斑丘湿疹、多形紅斑型、スティーブンス・ジョンソン症候群型、中毒性表皮壊死症（TEN）型、中毒湿疹、紅皮症型、麻疹型、湿疹型、乾癬型、紫斑型、角化型、色素沈着型、水泡型、じん麻疹型、血管炎型、扁平苔癬型、脱毛型、白斑型、エリテマトーデス（LE）型、光線過敏型、天疱瘡等がある。抗生物質、消炎鎮痛薬、降圧薬、中枢神経作用薬は薬疹を引き起こしやすい。

薬局

薬局とは、病院、診療所等の調剤所を除き、薬剤師が販売または授与の目的で調剤を行う場所を指すが、医薬品の販売業を併せて行う場合はそのために必要な場所も含める（薬事法第2条11項）。従って処方箋による調剤や一般用医薬品（OTC薬）の販売および薬局製剤の製造・販売を行うことができる。病院、診療所等が薬局という名称を掲示する場合があるが、法律上は調剤所であり、院内処方の調剤以外は行えない。健康保険を使った医師の処方箋に基づいた調剤（保険調剤）を行う薬局および薬剤師は保険薬局の指定を受けること、および保険薬剤師の届出をすることが必要となる。

保険調剤を中心とする業務形態の薬局を調剤薬局、処方箋調剤に比べOTC薬の取り扱い比率が極端に高い薬局をOTC薬局と呼ぶ場合もあるが、どちらも通称である。また浸煎剤や湯剤の処方箋を中心とした調剤および薬局製剤のうち漢方（生薬）製剤を製造販売する等主に生薬を取り扱う薬局を漢方薬局という。薬局の開設許可を与えるのは、都道府県知事であり、許可なく薬局の名称を表示することはできない。

ゆ

優先入所

介護保険施設への入所（居）に際し、利用定員数を超えて利用申込があるような場合に、入所（居）して施設サービスを受ける必要性が高いと認められる者を優先させること。要介護度、在宅サービス利用率等を勘案し、入所（居）順位を決定する。2003（平成15）年から導入されている。また2014（平成26）年の法改正では、介護老人福祉施設、地域密着型介護老人福祉施設の入所者は要介護3～5までの要介護者とし、やむを得ない事由がある場合に要介護1、2の人の入所を特例的に認めることとされた。

有料老人ホーム

常時10人以上の高齢者を入所させ、入浴・排せつ・食事の介護、食事の提供、洗濯・掃除等の家事、健康管理のいずれかを提供する居住施設で、老人福祉施設、認知症高齢者グループホーム、サービス付き高齢者向け住宅に該当しないものを指す。老人福祉法第29条で定義された施設。2013（平成25）年7月現在で

8,499施設。サービス提供手法により、①介護付（一般型特定施設）、②介護付（外部サービス利用型特定施設）、③住宅型、④健康型に分類される。かつては、入居一時金が高額な利用権方式が一般的であった。昨今は低額で利用できるものが急増している。都道府県の行政指導の対象であるが、有料老人ホームの届出をしないケースもあり、利用者保護等の観点から、社会問題化している（老人福祉法第29条第１項）。

なお、サービス付き高齢者向け住宅は有料老人ホームの指定を受けることも可能である。

――の設置運営標準指導指針

有料老人ホームにおけるサービスの内容や運営について国が定めた標準である。規模および構造設備、職員配置、施設の管理運営、サービス内容、一時金ならびに利用料、契約内容、情報開示等の項目からなる。2002（平成14）年に発行された後、利用者保護の観点から、たびたび改正されている。この標準指導指針に基づいて、各都道府県は地域の状況に応じた指導指針を定め、指導を行う（平成25年老発0329第10号）。

――の利用者保護規定

2012（平成24）年の改正介護保険法および改正老人福祉法により、設置運営標準指導指針に設けられた前払金の返還、権利金等の受領禁止に関する利用者保護規定のこと。第一に、入居後一定期間内に契約を解除する場合には家賃やサービス費用等の実費相当額を除いて前払金を全額返還する契約を締結する（老人福祉法第29条第８項）。第二に、家賃、介護等のサービス費用、敷金のみを受領可能とし、権利金等の受領を禁ずる（老人福祉法第29条第６項）。これらの利用者保護規定に違反したと都道府県が認めるときは、事業者に対して改善命令を行うことができる。

ユニット型

介護保険施設や指定短期入所生活介護、指定短期入所療養介護の事業において、居室、療養室、病室等と共同生活室が一体的に構成されている場所（ユニット）で行われるサービスのこと。１ユニットの利用定員はおおむね10人以下で、入居（所）者は、共同生活室で交流しながら、共同で日常生活を営んでいく。サービスの提供においては利用前の居宅における生活と利用中の生活が連続するように配慮し、相互に社会的関係を築き、自律的な日常生活を営むことを支援する。そのために、利用者自らの生活様式、生活習慣に沿って自律的な生活ができるよう必要な援助を行い、また各ユニットにおいては利用者がそれぞれの役割を持って生活できるようにする等の配慮がなされる。一方、他の利用者の生活に過度に干渉し、自律的な生活を損なうことのないように工夫すること。事業の基本方針や、設備・運営の基準についても通常型とは別の基準が設けられている。施設の全部がユニットで構成されているものを「ユニット型」、一部がユニット化されているものを「一部ユニット型」と呼ぶ。

——介護老人保健施設

居宅に近い居住環境のもとで、生活と介護を併せたケア（ユニットケア）を行う介護老人保健施設である。施設サービス計画に基づき、看護、医学的管理のもとにおける介護、機能訓練その他の必要な医療、日常生活上の世話が行われる。これらは居宅における生活への復帰を念頭に、入所前の居宅における生活と入所後の生活が連続したものとなるように配慮して行われる。療養室と共同生活室で構成される場所（ユニット）ごとにケアを行う。療養室の定員は原則１人、１ユニットの定員はおおむね10人以下とする等の基準がある。療養室にはユニット型個室とユニット型準個室がある。2005（平成17）年10月より制度化。ユニット型と従来型が合築された施設はそれぞれ別個の施設として指定を受けることとなっている。

——介護療養型医療施設

居宅に近い居住環境のもとで、生活と介護を併せたケア（ユニットケア）を行う介護療養型医療施設である。施設サービス計画に基づき、療養上の管理、看護、医学的管理のもとにおける介護その他の世話、機能訓練その他の必要な医療が行われる。これらは居宅における生活への復帰を念頭に、入院前の居宅における生活と入院後の生活が連続したものとなるように配慮して行われる。入院患者の自律的な生活を保障する病室と、少人数の家庭的な雰囲気の中で生活できる共同生活室によって一体的に構成される場所（ユニット）ごとに日常生活が営まれ、支援が行われる。病室の定員は１人（夫婦で利用する場合等は２人部屋とすることも可）、１ユニットの入居定員は10人以下を原則とする等の基準が定められている。

——介護老人福祉施設

ユニット型の介護老人福祉施設のこと。入居者１人ひとりの意思、人格を尊重し、施設サービス計画に基づき、居宅生活への復帰を念頭に置きながら、介護、食事、社会生活上の便宜の提供等日常生活への支援が行われる。居宅に近い居住環境のもとで、生活と介護を併せたケア（ユニットケア）を行う入居前の居宅における生活と入居後の生活が連続したものとなるよう配慮しながら、各ユニットにおいて入居者が相互に社会的関係を築き、自律的な日常生活を営むことを支援することとされている。

——短期入所生活介護

ユニット型で行われる短期入所生活介護のこと。利用者１人ひとりの意思、人格を尊重し、利用前の居宅における生活と利用中の生活が連続するように配慮しながら、各ユニットで利用者が相互に社会的関係を築き、自律的な日常生活を営むことを支援する。それによって利用者の心身の機能の維持、並びに家族の身体的・精神的負担の軽減を図っていく。介護予防短期入所生活介護においてもユニット型が設定されている（ユニット型介護予防短期入所生活介護）。

——短期入所療養介護

ユニット型で行われる短期入所療養介護のこと。利用者１人ひとりの意思、人格を尊重し、利用前の居宅における生活と利用中の生活が連続するように配慮しながら、看護、医学的管理下での介護、機能訓練その他必要な医療、日常生活上の世話が行われる。こうしたことによって各ユニットで利用者が相互に社会的関係を築き、自律的な日常生活を営むことを支援し、利用者の心身の機能の維持、並びに家族の身体的・精神的負担の軽減を図っていく。介護予防短期入所療養介護においてもユニット型が設定されている（ユニット型介護予防短期入所療養介護）。

よ

養介護施設従事者等による高齢者虐待

高齢者ケア施設や在宅サービス機関に従事する者によって行われる虐待。2013（平成25）年度の厚生労働省による高齢者虐待調査によれば、養介護施設従事者等による虐待に関する相談・通報は962件であり、その内、虐待行為が認められた事例は221件であった。被虐待高齢者は、女性が全体の72.1％、年齢は90歳以上が22.2％、要介護度は３以上が78.1％を占めた。また、「認知症高齢者の日常生活自立度Ⅱ以上」84.8％

であった。事業所の種別を見ると、特別養護老人ホームが31.2%と最も多く、次に認知症対応型共同生活介護15.4%、介護老人保健施設、有料老人ホームの各11.8%の順であった。虐待の種類別では、身体的虐待64.2%、心理的虐待32.8%、介護等放棄16.7%と、養護者による虐待と同じ傾向にある。虐待を行った従事者は、30歳未満の者が26.5%と最も多く、介護職員が78.3%を占めていた。

➡ 高齢者虐待 p.152

――への対応

都道府県または市町村が養介護施設従事者等による高齢者虐待の事実を認めた事案の当該施設に対して、市町村または都道府県による指導（施設等に対する指導、改善計画提出依頼、従事者への注意・指導）、市町村または都道府県による介護保険法または老人福祉法の規定における権限の行使（報告徴収・質問・立入検査・指導、改善勧告、改善命令、指定の停止、指定取消）等が行われる。

要介護者

要介護状態という認定を受けた被保険者をいい、要介護状態にある65歳以上の者（第１号被保険者）、または特定疾病により要介護状態になった40歳以上65歳未満の者（第２号被保険者）のこと。

➡ 特定疾病 p.348

要介護状態

身体上または精神上の障害があるために、入浴、排せつ、食事等の日常生活における基本的な動作の全部または一部について、厚生労働省令で定める期間（６カ月（施行規則第２条））にわたり継続して、常時介護を要すると見込まれる状態であって、その介護の必要の程度に応じて厚生労働省令で定める区分（要介護状態区分）のいずれかに該当するもの（要支援状態に該当するものを除く）をいう。（法第７条１項）

要介護状態区分

介護を必要とする程度を表した区分である。いわゆる要介護度のこと。基本的には、介助等にかかる５つの分野（直接生活介助、間接生活介助、認知症の行動・心理症状関連行為、機能訓練関連行為、医療行為）に区分された行為についての要介護認定等基準時間により判定される。最重度の「要介護５」から最も軽い「要介護１」までの５段階に区分され、この区分に応じて、被保険者に対し介護給付が支給される。

各区分の5分野の要介護認定等基準時間と、その要介護状態についてのおおむねの状態像は次のとおりである。

要介護1：32分以上50分未満またはこれに相当する状態（要支援2に該当するものを除く）／おおむねの状態像；要支援1の状態から、手段的日常動作を行う能力が一部低下し、部分的な介護が必要となる状態。

要介護2：50分以上70分未満またはこれに相当する状態／要介護1の状態に加え、日常生活動作についても部分的な介護が必要となる状態。

要介護3：70分以上90分未満またはこれに相当する状態／要介護2の状態と比較して、日常生活動作および手段的日常生活動作の両方の観点からも著しく低下し、ほぼ全面的介護が必要となる状態。

要介護4：90分以上110分未満またはこれに相当する状態／要介護3の状態に加え、さらに動作能力が低下し、介助なしには日常生活を営むことが困難となる状態。

要介護5：110分以上またはこれに相当する状態／要介護4の状態よりもさらに能力が低下しており、介護なしには日常生活を行うことがほぼ不可能な状態。

要介護認定

被保険者が保険給付を受ける要件を満たしているかどうかを認定すること。保険者たる市町村は、被保険者から認定申請があった場合に、全国一律の客観的基準（要介護認定基準）に基づき、審査・判定作業を行う。被保険者は、要介護者に該当するか否かについて、また、該当する場合は要介護状態の程度（要介護状態区分）についても、市町村の認定を受けなければならない（法第19条第1項）。認定は次の手順で行われる。①被保険者が市町村に申請する。②市町村は被保険者を面接して調査する。③その結果と主治医意見書に基づき、要介護認定基準時間の算出（コンピュータによる）し、一次判定が行われる。④市町村は一次判定の結果を介護保険審査会に通知し、審査・判定を求める。⑤市町村は、介護認定審査会による結果（二次判定）を基に、認定あるいは不認定を決定し、申請者に通知する。この手順は要支援の場合も同じである。

――の申請

要介護認定を受けようとする被保険者は、申請書に被保険者証を添えて市町村に申請を行う（法第27条第1項前段）。第2号被保険者で認定申請時までに被保険者証の交付を受けていないものについては、医療保険の被保険者証を提示して、申請を行う（法施行規則第35条第１・２項）。認定申請は、指定居宅介護支援事業者・地域密着型介護老人福祉施設・介護保険施設のうち厚生労働省令で定めるもの、または地域包括支援センターに、申請手続きを代行させることができる。このほか被保険者の家族による代行申請や民生委員や社会保険労務士による申請代行も認められている（法第27条第１項）。

——調査

申請を受けた市町村では、職員が申請を行った被保険者を面接し、全国一律の調査票を用いてその心身状況や置かれている環境その他厚生労働省令で定める事項（被保険者の病状および現に受けている医療の状況）についての調査を行う。具体的には市町村職員が認定調査を行う。（法第27条第２項）。この認定調査の結果から「要介護認定等基準時間」が算出され、これに基づいて、どの要介護状態区分に該当するかの一次判定結果が出される。これが介護認定審査会での審査・判定（二次判定）の資料となる。被保険者が、正当な理由なしに、認定に必要な調査に応じず、または市町村の指定する医師等の診断を受けないときは、市町村は、認定申請を却下することができる（法第27条第10項）。

——調査の委託

2005（平成17年）年の法改正後は調査の適正化を図る観点から、新規認定の調査の実施については、委託できないことになった。原則、市町村（職員）が自ら実施するが、例外的に市町村事務受託法人に委託できることになっている。遠隔地に居住する被保険者からの申請に係る調査については、その被保険者の居住市町村に調査を嘱託できる（法第27条第２項）。ただし、更新認定に係る調査については、市町村は、指定居宅介護支援事業者・地域密着型介護老人福祉施設・介護保険施設・地域包括支援センターまたは介護支援専門員のうち、厚生労働省令で定めるものに調査を委託することができる。

➡ **指定市町村事務受託法人**
p.202

——の審査

要介護認定の最終判定（二次判定）は市町村に設置された独立機関である介護認定審査会に委託して行われる。市町村は一次判定結果や主治医の意見書等を介護認定審査会に通知し、①要介護状態に該当するか否か、②要介護状態に該当する場合は、該当する要介護状態区分（要介護度）、③（第2号被保険者については）要介護状態の原因である身体上・精神上の障害が特定疾患に起因するか否かについて判定を求める。介護認定審査会は、全国一律の客観的な判定基準に従って審査・判定を行う。このとき必要があれば被保険者、家族、主治医等の関係者から意見を聞くことができる。判定の結果を市町村に通知するが、その際には、必要があれば、①その被保険者の療養（要支援認定の場合は療養または家事）に関する事項、②サービス（要支援認定の場合はサービスまたは介護予防・日常生活支援総合事業）の利用について被保険者が留意すべき事項についての付帯意見を述べることができる（法第27条第4～6項）。

――の決定

市町村は、介護認定審査会の審査・判定結果に基づき、要介護の認定あるいは不認定の決定を行う。市町村はその決定を申請を行った被保険者に通知するとともに、該当する要介護区分および介護認定審査会の意見を被保険者証に記載し、被保険者に返付する（法第27条第7項、第9項）。

要介護認定基準

被保険者が保険給付を受けるためには要介護または要支援の認定を受けなければならない。この認定を行うための全国一律の客観的基準を要介護認定基準という。このため「要介護認定等に係る介護認定審査会による審査及び判定の基準等による省令」が定められている。要介護・要支援状態に該当するか否か、該当する場合の要介護・要支援状態区分が、基本的には、介助に係る5つの分野についての要介護認定等基準時間により判定されることになっている。

要介護認定者数

2014（平成26）年度末現在の要介護・要支援認定者数は602.3万人であり、介護保険制度発足時の2000（平成12）年度末256万人の2.35倍に増えている。要介護・要支援状態区分別にみると、要支援1が14.3％、要支援2が13.9％、要介護1が19.2％、要介護2が17.5％で、軽度（要支援1～要介護2）の認定者が64.9％を占めている。2000（平成12）年度の要支援～要介護2は58.6％、要支援が現在のように要支援1、2に区分された2006（平成

18）年度は要支援1～要介護2は45.2％であり、軽度の認定者の割合が増えている。

要介護認定等基準時間

要介護認定は「介護の手間」を表す「ものさし」として時間を基準にして要介護認定等を分類している。要介護認定等基準時間は、認定申請のあった被保険者に対する認定調査の結果に基づき、その被保険者に対して行われる5分野の介助に要する1日当たりの時間として推計される。ただし、この時間は、実際に家庭で行われる介護時間そのものではなく、あくまで介護の必要性を判断するための尺度として一定の方法により推計された客観的な基準となる。5つの分野は直接生活介護（入浴、排せつ、食事等の介護）、間接生活介護（洗濯、掃除等の家事援助等）、認知症の行動・心理症状関連行為（徘徊に対する探索、不潔な行為に対する後始末等）、機能訓練関連行為（歩行訓練、日常生活訓練等の機能訓練）、医療関連行為（輸液の管理、褥瘡《じょくそう》の処置等の診療の補助等）である。

要介護認定の申請にかかわる援助

被保険者の要介護認定にかかわる申請について、居宅介護支援事業者は利用申し込者の意思を踏まえ必要な協力を行わなければならない。居宅介護支援の提供の開始に際し、利用申込者が要介護認定の申請を行っているか否かを確認し当該申請が行われるよう必要な援助をすること、また、要介護認定の更新の申請が、利用者の要介護認定の有効期間の満了日30日前には行われるよう必要な援助を行うことが必要である。

要介護認定の遡及効

要介護認定の効力は、申請のあった日に遡って生じる（法第27条第8項）。申請から認定までの間に介護サービスを利用した場合には、保険給付対象となる部分は事後的に市町村から償還（払い戻し）される。また更新認定の場合は、更新前の認定の有効期間満了日の翌日まで遡って、その効力を生じる（法第28条第9項）。

養護者による高齢者虐待

養護者（家族、親族、同居人等）によって行われる虐待。2013（平成25）年度の厚生労働省による高齢者虐待調査によれば、市町村で受け付けた相談・通報件数は、25,310件にのぼる。その内、虐待の事実が確認された事例は15,731件であった。虐待の種別については、身体的虐待65.3%、心理的虐待41.9%、介護等放棄22.3%、経済的虐待21.6%の順であった。虐待の発生要因は「虐待者の介護疲れ・介護ストレス」25.5%、「虐待者の障害・疾病」22.2%、「家庭における経済的困窮（経済的問題）」16.8%等となっている。被虐待高齢者の77.7%は女性であり、年齢をみると80～84歳が26.7%と最も多く、90歳以上24.2%、85～89歳23.9%、75～79歳16.5%となっている。虐待者との同居・別居の状況については、同居が86.7%を占めており、世帯構成では「未婚の子と同居」が32.8%と最も高く、次に「夫婦のみ世帯」19.5%、「子夫婦と同居」16.6%であった。高齢者からみた虐待者の続柄は、息子が41.0%と最も多く、夫が19.2%、娘が16.4%の順であった。

➡ **高齢者虐待** p.152

養護老人ホーム

環境上の理由や経済上の理由で居宅で養護を受けることが困難な65歳以上の高齢者の長期入所施設。老人福祉法に定める老人福祉施設の１つで、養護とともに自立した日常生活を営み、社会的活動に参加するために必要な指導、訓練その他必要な援助が行われる。戦前の養老院を前身とし、1963（昭和38）年の老人福祉法の制定により、それまで生活保護法のもとにあった養老施設が「養護老人ホーム」となったものである。現在でも生活保護の被保護者であるなど経済的要件をもとに、一人暮らしや家族関係で自宅での生活が困難な高齢者、住宅事情等で在宅生活が困難な高齢者の措置施設として機能している。介護保険の住所地特例対象施設の１つであり、養護老人ホームに入所するに際し、養護老人ホームの所在地に住所を変更した被保険者については、移転前住所地の市町村を保険者とする特例措置が設けられている。

葉酸

葉酸は植物性食品や肉類に含まれており、体内では赤血球の成熟やプリン体の合成に関与している。特に胎児の神経系発達にとって葉酸は必要である。葉酸の欠乏症は巨赤芽球貧血を引き起こし、また、妊娠中に葉酸欠乏症があると先天性の神経管欠損症の危険性がある。

要支援者

要支援者とは①要支援状態にある65歳以上の者（第１号被保険者）、②要支援状態にある40歳以上65歳未満の者（第２号被保険者）であって、その要支援状態の原因である身体上または精神上の障害が特定疾病によって生じたもののいずれかに該当するものをいう。

➡ 特定疾病 p.348
➡ 要支援状態 p.469

要支援状態

要支援状態とは、身体上もしくは精神上の障害があるために、①入浴、排せつ、食事等の日常生活における基本的な動作の全部もしくは一部について継続して常時介護を要する状態の軽減もしくは悪化の防止に特に資する支援を要すると見込まれる、または②継続して日常生活を営むのに支障があると見込まれる状態である。そして支援の必要の程度に応じて厚生労働省令で定める区分（要支援状態区分）のいずれかに該当するものである（法第７条第２項）。継続の期間については①②とも厚生労働省令で定める期間で「６カ月」とされている。

――区分

支援の必要の程度に応じて厚生労働省令で定められた区分のこと。①継続して常時介護を要する状態の軽減・悪化防止に特に役立つ支援を必要とする状態を想定した「要支援２」と、②継続して日常生活（身支度、掃除、洗濯、買い物等）を営むのに支障がある状態を想定した「要支援１」の２つの区分がある。基本的には、介助等にかかる５つの分野（直接生活介助、間接生活介助、認知症の行動・心理症状関連行為、機能訓練関連行為、医療行為）に区分された行為についての要介護認定等基準時間により判定される。各区分の５分野の要介護認定等基準時間と、その要支援状態についてのおおむねの状態像は次の通りである。

要支援１：25分以上32分未満またはこれに相当する状態／日常生活上の基本動作については、ほぼ自分で行うことが可能であるが、日常生活動作の介護や現在の状態の防止により要介護状態となることの予防に資するよう、手段的日常動作において何らかの支援を要する状態

要支援２：要支援状態の継続見込期間にわたり継続して常時介護を要する状態の軽減または悪化の防止に特に資する支援を要すると見込まれ、要介護認定等基準時間が32分以上50分未満またはこれに相当する状態／要支援１の状態から、手段的日常動作を行う能力がわずかに低下し、何らかの支援が必要となる状態

要支援認定

被保険者が保険給付を受ける要件

を満たしているかを認定すること。保険者である市町村は、被保険者から認定申請があった場合に、全国一律の客観的基準（要介護認定基準）に基づき、審査・判定作業を行う。被保険者は、要介護者に該当するか否かについて、また、該当する場合は要介護状態の程度（要介護状態区分）についても、市町村の認定を受けなければならない（法第19条第2項、第32～34条）。申請した被保険者が要介護状態ではないが要支援状態であると認定されたときは要支援と認定することとされている。

——の手続き

認定の手順は、①被保険者が市町村に申請する。②市町村は被保険者を面接して調査する。③その結果と主治医意見書に基づき、要介護認定等基準時間を算出（コンピュータによる）し、一次判定が行われる。④市町村は一次判定の結果を介護認定審査会に通知し、審査・判定を求める。⑤市町村は、介護認定審査会による結果（二次判定）をもとに、認定あるいは不認定を決定し、申請者に通知する。この手順は要介護の場合も同じである。

➡ **要介護認定** p.464

洋式便器等への便器の取替え

洋式便器は座位姿勢で排せつするため足腰に負担が少ないことから、高齢者に適した便器である。介護保険における住宅改修としての洋式便器等への便器の取替えとしては、「和式便器を洋式便器に取り替えや、既存の便器の位置や向きを変更すること」が対象とされている。ただし、和式便器から暖房便座、洗浄機能等が付加されている洋式便器への取替えは対象となるが、すでに洋式便器である場合、これらの機能等の付加は対象にはならない。さらに、非水洗和式便器から水洗洋式便器または簡易水洗洋式便器に取り替える場合は、当該工事のうち水洗化または簡易水洗化の部分も対象にはならない。

抑うつ

➡ うつ p.27

浴室内すのこ

脱衣室と浴室の段差を解消するためのもの。表面模様にはさまざまな種類があり水滴の大きさに違いが生じる。水滴の大小は滑りやすさとともに利用者の精神的な不安感に影響を与える。介護保険における福祉用具販売の入浴補助用具として対象とされている。

浴槽内いす

浴槽台とも呼ばれ浴槽から立ち上がりにくいときや、浴槽が深いときに使用するもの。座面の高さを調整できるものはおおむね15～20cmのものが多い。介護保険における福祉用具販売の入浴補助用具として対象とされている。

浴槽内昇降機

浴槽内に取り付け、座面部分が上下に昇降するもので、取り外しが可能である据え置き型と、浴槽に取り付ける固定型がある。介護保険における福祉用具貸与の移動用リフトとして対象とされている。

浴槽内すのこ

浴槽をまたいで出入りする際に、浴槽の深さをかさ上げするために使用するもの。介護保険における特定福祉用具販売の入浴補助用具として対象とされている。

浴槽用手すり

浴槽の縁に挟み込んで浴槽への出入り、浴槽内での立ち座りに使用する手すりであり、手で持つ部分の向きが浴槽と直角、平行、角度可変、コーナー取り付けタイプ、高さ可変タイプ等がある。介護保険における特定福祉用具販売の入浴補助用具として対象とされている。

予後

病気の先行きのこと。語源はギリシア語のpro（あらかじめの意）とgnosis（知識の意）から生じた言葉で、医学上は、ある病気になったとき、この先どのような経過と結末をとるかを予測することをいう。病気の経過を指したものと考えると理解しやすい。ある病気について平均的な予後は知られていても、患者の体質や免疫力、社会的経済的な状況、病気の軽重で予後に差が出ることがある。

横出しサービス

市町村特別給付による介護給付・予防給付以外の給付のこと。市町村が条例により独自に定めることができる。移送サービス、食事配達サービス、寝具乾燥サービス等がある。財源に公費負担はなく、第１号被保険者の保険料によって賄われる。またこれとは別に、利用者がその費用を全額自己負担して行われる介護保険の保険給付の対象となっていないサービス（自費サービス）も「横出しサービス」と称することがある。

予備的共感

相談援助者が面接の前に得られた情報から、クライエント（相談の利用者）の直面している困難や心理的抵抗感、他者への気遣い等についてクライエントの立場から予想し、共感的な姿勢を準備しておくこと。コミュニケーションの基本技術の１つであり、準備的共感ともいう。一定の予測を持つことは「先入観」につながることがあるが、それは専門職としての押し付けや思い込みを排除することで防ぐことができる。また、実際の質問によって偏見や思い込みを訂正することができる。何もなく、手探りの状態からクライエントの問題をとらえていくことは困難なことから、予備的共感が必要となる。

予防医学

予防医学は治療医学に対比して用いられる。発病前からの予防である一次予防と早期発見・早期治療の二次予防、リハビリテーションの三次予防がある。つまり、予防医学は疾病の予防からリハビリテーションに至るまでのすべての予防を含んでいる。また、ウインスローは公衆衛生の定義を、疾病を予防し、寿命を延長し、身体的・精神的健康と能率の増進を図る科学・技術としている。

予防給付

要介護認定により要支援状態（要支援１・２）と認定された被保険者に関する介護保険の給付のこと（法第18条第２号）。高齢者が要介護状態になることを防ぐため、また、要介護状態になってもその悪化を防ぎ、さらには状態の維持改善を目的とする給付である。予防給付では、介護予防サービス、地域密着型介護予防サービス、介護予防支援が行われ、①介護予防サービス費、②特例介護予防サービス費、③地域密着型介護予防サービス費、④特例地域密着型介護予防サービス費、⑤介護予防福祉用具購入費、⑥介護予防住宅改修費、⑦介護予防サービス計画費、⑧特例介護予防サービス計画費、⑨高額介護予防サービス費、⑩高額医療合算介護予防サービス費、⑪特定入所者介護予防サービス費、⑫特例特定入所者介護予防サービス費の支給がある。これらの予防給付は、利用者に対し現物給付または償還払いによって支給される。

予防重視型システムへの転換

軽度者に対するサービスを充実させるため、介護予防を重視した介護保険制度へシステムを転換させること。2005（平成17）年の法改正で打ち出された。介護保険制度のサービスが、要介護者等のうち軽度者の改善・悪化防止に必ずしもつながっていないという指摘が強いため、従来の軽度者（これまでの要支援者と要介護１で改善の可能性の高い者）を新たに要支援１、要支援２とする「予防給付」が創設された。対象者、給付内容、ケアマネジメント体制が見直された。この要支援者は、介護予防ケアマネジメントに基づき、介護予防サービスと地域密着型介護予防サービス、介護予防支援等が受給できる。また地域支援事業が創設され、その柱の１つとして介護予防事業が行われ、高齢者が要介護状態になることを予防することになった。

予防接種

感染経路対策とともに、感染症を予防する方法。予防接種法では、予防接種を「疾病に対して免疫の効果を得させるため、疾病の予防に有効であることが確認されているワクチンを、人体に注射し、又は接種すること」と定義している。病原体を弱毒化・不活化したものか、菌体外毒素の毒性をなくして抗原性を残したものによって免疫を獲得させる。例えば、高齢者ではインフルエンザは肺炎を起こしやすく、死亡の原因にもなる。インフルエンザの最も有効な予防法はワクチンの接種という予防接種であり、特に集団生活の施設では流行の予防に予防接種が勧められる。

予防的リハビリテーション

心身の機能や日常生活活動の自立度の低下等を予防し、要介護状態にならないようにする、あるいは要介護状態を悪化させないようにすることを目的としたリハビリテーションアプローチのこと。

り

リアリティ・オリエンテーション

認知症高齢者に働きかける療法的アプローチの１つで、今は何月何日か、今いる場所はどこかといったことがわからない見当識障害を解消し、現実認識を深めることを目的とする。認知症高齢者とスタッフの日常生活の中で現実認識の機会を提供する24時間リアリティ・オリエンテーションと、少人数の患者が集まって、スタッフの進行のもと、プログラムに沿って基本的な情報提供を行うクラスルームリアリティ・オリエンテーションがある。ただし、無理に教え込もうとすると、認知症高齢者の特徴である虚構の世界を否定し、自尊心を低下させることにもなりかねないので、実施には注意がいる。また、どこででも受けられるという療法ではないので、かかりつけの医師や施設に問い合わせる必要がある。

理学療法士

作業療法士とともに「理学療法士及び作業療法士法」で規定されている専門職である。Physical Therapistを略して、PTと呼ばれる。理学療法士は、疾病や傷害によって生じた機能障害に対して温熱・電気治療等を用いた物理療法や、筋力増強・歩行訓練等の運動療法を通して、機能の回復・改善を図る治療を行う職種である。医療機関のほか、介護老人保健施設、障害児（者）施設等のスタッフとして従事している。

リハビリテーション

リハビリテーションは単なる機能回復訓練ではなく、心身に障害を持つ人の潜在する能力を最大限に発揮させ、日常生活の活動を高め、家庭や社会への参加を可能にし、その自立を促すものである。

介護保険法第４条においては、国民の努力および義務として「要介護状態となった場合においても、進んでリハビリテーションその他の適切な保健医療サービスおよび福祉サービスを利用することにより、その有する能力の維持向上に努めるもの」とされている。可能な限り要介護状態にならないようにする「介護予防」や「要介護になっても自立を促すリハビリテーション」の充実は、わが国の高齢者の医療と介護において重要な課題である。

――の種類

分野別の種類としては、医学的リハビリテーション、教育的リハビリテーション、職業的リハビリテーション、社会的リハビリテーションに分類されるのが一般的である。

また、専門別の種類として、理学療法、作業療法、言語聴覚療法等がある。医療機関での入院、外来、介護老人保健施設の入所、通所リハビリテーション、訪問リハビリテーション等で行われている。

リハビリテーション会議

訪問リハビリテーション計画、通所リハビリテーション計画の作成のための会議である。利用者、家族の参加を基本としつつ、医師、理学療法士、作業療法士、言語聴覚士、介護支援専門員、居宅サービス計画の原案に位置付けた居宅サービス等の担当者その他の関係者で構成される。訪問リハビリテーション計画、通所リハビリテーション計画を作成する際は、事業者はこの会議を開催し、リハビリテーションに関する専門的な見地から利用者の状況等に関する情報を構成員と共有するように努め、利用者に対して、適切なサービスを提供する。

リハビリテーション資源

障害者や要介護高齢者等の日常生活の自立や社会参加の促進等のリハビリテーションに活用される社会資源のこと。法律や条令に基づく行政サービス等のフォーマルな資源、ボランティア、患者会・家族会等のインフォーマルな資源がある。福祉用具、住宅改修、給食（配食）、入浴、移送サービス等もリハビリテーション資源である。

リハビリテーション実施計画書［介護保険］

リハビリテーションを提供していくため利用者ごとに作成される計画書である。作成に当たっては、まずサービス担当者会議や主治医からの診療情報提供、担当介護支援専門員からのケアマネジメントに関する情報を得る。その上で医師、理学療法士、作業療法士、言語聴覚士、薬剤師、看護職員、介護職員、栄養士、介護支援専門員その他の関連スタッフごとにアセスメントとそれに基づく評価を行い、他職種協働でリハビリテーションカンファレンスを開催する。そこで目標、到達時期、具体的アプローチ、プログラム等を含む実施計画書を作成する。その様式については厚生労働省から示されている。実施計画の内容については利用者、家族にわかりやすく説明し、同意を得る。その際実施計画書の写しを交付する。関係スタッフは、医師の指示に基づき実施計画書に沿ったリハビリテーションを提供する。これらは、おおむね3カ月ごとに繰り返し、内容について見直ししていくことになっている。必要があれば速やかに見直す。なお「リハビリテーション実施計画書」と称される計画書は医療保険や障害者総合支援法の給付でも用いられている。

理美容代［介護保険］

介護保険の短期入所サービス、施設サービス等における日常生活で通常必要となる費用（日常生活費）の1つであり、利用者負担となる。

➡ 日常生活に要する費用　p.363

リポ蛋白質

リポ蛋白質は脂質の成分（コレステロール、トリグリセリド、リン脂質と蛋白（アポリポ蛋白）複合体であり、血液中に存在している。リポ蛋白の主な役割は、小腸や肝臓で合成された脂質を血液で運搬し、各組織に供給する、また、細胞表面から脂質を受け取ることにより生体内の脂質のバランスを整えている。

➡ HDLコレステロール　p.2
➡ LDLコレステロール　p.3

留置カテーテル

自然排尿が困難な場合に、在宅での自己導尿のために使用する、膀胱に留置するカテーテル（くだ）である。神経因性膀胱、前立腺肥大症、前立腺がん、膀胱頚部硬化症、尿道狭窄等で適応となる。自然排尿が困難な場合には、膀胱留置カテーテル法のほか、間歇《かんけつ》自己導尿法、導尿、人工膀胱（尿路ストーマ）等がある。カテーテルの留置は感染症のリスクが高まり慢性膀胱炎を起こしやすくなるため、尿の性状に注意すること、清潔操作を行うこと、水分を十分とること、抵抗力をつけることが重要になる。

流動食

流動状で消化吸収がよく、機械的刺激の少ないものや口の中で流動状になる食べ物をいう。流動食は糖質性食品を主とし、水分が多いので栄養価が低い。流動食の期間中に栄養低下を防止するために、良質の蛋白質を添加し、エネルギー摂取を多くすることが必要となる（内臓や筋肉の蛋白質の消耗を防ぐ）。

➡ 嚥下に好ましい食品　p.31

両側の膝《しつ》関節または股関節に著しい変形を伴う変形性関節症

慢性的に関節が変形する疾患。高齢者に多い。変形性関節症のうち、老化現象や体重等によって発症するものは、一次性と呼ばれる。外傷や疾患によって生じる二次性と区別される。変形性膝関節症は、関節軟骨の加齢による変形に肥満の負荷や遺伝素因も影響して発症する。変形性股関節症は、股関節が障害され、立ち上がりや歩き始めの脚の付け根部分の痛みから始まる。介護保険の特定疾病の1つ。

➡ 変形性膝関節症 p.417
➡ 変形性股関節症 p.416

良肢位の保持

疾病等が原因で臥床を余儀なくされ、関節運動の機会が失われた場合に、日常生活動作を行う上で支障の少ない位置に関節の角度を保つこと。体位変換を行いながら、背臥位、側臥位、腹臥位でそれぞれ良肢位をとり、拘縮や褥瘡《じょくそう》等の予防を行う。

利用者負担（自己負担）

介護保険のサービスを利用した場合の利用者負担は、在宅サービス、施設サービスともにサービス費用の定率原則1割（所得の高い場合2割）となっている（法第46条第2項・58条第2項）。ただし、ケアマネジメントを積極的に推進していく必要から、居宅介護支援、介護予防支援の費用（居宅介護サービス計画費、介護予防サービス計画費）については、利用者負担はなく、全額給付される。

居宅サービスを利用する場合は、利用できるサービスの量（支給限度額）が要介護度別に定められている。限度額の範囲内でサービスを利用した場合は、1割の自己負担となるが、限度額を超えてサービスを利用した場合は、超えた分が全額自己負担となる。また施設サービスや短期入所系サービスでは、費用の1割負担の他に、居住費（滞在費）、食費、日常生活費の負担も必要になる。通所系サービスの食費も自己負担である。ただし、施設サービスや短期入所系サービスでのおむつ代は保険給付対象とされている。

1割定率負担については、災害により負担能力が減退した場合等減額または免除される場合がある。また所得の低い人や、1カ月の利用料が高額になった場合、医療費との合計が一定額を超えた場合等については、別に負担の軽減措置が設けられている。

➡ 負担限度額　p.413
➡ 特定入所者介護サービス費　p.350
➡ 低所得者対策　p.337

——の減免

市町村は、災害等の特別な事情により支払が一時的に困難と認められる被保険者について、１割の定率負担を軽減または免除することできる（法第50・60条）。対象となるのは、要介護被保険者等やその属する世帯の主たる生計維持者が、①震災・風水害・火災等で住宅等の財産が著しく損害を受けたこと、②死亡、心身の重大な障害や長期入院で収入が著しく減少したこと、③事業の休廃止や著しい損失、失業等、または干ばつ、冷害等による農作物の不作や不漁等で収入が著しく減少した等の理由による場合である。

利用者本位

高齢者が自らの意思で利用するサービスを選択し決定するという、介護保険制度は利用者本位の仕組みの１つであることを標榜している。この利用者本位の実現には、仕組みの整備に加え、情報やサービスの入手がスムーズに行える必要があり、その点から、ケアマネジメントの仕組みやケアマネジャーの果たす役割は利用者本位の実現に不可欠となっている。

療養通所介護

難病等を有する要介護者またはがん末期の者を対象に提供される通所介護。2016（平成28）年度から地域密着型通所介護の類型となる。医療・介護双方のニーズを併せ持つ中重度者等の在宅生活の継続を支援するため、2006（平成18）年４月の改正介護保険法施行時に創設された。通所介護（地域密着型通所介護）の１形態ではあるが、事業の人員・設備・運営基準は別途定められている。医療機関や訪問看護サービス等と連携し、常時看護師による観察が必要な者を対象に、療養通所介護計画に基づいて、入浴、排せつ、食事等の介護その他の日常生活上の世話、機能訓練が提供される。利用者の疾患が「難病等」に当たるか否かについては、主治医を含めたサービス担当者会議において、検討し、判断される。

——の基準

療養通所介護を適正に運営するための基準である。具体的には厚生労働省の「指定療養通所介護の事業の方針、人員並びに設備及び運営に関する基準」をもとに都道府県等（地域密着型通所介護では市町村）が条例で定める。療養通所介護は通所介護の１形態ではあるが、厚生労働省令では、通所介護とは別途に定められている。その基本方針では、特に指定療養通所介護事業者は、利用者の主治医および利用者が利用している訪問看護事業者等と密接な連携に努めることが規定されている。

人員基準では、看護職員または介護職員の員数について、利用者1.5人に対し、提供時間帯を通じて１人以上確保するとされ、うち１人以上は常勤・専従の看護師でなければならない。なお、設備基準では、利用定員について９人以下とされている。

運営基準については、指定療養通所介護の提供は療養通所介護計画に基づいて提供することを規定。また、緊急時の対応についても重点が置かれており、利用者の病状の急変等に備え緊急時対応医療機関を事業所との同一の敷地内か、または隣接、近接して置くこととされている。また安全かつ適切なサービス提供を確保するため安全・サービス管理委員会を設置しなければならない。

➡ **療養通所介護計画** p.479

療養通所介護計画

療養通所介護を提供していくための計画である。療養介護事業所の管理者が作成する。計画には、利用者の心身の状況、希望、置かれている環境を踏まえ、機能訓練等の目標、その目標を達成するための具体的な内容等が記載される。療養通所介護計画はすでに居宅サービス計画が作成されている場合はその内容に沿って作成し、またすでに訪問看護計画書が作成されている場合は、その内容との整合を図り作成する。作成に当たっては、内容について利用者または家族に対して説明し、利用者の合意を得、作成した際には利用者に交付する。従業者（看護職員・介護職員）は、それぞれの利用者について、療養通所介護計画に従ったサービスの実施状況および目標の達成状況の記録を行う。

療養病床

病院または診療所のうち精神病床、感染症病床、結核病床以外で、病状は安定しているが長期の療養が必要とされる高齢者等の患者を入院させるための病床。2001（平成13）年の改正医療法により療養型病床群が改変されたものである。医療保険が適用される医療療養病床と介護保険が適用される介護療養病床がある。介護療養病床は2017（平成29）年度末で廃止される予定であるが、その取扱いについてはなお検討中とされている。

利用料

介護保険における利用料とは各種サービス費の支給の対象となる費用に対する対価のことである。利用者は利用料の一部として、在宅サービス、施設サービスともにサービス費用の定率原則１割（所得の高い場合２割）を負担し、残りが保険給付される。ただし、居宅介護支援、介護予防支援の費用については、全額が給付され、無料となっている。施設サービスや短期入所系サービスでは、居住費、食費、日常生活費の負担も必要になる。

また地域支援事業については、市町村は、地域支援事業の利用者に利用料を請求することができ、利用料に関する事項は、市町村が地域の実情に応じて定めることになっている。

➡ 利用者負担（自己負担）p.477

利用料等の受領

居宅支援、各サービスの基準（厚生労働省令）には、介護サービスの利用料の受領についてもいくつかの基準が定められている。事業所、施設は提供するサービスの費用の原則１割の支払いを利用者から受けるが、保険料の滞納等で償還払いとなる場合でも、代理受領の場合との間で、不合理な差額を設けてはならないこととされている。従って居宅介護支援では、償還払いでも利用者負担は生じない。また居宅介護支援や訪問サービスについて、利用者の選定により通常の事業の実施地域以外の居宅を訪問して行う場合は、その交通費の支払いを利用者から受けることができる。その場合、利用者や家族に対して説明を行い、同意を得なければならない。

緑内障

眼圧の影響によって視神経が障害を受ける疾患。原因疾患がなくて発症するものを原発性緑内障といい、外傷やぶどう膜炎、糖尿病等により発症するものを続発性緑内障という。正常眼圧緑内障等、眼圧が高くない緑内障も日本では多い。症状は視力障害や視野欠損、進行すると頭痛・悪心《おしん》・嘔吐も起こす。中年以降の発症が多い。失明につながる疾病であり、早期診断、早期治療の必要がある。

れ

レスパイト・ケア

在宅で介護を担う人が一時的に介護から離れて休養するためのサービスをいう。ショートステイ（短期入所）は、この機能を担っている典型であるが、制度化された当初の1976（昭和51）年は緊急一時保護の名のもとに、理由に制限があったが、現在は理由は問われない。

海外では施設に短期に入所することのみならず家庭に介護者を派遣する場合を含め、家族支援を意図するレスパイト・ケアもありサービスの在り方はさまざまである。

連携型定期巡回・随時対応型訪問介護看護事業

定期巡回・随時対応型訪問介護看護のうち、訪問介護を行う事業所が訪問看護事業所と連携してサービスを提供するものである。定期巡回・随時対応型訪問介護看護には１つの事業所が訪問介護と訪問看護のサービスを一体的に提供する介護・看護の一体型もある。定期巡回・随時対応型訪問介護看護には①定期巡回サービスによる日常生活上の世話、②随時対応サービスによる対応の判断、③随時訪問サービスによる日常生活上の世話、④訪問看護サービスによる療養上の世話、必要な診療の補助があるが、連携型はこのうち①～③までを提供し、④については連携先の訪問看護事業所が提供する（一体型は①～④を提供)。連携型の事業者は、連携する訪問看護事業者から利用者に対するアセスメント、連絡体制の確保、介護・医療連絡推進会議への参加等について必要に応じて協力を得る必要がある。

➡ **定期巡回・随時対応型訪問介護看護** p.334

レントゲン検査

レントゲン検査とは、いわゆるX線検査において最も一般的な検査手法である。CTやMRI等と比較すると画像の有用性等は高くはないが、その簡便性や経済性から今でも多くの疾患等を検査する目的で一般的なレントゲン検査が行われる。健康診断でもこのレントゲン検査が行われ、法定検診では「胸部X線検査」が実施される。

ろ

労災保険

➡ 労働者災害補償保険 p.486

労作性狭心症

運動時に発作が起き、安静にすると軽快する狭心症。狭心症は動脈硬化により冠動脈が狭窄したため、心筋への血流が減少することにより、必要とする酸素を供給できず起こる。運動時には、心筋の酸素消費量が増加する。労作性狭心症の胸痛は、胸の圧迫感や締め付け感であり、歩行、階段を登る、入浴、排便等で起こる。治療が必要だが、高齢者では症状がはっきりしない場合もある。

老人医療制度

旧老人保健法のもとで国民健康保険、健康保険等からの拠出金と公費で運営されていた高齢者の医療制度（1983～2008（昭和58～平成20）年）。国民皆保険体制のもとで、国民健康保険には高齢被保険者が不均衡に多く加入する構造となっていた。このため、1980年代に老人保健制度が創設され、老人（当初は70歳以上）の医療給付費については、各医療保険制度からの拠出金と公費によって賄う制度が導入され、国民健康保険の負担の軽減が図られてきた。その後、老人の対象年齢の75歳以上への引上げ、公費負担割合の引上げ、老人の一部負担の引上げ等の改正が実施され、老人保健制度の改定が行われてきた。

しかし、老人保健制度については、財政負担が重くなる被用者保険側からの批判等もあり、老人保健制度は廃止され、2008（平成20）年4月からは、高齢者の医療の確保に関する法律に基づく高齢者医療制度により、後期高齢者については独立した医療制度が行われ、前期高齢者については、保険者間の負担の均衡を図る仕組みがつくられている。

➡ 国民皆保険 p.159
➡ 国民健康保険 p.160

老人介護支援センター

地域の高齢者の問題について、本人、介護者、地域住民等からの相談を受け、要介護者、介護者、市町村、居宅生活支援事業者、老人福祉施設、医療施設、老人クラブ等との連絡調整や、その他の援助を総合的に行う機関。在宅介護支援センターの名称を用いることも多いが、法律上は老人介護支援センターとして規定されている。現在、多くの老人介護支援センターが地域包括支援センターに移行している。

➡ 在宅介護支援センター p.173

老人性骨粗鬆症《こつそしょうしょう》

原発性骨粗鬆症は①閉経後骨粗鬆症、②老人性骨粗鬆症、③特発性骨粗鬆症という3つの病型に分けられる。老人性骨粗鬆症（II型骨粗鬆症）は、加齢に伴うカルシウムやビタミンDの欠乏や、骨吸収と骨形成のバランスが崩れることによって起こるとみられている。老人性骨粗鬆症は通常70歳以上の人に発症し、女性の方が男性の2倍多く発症する。高齢の女性の中には、老人性骨粗鬆症と閉経後骨粗鬆症の両方の要素がみられる人もいる。

老人性認知症

➡ 認知症 p.369

老人性認知症疾患療養病棟

介護療養型医療施設のうち、精神科病院に設置される認知症を専門的にみるための病棟である。療養上の管理、看護、医学的管理のもとに介護等の世話、機能訓練等が提供される。病棟には生活機能回復訓練室も整備され、日常生活動作訓練やレクリエーション等を通じて、認知症の症状の進行防止や健康状態の維持・増進を図る。入院の対象は、認知症に伴う著しい精神症状や著しい行動障害のある老人であるが、特に著しい精神症状、行動障害がある場合や、原因疾患が急性期の場合は、医療保険適用の「老人性認知症疾患治療病棟」の適応となる。

老人性貧血

60歳以上の高齢者では赤血球数、Hb濃度、Ht値のいずれも青壮年者に比較して低下していて、加齢とともにこの傾向は著しくなる。原因となる病気がなく治療の必要がない軽い貧血で、造血にかかわる働きが加齢に伴って低下する、生理的な貧血と考えられている。ただし、何らかの病気の初期の状態という場合もあるので、定期的な検査で経過をみる必要がある。

老人短期入所事業

在宅高齢者等について、養護者の疾病その他の理由により、一時的に居宅で介護を受けられなくなった場合に、施設に短期間入所させ、養護する事業である。老人福祉法の老人居宅生活支援事業の1つ。

現在の対象は①65歳以上の高齢者で市町村の措置による入所、②介護保険の短期入所生活介護、介護予防短期入所生活介護の利用、③生活保護法の規定による居宅介護の介護扶助、の3つの場合とされている。短期入所生活介護では、入浴、排せつ、食事等の介護その他の日常生活上の世話、機能訓練が行われる。

➡ 短期入所生活介護 p.298
➡ 老人短期入所施設 p.484

老人短期入所施設

老人福祉法における老人短期入所事業を行う施設のことで、要介護者等を短期間、一時的に入所させ、入浴等のサービスを行う。特別養護老人ホーム等に併設されている場合が多いが、老人短期入所事業の普及、進展に伴い、1990（平成2）年、国は短期入所だけを専門に実施する老人短期入所施設を制度化しており、老人短期入所事業単独で行っている事業所もある。

➡ 老人短期入所事業 p.483

老人福祉計画

老人福祉法に基づく、老人の居宅生活支援事業や老人福祉施設による事業（老人福祉事業）の供給体制の確保に関する計画である。市町村が定める市町村老人福祉計画、より広域的な見地から市町村老人福祉計画の達成に資するために都道府県が定める都道府県老人福祉計画がある。市町村計画では、市町村の区域で確保すべき老人福祉事業の量の目標を定めることになっており、その量の確保のための方策について定めるよう努めることになっている。市町村計画は市町村介護保険事業計画と一体のものとして作成されなければならないところから、「○○市高齢者福祉計画」「○○市高齢者福祉計画・介護保険事業計画」等の名称で1つの計画として策定する市町村もある。なお、法定化された当初（1993（平成5）年〜）は、当時の老人保健法による老人保健計画と一体のものとして作成されており、今日では老人保健福祉計画または高齢者保健福祉計画と呼称している自治体もある。

➡ 市町村介護保険事業計画 p.192

老人福祉制度

高齢者の心身の健康の保持や生活の安定を図るため、制定された諸法律やそれを根拠とする制度等、高齢者のためのさまざまな仕組みである。わが国で本格的に高齢者福祉を規定したのは、1963（昭和38）年に制定された老人福祉法である。当初は施設整備に重点が置かれたが、やがて、ホームヘルプサービス（訪問介護）やデイサービス（通所介護）等、在宅福祉施策の充実が図られるようになった。高齢社会の進展とともに社会問題となっていた介護に対応するため、1997（平成９）年には介護保険法が制定され、2000（平成12）年に介護保険制度がスタートした。また、医療の分野では、1982（昭和57）年に老人保健法が制定され、その後2008（平成20）年に後期高齢者医療制度がスタートしている。さらに、2006（平成18）年には高齢者虐待防止法が制定され、また、高齢者の雇用を促進するための制度等もあり、福祉や健康面に限らない、さまざまな側面からの高齢者支援の仕組みがある。

老人福祉法

老人福祉の原理を明らかにし、老人の心身の健康の保持と生活の安定のために必要な措置を講ずることを目的とする法律。1963（昭和38）年制定。

第２章福祉の措置では、支援体制の整備、居宅における介護、老人ホームへの入所、老人福祉の増進のための事業等が規定され、第３章事業及び施設では、老人福祉施設の定義、老人福祉施設に含まれない有料老人ホームに関する規定もなされている。介護保険法との調整に関しては、老人福祉法による福祉の措置は、やむを得ない理由で介護保険・契約による在宅・施設サービスの利用が困難な高齢者に限定することとされている。

老人保健事業

老人保健法に基づいて実施されていた事業。高齢者が健康で生きがいを持って過ごせるよう支援していくもので、生活習慣病等の病気の予防や介護の必要な状態となることを予防することを目指している。40歳以上の人を対象として、健康手帳の交付、健康教育、健康相談、健康診査、機能訓練、訪問指導の各事業が行われていた。

現在は「高齢者の医療の確保に関する法律」に基づき、生活習慣病予防の観点から医療保険者が実施する特定健康診査、特定保健指導と、「健康増進法」に基づき市町村が実施する健康増進事業（健康手帳の交付、健康教育、健康相談、健康診査、機能訓練、訪問指導）に引き継がれている。

老人保健法

老後の健康の保持と適切な医療の確保のため、病気の予防、治療、機能訓練等の保険事業を総合的に実施し、国民保健の向上と老人福祉の増進を図ることを目的とする法律。1982（昭和57）年制定。2006（平成18）年の健康保険法等の一部を改正する法律によって名称変更され、2008（平成20）年4月より「高齢者の医療の確保に関する法律」（高齢者医療確保法）となった。

労働者災害補償保険

労働者災害補償保険（労災保険）は、労働者の業務上の事由または通勤による労働者の負傷、疾病、障害、死亡等に対して必要な保険給付を行い、併せて被災労働者の社会復帰の促進等の事業を行う制度である。労働者災害補償保険法に基づく（1947（昭和22）年制定）。その費用は、原則として全額事業主が負担する保険料によって賄われている。労災保険の保険料率は、事業の種類ごとに、過去の災害率等を考慮して定められている。労災保険は、原則として労働者を使用する事業は、規模の如何を問わず、すべてに適用される。また、労働者であれば、アルバイトやパートタイマー等の雇用形態も問われない。業務災害に関する保険給付には、現物の医療サービスである療養補償給付のほか、現金給付として、休業補償給付、障害補償給付、遺族補償給付、葬祭料、傷病補償年金、介護補償給付がある。

老年期気分障害

➡ 躁うつ病　p.281

老年期幻覚妄想状態

正式な診断名ではなく、認知症のない高齢者において、幻覚・妄想等の精神病症状が認められる病態を総称している。DSMやICD - 10の病名に当てはめると、妄想性障害や統合失調症がおおむねこれに相当する。症状の特徴は、訂正がきかない誤った思い込みが主症状である。幻覚や幻聴が最も多く、壁や床をたたく音等の非言語性の幻聴、あるいは自分のことを批評したり話しかけてきたりする幻聴等がみられる。

その一方、認知レベルはおおむね正常で、人格の崩れは目立たず疎通性も比較的良好なことが多い。幻覚妄想状態からやがては認知症に移行することもまれではなく、その多くはレビー小体型認知症である。

老年期神経症

些細な事柄を気にする性格を背景

に何らかのストレスやイベントをきっかけに精神的不安および身体の違和感が拡大され、症状を頑固に訴える病態。男性より女性に多く、原因としては身体老化に加えて環境要因、心理的打撃が大きな比重を占め、配偶者や家族との死別、対人関係での悩み、経済的損失、孤立等が発症の契機となりやすい。病態により抑うつ神経症、不安神経症、心気神経症と分類される。

老年期躁うつ病

➡ 躁うつ病 p.281

老年期パーソナリティ障害

高齢者の人格障害には，もともとの人格障害が高齢期に引きついで先鋭化している場合と、それまでは問題にならなかった人格が高齢期になって人格が変化し、環境への適応が問題となった状態とがある。高齢者の人格障害の多くは後者のパターンで、認知機能が低下し、感情・衝動の調節障害や社会適応性の変化として表現されることが多い。人格変化の原因として①加齢要因と環境変化、②アルツハイマー病やピック病等脳の器質的病変が挙げられる。ただし、この鑑別は必ずしも容易ではない。

老年症候群

高齢者に限ってみられる特有な症状の総称。老年症候群の総数は50種を超えるとされているが、その定義は未確立である。明確な病気と分類することが困難である。虚弱、転倒・骨折、尿失禁、低栄養、認知機能低下、口腔機能低下、閉じこもり、足部のトラブル等の生活に支障を来す自然老化を背景として、心身の機能が低下している状態である。その特徴は、①明確な疾病ではない、②症状が致命的でない、③日常生活への障害が初期には小さいこと等が挙げられる。また、寝たきりとなる原因の上位を占めることから、介護予防の直接的なターゲットとなっている。

老齢基礎年金

国民年金の被保険者が次の条件を満たした場合に、65歳から支給される。国民年金の保険料の納付済期間および免除期間等の合計が25年（300月）以上あること。ただし2012（平成24）年８月法改正により、2017（平成29）年10月以降は、前記期間が10年（120月）以上あればよい。また、60歳以上で繰り上げ請求が、70歳未満まで繰り下げ請求ができる。

老齢厚生年金

厚生年金の被保険者が老齢基礎年金の受給要件を満たしている場合に、厚生年金の加入月数に応じて、65歳から支給される。ただし、支給開始年齢は1961（昭和36）年４月１日以前に生まれた者（女性は５年遅れ）は、制度改正により60歳から64歳までの段階的経過措置がある。年金額は報酬比例部分＋定額部分で成り立っている。

老齢福祉年金

1961（昭和36）年の国民年金制度発足時にすでに高齢であったために、老齢年金の受給資格期間を満たすことができない人に対して支給される無拠出制の国民年金。国民年金制度は保険料を納めて年金を受け取る拠出制の保険制度を基盤としながら、一部については保険料を納めることなく年金を受け取る無拠出制を導入している。老齢福祉年金は経過的な福祉年金として、1911（明治44）年４月１日以前の生まれの人を対象に設置された。

他に障害福祉年金および母子福祉年金があったが、1986（昭和61）年４月から、障害基礎年金および遺族基礎年金に統合された。

ロフストランド・クラッチ

ロフストランド・クラッチとは、つえの一種で、１本の脚と体重を支えるグリップと前腕を支えるカフと呼ばれる腕を固定するための機構からなっている。ロフストランドつえ、あるいは前腕部支持型つえともいう。形はステッキ状だが、グリップだけでなく、カフが備えられているので、ステッキいわゆるT字つえよりも安定した歩行が可能となる。握力が弱い人や手首に力が入りにくい人等に向いているつえである。

ロングタームケア

長期療養ケアともいう。慢性的な疾病や障害を持つ人のうち、医学的管理が必要な人に対して、診断、治療、機能回復、診療の補助等のサービスを長期間にわたり提供すること。施設入所や入院だけなく在宅においても、ロングタームケアは実施され、その目的は身体的・精神的・社会的機能、すなわちQOLのレベルをその人にとって必要な最高レベルにまで高め維持することである。

巻末資料

資料①
新しい介護保険制度

資料②
2015（平成27）年度介護報酬改定の概要

資料③
認知症施策推進総合戦略（新オレンジプラン）

資料④
介護保険が適用される福祉用具の例

〔巻末資料〕①

新しい介護保険制度

2014（平成26）年６月、医療介護総合確保推進法の成立に伴い介護保険法が一部改正された。資料Ｉでは2011（平成23）年の法改正以降の流れを整理しておくとともに（資料Ｉ-1）、改正介護保険法の内容を概観する（資料Ｉ-2）

資料Ｉ-1
2011（平成23）年改正以降の介護保険制度改革の流れ

❶社会保障制度改革推進法　（2012（平成24）年8月10日成立）

○「政府は、社会保障制度改革の基本方針に基づき、社会保障制度改革を行うものとし、このために必要な法制上の措置については、この法律の施行後１年以内に、社会保障制度改革国民会議における審議の結果等を踏まえて講ずるものとする」（第４条）

○「政府は、介護保険の保険給付の対象となる保健医療サービス及び福祉サービス（以下「介護サービス」という。）の範囲の適正化等による介護サービスの効率化及び重点化を図るとともに、低所得者をはじめとする国民の保険料に係る負担の増大を抑制しつつ必要な介護サービスを確保するものとする」（第７条）

⇩

❷社会保障制度改革国民会議報告「確かな社会保障を将来世代に伝えるための道筋」　（2013（平成25）年8月6日）

○「Ⅱ　医療・介護分野の改革」「２　医療・介護サービスの提供体制改革」

- 「医療から介護へ」、「病院・施設から地域・在宅へ」の観点から、医療の見直しと介護の見直しは一体となって行う必要がある。
- 地域包括ケアシステムづくりを推進していく必要があり、平成27年度からの介護保険事業計画を「地域包括ケア計画」と位置づける。
- 地域支援事業について、在宅医療・介護連携の推進、生活支援サービスの充実等を行いつつ、新たな効率的な事業として再構築。要支援者に対する介護予防給付について、市町村が地域の実情に応じ、住民主体の取組等を積極的に活用し、柔軟かつ効率的にサービスを提供できるよう、受け皿を確保しながら、段階的に新たな事業に移行する。

○「4　**介護保険制度改革**」

・一定以上の所得のある利用者の負担は引き上げる。
・食費や居住費についての補足給付の支給には資産を勘案する。
・特養は中重度者に重点化を図るとともに、デイサービスは重度化予防に効果がある給付への重点化を図る。
・低所得者の1号保険料について、軽減措置を拡充する。
・介護納付金について、負担の公平化の観点から、総報酬額に応じたものとすべきだが、後期高齢者支援金の状況も踏まえつつ検討する。
・引き続き、介護サービスの効率化・重点化に取り組む必要がある。

⇩

❸閣議決定「社会保障制度改革推進法第4条の規定に基づく「法制上の措置」の骨子について」（2013(平成25)年8月21日)

○「3　**介護保険制度**」

（1）個人の選択を尊重しつつ、介護予防など自助努力を行うインセンティブを持てる仕組みの検討など、個人の主体的な取組を奨励する。

（2）低所得者を始めとする国民の保険料に係る負担の増大の抑制を図るとともに、給付範囲の適正化等による介護サービスの効率化及び重点化を図りつつ、地域包括ケアシステムの構築を通じて必要な介護サービスを確保する観点から、次に掲げる事項その他介護報酬に係る適切な対応の在り方等について検討を加え、その結果に基づいて必要な措置を講ずる。

① 地域包括ケアシステムの構築に向けた地域支援事業の見直し
② 地域支援事業の見直しと併せた地域の実情に応じた要支援者への支援の見直し
③ 一定以上の所得を有する者の利用者負担の見直し
④ いわゆる補足給付の支給の要件に資産を勘案する等の見直し
⑤ 特別養護老人ホームに係る施設介護サービス費の支給対象の見直し
⑥ 低所得の第一号被保険者の介護保険料の負担軽減

（3）第6期介護保険事業計画が平成27年度から始まることを踏まえ、(2)に掲げる必要な措置を平成27年度を目途に講ずる。このために必要な法律案を平成26年通常国会に提出することを目指す。

（4）略

⇩

❹持続可能な社会保障制度の確立を図るための改革の推進に関する法律　（2013（平成25）年12月5日成立）

○❸を踏まえ、社会制度改革の全体像・進め方を明示したいわゆるプログラム法である。閣議決定された事項が網羅されている。

⇩

❺地域における医療及び介護の総合的な確保を推進するための関係法律の整備等に関する法律　（2014（平成26）年6月25日成立）

1．新たな基金の創設と医療・介護の連携強化（地域介護施設整備促進法等関係）
2．地域における効率的かつ効果的な医療提供体制の確保（医療法関係）
3．地域包括ケアシステムの構築と費用負担の公平化（介護保険法関係）

①在宅医療・介護連携の推進などの地域支援事業の充実とあわせ、予防給付（訪問介護・通所介護）を地域支援事業に移行し、多様化
②特別養護老人ホームについて、在宅での生活が困難な中重度の要介護者を支える機能に重点化
③低所得者の保険料軽減を拡充
④一定以上の所得のある利用者の自己負担を２割へ引上げ（一般の世帯の月額上限は据え置き）
⑤低所得の施設利用者の食費・居住費を補填する「補足給付」の要件に資産などを追加

4．その他

（厚生労働省資料より作成）

資料Ⅰ-2
介護保険法の改正（2014（平成26）年6月25日）

改正内容		施行
1　**居宅サービス等の見直し**	①　通所介護のうち、利用定員が厚生労働省令で定める数*未満のものについて、**地域密着型通所介護**として地域密着型サービスに位置付ける。**＊18人** ②　**指定居宅介護支援事業者**の指定等を**市町村が実施**する。	① 2016（平成28）年4月1日までの間で政令で定める日** **** 2016（平成28）年4月1日** ② 2018（平成30）年4月1日
2　**施設サービス等の見直し**	①　介護老人福祉施設等に係る給付を、厚生労働省令で定めるよう介護状態区分に該当する状態*であるものその他居宅において日常生活を営むことが困難な要介護者とするものとする。 **＊要介護3以上** ②　**サービス付き高齢者向け住宅**を住所地特例の対象とする。また、**住所地特例の対象者**について、居住地の市町村が指定した地域密着型サービス等の利用を可能とするとともに、地域支援事業の対象とする。	① 2015（平成27）年4月1日 ② 2015（平成27）年4月1日

〔巻末資料〕①

改正内容			施行
3	**費用負担の見直し**	①　介護給付、予防給付について、一定以上の所得を有する第1号被保険者の利用者負担の割合を、その費用の**100分の20**とする。 ②　特定入所者介護サービス費等の支給要件について、所得のほか、**資産の状況**もしん酌する。また、偽りその他の**不正行為によって特定入所者介護サービス費等を受けた場合**、市町村は、その給付の価額に加え、その価額の2倍に相当する額以下の金額を徴収できる。 ③　市町村は**公費で低所得者の第1号保険料の軽減**を行い、国がその費用の2分の1、都道府県が4分の1を負担する。	① 2015（平成27）年8月1日 ② 2015（平成27）年8月1日 ③ 2015（平成27）年4月1日
4	**地域支援事業の見直し**	①　介護予防サービスのうち介護予防訪問介護と介護予防通所介護を**介護予防・日常生活支援総合事業**（以下、総合事業）に移行し、**2017（平成29）年度までにすべての市町村**で実施する。 ②　総合事業について、次の事項を規定する。	① 2015（平成27）年4月1日 ② 2015（平成27）年4月1日

改正内容		施行
（続き） 4　地域支援事業の見直し	ア　厚生労働大臣は、総合事業の適切かつ有効な実施を図るため必要な**指針**を公表する。 イ　市町村は定期的に、**総合事業の実施状況について評価**等を行うよう努め、その結果に基づき必要な措置を講ずるよう努める。 ウ　総合事業について、**国がその費用の100分の25**を、**都道府県および市町村がそれぞれ100分の12.5を負担**するとともに、医療保険者が負担する地域支援事業交付金を充てる。	②2015（平成27）年4月1日
	③　地域支援事業の包括的支援事業に次の事業を追加し、**2018（平成30）年度までにすべての市町村**で実施する。 ア　医療に関する専門的知識を有する者が、介護事業者、居宅における医療を提供する**医療機関その他の関係者の連携**を推進する事業。 イ　日常生活の支援および介護予防に係る**体制の整備**その他これらを促進する事業。 ウ　保健医療及び福祉に関する専門的知識を有する者による**認知症**の早期に	③2015（平成27）年4月1日

改正内容			施行
（続き） 4　地域支援事業の見直し		おける症状の悪化の防止のための支援その他の総合的な支援を行う事業。	
	④	地域支援事業の事業費の上限について、**75歳以上の被保険者の数も勘案**して設定する。	④2015（平成27）年4月1日
	⑤	地域包括支援センターの設置者は、実施する**事業の質の評価**を行うこと等により事業の質の向上に努める。また、市町村は、定期的に、実施する事業の実施状況の点検等を行うよう努める。	⑤2015（平成27）年4月1日
	⑥	市町村は、適切な支援の検討等を行うために、介護支援専門員、保健医療および福祉に関する専門的知識を有する者その他の関係者等により構成される**会議**を置くように努める。	⑥2015（平成27）年4月1日
5　介護保険事業の見直し	①	市町村介護保険事業計画について、介護給付等対象サービスの量、費用の額、保険料の水準等に関する中長期的な推計を記載するよう努めるほか、**市町村計画＊と整合性**の確保が図られたものでなければならないものとする。	①2015（平成27）年4月1日

改正内容		施行
（続き） 5　介護保険事業の見直し	②　都道府県介護保険事業支援計画について、**都道府県計画***及び医療計画と**整合性**の確保が図られたものでなければならないものとする。 *医療および介護の総合的な確保のための事業の実施に関し市町村、都道府県が作成する計画	② 2015（平成27）年4月1日

（厚生労働省資料より作成）

【巻末資料】②

2015（平成 27）年度介護報酬改定の概要

Ⅰ 2015（平成 27）年度介護報酬改定に係る基本的な考え方

2015（平成 27）年度の介護報酬改定は、2025 年（平成 37 年）に向けて、医療・介護・予防・住まい・生活支援が包括的に確保される「地域包括ケアシステム」の構築を実現していくため、平成 26 年度制度改正の趣旨を踏まえ、中重度の要介護者や認知症高齢者への対応の更なる強化、介護人材確保対策の推進、サービス評価の適正化と効率的なサービス提供体制の構築といった基本的な考え方に基づき行うものである。

これらとともに、賃金・物価の状況、介護事業者の経営状況等を踏まえた介護報酬の改定率は、全体で▲2.27％である。

（参考）
介護報酬改定率 ▲２．２７％
（うち、在宅分▲１．４２％、施設分▲０．８５％）
（注１）▲２．２７％のうち、在宅分、施設分の内訳を、試算したもの。
（注２）地域密着型介護老人福祉施設入所者生活介護は、在宅分に含んでいる。
（施設分は、介護老人福祉施設、介護老人保健施設、介護療養型医療施設）

Ⅱ 2015（平成 27）年度介護報酬改定の基本的な考え方とその対応

2015（平成 27）年度の介護報酬改定については、以下の基本的な視点に基づき、各サービスの報酬・基準についての見直しを行う。

（１）中重度の要介護者や認知症高齢者への対応の更なる強化

① 地域包括ケアシステムの構築に向けた対応

○将来、中重度の要介護者や認知症高齢者になったとしても「住み慣れた地域で自分らしい生活を続けられるようにする」という地域包括ケアシステムの基本的な考え方を実現するため、引き続き、在宅生活を支援するためのサービスの充実を図る。

○特に、中重度の要介護状態となっても無理なく在宅生活を継続できるよう、24時間365日の在宅生活を支援する定期巡回・随時対応型訪問介護看護を始めとした「短時間・一日複数回訪問」や「通い・訪問・泊まり」といった一体的なサービスを組み合わせて提供する包括報酬サービスの機能強化等を図る。

② 活動と参加に焦点を当てたリハビリテーションの推進

○リハビリテーションの理念を踏まえた「心身機能」、「活動」、「参加」の要素に バランスよく働きかける効果的なリハビリテーションの提供を推進するため、そのような理念を明確化するとともに、「活動」と「参加」に焦点を当てた新たな報酬体系の導入や、このような質の高いリハビリテーションの着実な提供を促すためのリハビリテーションマネジメントの充実等を図る。

③ 看取り期における対応の充実

○地域包括ケアシステムの構築に向けて、看取り期の対応を充実・強化するためには、本人・家族とサービス提供者との十分な意思疎通を促進することにより、本人・家族の意向に基づくその人らしさを尊重したケアの実現を推進することが重要であることから、施設等におけるこのような取組を重点的に評価する。

④ 口腔・栄養管理に係る取組の充実

○施設等入所者が認知機能や摂食・嚥下機能の低下等により食事の経口摂取が困 難となっても、自分の口から食べる楽しみを得られるよう、多職種による支援の充実を図る。

（2）介護人材確保対策の推進

○地域包括ケアシステム構築の更なる推進に向け、今後も増大する介護ニーズへの対応や質の高い介護サービスを確保する観点から、介護職員の安定的な確保を図るとともに、更なる資質向上への取組を推進する。

（3）サービス評価の適正化と効率的なサービス提供体制の構築

○地域包括ケアシステムの構築とともに介護保険制度の持続可能性を高めるため、各サービス提供の実態を踏まえた必要な適正化を図るとともに、サービスの効果的・効率的な提供を推進する。

Ⅲ 各サービスの報酬・基準に係る見直しの内容

1．居宅介護支援

①認知症加算及び独居高齢者加算の基本報酬への包括化

認知症加算及び独居高齢者加算について、個人の心身の状況や家族の状況等に応じたケアマネジメントの提供は、介護支援専門員の基本の業務であることを踏まえ、加算による評価ではなく、基本報酬への包括化により評価する。

認知症加算 150 単位	⇨	基本報酬へ包括化
独居高齢者加算 150 単位		基本報酬へ包括化

居宅介護支援費（1月につき）

居宅介護支援（Ⅰ）	
要介護１又は要介護２	1,005 単位 ⇒ 1,042 単位
要介護3、要介護4又は要介護5	1,306 単位 ⇒ 1,353 単位
居宅介護支援（Ⅱ）	
要介護１又は要介護２	502 単位 ⇒ 521 単位
要介護3、要介護4又は要介護5	653 単位 ⇒ 677 単位
居宅介護支援（Ⅲ）	
要介護１又は要介護２	301 単位 ⇒ 313 単位
要介護3、要介護4又は要介護5	392 単位 ⇒ 406 単位

②正当な理由のない特定の事業所への偏りに対する対応強化

正当な理由のない特定の事業所へのサービスの偏りの割合が90％を超える場合の 減算の適用について、適用要件の明確化を図りつつ、減算の適用割合を引き下げるとともに、対象サービスの範囲については、限定を外す。

特定事業所集中減算	△ 200 単位⇒ 変更なし

※ 算定要件等

○正当な理由なく、特定の事業所の割合が 80％を超える場合に減算する。
（旧要件の適用割合：90％超）
○対象サービスの範囲については、限定を外す。
（旧要件の対象サービス：訪問介護、通所介護、福祉用具貸与）

※居宅介護支援の給付管理の対象となるサービス

訪問介護、訪問入浴介護、訪問看護、訪問リハビリテーション、通所介護、通所リハビリテーション、短期入所生活介護、短期入所療養介護、特定施設入居者生活介護（利用期間を定めて行うものに限る。）、福祉用具貸与、定期巡回・随時対応型訪問介護看護、夜間対応型訪問介護、認知症対応型通所介護、小規模多機能型居宅介護（利用期間を定めて行うものに限る。）、認知症対応型共同生活介護（利用期間を定めて行うものに限る。）、地域密着型特定施設入居者生活介護（利用期間を定めて行うものに限る。）、看護小規模多機能型居宅介護（利用期間を定めて行うものに限る。）

③質の高いケアマネジメントを実施する事業所の評価の推進

質の高いケアマネジメントを実施している事業所の評価を推進するため、特定事業所加算について、人員配置要件の強化や人材育成に関する協力体制を整備している場合を算定要件に追加する。一方、中重度者の利用者が占める割合については、実態に即して緩和する。

特定事業所加算（I）500 単位
特定事業所加算（II）300 単位
⇨
特定事業所加算（Ⅰ）500 単位
特定事業所加算（Ⅱ）400 単位
特定事業所加算（Ⅲ）300 単位

※ 算定要件等

（現行）	（改正案） （人員配置及び要件に変更のある部分）
特定事業所加算Ⅰ 1　常勤専従の主任介護支援専門員を１名以上配置 2　常勤専従の介護支援専門員を3名以上配置 3　中重度の利用者の占める割合が50%以上 4　（新規）	（新）特定事業所加算Ⅰ 1　常勤専従の主任介護支援専門員を２名以上配置 2　（継続） 3　中重度の利用者の占める割合が40%以上 4　法定研修等における実習受入事業所となるなど人材育成への協力体制の整備
	（新）特定事業所加算Ⅱ 1　（継続） 2　常勤専従の介護支援専門員を3名以上配置 3　法定研修等における実習受入事業所となるなど人材育成への協力体制の整備
特定事業所加算Ⅱ 1　常勤専従の主任介護支援専門員を1名以上配置 2　常勤専従の介護支援専門員を2名以上配置 3　（新規）	（新）特定事業所加算Ⅲ 1　（継続） 2　（継続） 3　法定研修等における実習受入事業所となるなど人材育成への協力体制の整備

④ 介護予防支援に係る新総合事業の導入に伴う基本報酬の見直し

介護予防支援について、「介護予防・日常生活支援総合事業（以下「新総合事業」という。）」の導入に伴い、介護予防サービス計画には、指定事業所により提供されるサービスと、多様な主体により多様なサービス形態で提供される新総合事業のサービスを位置づけることを踏まえ、基本報酬において適正に評価する。

介護予防支援費（1月につき）414 単位 ⇒ 430 単位

⑤ 居宅介護支援事業所とサービス事業所の連携

居宅介護支援事業所と指定居宅サービス等の事業所の意識の共有を図る観点から、介護支援専門員は、居宅サービス計画に位置づけた指定居宅サービス等の担当者から個別サービス計画の提出を求めることとする。

⑥ 地域ケア会議における関係者間の情報共有

今般の制度改正で介護保険法上に位置づけた地域ケア会議において、個別のケアマネジメントの事例の提供の求めがあった場合には、これに協力するよう努めることとする。

（厚生労働省資料より作成）

認知症施策推進総合戦略（新オレンジプラン）
～認知症高齢者等にやさしい地域づくりに向けて～

2015（平成 27）年 1 月 27 日

我が国における認知症の人の数は 2012（平成 24）年で約 462 万人、65 歳以上高齢者の約 7 人に 1 人と推計されている。正常と認知症との中間の状態の軽度認知障害 (MCI: Mild Cognitive Impairment) と推計される約 400 万人と合わせると、65 歳以上高齢者の約 4 人に 1 人が認知症の人又はその予備群とも言われている。

また、この数は高齢化の進展に伴いさらに増加が見込まれており、今般、現在利用可能なデータに基づき新たな推計を行ったところ、2025（平成 37）年には認知症の人は約 700 万人前後になり、65 歳以上高齢者に対する割合は、現状の約 7 人に 1 人から約 5 人に 1 人に上昇する見込みとの結果が明らかとなった。認知症の人を単に支えられる側と考えるのではなく、認知症の人に寄り添いながら、認知症の人が認知症とともによりよく生きていくことができるよう、環境整備を行っていくことが求められている。

一方、高齢化に伴う認知症の人の増加への対応は今や世界共通の課題となっている中、世界でもっとも早いスピードで高齢化が進んできた我が国が、全国的な公的介護保険制度の下、重度な要介護状態となっても住み慣れた地域で自分らしい暮らしを人生の最期まで続けることができるよう、医療・介護・介護予防・住まい・生活支援が包括的に確保される地域包括ケアシステムの実現を目指す中で、社会を挙げた取組のモデルを示していかなければならない。

このため、いわゆる団塊の世代が 75 歳以上となる 2025（平成 37）年を目指し、認知症の人の意思が尊重され、できる限り住み慣れた地域のよい環境で自分らしく暮らし続けることができる社会を実現すべく、今般、「認知症施策推進 5 か年計画」（オレンジプラン）（2012（平成 24）年 9 月厚生労働省公表）を改め、新たに「認知症施策推進総合戦略～認知症高齢者等にやさしい地域づくりに向けて～」（新オレンジプラン）を策定した。

本戦略の策定に当たっては、認知症の人やその家族をはじめとした様々な関係者から幅広く意見を聞き、認知症の人やその家族の視点に立って、施策を整理した。また、本戦略は、厚生労働省が、内閣官房、内閣府、警察庁、金融庁、消費者庁、総務省、法務省、文部科学省、農林水産省、経済産業省及び国土交通省と共同して策定したものであり、今後、関係府省庁が連携して認知症高齢者等の日常生活全体を支えるよう取り組んでいく。

第1．基本的考え方

認知症高齢者等にやさしい地域づくりを推進していくため、認知症の人が住み慣れた地域のよい環境で自分らしく暮らし続けるために必要としていることに的確に応えていくことを旨としつつ、以下の７つの柱に沿って、施策を総合的に推進していく。本戦略の対象期間は2025（平成37）年までであるが、施策ごとに具体的な数値目標を定めるに当たっては、介護保険が３年を一つの事業計画期間として運営されていることを踏まえ、その動向と緊密に連携しながら施策を推進していく観点から、2017（平成29）年度末等を当面の目標設定年度としている。

①　認知症への理解を深めるための普及・啓発の推進

社会全体で認知症の人を支える基盤として、認知症の人の視点に立って認知症への社会の理解を深めるキャンペーンや認知症サポーターの養成、学校教育における認知症の人を含む高齢者への理解の推進など、認知症への理解を深めるための普及・啓発の推進を図る。

②　認知症の容態に応じた適時・適切な医療・介護等の提供

本人主体の医療・介護等を基本に据えて医療・介護等が有機的に連携し、認知症の容態の変化に応じて適時・適切に切れ目なく提供されることで、認知症の人が住み慣れた地域のよい環境で自分らしく暮らし続けることができるようにする。このため、早期診断・早期対応を軸とし、行動・心理症状（BPSD:Behavioral and Psychological

Symptoms of Dementia）や身体合併症等が見られた場合にも、医療機関・介護施設等での対応が固定化されないように、退院・退所後もそのときの容態にもっともふさわしい場所で適切なサービスが提供される循環型の仕組みを構築する。

③　若年性認知症施策の強化

若年性認知症の人については、就労や生活費、子どもの教育費等の経済的な問題が大きい、主介護者が配偶者となる場合が多く、時に本人や配偶者の親等の介護と重なって複数介護になる等の特徴があることから、居場所づくり、就労・社会参加支援等の様々な分野にわたる支援を総合的に講じていく。

④　認知症の人の介護者への支援

高齢化の進展に伴って認知症の人が増えていくことが見込まれる中、認知症の人の介護者への支援を行うことが認知症の人の生活の質の改善にも繋がるとの観点に立って、介護者の精神的身体的負担を軽減する観点からの支援や介護者の生活と介護の両立を支援する取組を推進する。

⑤　認知症の人を含む高齢者にやさしい地域づくりの推進

65歳以上高齢者の約4人に1人が認知症の人又はその予備群と言われる中、高齢者全体にとって暮らしやすい環境を整備することが、認知症の人が暮らしやすい地域づくりに繋がると考えられ、生活支援（ソフト面）、生活しやすい環境の整備（ハード面）、就労・社会参加支援及び安全確保の観点から、認知症の人を含む高齢者にやさしい地域づくりの推進に取り組む。

⑥　認知症の予防法、診断法、治療法、リハビリテーションモデル、介護モデル等の研究開発及びその成果の普及の推進

認知症をきたす疾患それぞれの病態解明や行動・心理症状（BPSD）を起こすメカニズムの解明を通じて、認知症の予防法、診断法、治療法、

リハビリテーションモデル、介護モデル等の研究開発の推進を図る。また、研究開発により効果が確認されたものについては、速やかに普及に向けた取組を行う。なお、認知症に係る研究開発及びその成果の普及の推進に当たっては、「健康・医療戦略」（平成26年7月22日閣議決定）及び「医療分野研究開発推進計画」（平成26年7月22日健康・医療戦略推進本部決定）に基づき取り組む。

⑦ 認知症の人やその家族の視点の重視

これまでの認知症施策は、ともすれば、認知症の人を支える側の視点に偏りがちであったとの観点から、認知症の人の視点に立って認知症への社会の理解を深めるキャンペーン（再掲）のほか、初期段階の認知症の人のニーズ把握や生きがい支援、認知症施策の企画・立案や評価への認知症の人やその家族の参画など、認知症の人やその家族の視点を重視した取組を進めていく。

第２．具体的な施策

１．認知症への理解を深めるための普及・啓発の推進

【基本的考え方】
誰もが認知症とともに生きることになる可能性があり、また、誰もが介護者等として認知症に関わる可能性があるなど、認知症は皆にとって身近な病気であることを、普及・啓発等を通じて改めて社会全体として確認していく。

（１） 認知症の人の視点に立って認知症への社会の理解を深めるキャンペーンの実施

○ 広告等を通じて、認知症への社会の理解を深めるための全国的なキャンペーンを展開する。その際、認知症の人が生き生きと活動している姿は、認知症に関する社会の見方を変えるきっかけともなり、また、多くの認知症の人に希望を与えるものでもあると考えられる。特に、初期段階の認知症の人が、できないことを様々な工夫で補いつつ、できることを活かして希望や

生きがいを持って暮らしている姿は、認知症の診断を受けた後の生活への安心感を与え、早期に診断を受けることを促す効果もあると考えられる。認知症に対する画一的で否定的なイメージを払拭する観点からも、認知症の人が自らの言葉でそのメッセージを語る姿等を積極的に発信していく。

（2） 認知症サポーターの養成と活動の支援

○ 認知症サポーターの養成システムは、我が国が世界に誇る普及・啓発の取組であり、引き続き、認知症に関する正しい知識と理解を持って、地域や職域で認知症の人やその家族を手助けする認知症サポーターの養成を進める。

【認知症サポーターの人数（累計）】（目標引上げ）
2014（平成 26）年 9 月末実績 545 万人
⇒ 2017（平成 29）年度末 800 万人
＊ 近年の養成動向を踏まえ、2017（平成 29）年度末 600 万人の目標を 800 万人に上方修正。

○ また、今後は、認知症サポーターを量的に養成するだけでなく、あくまでもできる範囲で手助けを行うという活動の任意性は維持しつつ、養成された認知症サポーターが認知症高齢者等にやさしい地域づくりを加速するために様々な場面で活躍してもらえるようにすることに、これまで以上に重点を置く。

○ 具体的には、地域や職域などで行われている創意工夫を凝らした様々な先進的な取組事例を全国に紹介していくことで、新たな活動へと繋げていく。また、地方自治体等が認知症サポーター養成講座を修了した者を把握するとともに、認知症サポーター養成講座を修了した者が復習も兼ねて学習する機会を設け、座学だけでなくサポーター同士の発表・討議も含めたより上級な講座など、地域や職域の実情に応じた取組を推進していく。

【認知症サポーター養成講座を修了した者が復習も兼ねて学習する取組の推進】（新設）
2015（平成27）年度 学習手法の見本について検討
⇒2016（平成28）年度～地域や職域の実情に応じた取組を推進

（3）学校教育等における認知症の人を含む高齢者への理解の推進

○ 学校において、高齢者との交流活動など、高齢社会の現状や認知症の人を含む高齢者に対する理解を深めるような教育を推進する。また、小・中学校での認知症サポーター養成講座の開催等を利用した認知症に関する正しい理解の普及を進める。さらに、大学等において、学生がボランティアとして認知症高齢者等と関わる機会を持つことができるよう、自主的な取組を推進する。

2．認知症の容態に応じた適時・適切な医療・介護等の提供

【基本的考え方】
2025（平成37）年を目指して、早期診断・早期対応を軸とする循環型の仕組みを構築することで、本人主体の医療・介護等を基本に据えて医療・介護等が有機的に連携し、発症予防⇒発症初期⇒急性増悪時⇒中期⇒人生の最終段階という認知症の容態の変化に応じて適時・適切に切れ目なく、そのときの容態にもっともふさわしい場所で提供される仕組みを実現する。

（1）本人主体の医療・介護等の徹底

○ 認知症の人の状態は、周囲の人々やケアの状態を反映する鏡とも言われる。認知症医療・介護等に携わる者は、認知症の人を、各々の価値観や個性、想い、人生の歴史等を持つ主体として尊重し、できないことではなくできることに目を向けて、本人が有する力を最大限に活かしながら、地域社会の中で本人のなじみの暮らし方やなじみの関係が継続できるよう、支援していくことが重要である。

○　このような本人主体の医療・介護等の原則は、その提供に携わるすべての者が、認知症の人が置かれた環境の下で、認知症の容態の変化に応じたすべての期間を通じて共有すべき基本理念であることを改めて徹底し、医療・介護等の質の向上を図っていく。

（2）発症予防の推進

○　加齢、遺伝性のもの、高血圧、糖尿病、喫煙、頭部外傷、難聴等が認知症の危険因子、運動、食事、余暇活動、社会的参加、認知訓練、活発な精神活動等が認知症の防御因子とされている。認知症の発症予防については、運動、口腔に係る機能の向上、栄養改善、社会交流、趣味活動など日常生活における取組が、認知機能低下の予防に繋がる可能性が高いことを踏まえ、住民主体の運営によるサロンや体操教室の開催など、地域の実情に応じた取組を推進していく。

（3）早期診断・早期対応のための体制整備

（かかりつけ医等の対応力向上や認知症サポート医の養成等）

○　認知症の症状や発症予防、軽度認知障害（ＭＣＩ）に関する知識の普及啓発を進め、本人や家族が小さな異常を感じたときに速やかに適切な機関に相談できるようにするとともに、かかりつけ医による健康管理やかかりつけ歯科医による口腔機能の管理、かかりつけ薬局における服薬指導のほか、地域、職域等の様々な場における、町内会、企業や商店、ボランティアやＮＰＯ、警察等による様々なネットワークの中で、認知症の疑いがある人に早期に気付いて適切に対応していくことができるような体制を構築していく。

○　このためには、「１．認知症への理解を深めるための普及・啓発の推進」に掲げた施策のほかに、まず何よりも身近なかかりつけ医が認知症に対する対応力を高め、必要に応じて適切な医療機関に繋ぐことが重要である。かかりつけ医の認知症対応力を向上させるための研修や、かかりつけ医の認知症診断等に関する相談役等の役割を担う認知症サポート医の養成を進めるほか、認知症に関する専門医、認定医等について、数値目標を定めて具体的に養成を拡充するよう、関係各学会等と協力して取り組む。

【かかりつけ医認知症対応力向上研修の受講者数（累計）】（目標引上げ）
2013（平成25）年度末実績 38,053人
⇒ 2017（平成29）年度末 60,000人
＊高齢者人口約600人に対して1人のかかりつけ医が受講するという基本的考え方を約500人に1人に引き上げ、2017（平成29）年度末50,000人の目標を60,000人に上方修正。

【認知症サポート医養成研修の受講者数（累計）】（目標引上げ）
2013（平成25）年度末実績 3,257人
⇒ 2017（平成29）年度末 5,000人
＊一般診療所（約10万）25か所に対して1人のサポート医を配置という基本的考え方を20か所に1人に引き上げ、2017（平成29）年度末4,000人の目標を5,000人に上方修正。

○　また、かかりつけ機能に加えて地域の医療機関、認知症疾患医療センター、地域包括支援センター等との日常的な連携機能を有する歯科医療機関や薬局も、認知症の早期発見における役割が期待される。歯科医師等による口腔機能の管理や薬剤師による服薬指導等を通じてこれらの専門職が高齢者等と接する中で、認知症の疑いがある人に早期に気付き、かかりつけ医等と連携して対応するとともに、その後も認知症の人の状況に応じた口腔機能の管理や服薬指導等を適切に行うことを推進する。このため、歯科医師や薬剤師の認知症対応力を向上させるための研修の在り方について検討した上で、関係団体の協力を得ながら研修を実施する。

【歯科医師・薬剤師の認知症対応力向上研修（仮称）】（新設）
2015（平成27）年度 研修の在り方について検討
⇒ 2016（平成28）年度〜 関係団体の協力を得て研修実施

（認知症疾患医療センター等の整備）

○ 認知症の疑いがある人については、かかりつけ医等が専門医、認知症サポート医等の支援も受けながら、必要に応じて認知症疾患医療センター等の専門医療機関に紹介の上、速やかに鑑別診断が行われる必要がある。

○ 認知症疾患医療センターについては、都道府県域全体の拠点機能を担うものや一部地域の拠点機能を担うものなど、都道府県ごとに地域の中で担うべき機能を明らかにした上で、認知症疾患医療センター以外の鑑別診断を行うことができる医療機関と併せて、計画的に整備を図っていく。また、個々の認知症疾患医療センターの機能評価も併せて行うことで、ＰＤＣＡサイクルにより認知症疾患医療センターの機能を確保していく。

【認知症疾患医療センターの数】
2014（平成26）年度見込み 約300か所
⇒ 2017（平成29）年度末 約500か所
＊ 目標自体は変更しないが、基幹型、地域型及び診療所型の３類型の機能やその連携の在り方を見直し、地域の実情に応じて柔軟に対応できるようにする。

（認知症初期集中支援チームの設置）

○ 早期に認知症の鑑別診断が行われ、速やかに適切な医療・介護等が受けられる初期の対応体制が構築されるよう、認知症初期集中支援チームの設置を推進する。市町村が地域包括支援センターや認知症疾患医療センターを含む病院・診療所等にチームを置き、認知症専門医の指導の下、複数の専門職が認知症が疑われる人又は認知症の人やその家族を訪問し、観察・評価を行った上で家族支援などの初期の支援を包括的・集中的に行い、かかりつけ医と連携しながら認知症に対する適切な治療に繋げ、自立生活のサポートを行う。

【認知症初期集中支援チームの設置市町村数】（目標引上げ）
2014（平成 26）年度見込み 41 市町村
⇒ 2018（平成 30）年度～ すべての市町村で実施
＊地域における医療及び介護の総合的な確保を推進するための関係法律の整備等に関する法律（平成26年法律第83号。以下「医療介護総合確保推進法」という。）を踏まえ、新たに目標を設定。

（早期診断後の適切な対応体制の整備）

○　認知症は早期診断を行った後の対応体制の整備が重要である。早期診断の際に地域の当事者組織の連絡先を紹介するなど、地域の実情に応じ、認知症の人やその家族の視点に立った取組を推進する。

（4）行動・心理症状（BPSD）や身体合併症等への適切な対応

（循環型の仕組みの構築）

○　認知症の人に行動・心理症状（BPSD）や身体合併症等が見られた場合にも、医療機関・介護施設等で適切な治療やリハビリテーションが実施されるとともに、当該医療機関・介護施設等での対応が固定化されないように、退院・退所後もそのときの容態にもっともふさわしい場所で適切なサービスが提供される循環型の仕組みを構築する。その際、入院・外来による認知症の専門医療も循環型の仕組みの一環であるとの認識の下、その機能分化を図りながら、医療・介護の役割分担と連携を進める。
　認知症を含む精神疾患は、医療計画に位置づけられていることを踏まえ、都道府県は地域における医療提供体制の整備を進めることとする。

○　介護現場の能力を高め、介護で対応できる範囲を拡げるためには、精神科や老年科等の専門科による、医療の専門性を活かした介護サービス事業者等への後方支援と司令塔機能が重要であり、その質の向上と効率化を図っていく。具体的には、精神科病院等が介護事業所等と連携する、あるいは地域のネットワークに加わり、介護職員や家族、認知症の専門科ではない一般診療科の医師等からの相談に専門的な助言を行ったり、通院や往診（通院困難な場合）等により適切な診断・治療を行ったりすることが必要である。

（行動・心理症状（BPSD）への適切な対応）

○　行動・心理症状（BPSD）は認知症の進行により必ず生じるものではなく、また、その発現には身体的要因や環境要因が関与することもある。まずは早期診断とその後の本人主体の医療・介護等を通じて行動・心理症状（BPSD）を予防するほか、行動・心理症状（BPSD）が見られた場合にも的確なアセスメントを行った上で非薬物的介入を対応の第一選択とするのが原則である。

○　行動・心理症状（BPSD）に投薬をもって対応するに当たっては、生活能力が低下しやすいことや服薬による副作用が生じやすいことなど高齢者の特性等を考慮した対応がなされる必要があり、「かかりつけ医のためのBPSDに対応する向精神薬使用ガイドライン」等の普及を図っていく。また、複数の医療機関からの投薬による内服薬の重複や副作用等が頻回にみられるとの指摘もあり、地域医療における投薬の調整に資する取組みを進める。

○　行動・心理症状（BPSD）に対応するに当たっては、病識を欠くことがあり、症状によっては本人の意思に反したり行動を制限したりする必要がある。精神科病院については、精神保健及び精神障害者福祉に関する法律（昭和25年法律第123号）の体系の中で、行動の制限が個人の尊厳を尊重し、人権に配慮して行われるよう、適正な手続き等が定められている。また、介護保険施設や入居系のサービスについては、介護保険法（平成9年法律第123号）の体系の中で、身体的拘束等の原則禁止と緊急やむを得ず身体的拘束等を行う場合の適正な手続き等が定められている。引き続き、これらの仕組みに基づき、行動の制限が必要な場合にあってもそれが適切に行われるようにするとともに、これら以外の医療・介護等の現場においてもこのような趣旨が徹底されるようにするための方策について、検討を進める。

○　認知症の人の入院においては、行動・心理症状（BPSD）が大きな要因を占め、その際、家族は限界まで疲弊してから認知症の人を入院させることがあるため、入院し、行動・心理症状（BPSD）が緩和されても在宅復帰を尻込みし、結果として入院が長期化するとの負の連鎖があることがある。早期診断・早期対応を推進するとともに、認知症の人の介護者への支援を行うことが認知症の人の生活の質の改善にも繋がるとの視点に立って、家族の精神的身体的負担を軽減する観点からの支援を推進する。

○　精神科病院における認知症の人の入院に関しては、標準化された高度な専門的医療サービスを必要に応じて集中的に提供する場として、長期的・継続的な生活支援サービスを提供する介護サービス事業所や施設と、適切に役割を分担し、連携を図ることが望まれる。なお、慢性の行動・心理症状（BPSD）及び中等度から重度の身体合併症を伴う場合等においては、長期的に専門的な医療サービスが必要となることもある。

○　認知症の人に精神科病院における医学的な治療が必要かどうかについては、介護力、サービス支援、受け皿等の地域差異が大きく、入院が必要な状態を一律に明確化することは困難であるが、①妄想（被害妄想など）や幻覚（幻視、幻聴など）が目立つ、②些細なことで怒りだし、暴力などの興奮行動に繋がる、③落ち込みや不安・苛立ちが目立つこと等により、本人及び介護者等の生活が阻害され、専門医による医療が必要とされる場合が考えられる。

○　また、医療機関・介護施設等での対応が固定化されないように、退院・退所後もそのときの容態にもっともふさわしい場所で適切なサービスが提供される循環型の仕組みを構築する観点からも、早期退院・退所を阻害する要因を検討した上で、地域における退院支援・地域連携クリティカルパスの作成を進め、医療機関・介護施設等からの円滑な退院・退所や在宅復帰を支援する。

（身体合併症等への適切な対応）

○ 認知症の人の身体合併症等への対応を行う急性期病院等では、身体合併症への早期対応と認知症への適切な対応のバランスのとれた対応が求められているが、現実には、認知症の人の個別性に合わせたゆとりある対応が後回しにされ、身体合併症への対応は行われても、認知症の症状が急速に悪化してしまうような事例も見られる。身体合併症対応等を行う医療機関での認知症への対応力の向上を図る観点から、関係団体による研修も積極的に活用しながら、一般病院勤務の医療従事者に対する認知症対応力向上研修の受講を進める。

【一般病院勤務の医療従事者に対する認知症対応力向上研修の受講者数（累計）】
2013（平成25）年度末実績 3,843人
⇒ 2017（平成29）年度末 87,000人
＊病院（約8,700）1か所当たり10人（医師2人、看護師8人）の医療従事者が受講という基本的考え方は変更せず。

○ 身体合併症への適切な対応を行うためには、身体合併症等への対応を行う急性期病院等における行動・心理症状（BPSD）への対応力を高めること、及び精神科病院における身体合併症への対応力を高めることがともに重要であり、身体合併症等に適切に対応できる医療の提供の場の在り方について検討を進める。

○ 急性期病院をはじめとして、入院、外来、訪問等を通じて認知症の人と関わる看護職員は、医療における認知症への対応力を高める鍵となる。既存の関係団体の研修に加え、広く看護職員が認知症への対応に必要な知識・技能を修得することができる研修の在り方について検討した上で、関係団体の協力を得ながら研修を実施する。

【看護職員の認知症対応力向上研修（仮称）】（新設）

2015（平成27）年度 研修の在り方について検討
⇒ 2016（平成28）年度～ 関係団体の協力を得て研修実施

（適切な認知症リハビリテーションの推進）

○　認知症の人に対するリハビリテーションについては、実際に生活する場面を念頭に置きつつ、有する認知機能等の能力をしっかりと見極め、これを最大限に活かしながら、ADL（食事、排泄等）やIADL（掃除、趣味活動、社会参加等）の日常の生活を自立し継続できるよう推進する。このためには認知機能障害を基盤とした生活機能障害を改善するリハビリテーションモデルの開発が必須であり、研究開発を推進する。また、介護老人保健施設等で行われている先進的な取組を収集し、全国に紹介することで、認知症リハビリテーションの推進を図る。

（5）認知症の人の生活を支える介護の提供

（介護サービス基盤の整備）

○　認知症の人は、その環境に応じて、居宅で家族等の介護を受け、独居であっても地域の見守り等の支援を受けながら、小規模多機能型居宅介護や定期巡回・随時対応サービスなどの訪問・通所系サービスを受けたり、認知症グループホーム（認知症対応型共同生活介護）や有料老人ホーム等における特定施設入居者生活介護などの居住系サービスを利用したり、介護保険施設に入ったりと、様々な形で介護サービスと関わりながら生活をしていくこととなる。介護保険事業計画及び介護保険事業支援計画に沿って、介護サービス基盤の整備を進めていく。

○　特に認知症グループホーム（認知症対応型共同生活介護）については、認知症の人のみを対象としたサービスであり、地域における認知症ケアの拠点として、その機能を地域に展開し、共用型認知症対応型通所介護や認知症カフェ等の事業を積極的に行っていくことが期待されている。また、地域に開かれた事業運営が行われないと、そのサービス形態から外部の目が届きにくくなるとの指摘もあることから、介護サービスの質の評価や利用者の安全確保を強化する取組みを進める。その他のサービスにおいても、利用者の中の認知症の人の割合が増加する中、認知症への対応力を向上することが求められており、これらの機能を発揮できるような仕組みの整備を進めていく。

（良質な介護を担う人材の確保）

○　認知症の人への介護に当たっては、認知症のことをよく理解し、本人主体の介護を行うことで、できる限り認知症の進行を緩徐化させ、行動・心理症状（ＢＰＳＤ）を予防できるような形でサービスを提供することが求められている。このような良質な介護を担うことができる人材を質・量ともに確保していく。

○　このため、現場経験おおむね２年以上の者が認知症介護の理念、知識及び技術を修得するための「認知症介護実践者研修」⇒現場経験おおむね５年以上の者が事業所内のケアチームの指導者役となるための「認知症介護実践リーダー研修」⇒現場経験おおむね１０年以上の者が研修の企画立案・講師役等となるための「認知症介護指導者養成研修」というステップアップの研修体系について、医療・介護等の連携に資するよう、必要な研修内容の見直しを行った上で、ｅラーニングの部分的活用など研修を受講しやすい仕組みの導入を図りつつ、受講者数の増加を図る。その際、研修ニーズに的確に対応できるよう、一定の質の担保を前提とした上で、都道府県等から関係団体への研修の委託等の取組を推奨していく。また、これらの研修の修了者が介護現場だけでなく、地域の認知症施策の中で様々な役割を担うことができるようにしていく。

【認知症介護指導者養成研修の受講者数（累計）】
2013（平成25）年度末実績 1,814 人
⇒ 2017（平成29）年度末 2,200 人
＊中学校区（約11,000）５つ当たり１人が受講という基本的

考え方は変更しない。また、必要な研修内容の見直しやｅラーニングの部分的活用など研修を受講しやすい仕組みの導入について、2015（平成27）年度に検討を行い、2016（平成28）年度からの実施を目指す。

【認知症介護実践リーダー研修の受講者数（累計）】
2013（平成25）年度末実績 2.9万人
⇒ 2017（平成29）年度末４万人
＊すべての介護保険施設（約15,000）とグループホーム（約14,000）の職員１人ずつが受講し、加えて、小規模多機能型居宅介護事業所、訪問介護事業所、通所介護事業所等の職員はすべての中学校区（約11,000）内で１人ずつが受講という基本的考え方を改め、認知症介護指導者養成研修の受講者数（累計）と認知症介護実践リーダー研修の受講者数（累計）の2013（平成25）年度末実績の比率（約1：16）を用いて、2017（平成29）年度末の認知症指導者養成研修の受講者数（累計）の目標値から算出。また、必要な研修内容の見直しやｅラーニングの部分的活用など研修を受講しやすい仕組みの導入について、2015（平成27）年度に検討を行い、2016（平成28）年度からの実施を目指す。

【認知症介護実践者研修の受講者数（累計）】（目標新設）
2013（平成25）年度末実績 17.9万人
⇒ 2047（平成29）年度末 24万人
＊認知症介護実践リーダー研修の受講者数（累計）と認知症介護実践者研修の受講者数（累計）の2013（平成25）年度末実績の比率（約1：6）を用いて、2017（平成29）年度末の認知症介護実践リーダー研修の受講者数（累計）の目標値から新たに算出。また、必要な研修内容の見直しやｅラーニングの部分的活用など研修を受講しやすい仕組みの導入について、2015（平成27）年度に検討を行い、2016（平成28）年度からの実施を目指す。

さらに、新任の介護職員等が認知症介護に最低限必要な知識・技能をｅラーニングの活用により修得できる研修として、新たに認知症介護基礎研修（仮称）を導入することとし、認知症介護に携わる可能性のあるすべての職員がこれを受講することを目指す。

【認知症介護基礎研修（仮称）の受講者数（累計）】（新設）
⇒ 認知症介護に携わる可能性のあるすべての職員の受講を目指す
＊eラーニングの活用により新任の介護職員等が認知症介護に最低限必要な知識・技能を修得できる研修について、2015（平成27）年度にモデル事業を行い、2016（平成28）年度からの実施を目指す。

（６）人生の最終段階を支える医療・介護等の連携

○　人生の最終段階にあっても本人の尊厳が尊重された医療・介護等が提供されることが重要であり、その在り方について検討を進める。特に認知症の人には意思能力の問題があることから、例えば延命処置など、将来選択を行わなければならなくなる場面が来ることを念頭に、多職種協働により、あらかじめ本人の意思決定の支援を行っておく等の取組を推進する。

（７）医療・介護等の有機的な連携の推進

（認知症ケアパスの確立）

○　地域ごとに医療・介護等が適切に連携することを確保するためには、認知症の容態に応じた適切なサービス提供の流れ（「認知症ケアパス」）を確立することが必要である。２０１５（平成２７）年度からの第６期介護保険事業計画の策定に当たっては、地域で作成した「認知症ケアパス」を踏まえて介護サービス量の見込みを定めるよう求めている。また、認知症ケアパスは、地域ごとの医療・介護等の資源を列挙するだけに留まらず、認知症の人一人ひとりのケアパスに沿って、支援の目標を設定し、これが認知症の人やその家族、医療・介護関係者等の間で共有され、サービスが切れ目なく提供されるように、その活用を推進していく。

（医療・介護関係者等の間の情報共有の推進）

○　認知症は今や一般的な病気（Common Disease）であり、診療科を超えて連携して対応していく必要があるほか、介護による生活の支援がないと医療での対応だけでは支援が成り立たないという特徴がある。特に、早期診断・早期対応や行動・心理症状（BPSD）、身体合併症等への対応においては、かかりつけ医・認知症サポート医・認知症専門医、認知症初期集中支援チーム、認知症疾患医療センター、急性期対応を主とする病院・リハビリテーション対応を主とする病院・精神科病院、歯科医療機関、薬局、地域包括支援センター、介護支援専門員、介護サービス事業者など様々な主体が関わることから、医療・介護関係者等の間の情報共有が重要である。

○　例えば行動・心理症状（BPSD）が生じている原因や背景については、医療・介護等の双方の視点から身体的要因や環境要因のアセスメントについて意見を交わすことが重要である。まずは、介護関係者が医療関係者の診断をしっかりと理解し、それを生活の支援に活かしていく一方で、例えば投薬が認知症の人の生活にどのような変化をもたらしているかについて、医療関係者が介護関係者からフィード・バックを得ることが、適切な診断や投薬に繋がっていくことも考えられる。かかりつけ医等と介護支援専門員等を中心として、医療・介護関係者が顔の見える関係を築き、コミュニケーションを取りながら連携を図っていくことが重要である。

○　このため、認知症に関わる医療・介護連携のマネジメントを行う上で必要な情報連携ツールの例を提示することなどを通じて、地域の実情に応じた医療・介護関係者等の連携の取組を推進する。その際、情報連携ツールそのものも重要であるが、地域ごとに認知症の医療・介護等に携わる関係者が集まり、使いやすい情報連携ツールについて議論を交わすプロセス自体も、顔の見える関係の構築を通じて、医療・介護等の連携に資するものと考えられる。このような取組に併せ、地域ケア会議において、認知症に関わる地域資源の共有・発掘や連携を推進する。

【認知症情報連携シート（仮称）の整備】（新設）
2015（平成 27）年度 研究事業で連携シートの雛形を提示
⇒ 2016（平成 28）年度～ 地域の実情に応じた連携シートの活用を推進

（認知症地域支援推進員の配置）

○　認知症の人が住み慣れた地域で安心して暮らし続けるためには、認知症の容態の変化に応じすべての期間を通じて必要な医療・介護等が有機的に連携したネットワークを形成し、認知症の人への支援を効果的に行うことが重要である。このため、市町村ごとに、地域包括支援センター、市町村、認知症疾患医療センター等に認知症地域支援推進員を配置し、認知症疾患医療センターを含む医療機関や介護サービス及び地域の支援機関の間の連携を図るための支援や、認知症の人やその家族を支援する相談業務等を行う。

【認知症地域支援推進員の人数】（目標引上げ）
2014（平成 26）年度見込み 217 市町村
⇒ 2018（平成 30）年度～ すべての市町村で配置
＊ 医療介護総合確保推進法を踏まえ、新たに目標を設定。

○　認知症については、医学的な管理と日々の生活を支える介護の双方が重要であり、両者が同じ方向性を共有しながら一体的に提供される必要がある。このため、医療・介護等の有機的な連携を推進する目的で作成された「認知症ライフサポート研修（認知症ケアに携わる多職種協働研修）テキスト」や「認知症および家族への対応ガイドライン」等について、認知症地域支援推進員等による積極的な活用を推進する。

（地域包括支援センターと認知症疾患医療センターとの連携の推進）

○　認知症の人に対するサービスを効率的・効果的に提供するためには、それぞれのサービスを有機的に連携させて機動的に利用できるようにするための司令塔機能が必要である。このためには、地域包括支援センターや認知症疾患医療センターが地域の実情に応じて有機的に連携することが不可欠であることから、地域包括支援センターの医療との連携機能の強化や、地域包括支援センターの機能を併せ持つ認知症疾患医療センターについても、先進的な取組事例を全国に紹介して両者の連携を進め、地域における司令塔機能を構築する。

3．若年性認知症施策の強化

【基本的考え方】

若年性認知症の人については、就労や生活費、子どもの教育費等の経済的な問題が大きい、主介護者が配偶者となる場合が多く、時に本人や配偶者の親等の介護と重なって複数介護になる等の特徴があることから、居場所づくり、就労・社会参加支援等の様々な分野にわたる支援を総合的に講じていく。

○　若年性認知症については、初期症状が認知症特有のものではなく診断しにくい、また、本人や周囲の人が何らかの異常には気付くが受診が遅れることが多いといった特徴があることから、改めて若年性認知症についての普及啓発を進め、若年性認知症の早期診断・早期対応へと繋げていく。

○　若年性認知症の人は、その状態や環境に応じて、今後の生活等に係る相談、雇用の継続や障害福祉サービスである就労継続支援事業の利用、障害者手帳の取得や障害年金の受給など、様々な制度に関わってくる。若年性認知症の人が発症初期の段階から適切な支援を受けられるよう、医療機関や市町村窓口等を通じて、若年性認知症と診断された人やその家族に、若年性認知症支援のハンドブックを配布する。

○　都道府県ごとに若年性認知症の人やその家族からの相談の窓口を設置し、そこに若年性認知症の人の自立支援に関わる関係者のネットワークの調整役を担う者を配置することで、若年性認知症の人の視点に立った対策を進める。具体的には、若年性認知症の人との意見交換会の開催等を通じた若年性認知症の人のニーズ把握、若年性認知症の人やその家族が交流できる居場所づくり、事業主に対する若年性認知症の人の就労について理解を図るための周知、若年性認知症の人がハローワークによる支援等が利用可能であることの周知等の若年性認知症の特性に配慮した就労・社会参加支援等を推進する。

【若年性認知症の人の自立支援に関わる関係者のネットワークの調整役を担う者の配置等の事業の実施都道府県数】
2013（平成25）年度末実績21都道府県
⇒ 2017（平成29）年度末47都道府県

4．認知症の人の介護者への支援

【基本的考え方】
認知症の人の介護者への支援を行うことが認知症の人の生活の質の改善にも繋がるとの観点に立って、特に在宅においては認知症の人のもっとも身近な伴走者である家族など、介護者の精神的身体的負担を軽減する観点からの支援や、介護者の生活と介護の両立を支援する取組を推進する。

（認知症の人の介護者の負担軽減）

○　認知症の人の介護者の負担を軽減するため、認知症初期集中支援チーム等による早期診断・早期対応を行うほか、認知症の人やその家族が、地域の人や専門家と相互に情報を共有し、お互いを理解し合う認知症カフェ等の設置を推進する。

【認知症カフェ等の設置】（目標新設）
2013（平成25）年度 国の財政支援を開始
⇒ 2018（平成30）年度～すべての市町村に配置される認知症地域支援推進員等の企画により地域の実情に応じ実施
＊ 医療介護総合確保推進法を踏まえ、新たに目標を設定。

○ また、認知症の人の介護者負担を軽減する観点から、通所介護、短期入所生活介護、小規模多機能型居宅介護等のサービスの整備を進める。

（介護者たる家族等への支援）

○ 認知症の人の介護者たる家族等への支援を行うことで、認知症の人の生活の質を改善することができる。かかりつけ医等も、認知症の人の容態だけでなく、家族等の負担の状況をも適切に評価・配慮することが必要である。また、家族向けの認知症介護教室等の取組について、好事例を収集して全国に紹介し、その普及を進める。

（介護者の負担軽減や仕事と介護の両立）

○ 介護者の腰痛などの身体的負担を軽減するため、移乗介助時に用いる介護ロボットや、高齢者自身が介護者の介助なく動くための歩行支援機器の開発を支援する。また、介護現場の具体的なニーズを踏まえた介護ロボットの開発が行われるよう、現場でのモニター調査や実証実験等を推進する。

○ また、団塊世代が高齢者となってきている中で、働き盛り世代の家族介護者が今後急増していくものと考えられ、介護者の仕事と介護の両立支援が必要である。こうした観点から、企業及び労働者双方の抱える課題を踏まえた「介護離職を予防するための職場環境モデル」普及のための研修の実施やパンフレットの作成・配布、両立に向けた理解を深めるためのシンポジウムの開催、多様でかつ柔軟な働き方を労働者が選択できるような取組を推進する企業に対する表彰制度などを総合的に実施することにより、介護離職を防止するための取組に向けた社会的機運の醸成を図っていく。

5．認知症の人を含む高齢者にやさしい地域づくりの推進

【基本的考え方】

生活の支援（ソフト面）、生活しやすい環境（ハード面）の整備、就労・社会参加支援及び安全確保の観点から、認知症の人を含む高齢者にやさしい地域づくりを推進する。

（１）生活の支援

○　一人暮らし高齢者や夫婦二人のみ世帯が増加する中で、例えば、買い物、調理、掃除などの家事支援サービス、配食サービス、外出支援サービス、買物弱者への宅配サービスの提供等を支援する。

○　外出機会の少なくなった高齢者の人が、新たに仲間を作り、地域の方と交流を図る場として、サロン等の設置を推進する。

○　高齢者が利用しやすい商品（例：認知症の人の服薬を支援するための商品、操作しやすいリモコン等）の開発を支援する。また、高齢者が新しい介護食品（スマイルケア食）を手軽に活用できるよう環境整備を行う。

（２）生活しやすい環境（ハード面）の整備

○　高齢者が住み慣れた地域で自分らしい暮らしを安心して続けるためには住まいの確保は基本であり、サービス付き高齢者向け住宅や有料老人ホームなど、多様な高齢者向け住まいの確保を支援するとともに、高齢者の生活支援を行う施設の住宅団地等への併設を促進する。

○　公共交通施設や建築物等のさらなるバリアフリー化を推進す

るとともに、バリアフリー法の基本構想制度による福祉施設など高齢者等の生活関連施設が所在する地区の面的・一体的なバリアフリー化を推進する。

○　認知症の人を含め、自動車を運転することができない高齢者や自動車の運転を避けたいと考えている高齢者に、自ら運転しなくても、移動できる手段を確保できるよう、公共交通の充実を図る。

（3）就労・社会参加支援

○　高齢者の方が生きがいを持って生活できるよう、就労、地域活動やボランティア活動への参加など積極的な社会参加を促すとともに、早いうちから学びを通じて地域活動やボランティア活動へ参画しやすくなる仕組みづくりを促進する。

○　特に若年性認知症の人にとっては、就労による収入は生活の糧であり、また、生きがいにもつながると考えられることから、通常の事業所に雇用されることが困難な場合には、心身の状態に応じて障害福祉サービスである就労継続支援事業による支援を行う。

（4）安全確保

（地域での見守り体制の整備）

○　認知症の人やその家族が安心して暮らすためには、地域によるさりげない見守り体制づくりが重要であることから、独居高齢者の安全確認や行方不明者の早期発見・保護を含め、地域での見守り体制を整備する。また、行方不明となってしまった認知症高齢者等については、厚生労働省ホームページ上の特設サイトの活用等により、家族等が地方自治体に保護されている身元不明の認知症高齢者等の情報にアクセスできるようにしていく。

（交通安全の確保）

○ 高齢者の交通事故死者数は、全交通事故死者数の約半数を占め、その割合は年々増加傾向にある。そのため、認知症の人や認知機能が低下している人による交通事故を未然に防止するための制度を充実するとともに、地域の関係機関・団体と連携した高齢者宅への訪問指導、高齢の歩行者や個人の運転能力の評価に応じた高齢運転者に対する交通安全教育などを実施し、また、幅の広い歩道等やバリアフリー対応型の信号機を整備し、道路標識・道路標示の高輝度化、標示板の大型化の推進、公共交通の充実など高齢歩行者や高齢運転者の交通安全を確保する。

（詐欺などの消費者被害の防止）

○ 認知症の人、高齢者の消費相談は近年増加し、消費者トラブルに遭遇した場合の被害は多額かつ頻回となっていることから、これらの消費者被害を防止するために、地域の関係者による見守りや相談体制を整備するとともに、引き続き、関係機関等と連携して注意喚起等を行う。

（権利擁護）

○ 認知症の人や高齢者の権利擁護のため、財産の管理や契約に関し本人を支援する成年後見制度や、利用者からの問い合わせ内容に応じて、法制度に関する情報や相談機関・団体等に関する情報を無料で提供する日本司法支援センター（法テラス）の制度周知や利用促進を行う。特に市民後見については、市民後見人養成のための研修の実施、市民後見人の活動を安定的に実施するための組織体制の構築、市民後見人の適正な活動のための支援等を通じて、市民後見人の活動を推進するための体制整備を行う。

また、人生の最終段階における本人の意思決定支援の在り方についても検討を行う。

○ 認知症の人が軽度の違法行為を繰り返し行うようなケースについては、認知症の症状としてそのような行為に至る可能性も指摘されている。違法行為を行った者であって医療・介護等の支援を必要とするものに対する必要な支援について検討を行う。

（虐待防止）

○　高齢者虐待は依然として深刻な状況にあり、高齢者の尊厳保持のためには虐待防止を図ることは重要であることから、高齢者虐待の防止、高齢者の養護者に対する支援等に関する法律（2005（平成17）年法律第124号）に基づき、養介護施設従事者や医師等高齢者の福祉に関係のある者に早期発見に努めてもらうよう周知を行うとともに、市町村等に高齢者虐待に関する通報や届出があった場合には、関係機関と連携して速やかに高齢者の安全確認や虐待防止、保護を行うなど早期対応に努める。特に身体拘束の原則禁止については、認知症の人をはじめとする高齢者の尊厳が尊重された医療・介護等の提供の観点からも重要であり、その推進を図る。また、虐待を受けた高齢者の保護、心身のケアを行うとともに、虐待を行った養護者等に対する支援も推進する。

6．認知症の予防法、診断法、治療法、リハビリテーションモデル、介護モデル等の研究開発及びその成果の普及の推進

【基本的考え方】
認知症をきたす疾患それぞれの病態解明や行動・心理症状（BPSD）等を起こすメカニズムの解明を通じて、予防法、診断法、治療法、リハビリテーションモデル、介護モデル等の研究開発を推進する。また、研究開発により効果が確認されたものについては、速やかに普及に向けた取組を行う。なお、認知症に係る研究開発及びその成果の普及の推進に当たっては、「健康・医療戦略」及び「医療分野研究開発推進計画」に基づき取り組む。

○　認知症は未だその病態解明が不十分であり、根本的治療薬や予防法は十分には確立されていない。大規模遺伝子解析や国際協働も目的とした高品質・高効率なコホートを全国に展開する

ための研究等を推進し、認知症の病態等の解明を進め、バイオマーカー等の同定により認知症の早期発見や診断法を確立していく。さらに、発症前の先制治療の可能性についても追求しながら、根本的治療薬や効果的な症状改善法、有効な予防法の開発に繋げていく。

○　具体的には、「医療分野研究開発推進計画」における各省連携プロジェクトの一つである「脳とこころの健康大国実現プロジェクト」によりこれらを推進する。「脳科学研究戦略推進プログラム（脳プロ）」では、認知症等の精神・神経疾患の発症メカニズムを明らかにし、「革新的技術による脳機能ネットワークの全容解明プロジェクト（革新脳）」では、ヒトの精神活動にとって重要な回路の同定等を行うことにより、精神・神経疾患の理解につなげる。また、「認知症研究開発事業」では、認知症の予防法、診断法、治療法、リハビリテーションモデル、介護モデル等の研究開発を推進していく。さらに、これらの研究開発の推進のためにも、認知症の人が研究への参加に際して容易に登録できるような仕組みを構築するなど、臨床研究の推進に寄与する支援体制を強化していく。

○　認知症の人の自立支援や介護者の負担軽減に資する観点から、日本の高度な水準のロボット技術やＩＣＴ技術を活用した機器等の開発支援・普及促進を行う。その際、介護現場のニーズに適した実用性の高い機器の開発が促進されるよう、開発の早い段階から現場のニーズの伝達や試作機器についての介護現場での実証等を行う。

○　また、認知症予防については、認知機能検査に関する情報、身体活動量や社会参加といった危険因子・保護因子に関する情報、診療報酬・介護報酬等の情報など、多くの情報をビッグデータとして集約・活用し、住民や企業が一体となって地域全体として取組を推進できるようなスキームの開発を進める。

【2015（平成27）年度までの達成目標】

分子イメージングによる超早期認知症診断方法を確立

【2020（平成32）年頃までの達成目標】

日本発の認知症の根本治療薬候補の治験開始

7．認知症の人やその家族の視点の重視

【基本的考え方】

認知症の人の視点に立って認知症への社会の理解を深めるキャンペーン（再掲）のほか、初期段階の認知症の人のニーズ把握や生きがい支援、認知症施策の企画・立案や評価への認知症の人やその家族の参画など、認知症の人やその家族の視点を重視した取組を進めていく。

（1）認知症の人の視点に立って認知症への社会の理解を深めるキャンペーンの実施

○　広告等を通じて、認知症への社会の理解を深めるための全国的なキャンペーンを展開する。その際、認知症の人が生き生きと活動している姿は、認知症に関する社会の見方を変えるきっかけともなり、また、多くの認知症の人に希望を与えるものでもあると考えられる。特に、初期段階の認知症の人が、できないことを様々な工夫で補いつつ、できることを活かして希望や生きがいを持って暮らしている姿は、認知症の診断を受けた後の生活への安心感を与え、早期に診断を受けることを促す効果もあると考えられる。認知症に対する画一的で否定的なイメージを払拭する観点からも、認知症の人が自らの言葉でそのメッセージを語る姿等を積極的に発信していく。
(再掲)

（2）初期段階の認知症の人のニーズ把握や生きがい支援

○　認知症の初期の段階では、診断を受けても必ずしもまだ介護が必要な状態にはなく、むしろ本人が求める今後の生活に係る様々なサポートが十分に受けられないとの声もある。早期診断・早期対応を実効あるものとするためにも、まずは認知症の人が住み慣れた地域のよい環境で自分らしく暮らし続けるために必要と感じていることについて実態調査を行う。

○　また、初期段階の認知症の人を単に支えられる側と考えるだけでなく、認知症とともによりよく生きていただけるよう環境整備を行っていく観点からは、例えば認知症カフェで認知症の人を単にお客さんとして捉えるだけでなく、希望する人にはその運営に参画してもらい、このような中で認知症の人同士の繋がりを築いて、カフェを超えた地域の中での更なる活動へと繋げていけるような、認知症の人の生きがいづくりを支援する取組を推進する。

（3）認知症施策の企画・立案や評価への認知症の人やその家族の参画

○　認知症の人やその家族の視点は、本戦略だけでなく、地方自治体レベルで認知症施策を企画・立案し、また、これを評価するに当たっても尊重されることが望ましい。認知症の人やその家族の視点を認知症施策の企画・立案や評価に反映させるための好事例の収集や方法論の研究を進め、これを発信することで全国的な取組を推進していく。

（4）その他

（早期診断後の適切な対応体制の整備）

○　認知症は早期診断を行った後の対応体制の整備が重要である。早期診断の際に地域の当事者組織の連絡先を紹介するなど、地域の実情に応じ、認知症の人やその家族の視点に立った取組を推進する。
（再掲）

（若年性認知症施策の強化）

○　都道府県ごとに若年性認知症の人やその家族からの相談の窓口を設置し、そこに若年性認知症の人の自立支援に関わる関係者のネットワークの調整役を担う者を配置することで、若年性認知症の人の視点に立った対策を進める。具体的には、若年性認知症の人との意見交換会の開催等を通じた若年性認知症の人のニーズ把握、若年性認知症の人やその家族が交流できる居場所づくり、事業主に対する若年性認知症の人の就労について理解を図るための周知、若年性認知症の人がハローワークによる支援等が利用可能であることの周知等の若年性認知症の特性に配慮した就労・社会参加支援等を推進する。
（再掲）

第３．終わりに

認知症の人の視点に立てば、認知症高齢者等にやさしい地域は、認知症の人の意思が尊重され、できる限り住み慣れた地域のよい環境で自分らしく暮らし続けることができるものであることが望まれる。これを実現するためには、国を挙げた取組みが必要であり、関係省庁の連携はもとより、行政だけでなく民間セクターや地域住民自らなど、様々な主体がそれぞれの役割を果たしていくことが求められていると言える。

特に、認知症への対応に当たっては、発症を予防する、認知症になっても早期に診断を受けて地域で生活を続けられるようにする、適切なケアによりできる限り認知症の進行を遅らせて行動・心理症状（ＢＰＳＤ）等が起こらないようにする、行動・心理症状（ＢＰＳＤ）等が起きそうな兆候を察知して素早く適切な対応に結びつけるなど、常に一歩先んじて何らかの手を打つという意識を、社会全体で共有していかなければならない。

また、認知症高齢者等にやさしい地域は、決して認知症の人だけにやさしい地域ではない。困っている人がいれば、その人の尊厳を尊重しつつ手助けをするというコミュニティーの繋がりこそが、その基盤となるべきであり、認知症高齢者等にやさしい地域づくりを通じて地域を再生するという視点も重要である。

冒頭にも述べたように、認知症への対応は今や世界共通の課題である。世界でもっとも速いスピードで高齢化が進んできた我が国には、認知症ケアや予防に向けた取組についての好事例が多くあり、これを国際的に発信していくことや、国際連携を進めることにより、認知症高齢者等にやさしい地域づくりを世界的に推進していく。

本戦略は、認知症の人やその家族の視点に立って施策を整理したものであり、その進捗状況についても、認知症の人やその家族の意見を聞きながら、随時点検していく。また、本戦略には、医療・介護サービス等の提供に関し、個々の資源の整備に係る数値目標だけでなく、これらの連携等の様々な観点が盛り込まれていることから、これらの施策のアウトカム指標の在り方についても検討を行い、できる限り定量的評価を行っていくことを目指す。これらの点検・評価を踏まえ、本戦略の不断の見直しを行っていくこととする。

（厚生労働省資料より作成）

介護保険が適用される福祉用具の例

■福祉用具貸与

区分	イメージイラスト
車いす	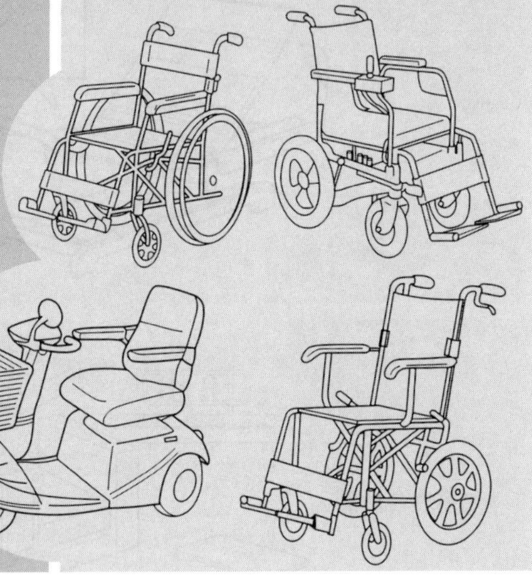
車いす付属品	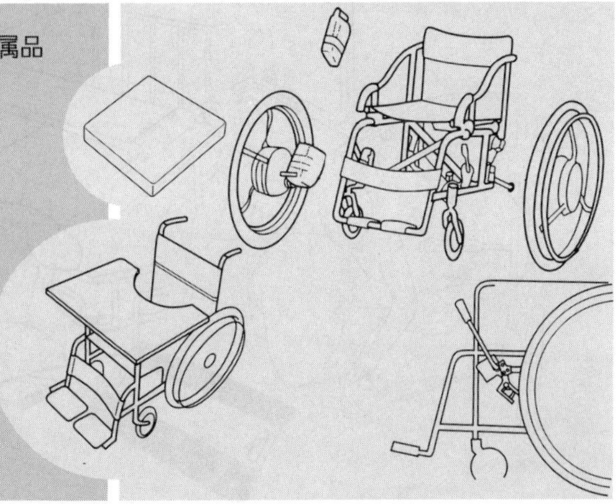

区分	イメージイラスト
特殊寝台	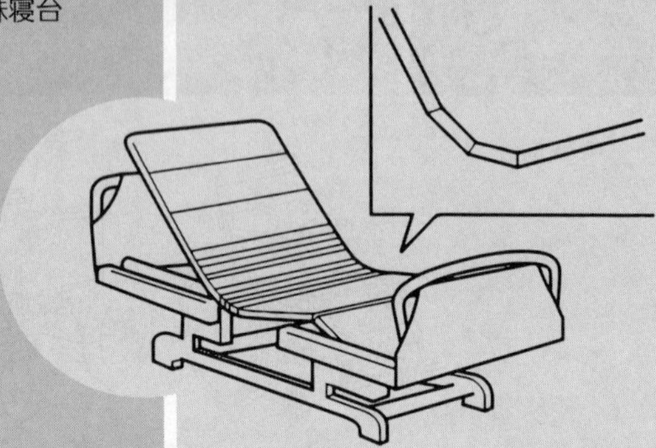
特殊寝台付属品	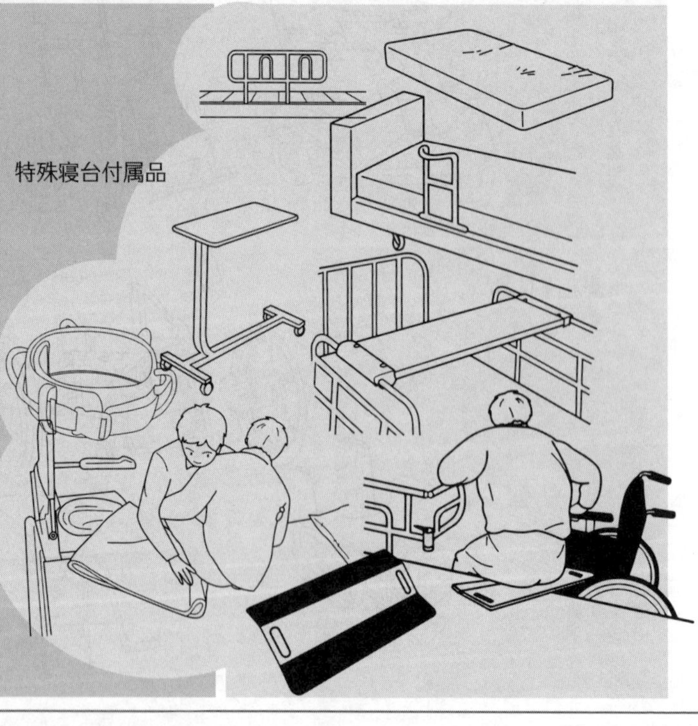

区分	イメージイラスト
床ずれ防止用具	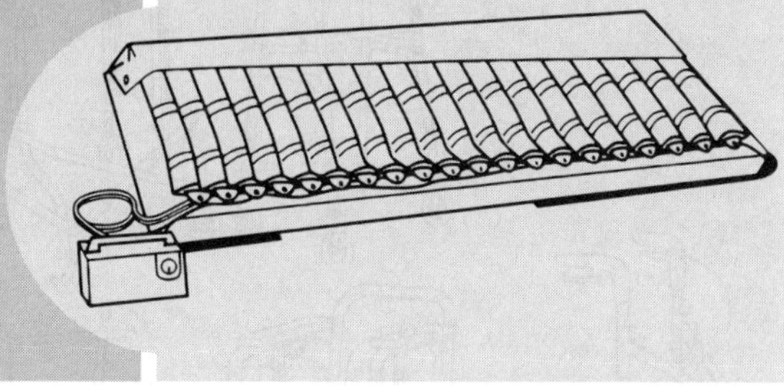
体位変換器	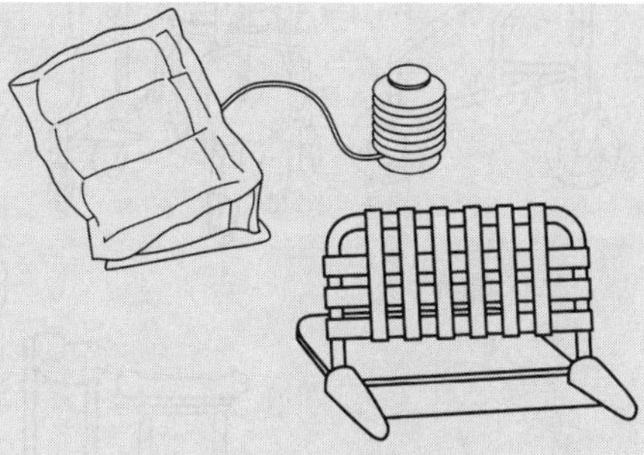
手すり	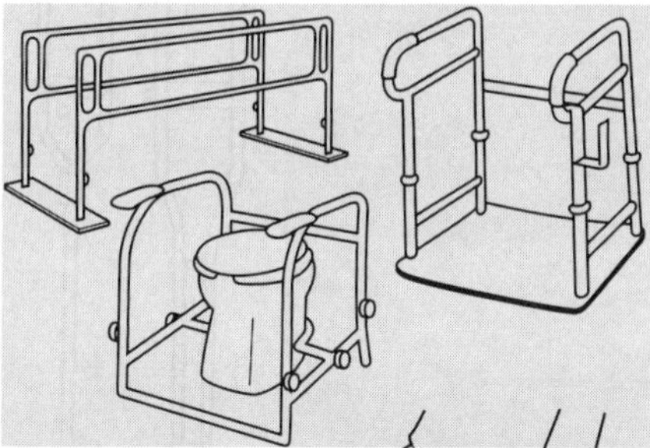
スロープ	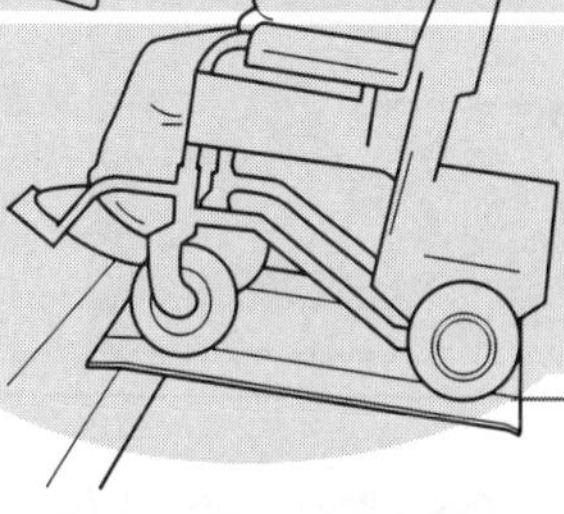

区分	イメージイラスト
歩行器	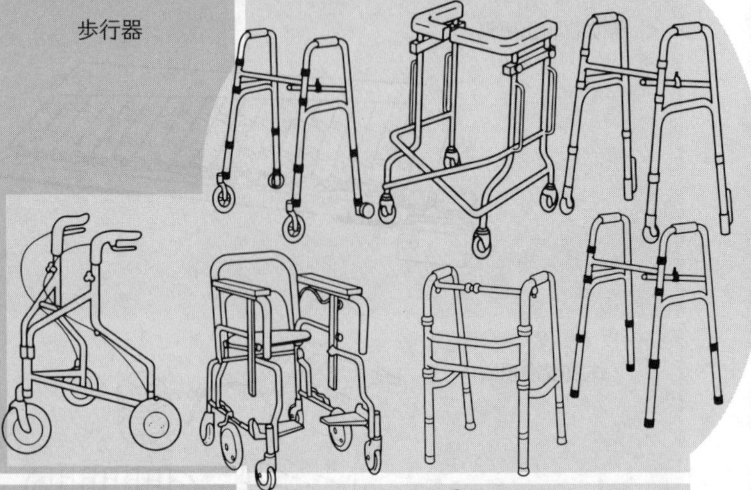
歩行補助つえ	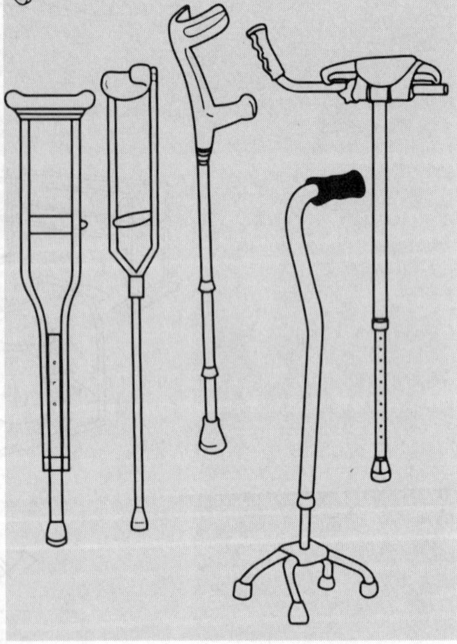

区分	イメージイラスト
認知症老人徘徊感知機器	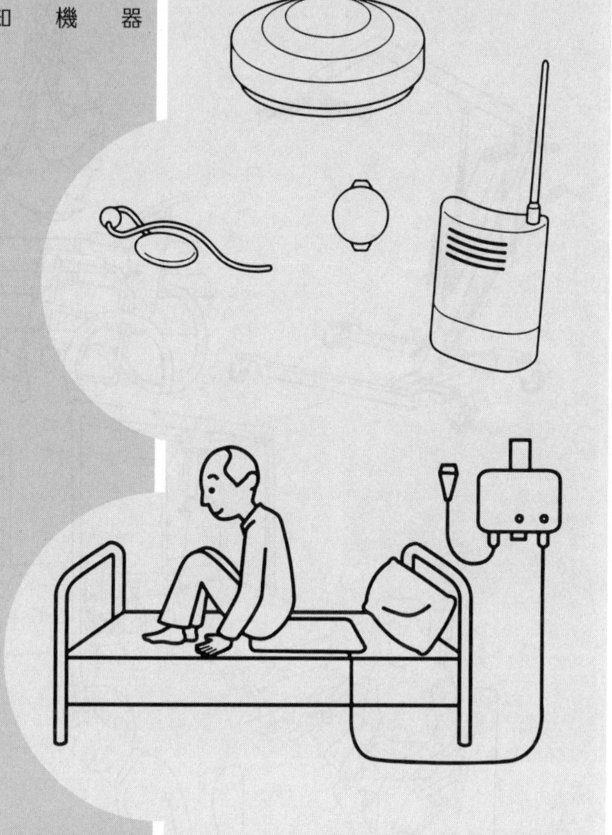

区分	イメージイラスト
移動用リフト	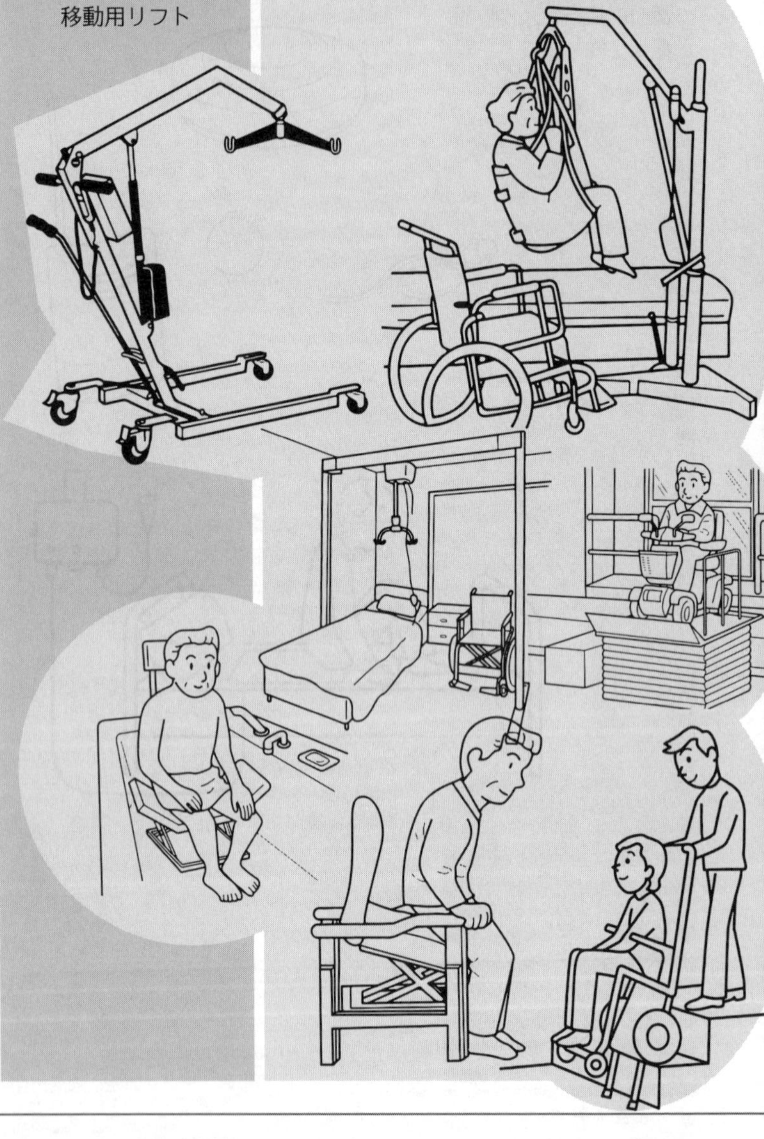

区分	イメージイラスト
自動排泄処理装置 ※交換部品部分を除く	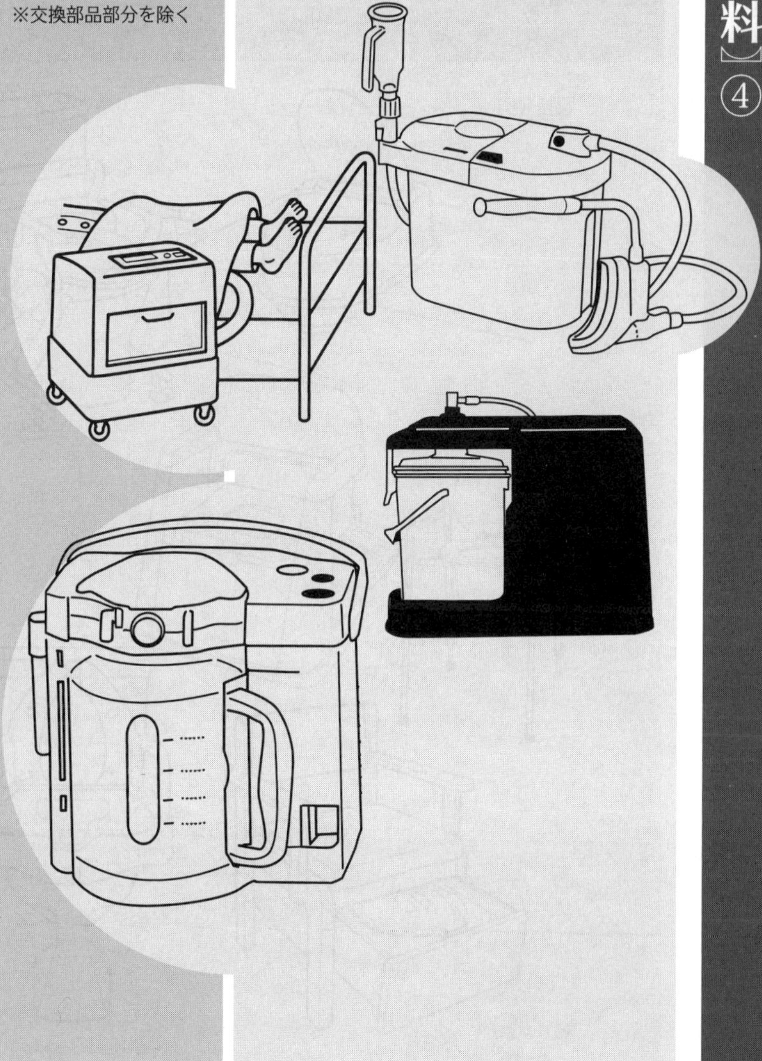

■特定福祉用具販売

区分	イメージイラスト
腰掛便座	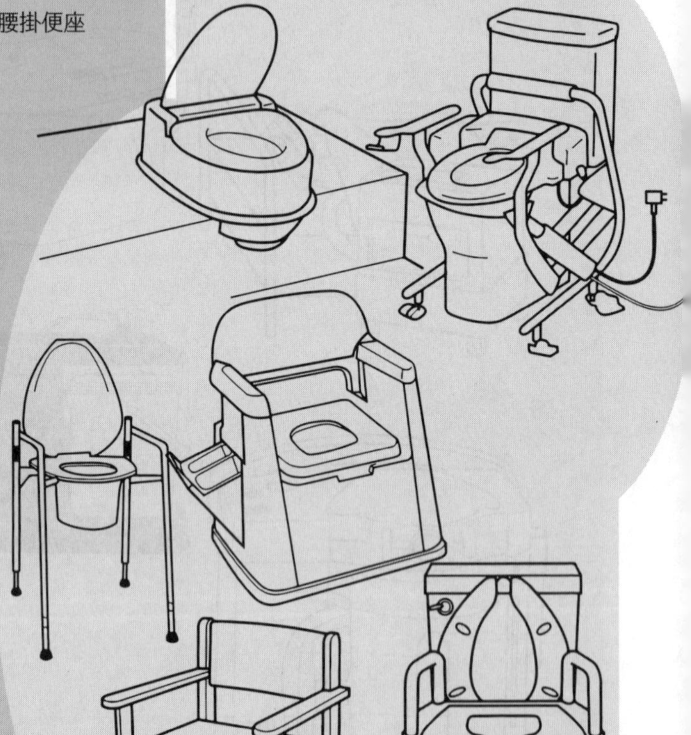

区分	イメージイラスト
自動排泄処理装置の交換可能部品	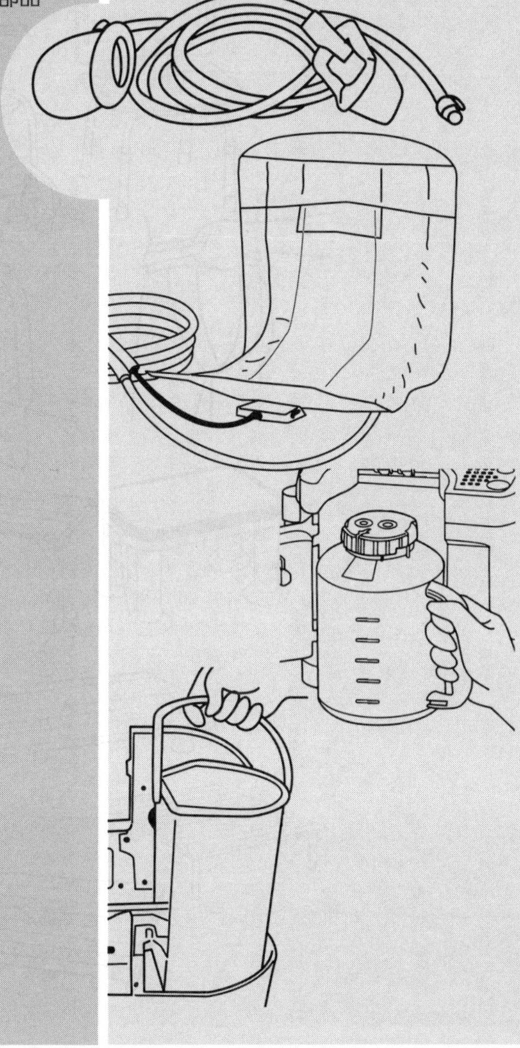

区分	イメージイラスト
入浴補助用具	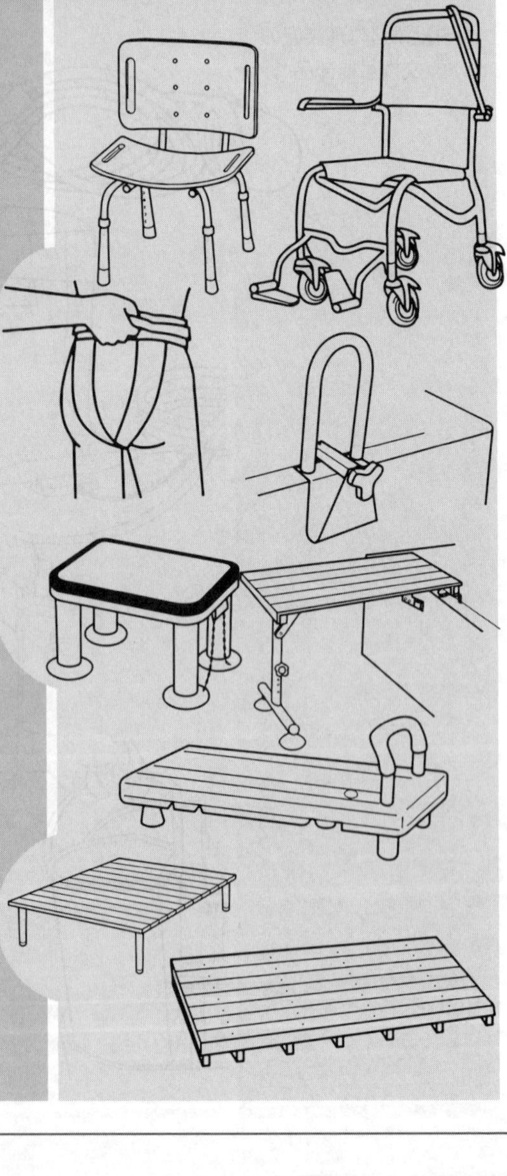

区分	イメージイラスト
簡易浴槽	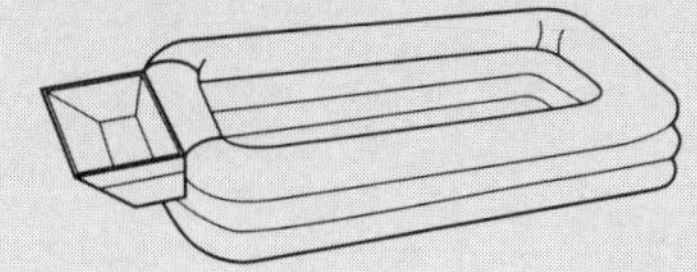
移動用リフトのつり具	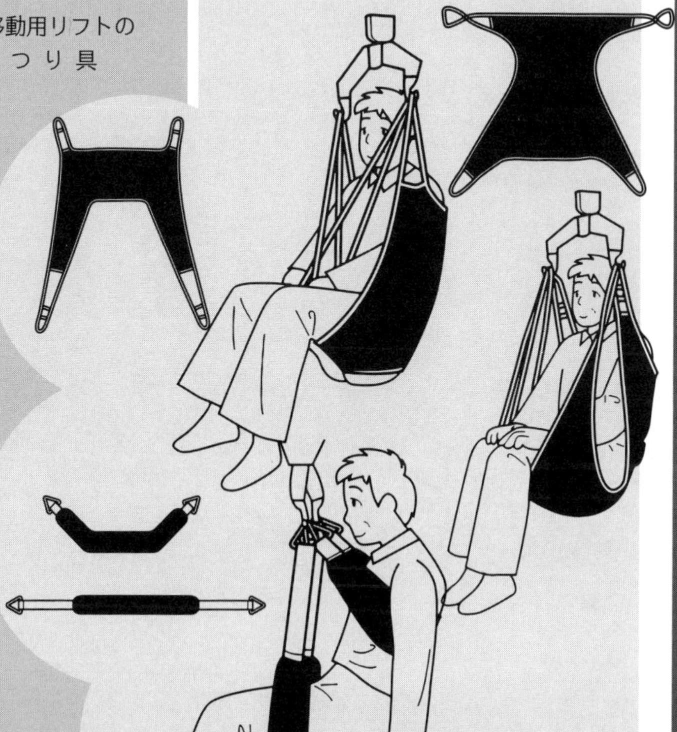

出典：公益財団法人テクノエイド協会

索引（Index）

き

す

せ

そ

ち

な

ケアマネジャー用語辞典《ようごじてん》
KEYWORDS FOR CARE MANAGEMENT

2015年7月7日　第1版第1刷発行

監　修　村川浩一、須貝佑一
発行者　株式会社晶文社
東京都千代田区神田神保町1-11
電話（03）3518-4940（代表）・4943（編集）
URL http://www.shobunsha.co.jp
ブックデザイン　朝倉紀之
印刷・製本　株式会社堀内印刷所

ISBN978-4-7949-7670-3　C0036